Sünde

Ingolf U. Dalferth

Sünde

Die Entdeckung der Menschlichkeit

EVANGELISCHE VERLAGSANSTALT
Leipzig

Ingolf U. Dalferth, Dr. theol., Dr. h.c. mult, Jahrgang 1948, war von 1995 bis 2013 Ordinarius für Systematische Theologie, Symbolik und Religionsphilosophie an der Universität Zürich und von 1998 bis 2012 Direktor des Instituts für Hermeneutik und Religionsphilosophie der Universität Zürich. Von 2007 bis 2020 lehrte er als Danforth Professor for Philosophy of Religion an der Claremont Graduate University in Kalifornien.

Dalferth war mehrfach Präsident der Europäischen Gesellschaft für Religionsphilosophie, von 1999 bis 2008 Gründungspräsident der Deutschen Gesellschaft für Religionsphilosophie und 2016/2017 Präsident der Society for the Philosophy of Religion in den USA. Er war Lecturer in Durham, Cambridge, Manchester und Oxford, Fellow am Collegium Helveticum in Zürich, am Wissenschaftskolleg zu Berlin, am Center for Subjectivity Research in Kopenhagen und am Institut für Religionsophilosophische Forschung in Frankfurt sowie von 2017 bis 2018 Leibniz-Professor in Leipzig. Von 2000 bis 2020 war er Hauptherausgeber der »Theologischen Literaturzeitung«. Dalferth erhielt in den Jahren 2005 und 2006 die Ehrendoktorwürden der Theologischen Fakultäten von Uppsala und Kopenhagen.

Bibliographische Information der Deutschen Nationalbibliothek
Die Deutsche Nationalbibliothek verzeichnet diese Publikation in der Deutschen Nationalbibliographie; detaillierte bibliographische Daten sind im Internet über http://dnb.dnb.de abrufbar.

3. Auflage 2024
© 2020 by Evangelische Verlagsanstalt GmbH, Leipzig
Printed in Germany

Das Werk einschließlich aller seiner Teile ist urheberrechtlich geschützt. Jede Verwertung außerhalb der Grenzen des Urheberrechtsgesetzes ist ohne Zustimmung des Verlags unzulässig und strafbar. Das gilt insbesondere für Vervielfältigungen, Übersetzungen, Mikroverfilmungen und die Einspeicherung und Verarbeitung in elektronischen Systemen.
Das Werk wurde auf alterungsbeständigem Papier gedruckt.

Cover und Layout: Kai-Michael Gustmann, Leipzig
Satz: ARW-Satz, Leipzig
Druck und Binden: BELTZ Grafische Betriebe GmbH, Bad Langensalza

ISBN 978-3-374-06351-2 // eISBN (PDF) 978-3-374-06352-9
www.eva-leipzig.de

Vorwort

Dieses Buch wurde in Europa begonnen und in Kalifornien abgeschlossen. Es verdankt seine Entstehung der Anregung von Dr. Annette Weidhas, die konfuse Debatte um das Sündenproblem im Gedenkjahr der Reformation kritisch zu kommentieren. Das habe ich nicht getan. Sehr schnell zeigte sich, dass man zu diesem Thema mehr sagen muss, als nur einige Fehlverständnisse zurechtzurücken. Der Topos der Sünde gehört nicht nur zum Kernbestand der theologischen Themen, er bietet auch so etwas wie einen theologischen Schlüssel zum Verständnis entscheidender Weichenstellungen in der Herkunftsgeschichte der kulturellen Situation unserer Gegenwart. Ich habe versucht, das am Leitfaden der Frage nach der Menschlichkeit des Menschen an exemplarischen Punkten zu zeigen. Das Resultat ist keine klassische theologische Abhandlung zum Sündenthema, sondern eine Problemgeschichte der Sünde, in der theologische Überlegungen zur Diagnose exemplarischer Entwicklungen in der europäischen Denkgeschichte herangezogen werden.

    Ich danke den Freunden, die mich kritisiert haben. Manches, was ich schreibe, hätte ich sonst nicht oder anders gesagt. Das Buch ist dadurch besser geworden. Ob es gut ist, müssen andere entscheiden.

Claremont 2019   Ingolf U. Dalferth

Inhalt

Einleitung 9

I Ferne Erinnerungen 19
   1. Humanum: Die Frage nach der Menschlichkeit
      des Menschen 19
   2. Vergessene Einsichten: Sünde, Sünder und Sünden 39
   3. Sündigen: Von den Sünden zur Sünde und umgekehrt 64
   4. Verfehltes Dasein: Metaphysik der Sünde 79
   5. Verblendung: Sünde als Orientierungsversagen 92
   6. Verderbtheit: Der Irrtum des anthropologischen
      Pessimismus 109

II Theologische Denktraditionen 130
   1. Unordnung: Die Universalität der Sünde 130
   2. Untugend: Die Moralisierung der Sünde 154
   3. Unglaube: Die Entmoralisierung der Sünde 174
   4. Gotteshass: Sünde als Affekt 193
   5. Unlust: Sünde als Sündenbewusstsein 208

III Transformationen der Sünde 221
   1. Selbsterhaltung: Die politische Transformation der
      Sünde 221
   2. Selbstsucht: Die ökonomische Transformation der Sünde 234
   3. Endlichkeit: Die metaphysische Transformation
      der Sünde 242
   4. Radikal böse: Die ethische Transformation der Sünde 260
   5. Angst: Die psychologische Transformation der Sünde 275
   6. Entfremdung: Die existenzphilosophische Transfor-
      mation der Sünde 295
   7. Daseinsschuld: Die phänomenologische Transformation
      der Sünde 308
   8. Scham: Die kulturanthropologische Transformation
      der Sünde 317

IV Dekonstruktionen der Sünde 327
   1. Ressentiment: Die genealogische Dekonstruktion
      der Sünde 328
   2. Sexismus: Die ideologische Dekonstruktion der Sünde 347
   3. Kolonialismus: Die identitätspolitische Dekonstruktion
      der Sünde 362
   4. Trivialisierung: Die zeitgenössische Destruktion
      der Sünde 380

V   Der Sinn der Sünde 391
   1. Das Positive des Negativen: Die beiden Hauptstränge
      des Sündendiskurses 391
   2. Wider Verkürzungen: Übervereinfachung als Kern
      der Sündenkritik 397
   3. Mitmenschlichkeit: Die Aufdeckung der Sünde
      als Schlüssel zur Entdeckung der Menschlichkeit 408

Namenregister 419

Nachwort zur 2. Auflage 423

I
Einleitung

1

Menschen sind Lebewesen, die fähig sind, unmenschlich zu leben. Das ist eine kaum zu bestreitende Tatsache. Unmenschlichkeit im Umgang miteinander ist für unsere Art keine abstrakte Möglichkeit, sondern eine konkrete Wirklichkeit. Das belegen nicht nur die unfasslichen Gräueltaten von Menschen durch alle Jahrhunderte bis auf den heutigen Tag, sondern auch die vielen alltäglichen Weisen unmenschlichen Verhaltens, die wir ständig übersehen und nicht beachten. Wir gehen unmenschlich miteinander um, wenn wir nicht durch Regeln, Gesetze und Gewalt daran gehindert werden.

Es greift zu kurz, mit den anarchischen Emanzipationsbewegungen der westlichen Moderne in diesen normativen Ordnungen unserer Kultur nur repressive Strukturen zu sehen, von denen man sich befreien müsse. Das ist eine gefährliche Übervereinfachung, wie zu Beginn des 21. Jahrhunderts deutlich sein dürfte. Die Befreiung von überkommenen kulturellen Ordnungen ist kein Schritt in eine größere Freiheit, sondern ein Absturz in lebensgefährdende Unfreiheit, wenn sie beim Abbau von Ordnungen stehen bleibt und nicht zum Aufbau neuer Ordnungen führt. Angesichts unserer Geschichte sollten wir wissen, dass wir uns nicht trauen können und uns deshalb durch sanktionsgestützte Regeln, Normen und Gesetze vor uns selbst schützen müssen.

2

Libertäre Radikalindividualisten aller Couleur und urbane Wohlstandsindividualisten in ihrem Umfeld sehen das anders.[1] Für sie hat das Individuum ontologische, normative und ästhetische Priorität. Individuelle

---

[1] Liberalismus und Libertarismus sind nicht zu verwechseln. Liberalismus steht für Eigenverantwortung, individuelle Freiheit und soziale Gerechtigkeit auf der Basis einer geteilten menschlichen Natur. Libertarismus dagegen ist eine Form des Anarchismus, Anarchokapitalismus oder radikalen Individualismus, der für die

Selbstverwirklichung halten sie für das höchste Gut.² Staat und Gesellschaft haben die Freiheit und die Entscheidungen der Individuen in allen Bereichen (Lebensform, Moral, Wirtschaft, Religion) zu respektieren. Es gibt keine legitimen Ansprüche der Gesellschaft an die Einzelnen, wenn die sich nicht selbst dafür entschieden haben, so leben zu wollen. Niemand braucht sich von anderen etwas sagen zu lassen und keiner braucht auf andere zu hören. Wie ein Mantra wird auf den einschlägigen Internetseiten wiederholt: „Wer zu sich selbst finden will, darf andere nicht nach dem Weg fragen." (Paul Watzlawick)³ Jeder ist hier mit sich selbst allein. Das habe „weniger mit Egoismus als vielmehr mit Eigenverantwortung zu tun"⁴. Jeder soll werden, was er sein will, denn das Leben erinnere uns doch jeden Tag daran, „dass wir von Natur aus keine Opfer, sondern großartige Schöpfer und Gestalter unserer Lebenswirklichkeit sind"⁵. Selbstverwirklichung ist nichts anderes als praktizierte Eigenverantwortung. Die kann man sich von niemandem abnehmen lassen, aber man schuldet sie auch nur sich selbst. Entsprechend wird es als Freiheitsgewinn propagiert, wenn Menschen sich vom Korsett der überkommenen Kultur befreien und ihr Leben nach eigenem Gusto gestalten. Jeder soll das Recht haben, aus sich zu machen, was er will.

Das klingt verführerisch, vor allem wenn man sein Leben ganz anders erlebt. Aber es lässt einen entscheidenden Punkt unerwähnt. Angesichts knapper Ressourcen und ungleicher Ausgangsbedingungen

---

weitgehende Abschaffung des Staates bzw. seine Reduktion auf die Schutzfunktion individueller Freiheit plädiert, weil er nur Individuen und keine gemeinsame Sozialnatur der Menschen kennt. Im gesellschaftlichen Diskurs verschwimmen beide Ideologien in vielfältiger Weise, weil sie sich im Fokus auf die Freiheit des Individuums überschneiden. Vgl. R. Nozick, Anarchy, State, and Utopia, New York 1974; H.-H. Hoppe, Eigentum, Anarchie und Staat: Studien zur Theorie des Kapitalismus, Opladen 1987; M. Otsuka, Libertarianism Without Inequality, Oxford 2003; R. A. Epstein, Skepticism and Freedom: A Modern Case for Classical Liberalism, Chicago 2003; M. Zwoliniski, Libertarianism, Internet Encyclopedia of Philosophy (https://www.iep.utm.edu/libertar/#H4); B. Knoll, Minimalstaat. Eine Auseinandersetzung mit Robert Nozicks Argumenten, Tübingen 2008. (Alle Verweise auf Internetseiten in diesem Buch wurden im April 2019 überprüft.)

2   Vgl. M. Schlette, Die Idee der Selbstverwirklichung. Zur Grammatik des modernen Individualismus, Frankfurt a. M./New York 2013.
3   Vgl. https://www.mein-wahres-ich.de/; u. v. a. m.
4   https://karrierebibel.de/selbstverwirklichung/.
5   R. Betz, Werde, der du sein willst: Schlüssel-Gedanken für ein neues Leben, München 2015, 4.

können einige sich immer besser verwirklichen als andere, weil sie Zugang zu Mitteln haben, die anderen verwehrt sind. Das kann man psychologisch zu entspannen und politisch zu korrigieren suchen. Aber das wird immer nur annäherungsweise gelingen. Zu Ende gedacht besagt das propagierte Recht auf Selbstverwirklichung unter diesen Bedingungen nichts anderes als den Kampf aller gegen alle, um die Chancen und Möglichkeiten der Selbstverwirklichung auf Dauer zu stellen.

Doch ein Recht, aus sich zu machen, was man will, gibt es nicht. Allenfalls kann man dafür eintreten, dass jeder die Möglichkeit haben soll, im Rahmen des Möglichen aus sich zu machen, was er will. Aber das setzt eine Bereitschaft voraus, das eigene Streben nach Selbstverwirklichung nicht absolut zu setzen und nicht nur das zu verfolgen, was für einen selbst vorteilhaft ist. Eigenverantwortung wird zum leeren Wort, wenn man nur noch sich selbst verantwortlich zu sein meint. Sich für die Möglichkeit der Selbstverwirklichung „im Rahmen des Möglichen" einzusetzen, ist auch nicht das Ende der Auseinandersetzung, sondern der Anfang des Streits darüber, worin dieser Rahmen konkret besteht. Denn es ist nicht damit zu rechnen, dass das von denen, die haben, und denen, die nicht haben, auf gleiche Weise gesehen wird.

3

Die Erwartung, dass die Fokussierung auf individuelle Selbstverwirklichung ein zivilisatorischer Fortschritt sei und Menschen auf diese Weise menschlicher zusammenleben würden, hat sich jedenfalls nicht erfüllt. Im Gegenteil. Der spätmoderne Radikalindividualismus ist eine Begleiterscheinung des globalen Konsumkapitalismus, der die Menschen entsolidarisiert, indem er die Illusion befördert, es gebe nichts Wichtigeres als individuelle Selbstverwirklichung, für die er die materiellen und ideellen Möglichkeiten bereitstelle. Wer sich diese Sicht einreden lässt, muss nicht mehr verführt werden, weil er selbst das will, was man von ihm will. Er meint, seinen eigenen Regeln zu folgen, und ist doch nur eine Marionette im globalen Machtgefüge kapitalistischer Manipulation. Er entmenschlicht sich selbst, indem er sich von den kulturellen Regelgefügen einer menschlichen Solidar- und Verantwortungsgemeinschaft emanzipiert und der Illusion huldigt, wirklich frei erst dadurch zu sein, dass er sein eigenes Ich jedem konkreten gemeinsamen Wir entgegensetzt und sich mit der abstrakten *community* der Selbstverwirklicher begnügt, zu der er damit gehört.

Das macht ihn zur leichten Beute. Ein entkulturierter und entsolidarisierter Mensch ist kein freierer und menschlicherer Mensch. Er will das, was ihm mit Gewalt nie hätte aufgezwungen werden können, aus vermeintlich freien Stücken. Stand bei Hobbes die reale Vereinzelung der Menschen im Kampf aller gegen alle am Anfang des Kultur- und Gesellschaftsprozesses, so steht jetzt die Illusion selbstbestimmter Vereinzelung, die der Manipulierbarkeit der Menschen Tür und Tor öffnet, am Ende dieses Prozesses. Statt kulturellen und gesellschaftlichen Ordnungsaufbau als Förderung von Freiheit zu begreifen, wird Ordnungsabbau als Freiheitsgewinn propagiert.

Doch diese Illusion von Freiheit verdeckt den Freiheitsverlust, der es möglich macht, Menschen ideologisch, politisch und ökonomisch zu manipulieren, ohne ihren Willen brechen oder ihren Widerstand überwinden zu müssen. Die Einsicht, dass Nein sagen zu können der Anfang der Freiheit ist, wird ins Gegenteil verkehrt, wenn man sich einreden lässt, Freiheit bestünde darin, unbeschränkt und unbehindert von anderen zu allem Ja sagen zu können, was man sich wünscht, was Begehren weckt und was Befriedigung verspricht. Genau darauf setzt der „ästhetische Kapitalismus" unserer Kultur, der längst damit begonnen hat, ökonomisches Wachstum in Überflussgesellschaften dadurch zu sichern, dass er Bedürfnisse, die man stillen kann, in „Begehrnisse" transformiert, die sich immer bedienen, aber nie stillen lassen.[6] Durch permanente Werbung wird der Wunsch nach einem Leben ins Unterbewusstsein gehämmert, in dem man selbst entscheiden, authentisch leben und sein Leben in jeder Hinsicht frei und individuell gestalten kann. Dazu werden in schnellem Wechsel immer wieder neue ökonomische, modische und ideelle Angebote gemacht. Aber hat man erst einmal begonnen, sich auf diese einzulassen, weil man dem gemeinsamen Trend zur Individualität nicht widerstehen kann, wird es immer schwieriger, sich von diesen immer personalisierteren Angeboten wieder frei zu machen. Man gerät in Abhängigkeiten, die einem nur scheinbar nicht aufgezwungen wurden, weil man meint, ganz frei zu handeln, wenn man seinen eigenen Vorlieben und seinem eigenen Geschmack folgt, und dabei doch nur das tut, wozu man ästhetisch verführt wird.

---

6 G. Böhme, Ästhetischer Kapitalismus, Berlin 2016.

Wer dieser ästhetischen Verführung erliegt, hält ebendas für selbstgewählte Freiheit, wodurch er seine Freiheit verspielt und die Basis seiner Menschlichkeit verliert. Wie Don Giovanni meint er, frei seinen eigenen Wünschen zu folgen, wenn er tut, was er will, und ist doch Sklave eines Begehrens, das unstillbar ist und keine Grenzen kennt, weil es immer noch weiteres Wünschbares gibt. Doch ohne Beachtung von Grenzen und Anerkennung von Ordnungen gibt es keine endliche Freiheit und keine Menschlichkeit. Wer nicht Nein sagen kann zu seinen Wünschen, kann auch nicht Ja sagen zu sich selbst. Unstillbares Begehren kennt kein Nein und drängt über jede Grenze und Ordnung hinaus, weil ein Mehr immer möglich scheint. An die Stelle realer Freiheit tritt so die Illusion unbeschränkter Freiheit und an die Stelle der Eigenverantwortung die Abhängigkeit von der Begehrnisindustrie.[7] Der Abbau kultureller Regeln zur vermeintlichen Steigerung individueller Freiheit erschließt nicht größere Chancen und Möglichkeiten der Menschlichkeit, sondern befördert Freiheitsverlust und die Bereitschaft zur Unmenschlichkeit.

4

Diese Gefahren lassen sich nicht dadurch bannen, dass man vom Gegensatz zwischen Individuum und Gesellschaft auf die Gegensätze zwischen konkurrierenden Gruppen in der Gesellschaft umstellt. Das geschieht besonders deutlich dort, wo Menschen aufgrund bestimmter Merkmale Gruppen zugeteilt werden, die ihre partikularen Interessen im Kampf um politische Macht und kulturelle Teilhabe mit identitätspolitischen Strategien einer „Politik der Differenz" bzw. „der Identität" oder „der Anerkennung" zur Geltung zu bringen suchen.[8] Diese Strategien wurden ursprünglich entwickelt, um Ungerechtigkeiten zu beenden und gerechtere Verhältnisse zu schaffen. Aber die Ersetzung von konkreten Individualinteressen durch abstrakte Gruppeninteressen ist keine Lösung des Problems. In beiden Fällen bleibt man im partikularen Horizont der eigenen Interessen gefangen. Das führt dazu, dass man das Problem, das man lösen will, durch die Art, wie man es zu lösen versucht, neu erzeugt. Man bekämpft Diskriminierung durch positive Dis-

---

7   Vgl. Z. Smith, Feel Free, London 2018.
8   R. Rorty, Stolz auf unser Land. Die amerikanische Linke und der Patriotismus, Frankfurt a. M. 1999, 74 f.

kriminierung, nimmt Ungerechtigkeit in Kauf, um Ungerechtigkeit zu überwinden, untergräbt zur Beseitigung von Unordnung die gemeinsamen Ordnungen, ohne die gerechte Verhältnisse nicht möglich sind. Man hat gute Absichten und verfolgt ein positives Ziel, aber man tut es so, dass man die Fehler wiederholt, die man korrigieren will.

Nicht immer wird das sofort deutlich. Durch Stärkung der Identität derer, die durch ihre ethnischen, kulturellen, sozialen oder sexuellen Merkmale ausgegrenzt werden, will man eine höhere gesellschaftliche Anerkennung für sie erreichen. Anstatt diese Merkmale auszublenden und zu verdecken, wird ihre ausgrenzende Andersheit positiv aufgegriffen und zum kollektiven Identitätsmerkmal, zu dem man sich ausdrücklich bekennt. Damit will man die Basis für eine Politik legen, die sich für die Interessen und Bedürfnisse dieser Identitätsgruppe einsetzt und ihr ermöglicht, vom Rand ins Zentrum der Gesellschaft zu gelangen. Doch indem man die eigene Identität über Merkmale definiert, die nur für einen selbst und damit für einige und nicht für alle gelten, tritt man für etwas ein, das andere ausschließt, und trägt so dazu bei, die gemeinsame Ordnung zu untergraben, in der man von anderen anerkannt werden will. Man sieht dann überall nur noch Rassismus, Patriarchalismus, Kolonialismus oder Speziesismus und ist genötigt, sich innerhalb und außerhalb der eigenen Gruppe ständig von anderen abzugrenzen. Damit verliert man nicht nur die Fähigkeit, das Wichtige vom Unwichtigen zu unterscheiden, sondern wird vor allem unfähig, jenseits der Grenzen der eigenen Gruppierung (und zunehmend auch innerhalb derselben) noch jemanden zu finden, mit dem man gemeinsame Sache machen kann und will. Anstatt den Streit um die Bestimmung des Gemeinsamen zu führen, den eigenen Beitrag zum Gemeinsamen zu betonen und sich an dem zu orientieren, was die Einseitigkeiten und Partikularitäten des Eigenen übersteigt und eine Solidarität unter Menschen mit unterschiedlichen Wertorientierungen, Interessen, Fähigkeiten und Bedürfnissen möglich macht, stellt man die Bedürfnisse und Ansichten der eigenen Gruppierung ins Zentrum und kämpft für deren gesellschaftliche Anerkennung. Aber je exklusiver man das tut, desto weniger erreicht man sein Ziel, weil man sich gegen alle anderen stellt: Die Politik der Differenz wird zum Kampf gegen die jeweils anderen. Und je mehr Gruppierungen das je für sich tun, desto prekärer wird die Situation: Der Kampf gegen die jeweils anderen wird zum Kampf aller gegen alle. Doch wenn alle gegen alle um gesellschaftlichen

Einfluss und größere Anerkennung kämpfen und keiner einem anderen noch eine Sichtweise zugesteht, die auch etwas für sich haben könnte, können nur alle verlieren. Wo jeder nur noch für das Eigene eintritt, verliert man das Gemeinsame aus dem Blick und zerstört früher oder später auch die Basis, auf der man steht.

In Zeiten abnehmender Bindekraft traditioneller Kulturkonventionen und Gesellschaftsorientierungen ist es attraktiv, seine eigene Identität über die Zugehörigkeit zu solchen Identitätsgruppen zu definieren, weil man dort die Homogenität findet, die es in der Gesellschaft nicht mehr gibt. Doch der Preis ist hoch. Auf der einen Seite wird man in die Gruppenabgrenzung gegenüber denen hineingezogen, die dieses Merkmal nicht aufweisen und dementsprechend ausgeschlossen werden. Auf der anderen Seite wird die eigene Identität auf die Zugehörigkeitsmerkmale zu der Gruppe verkürzt, mit der man sich identifiziert. Doch menschliche Identität ist ein Prisma vielfältiger Zugehörigkeiten, Übereinstimmungen und Unterscheidungen. Sie auf ein Merkmal zu reduzieren, das ihre Gruppenzugehörigkeit definiert (Frauen, Männer, Arbeiter, Bauern, Kapitalisten, LGBTQ, Persons with Disabilities, Alaska Natives, American Indians, Blacks/African Americans, Mexican Americans/Chicanas/Chicanos, Native Hawaiians, Pacific Islanders, Puerto Ricans), ist nicht nur lebensfremd und wirklichkeitswidrig, sondern nimmt sie als Personen nicht ernst, weil man sie auf den einen Gesichtspunkt beschränkt, der sie zur Mitgliedern einer Identitätsgruppe macht. Doch alle sind mehr als nur das, jeder ist anders als alle anderen, und deshalb können alle von allen profitieren. Wo man sich nicht mehr bemüht, die eigenen Besonderheiten und Einseitigkeiten auf das hin zu übersteigen, was Menschen als Menschen verbindet, kommen die anderen nur noch als Bedrohung und nicht als mögliche Bereicherung der eigenen Identität in den Blick.

Es ist eine wesentliche Funktion kultureller und gesellschaftlicher Ordnungen, es den Menschen zu ermöglichen, mehr als nur das zu sein, was sie je individuell sind, und in Solidaritäts- und Verantwortungsverhältnissen zu leben, in denen die Schwächen und Einseitigkeiten der Einzelnen durch die Stärken anderer ausgeglichen, ergänzt oder überwunden werden können. Zusammen kann man mehr als allein, ein Wir ist stärker als ein Ich, und ein inklusives Wir hat ein größeres Solidaritätspotential als eines, das sich durch Abgrenzung gegenüber anderen definiert. Wo das alle Partikularitäten übersteigende Gemeinsame nicht mehr gesucht wird, bleibt man in konkurrierenden Teilidentitäten stecken und auf halbem Weg zur Menschlichkeit stehen, weil man das Eigene im Gegensatz zu den anderen, aber nicht als Beitrag zur gemeinsamen Menschlichkeit versteht. Man kommt allerdings auch nicht weit, wo man das gesuchte Gemeinsame auf der schmalen Basis seiner eigenen Interessen und Bedürfnisse formuliert und den anderen vorschreibt, worin auch sie sich wiederfinden könnten und müssten. Die Idee der Menschlichkeit muss mehr sein als die Universalisierung einer einseitigen Partikularperspektive, wenn sie wirklich für alle Menschen gelten können soll. Was alle Menschen menschlich macht, kann nicht nur das sein, was einige dazu erklären.

5

Wie aber ist das zu bestimmen, was für alle Menschen gilt? Menschlichkeit stellt sich nicht schon dadurch ein, dass Unmenschlichkeit eingedämmt wird. Durch kulturelle Konventionen und gesellschaftliche Zwangsregeln von Unmenschlichkeiten abgehalten zu werden, ist etwas anderes, als menschlich zu leben. Unsere kulturellen Gewohnheiten und gesellschaftlichen Fremdkontrollen sind leicht zu zerstören und können schnell zusammenbrechen. Dann stellt sich die Frage, ob wir in unmenschliches Verhalten verfallen oder aus eigenem Antrieb menschlich zu leben vermögen. Doch was wäre denn ein menschliches Leben? Was müsste man tun, um so zu leben? Und könnten wir es tun? Dass wir fähig sind, unmenschlich zu leben, heißt nicht, dass wir unfähig sind, menschlich zu leben. Was müsste der Fall sein, damit wir es können? Und wenn wir es können, was hält uns ab davon, es zu tun? Wie kann man den unsäglichen und alltäglichen Unmenschlichkeiten entkommen, die das menschliche Zusammenleben belasten und entstellen, und was müsste man tun, um menschlicher zusammenzuleben?

Menschlichkeit sollte sich für Menschen eigentlich von selbst verstehen. Aber sie tut es nicht. Wir sind uns noch nicht einmal einig, wovon wir reden, wenn wir von Menschlichkeit reden. Denn was heißt es, menschlich zu leben? Der Verweis auf das Andere der Unmenschlichkeit ist keine hinreichende Antwort. Es gibt vieles, was wir nicht wollen. Aber nicht alle wollen es nicht. Und es gibt vieles, was wir wollen. Aber nicht viele wollen dasselbe. In der Benennung von Übeln sind wir uns schneller einig als in der Bestimmung des Guten. Die Ansichten gehen weit auseinander, denn nicht alles, was die einen für gut halten, halten auch andere oder gar alle anderen für gut. Unsere Ideale der Menschlichkeit spiegeln immer unsere partikularen Erfahrungen. Werden sie anderen aufgedrängt oder zugemutet, wird das schnell als unangemessene Einmischung und Fremdbestimmung empfunden. Doch Menschlichkeit kann kein Ideal nur für einige sein. Menschlichkeit muss für alle Menschen gelten. Denn wie sollte man Mensch sein können und von einem menschlichen Leben ausgeschlossen sein? Kein Mensch muss unmenschlich leben, auch wenn es jeder kann. Und jeder Mensch kann menschlich leben, auch wenn es fast keiner mehr als in Ansätzen tut.

Worin also besteht die Menschlichkeit des Menschen, und wie lässt sie sich verwirklichen? Das zu klären, ist eine nie erledigte Aufgabe der Menschheit. Sie kann nicht aufhören, sich zu bemühen, menschlicher zu werden, ohne sich selbst aufzugeben. Aber um sich um mehr Menschlichkeit bemühen zu können, muss sie wenigstens in Grundlinien eine Vorstellung davon haben, worum es dabei geht. Was heißt es, als Mensch mit Menschen und anderen Lebewesen auf menschliche Weise zusammenzuleben? Mit anderen Menschen mitmenschlich umzugehen? Sich menschlich zu verhalten?

6

Das Christentum hat diese Fragen am Leitfaden der Überwindung der Sünde durch Gott beantwortet. Anders als manche heute nahelegen, spielt der Topos der Sünde im christlichen Glauben und in der christlichen Theologie keine Nebenrolle, sondern eine Hauptrolle. Er steht für den Realitätssinn des christlichen Glaubens und verankert die christliche Theologie in der menschlichen Lebenswirklichkeit. Die menschliche Existenz ist nicht nur das, was sich der datensammelnden Wissenschaft erschließt. Diese erfasst nur die toten Schuppen, die das Leben abwirft. Doch das ist abstrakt. Die menschliche Existenz ist mehr als die Datenspur, die das Leben hinterlässt. Sie ist lebendig, dynamisch und konkret. Sie ereignet sich hier und jetzt in der Gegenwart Gottes, und sie vollzieht sich in der Zeit als ein Veränderungsgeschehen, in dem Menschen vom Zwang ihres Hangs zur Unmenschlichkeit befreit und zur Erkundung der Möglichkeiten ihrer Menschlichkeit instand gesetzt werden.

Um diese Veränderung geht es beim Topos der Sünde. Mit der Sünde rückt die Wurzel der Unmenschlichkeit der Menschen in den Blick, mit der Überwindung der Sünde der Anfang der Aufdeckung ihrer

Menschlichkeit. Alle Menschen sind Sünder. Alle leben so, als gäbe es Gott nicht. Kaum einen stört das. Aber alle sind in die Folgen dieser universalen Gottesblindheit verstrickt. Die immer wieder aufbrechenden Schrecken der Unmenschlichkeit treiben die Menschheit zur Suche nach der Menschlichkeit. Doch ohne auf Gottes Gegenwart zu achten, drehen wir uns im Kreis und kommen nicht von der Stelle. Wir fliehen vor der Unmenschlichkeit, ohne ihr wirklich zu entkommen, und wir suchen nach der Menschlichkeit, ohne ihr tatsächlich näherzukommen. Man kommt nicht von der Unmenschlichkeit los, weil man sie bei sich selbst nicht wahrhaben will, und man kommt nicht zu einer klaren Sicht der Menschlichkeit, weil man sich nicht einig wird, in welcher Richtung man suchen soll.

Das kulturelle Vorurteil unserer Zeit meint natürlich zu wissen, dass man heute nicht mehr auf Gott rekurrieren oder ernsthaft von Gott reden könne, wenn man etwas Gültiges über das menschliche Leben sagen will. Doch das ist ein Irrtum. Die Religionskritik der letzten beiden Jahrhunderte ist an diesem Punkt gänzlich gescheitert, weil sie weder dazu beigetragen hat, die Unmenschlichkeit einzudämmen oder zu beenden, noch dazu verholfen hat, die Menschlichkeit aufzudecken oder besser zu realisieren. Sie will den Menschen helfen, Gott zu vergessen und aus ihrem Leben auszublenden. Aber sie kommt immer zu spät, weil das schon längst der Fall ist. Es ist Zeit, sich der Einsicht zu stellen, dass eine Welt, in der Menschen sich nicht an Gott orientieren, nicht weniger unmenschlich und keinen Deut menschlicher ist. Das ist die traurige Wahrheit. Und man braucht schon gewaltige ideologische Scheuklappen, um diese Wahrheit zu übersehen. Nicht die Orientierung an Gott ist das Problem, sondern die Unfähigkeit zur Ehrlichkeit uns selbst gegenüber. Ebendas aber ist die Signatur der Sünde. Um sie geht es in diesem Buch.

I
FERNE ERINNERUNGEN

1. HUMANUM:
DIE FRAGE NACH DER MENSCHLICHKEIT
DES MENSCHEN

Die Welt ist aus den Fugen, und wir leben nicht so, wie es möglich wäre und sein müsste, damit sich das bessern könnte. *Wir* – das sind in der einen oder anderen Weise wir alle, auch wenn jeder Mensch anders ist als die anderen. Wir alle unterscheiden uns voneinander. Wir alle haben unsere Stärken und Schwächen. Wir alle können manches besser als andere und vieles weniger gut. Wir alle suchen, das Beste aus unserem Leben zu machen, auch wenn sich jeder darunter etwas anderes vorstellt und nicht alle die gleichen Möglichkeiten und Chancen haben. Wir alle müssen immer wieder feststellen, dass wir unsere Stärken falsch eingeschätzt haben und unsere Schwächen nicht unter Kontrolle bringen. Jeder kann da seine Geschichten erzählen. Stets ist es eine Geschichte der Erfolge und des Versagens, wenn auch in ganz unterschiedlichen Mischungen. Es gibt unendlich viel Leid und sinnloses Leiden in der Welt. Aber es gibt auch mehr Gutes und Gelungenes, als man oft zuzugeben bereit ist. Beides ist zu würdigen und nicht gegeneinander auszuspielen. Aber auch wenn man nicht bestreiten kann, dass es vielen heute besser geht als je zuvor, so ergibt sich trotz des vielen Guten, das zu übersehen töricht wäre, zusammengenommen ein bedrückendes Bild.[9] Wir sind weit entfernt von einer vollkommenen Welt, und dafür tragen wir selbst eine nicht geringe Mitverantwortung.

---

9 Wäre es anders, müsste S. Pinker, Enlightenment Now: the Case for Reason, Enlightenment, Humanism, and Progress, New York 2018, nicht so umfänglich betonen, welche positiven Veränderungen wir Aufklärung, Wissenschaft und Technik in den vergangenen Jahrzehnten zu verdanken haben.
10 C. S. Lewis, Mere Christianity (1952), London 1997, 21, folgert aus ähnlichen Beobachtungen "First, that human beings, all over the earth, have this curious idea that

Wir wissen hinreichend gut, was wir zu tun hätten oder zumindest nicht mehr weiter tun sollten, aber wir tun es nicht.[10] Wir sind verblendet. Wir sehen nicht, was vor unseren Augen liegt. Wir ignorieren, was wir wissen. Und wir hören nicht auf, das zu tun, was wir besser nicht tun sollten, wie wir wissen. Wir wollen nicht tun, was nötig wäre, weil es schmerzhafte Einschnitte in unseren Lebensstil bedeuten würde. Anstatt unsere Lebensweise zu ändern, verändern wir uns selbst, indem wir uns technologisch zu optimieren versuchen. Und anstatt auf der Basis des uns verfügbaren Wissens das Nötige zu tun, flüchten wir uns in Ausweichdebatten über die Langzeitfolgen dessen, was zu tun oder zu lassen wäre, obgleich wir diese kaum einschätzen können und der Rückweg von kontroversen Möglichkeitserwägungen zur Wirklichkeit konkreten Handelns oft langwierig und selten konsequent ist.

Doch alle diese Manöver ersparen uns nicht, hier und heute zu handeln, also Fakten zu schaffen, die Folgen haben werden. Wir spüren, dass wir den Überblick verlieren, nicht in der Lage sind, das Undenkbare zu denken und mit der Wahrscheinlichkeit des Unwahrscheinlichen zu rechnen.[11] Aber anstatt uns auf riskante Vereinfachungen der unüberschaubaren Komplexität unserer Wirklichkeit zu verständigen, schaffen wir uns technologische Hilfsmittel, um immer mehr Daten zu sammeln und die ins uferlose wachsenden Datenmengen zu verarbeiten.

Das steigert unsere Schwierigkeiten. Mehr Wissen in Systeme zu implementieren, die wir kaum noch handhaben können, macht das Entscheiden nicht einfacher, sondern schwieriger. Wir wollen nicht

---

they ought to behave in a certain way, and cannot really get rid of it. Secondly, that they do not in fact behave in that way. They know the Law of Nature; they break it. These two facts are the foundation of all clear thinking about ourselves and the universe we live in." Doch das geht weiter, als nötig ist, um das Ausgangsproblem dieser Untersuchung zu formulieren. Um die Einsicht in ein Sollen und unser Versagen angesichts dieses Sollens verständlich zu machen, muss man nicht auf ein „moralisches Naturgesetz" oder ein „Tao" rekurrieren, wie Lewis es anderer Stelle nennt (C. S. Lewis, The Abolition of Man, Oxford 1943, 31: "This conception in all its forms, Platonic, Aristotelian, Stoic, Christian, and Oriental alike [...] is the doctrine of objective value, the belief that certain attitudes are really true, and others really false, to the kind of thing the universe is and the kind of things we are."). Es genügt die Einsicht, dass wir nicht so leben, wie wir könnten und müssten, damit die Erde so ist, dass wir gut auf ihr leben können. Man muss keine objektive Wertordung postulieren, um das mit Recht sagen zu können.

11 Vgl. N. Gowing/Chr. Langdon, Thinking the Unthinkable: A New Imperative for Leadership in the Digital Age, Melton/Woodbridge 2018.

wahrhaben, dass wir damit nicht nur die Kontrolle über unser Wissen abgeben, sondern mehr noch über unser Wollen und Tun. Wir versäumen, uns zu entscheiden, weil wir uns nicht entscheiden können, uns selbst zu entscheiden. Immer häufiger werden daher wichtige Entscheidungen in Politik, Wirtschaft und Alltagsleben von Algorithmen getroffen, die wir geschaffen haben, um uns von der Mühe und dem Risiko des eigenen Entscheidens zu entlasten. Nicht Gründe und Gegengründe, sondern Wahrscheinlichkeitskalkulationen bestimmen so zunehmend, wie wir uns in unserer Welt verhalten. Wir sind nicht mehr die Herren unseres Lebens, falls wir das denn jemals waren, sondern Funktionsmomente in Zusammenhängen, die nicht wir, sondern die uns kontrollieren.

2

Auch das wissen wir – im Prinzip. Vom Aufklärungsprozess eines Auszugs der Menschen aus ihrer selbstverschuldeten Unmündigkeit ist kaum noch die Rede.[12] Stattdessen suchen wir unserer Marginalisierung durch technologische Selbstoptimierung entgegenzuwirken. *Biohacking*, *bodyhacking*, die Entwicklung von *artifical general intelligence* und die Schaffung von *cyborgs* sind Formen gegenwärtiger Human enhancenment-Programme, die der Steigerung menschlicher Leistungsfähigkeit und der Vermehrung menschlicher Möglichkeiten dienen. Ihr Ziel ist die Verschmelzung von Mensch und Maschine zur Überwindung unserer biologischen und kognitiven Defizite. Wir sind zu langsam, zu beschränkt und zu fehleranfällig für die effektive Verarbeitung großer Datenmengen.[13] Wenn wir diesen Defiziten nicht entgegenwirken, werden wir auf Dauer nicht überleben können.

Vor allem Transhumanisten haben sich die Verschmelzung von Mensch und Maschine auf die Fahne geschrieben. Sie verstehen das zwar nicht als unabwendbares Schicksal, aufgrund der Dynamik technologischer Entwicklung aber auch nicht mehr als vermeidbare Zukunft, son-

---

12   Gelegentliche Ausnahmen bestätigen die Regel. Vgl. C. Knop, „Uns droht ein technikzentriertes Mittelalter", FAZ 3.2.2019 (https://www.faz.net/aktuell/wirtschaft/diginomics/digitale-souveraenitaet-statt-digitalem-mittelalter-16021367.html).
13   Man kann die Fehleranfälligkeit auch gerade als das hervorheben, was Menschen von intelligenten Maschinen unterscheidet. Vgl. R. K. Sprenger, Viele fürchten, wegen künstlicher Intelligenz überflüssig zu werden. Dabei hat KI ein fundamentales Problem: Sie macht keine Fehler, NZZ 26.1.2019 (https://www.nzz.ch/feuilleton/ki-macht-nicht-arbeitslos-denn-sie/).

dern als selbstbestimmte Weiterentwicklung des Menschen, die wir anstreben können und anstreben sollten. Transhumane Mensch-Maschine-Wesen (*cyborgs*) sind eine Zukunft, die wir selbst wählen und herbeiführen können, indem wir mit Hilfe technologischer Innovationen Schwächen, die wir haben, ausgleichen und Stärken, die wir nicht haben, hinzugewinnen. Hightech-Prothesen und in den Körper integrierte Chips sind aber nicht nur Verfahren zur Optimierung des Menschen, sondern Schritte auf dem Weg zum Umbau von Menschen in Wesen, die nur noch wenig mit dem gemein haben, was wir heute Menschen nennen. Wir stehen am Anfang eines ungeheuren Experiments, dessen Resultate wir nicht kritisch überprüfen können, weil wir am Ende nicht mehr die sein werden, die wir am Anfang waren.

Doch können unzulängliche Wesen anderes hervorbringen als neue Unzulänglichkeiten? Können wir unsere Schwächen wirklich minimieren, indem wir unsere Fähigkeiten technologisch maximieren? Oder verlagern wir die Probleme nur an eine andere Stelle, wo sie umso heftiger wieder in Erscheinung treten? Sind technologische Zivilisierungsprozesse wirklich ein Fortschritt im Menschsein oder eine Überführung des Menschseins in etwas anderes? Stellen sie auch einen Fortschritt im Zusammenleben der Menschen dar und helfen sie, klarer zu bestimmen, worin unser Menschsein (im Unterschied zu nichtmenschlichen Lebewesen) und unsere Menschlichkeit (im Unterschied zu unmenschlichen Lebensweisen) besteht?

3

Die Antworten auf diese Fragen werden auch an dem Gesamtbild hängen, das unser Urteil leitet. Liegt die Zeit, in der das Menschsein des Menschen seine klarste Ausprägung gefunden hat, in einer längst vergangenen Vergangenheit oder in einer noch lange nicht erreichten Zukunft? Ist der Zustand der Menschheit in der Gegenwart das Resultat einer Verfallsgeschichte oder ein Zwischenzustand in der langen Entdeckungsgeschichte des Humanum?[14]

Immanuel Kant hat zu Beginn seiner Schrift *Die Religion innerhalb der Grenzen der bloßen Vernunft* die beiden konkurrierenden Betrachtungsweisen klar benannt:

---

14 Vgl. L. Berg, Humanum – Hauptthema der christlichen Soziallehre, JCSW 13 (1972), 75–109.

1. HUMANUM

„Daß die Welt im Argen liege, ist eine Klage, die so alt ist, als die Geschichte, selbst als die noch ältere Dichtkunst, ja gleich alt mit der ältesten unter allen Dichtungen, der Priesterreligion. Alle lassen gleichwohl die Welt vom Guten anfangen: vom goldenen Zeitalter, vom Leben im Paradiese, oder von einem noch glücklichern in Gemeinschaft mit himmlischen Wesen. Aber dieses Glück lassen sie bald wie einen Traum verschwinden und nun den Verfall ins Böse (das Moralische, mit welchem das Physische immer zu gleichen Paaren ging) zum Ärgern mit accelerirtem Falle eilen: so daß wir jetzt (dieses Jetzt aber ist so alt, als die Geschichte) in der letzten Zeit leben, der jüngste Tag und der Welt Untergang vor der Thür ist [...]."[15] „Neuer, aber weit weniger ausgebreitet ist die entgegengesetzte heroische Meinung, die wohl allein unter Philosophen und in unsern Zeiten vornehmlich unter Pädagogen Platz gefunden hat: daß die Welt gerade in umgekehrter Richtung, nämlich vom Schlechten zum Bessern, unaufhörlich (obgleich kaum merklich) fortrücke, wenigstens die Anlage dazu in der menschlichen Natur anzutreffen sei. Diese Meinung aber haben sie sicherlich nicht aus der Erfahrung geschöpft, wenn vom Moralisch Guten oder Bösen (nicht von der Civilisirung) die Rede ist: denn da spricht die Geschichte aller Zeiten gar zu mächtig gegen sie; sondern es ist vermuthlich bloß eine gutmüthige Voraussetzung der Moralisten von Seneca bis zu Rousseau, um zum unverdrossenen Anbau des vielleicht in uns liegenden Keimes zum Guten anzutreiben, wenn man nur auf eine natürliche Grundlage dazu im Menschen rechnen könne."[16]

Die erste Sichtweise versteht den gegenwärtigen Zustand des Menschseins als Ergebnis eines Niedergangs vom Guten zum Schlechten, die zweite dagegen als Schritt auf dem Weg vom Schlechten zum Besseren. Kant fragt zu Recht, ob man beides nicht auch verknüpfen, die Menschen also in der einen Hinsicht so, in der anderen anders betrachten könnte, oder ob es nicht auch möglich wäre, den Zustand der Menschheit weder auf die eine noch auf die andere Weise zu beurteilen. Es liegt ja nicht auf der Hand, dass in jeder Hinsicht die Disjunktion gilt, die für die moralische Betrachtungsweise festzuhalten ist: „der Mensch ist (von Natur aus) entweder sittlich gut oder sittlich böse," nicht „keines von beiden" und auch nicht „beides zugleich, nämlich in einigen Stücken gut, in andern böse"[17].

Allerdings ist bei all dem vorausgesetzt, was gegenwärtig infrage gestellt wird: dass der Mensch überhaupt „von Natur aus" etwas ist, das

---

15 I. Kant, Die Religion innerhalb der Grenzen der bloßen Vernunft, B 4, AA VI, 19.
16 A. a. O., B 4-5, AA VI, 19-20.
17 A. a. O., B 8-9, AA VI, 22.

Menschsein des Menschen also (relativ) unveränderlich ist und nur der moralische Zustand verschieden sein kann, in dem sich die Menschen befinden. Angesichts alles Wissens über die Evolution des Lebens, die Entwicklung der Menschen und die kulturellen Veränderungsprozesse in der Geschichte der Menschheit ist die Annahme einer auch nur einigermaßen stabilen „Natur" des Menschen wenig wahrscheinlich. Das ändert nichts an der Aufgabe, dass wir heute fragen müssen – und Grund zur Annahme haben, dass Menschen sich eine entsprechende Frage zu jeder Zeit stellen konnten und mussten –, worin unser Menschsein besteht, was wir aus welchen Gründen für gut und förderungswürdig bzw. für übel und veränderungsbedürftig ansehen, worin wir den Unterschied zwischen einem menschlichen und menschenwürdigen und einem unmenschlichen und menschenunwürdigen Leben sehen. Wir kommen nicht umhin, uns zu zivilisieren, wenn wir überlebensfähig zusammenleben wollen. Doch können die sich gegenwärtig anbahnenden zivilisatorischen Entwicklungen noch als Fortsetzung des Aufklärungsprojekts der Perfektionierung des Menschen durch Stärkung seiner Autonomie gegenüber seinen vielfachen Abhängigkeiten verstanden werden oder sind sie das Ende solcher Bemühungen, weil sie auf die Abschaffung des Menschen zielen? Sind wir Menschen also dabei, uns aus freien Stücken selbst abzuschaffen, und ist die Selbstabschaffung des Menschen die höchste Tat seiner Autonomie oder das selbstverschuldete Auslöschen der Menschheit durch Zerstörung dessen, was Menschen menschlich macht?[18]

4

Wir sollten vorsichtig sein, die Vergangenheit zu glorifizieren und die Gegenwart zu verteufeln. Der Mensch war schon immer in der Lage, im Widerspruch zu seiner Menschlichkeit (*humanitas, humanum*) zu leben, also als Mensch sich und andere unmenschlich zu behandeln. In dieser Hinsicht sind wir heute nicht besser, als wir es gestern waren, und vermutlich werden wir es morgen auch nicht sein. Wer den Menschen für edel, hilfreich und gut hält, hat schon immer ein Wunschbild mit der Realität verwechselt.

---

18   C. S. Lewis, The Abolition of Man (s. Anm. 10), hatte diese Möglichkeit schon in der Mitte des vergangenen Jahrhunderts am Horizont aufziehen sehen.

Das freilich ist weit verbreitet. Wir sehen, was wir uns wünschen, wir machen andere zu Projektionsflächen unserer Vorurteile und Erwartungen, Wünsche und Ängste, und wir sehen uns selbst, wie wir uns gerne hätten, im Positiven (so will ich sein) wie im Negativen (so will ich nicht sein). Nie sehen wir nur das, was wir sind. Wir sehen unsere Wirklichkeit vor dem Hintergrund nicht realisierter Möglichkeiten in der Vergangenheit (das hätten wir sein können), der Gegenwart (das wären wir gerne) und der Zukunft (das würden wir gerne sein), und wir erkunden die Wirklichkeit und den Möglichkeitsraum unseres Lebens am Leitfaden von Präferenzen, die wir selten ganz durchschauen, weil wir uns von ihnen gar nicht richtig unterscheiden können. Was wir sind, ist unlösbar verquickt mit dem, was wir sein wollen oder meinen, sein zu sollen. Wir kennen uns nicht nur im Indikativ, sondern immer auch im Optativ, im Konjunktiv und im Irrealis.

Deshalb müssen wir uns kritisch zu uns selbst verhalten, wenn wir uns verstehen wollen. Nichts liegt da einfach auf der Hand. Wenn es um uns geht, sind Fakten und Fiktionen untrennbar verknüpft. Unser Selbstbild ist stets anders als die Fremdbilder anderer von uns. Beide lassen sich nicht ineinander oder in ein drittes, „objektives" Bild überführen, weil jeder etwas anderes sieht und niemand zugleich meine Sicht und die der anderen einnehmen kann. Diese unauflösbare Differenz zwischen Eigenerleben und Fremderfahrung gilt auch, wenn wir unser Menschsein verstehen wollen. Die Frage nach dem Menschen ist nie nur eine Frage nach dem, was wir alle teilen, sondern immer auch eine Frage nach dem, was uns von allen anderen unterscheidet. Wir können uns selbst nicht aus dem Bild nehmen. Mit dem Menschen stehen wir selbst zur Debatte und damit die irreduzible Differenz zwischen unserer Eigensicht und der Fremdsicht anderer auf uns.

Das ist eine methodische Herausforderung aller Forschung über den Menschen. Wer vom Menschen spricht, spricht von sich selbst. Nirgendwo aber sind wir leichter zu täuschen, als wenn es um uns selbst geht. Zwar ahnen wir unsere Abgründe und geben uns anderen und oft auch uns selbst gegenüber anders, als wir tatsächlich sind. Aber eben dass wir das können, zeichnet uns aus. Wir haben ein Differenzpotential, das für Menschen charakteristisch zu sein scheint: nicht so sein zu müssen, wie wir erscheinen. Wir können und könnten immer auch anders sein. Wir sind nur schwer zu fassen. Deshalb hat die philosophische und theologische Tradition uns zugeschrieben, was sie sonst nur von Gott sagte: *definiri nequit*.[19] Der Mensch ist nicht zu definieren. Er ist das nicht festgestellte Tier, das immer auch noch einmal anders sein kann, als es zu einem bestimmten Zeitpunkt zu sein scheint.

5

Das macht es schwierig, auf der Basis empirischer Beobachtungen zu einem verlässlichen Verständnis des Menschseins zu kommen. Wir müssen mit Hilfe methodischer Verfahren versuchen, hinter die Fassaden zu blicken, die wir wahrnehmen, also die Hintergründe aufzudecken, die uns nicht bewusst sein mögen, aber unser Leben oft mehr bestimmen, als uns lieb sein mag. Wir haben dafür statistische, psychologische und neurowissenschaftliche Verfahren entwickelt, die uns Daten liefern, die uns die Selbstdarstellungen anderer und unsere eigenen Selbstdarstellungen kritisch zu beurteilen erlauben. Mit ihrer Hilfe versuchen wir hinter die Vorderseite des Wahrnehmbaren zu blicken, bei uns und bei anderen. Doch weil wir sie generieren im Versuch, uns selbst zu verstehen, sind diese Daten nie völlig frei von Deformationen. Wir sind selbst im Spiel, als Subjekte und Objekte, und wir können das nicht ausklammern. Wo aber wir im Spiel sind, da könnte es auch anders sein.

Die Schwierigkeit besteht nicht nur darin, dass wir im Rahmen unserer biologischen Möglichkeiten, die ihrerseits nicht stabil, sondern veränderbar sind, auch anders sein könnten, als wir sind, sondern dass wir oft anders sein wollen und das auch können. Was Menschen sind, lässt sich nicht sagen, ohne zu beachten, was sie sein wollen. Im Wollen steckt aber nicht nur ein Potential zur Gemeinsamkeit, sondern der Drang zur Differenz. Wir teilen viel, aber jeder will anders sein als die anderen. Wo die Alten nach der Natur des Menschen fragten, die uns allen gemeinsam ist, fragen wir nach dem, was uns unverwechselbar von allen anderen unterscheidet. Das Eigene ist wichtiger als das Gemeinsame, und manchmal scheint das einzige Gemeinsame das zu sein, dass wir nichts Gemeinsames mit anderen haben wollen. Anderssein ist die Parole. Nirgendwo sind wir uns ähnlicher.

Wie es das Menschsein nur in der Vielzahl und Vielfalt einzelner Menschen gibt, so gibt es den einzelnen Menschen nur im wechselseitigen Anderssein im Zusammensein mit anderen. Jeder Mensch gehört

---

19 Vgl. I. U. Dalferth, Homo definiri nequit. Logisch-philosophische Bemerkungen zur theologischen Bestimmung des Menschen, ZThK 76 (1979), 191–224.

zur Menschheit, und das ist etwas anderes als die Zugehörigkeit zu einer mit Hilfe eines abstrakten Merkmals generierten Menge. Aus dieser Gemeinschaft können wir nicht austreten, selbst im Tod bleiben wir mit ihr im Modus der Vergangenheit verbunden. Wir gehören zur Menschheit, ob wir wollen oder nicht. Aber wir können nicht zu ihr gehören, ohne wie die anderen oder anders als die anderen sein zu wollen. Was wir sind, ist immer auch Resultat dessen, was wir sein oder nicht sein wollen. Wir haben ein Interesse daran, in bestimmter Weise zu leben. Das hat sich im Verlauf der Geschichte mannigfach verändert. Aber niemals leben wir nur, sondern immer leben wir in einer bestimmten Weise, und nicht jede Weise, in der wir leben, ist eine Weise, in der wir leben wollen. Wir machen Unterschiede. Diese Unterschiede zeigen, was wir wollen und was wir nicht wollen. Und das wiederum lässt erkennen, wie wir uns selbst sehen.

Nicht nur die Differenz zwischen dem, wie wir uns darstellen, und dem, was sich hinter unseren Darstellungen verbirgt, ist daher entscheidend für uns. Sondern auch die Differenz zwischen dem, wie wir faktisch leben, und dem, wie wir gerne leben würden bzw. nicht leben wollen, zwischen dem, was wir sind, was wir sein können und was wir sein wollen. Sind wir so, wie wir erscheinen? Wollen wir so sein? Könnten wir anders sein? Und wenn ja, sollten wir es? Um das herauszufinden, müssen wir nicht nur aufzeigen, was wir sind, sondern auch, was wir sein wollen und sein können. Beides steht nicht fest, sondern kann sich verändern und verändert sich immer wieder, im individuellen Leben und im Leben der Menschheit. Aber indem wir versuchen zu werden, was wir sein wollen, entdecken wir, was wir sein können und was nicht. Und indem wir versuchen zu werden, was wir sein können, entdecken wir, was wir sein sollen und was nicht.

6

Ohne an die dreifache Grenzen dessen zu stoßen, was wir sind, aber nicht sein wollen, was wir sein wollen, aber nicht sein können, und was wir sein können, aber nicht sein sollen, könne wir nicht sagen, was wir in Wahrheit sind. Wir sind, aber wir kennen uns nicht, darum fragen wir nach uns. Wir fragen nach den Grenzen, die uns definieren. Diese Grenzen befinden sich nicht weit am Rand unseres Lebens, sondern mitten in ihm. Sie bestimmen die Frage nach unserem Menschsein, am Leitfaden der Differenz zwischen Mensch und Gott nicht weniger als am

Leitfaden der Differenz zwischen Mensch und Tier, und sie bestimmen die Frage nach unserer Menschlichkeit am Leitfaden der Differenz zwischen einem menschenwürdigen und menschenunwürdigen Leben.

Beide Fragen sind nicht zu verwechseln. Die Frage nach dem *Menschsein* sucht zu klären, unter welchen Bedingungen zu Recht gesagt werden kann, dass jemand oder etwas ein Mensch bzw. kein Mensch, sondern etwas anderes ist („x ist ein Mensch, weil ..."). Die Frage nach der *Menschlichkeit* dagegen will wissen, wann und unter welchen Bedingungen Menschen menschlich bzw. nicht menschlich leben („Ein Mensch lebt menschlich, wenn ..."). Mit der Beantwortung der ersten Frage (Wer ist ein Mensch?) ist die zweite Frage noch nicht beantwortet (Was heißt es, als Menschen menschlich zu leben?). Aber die zweite Frage kann auch nicht unabhängig von der ersten gestellt werden. Nicht alle Lebewesen sind Menschen, aber nur Menschen können menschlich oder unmenschlich leben.

Zur Beantwortung der ersten Frage sind empirische Informationen unabdingbar, die den Menschen als Lebewesen unter Lebewesen im evolutionären Prozess der Natur zu verstehen helfen. Zur Beantwortung der zweiten Frage dagegen sind normative Ideale der Menschlichkeit aus den kulturellen Traditionen der Menschheit in Vergangenheit und Gegenwart in den Blick zu nehmen, in denen zum Ausdruck kommt, wie Menschen mit anderen Menschen auf menschliche Weise zusammenleben wollen. Die erste Frage nötigt dazu, auf empirische Differenzen und biologische, psychologische und soziologische Sachverhalte im Bereich der Natur zu achten. Die zweite Frage dagegen hält dazu an, kulturelle Konzeptionen oder Ideale der Menschlichkeit in Geschichte und Gegenwart in den Blick zu fassen, in denen sich in oft kontroverser Weise ausspricht, was Menschen unter einem guten und anstrebenswerten Zusammenleben mit anderen Menschen verstehen.

Der Versuch, die Frage nach der Menschlichkeit durch die Beschäftigung mit der Frage nach dem Menschsein zu beantworten,[20] überspielt daher eine wichtige Differenz, die den Menschen charakterisiert: Wir können als Menschen unmenschlich sein, und wir sind es auch oft.

---

20 Vgl. J. Bauer, Prinzip Menschlichkeit. Warum wir von Natur aus kooperieren, Hamburg 2006. So gewiss es ohne Kooperationsverhalten kein menschliches Zusammenleben gibt, so gewiss ist mit der empirischen Erforschung menschlichen Kooperationsverhaltens allein noch nicht entschieden, was es heißt bzw.

Um das zu vermeiden, geben wir uns Regeln, die uns helfen sollen, Unmenschlichkeit zu vermeiden und Menschlichkeit zu fördern: *Menschlich lebt, wer sich an der Unterscheidung zwischen einem menschenwürdigen und nicht menschenwürdigen Leben orientiert, und kein Leben ist menschenwürdig, das einem nicht ermöglicht, sich an dieser Unterscheidung zu orientieren und damit an einem Ideal dessen auszurichten, was eines Menschen würdig ist und was nicht.* Ohne Ideale der Menschlichkeit, an denen wir unser Zusammenleben orientieren, können Menschen nicht menschlich zusammenleben.

7

Die Wahrung der Menschenwürde ist ein solches Ideal. Es sagt nicht, worin diese besteht, sondern dass man sich selbst verpflichtet, alle anderen und sich selbst so zu behandeln, dass man ihre unveräußerliche Würde respektiert, Menschlichkeit also konsequent als Mitmenschlichkeit lebt: Ich will das Menschsein jedes Menschen nicht nur anerkennen, sondern so leben, dass es anderen und mir möglich ist, miteinander menschlich zu existieren und menschenwürdig zu leben. Wie das jeweils konkretisiert wird, kann von Fall zu Fall, Zeit zu Zeit und Kultur zu Kultur verschieden sein. Aber die Selbstverpflichtung zur Wahrung der Menschenwürde und die Orientierung am Ideal der Menschlichkeit als Mitmenschlichkeit ist das, was Menschen für die Unterscheidung zwischen Menschlichkeit und Unmenschlichkeit sensibilisiert und die Transformation des Zusammenlebens von Menschen in ein menschliches Zusammenleben befördert.

Es gibt nicht nur dieses Ideal der Menschlichkeit in der Geschichte der Menschheit. In der westlichen Tradition gehören dazu auch Ideale wie die der Freiheit, der Gerechtigkeit, der Gleichheit, der Brüderlichkeit (und Schwesterlichkeit), der Solidarität, der Rechtsstaatlichkeit, des Friedens, der Demokratie, der Menschenrechte und der Minderheitsrechte. In Artikel 2 EUV des Vertrags von Lissabon konstatieren die Mitgliedsstaaten der Europäischen Union:

---

heißen soll, auf menschliche Weise zusammenzuleben. Der Schritt von dem, was Menschen tun und tun können, zu dem, wie wir als Menschen zusammenleben wollen und sollen, ist ein Schritt, der über die bloße Feststellung von Fakten hinausgeht, weil er normative Entscheidungen der Menschen zu berücksichtigen nötigt.

„Die Werte, auf die sich die Union gründet, sind die Achtung der Menschenwürde, Freiheit, Demokratie, Gleichheit, Rechtsstaatlichkeit und die Wahrung der Menschenrechte einschließlich der Rechte der Personen, die Minderheiten angehören. Diese Werte sind allen Mitgliedstaaten in einer Gesellschaft gemeinsam, die sich durch Pluralismus, Nichtdiskriminierung, Toleranz, Gerechtigkeit, Solidarität und die Gleichheit von Frauen und Männern auszeichnet."[21]

Zwar wird hier von Werten gesprochen, aber die Werte sind Ideale, die nie vollständig realisiert sind, sondern stets dazu anhalten, sie besser zu implementieren und zu realisieren. Sich auf sie zu verpflichten, heißt nicht, ihr Vorliegen zu konstatieren, sondern sich auf ihre fortlaufende Konkretisierung festzulegen. Sie alle können nicht entweder nur ganz oder gar nicht, sondern mehr oder weniger gut realisiert werden, und sie sind nie vollkommen realisiert.

Diese Wert-Ideale verstehen sich nicht von selbst. Sie sind das Ergebnis langwieriger historischer Entwicklungen und gesellschaftlicher Konflikte, in denen sie gegen andere Wert-Ideale durchgesetzt wurden, nicht selten durch revolutionäre Umbrüche und politische Neuorientierungen. Sie sind daher nie selbstverständlich oder so gesichert, dass sie nicht infrage gestellt oder von innen oder außen her ausgehöhlt, entleert oder umdefiniert werden könnten. Keines dieser Ideale wirkt ohne einen Machtapparat, der es gegen Widerstände zur Geltung bringt. Jedes dieser Ideale ist vielmehr strittig, und zwar auch dann, wenn es verbal mitgetragen wird. Ideale der Menschlichkeit sind stets gefährdete Ideale, die aktiv vertreten und verteidigt werden müssen, wenn sie ihr Wirkungspotential nicht verlieren sollen.

Das gilt ganz besonders für ihren systematischen Kern, die Konzeption eines Humanum von universaler Verbindlichkeit. In hierarchischen Gesellschaftsformen und ständischen Kulturen mit einer substantiellen Unterscheidung zwischen Herrschenden und Beherrschten, Herrenleben und Herdenmoral herrschen andere Ideale, wie nicht nur Nietzsche gezeigt hat. Ideale der Menschlichkeit sind nicht selbstverständlich und von sich aus auch immer schon Ideale einer gemeinsamen Menschlichkeit oder solidarischen Mitmenschlichkeit. Das ist vielmehr eine Sonderentwicklung, die hoch gefährdet ist.[22]

---

21 https://dejure.org/gesetze/EU/2.html.
22 Vgl. R. Mierzwa, Menschsein unter Mitmenschen: Strukturelemente einer Theorie

Ideale der Menschlichkeit müssen auch nicht ausdrücklich formuliert sein. Sie sind faktisch in der Praxis des Zusammenlebens der Menschen wirksam. Wir orientieren uns an ihnen, indem wir leben, wie wir leben. Menschsein ist mehr als die immer wieder neue Implementierung eines biologischen Verhaltensprogramms. Es ist auch dadurch ausgezeichnet, dass es die Frage nach einer menschlichen Weise, als Menschen mit anderen Menschen zusammenzuleben, aus sich heraustreibt. Sich als Mensch selbst bestimmen zu müssen, gehört zum Menschsein. Und sich angesichts erfahrener oder drohender Unmenschlichkeit zu einem menschlichen Leben zu bestimmen, heißt, sich nicht nur an empirischen Fakten, sondern an anthropologischen Idealen, gesellschaftlichen Zielen und kulturellen Differenzen zu orientieren.

8

Es gibt daher zwei Grundregeln für die Bestimmung der Menschlichkeit des Menschen. Auf der einen Seite die negative Regel, dass jede Bestimmung von Menschlichkeit die Differenz zur Unmenschlichkeit markieren muss: Man kann nicht sagen, was „menschlich" heißen soll, ohne es von dem abzugrenzen, was für „unmenschlich" gehalten wird. Doch das genügt nicht. Um deutlich zu machen, was man mit Menschlichkeit meint, muss man auf der anderen Seite auch positiv bestimmen, worin das Menschliche im Unterschied zum Unmenschlichen besteht. Aber während man sich relativ leicht auf das verständigen kann, was unmenschlich ist, ist das viel schwieriger im Hinblick auf das, was zu einem wirklich menschlichen Leben gehört. Hier driften auch die auseinander, die im Negativen übereinstimmen. Was Unfreiheit ist, weiß jeder, worin Freiheit besteht, ist stets strittig. Ähnliches gilt für Ungerechtigkeit und Gerechtigkeit, Übel und Gutes, Verwerfliches und Schätzenswertes. Während man im ersten Fall negative Erfahrungen anführen kann, die in Grundzügen alle teilen, manifestiert im zweiten Fall jede positive Bestimmung der Menschlichkeit die Interessen und

---

der Solidarität, Erkelenz 2017. Die „vorrangige Option für die Armen" muss aber viel kritischer und umfassender entfaltet werden, als es in diesem Buch geschieht. Gott ist nicht nur der „Schutzgott" der „Armen, Benachteiligten und Ausgeschlossenen", wenn darunter nur die verstanden werden, die gesellschaftliche „Exklusions- und Einsamkeitserfahrungen machen müssen" (216 f.). Es gibt vielmehr niemanden, der nicht auf Gottes Zuwendung angewiesen wäre, der reiche Jüngling nicht weniger als der arme Lazarus.

Wertungen derjenigen, die dieses Ideal formulieren, setzen oder verbindlich machen wollen. Positive Werte der Menschlichkeit sind nicht als solche universal, sondern stellen Universalisierungspostulate partikularer Interessen dar bzw. werden von anderen leicht so verstanden. Werden Menschlichkeits-Ideale vom Westen formuliert, sieht sich der Osten nicht adäquat berücksichtigt, stellen Männern sie auf, sehen sich Frauen nur mitgemeint, aber in ihrer Eigenart nicht ernstgenommen, werden sie von weißen Frauen vertreten, fühlen sich schwarze, lateinamerikanische, asiatische und indigene Frauen ausgegrenzt, treten Wohlhabende für sie ein, fürchten Wenigerverdienende, betrogen zu werden, werden sie von Heterosexuellen propagiert, fühlt sich die LGBQ-Community missachtet – und umgekehrt. Stets wird befürchtet oder damit gerechnet, dass man nicht wirklich gleichwertig berücksichtigt wird, wenn man selbst nicht zu denen gehört, die diese Ideal-Werte propagieren, sondern ihnen nur zustimmen darf oder soll.

Um das zu vermeiden, muss man auf Ideale rekurrieren, die nicht die Interessen der einen oder der anderen Seite zur Geltung bringen, auch nicht in Form eines ausgehandelten Interessenausgleichs, der jederzeit nach der einen oder anderen Seite abstürzen kann, sondern die allen Beteiligten und Betroffenen gegenüber ein Drittes darstellen. Ebendiese Position nimmt traditionell der Rekurs auf Gott, Schöpfung und Sünde ein. Wenn wir nach dem fragen, was unsere westlichen Ideale der Menschlichkeit entscheidend bestimmt, dann spielt das, was die christlichen – und in anderer Ausprägung auch die jüdischen und muslimischen – Traditionen *Sünde* nennen, eine zentrale Rolle. Sünde ist nicht der einzige Ansatzpunkt zur Bestimmung der Menschlichkeit in der europäischen Tradition. Die antike Philosophie und ihre Auswirkungen in Renaissance, Aufklärung und säkularer Moderne spielen ebenso eine Rolle wie der Beitrag anderer Kulturen und Religionen im komplexen Verlauf der europäischen Geschichte. Doch sucht man nach einem roten Faden in diesem weiten Feld, dann spielt die Sündenthematik eine Schlüsselrolle in der Debatte um die Bestimmung der Menschlichkeit des Menschen. Die Auseinandersetzung mit ihr hat in der westlichen Denkgeschichte entscheidend zur Entdeckung und Konkretisierung der Menschlichkeit des Menschen beigetragen. Sie tat es auf mehr als eine Weise, weil „Sünde" unterschiedlich verstanden wurde und wird. Methodisch aber dominierte dabei die Denkfigur, dass man an den Verfehlungen (bzw. an dem, was man für Verfehlungen hält) erkennt bzw.

erkennen kann, was Menschen nicht sind, aber sein könnten und sollten. Indem man beachtet, was behauptet wird, wenn man Menschen als Sünder bezeichnet, und was bestritten wird, wenn man ihr Sündersein bestreitet, sieht man in immer wieder neuen Brechungen deutlicher, worin die Menschlichkeit der Menschen besteht und bestehen könnte. Die Auseinandersetzung mit der Negativität der Sünde ist in Zustimmung und Widerspruch ein zentraler Schlüssel zur Entdeckung und Konkretisierung des europäischen Ideals der Menschlichkeit.[23]

9

Am Leitfaden der Sünde wird das, was Menschlichkeit besagt und ein gutes menschliches Leben auszeichnet, auf verschiedene Weise zu bestimmen versucht. Mindestens drei Konstruktionen des Humanum lassen sich unterscheiden. Ich nenne sie die Ideale der *Übelvermeidung*, der *Durchsetzungsmacht* und der *Orientierung am Unverfügbaren*.

Übelvermeidung: Die erste und populärste Option entwirft ein Ideal des Menschlichen *e negativo*: Menschlich ist dasjenige Leben, das nicht durch Unglück, Unrecht und Übel gekennzeichnet ist. Alle Menschen wissen aus Erfahrung, was ein unmenschliches, für Menschen nicht würdiges Leben ist. Indem sie das negieren, entwerfen sie die Grundzüge eines menschlichen Lebens als Gegenentwurf zum faktischen Leben. Wir wissen nicht, was wir positiv anstreben sollen, um als Menschen menschlich zu leben, aber wir wissen, was wir vermeiden und überwinden müssen, um das zu tun. Wir wollen kein Unglück, keine Übel, kein Unrecht erleiden und streben deshalb nach Glück, Gutem und Gerechtigkeit. Aber diese Werte sind negativ definiert durch ihren Kontrast zu Unglück, Übel und Unrecht, und in deren Vermeidung erschöpft sich dieses negative Konzept der Menschlichkeit auch.

10

Durchsetzungsmacht: Die zweite Option entwirft ein Ideal des Menschlichen, das durch die Doppelbewegung des Abbaus des Negativen und

---

[23] Das bestätigt sich auch dort, wo das Konzept bzw. die Idee der Sünde auf andere Kulturen und Religionstraditionen übertragen wird, um das zu thematisieren, was dort dem nahekommt oder entspricht, was in der westlichen Religionsgeschichte als Sünde thematisiert wird. Vgl. G. Mensching, Die Idee der Sünde. Ihre Entwicklung in den Hochreligionen des Orients und Occidents, Leipzig 1931.

des Aufbaus des Positiven bestimmt ist. Wer menschlich und in Würde leben will, muss alles daransetzen, Übel, Unrecht und Unglück im Leben zu mindern und das Gute, Gerechte und Wohltuende im Leben zu steigern. Wer die Macht hat, das besser zu tun als andere, lebt menschlicher.

Der Idealfall der Menschlichkeit ist so ein menschliches Leben, das durch den größtmöglichen Abbau von Übeln und den bestmöglichen Aufbau von Gutem gekennzeichnet ist. Dieses Ideal der Menschlichkeit ist zweiseitig bestimmt als Kampf gegen Negatives und Einsatz für Positives. Beides zeichnet ein so verstandenes menschliches Leben aus. In ihm gibt es auf der einen Seite Regeln und Gesetze, die das Negative eindämmen, und auf der anderen Seite moralische, soziale, ökonomische, politische und technologische Bemühungen und Strategien, das Gute zum Besseren zu steigern. Neben das Vermeiden von Unglück, das jedem menschlichen Leben eingezeichnet ist, tritt so das Streben nach Glück. Nicht von ungefähr wird dieses als Grundrecht aller Menschen in der Präambel der amerikanischen Unabhängigkeitserklärung ausdrücklich herausgestellt: "We hold these truths to be self-evident, that all men are created equal, that they are endowed by their Creator with certain unalienable Rights, that among these are Life, Liberty and the pursuit of Happiness."[24] Leben, Freiheit und das Streben nach Glück gehören zu den Grundrechten eines jeden Menschen, die dem Schöpfer zu verdanken sind. Die Menschlichkeit der Menschen wird damit durch alles infrage gestellt, was das Leben gefährdet, die Freiheit einschränkt und das Streben nach Glück behindert. Doch während die Wende gegen das Negative in gemeinsamen Erfahrungen fundiert ist, steht der Kampf für das Positive und das Streben nach Glück vor der ständigen Herausforderung, dass jeder das, was er für sich als Glück betrachtet, anders bestimmt. Alle haben das Recht, nach Glück zu streben, aber jeder bestimmt das, was für ihn oder sie Glück genannt zu werden verdient, so, wie es seinen oder ihren Interessen entspricht. Deshalb resultiert das gemeinsame Recht auf das Streben nach Glück nicht in einer positiven

---

24 The Declaration of Independence (http://www.ushistory.org/declaration/document/). „Wir halten diese Wahrheiten für ausgemacht, daß alle Menschen gleich erschaffen worden, daß sie von ihrem Schöpfer mit gewissen unveräußerlichen Rechten begabt worden, worunter sind Leben, Freyheit und das Bestreben nach Glückseligkeit." (Pennsylvanischer Staatsbote, 9. Juli 1776, Philadelphia: https://www.dhm.de/archiv/magazine/unabhaengig/adams4_e.htm).

Ausrichtung des Lebens auf Ziele, die alle gemeinsam anstreben und verantworten, sondern gerade umgekehrt in einer immer weiter gehenden Pluralisierung und Vereinzelung der Lebensentwürfe. Jeder ist nur noch seines eigenen Glückes Schmied, und wer sich für das Glück anderer einsetzt, muss damit rechnen, für unangebrachte Übergriffe in das ureigenste Recht der Anderen gerügt zu werden.

Glückseligkeitsstreben wird so nur allzu leicht zur egoistischen Verantwortungslosigkeit, mein angebliches Recht auf Glück – und das ist etwas anderes als das Recht des Strebens nach Glück! – auch auf Kosten der anderen zu verwirklichen. Unter Bedingungen der Knappheit der Lebensressourcen ist dieses Ideal der Menschlichkeit geradezu die Einladung zur egoistischen Durchsetzung der Eigeninteressen gegen die der anderen und damit zum Kampf aller gegen alle. Wo das Streben nach Glück zum Streben nach *je meinem* Glück wird, resultiert dieses Ideal der Menschlichkeit nur allzu leicht in Unmenschlichkeiten auf allen Ebenen des privaten und öffentlichen Lebens. Denn selbst wenn wir Übereinstimmung erzielen im Blick auf das, was es in einem guten menschlichen Leben zu vermeiden gilt, gelingt es kaum, uns auf gemeinsame positive Ziele der Menschlichkeit zu verständigen.

Menschlichkeit wird so entworfen als eine Ausrichtung menschlichen Lebens, das zwischen einem negativen Minimalismus des zu Vermeidenden (was wir auf jeden Fall beenden oder einschränken müssen) und einer potentiell gefährlichen Pluralisierung des positiv zu Erstrebenden (was für manche, für viele, für die meisten oder für alle gut wäre, wenn es der Fall wäre) aufgespannt ist. Aus der Übereinstimmung im Negativen ergeben sich keine klaren Leitlinien für eine gemeinsame positive Konzeption eines wahrhaft menschlichen Lebens, so dass die Gefahr besteht, Menschlichkeit nicht kooperativ als Mitmenschlichkeit, sondern egoistisch als Selbstmacht zu konstruieren – als die Macht, seine Interessen anderen gegenüber durchzusetzen.

11

Orientierung am Unverfügbaren: Die dritte Option entwirft ein Ideal des Menschlichen, indem sie nach dem fragt, ohne das es keine Menschlichkeit *e negativo* und keinen Abbau von Üblem und Aufbau von Gutem geben könnte. Der Kern der Menschlichkeit besteht dann darin, dass Menschen sich zu dem verhalten können, ohne das sie weder übel noch gut leben könnten. Sich dazu zu verhalten, heißt aber grundlegend, der

Tiefenpassivität einsichtig zu werden, ohne die man sich gar nicht dazu verhalten könnte. Nur wer da ist, kann sich so verhalten, und niemand ist von sich aus oder durch sich selbst da. Zwar ist unser Sosein immer auch durch uns selbst mitbestimmt, aber unser Dasein verdanken wir nicht uns selbst. Wir sind geworden, und nur deshalb können wir werden. All unsere Aktivität und Passivität im Leben setzt voraus, dass wir da sind, aber das sind wir nur, wenn wir ins Dasein gekommen sind, und nicht dadurch, dass wir uns selbst ins Dasein bringen.

Menschlichkeit entspringt der Möglichkeit, das anzuerkennen und so zu leben, dass wir unser Leben an dem ausrichten, dem wir es verdanken. Der Grund unseres Daseins ist der Gegenstand unserer Lebensorientierung. Über diesen Grund verfügen wir nicht, sondern wir verdanken uns ihm. Wer so lebt, dass er sich daran ausrichtet, der lebt menschlich, weil er sich selbst gegenüber einem anderen zurücknimmt und von dort aus infrage stellen und bestätigen lässt. Er akzeptiert, an zweiter und nicht an erster Stelle zu stehen. Wenn wir da sind, sind wir es nicht, weil wir es wollen, sondern wir können es nur wollen oder nicht wollen, wenn und insofern wir da sind. Unser Dasein ist das passive Gesetztsein durch ein anderes. Es verändert die Welt von einem Zustand, in dem sie so ist, wie sie ohne uns ist, in einen Zustand, in dem wir in ihr da sind und sie zu dem wird, zu dem wir sie mitgestalten. Die Veränderung der Welt durch unser Kommen ins Dasein und das Verändern der Welt durch unser Dasein sind zu unterscheidende Prozesse. Wir haben eine geringe Macht, unser Leben in dieser Welt mitzugestalten. Aber wir haben keine Macht, uns selbst ins Leben zu bringen. Unser Dasein ist eine Gabe, die uns ermöglicht und nahelegt, unser Leben auch entsprechend zu leben. Es kennzeichnet ein menschliches Leben, dass es die Differenz zwischen der Gabe des eigenen Daseins und der Pflicht zur Gestaltung des eigenen Soseins nicht nur bemerken, sondern sich selbst daran ausrichten kann. Wir verdanken uns nicht uns selbst, und wir sind daher gut beraten, alle als solche zu behandeln, die sich nicht sich selbst und auch nicht uns verdanken, sondern – und das ist der für Christen (und nicht nur sie) entscheidende Zusatz – dem, ohne den keiner von uns da wäre und es nichts gäbe, wo wir da sein könnten.[25]

---

[25] Man muss hier zwei Punkte unterscheiden. Der erste ist die negative Einsicht, dass wir uns nicht uns selbst verdanken. Das ist eine Einsicht, die jedem zugänglich und jeder zumutbar ist. Das ist anders im Fall der positiven Einsicht, dass wir alle

1. HUMANUM

Die Unfähigkeit und Unwilligkeit, so zu leben und damit sich gegenüber ehrlich zu sein, ist Sünde. Die Rede von der Sünde erinnert daran, dass wir biographisch alle unser Leben so beginnen, dass wir die Differenz zwischen der Gabe des Daseins (die Gott zu verdanken ist) und der Pflicht zur Gestaltung unseres Soseins (die unsere Aufgabe ist) nicht beachten und damit zwar Gottes Geschöpfe sind, aber nicht als Gottes Geschöpfe leben. Wenn wir im Laufe der Jahre bewusster leben, können wir das bemerken und es dann ausdrücklich bestreiten oder bejahen. Wir müssen es nicht tun, aber wir können es, und wir können es nur, weil das, was wir dabei bestreiten oder bejahen, nicht dadurch erst wirklich wird. Es muss vielmehr schon wirklich sein, wenn wir es bestreiten oder bejahen können sollen. Nur wer da ist, kann das eine oder das andere tun, und keiner der da ist, kann da sein, ohne faktisch das eine oder das andere zu tun. Jeder lebt entweder im Modus der Bejahung oder im Modus der Verneinung dieses Sachverhalts. Wer im Modus der Verneinung lebt, der lebt als Sünder. Wer diesen Modus verneint und stattdessen das Zweifache bejaht, dass er sich einem Anderen verdankt, ohne das es ihn nicht gäbe und über das er nicht zu verfügen vermag, und dass auch alle anderen ihr Dasein demselben Anderen verdanken, ohne den es nichts Mögliches und Wirkliches gäbe, das von ihm verschieden ist, der lebt nicht als Sünder, sondern so, wie man als Geschöpf Gottes leben könnte und sollte.

Menschlich ist ein Leben, dass die Lebenslüge verneint, man habe Macht über sich selbst und müsse nicht zwischen der Nichtverantwortlichkeit für sein Dasein und der Verantwortlichkeit für sein Sosein unterscheiden. Wer so denkt, unterscheidet nicht zwischen dem, wofür allein Gott verantwortlich ist, und dem, für das man selbst mitverant-

---

unser Dasein einem anderen verdanken und dass es ein und dieselbe Wirklichkeit ist, der wir uns alle verdanken. Dieser zweite Punkt verlangt weitere Argumente, die mit der expliziten Rede von Sünde und Schöpfung in der christlichen Tradition zur Sprache kommen. Erst dadurch wird der „Everybody loves somebody"-Fehlschluss vermieden, aus der Tatsache, dass jeder jemanden liebt, zu folgern, dass es einen gibt, den alle lieben. Die Tatsache, dass niemand sein Dasein sich selbst verdankt, heißt nicht, dass es einen gibt, dem alle ihr Dasein verdanken. Erst dort, wo Sünde als Fehlverhalten gegenüber der sich selbst erschließenden Wirklichkeit des einen und einzigen Gottes verstanden wird, lässt sich unsere existenzielle Tiefenpassivität als Ausdruck unseres Geschaffenseins und damit als Hinweis darauf verstehen, dass es gut ist, dass wir da sind, weil der Schöpfer nichts wirkt, was nicht gut wäre.

wortlich ist. Damit macht man sein eigenes menschliches Leben entweder zu groß, weil man sich mit Gott verwechselt, oder zu klein, weil man meint, ohne Gott leben zu können. Beides ist wirklichkeitsfremd und resultiert in Unmenschlichkeiten anderen und sich selbst gegenüber. Wer meint, anderen gegenüber Gott spielen zu können, übernimmt sich, und wer meint, auch ohne Gott sein Leben führen zu können, übernimmt sich auch. Beides sind Formen der Unmenschlichkeit, die ein menschliches Leben entstellen, weil es unter seinen und gegen seine Möglichkeiten gelebt wird.

12

Wo die Sensibilität für das Sündenthema nachlässt, steigt die Gefahr, dass Menschen sich ihrem Hang zur Unmenschlichkeit ungebremst überlassen. Der Traum der Aufklärung, dass Menschen sich selbst die nötigen Beschränkungen und Kontrollen auferlegen können, wenn sie nur ihrer Vernunft folgen und sich ihrem selbstbestimmten Willen überlassen, ist desaströs gescheitert. Die menschenverachtenden Regime im 20. Jahrhundert, deren Ideologien der Menschheitsbeglückung zu unvorstellbarer Unmenschlichkeit führten, belegen das auf schreckliche Weise. Nie werden Menschen unmenschlicher, als wenn sie dem Irrtum erliegen, selbst bestimmen zu können, worin ihre Menschlichkeit besteht und wer ihrer teilhaftig zu werden verdient. Menschen werden zu Unmenschen, ohne es zu wollen, wenn sie nicht durch eine Instanz, die sie in die Schranken zu verweisen vermag, daran gehindert werden (heteronome Fremdbeschränkung) bzw. sich selbst durch den Bezug auf eine solche Instanz, die sich ihrer Verfügungsgewalt und Gestaltungsmacht entzieht, daran hindern (autonome Selbstfestlegung).

Die Berufung auf die Vernunft kann sie davor nicht bewahren. Die Vernunft leistet ihre Dienste dort, wo sie negativ gebraucht wird und als Einspruchsinstanz gegen die eigene Großspurigkeit fungiert: Sie hilft, auch zu sich selbst und den eigenen Bestrebungen Nein zu sagen, wenn wir die Bodenhaftung verlieren. Dagegen wird sie zum Feuerbeschleuniger, wo sie meint, positiv selbst Ziele setzen zu können, die ein menschliches Leben anzustreben habe. Vernunft, die nur auf sich selbst baut, ist bodenlos, und Vernunft, die nur sich selbst zum Leitfaden hat, ist orientierungslos. Sie ist keine Hilfe zur Orientierung im Leben, sondern intellektuelle Verblendung, weil sie nichts hat, an dem sie sich kritisch ausrichten könnte, und nicht zu entscheiden vermag, was anzustreben vernünftig wäre und was nicht. Wer das Mittel zum Ziel macht, wird nie ein Ziel erreichen, das mehr wäre als der Missbrauch dieses Mittels – ein selbstbezüglicher Vernunftgebrauch, der sich nicht einmal mehr als Mittel zu oder für etwas durchschaut. Die Vernunft selbst wird damit unvernünftig – und ein Leben, das sich an einem solchen Vernunftgebrauch orientiert, auch.

Deshalb ist es angebracht, nach den Abstürzen und Aporien der Selbstaufklärung der Vernunft noch einmal neu nach dem zu fragen, was die Vernunft nicht vergessen sollte, wenn sie sich wirklich kritisch mit sich selbst und den Idealen der Menschlichkeit in der europäischen Geschichte auseinandersetzen will. Ein guter Ansatzpunkt dafür ist die Sünde. Sünde ist das, was die Vernunft grundlegend irritiert und wogegen sie sich mit allen Mitteln zur Wehr setzt. Mit dieser Irritation ist anzufangen.

2. Vergessene Einsichten: Sünde, Sünder und Sünden

1

Für Sünde interessiert sich niemand mehr. Das Thema ist unserer Kultur fremd geworden. Nicht erst neuerdings, sondern schon seit geraumer Zeit. Kaum einer spricht noch ernsthaft von Sünde. Nicht weil es das nicht mehr gäbe, was unter diesem Titel zur Sprache gebracht wird, sondern weil man mit solcher Rede nichts mehr anfangen kann – wenn man das denn je konnte.[26] Das Sprachspiel der Sünde spielt keine Rolle mehr im Leben. Man spricht und denkt nicht mehr so, weil man nicht mehr ernst nimmt, dass es um Ernstes geht.

Das lässt sich überall beobachten. Das Thema wird vermieden, zu einer irrelevanten Denkform der Vergangenheit verharmlost, ironisiert oder trivialisiert. Anstatt sich ihm zu stellen, entzieht man sich den mit ihm aufgeworfenen Fragen. Früher floh man aus Angst vor den höllischen Folgen der Sünde in die Arme der Kirche und ihrer sakramentalen Entlastungs- und Erlösungsangebote. Oder man definierte die

---

[26] Vgl. S. Brandt u. a., Sünde. Ein unverständlich gewordenes Thema, Neukirchen-Vluyn 1997.

Sünde als ein moralisches Problem, das man sich durch Moralwechsel, Moralabstinenz oder die Flucht in begriffliche Distinktionen vom Leib halten konnte. Heute stürzt man sich ins Leben und meint, der Sünde und ihren Folgen durch Nichtbeachtung entgehen zu können, oder versucht gar, dieses Nichtbeachten durch eine »Große Europäische Geschichtserzählung« zu rechtfertigen. Die Antike sei die Zeit der Entdeckung der großen Ideen gewesen, das Mittealter die Zeit eines transzendenten Gottes, die Moderne die Zeit des autonomen menschlichen Subjekts, und die Gegenwart sei die Zeit der anonymen komplexen Systeme ohne Subjekte, Gott oder Ideen.[27] Unter diesen Bedingungen kann es keine Sünde mehr geben, weil man gar nicht verstehen kann, was das sein sollte. Und folglich scheint es in der heutigen Zeit nicht nur der Sache nach nicht möglich, sondern kulturell ganz unmöglich zu sein, sich mit diesem Thema ernsthaft zu befassen. Man kann weder etwas dafür noch dagegen sagen, weil es doch gar nichts gibt, wozu man etwas sagen könnte. Das Sündenthema hat sich vom theologischen Topos über ein moralisches Obstakel und gesellschaftliches Tabu zu einer kulturellen Leerstelle entwickelt. Man muss es moralisch nicht mehr bekämpfen (wie in der Aufklärungsepoche). Man braucht auch seiner untergründigen Wirksamkeit in den psychosozialen Tiefengründen der menschlichen Gesellschaft nicht mehr kulturanalytisch nachzuspüren (wie in der bürgerlichen Epoche). Es ist vielmehr kulturell zu einer gänzlichen Leerstelle geworden, deren Nichtigkeit dem Wohlstandsnihilismus der Gegenwart entspricht. Die Sündenthematik bietet kein Erregungspotential mehr und stellt keine Entdeckungsherausforderung mehr dar, so dass man sie getrost ignorieren kann.

Doch all das sind Irrwege und Irrtümer. Die Sakramente der Kirche erlösen nicht von der Sünde, sondern vergegenwärtigen, dass allein Gott selbst die Sünde überwindet. Die Verkürzung der Sünde auf moralisches Fehlverhalten verleiht ihr keine lebensnahe Konkretion, sondern verstellt die Einsicht in den existenziellen Abgrund, den sie aufdeckt. Die Flucht in den Begriff befreit nicht von der Sünde, weil Denken immer zu spät kommt, wenn es um die eigene Existenz geht. Und auch die Flucht ins Leben und in die kulturelle Nichtbeachtung bietet keinen Ausweg, weil man der Sünde nicht entkommt, indem man sie ignoriert. Sünde ist

---

27 Vgl. A. Loffi, Is Humanity Worthy of Respect in Itself? (unveröffentlicher Vortrag Claremont 21.2.2019).

keine Frage einer engen Moral, der man sich durch liberale Umorientierung in eine freiere Moral entziehen könnte. Sie ist kein Denkproblem, das man lösen und damit beseitigen könnte. Und sie ist auch keine Wirklichkeit, die es nur gibt, wenn man sich mit ihr befasst, und die sich von selbst erledigt, wenn man sich nicht mehr mit ihr befasst. Sünde ist etwas anderes als Sündenbewusstsein. Sünder sind sich in der Regel ihrer Sünde gerade nicht bewusst. Und sein Sündenbewusstsein – für viel Geld – wegtherapieren zu lassen, ist kein Weg zur Überwindung der Sünde. Sünde ist die Grundformel für den Modus einer verfehlten menschlichen Existenz vor Gott. Sie bezeichnet diejenige Weise, als Gottes Geschöpf in Gottes Gegenwart zu existieren, in der man nicht mit Gott rechnet, obwohl man das könnte. Nicht alle Geschöpfe können mit Gott rechnen, weil sie anders als die Menschen nicht in der Lage sind, Nein oder Ja zu sagen zu Gott. Nicht alle, die leben, als gäbe es Gott nicht, sind daher Sünder. Aber Menschen sind Geschöpfe, die nicht leben können, ohne sich zu ihrem Schöpfer zu verhalten, mit dessen Gegenwart also zu rechnen oder das nicht zu tun. Tun sie es, leben sie nicht als Sünder. Tun sie es nicht, leben sie als Sünder.

Dieser Sündenmodus bestimmt das Leben von Menschen, auch wenn sie ihn ignorieren, und seine Wirklichkeit hängt nicht daran, dass man ihn thematisiert. Sünde qualifiziert unser Dasein und nicht erst das Bewusstsein unseres Daseins. Nur weil sie unser Dasein bestimmt, kann sie auch realer Gegenstand unseres Fühlens, Denkens und Handelns werden und sich nicht als listige Erfindung zur Knechtung der Gewissen abtun lassen. Sie ist eine Wirklichkeit unseres Lebens und nicht erst dadurch wirklich, dass wir sie erleben.

2

Das wird von denen bestritten, die unter „Gott" nur ein kulturelles Konstrukt verstehen und nicht eine sich selbst erschließende Wirklichkeit. Sie rechnen mit keiner anderen Wirklichkeit als der, die wir mit empirischen und historischen Mitteln erforschen und erklären können. Dass sie damit etwas in Anspruch nehmen, dessen Dasein sich so gerade nicht erklären lässt, stört sie nicht. Sie stellen nur wissenschaftliche Was- und Wie-Fragen (Was ist das und wie funktioniert es unter diesen Bedingungen?), aber keine existenziellen Warum-Fragen (Warum gibt es das und nicht vielmehr nicht?). Das aber verstellt den Zugang zum Sündenproblem im Ansatz. Sünde ist keine besondere Vollzugsform menschlichen

Lebens (ein bestimmtes Tun oder Lassen neben anderen), sondern ein Modus menschlichen Daseins (eine bestimmte Weise menschlicher Existenz vor Gott und in der Welt). Nur wer da ist, kann leben, und Leben vollzieht sich durch Entscheidungen, die richtig oder falsch sein können. Aber da sein kann man auf mehr als eine Weise – je nach dem, wie man sich im Vollzug seines Lebens zum Grund seines Daseins, der schöpferischen Gegenwart Gottes verhält. Der Normalfall ist das, was die christliche Tradition „Sünde" nennt. Sünde ist eine daseinsbezogene Verblendung oder Fehleinstellung, nicht zunächst und zuerst ein handlungsbezogenes Fehlen und Falschmachen. Andernfalls kann Sünde nicht mehr als vorbewusste oder bewusste Fehleinstellung zu einer vorgängigen Wirklichkeit verständlich werden, sondern kommt allenfalls als das fragwürdige kulturelle Konstrukt einer religiösen Tradition in den Blick.[28]

3

Genau das ist in der gängigen Kritik am christlichen Reden von Sünde der Fall. So wird dem Christentum vorgeworfen, es „betreibe ein zweifelhaftes Geschäft mit der Angst und einem künstlich erzeugten schlechten Gewissen"[29]. Den Menschen werde eine Schuld zugeschrieben, die sie nicht haben, um sie von etwas zu befreien, das sie gar nicht belasten müsste. Statt eine reale Schuld aufzudecken, würden den Menschen nur ideologische Schuldgefühle eingeredet. Von diesen werde man aber nicht durch Gottes Vergebung befreit, sondern „durch Aufklärung und Religionskritik"[30]. Der christlichen Sündenlehre sei vorzuwerfen, sie propagiere „einen anthropologischen Pessimismus", der „jede moralische Motivation und jedes Streben nach Sittlichkeit" untergrabe.[31] Ihre Erbsündenlehre habe „in der Geschichte des Christentums zur Abwertung, um nicht zu sagen zur Diffamierung der menschlichen Sexualität geführt und insbesondere eine negative Sicht auf die Frau begünstigt"[32]. Und sie habe eine fragwürdige „individualistische Verengung der Sündenlehre und die mit ihr verbundene Privatisierung der Erlösungshoffnung" zur Folge gehabt.[33] Die Bekämpfung der Sünde sei zum Tugend-

---

28 G. Schulze, Die Sünde. Das schöne Leben und seine Feinde, München 2006.
29 Vgl. U. H. J. Körtner, Dogmatik, Leipzig 2018, 337.
30 Ebd.
31 Ebd.
32 A. a. O., 338.
33 Ebd.

terror gegen alles geworden, was als moralisches Fehlverhalten eingestuft wird. Aber anstatt Anleitung zu einem tugendhaften Leben zu geben, werde nur pauschal die Dekadenz, Verworfenheit und Korrumpierung der Menschen herausgestrichen. Damit werde jede aktive Wende zur Besserung untergraben und der Fortschritt der Menschen zu einem selbstbestimmten Leben verhindert. Zu dem könne es nur in der Abwendung von der christlichen Sündenideologie kommen. Der erste Schritt zur Freiheit der Menschen sei daher die Befreiung von der Sündenobsession. Nur so könne das Trauma überwunden werden, dass die Menschheit durch das Christentum erlitten habe.

Man mag dagegenhalten, es gebe „übermächtige Erfahrungen des Bösen, insbesondere im 20. Jahrhundert, die den anthropologischen Optimismus der Aufklärung grundlegend erschüttert haben"[34]. Man mag auch betonen, dass die christliche Theologie selbst mehr als jede Kritik von außen dazu beigetragen habe, die Sünde zu entmystifizieren, also die „Rückführung der Sünde auf Adam" als „pure Mythologie" zu erweisen, „die zudem gar nicht leisten kann, was sie zu leisten vorgibt"[35]. Denn wird „unser Sündersein durch die verderbte Natur unserer Vorfahren erklärt, dann ist die Sünde letztlich nicht mehr Schuld, sondern Schicksal"[36]. Aber all das kann nicht darüber hinwegtäuschen, dass die christliche Sündenlehre in ihrer geschichtlichen Entwicklung selbst die Fehlformen produziert hat, die zu solchen kritischen Urteilen Anlass gegeben haben und nach wie vor geben. Die Sinngeschichte der Sünde ist verschlungen und komplex, aber es ist keineswegs so, dass die Kritik am Sündenverständnis des Christentums nur fehlgeleitet ist und sich nur an Missverständnissen abarbeitet. Zu oft wurde und wird von Christen das vertreten, was kritisiert wird. Die Kritik hat in vielem Recht.

Gerade deshalb ist es wichtig, die theologischen Kerngedanken herauszustellen, auf die es ankommt, wenn man die Pointe christlicher Rede von Sünde nicht verfehlen will.[37] Es geht nicht um eine pauschale Verteidigung aller Verirrungen und Verwirrungen in der Christentumsgeschichte, sondern um das Herausarbeiten der Einsichten, die es recht-

---

34 A. a. O., 337.
35 A. a. O., 338.
36 Ebd.
37 Vgl. Chr. Gestrich, Die Wiederkehr des Glanzes in der Welt. Die christliche Lehre von der Sünde und ihrer Vergebung in gegenwärtiger Verantwortung, Tübingen ²1995.

fertigen, sich angesichts berechtigter Kritik auch in der Gegenwart mit dem Thema Sünde auseinanderzusetzen. Wer meint, sich mit der Kritik der Verirrungen und Verwirrungen vom Thema Sünde überhaupt verabschieden zu können, verspielt Einsichten in die Wirklichkeiten und Möglichkeiten des Menschseins, die man nur zum eigenen Schaden ignoriert. Wer die Menschen verstehen will, ohne das zu beachten, von dem mit der Sünde die Rede ist, wird nicht verstehen, was sie in Wahrheit sind. Menschen sind nicht nur das, was sie selbst aus sich machen, sondern vor allem das, was mit ihnen geschieht und was dadurch aus ihnen wird. Ehe sie handeln können, müssen sie sein, und ehe sie sind, müssen sie werden. Ebendas aber können sie nicht von sich aus und aus eigener Kraft, sondern nur durch eine Vor-Gabe, die beachten sollte, wer sich selbst verstehen will. Ehe wir im Nominativ „ich" sagen können, sind wir im Dativ Adressaten einer Gabe, die wir uns nicht selbst geben können, weil wir durch sie überhaupt erst da sind. Das zu ignorieren, zu bestreiten oder herabzuspielen, ist das, was Christen „Sünde" nennen. Und weil das alle Menschen tun, ist Sünde eine Fehlform menschlicher Existenz, die sich überall findet, wo man mit sich selbst anfangen will, ohne zu beachten, dass man das nur kann, weil mit einem schon angefangen wurde.

4

Menschen erleben, wie sie leben. Aber sie erleben nicht immer alles, was ihr Leben bestimmt. Vieles, was uns bestimmt, bleibt vorbewusst, unbewusst, nicht beachtet. Wir bemerken es nicht, wenn wir unsere Aufmerksamkeit nicht ausdrücklich darauf richten. Das entdeckte Augustin, das wusste Leibniz, daran erinnerte Nietzsche, und um es aufzudecken, versuchte Freud eine Methode zu entwickeln. Aber nicht alles lässt sich so ins Bewusstsein heben. Manches in unserem Leben ist vielmehr genau dadurch wirksam, dass es von uns nicht erlebt oder erfahren wird. Seine Wirkkraft verdankt sich gerade dem, dass es nicht erfahrbar ist, obwohl wir nichts erfahren könnten, wenn dieses Nichterfahrbare nicht wirklich wäre. Wer nicht existiert, kann keine Erfahrungen machen, aber meine Existenz ist nichts, was ich als solches erfahren könnte. Ich kann imaginieren, nicht zu sein, und ich weiß, dass ich einst nicht war und bald nicht mehr sein werde. Aber ich kann das nicht erfahren. Meine Nichtexistenz ist kein Erfahrungsgegenstand für mich und meine Existenz auch nicht.

Ein möglicher Erfahrungsgegenstand für uns ist nur das, was sich innerhalb unseres Erfahrens von anderem Erfahrbarem abgrenzen lässt. Sünde gehört dazu ebenso wenig wie Geschöpfsein. Wenn irgendetwas geschaffen ist, dann ist alles geschaffen und eben deshalb kann man im Horizont der Erfahrung Geschaffenes nicht von nicht Geschaffenem unterscheiden. Und wenn Sünde überhaupt ein menschliches Leben bestimmt, dann bestimmt sie alles in diesem Leben, das Gute wie das Schlechte, und kann deshalb von den Betroffenen nicht im Unterschied von anderem als Sünde erlebt oder erfahren werden. Der Gegensatz der Sünde ist nicht das (moralisch) Gute, sondern die Nicht-Sünde, und die ist für Sünder keine Erfahrungswirklichkeit, die sie durch selbst erlebte Bespiele belegen könnten. Gut und Böse können wir unterscheiden, weil wir für beides Erfahrungen anzuführen vermögen, die auch für andere nachvollziehbar sind. Die Unterscheidung Sünde und Nicht-Sünde dagegen können wir durch keine unserer Erfahrungen belegen, und deshalb hat diese Differenz einen anderen Charakter: Sie ist keine erfahrungsbestimmte, sondern eine lebensorientierende Unterscheidung im Hinblick auf unsere Existenz vor Gott. Und sie ist das nicht als willkürliche Setzung, sondern als Ausdruck einer Einsicht, die sich dem anthropologischen Realismus des christlichen Glaubens verdankt. Wir sind krummes Holz, wie sehr wir uns auch anderes einreden mögen. Wir sollten uns nicht trauen, denn wir sind Meister der Selbsttäuschung. „Ungeheuer ist viel. Doch nichts // Ungeheurer als der Mensch."[38] Wir Menschen sind nicht so, wie wir uns gerne sehen würden. Wir sind oft schlimmer, als wir befürchten, und manchmal besser, als wir erwarten. Immer aber sind Menschen darauf angewiesen, dass sie nicht sich selbst und ihrer Wirklichkeit überlassen bleiben, sondern dass ihnen Gutes widerfährt, das sie sich selbst nicht verschaffen könnten. Eben davon sprechen Christen, wenn sie Menschen Sünder nennen.

5

Was heißt das? Worum geht es denn, wenn es um Sünde geht? Was steht zur Debatte? Und was wird unter „Sünde" verstanden? Es ist ein Irrtum zu meinen, man könne diese Fragen beantworten, indem man Beispiele aufzählt. Gerade das geht nicht, wenn man „Sünde" als Orientierungs-

---

38 Sophokles, Antigone, 332: πολλὰ τὰ δεινὰ κοὐδὲν ἀνθρώπου δεινότερον.

begriff versteht. Eben so aber ist die theologische Tradition weithin verfahren und hat das Thema Sünde zum lebensvollsten und erfahrungsgesättigtesten Lehrstück der Dogmatik und Seelsorge gemacht. Auf hunderten von Seiten wusste man in Handbüchern der Beicht- und Bußpraxis detailliert auszubreiten, welche Sünden es gab, worauf man achten musste, um sie zu erkennen, von welchem Gewicht sie waren, mit welchen Folgen sie verknüpft sind, wie sie das Leben angenehm erscheinen lassen und doch zugrunde richten, wie man sich vor ihnen schützen kann, und was man ihnen entgegensetzen sollte, um ihnen nicht zu verfallen.[39] Niemand war und ist vor ihnen gefeit, weil sie alle an Grundeigenschaften des Menschen anknüpfen, die sie pervertieren und ins Üble und Böse verkehren.

Das ist besonders deutlich bei den klassischen Kardinal-, Haupt-, Wurzel- oder Todsünden, der *superbia* (Hochmut, Stolz, Eitelkeit, Übermut), *avaritia* (Geiz, Habgier, Habsucht), *luxuria* (Wollust, Genusssucht, Ausschweifung, Begehren, Unkeuschheit), *ira* (Zorn, Jähzorn, Wut, Rachsucht), *gula* (Völlerei, Maßlosigkeit, Unmäßigkeit, Gefräßigkeit, Selbstsucht), *invidia* (Neid, Eifersucht, Missgunst) und *acedia* (Faulheit, Trägheit, Feigheit, Ignoranz, Überdruss), aber auch der *tristitia* (Trübsinn, Traurigkeit, Freudlosigkeit) oder der *vana gloria* (Ruhmsucht, Prahlerei), die erst seit Papst Gregor I. in die vorangehende Liste eingeordnet sind. Jede von ihnen ist die Wurzel oder der Ursprung vieler anderer dadurch ausgelöster Laster, und sie durchziehen das ganze Leben in allen seinen Dimensionen. Wer könnte nicht bei sich selbst und seinen Mitmenschen Beispiel über Beispiel für wenigstens einige, wenn nicht alle diese Fehlformen des menschlichen Lebens finden? Wohin man blickt, gibt es Beispiele für diese Laster. Niemand kann bestreiten, sie zu kennen. Niemandem sind sie fremd. Jeder kann von ihnen erzählen. Keinem gehen die Beispiele aus.

---

39   Vgl. die Anleitungen zur Gewissensprüfung in der katholischen Kirche (http://www.usccb.org/prayer-and-worship/sacraments-and-sacramentals/penance/examinations-of-conscience.cfm); A Detailed Catholic Examination of Conscience (https://d2wldr9tsuuj1b.cloudfront.net/2232/documents/A%20Detailed%20Catholic%20Examination%20of%20Conscience.pdf); L. J. Rabiipour, 99 Questions to Complete Your Examination of Conscience, 2017 (https://www.catholiccompany.com/getfed/99-questions-to-complete-your-examination-of-conscience-6023); oder Examination of Conscience auf Goodconfession.com (https://goodconfession.com/examination-of-conscience/).

2. Vergessene Einsichten

Aber wie man vor lauter Bäumen den Wald nicht mehr sehen kann, so kann einem die Unzahl der Lasterbeispiele den Blick auf die Sünde verstellen. Die Beispiele treten an die Stelle der Sache, für die sie Beispiele sind. Was als erfahrungsreiche Konkretion eines theologischen Themas begann, führt dazu, den Zugang zu diesem Thema zu verstellen und die ganze Aufmerksamkeit auf die Laster zu richten, ohne diese noch als Beispiele für Sünde verständlich machen zu können. Die Lust am Laster verdrängt das Verstehen der Sünde. Die Laster sprechen eine so deutliche Sprache, dass alles gesagt zu sein scheint, wenn man sie zur Sprache gebracht hat. Es genügt, von ihnen zu reden, um verständlich zu machen, was man sagen will. Und je eindrücklicher man von diesen Lastern redet, desto unnötiger wird es, darüber hinaus auch noch von Sünde zu sprechen. Denn ist mit der endlosen Liste der Laster nicht schon alles gesagt, und nicht viel besser und eindrücklicher als im theologischen Sündenjargon? Der Schritt ist nur klein zur Umkehrung des Gedankens: Meint Sünde noch irgendetwas anderes als diese Laster? Ist sie nicht nur eine religiöse Redeform für das, was wir unter anderem Namen nur allzu gut kennen? Genau so macht man die Rede von der Sünde überflüssig. Sie scheint ja nur religiös zu wiederholen, was man moralisch schon gesagt hat. Wenn das aber alles ist, dann kann man auf die Rede von der Sünde verzichten. Sie ist für alle praktischen Belange unnötig und überflüssig.

6

Doch das dürfte zu schnell geschlossen sein. Wer sich in säkularer Bescheidung mit den moralischen Lastern begnügt, hat noch nichts von der Sünde verstanden. Besser ist es, den Zugang zur Beantwortung der gestellten Fragen nicht über eine Kaskade von Beispielen, sondern durch Aufmerksamkeit auf die Grammatik der Sünde zu suchen. Die Grammatik der Sünde aber ist zunächst eine Grammatik des Wortes „Sünde", und dessen Geschichte und Gebrauch im Deutschen ist zu beachten.

Das deutsche Wort „Sünde" wird auf die germanische Wurzel *$sanþ$/ sund-* (wahr, seiend) zurückgeführt. Es ist im Althochdeutschen seit

---

40 Stichwort: „Sünde", in: F. Kluge, bearbeitet von E. Seebold: Etymologisches Wörterbuch der deutschen Sprache, Berlin/New York [24]2001, 898.
41 E. Schröder, Sünde und Schande, Zeitschrift für vergleichende Sprachforschung 56 (1929), 106–116.

dem 8. Jahrhundert als *sunta* belegt, mittelhochdeutsch als *sünde, sünte, sunte,* altsächsisch als *sundia,* niederländisch als *sonde, sunde* und im Englischen als *syn* bzw. *sin*.[40] Der Sprachbereich, in dem es fungiert, und damit seine Bedeutung sind aber strittig. Die einen leiten das Wort von einem alten rechtssprachlichen Ausdruck her, der mit *schande* zusammenhänge.[41] Andere bringen es mit frühen germanischen Wendungen der Kirchensprache in Verbindung, die Ausdrücke der römischen Rechtssprache wie das lateinische Adjektiv *sons, sontis* (schädlich, sträflich, straffällig, schuldig) bzw. das entsprechende Substantiv (Schuldiger, Missetäter) aufnehme.[42] Wieder andere leiten es vom germanischen *sundio* bzw. *sunio* ab, das ein alter germanischer Rechtsausdruck für „Schuld für eine strafwürdige Tat" gewesen und „in die Kirchensprache zur Wiedergabe von lat. *peccatum* – ,Sünde (gegen Gott)' – aufgenommen" worden sei.[43] Und schließlich wird auch auf die Verwandtschaft zwischen den Wörtern „Sünde" und „Sund" hingewiesen, das einen Abgrund oder einen Graben bezeichnet, einen Fjord, der eine Insel abtrennt (im Norwegischen) bzw. eine Meerenge zwischen Festland und einer vorgelagerten Insel (im Ostseeraum) und das etymologisch mit *sondern* bzw. *absondern* verwandt ist.[44] In all diesen Herleitungen wird ein vorchristlicher Rechtsausdruck bzw. die nordische Bezeichnung einer topologischen Formation im Küstenbereich in kirchlichen Gebrauch genommen und erhält einen religiösen bzw. theologischen Sinn, insofern es um ein Vergehen gegenüber Gott bzw. um eine Fehlbeziehung des Menschen zu Gott geht, die ihn nicht nur von Gott, sondern auch von der Christenheit absondert, die mit und bei Gott ist. Der Sünder hat sich primär gegen Gott vergangen und sich damit vom festen Grund und der Quelle des Lebens abgesondert. Aus dieser Absonderung vom Grund und von der Quelle des Lebens folgen alle anderen Trennungen und Absonderungen in seinem Leben.

---

42 Vgl. J. de Vries, Altnordisches etymologisches Wörterbuch, Leiden ²1962, 86; E. Walter, Lexikalisches Lehngut im Altwestnordischen, Berlin 1976, 87.
43 Kluge (s. Anm. 40); vgl. Th. Frings, Lex Scalica /sunnia, französisch soin, PBB 81 (Halle 1959), 427, und E. Seebold, Germanisch *sanp/sund-, seiend, wahr, Die Sprache 15 (1969), 14–45.
44 Vgl. M. Schumacher, Sunde kompt von sundern. Etymologisches zu Sünde, Zeitschrift für deutsche Philologie 110 (1991), 61–67, bes. 65.
45 Vgl. S. Greenblatt, Die Geschichte von Adam und Eva. Der mächtigste Mythos der Menschheit, München 2018.

7

Die biblische Ur-Geschichte dieser Absonderung ist die Erzählung von der Verführung von Adam und Eva zum Ungehorsam gegen Gott und dem daraus folgenden Verlust des Paradieses in Genesis 3. Diese Geschichte ist wie kaum eine andere dem kulturellen Gedächtnis der westlichen Zivilisation eingeprägt.[45] Sie ist der Urmythos des Westens.

Man hat schon lange erkannt, dass hier kein Bericht von den ersten Tagen der Menschheit geboten wird, sondern eine ätiologische Erzählung darüber, warum die Welt ist, wie sie ist. Warum lebt der Mensch, der doch Gottes Geschöpf ist, ein so schwieriges, konfliktreiches und kurzes, ein von Leid, Mühe, Arbeit und Tod geprägtes Leben? Warum sind wir, wie wir sind? Wie können wir verstehen, was wir erleben, und welche Antworten gibt es auf die Fragen und Rätsel, die unser Leben aufwirft und nicht beantwortet? Die Erzählung „handelt davon, wer wir sind, woher wir kommen, warum wir lieben, warum wir leiden", warum wir ein solches Verlangen nacheinander haben, was so beunruhigend ist „am Geschlechtsverkehr, an den Spannungen in der Ehe, an physischem Leiden und erschöpfender Arbeit, an niederschmetterndem Verlust und Trauer"[46]. Generationen haben in der Erzählung vom „Sündenfall" ein Muster zum Verstehen der Lebensrätsel gehabt, auf die sie keine Antwort wussten.

Zwei Fragelinien werden dabei miteinander verwoben. Wer sind wir? Und warum leben wir so, wie wir leben? Die erste Frage wird im ersten Schöpfungsbericht mit dem Hinweis beantwortet, dass Gott uns nach seinem Bild geschaffen und zur Herrschaft über alle anderen Geschöpfe eingesetzt hat (Gen 1,26-29), im zweiten dagegen mit dem Verweis auf den Lebensatem, den uns Gott eingeblasen hat (Gen 2,7), durch den wir Sprache haben, die Geschöpfe benennen und uns eine Menschenwelt schaffen können (Gen 2,19-20), in der wir in der Gemeinschaft von Mann und Frau als Mensch unter Menschen zu leben vermögen (Gen 2,18-25). Durch diesen Geist unterscheiden sich Menschen von anderen Geschöpfen, aber in diesem Geist ist auch der Drang nach Wissen und Erkenntnis angelegt, der sie in den Konflikt mit dem Schöpfer führt (Gen 3). Der Mensch ist das Wesen, das immer über sich hinausstrebt, keine Grenze kennt und sich dadurch in tödliche Gefahr bringt, ohne es zu merken oder merken zu wollen. Um ihn davor zu bewahren,

---

46 A. a. O., 18.

setzt Gott ihm ausdrücklich eine Grenze, indem er ihn warnt, vom Baum in der Mitte des Gartens zu essen (Gen 3,3), dem Baum, der dann der Baum der Erkenntnis des Guten und Bösen genannt wird (Gen 2,17). Sein Verbot ist eine Schutzmaßnahme, um den Menschen vor dem Tod durch unbedachte Selbstübersteigerung zu bewahren. Denn darin steckt die tödliche Gefahr, die Grundunterscheidung von Schöpfer und Geschöpf zu missachten, sich selbst nicht als Geschöpf und Gott nicht als Schöpfer zu verstehen, und damit die Grundordnung der Schöpfung infrage zu stellen und in Widerspruch zu den Grundlagen der eigenen Existenz zu geraten. Wer Nein sagt zu Gott, der sagt Nein zum Leben, auch wenn er meint, das Gegenteil zu tun.

Genau das tritt ein, weil Menschen sein wollen wie Gott (Gen 3,5), und das heißt, weil sie meinen, auch ohne Gott leben zu können, ja vielleicht sogar noch besser als mit Gott. Damit beginnt die Antwort auf die zweite Fragelinie, warum wir so leben, wie wir leben, und warum es ein Irrtum ist zu meinen, ohne Gott besser zu leben als mit Gott. Wir sind nicht die Krone der Schöpfung, sondern Lebewesen, die sich durchs Leben quälen und mit sich selbst, mit anderen und mit ihrer Umwelt in Konflikt, Auseinandersetzung, Kampf und Streit liegen, bis der Tod unsere Leidens- und Konfliktgeschichte beendet. Unser Leben ist nicht so, wie es sein könnte. Es könnte und sollte anders und besser sein, als wir es erleben. Wir haben allen Grund zur Klage. Aber wir sind selbst schuld an unserer Situation. Die Verantwortung für das, was wir tun und erleben, ist nicht bei anderen, sondern bei uns selbst zu suchen. Unsere Klagen und Vorwürfe sind an uns selbst zu richten. Wir sind der Grund und die Ursache unserer Übel. Und was wir mit uns anrichten, schädigt nicht nur unser Leben, sondern das der anderen Geschöpfe auch. Wir sind der Unglücksfall der Schöpfung, und wir können nicht aufhören, andere in Mitleidenschaft zu ziehen und sie zu Mitleidenden unserer Leiden und Leidenschaften zu machen.

8

Von einem Fall spricht die Genesiserzählung nicht. Dieser geht auf Esra (4 Esra 7,118) und auf Augustinus zurück. Die Erzählung kennt auch keinen Gegensatz zwischen einem *status integritatis* (Zustand der Vollkommenheit und Unschuld) und einem *status corruptionis* (Zustand der Verderbtheit und Schuld) des Menschen. Die ganze Geschichte dreht sich um die Frage der Wahrung der Unterscheidung zwischen Schöpfer und Geschöpf. Diese Grundunterscheidung nicht zu beachten und sich gegen sie aufzulehnen, sein zu wollen wie Gott und leben zu wollen ohne Gott, ist die Ursache aller anderen Verkehrungen in der Beziehung der Geschlechter (Mann/Frau), in der Familie (Mutter/Kind) und unter Geschwistern (Kain/Abel, Esau/Jakob), im Verhältnis zum Lebensunterhalt (Mühe und Arbeit), im Verhältnis der Lebensformen (Stadt/Land, Bauer/Jäger), im Verhältnis zu anderen Geschöpfen (der Schlange den Kopf zertreten, Jagd, Viehzucht, Vermischung von Gottessöhnen und Menschentöchtern), im Verhältnis zu Gott (Sintflut, Turmbau zu Babel). Überall überschreiten Menschen ihre Grenzen und richten damit Unheil an. Und sie können damit nicht aufhören, weil sie ihrem Schöpfer nirgendwo direkt begegnen. Gottes Gegenwart ist kein Erfahrungsdatum. Sie leben zwar nur, weil Gott ihnen gegenwärtig ist. Aber sie erleben diese Gegenwart nicht so, dass ihr Leben durch sie gestört oder unterbrochen würde. Sie sind aus der Gegenwart Gottes vertrieben.

In ihrer Leidenswelt haben die Menschen es nicht (mehr) mit Gott selbst, sondern nur mit seiner Stimme, seinem Wort, seinem Gebot zu tun. Sie wissen, dass sie selbst verantwortlich sind, aber sie schieben die Schuld auf andere – Adam auf Eva und Eva auf die Schlange (Gen 3, 12-13). Die kann nicht sprechen, und deshalb kann sie nicht andere beschuldigen. Gottes Fragen aber sind nicht an die Schlange gerichtet, sondern an Adam und Eva, die allein antwortfähig sind (Gen 3,9-13). Die Schlange wird nicht gefragt, sondern bestraft (Gen 3,13-15). Tiere müssen sich nicht verantworten. Sie leben, wie sie leben, auch wenn Menschen sie als Ausrede für ihr eigenes Fehlverhalten missbrauchen. Nur die Menschen tragen Verantwortung, nicht die anderen Geschöpfe: Verantwortlichkeit ist ein spezifisch menschliches Phänomen.

Das zeigt sich nicht erst an Gottes Fragen, sondern schon am Verhalten von Adam und Eva. Sie verbergen sich, nachdem sie dem Verführungswort des Schlangen-Geschöpfes nachgegeben und das Gebot des Schöpfers missachtet haben. Sie verbergen sich aber nicht als schuldbewusste Sünder, sondern aus Scham (Gen 3,7-11). Nicht ihr schlechtes Gewissen sagt ihnen, dass sie gesündigt haben, sondern das muss ihnen von Gott gesagt werden (Gen 3,14). Sie fühlen sich unwohl in ihrer Nacktheit, die sie mit der Schlange teilen und die ihnen durch ihren Verstoß bewusst geworden ist (Gen 3,7). Und Gott, der sie dafür bestraft, indem er sich ihrer Gegenwart entzieht und sie aus seiner Gegenwart verbannt (Gen 3,23-24), hilft ihnen aus ihrer Verlegenheit und Scham, indem er ihnen Kleider macht, damit sie sich verhüllen können (Gen 3, 21). Er schützt sie vor sich selbst, und er begrenzt die Mühsal und das Leid, in die sie sich gebracht haben, indem er ihnen den Tod als Grenze setzt.

Damit wird auf andere Weise dafür gesorgt, dass die Unterscheidung zwischen den Geschöpfen deutlich bleibt und die Grundunterscheidung zwischen Schöpfer und Geschöpf wieder in Kraft gesetzt wird. Auf der einen Seite ist der Mensch dasjenige Geschöpf, dem Gott selbst Kleider macht, um seine Scham zu verbergen. Das zeichnet Menschen unter allen Naturwesen als Kulturwesen aus und befähigt sie, ihr Leben kulturell zu gestalten und als Menschen mit ihresgleichen und mit anderen Lebewesen auf menschliche Weise zu leben. Auf der anderen Seite wird die Grundunterscheidung zwischen Schöpfer und Geschöpf neu gefasst. Nachdem sie nicht mehr an das Wissen bzw. Nichtwissen der Unterscheidung von Gut und Böse geknüpft sein kann, weil der Mensch sich diese angeeignet hat, wird sie von Gott neu etabliert, indem er sie an eine Unterscheidung knüpft, die zuvor keine Rolle spielte: die zwischen unendlichem oder ewigem und endlichem oder zeitlichem Leben. Nicht das Wissen um Gut und Böse unterscheidet den Menschen von Gott, sondern seine Endlichkeit und der Tod. Menschen sind Geschöpfe, die im Unterschied zu anderen Geschöpfen um den Unterschied von Gut und Böse wissen und damit für ihr eigenes Tun und Lassen verantwortlich sind, im Unterschied zum Schöpfer aber nur ein endliches und begrenztes Leben haben und trotz ihres göttlichen Wissens stets vom Tod bedroht sind.

Der Tod ist in der Tat der Sünde Sold, wie Paulus formulieren wird, aber er ist nicht als Strafe zu verstehen, sondern als die durch den erschlichenen Erkenntnisgewinn der Menschen notwendig gewordene Weise, die heilsame Ordnung der Unterscheidung zwischen Schöpfer und Geschöpf wieder in Kraft zu setzen. Endlichkeit ist kein Übel, sondern unsere Weise, im Wissen um den Unterschied zwischen Gut und Böse in der Folge der Geschlechter im Bezug auf Gottes Unendlichkeit als Geschöpf mit dem Schöpfer leben zu können. Die Sünde hat den Menschen göttliche Erkenntnis verschafft, aber sie hat sie auch zu endlichen Wesen gemacht. Sie wissen jetzt mehr, aber sie leben kürzer. Und deshalb werden sie nie lange genug leben, um alles Wissbare und Wissenswerte wissen zu können. *Vita brevis, ars longa.* Der Unterschied zum Schöpfer bleibt unüberwindbar.

9

Folgt man diesem Gedankengang und seinen kritischen Überprüfungen in den biblischen Texten, dann zeigt sich, dass zwei häufig zu hörende Argumente für das Sündersein der Menschen nicht stichhaltig sind: Sünde manifestiert sich nicht zwangsläufig als Übel im Leben (wie meist angenommen wird), und Sünder leiden in der Regel nicht daran, dass sie Sünder sind (wie häufig unterstellt wird). Die Erfahrungen von Übel und Unglück sind nicht per se ein Indiz für Sünde. Und das richtige Urteil, dass Sünder in einem schlechteren Zustand existieren als die, die von der Sünde befreit sind, heißt nicht, dass Menschen als solche Sünder wären, dass sie sich von sich aus als Sünder verstünden oder dass Sünder ihren Zustand für schlecht halten, an ihm leiden oder ihn als Übel, Unglück oder Unheil erleben müssten. Niemand wird als Sünder geboren, aber jeder lebt so, dass er zu Recht Sünder genannt zu werden verdient. Dieses Urteil gründet nicht auf dem, wie ein Mensch sich selbst erlebt, sondern darauf, wie er tatsächlich lebt, und dieses Urteils ist nicht wahr, weil Übel und Unglück sein Leben entstellen, sondern weil er lebt, ohne mit Gott zu rechnen. Sünde ist kein Übel, an dem man leidet, sondern eine Fehlform menschlicher Existenz, die durch Gottes Urteil aufgedeckt wird. Sie verkehrt das Leben im Verborgenen, indem sie es Gott entfremdet. Das ist das Unheil, in dem man steckt. Nicht das eigene Erleben, sondern erst Gottes Urteil öffnet einem die Augen für dieses Unheil. Übel erlebt man, Unheil nicht. Wer Übel erlebt, leidet, wer im Unheil steckt, merkt es meist gar nicht und niemals allein von sich aus. Man erlebt das Unheil seiner Entfremdung von Gott nicht als Übel, an dem man leidet. Deshalb entkommt man diesem Unheil auch nicht dadurch, dass man sich nicht mehr so übel fühlt wie zuvor.

Dass alle Menschen Übel erleiden, belegt daher nicht, dass alle Menschen Sünder sind. Und dass alle Menschen der Erlösung bedürfen, besagt nicht, dass sie alle an der Sünde leiden. Man kann Sünder sein, aber keinerlei Bedürfnis nach Erlösung verspüren, weil einem das Leben alles gibt, was man sich wünscht. Und man kann im Unglück stecken, obwohl man sich an Gottes Gegenwart orientiert. Auch wer von der Sünde befreit ist, kann vom Unglück getroffen werden, und auch wer glücklich und zufrieden lebt, kann Sünder sein. Glück und Unglück im Leben sind keine Anzeichen dafür, dass man kein Sünder oder dass man Sünder ist. Und auch wer keinen Anlass sieht, über sein Leben zu klagen, kann dennoch nicht ausschließen, in Sünde verstrickt zu sein.

Beide Argumente verdienen, genauer betrachtet zu werden. Denn ist das erste korrekt, dann kann die Rede von der Sünde nicht auf Unglückserfahrungen aufgebaut werden. Und ist das zweite korrekt, dann kann aus einem glücklichen Leben nicht darauf geschlossen werden, dass das Sündenthema erledigt ist. Die Aufhebung von Übeln ist nicht gleichbedeutend mit der Überwindung der Sünde, und das fehlende Sündenbewusstsein ist kein Beleg für die Nichtexistenz von Sünde. Glücklich zu leben ist eines, sündlos zu leben ein anderes. Beides ist zu unterscheiden und nicht gegeneinander aufzurechnen.

10

Das erste Argument besagt, dass Unglück und Übel im Leben belegen, dass man Sünder ist. Das ist eine alte Überzeugung. Das Leben wäre gut, wenn der Mensch nicht böse wäre. Wem Übles widerfährt, der hat Böses begangen, denn wäre er gut und gerecht, würde er kein Übel erleiden. Doch das ist eine abwegige Denkweise, wie die Hiobsgeschichte eindrücklich klarstellt. Konnte man die Genesisgeschichte noch so verstehen, dass Adam und Eva aufgrund ihrer Verfehlungen aus dem Garten Gottes vertrieben wurden und jetzt das harte und erbarmungslose Leben führen müssen, das sie führen, so ist das bei Hiob nicht möglich. Von Anfang bis zum Ende der Erzählung steht fest, dass Hiob gerecht und ohne Tadel gelebt hat. Er hat sich nichts zu Schulden kommen lassen, wie sehr ihm das seine Frau und seine Freunde auch einzureden suchen. Hiob besteht auf seiner Gerechtigkeit, er fordert selbst Gott zum Gerichtsstreit heraus, um das offiziell feststellen zu lassen. Aber auch Gott bestreitet es nicht. Er erinnert ihn nur nachdrücklich an die Asymmetrie zwischen Schöpfer und Geschöpf, die auch dann bestehen bleibt, wenn das Geschöpf so lebt, wie es Gott gefällt, und die es nicht erlaubt, vom Wohlergehen des Menschen auf seine Gerechtigkeit vor Gott zu schließen oder von seinem Übelergehen auf das Fehlen dieser Gerechtigkeit. Die ganze Geschichte demonstriert, dass das Erleiden von Übeln kein Indiz dafür ist, dass die betroffene Person Sünder ist. Nicht nur belegt die Erfahrung, dass es Übeltätern nicht selten gut geht, sondern es gilt auch das Umgekehrte, dass Menschen, die gut und gerecht sind, Übel widerfährt, ohne dass sie dafür verantwortlich wären. Übel und Wohl, Glück und Unglück im Leben treffen unterschiedslos gute und böse Menschen. Es gibt keine Gerechtigkeit im Leben, und niemand hat Anspruch auf Gesundheit, Glück, Wohlstand oder Macht, wenn er ordentlich lebt.

2. Vergessene Einsichten

Vor allem aber sagen Glück oder Unglück im Leben nichts aus über die Einstellung eines Menschen zu Gott. Es gibt Menschen, die tief im Unglück stecken und gerade deshalb all ihre Hoffnung auf Gott setzen. Und es gibt Menschen, denen es nicht besser gehen könnte, und die eben deshalb keinen Gedanken an Gott verschwenden. Not lehrt beten, und Besitz macht herzlos. Das ist nicht immer so. Aber es ist öfter so als man wahrhaben will. Hiobs Geschichte jedenfalls stellt klar: Keiner kann darauf setzen, dass es einem gut geht, wenn man Gottes Willen befolgt, oder dass es einem schlecht geht, wenn man das nicht tut. Sünde vor Gott und Unglück im Leben haben ebenso wenig miteinander zu tun wie Glück im Leben und Gerechtigkeit vor Gott. Sünde ist eine falsche Einstellung zum Schöpfer (und damit das Verfehlen einer Möglichkeit zu existieren), Unglück ein Missgeschick im Leben des Geschöpfs (und damit das Verfehlen einer Möglichkeit zu leben). Im ersten Fall geht es um das Leben als solches (Sein oder Nicht-Sein), im zweiten um die Qualität des Lebens (gutes oder schlechtes Leben). Beides ist nicht gleichzusetzen. Nur wer lebt, kann glücklich oder unglücklich leben. Aber nur wer ist, kann leben – auf welche Weise auch immer. Und wer ist, also durch und vor Gott existiert, kann das in Anerkennung dieser Tatsache (also nicht als Sünder) oder in Leugnung dieser Tatsache (also als Sünder) tun.

11

Das zweite Argument ist das retrospektive Urteil vom Standpunkt der Erlösung aus, dass der Zustand des geretteten Sünders besser ist als der Zustand des Sünders. Doch wie ist diese Differenz zu konstruieren? Ist der Zustand des Sünders übel und der Zustand des Erlösten gut? Oder ist der Zustand des Sünders nicht schlecht und der Zustand des Erlösten besser? Geht es um einen Wechsel von *schlecht* nach *besser*, oder um einen Wechsel von *gut oder schlecht* nach *besser*, oder um einen Wechsel von *gut oder schlecht* nach *wirklich gut*, nämlich *gut vor Gott*? In jedem dieser drei Fälle wird der Zustand des Sünders anders verstanden. Im ersten Fall befinden sich Sünder in einem Zustand, den auch sie selbst als schlecht erleben und erfahren: Sie stecken in Übeln und im Unglück. Im zweiten Fall ist das keineswegs so: Auch Sünder können ein allem Anschein nach gutes und glückliches Leben führen, frei von Unglück und nicht entstellt von Übeln. Im dritten Fall dagegen wird deutlich, dass man mit zwei verschiedenen Maßstäben misst, wenn man das

Leben eines Sünders gut nennt (also frei von Unglück und Übel) und wenn man das Leben der Erlösten gut nennt (also so, wie es Gott gefällt). Sünder zeichnen sich nicht dadurch aus, dass sie ein übles Leben führen, anderen Übles tun oder an ihrem Leben leiden, sondern dass sie ausblenden, ignorieren oder bestreiten, dass sie ihr Dasein Gottes Zuwendung verdanken. Sie mögen ein gutes und erfolgreiches Leben führen, aber sie sind dennoch Sünder, weil sie sich nicht an Gottes Zuwendung orientieren und damit einen wichtigen Aspekt ihrer Realität ignorieren.

Offensichtlich werden die Ausdrücke „gut", „schlecht" und „übel" in diesen drei Fällen verschieden verwendet. „Gut" heißt stets „gut für jemanden". Was für den einen gut ist, muss es aber keineswegs auch für andere sein, und was für mich unter einer Beschreibung gut ist, muss es keineswegs auch unter einer anderen sein. Wenn wir von jemandem reden, reden wir von ihm oder ihr als Frau, Mann, Vater, Mutter, Handwerksmeister, Angestellte, Bürger, Ausländer, Greis, Abiturientin usf. Wir thematisieren die betreffende Person also unter einer bestimmten Beschreibung, und jede Beschreibung ist mit bestimmten Erwartungen korreliert, die definieren, was für eine so bestimmte Person gut oder übel, recht oder schlecht ist. Diese Erwartungen sind nicht fest fixiert, sondern kulturell variabel und ändern sich im Verlauf der Geschichte. Es gibt unterschiedliche Standard- oder Normbegriffe für Vater, Mutter, Frau, Mann, Bürger, Ausländer etc. in unterschiedlichen Epochen und Kulturen. Aber Differenzen zwischen dem, was unter ihrer jeweiligen Beschreibung für einen Menschen gut, recht, förderlich, erstrebenswert oder zu vermeiden ist, gibt es immer, und damit gibt es immer auch Konflikte. Was für einen Vater gut ist (dass er viel Zeit mit seinen Kindern verbringen kann), ist nicht unbedingt auch gut für ihn als Handwerksmeister (der seine Zeit seinem Betrieb widmen muss) oder als Bürger (der für mehr Gemeinschaftsaufgaben zur Verfügung stehen sollte). Was gut für ihn ist unter einer Beschreibung, kommt leicht in Konflikt mit dem, was gut für ihn ist unter einer anderen Beschreibung. Das ist eine Quelle ständiger Konflikte im Vollzug eines jeden Lebens.

Das gilt nicht nur in alltäglichen und lebensweltlichen Zusammenhängen, sondern auch, wenn man fragt, was für einen Menschen *als Mensch* gut ist. Nicht alles, was für mich als Mutter gut ist, ist es auch für mich als Mensch. Ich genieße es, von der Gemeinschaft finanziert zu werden, um Zeit für meine Kinder zu haben, aber ich sehe keinen Grund, mich deshalb auch für andere einzusetzen. Ich poche auf meine

Rechte als Bürger, aber ich ignoriere die Rechte anderer, die auch Menschen, wenn auch keine Bürger sind. Der Normbegriff des Menschen definiert, was gut oder schlecht für einen Menschen ist, aber er sorgt nicht dafür, dass das mit den anderen Normbegriffen, unter denen ich lebe (Mutter, Leistungssportlerin, Rechtsberaterin einer Firma), übereinstimmt. Vor allem aber ist das, was für einen Menschen als Mensch gut ist, etwas anderes als das, was für ihn als Geschöpf gut ist. Beides kann in einem Normbegriff gefasst werden, der festlegt, was für Menschen bzw. für Geschöpfe gut oder schlecht ist. Aber Sünde ist nichts, was unter dem Normbegriff des Menschen zureichend bestimmt werden könnte, weil sie als Näherbestimmung des Geschöpfs nicht im menschlichen Miteinander, sondern im Schöpfungsdiskurs ihre Pointe hat. Sünde ist Blindheit für Gottes Zuwendung, und der Gottesbezug ist nichts, was in der Definition des Menschen eine Rolle spielt. Menschen sind Lebewesen unter anderen Lebewesen in der Schöpfung, Geschöpfe sind alle Wesen, die ihre Existenz Gott verdanken. Menschsein ist daher eine Gestalt des Lebens, Geschöpfsein eine Weise der Existenz. Existenzbestimmungen taugen aber nicht dazu, etwas zu definieren, wie nicht erst Kant klargestellt hat, sondern sind Positionsbestimmungen, sagen also, dass etwas *da* ist, aber nicht, *was* da ist. Was gut für Menschen ist, ist daher im Horizont des Beieinander und Gegeneinander der Lebewesen in der Schöpfung zu bestimmen, was gut für Geschöpfe ist dagegen im Bezug auf die Präsenz des Schöpfers, ohne den es keine Geschöpfe gäbe.

Das retrospektive Urteil vom Standpunkt der Erlösten, dass der Zustand des geretteten Sünders besser ist als der Zustand des Sünders, ist also durchgängig im Bezug auf die Präsenz Gottes zu konstruieren und nicht im Horizont des Miteinander der Geschöpfe in der Schöpfung. Sünder verfehlen das, was *vor und für Gott gut ist*, aber das heißt keineswegs, dass sie kein Leben führen könnten, das *vor und in der Welt* gut genannt zu werden verdient. In der Welt kann es Sündern gut oder schlecht gehen, in Bezug auf Gott leben sie nicht so, wie sie leben können und sollten, wenn sie ihrem Geschöpfsein gerecht werden würden. Die Veränderung des Zustands des Sünders von *schlecht* zu *recht* im Bezug auf Gottes Gegenwart ist daher nicht zu verwechseln mit der Veränderung eines schlechten Lebens zu einem guten bzw. eines guten Lebens zu einem besseren im Horizont der Schöpfung. Das Ziel der Erlösung ist kein besseres Leben, sondern ein *vor Gott gutes* bzw. *rechtes*

Leben. *Besser* ist die Steigerungsform eines guten Lebens oder eines schlechten Lebens, aber es ist dasselbe Gut, das vorher nicht oder nicht hinreichend da war, wenn gesagt wird, das Leben sei jetzt besser. *Gut* oder *recht* dagegen sind die Bestimmung eines Lebens, das nicht gut und recht war, wie immer es gelebt und erlebt worden sein mag, weil es seinen Status als geschöpfliches Leben und seine Beziehung zur Gegenwart des Schöpfers ignorierte. Ein Leben wird nicht notwendigerweise besser vor der Welt, wenn es gut wird vor Gott, und eine Leben muss nicht schlecht sein vor der Welt, wenn es nicht recht ist vor Gott. Hiob lebte gerecht vor Gott, aber sein Leben wurde erbärmlich schlecht. Jesu Leben endete jämmerlich vor der Welt, aber es wurde als gerecht verewigt durch Gott. Die beiden Achsen der Rede vom Guten und Rechten sind daher stets zu unterscheiden: Was gut ist in der Welt, ist nicht ohne Weiteres auch gut vor Gott, und umgekehrt. Und was gut ist für mich *als Mensch,* unter welcher Beschreibung auch immer, ist nicht ohne Weiteres auch gut für mich *als Gottes Geschöpf.* Für beides muss man gesondert argumentieren, weil es keinen gleitenden Übergang vom einen zum anderen gibt. Es geht um keine graduelle Differenz zwischen schlechtem und gutem Leben, sondern um eine prinzipielle Differenz der Betrachtungsweisen – als Mensch unter anderen Lebewesen oder als Geschöpf unter Geschöpfen in der Gegenwart des Schöpfers.

12

Fasst man die damit in den Blick getretenen Unterscheidungen zusammen, dann bündeln sich diese zu zwei Explikationslinien des Sündenverständnisses, die beide zu beachten sind. Zum einen kann man *etwas als Sünde* verstehen, zum anderen kann man *Sünde als etwas* verstehen. Das erste sucht Phänomene zu identifizieren, die unter einen bestimmten Begriff der Sünde fallen. Das setzt voraus, dass man über einen solchen Begriff verfügt, also sagen kann, welche Merkmale etwas aufweisen muss, um zu Recht als Fall von Sünde (in diesem Verständnis) bestimmt werden zu können. Das zweite sucht einen solchen Begriff von Sünde zu entfalten, also anzugeben, als was Sünde verstanden wird.[47] Das setzt voraus, dass es eine Gebrauchspraxis des Ausdrucks „Sünde" gibt, dessen Sinn dadurch erläutert wird, dass man mittels anderer, schon verstandener oder zumindest verständlicherer Ausdrücke sagt, als was Sünde zu

---

47 Vgl. J. Pieper, Über den Begriff der Sünde, München 1977.

2. Vergessene Einsichten

verstehen ist. Das Letztere führt im theologischen Denken zur Ausarbeitung von Theorien der Sünde, die verständlich zu machen suchen, als was das verstanden wird (deskriptiv) bzw. werden muss (normativ), was man „Sünde" nennt. Das erstere dagegen führt theologisches Denken in das Beschreiben von Phänomenen, die als Beispiele oder Fälle von Sünde präsentiert werden.

Die Explikation der Sünde als etwas und die Beschreibung von Phänomenen als Sünde hängen zwar zusammen, sind aber zu unterscheiden. Wer nur Explikationen bietet, erreicht die Konkretheit des Lebens nicht, wer nur Beispiele beschreibt, verwendet ein Verständnis von „Sünde", das er in Anspruch nimmt, aber nicht kritisch prüft. Die Frage nach dem Verständnis bzw. der Sprache der Sünde (als was wird Sünde verstanden?) und die Frage nach den Phänomenen der Sünde (was wird als Sünde verstanden?) sind daher zu unterscheiden, gerade weil sich beide stellen.

Fragt man nach dem Verständnis von Sünde (als was wird Sünde verstanden?), dann zeigt sich schnell, dass darauf zu verschiedenen Zeiten und an verschiedenen Orten in der Geschichte verschiedene Antworten gegeben wurden.[48] Sucht man diese aufeinander zu beziehen, dann zeichnen sich zwei mögliche Versionen der Sinngeschichte der Sünde ab, eine Verfallsgeschichte und eine Gewinngeschichte. Die Gewinngeschichte verläuft von unklaren und konfusen Verständnissen am Anfang zu klaren und geklärten Verständnissen in späteren Phasen der Entwicklung: Erst die theologischen und philosophischen Klärungsprozesse haben den haltbaren Kern des Sündengedankens herausgearbeitet bzw. gezeigt, warum kritisches Denken diesen Gedanken verabschieden muss. Die Verfallsgeschichte dagegen sieht eine Entwicklung von einem ursprünglichen religiösen Verständnis, das im Verlauf der Geschichte durch andere Verständnisse ersetzt, verdrängt und abgelöst wurde, so dass das heutige Verständnis von „Sünde" kaum noch Spuren des ursprünglichen Verständnisses erkennen lässt.

Beide Geschichten sind simplifizierende Übervereinfachungen, die der Vielfalt der Sprachformen und Denkfiguren nicht gerecht werden. Dennoch helfen sie, bestimmte Aspekte in den Blick zu rücken. So ist unbestreitbar, dass seit der Auflehnung der Aufklärungsdenker gegen

---

48 P. Fredriksen, Sin: The Early History of an Idea, Princeton 2012; P. E. Granoff/K. Shinohara (Eds.), Sins and Sinners: Perspectives from Asian Religions, Leiden 2012.

das Moraldiktat der theologischen Sündentradition der existenzielle Ernst im Umgang mit der Sündenthematik verloren gegangen ist. Während Sünde einst religiös und moralisch bitter ernst genommen wurde, wird sie heute ignoriert, ironisiert und emanzipatorisch einer Vergangenheit zugeschrieben, die keine Zukunft hat. Wer von Sünde spricht, blickt zurück und nicht nach vorn. Man hat sich von der Bürde befreit, die den menschlichen Gewissen durch die Suche nach Sünden und moralischen Verfehlungen aufgebürdet wurde.

Aber die Sache ist komplizierter. Überwunden hat man ein moralisierendes Sündenverständnis, das den Menschen einredete, unfähig zu sein, moralisch gut und sozial gerecht sein zu können. Doch die Kritik dieser moralisierenden Fehlmeinung ist noch keine Befreiung von der Sündenthematik. Das moralisierende Sündenmissverständnis war selbst eine Ersatzfigur für das, was christlich und theologisch „Sünde" zu nennen ist. Es resultierte daraus, die Beispiele aus dem menschlichen Leben, mit deren Hilfe man das theologische Konzept der Sünde zu erläutern suchte, für die Sache selbst zu halten und moralisches Fehlverhalten mit Sünde gleichzusetzen.

Die Korrektur dieses Fehlers ist aber keine Kritik dessen, was man falsch verstanden hatte. Wer heute von Sünde reden will, ohne sich dem Vorwurf gedankenloser Fortsetzung einer unaufgeklärten Traditionsmoral auszusetzen, der darf Sünde nicht moralisieren, sondern muss den theologischen Kern dieser Kategorie herausarbeiten. Der aber besteht im Gottesbezug. Wer von Sünde spricht, kann von Gott nicht schweigen: Sünde ist ein Fehlverhalten Gott gegenüber. Damit ist noch nichts darüber gesagt, ob es ein absichtliches Fehlverhalten ist, das man selbst zu verantworten hat, oder ein faktisches, in das man hineinwächst und in dem man sich ungewollt vorfindet. Im ersten Fall ist Sünde mit Schuld verknüpft, im zweiten ist sie ein Verhängnis, dem man sich nicht entziehen kann. Mit beidem ist zu rechnen. In jedem Fall aber hat es Sünde immer und durchgängig mit der Beziehung zu Gott zu tun.

13

Diese Beziehung ist nicht ursprünglich oder voraussetzungslos. Es könnte sie nicht geben, wenn es nicht eine vorgängige Beziehung Gottes zum Geschöpf gäbe. Und man könnte diese Beziehung nicht bestimmen, wenn sie sich von anderen Weisen des Gottesbezugs nicht unterscheiden ließe. Anders als das Geschöpf ist Gott aber keine Erscheinung in Raum und Zeit, und keine Beziehung von Geschöpfen zu Gott ist eine Beziehung in der Welt der Erscheinungen, die sich ohne Rekurs auf Gott verstehen und bestimmen ließe.

Das ist eine stärkere Bedingung als die Forderung, es müsse von „Gott" gesprochen werden, um das verständlich zu machen, was man mit „Sünde" meint. Eine Beziehung zu dem, was man für „Gott" hält und unter dem Ausdruck „Gott" versteht, ist durchaus eine Wirklichkeit in der Welt der Erscheinungen. Wir bezeichnen sie in der Regel mit dem Ausdruck „Religion". Religionen sind soziale Praktiken, die sich im theistischen Fall um ein Verständnis dessen gruppieren, was man mit „Gott" meint. Nicht alle Religionen haben es so mit „Gott", „Göttern" oder „Göttlichem" zu tun, aber alle Religionen sind Phänomene in Raum und Zeit, die sich empirisch und historisch erforschen lassen. Auch das Christentum kann und muss so betrachtet werden, wenn es als historisches und kulturelles Phänomen untersucht wird. Doch damit rückt nicht der Bezug zu Gott in den Blick, sondern nur der Bezug zu „Gott", also zu dem, wie Christen sich den vorstellen und sich zu dem verhalten, den sie „Gott" nennen und als „Gott" anreden und anrufen. Das kann man empirisch erheben und mit anderen Gottesvorstellungen, Gebetshandlungen und religiösen Praktiken vergleichen. Doch der, an den Christen sich so wenden, kommt nicht in den Blick, und deshalb kann man empirisch auch nicht wahrnehmen, erleben oder erfahren, dass man es mit Geschöpfen oder mit Sündern zu tun hat, sondern nur, dass man es mit Menschen zu tun hat, die sich und andere als Geschöpfe und als Sünder verstehen und bezeichnen.

Diese Selbstverständnisse sowie die ihnen korrelierten Vorstellungen des Göttlichen blieben bloße kulturelle Konstrukte, wenn es den nicht gäbe, auf den sie sich als Gott, Schöpfer, Erlöser und Vollender beziehen. Ohne Gott keine von Gott verschiedene Wirklichkeit oder Möglichkeit, kein Sein, keine Welt, kein Leben, kein Sinn und keine Sinnlosigkeit. Ohne Gott kein Glaube an Gott, keine Möglichkeit, sich für oder gegen Gott zu entscheiden, kein Leben im Glauben oder im Unglauben. Gott ist der absolute Urgrund aller Kreativität, dem sich alles von Gott verschiedene Wirkliche und Mögliche verdankt und ohne den es nichts anderes gäbe oder geben könnte, was aktiv oder passiv auf anderes bezogen ist. Nur wer existiert, kann leben, und niemand existiert, der seine Existenz nicht Gott verdankte. So wenig aber die Existenz ein Phänomen ist, das sich für sich und als solches erfahren ließe, so wenig ist Gott, der Schöpfer und Urgrund aller Existenz, ein Phänomen, das sich als solches und für sich genommen erfahren ließe. Nichts Erfahrbares ist Gott, aber ohne Gott gäbe es auch nichts Erfahrbares und niemanden, der etwas erfahren könnte. Doch wie man nichts erfahren kann, was nicht existiert, so kann man auch nichts erfahren, ohne dass der, ohne den nichts existierte, schöpferisch gegenwärtig wäre. Gott ist kein Phänomen der Erfahrung, aber es gäbe keine Erfahrung, nichts, was sich erfahren ließe und niemanden, der etwas erfahren könnte, wenn Gott nicht wirksam gegenwärtig wäre. Wer so lebt, dass er sich daran orientiert, lebt recht. Wer es nicht tut, lebt in Sünde.

Auch der „Sünde" genannte Modus der Beziehung zu Gott ist daher nichts, was mit bestimmten Phänomenen im Leben im Unterschied zu anderen identifiziert werden könnte. Gibt es Sünde in einem menschlichen Leben, dann kann es sie überall und in jedem menschlichen Leben geben, und wo es sie gibt, verändert sich alles. Jeder, der lebt, lebt in der Gegenwart, aber niemand lebt so aufgrund eigener Entscheidung. Nur wer lebt, kann sich gegen das Leben entscheiden, und er kann das nur in der Gegenwart, die sich nicht ihm verdankt, sondern in der er sich vorfindet. Anders Gott. Gott ist jeder Gegenwart gegenwärtig, weil jede Gegenwart sich seiner Gegenwart verdankt. Ist das Verhältnis eines Geschöpfes zu dieser Gegenwart falsch, dann ist das ganze Leben affiziert.[49]

Die theologische Tradition hat diese Möglichkeit nur Vernunftwesen zugesprochen, also einerseits *Engeln*, die entweder in Dankbarkeit gegenüber Gott (also sündlos) oder in Undankbarkeit gegenüber ihm (also sündig) existieren können, und andererseits *Menschen*, die sündlos hätten existieren können, es aber faktisch nicht tun und nun von sich aus nicht mehr anders existieren können, selbst wenn sie es wollten.[50] Die grundlegende Alternative geschöpflicher Existenz, entweder sündlos oder sündig zu existieren, sich Gott also zuzuwenden oder von Gott abzuwenden, ist bei den Engeln so konkretisiert, dass einige Engel sündlos, andere sündig existieren, bei den Menschen dagegen so, dass niemand sündlos existieren kann, wenn einer es nicht tut. Die Differenz

---

49 Vgl. I. U. Dalferth, Becoming Present. An Inquiry into the Christian Sense of the Presence of God, Leuven/Paris/Dudley 2006.
50 Engel sind für die Menschen das Modell, an dem sie sich die Möglichkeiten ihrer eigenen Existenz vor Augen führen. An den Engeln wird deutlich, was Menschen sein könnten. Sie sind insofern nicht real als Wesen einer anderen Welt zu verstehen, sondern als die Ideale realen Menschseins in dieser Welt.

zwischen Engeln und Menschen liegt darin, dass Engel immer schon das sind, was Menschen von sich aus nie werden können: vollständig selbständige Individuen. Anders als die Menschen existieren Engel nach klassischer Ansicht grundsätzlich eigenständig und hängen nur von Gott, aber in keiner Weise voneinander ab. Jeder ist als distinktes und singuläres Genus ein nur für sich selbst verantwortliches Individuum, dessen Entscheidungen keine bestimmenden Auswirkungen auf die Entscheidungen anderer Engel haben. Engel sind in der klassischen Theologie als distinkte Genera die Individualitätsrepräsentanten *par excellence*. Mit ihrer Sündlosigkeit (gute Engel) und ihrer Sünde (gefallene Engel) symbolisieren sie, dass es in der Schöpfung Gutes und Böses gibt und nicht nur das eine oder das andere oder nichts von beidem. Die Schöpfung ist aufgrund des Verhaltens der Geschöpfe faktisch ambivalent und muss unter beiden Gesichtspunkten betrachtet und verstanden werden: Sie ist der Ort der Realisierung des Guten, aber auch der Ort der Verwirklichung von Bösem. Dieser Ambivalenz entgeht kein Geschöpf.

Die Menschheit dagegen ist eine *massa perditionis*, aus der sich niemand von sich aus befreien kann, weil anders als die Engel alle Menschen nicht nur von Gott, sondern als Einzelfälle eines gemeinsamen Menschseins auch voneinander abhängen, so dass die Wirklichkeit der Sünde eines Menschen auf alle anderen ausstrahlt. Während jeder Engel allein für sich selbst sündigt oder nicht sündigt, ruiniert das Sündigen *eines* Menschen das Leben *aller* Menschen, weil alle Menschen wesentlich voneinander abhängen, also als *Mitmenschen* existieren. Sie sind erst dann das, was sie als Einzelne jeweils sein können, wenn sie es alle zusammen sind. Einer genügt, um zu verhindern, dass dieses Ziel erreicht wird.

Sünde lädiert daher zwar immer die Beziehung zu Gott, weil das Geschöpf ein Geschöpf – sich selbst oder ein anderes – an die Stelle setzt, an der nur der Schöpfer stehen kann. Bei den Engeln bleibt das auf den jeweiligen Engel beschränkt. Im Fall der Menschen aber wirkt sich das auf alle Vollzüge des Lebens aus, auf die moralischen nicht weniger als auf die nicht moralischen, und auf die eigenen nicht weniger als auf die der Mitmenschen. Sünde ist nicht nur ein lokaler Schmerz, sondern eine Krankheit, die das ganze Leben infiziert und verändert, und sie ist nicht nur eine individuelle Erkrankung, sondern eine kollektive Pandemie. Das zeigt sich in den biblischen Traditionen von Anfang an, auch wenn es erst in langen Klärungsprozessen unmissverständlich deutlich wird.

3. SÜNDIGEN:
VON DEN SÜNDEN ZUR SÜNDE UND UMGEKEHRT

1

In den biblischen Texten wird auf vielfältige Weise von Sünde geredet. Das gilt nicht nur für die Texte des Alten, sondern auch für die des Neuen Testaments. In beiden Textgruppen wird Sünde nicht durch einen klar definierte Begriff thematisiert, sondern in einem weit verzweigten Wortfeld, das im Verlauf seiner Sinngeschichte verschiedene Sinnknoten bildet und zu bestimmten Sinnverdichtungen führt. Zentraler Charakterzug dieses Wortfelds sind Verben, nicht Substantive, Ausdrücke des Wie-Seins, nicht Begriffe des Was-Seins, Tätigkeitswörter des Sündigens, nicht Hauptwörter der Sünde.

Sprachlich stehen im Alten Testament Ausdrücke für menschliche Verhaltensweisen im Vordergrund, die für die Gemeinschaft und/oder den Einzelnen als schädlich beurteilt werden, weil sie gegen Maßstäbe verstoßen, die Gott für ein gutes Zusammenleben von Menschen in seinem Volk gesetzt hat. Dazu gehören insbesondere *chata'* (das Ziel verfehlen, fehlen), *ra'* (Böses tun, schlecht sein), *pascha'* (sich auflehnen, abfallen), *'awon* (Schuld, Vergehen, Missetat, Unheil), *schagah* (sich verirren, sich irren), *ta'ah* (umherirren, in die Irre gehen), *rascha'* (frevelhaft, ruchlos, gottlos). Diese Ausdrücke und ihre Derivate können verknüpft werden, um die Totalität der Verfehlung anzuzeigen (vgl. Ex 34,7.9; Jes 1,4; Ps 32,1–5; Prov 6,12–14), sie können aber auch auf den Grundgegensatz zwischen *ra'* (schlecht, böse) und *tov* (gut) zurückgeführt werden, wie in Amos 5,14 f.: „Sucht das Gute und nicht das Böse, damit ihr am Leben bleibt! Dann wird der HERR, der Gott der Heerscharen, bei euch sein, so wie ihr es immer gesagt habt. Hasst das Böse und liebt das Gute und bringt das Recht zur Geltung im Tor. Vielleicht ist der HERR, der Gott der Heerscharen, dem Rest Josefs gnädig."

Der Gegensatz zwischen gut und böse hängt an dem, ob man Gottes Willen tut, der in seinen Geboten zum Ausdruck kommt. Wer tut, was Gott will, ist gut und gerecht, wer es nicht tut, ist es nicht. Der Unterschied zwischen Gottes Wille und unserem Wollen und Tun ist der grundlegende Unterschied, in dem sich die Grunddifferenz zwischen Schöpfer und Geschöpf ausprägt. Sie nicht zu beachten und wie Gott bzw. ohne Gott sein zu wollen, ist die menschliche Grundsünde. Aber zur Sünde gehört auch alles, was aus der Nichtbeachtung dieser

Grunddifferenz im menschlichen Zusammenleben folgt. Das Wortfeld der Sünde umfasst dabei sowohl Fehlverhalten, für das man selbst verantwortlich ist, als auch Verstrickungen in Unheilszusammenhänge, in denen man sich vorfindet und denen man nicht entkommen kann. Was getan wird und wozu es führt, wird oft ineinander gelesen. Schuld und Verhängnis sind unentwirrbar verknüpft und zwischen Irrtum, Verfehlung, Unheil und Strafe wird nicht immer klar differenziert. Es geht um Verhaltensweisen, die das Leben der Gemeinschaft schädigen, weil sie die von Gott gesetzten sozialen und rechtlichen Ordnungen stören, damit Unrecht sind, Unheil bewirken und Strafe verdienen. Um diese Ordnungen wieder herzustellen, bedarf es der Wiedergutmachung und der Vergebung. Aber weil es sich nicht nur um Menschensatzungen, sondern um Gott verdankte Ordnungen handelt, kann das letztlich nicht durch die Menschen, sondern nur durch Gott selbst geschehen.

Im Neuen Testament verdichtet sich dieses Sinnfeld in der Rede von einer Macht (ἁμαρτία), die Menschen dazu bringt, sich von ihrem Schöpfer abzuwenden, sich gegen sich selbst und ihre Mitgeschöpfe zu vergehen, Übel und Unrecht zu tun ἀδικία, ἀνομία, παράβασις, παράπτωμα, κακία, ὀφείλημα, καύχησις) und so das Ziel des Lebens zu verfehlen und dem Tode anheimzufallen. Wer im Machtbereich der Sünde lebt, ist blind für die Quelle des Lebens und endet im Tod. Er ist Geschöpf, aber lebt nicht als Geschöpf, sondern so, als gäbe es keinen Schöpfer. Anstelle der Gottes- und Nächstenliebe beherrscht die Eigenliebe das Tun und Lassen solcher Menschen, und weil sie Gott nicht kennen und von Gott nichts wissen wollen, finden sie keinen Ausweg aus dem Verhängnis, in das sie verstrickt sind.

Die theologischen Pointen dieses komplexen Sinnfeldes können in unterschiedlichen Denkmodellen entfaltet werden, die alle in den lebensweltlichen Erfahrungen der damaligen Zeit verankert sind: im Erfahrungszusammenhang von Krankheit und Heilung (Gesundheit), Gefangenschaft und Befreiung (Krieg), Verschuldung und Erlösung (Ökonomie), Schuld und Vergebung (Ethik), Verhängnis und Emanzipation (Macht), Irrtum und Erleuchtung (Wissen), Unheil und Heil (Religion). Sie alle bieten Leitunterscheidungen, mit deren Hilfe das Wort- und Sinnfeld der Sünde strukturiert und durchdacht werden kann. Sie alle tun es freilich auf eine jeweils etwas andere Weise. Und viele Probleme der späteren Denkgeschichte der Sünde verdanken sich der fragwürdigen Verknüpfung dieser Modelle, die sich nicht ohne Verkürzungen und Verkrümmungen bruchlos in ein Ganzes fügen lassen.

2

Sachlich lassen sich in den skizzierten Wortfeldern des Alten und Neuen Testaments zwei Grundtendenzen ausmachen. Auf der einen Seite wird von den Sünden auf die Sünde hin gedacht. Auf der anderen Seite wird die Sünde von der Befreiung (Heilung, Überwindung, Vergebung, Erlösung) von der Sünde her bedacht. Beides gilt – wenn auch in unterschiedlicher Intensität – sowohl für die alttestamentlichen als auch für die neutestamentlichen Textzusammenhänge.[51] Und beides muss im Zusammenhang gesehen und verstanden werden.

Die Vielfalt dessen, was in den Texten als Sünden thematisiert wird, lässt sich nur schwer und allenfalls versuchsweise auf einen gemeinsamen Nenner bringen. Maßgeblich ist für den vergleichenden Blick ein aktives Fehlverhalten im Bezug auf Gott und Gottes Willen. Das kann etwas sein, was man tut bzw. getan hat, oder es kann etwas sein, was man unterlässt oder unterlassen hat, also hätte tun können und sollen, aber nicht tut bzw. getan hat. Sünden sind Taten, und nur ein tatsächliches Tun oder Lassen wird Sünde genannt. Das aber kann von vielem, was Menschen tun, gesagt werden, und entsprechend vielfältig ist von Sünden die Rede. Allerdings gibt es eine Grenze: Während viele Taten von Menschen Sünde genannt werden (können), kann man nicht alle Taten so bezeichnen, ohne den Sinn der Rede von Sünde aufzulösen. Wenn alles Tun der Menschen Sünde ist, dann lassen sich nicht mehr bestimmte Taten als Sünden hervorheben. Wer Sünde auf Taten bezieht, muss im Hinblick auf menschliches Tun unterscheiden zwischen Taten, die Sünde sind, und Taten, die keine Sünde sind. Dafür bedarf es eines Kriteriums, und dieses kann weder im Tun als solchem liegen (nicht alles Tun ist per se Sünde) noch in den Menschen im Allgemeinen, die handeln (Menschen sind nicht dadurch Sünder, dass sie nicht leben können, ohne zu handeln). Sind Sünden Taten, dann muss es auch Taten geben, die keine Sünde sind.

---

51 Das gilt nicht nur für Paulus, sondern auch für Lukas, wie S. Szkredka, Sinners and Sinfulness in Luke. A Study of Direct and Indirect References in the Initial Episodes of Jesus' Activity, Tübingen 2017, gezeigt hat.

Allein von den Taten her lässt sich daher nicht klar bestimmen, was Sünden sind. Man muss vielmehr ein Sündenkonzept voraussetzen, das bestimmte Taten als Sünden zu bestimmen erlaubt und andere nicht. Das lässt sich auf verschiedene Weise tun. In der Regel geschieht es im Hinblick auf den Willen Gottes und die göttlichen Gebote, die diesen Willen zum Ausdruck bringen – also im Hinblick auf das, was man für Gottes Willen und Gebote hält. Doch von Gottes Willen kann nicht geredet werden, ohne von dem Wirken zu reden, in dem sich dieser Wille zur Wirkung bringt. Gottes Wille ist nichts anderes als das, was Gott wirkt, weil bei ihm anders als bei Menschen kein Hiat besteht zwischen Wollen und Tun, Absicht und Vollzug, Tun und Erreichen dessen, was man tun will. Was Gott will, das wirkt er, und was Gott wirkt, das verwirklicht das, was er will. Wenn er Gutes will, dann wirkt er es, und was er wirkt, ist gut, weil es das verwirklicht, was er will. Deshalb wird Gott allmächtig, gut und frei genannt. Er wirkt, was er will, er will, was gut ist, und er bewirkt das Gute, das er will, indem er es tut.

Konkreter als die Orientierung an Gottes Willen ist daher die Orientierung an Gottes Wirken. Nicht was Gott will, sondern was Gott wirkt und tut, ist der entscheidende Bezugspunkt für die Klärung des Sündenkonzepts. Das erste fasst die Rede vom Gesetz Gottes theologisch zusammen, das zweite die Rede vom Evangelium. Für die Klärung der Kategorie der Sünde heißt das: Nicht an Gottes Gesetz entscheidet sich, was Sünde ist, sondern an Gottes Evangelium. Denn das Sündige der Sünden bzw. die Sünde in allen Sünden wird dadurch eindeutig bestimmt, dass Gott sie vergibt: Nicht das, was man erlebt oder nicht erlebt, definiert das, was Sünde ist, auch nicht das, was man für Gottes Gesetz hält, sondern das und nur das ist Sünde, was Gott vergibt, indem er seinen Willen zur Wirkung bringt. Nichts verdient deshalb Sünde genannt zu werden, was nicht zu dem gehört, was Gott vergibt. Und nichts lässt sich als Sünde benennen und erkennen, was nicht von Gottes Vergebung her so in den Blick kommt.

3

Dass und wie von den Sünden auf die Sünde hin gedacht wird, belegt die Vielzahl der Beispiele, mit deren Hilfe im Alten und Neuen Testament das erläutert wird, was zusammengenommen „Sünde" genannt wird.[52]

---

52 Vgl. zum Folgenden Art. Sünde II.–V., TRE XXXII, 365–389.

Gesündigt wird überall, wo Menschen Gottes Willen missachten und seine Gebote übertreten, wo sie Gott nicht die gebotene Ehre zukommen lassen, wo sie ihre Mitmenschen nicht so behandeln, wie es Gottes Gebot vorschreibt und ein gutes Miteinander der Menschen erfordert, und wo sie mit sich selbst und anderen Geschöpfen nicht so umgehen, wie es sich für Geschöpfe und Mitglieder des Gottesvolkes gebühren würde. Sünden sind so stets Untaten gegen Gott, gegen die Nächsten und gegen sich selbst. Nach der biblischen Urgeschichte haben sie ihren Ursprung darin, Gottes Willen zu missachten und als Geschöpfe wie Gott und damit ohne Gott sein zu wollen. Das stellt die grundlegende Ordnungsunterscheidung zwischen Schöpfer und Geschöpf infrage mit der Folge, dass das menschliche Zusammenleben mit anderen Menschen und Geschöpfen gestört, entstellt, gefährdet wird, dass es zum Kampf zwischen Mensch und Tier kommt und zu Konkurrenz auf Leben und Tod zwischen Mensch und Mensch. Das falsche Verlangen der Menschen, wie Gott zu sein, schädigt ihre Beziehung zu Gott, zu sich selbst, zu den Mitmenschen und zu den Mitgeschöpfen und gefährdet die Wohlordnung der Schöpfung. Doch Gott wendet sich nicht ab von seinem Geschöpf, das seinen Willen ignoriert und seine Wohlordnung missachtet, sondern sorgt dafür, dass es in seiner selbst verschuldeten Gottesferne leben, überleben und weiterleben kann. Er wählt sich ein Volk, das um diese unverdiente Gottesgeduld weiß. Und er gibt ihm seinen Willen zu erkennen, an dem es sich ausrichten kann und soll.

Gottes guter Wille für sein Volk kommt in der Thora und darin wiederum konzis und grundlegend in den Geboten und Verboten des Dekalogs zum Ausdruck. Das Leben der Menschen ist gut und ihr Zusammenleben wohlgeordnet und gerecht, wenn sie sich an Gottes Ordnungen halten. Es ist dagegen übel und gefährdet, wo immer sie gegen diese Ordnungen verstoßen. Alle Sünden lassen sich so im Anschluss an die Struktur des Dekalogs in Untaten im Verhältnis der Menschen zu Gott, im Verhältnis zu anderen Menschen und im Verhältnis zu sich selbst einteilen.

Grundlegend für alle anderen Weisungen ist die Zusage des ersten Gebots, dass Menschen neben dem einen und einzigen Gott keine anderen Götter brauchen, weil dieser jederzeit und überall für sie da ist. Nichts von Menschen Geschaffenes vermag den Schöpfer als Schöpfer zu repräsentieren, weil das, was wir machen, nicht darstellen kann, was uns macht. Gottes Gegenwart kann auch durch kein Gottesbild auf einen bestimmten Ort oder eine bestimmte Zeit beschränkt werden, weil es nichts gäbe, wenn Gott nicht gegenwärtig wäre. Wo immer etwas ist, ist auch Gott, und wo immer etwas wird, wird es in Gottes Gegenwart. Gott ist der Gegenwart eines jeden Menschen gegenwärtig. Er ist da. Er ist da als der, ohne den es nichts anderes gäbe und an den jeder sich in allen Lebenslagen wenden kann. Niemand muss lange Pilgerfahrten zu ihm unternehmen, jeder kann sich vielmehr immer und überall auf Gott verlassen, im Leben und im Sterben. Diese grundlegende Verheißungszusage des „Ich bin für euch da" bestimmt alle anderen Weisungen des Dekalogs. Ohne den Rückbezug auf das erste Gebot verlören sie ihre entscheidende Pointe. Das hat wichtige Folgen. Weil auch die Weisungen über das rechte Verhalten zu anderen und zu sich selbst Weisungen Gottes sind, ist jedes Fehlverhalten anderen und sich selbst gegenüber zugleich auch eine Verfehlung gegenüber Gott und damit ein Verstoß gegen das erste Gebot. Es manifestiert die fehlende Dankbarkeit des Geschöpfs gegenüber dem Schöpfer und belegt die Blindheit der Menschen für ihr eigenes Geschöpfsein.

Die Doppelbestimmung von Untaten als Verfehlungen gegenüber Menschen und als Verfehlungen gegenüber Gott ist bedeutsam für die Frage nach der Vergebung von Sünden. Vergeben kann eine Verfehlung nur der, der selbst von ihr betroffen ist. Sofern Verfehlungen gegenüber Menschen zugleich Verfehlungen Gott gegenüber sind, ist die Bitte um Vergebung zu Recht nicht nur an die betroffenen Menschen zu richten, sondern immer auch an Gott. Ohne göttliche Vergebung gibt es keine zureichende Vergebung von Sünden. Nur Gott um Vergebung zu bitten, aber den geschädigten Menschen keine Wiedergutmachung zu leisten, ist allerdings ebenfalls unzureichend. Das ist nicht immer möglich, vor allem dann nicht, wenn der Geschädigte nicht vergeben kann oder will oder nicht mehr lebt und nicht mehr zu vergeben vermag. Der Täter bliebe in solchen Fällen mit seiner Schuld allein und seinem schlechten Gewissen und den Folgen seiner Untat ausgeliefert. Nur Gott kann auch da, wo der geschädigte Mensch nicht vergeben will, nicht zu vergeben vermag oder – weil er tot ist – nicht mehr vergeben kann, noch vergeben und damit den Sünder wenigstens im Hinblick auf seine Beziehung zu Gott von seiner Schuld entlasten. Und keine Vergebung eines anderen kann das menschliche Gewissen wirklich entlasten, solange nicht auch Gott dem Sünder vergeben hat.

4

Von Jesus wird berichtet, dass er die Sündenverfehlungen von Menschen nicht nur in deren aktuellen Untaten gesehen hat, sondern schon in den Gedanken und kaum bewussten Wünschen ansiedelte. Schon wer die Frau eines anderen in Gedanken begehrt, macht sich des Ehebruchs schuldig, nicht erst der, der tatsächlich in eine andere Ehe einbricht (Mt 5,27-30; Joh 8,1-11). Was am 6. Gebot erläutert wird, gilt für alle Gebote. Nicht erst die vollzogene Untat macht den Sünder zum Sünder, sondern schon die Erwägung der Möglichkeit zeigt, dass ein Mensch Sünder ist und der Vergebung bedarf. „[A]us dem Herzen kommen böse Gedanken, Mord, Ehebruch, Unzucht, Diebstahl, falsches Zeugnis, Lästerung. Das sind die Dinge, die den Menschen unrein machen." (Mt 15,19 f.) Sünder ist deshalb nicht erst der, der tatsächlich sündigt, sondern schon der, der die Möglichkeit zu sündigen hat und erwägt.

Am Tun allein kann man daher nicht ablesen, dass jemand kein Sünder ist. Auch wer nichts Übles tut, kann Übles wollen und erwägen, und schon wer das tut, ist Sünder, der Gottes Vergebung bedarf. Denn hier wird deutlicher als am tatsächlichen Tun, dass Sünde nicht auf die Schädigung eines anderen oder des eigenen Lebens reduziert werden kann, sondern stets auch und vor allem Gott betrifft. Gott aber ist auch dort betroffen, wo ein anderer Mensch noch gar nicht geschädigt ist, weil keine Untat begangen wurde. Um vor Gott Sünder zu sein, genügt es, Sünder sein zu können. Denn diese Möglichkeit belegt, dass man auf Gottes Vergebung auch dort angewiesen ist, wo man sich keine aktuelle Verfehlung hat zuschulden kommen lassen, obwohl das jederzeit geschehen könnte.

Das wirft ein anderes Licht auf das, was Sünde ist. Sie kann nicht auf ein Tun beschränkt werden, das tatsächlich gegen ein göttliches Gebot verstößt. Wer Sünder ist, ist auf Gottes Zuwendung angewiesen, und wer auf Gottes Zuwendung angewiesen ist, das aber ignoriert oder bestreitet, der ist Sünder. Dass man auf Gottes Zuwendung angewiesen ist, belegt aber schon die Möglichkeit, Gott gegenüber eine Verfehlung begehen zu können. Man braucht Gott dann nicht nur, um begangenes Unrecht wiedergutzumachen, sondern auch, um davor bewahrt zu werden, mögliches Unrecht zu begehen. Darauf aber ist jeder Mensch angewiesen, und insofern ist schon in Jesu Radikalisierung der Sünde von der tatsächlich begangenen auf die als möglich erwogene Tat die Universalisierung der Sünde angelegt: Alle Menschen sind Gottes bedürftig, weil alle die Möglichkeit haben zu sündigen. Wo Verfehlungen Gott, anderen und sich selbst gegenüber möglich sind, da bedarf es Gottes Kraft und Zuwendung, um diese Möglichkeit nicht zur Wirklichkeit werden zu lassen. Wer Sünder sein kann, braucht Gott, um nicht zum Tat-Sünder zu werden. Und weil jeder Mensch Sünder sein kann, ist jeder Mensch auf Gottes bewahrende und helfende Zuwendung angewiesen.

Der Schritt von der wirklichen Tat zum möglichen Tun, von der Wirklichkeit der Missachtung von Gottes Gebot zur Möglichkeit einer solchen Missachtung, ist ein Schritt der Universalisierung der Sünde. Es gibt keinen, der nicht Sünder wäre, nicht einen. Nicht nur die sind Sünder, die tatsächlich gegen Gottes Willen verstoßen. Auch nicht nur die, die sich ausmalen, gegen ihn zu verstoßen, selbst wenn sie das Ausgemalte nicht in die Tat umsetzen. Sondern schon die, denen es möglich ist, sich das auszumalen, ob sie es tatsächlich tun oder nicht. Man muss nichts Böses tun, um Sünder zu sein. Man muss nichts Böses wollen, um Sünder zu sein. Es genügt die Möglichkeit, es wollen zu können, um Sünder zu sein. Keiner kann sich daher darauf hinausreden, nichts getan zu haben oder sich nur vorgestellt zu haben, es zu tun. Dass wir die Möglichkeit haben, etwas Derartiges zu tun oder es uns vorzustellen, genügt als Beleg dafür, dass wir Sünder sind – also Menschen, die darauf angewiesen sind, dass Gott sich von sich aus zu ihnen in Beziehung setzt und ihnen nahekommt, weil sie von sich aus Gott nicht nahekommen wollen und können. Wer die Möglichkeit hat, werden zu wollen wie Gott, ohne zu wissen, wer und was Gott ist, bleibt darauf angewiesen, dass Gott wird wie wir, damit wir wissen können, wer und was Gott ist (unser Schöpfer), und so die Möglichkeit bekommen, das werden zu wollen, was wir sind (seine Geschöpfe).

5

Paulus hat das verstanden. Für ihn wird die Sünde zum Zeichen dafür, dass nicht nur Israel, sondern alle Menschen auf Gottes Heilswirken angewiesen sind.[53] Gott will nicht nur Gutes für Israel, sondern für alle Menschen. Das zeigt sich daran, dass alle Menschen in Sünde leben und

---

53 Vgl. die treffenden Studien von H. Weder, Gesetz und Sünde: Gedanken zu einem qualitativen Sprung im Denken des Paulus, New Testament Studies 31 (1985), 357–376; Ders., Die Sünde – Verhängnis oder Produkt des Menschen? Überlegungen zur

damit belegen, dass sie Gottes Zuwendung und Hilfe brauchen. Niemand lebt so, dass er Gottes nicht bedürftig wäre. Für jeden ist Gottes Zuwendung und Nähe ein Gewinn. Das mag man bestreiten, nicht gewusst haben oder nicht wissen wollen. Aber wenn deutlich wird, dass und wie Gott einem gegenwärtig ist, dann wird das klar. Dann öffnet sich ein neuer Blick auf das Leben, in dem dieses sich in ein altes und ein neues Leben unterscheidet, in eine Zeit, in der man blind für Gottes Gegenwart war (altes Leben), und eine Zeit, in der man sich an ihr ausrichtet, so dass sie das Leben orientiert (neues Leben).

Die Differenz liegt nicht darin, dass Gott im einen Fall gegenwärtig ist und im anderen nicht, sondern darin, wie Menschen sich zu Gottes Gegenwart verhalten und auf sie beziehen. Auch das alte Leben ist kein Leben ohne Gott (so etwas gibt es nicht), sondern ein Leben, in dem man für Gottes Gegenwart blind war und sich nicht an ihr orientiert hat. Entsprechend ist das neue Leben kein Leben, in dem Gott gegenwärtig ist, während er es vorher nicht war, sondern es ist ein Leben, in dem man sich anders als zuvor an Gottes Gegenwart ausrichtet und so zu leben versucht, dass es dem entspricht, wie Gott gegenwärtig ist: als schöpferische, neu machende und zurechtbringende Liebe. Gott ist jeder Gegenwart gegenwärtig, aber man kann das ignorieren (altes Leben) oder sein Leben daran orientieren (neues Leben). Das ändert nichts an Gottes Gegenwart, sondern bezeugt eine andere Einstellung der Menschen zu Gottes Gegenwart. Diese Einstellungsänderung verdankt sich nicht menschlicher Bemühung, sondern Gottes Freundlichkeit und Liebe, der Menschen, die nichts von ihm wissen oder wissen wollen, durch Jesus Christus und seinen Geist erschließt, wie er ihnen gegenwärtig ist, war und sein wird.

In keiner anderen Schrift legt Paulus das so klar dar wie im Römerbrief. Er schämt sich des Evangeliums nicht, wie er am Anfang des Briefes schreibt. „Denn es ist eine Kraft Gottes zur Rettung eines jeden, der glaubt, des Juden zuerst, aber ebenso auch des Griechen. Denn darin wird Gottes Gerechtigkeit offenbar aufgrund des Glaubens und für den Glauben" (Röm 1,16-17). Das Evangelium stellt klar, wer und was Gott in Wahrheit ist, indem es deutlich macht, dass Gott so gegenwärtig ist,

---

Sünde bei Paulus, in: J. Doré, Le Péché, Bruxelles 2001. Vgl. die Rezension von M.-J. Thiel, Revue des Sciences Religieuses 67 (2002), 107-108.

dass er durch die Kraft seiner Liebe für Recht und Gerechtigkeit in seiner Schöpfung sorgt, so dass man sich dann recht auf seine Gegenwart bezieht, wenn man an ihn glaubt, also sich ganz auf seine schöpferische und rettende Liebe verlässt und sein Leben an ihr orientiert. Der Glaube ist die rechte Weise, sich an Gottes Gegenwart auszurichten, und das Evangelium stellt klar, dass der Glaube das ist, weil Menschen, die glauben, ganz auf die Gegenwart der Schöpferkraft von Gottes Gerechtigkeit wirkender Liebe setzen, sich also im Leben und Sterben ganz auf Gottes Liebe verlassen.

Dass Menschen so glauben, ist allerdings nicht die Regel, sondern die Ausnahme. Wo der Glaube betont werden muss, ist der Nichtglaube der Normalfall. Der Nichtglaube an Gottes Gegenwart ist das, was durch den Glauben überwunden wird. Die Frage, wie man vom Nichtglauben zum Glauben kommt, wird damit zur entscheidenden Frage. Paulus gibt darauf eine unmissverständliche Antwort: Zum Glauben kommt es nicht von sich aus und auch nicht durch irgendwelche menschlichen Bemühungen oder Anstrengungen, sondern allein dadurch, dass Gott seine Gerechtigkeit (also die Art und Weise seiner Gegenwart) Menschen so erschließt, dass sie durch den Glauben an Jesus Christus zum Glauben an die Gegenwart von Gottes schöpferischer Liebe auch in ihrem Leben kommen. Zum Glauben an Gott kommt man nur dadurch, dass Gott den Glauben an seine Gegenwart wirkt. Wer an Gott glaubt, glaubt durch Gott an Gott.

Ist das wahr, dann wird dadurch eine Wahrheit über das menschliche Leben aufgedeckt, die sonst verborgen ist: Es gäbe kein Leben, wenn Gott nicht gegenwärtig wäre und eine andere Gegenwart als seine eigene möglich machen würde und wirklich werden ließe. Ohne Gottes Gegenwart gäbe es keine Wirklichkeit ohne Gott, sondern gar nichts außer Gott. Wenn es etwas anderes gibt als Gott, dann nur, weil Gottes Gegenwart es möglich macht und wirklich sein lässt. Das gilt für die Welt, das gilt für das Leben, und das gilt für den Menschen. Wer lebt und sich nicht glaubend bzw. im Glauben an Gottes Gegenwart orientiert, der ignoriert deshalb dasjenige, ohne das er das gar nicht tun könnte. Er verneint, was seine Verneinung überhaupt erst möglich macht. Damit lebt er in einem fundamentalen Existenzwiderspruch, weil er das ignoriert oder bestreitet, ohne das er noch nicht einmal die Möglichkeit hätte, das zu tun. Wer blind ist für Gott, der ist blind für das, ohne das er gar nicht blind für Gott sein könnte.

Das liegt freilich nicht auf der Hand, und es tritt auch nicht als ein Widerspruch auf, der Menschen umtreibt und an dem sie leiden müssten. Es wird vielmehr erst dort deutlich und als Widerspruch erfahren, wo es nicht mehr wie selbstverständlich der Fall ist. Erst wo es Glauben gibt, tritt der Nichtglaube als Nichtglaube in Erscheinung. Denn wo es durch Gott zum Glauben kommt, da wird der Nichtglaube als ein existenzieller Selbstwiderspruch aufgedeckt. Von sich aus ist er sich selbst so nicht einsichtig. Wer nicht glaubt, ignoriert oder bestreitet Gottes Gegenwart, ohne die er diese doch nicht ignorieren und bestreiten könnte. Vom Glauben her betrachtet ist ein Leben im Nichtglauben ein defizitärer, ja selbstwidersprüchlicher Zustand des Menschen. Vom Nichtglauben her dagegen, der sich selbst nicht so versteht, ist es der Normalzustand, allerdings nur, solange es durch den Kontrast zum Glauben nicht als Nichtglaube und existenzieller Selbstwiderspruch aufgedeckt ist.

Mit der Unterscheidung von Glauben und Nichtglauben wird durch das Evangelium eine Unterscheidung ins menschliche Leben eingeführt, die die Grundunterscheidung von Schöpfer und Geschöpf auf Seiten des Geschöpfes existenziell verschärft, indem das Evangelium den Menschen unter dem Gesichtspunkt beurteilt, ob er sich zu dieser Grundunterscheidung glaubend verhält oder nichtglaubend. Man muss jetzt zweifach über das menschliche Leben reden, wenn man überhaupt etwas Wahres über es sagen will. Zum einen erleben wir es so, wie wir es erleben, erfahren und erforschen. Zum anderen wird es so bestimmt, wie es vom Glauben und damit vom Evangelium der Gegenwart von Gottes Liebe her in den Blick tritt und beurteilt wird. Das ist keine Auskunft darüber, wie man sich selbst erlebt. Man erlebt nicht den Glauben, sondern lebt und erlebt im Glauben. Und man erlebt auch nicht den Unglauben, sondern lebt und erlebt im Unglauben. Nicht das Leben und unser Erleben erschließt die Unterscheidung von Glauben und Nichtglauben, sondern das Evangelium beurteilt das menschliche Leben unter dieser Differenz. Das Leben, das wir erleben, wie wir es erleben, wird dadurch unterschieden in das, was zu überwinden ist und zu Ende geht (altes Leben), und das, was neu ist und anbahnt, was künftig kommen wird (neues Leben). Die Differenz von altem und neuem Leben fällt also nicht mit dem Leben vor und nach dem Ereignis des Evangeliums und seiner Unterscheidung von Glauben und Nichtglauben zusammen. Vielmehr charakterisiert diese Differenz jedes Moment des Lebens, vor dem Kommen des Evangeliums und nach ihm. Wie es zuvor das gab, was durch Evangelium und Glauben als Nichtglaube aufgedeckt wurde und zu Ende gehen muss, so gab es zuvor auch das, was auf das Ereignis des Evangeliums vorausweist und den Glauben ankündigt und verheißt. Und wie es danach das gibt, was durch dieses Ereignis an Neuem möglich wird, so gibt es auch das, was angesichts dieses Neuen jetzt alt ist und zu Ende gehen muss. Der Blick auf das Leben wird durch die Unterscheidung von Glauben und Nichtglauben im Ereignis des Evangeliums also differenziert, sowohl im Hinblick auf die Vergangenheit als auch im Hinblick auf Gegenwart und Zukunft. Und das Ereignis des Kommens des Evangeliums in Jesus Christus hat seine Pointe darin, dass hier die Differenz zwischen Glaube und Nichtglauben so herausgetrieben wird, dass sie sich nicht mehr ignorieren lässt und man das Verständnis menschlichen Lebens an ihr orientieren kann.

6

Genau das belegt auch die Argumentation von Paulus in den ersten drei Kapiteln des Römerbriefs.[54] Seine Argumentation verläuft wider den ersten Anschein nicht von einer Beschreibung der desaströsen menschlichen Sündersituation in den ersten beiden Kapiteln auf die gnädige Rettung durch Gott im dritten Kapitel hin, sondern ist umgekehrt zu verstehen: als retrospektive Erhellung der menschlichen Situation im Licht der Gnade, die deutlich macht, dass Gottes Zuwendung, von der das Evangelium handelt, universale Bedeutung hat und für alle Menschen gilt, nicht nur für die Juden, sondern auch für die Nichtjuden. Jedes menschliche Leben ist der Gegenwart Gottes bedürftig und auf diese angewiesen. Was Paulus ausführt, ist daher nicht eine generalisierende Ausweitung dessen auf alle Menschen, was bisher von Israel im Unterschied zu anderen Völkern galt. Damit würde die alte Differenz zwischen Juden und Heiden nur durch die neue Differenz zwischen Christen und Nichtchristen ersetzt und eine neue Absonderung an die Stelle der alten treten. Er argumentiert vielmehr radikal von Gottes

---

54 Vgl. P. Bahl, Die Macht der Sünde im Römerbrief. Eine Untersuchung vor dem Hintergrund antiker Argumentationstheorie und -praxis, Tübingen 2018, der die Pointe der paulinischen Argumentation darin sieht, dass das Gesetz jede Bedeutung verloren habe, weil Christus Juden und Heiden von der Sünde befreit habe. Man muss allerdings hinzufügen, dass das Gesetz nicht zurückgenommen wird, weil es falsch gewesen wäre, sondern dass es überflüssig geworden ist, weil sein Ziel erreicht ist.

freiem und befreiendem Wirken her und bringt damit die Grundunterscheidung zwischen Schöpfer und Geschöpf als universalen Horizont für die Beurteilung des Lebens aller Menschen zur Geltung, der Juden nicht weniger als der Nichtjuden und der Christen nicht weniger als der Nichtchristen: Alle Menschen sind Gottes bedürftig, weil sie alle unter der Macht der Sünde leben, also blind sind dafür, wie Gott in ihrem Leben gegenwärtig und am Werk ist. Kein Mensch ist hier in einer besseren Situation anderen gegenüber. Erst die radikale Orientierung an Gottes Wirken allein erschließt die wahre Universalität des Heils, nicht die Anknüpfung an das, was einige Menschen so und andere anders tun. Wer an menschliches Tun anknüpft, setzt Ausgrenzungen fort. Wer sich an Gottes Gegenwart orientiert, betrachtet alles unter der universalen Differenz zwischen dem Schöpfer und den Geschöpfen.

Ebenso argumentiert Paulus. Dass Gott gegenwärtig und wirksam ist, ist eigentlich – also was Gott betrifft – für jeden erkennbar (Röm 1, 19–20). Es ist möglich, Gottes Gegenwart zu erkennen (sie ist intelligibel), und jedes Geschöpf, das überhaupt in der Lage ist, etwas zu erkennen, ist dazu im Prinzip auch in der Lage (sie ist intelligibel für uns). Jeder Mensch könnte sie erkennen (Röm 1,19–20), faktisch aber tut es niemand, wie die Menschen überall belegen: „Sie haben Gottes Wahrheit in Lüge verkehrt und das Geschöpf verehrt und ihm gedient statt dem Schöpfer" (Röm 1,25). Die Folgen sind Perversionen der Schöpfung, die Paulus ausführlich beschreibt (Röm 1,26–32). Das gilt nicht nur für Nichtjuden, die Gottes Willen nicht kennen, sondern auch für die Juden, die Gottes Gesetz haben und beschnitten sind, aber dieses Gesetz nicht halten und ihr Leben daran nicht ausrichten (Röm 2,12–16). Sind aber alle Menschen, Juden und Nichtjuden, so, dass sie Gottes Willen und Gegenwart ignorieren, bestreiten und verleugnen, dann kann an der Wirklichkeit des Menschseins nicht abgelesen werden, dass es einen Schöpfer gibt und die Welt und das Leben seine Schöpfung sind. Sind alle Menschen Lügner (Röm 3,4–8), dann bezeugt keiner die Wahrheit. Wie aber ist die dann zu erkennen?

Hier ist der Zentralpunkt von Paulus' Argumentation: einzig und allein „durch den Glauben an Jesus Christus", der Gottes Wahrheit, Gerechtigkeit und Herrlichkeit aufgedeckt hat (Röm 3,22–26). Erst von hier aus wird das klar, was Paulus zuvor beschrieben hat: dass alle Menschen um Gott wissen könnten, aber es nicht tun, weil sie blind sind für die Differenz zwischen Schöpfer und Schöpfung, damit den Schöpfer ignorieren und die Schöpfung und sich selbst verkennen. Sie leben, als gäbe es keine Schöpfung und keinen Schöpfer, und genau dadurch leben sie nicht etwa selbstbestimmt und in eigener Verantwortung, sondern in Irrtum verfangen und weit unter den Möglichkeiten, die sie eigentlich hätten. Das aber liegt nicht auf der Hand, auch wenn Paulus es als offenkundige Tatsache zu beschreiben scheint, wenn er seinen Adressaten in Rom die überall zu beobachtenden Perversionen der Nichtjuden und der Juden darlegt. Alles, was er schreibt, versteht sich so nicht von selbst und ist kein Thema, das man auch für sich genommen und ohne den vorangehenden und nachfolgenden Bezug auf den Glauben theologisch verhandeln könnte. Erst vom Glauben an Jesus Christus her lässt sich so über das menschliche Leben reden. Erst von dort her kann gesagt werden, dass Menschen das Ziel und die Möglichkeiten ihres Lebens durchgehend verfehlen, weil sie keinen Schöpfer und keine Schöpfung kennen, deshalb anstelle des Schöpfers Geschöpfe verehren, also Götzendienst betreiben, und sich auf eigensüchtige und unmenschliche Weise zu ihren Mitmenschen verhalten. Für sich genommen ist die Sünde kein Thema, weil sie erst vom Glauben her *als Sünde* in den Blick tritt.

Man muss daher präzise unterscheiden zwischen dem, was man beschreibt, und dem, wie man das Beschriebene theologisch beurteilt. Jeder kennt die Vielzahl der menschlichen Verfehlungen und Perversionen, die Paulus die „Werke des Fleisches" nennt: „Offenkundig sind aber die Werke des Fleisches, als da sind: Unzucht, Unreinheit, Ausschweifung, Götzendienst, Zauberei, Feindschaft, Hader, Eifersucht, Zorn, Zank, Zwietracht, Spaltungen, Neid, Saufen, Fressen und dergleichen. Davon habe ich euch vorausgesagt und sage noch einmal voraus: Die solches tun, werden das Reich Gottes nicht erben." (Gal 5,19–21) Und auch die „Frucht des Geistes" liegt offen auf der Hand: „Die Frucht aber des Geistes ist Liebe, Freude, Friede, Geduld, Freundlichkeit, Güte, Treue, Sanftmut, Keuschheit [...]." (Gal 5,22–23) Dass aber solche Verhaltensweisen eine Frucht des Geistes sind, springt einem nicht von selbst in die Augen, sondern erschließt sich erst von Christus her. Und dass die Werke des Fleisches den Werken des Geistes entgegenstehen und damit Sünde sind, das wird nicht an ihnen selbst deutlich, sondern zeigt sich erst, wenn man sie im Licht des Geistes Gottes vom Glauben her beurteilt. Die Werke des Fleisches bei Paulus sind nicht offenkundig Sünde, sondern die Werke des Fleisches, die jedem bekannt sind, werden von Paulus im Licht von Gottes Geist als Sünde beurteilt.

7

Paulus argumentiert also nicht von der Perversion der Schöpfung auf Gottes Gegenwart hin, sondern umgekehrt von der Aufdeckung der Gegenwart Gottes auf das Selbstmissverständnis der Menschen, die den Schöpfer ignorieren, weil sie sich selbst gar nicht als Geschöpfe verstehen. Seine Darlegungen menschlicher Verfehlungen entspringen keiner verklemmten Lust an menschlichen Perversionen, sondern sind Ausdruck seines Versuchs, das Leben aller Menschen als ein Leben zu beschreiben, das der Zuwendung und Gnade Gottes nicht nur bedarf, sondern diese auch erhält und erhalten hat. Die Universalität der Sünde unterstreicht die Universalität der Gnade und kann nur im Bezug auf sie und von ihr her verstanden und gewürdigt werden. Wer groß von der Sünde spricht, unterstreicht die Größe von Gottes Gnade und will nicht die Sünder verunglimpfen. Zum einen spricht er immer auch von sich selbst, und nicht nur von anderen. Zum anderen spricht er von sich und anderen nicht als Tätern, sondern als Empfängern, nicht als denen, die Sünden begangen haben, sondern als denen, denen Gott aus freier Gnade die Sünden vergeben hat und vergibt. Wie groß auch immer die Sünden sind, Gottes Gnade ist größer: Er vergibt, wo es für uns nichts mehr zu vergeben gibt, und er vergibt auch dort, wo wir noch nicht einmal bemerken, dass es etwas gibt, was zu vergeben wäre.

Deshalb kann man von der Sünde im strengen Sinn im Singular reden. Entscheidend ist nicht das viele Üble und Anstößige – oder auch Gute und Anständige, wie Luther zuspitzen wird –, das Menschen tun und getan haben, die nichts von Gott wissen oder wissen wollen oder die etwas für Gott halten, was nicht Gott ist. Entscheidend ist vielmehr, dass all das Gott nicht davon abhält, den Menschen gegenwärtig zu sein und ihr vergängliches Leben auf sein ewiges Leben hin auszurichten. Sünde ist alles und nur das, was Gott vergibt. Alles andere mögen Verfehlungen, Untaten, Übeltaten, Dummheiten oder welches Verhalten bzw. Fehlverhalten auch immer sein. Sünden sind sie nur, insofern dadurch das Verhältnis des Geschöpfes zu Gott verkehrt und verstellt wird. Das aber beendet nicht das Verhältnis des Schöpfers zum Geschöpf. Gott wendet sich in freier Souveränität denen zu, die sich von ihm fernhalten, für ihn blind sind oder sich von ihm abgewendet haben. Die Singularität der Sünde entspricht so der Einzigkeit und Einzigartigkeit Gottes, der sie vergibt – nicht indem er so tut, als gäbe es sie nicht, sondern indem er sich durch sie nicht davon abhalten lässt, den Sündern nahe zu bleiben und zu ihnen halten, so dass sie leben können, obgleich sie zu sterben verdient haben.

Das war schon die Pointe der alten Erzählung von Genesis 3. Gott hat die Verfehlung von Adam und Eva nicht mit dem angekündigten Tod bestraft, sondern mit der Versetzung in ein endliches Leben voller Mühe und Arbeit in der Folge der Geschlechter, das es ohne seine Gegenwart nicht gäbe, in dem seine Gegenwart aber nicht mehr ins Auge springt, sondern durch besondere rituelle Akte in Erinnerung gehalten werden muss. Und so versteht es auch Paulus, wenn er seine Darstellung des Panoptikums menschlicher Sünde darin gipfeln lässt, dass durch das Kommen Jesu Christi und den Glauben an ihn nicht nur klargestellt ist, dass es keinen Unterschied gibt zwischen Juden und Heiden, weil alle gesündigt haben, sondern dass auch alle allein dadurch der verdienten Strafe entgehen, dass sie geschenkweise durch Gottes Gnade kraft der Erlösung durch Jesus Christus in das rechte Verhältnis zu Gott gesetzt werden (Röm 3,22–24). Das bekennen Christen als ihren Glauben und daran erinnert der christliche Gottesdienst. Dass sie trotz ihrer Sünde leben, verdanken die Menschen allein Gott. Und dass Gott sie leben lässt, hat keinerlei Grund oder Anlass in ihnen, sondern gründet allein in Gottes schöpferischer Liebe, die sich nicht auf ein vorhandenes Gegenüber bezieht, sondern sich ihren Adressaten selbst schafft. Aktiv ist hier allein Gott, der Mensch dagegen ist derjenige, der ganz und gar passiv von Gottes schöpferischer Aktivität profitiert.

4. Verfehltes Dasein: Metaphysik der Sünde

1

Das ist der Ansatzpunkt der klassischen theologischen Lehre von der Sünde. Sie nötigt insgesamt zu einer grundstürzenden Revision der Denkformen der klassischen Metaphysik der Erfahrungswelt. Diese geht davon aus, dass es eine und nur eine korrekte Beschreibung der Wirklichkeit gibt. Diese ist nicht in der Vielfalt wechselnder Erscheinungen, sondern in der dieser zugrunde liegenden unveränderlichen Struktur des Seins zu finden. Deshalb sucht sie das Wesen der zeitlichen Dinge (Gegenstände) in ihrem zeitlosen Zustand zu beschreiben, also das herauszuarbeiten, was etwas notwendigerweise ist, um das werden zu können, was es in der Zeit faktisch ist und sein könnte.[55] Das Wasser im Glas kann warm oder kalt sein, aber beides kann es nur sein, insofern es in beiden Fällen Wasser, also H_2O, ist und nicht etwas anderes, und insofern H_2O die Möglichkeiten einschießt, warm oder kalt zu sein. Indem man bestimmt, was etwas ist, definiert man zugleich seinen Möglichkeitsraum als die Menge möglicher Zustände, in denen es sich widerspruchsfrei befinden könnte. So wird etwas dadurch als etwas bestimmt, dass es von allem anderen eindeutig unterschieden wird. Dazu ist die Gesamtheit der Möglichkeiten darzulegen, die notwendig und hinreichend sind, um durch ihre Verwirklichung den Gegenstand, um den es geht, da sein zu lassen. Von dessen Dasein in der Erfahrungswelt geht der ganze Denkprozess aus. Denn was wirklich ist, wirft Fragen nach seiner Möglichkeit und Notwendigkeit auf, wenn sich zeigt, dass es nicht immer auf dieselbe Weise da ist. Ohne dass in der Erfahrung eine Differenz auftritt, die einem auffällt, weil etwas anders da ist, als man gewohnt ist, gäbe es keinen Anlass, nach seiner Erklärung zu suchen. Was immer und überall da ist, wirft keine Fragen auf, es sei denn, man stellt sie selbst.

Sünde ließ sich nie nach diesem Modell der Erfahrungsmetaphysik verstehen. Sie ist kein Gegenstand oder Sachverhalt, der so bestimmt werden könnte. Die Differenz zwischen Sünde und Nicht-Sünde tritt in der Erfahrungswelt nicht in Erscheinung. Sünde ist eine falsche Einstellung zum Schöpfer, und der Schöpfer ist kein Teil oder Moment der erfahrbaren Schöpfung. Wo man versucht, Sünde dennoch als Phänomen der Erfahrungswelt zu verstehen, wird sie auf einen moralischen Sachverhalt reduziert, „x sündigt" also nur als eine sprachliche Variante von „x tut Böses" verstanden. Das aber verfehlt die Pointe der Rede von der Sünde, weil es sie auf ein Moralproblem verkürzt, das man auch ohne Rekurs auf Gott diskutieren kann.

Auch so taugt Sünde allerdings nicht dazu, das Wesen eines Erfahrungsgegenstands zu definieren: Nichts ist essentiell sündig. Im Gegenteil, nichts, was sündig ist, muss es sein oder könnte es nicht auch nicht

---

55 Die aristotelische Metaphysik kennt neben den Erfahrungsgegenständen der Physik (Dinge, die selbständig und veränderlich sind) auch die zeitlosen Gegenstände der Mathematik (Zahlen, die unselbständig und unveränderlich sind) und der Theologik (Göttliches, das selbständig und unveränderlich ist). Doch das kann an dieser Stelle unberücksichtigt bleiben.

sein. Sünde gehört auch nicht zu den Möglichkeiten, die bestimmte Erfahrungsgegenstände haben: Sünde ist keine Fähigkeit, die Menschen praktizieren oder nicht praktizieren können. „Es ist möglich zu sündigen" ist nicht dasselbe wie „Wir sind fähig zu sündigen". Das erste ist ein Satz über unsere Welt: Es kann Sünde geben, weil es sie tatsächlich gibt. Das zweite ist ein Satz über uns: Wir brauchen keine Fähigkeit zu sündigen, um es tatsächlich zu tun. Unsere Fähigkeiten sind die mit uns gesetzten oder von uns erworbenen Möglichkeiten, etwas zu tun. Sünde aber ist kein Tun unter anderem, sondern ein Existenzmodus, in dem man alles tut oder lässt, was man in seinem Leben tut oder lässt. Und so wenig man eine besondere Fähigkeit braucht, um sich in den Finger zu schneiden, sondern nur in der Lage sein muss, ein Messer zu gebrauchen, so wenig braucht man eine besondere Fähigkeit, um zu sündigen, sondern muss nur in der Lage sein zu leben – und sich dabei faktisch nicht um Gott kümmern.

2

Sünde gehört so ganz und gar zur Kontingenz des Wirklichen und nicht zur Essenz des Möglichen. Aber wie gehört sie zur Kontingenz des Wirklichen? Nicht so, dass sie als Aktualisierung einer Möglichkeit verstanden werden könnte, die zum Wesen eines Menschen gehörte. Sie ist vielmehr eine Möglichkeit der Situation irdischer Existenz vor Gott, die dadurch aktualisiert wird, dass Menschen leben, wie sie leben. Sünde ist daher nicht im Rekurs auf das Wesen des Menschen, sondern im Rekurs auf die *conditio humana* menschlicher Existenz in der Schöpfung zu bedenken. Sie zeigt sich nicht unter dem Mikroskop oder im Scanner, sondern nur im konkreten Lebensvollzug. Sünde hat es mit Tun und Lassen, Werden und Vergehen in der Zeit zu tun, gehört also nicht zur Sphäre des Möglichen, sondern zum Sein von Wirklichem in der Zeit. Man ist Sünder, weil man sündigt, man sündigt, weil man sich dazu verführen lässt, und man kann dazu verführt werden, weil man nicht schon ist oder hat, wozu man verführt wird. Um zu sündigen, muss man nichts anderes können, als in der Zeit zu leben. Anfang und Ende des Sündigens vollziehen sich in der Zeit als Veränderung von einem Zustand zu einem anderen im Prozess des Lebens – vom Sündigen zum Nichtsündigen oder vom Nichtsündigen zum Sündigen. Ohne vom Prozess des Lebens zu handeln, lässt sich von der Sünde nichts sagen.

Doch der Verweis auf den Prozess des Lebens ist noch zu unbestimmt. Worauf muss man achten, um im Prozess des Lebens auf die Sünde zu stoßen? Leben ist ein Prozess der Selbstorganisation und Selbstreproduktion in der Welt, in dem etwas Wirkliches (Dasein) im Wechsel von einem Zustand zu einem anderen (Sosein) zu etwas wird (Wassein). Nur was wirklich ist, kann leben, und was lebt, steht nicht fest, sondern wechselt permanent von einem Zustand seiner Wirklichkeit in einen anderen. In der Zeit ist der Wechsel das einzig Permanente. Wirklichwerden (existieren) und als Wirkliches anders werden (leben) sind daher an jedem Lebensprozess zu unterscheiden. Nur was ist, kann werden (zeitliches Werden) und alles, was ist, ist geworden (existenzielles Werden). Das erste ist eine Veränderung in der Zeit (etwas wird anders), das zweite dagegen eine Veränderung der zeitlichen Welt (etwas anderes wird). Beides hängt zusammen, ist aber zu unterscheiden. Ohne Dasein gibt es kein Sosein, aber Dasein ist keine Art des Soseins, sondern dessen Möglichkeitsgrund. Es geht dem Sosein nicht der Zeit nach voran, sondern es ist die Bedingung der Möglichkeit dafür, dass etwas wirklich ist und sich in der Zeit verändern kann.

Geht man von dieser Unterscheidung aus, gehört Sünde dann zum Sosein eines Menschen oder zu seinem Dasein? In der Regel wird das erste genannt. Das Wort „sündigen" wird als ein Tätigkeitsverb verstanden, das Menschen (und allenfalls noch Engeln, aber keinen anderen Lebewesen) zu Recht zugesprochen wird, wenn sie sich lasterhaft, unmoralisch, tugendwidrig, übel oder ungerecht verhalten. Wer sündigt, tut Übles oder Böses, und weil keiner das immer und überall tut, ist die Aussage „x sündigt" manchmal wahr und manchmal falsch.

Doch dieses gängige Verständnis ist fragwürdig. Wer Sünde so auf Moral reduziert, muss mit den kulturellen und geschichtlichen Veränderungen des Moralverständnisses auch sein Sündenverständnis ändern. Was damals Sünde war (etwa Zinsnehmen), ist es hier und heute nicht mehr, und was einst keine Sünde war (Sklaven zu halten), ist es heute, so dass man sich gar nicht mehr vorstellen kann, wie es jemals anders hatte sein können. Um solchen Entwicklungen entgegenzuwirken, wird im geschichtlichen und kulturellen Wandel moralischer Überzeugungen nach der naturrechtlichen Grundmoral gesucht, die immer und überall und unter allen Umständen gilt, wenn und wo Menschen zusammenleben. Doch die Hypostasierung zeitloser Moralprinzipien ist schon ethisch ein schwieriges Unterfangen, weil sie einen objektiven Wertekosmos und eine naturrechtliche Ausstattung des Menschen annimmt, die viele mit guten Gründen für fragwürdig halten. Vor allem aber ist sie ein abwegiger Versuch, die Sündenfrage vor dem Relativismus wechselnder Moralüberzeugungen zu bewahren.[56] Sie ist deshalb abwegig, weil sie Sünde auf ein Moralproblem reduziert, das man auch dann behandeln kann und muss, wenn man Gott aus dem Spiel lässt. Doch Sünde hat es intrinsisch mit der Einstellung Gott gegenüber zu tun. Sie ist eine folgenreiche Weise, in der sich Menschen Gottes Zuwendung gegenüber verhalten, indem sie gedankenlos oder aus Überzeugung so leben, als gäbe es gar nichts, zu dem man sich da verhalten könnte. Gott aber lässt sich nicht auf ein Moralproblem reduzieren, auch wenn man versucht, ihn zum Gesetzgeber der fundamentalen Moralregeln zu machen. Die Überzeugungskraft und Gültigkeit moralischer Überzeugungen können nicht daran hängen, dass sie Gott zu verdanken sind, sondern dass sie Menschen ermöglichen, gut und menschlich zusammenzuleben. Sünde ist daher niemals nur moralisches Fehlverhalten, sondern ein Fehlverhalten gegenüber Gott, und Gott ist kein Phänomen unserer Erfahrungswelt, sondern der Schöpfer, ohne den es diese nicht gäbe.

3

Man wird daher anders ansetzen müssen. „Sündigen" bezeichnet keine Tätigkeit neben anderen Tätigkeiten, und es definiert auch keine Klasse oder Menge von Tätigkeiten, indem es sie von anderen unterscheidet, deren Vollzug kein Sündigen ist. Wer sündigt, kann alles Mögliche tun und nicht nur einiges aus einer Menge von Möglichkeiten menschlichen Lebens, Fühlens, Denkens und Handelns. Wenn man von Sünde spricht, beschreibt man also nicht einen bestimmten Aspekt des menschlichen Lebens, spricht also nicht von einer bestimmte Tätigkeit bzw. Klasse von Tätigkeiten und damit auch nicht von einem bestimmten Aspekt des Soseins eines Menschen.

---

56 Vgl. Chr. Hübenthal, Partizipation und Freiheit: Zur theologischen Kritik am moralischen Relativismus, in: M. Seewald (Hrsg.), Glaube ohne Wahrheit? Theologie und Kirche vor den Anfragen des Relativismus, Freiburg/Basel/Wien 2018, 216–233. Allerdings sollte man Freiheit und Abhängigkeit nicht so gegeneinander ausspielen, wie es Hübenthal tut. Recht verstanden ist schlechthinnige Abhängigkeit nicht Freiheitsbeschränkung, sondern Freiheitsermöglichung und Freiheitsermächtigung.

Wovon aber spricht man dann? Zwei Antworten bieten sich an. Die erste ist, dass „x sündigt" keine bestimmte Tätigkeit beschreibt oder benennt, sondern dass man das Tun und Lassen eines Menschen unter einem bestimmten Gesichtspunkt *beurteilt*: der darin zum Ausdruck kommenden verfehlten Einstellung gegenüber Gott. Der Ausdruck „sündigen" wäre dann kein Beschreibungsprädikat, sondern ein Bewertungsprädikat. Es bewertet das, worauf es bezogen wird, als Verfehlung gegenüber Gott: „x sündigt" heißt „Das, was x tut, ist Sünde", weil die Person x blind ist für Gottes Zuwendung und schöpferische Gegenwart. So verstanden ist „sündigen" kein Prädikat erster Ordnung, das einen Gegenstand bestimmt („x sündigt"), sondern zweiter Ordnung, das einen Sachverhalt bewertet („p ist Sünde", d. h. das, was x tut, ist Sünde).

Bewerten kann man allerdings sowohl mögliche als auch wirkliche Sachverhalte. „Es wäre gut, wenn es regnen würde" ist ebenso eine Bewertung wie „Es ist gut, dass es regnet". Dasselbe gilt für das Bewertungsprädikat „ist Sünde", das auf mögliche oder wirkliche Sachverhalte angewendet werden kann. Das ist ein wichtiger Punkt. Dadurch wird es denkbar, dass es Sünde geben könnte, auch wenn es tatsächlich keine Sünde gibt, und auch, dass es keine Sünde geben könnte, obwohl es sie gibt. Doch warum sollte man mit der Möglichkeit der Sünde rechnen, wenn sie nicht wirklich wäre? Und warum muss man betonen, dass es sie auch nicht geben könnte, wenn es sie gibt?

Weil Sünde damit nicht nur als Möglichkeit, sondern als Wirklichkeit in den Blick kommt und ihre Wirklichkeit nicht als Notwendigkeit, sondern als Kontingenz: Es gibt Sünde, aber es müsste sie nicht geben, sondern es könnte sie auch nicht geben. Blindheit für Gottes Gegenwart müsste es nicht geben, auch wenn es sie überall gibt.

4

Woran zeigt sich diese Blindheit? Hier setzt die zweite Antwort an: Nicht nur an dem, was wir tun und lassen, sondern an dem, wie wir sind. Sünde ist nicht als eine bestimmte Tätigkeit zu verstehen („*x sündigt*"), aber auch nicht als eine bestimmte Bewertung menschlicher Tätigkeiten („Das, was x tut, *ist Sünde*"), sondern als eine bestimmte Weise da zu sein („x existiert *als Sünder*" bzw. „x existiert *auf sündige Weise*"). Der Ausdruck ›sündigen‹ wird also weder als Bestimmungsprädikat erster Ordnung verstanden noch als Bewertungsprädikat zweiter

4. Verfehltes Dasein

Ordnung, sondern als modale oder adverbiale Bestimmung des Daseins: „Wer sündigt, existiert sündig, auf sündige Weise, als Sünder".

Diese Antwort, die Sünde als eine modale Grundbestimmung des Daseins versteht, kann im Anschluss an die mittelalterliche Transzendentalienlehre erläutert werden. Die mittelalterliche Ontologie unterschied zwischen kategorialen Bestimmungen, mit deren Hilfe sich wahrheitsfähige Aussagen der Form „x ist F" machen lassen (Aristoteles: Substanz, Quantität, Qualität, Relation, Wo, Wann, Lage, Haben, Tun, Leiden), und Transzendentalien, die jedem Wirklichen als Modus zukommen (*ens, aliquid, unum, verum, bonum, pulchrum*: Seiendes, Andersheit, Einheit, Wahrheit, Gutheit, Schönheit). Wahrheit („,- ist wahr") etwa ist kein Bestimmungsprädikat eines Gegenstandes, sondern Beurteilungsprädikat eines Sachverhaltes (Der Satz „Es schneit" ist wahr). Anders als Bewertungsprädikate sind diese aber nicht semantische Prädikate zweiter Ordnung, sondern pragmatische Lozierungen, die einen Sachverhalt in bestimmter Weise in der Wirklichkeit verorten – als Seiendes (*ens*), als Eines (*unum*), als Eines unter anderen (*aliquid*), als Wahres (*verum*), als Gutes (*bonum*) oder als Schönes (*pulchrum*). Diese transzendentalen Bestimmungen taugen nicht dazu, etwas zu bestimmen, weil sie jedem Wirklichen zukommen. Sie markieren vielmehr, wie es in der Wirklichkeit in Erscheinung tritt, in welcher Weise es also da ist bzw. existiert.

Kant hatte diese Überlegungen in seiner Analyse des sog. Existenzprädikats aufgenommen und zugespitzt. Im Hinblick auf jeden lebenden Menschen kann man unterscheiden zwischen dem, *dass* er ist (Existenz), was er ist (Bestimmung) und wie er das ist, was er ist und dass er ist (Modus). Kant stellt klar, dass diese Hinsichten nicht aufeinander zurückgeführt werden können, sondern unterschiedliche Probleme aufwerfen. Die Beantwortung der Frage nach der Existenz von etwas oder jemandem ist kein Beitrag zur Beantwortung der Bestimmungsfrage, was es bzw. er oder sie ist. Der Feststellung „Mara ist Lehrerin, alleinerziehende Mutter von drei Kindern, der die Wohnung gekündigt wurde und die einem Nervenzusammenbruch nahe ist" fügt die Präzisierung „und sie existiert" keine weitere Bestimmung hinzu, vielmehr sagt sie, dass es die so bestimmte Person tatsächlich gibt. Sie ist nicht nur eine mögliche Figur, mit der man Mitleid haben könnte, sondern eine wirkliche Person in unserer Welt, der man helfen muss.

Doch weder das Wissen, wer und was sie ist (Bestimmungsfrage), noch dass sie ist (Existenzfrage), sagt uns, wie sie ist bzw. lebt (Modusfrage). Die Modusfrage erfordert eine eigene Antwort. Allerdings kann auch die Modusfrage in zwei Hinsichten gestellt werden, nämlich im Blick auf das Was und das Dass eines menschlichen Lebens: Wie leben Menschen ihr Leben? (Wie des Was-Seins). Wie existieren Menschen, indem sie ihr Leben vollziehen? (Wie ihres Da-Seins). Die erste Frage zielt auf die Art und Weise ihres Lebensvollzugs und damit, normativ gewendet, auf die moralische Frage nach dem guten Leben (im Unterschied zum schlechten Leben): Wie sollen Menschen leben, um wirklich menschlich zu leben? Die zweite Frage zielt auf die Art und Weise ihres Daseins- oder Existenzvollzugs und damit auf die existenzielle Frage nach dem rechten Leben (im Unterschied zum falschen Leben). Beide Fragen setzen voraus, dass man so oder anders leben (sein) bzw. so oder anders existieren (dasein) kann. Wie die ethische Reflexion die Frage nach dem guten Leben zum Thema hat (Wie *sollen* wir leben – als Menschen unter Menschen, als Menschen unter anderen Lebewesen?), so hat die theologische Reflexion die Frage nach dem rechten Leben zum Thema (Wie *können* wir existieren – vor Gott, mit Gott, durch Gott?).

An diesem Punkt kommt die Sünde ins Spiel. Denn die theologische Antwort lautet: Menschen existieren vor Gott entweder in der Weise des Unglaubens (also als Sünder) oder in der Weise des Glaubens (also als Sünder, die ihre Sünde durchschaut haben und von ihr befreit sind). Beides sind mögliche Existenzmodi eines jeden Menschen, und es sind die beiden einzigen, die es im Blick auf Gottes Gegenwart gibt. Im Blick auf Gott gibt es keine neutrale Position: Jeder lebt als Sünder oder nicht als Sünder, und nicht als Sünder lebt keiner, der nicht zuvor Sünder war.

Das Wort „sündigen" fungiert in dieser Lesart weder wie ein Bestimmungs- oder Beschreibungsprädikat einer Person („x sündigt"), noch als Bewertungsprädikat eines Sachverhalts („Das, was x tut, ist Sünde"), sondern als Beurteilungsprädikats des Modus der Existenz einer Person („x existiert sündig", also nicht so, wie sie als Geschöpf Gottes existieren könnte oder sollte). Sünde hat ihren Ort damit nicht im Horizont des Soseins, sondern im Horizont des Daseins einer Person, sie ist kein Lebensphänomen, sondern eine Existenzbestimmung. Nicht erst daran, wie man lebt, sondern schon daran, wie man existiert, entscheidet sich, ob man als Sünder lebt oder nicht.

So verstanden ist Sünde kein Phänomen unter Phänomenen im Lebensvollzug, sondern ein Modus der Existenz dessen, der sein Leben in der Zeit vollzieht. Das mit ihr angesprochene Wirklichsein ist kein Fall temporalen Werdens, sondern ein Modus des existenziellen Werdens. Zeitlich wird, was im Verlauf der Zeit wahrheitsgemäß durch inkompatible Prädikate bestimmt wird, also jetzt kalt und dann warm ist. Das ist nur möglich bei Wirklichem, das tatsächlich existiert. Existenziell dagegen wird, was sich nicht als Veränderung an etwas Existierendem vollzieht, sondern etwas Existierendes hervorbringt, das es zuvor noch nicht gegeben hat. Temporales Werden verändert einen Gegenstand (Wechsel des Soseins), existenzielles Werden dagegen verändert die Welt, weil etwas Neues entsteht (Auftreten eines neuen Daseins). Dass es jetzt etwas gibt, was es vorher noch nicht gegeben hat, ist eines; dass etwas jetzt etwas ist, was es zuvor noch nicht war, ein anderes. Sünde hat es mit dem ersten und nur in abgeleiteter Weise auch mit dem zweiten zu tun. Sie verändert nicht primär die Menschen, sondern den Zustand der Welt, weil sie zum Ausdruck bringt, dass Menschen zur Gegenwart des Schöpfers nicht die Einstellung haben, die sie als Gottes Geschöpfe haben könnten und sollten. Menschen sind daher Sünder nicht erst, wenn sie etwas Bestimmtes tun, und auch nicht erst, wenn das, was sie tun oder lassen, als Sünde bewertet wird bzw. werden kann, sondern schon dort, wo sie nicht so da sind, wie sie da sein können oder sollten. Sünde ist eine grundlegende Fehleinstellung des Daseins und kein phänomenales Fehlverhalten im Leben, das zwischen einem sündigen und einem nicht sündigen Sosein von Menschen zu unterscheiden erlaubte. Wer Sünder ist, ist es in allem, was er tut oder lässt, nicht nur in seinen bösen Taten, sondern auch in seinen scheinbar guten. Man hört nicht auf, Sünder zu sein, wenn man sich als Wohltäter, Menschenretter und Weltverbesserer betätigt, sondern erst, wenn man all das nicht mehr auf sündige, sondern auf sündlose Weise tut, weil man das Gute, das man tut, nicht sich, sondern Gott zuschreibt.

Der Schritt von der Sünde zur Überwindung der Sünde ist daher keine Änderung im Tun oder Lassen, jedenfalls nicht primär, sondern eine Änderung im Dasein, also im Modus, in dem man in der Wirklichkeit dieser Welt da ist, insofern man sich an Gottes Gegenwart orientiert bzw. nicht orientiert. Nur wer es tut, kann es auch nicht tun; aber wer es nicht tut, kann es auch nicht, weil er es nicht tun will. Es gibt keinen Anlass dafür, und deshalb gibt es auch keinen Wunsch danach. Und selbst wenn es den Wunsch gäbe, kann man selbst das nicht rückgängig machen, von dem man ausgeht: der Blindheit Gottes Gegenwart gegenüber.

5

Alle drei Analysen der Sünde als moralisches Fehlverhalten („x sündigt"), als negative Bewertung menschlichen Tun und Lassens („Das, was x tut, ist Sünde") und als modale Fehlorientierung des Daseins („x existiert auf sündige Weise") haben in der Geschichte der Sündendebatte eine Rolle gespielt. Sie alle explizieren das, was man die *Logik der Sünde* nennen könnte, geben also unterschiedliche Antworten auf die Frage, worauf man achten muss, wenn man verstehen will, was „Sünde" meint.

In der metaphysischen Tradition des Westens mit ihrer eigentümlichen Verknüpfung platonischer und aristotelischer Elemente wird das Sündenthema aber in noch umfassenderer Weise entfaltet. So gibt es neben einer Metaphysik auch eine Hermeneutik und Rhetorik der Sünde. Die Metaphysik beschäftigt sich mit der Sache, um die es unter dem Titel der Sünde geht, die Hermeneutik damit, wie mündliche und schriftliche Texte, die von der Sünde handeln, zu verstehen sind, und die Rhetorik legt dar, wie über Sünde zu kommunizieren ist, um Zuhörern, Lesern oder Rezipienten ein Verständnis dessen zu eröffnen, was unter dem Titel „Sünde" kommuniziert wird. Wie ist von der Sünde zu reden, damit wirklich von der Sünde die Rede ist? Wie ist Sünde zu verstehen, damit wirklich die Sünde verstanden wird? Und wie ist etwas zu verstehen, um als Sünde verstanden zu werden? Alle diese in die Hermeneutik und Rhetorik gehörenden Fragen setzen die Klärungen voraus, um die sich die Metaphysik der Sünde bemüht.

Sie versucht zu klären, was unter „Sünde" zu verstehen ist und mit diesem Titel zur Debatte steht. Diese Bemühungen erstrecken sich auf drei Zusammenhänge, deren Fokus *die Sünde, der Sünder* und *das Sündigen* sind:

(1) Die *Logik der Sünde* untersucht die Frage, was Sünde ist und unter welchen Bedingungen etwas als Sünde bestimmt und beschrieben werden kann. Im Zentrum stand dabei häufig ein Konzept moralischen Fehlverhaltens, das detailliert erläutert und beschrieben wurde und das in Lasterkatalogen wie Röm 1,29-32, Gal 5,19-21, 1Kor 6,9-10 oder 1Tim 1,8-10 oder auch in entsprechenden Katalogen in der jüdischen Weisheitsliteratur oder der kynisch-stoischen Philosophie seinen markantesten Ausdruck gefunden hat.

(2) Die *Ethik des Sünders* analysiert die Haltungen, Einstellungen, Intentionen, Motive und Emotionen, die das Leben von Sündern kennzeichnen. Dabei werden vor allem Phänomene wie Ichsucht, Egoismus

und Selbstsucht untersucht, die das Leben von Einzelnen, Gruppen und Völkern beherrschen und entstellen können. Diese werden auf der Folie entsprechender Tugenden wie Liebe, Altruismus, Sympathie oder Mitleid analysiert und resultieren in tugendtheoretisch entworfenen Katalogen menschlichen Fehlverhaltens. So zählt der Anachoret Evagrius im 4. Jahrhundert die Gaumenlust, Unzucht, Geldgier, Traurigkeit, den Zorn, die Trägheit, die Ruhmsucht und den Stolz als die acht Hauptlaster des mönchischen Lebens auf. Gregor der Große reduziert diese auf sieben Laster, indem er den Stolz (*superbia*) als Herrscherin (*regina*) oder Wurzel (*radix*) aller Laster versteht, die Trägheit (*acedia*) und Traurigkeit (*tristitia*) zu einem Laster zusammenfasst und den Neid (*invidia*) als neues Laster hinzufügt. Seine Liste von fünf geistlichen – Stolz (*superbia*), Neid (*invidia*), Zorn (*ira*), Trägheit (*acedia*), Geiz (*avaritia*) – und zwei fleischlichen Lastern – Völlerei (*gula*) und Wollust (*luxuria*) – beherrscht die theologische Diskussion bis ins 15. Jahrhundert. Aber auch später gibt es theologische und philosophische Versuche einer negativen Ethik der Sünde.[57] Kant etwa nennt die Faulheit, Feigheit und Falschheit die zentralen Laster, die das Projekt eines autonomen, vom Selbstdenken bestimmten Lebens behindern.[58] Und für Karl Barth sind in KD IV Hochmut, Trägheit (Dummheit, Unmenschlichkeit, Verlotterung, Sorge) und Lüge (die menschliche Verleugnung der Heilsgewissheit, der Heilswirklichkeit, des Heilsbekenntnisses und der Heilsinitiative Gottes) die Grundgestalten eines verfehlten Sünderlebens.[59]

(3) Das *Ethos des Sündigens* schließlich konzentriert sich auf das Tun, das als Sünde bestimmt und beschrieben wird. Auch hier geht es um ein durchgehend negativ bestimmtes Ethos einer Praxis, die es besser nicht geben sollte. So werden Fragen der Verführung und Verführbarkeit, der Attraktivität des Bösen und der Lust am Üblen und Perversen erörtert. Es geht um die Abgründe menschlicher Leidenschaften, die Bosheit des Herzens und die Bösartigkeit des Willens und die dünne Schicht ihrer kulturellen Bändigung und Formung, die permanent in

---

57 Vgl. L. Schidrowitz (Hrsg.), Sittengeschichte des Lasters. Die Kulturepochen und ihre Leidenschaften, Wien und Leipzig 1927; J. Werner, Die sieben Todsünden. Einblicke in die Abgründe menschlicher Leidenschaft, Stuttgart 1999.
58 Vgl. O. Höffe, Kants Kritik der praktischen Vernunft. Eine Philosophie der Freiheit, München 2012, 20 f.
59 Vgl. J. S. Kim, Karl Barths Lehre von der Sünde in seinem dogmatischen Früh- und Spätwerk, Theol. Diss. Heidelberg 2008/2009.

Gefahr steht, zerbrochen und zerrissen zu werden. In diesen negativen Phänomenen meint man das zu finden, was theologisch unter dem Stichwort der Sünde verhandelt wird, weil man Sünde durchgehend als etwas Negatives und zu Vermeidendes versteht.

In allen drei Bereichen geht es um negative Phänomene, also nicht um positive Möglichkeiten und anzustrebende Ziele des Menschseins, sondern um das Fehlen und den Mangel moralischer Orientierungen und die Pervertierung menschlichen Lebens durch Verspielen seiner Möglichkeiten. Es entsteht so das Bild einer gänzlich negativen Anthropologie.[60] Der Mensch wird im Modus seiner umfassenden Pervertierung beschrieben. Er ist all das, was er eigentlich nicht sein sollte, wenn er wirklich menschlich leben wollte. Aber genau das will er nicht, und deshalb ist er Sünder.

6

Der Befund ist eindeutig: Die klassische Metaphysik und die ihr verpflichtete Theologie können der Sünde nichts Positives abgewinnen, sondern behandeln sie durchgehend als Mangel, Fehlen, Übeltun und Böseswollen, als Privation des Guten und als Behinderung und Zerstörung des Rechten und Gerechten, als Gegenentwurf der Laster zu den Tugenden. Wie diese dafür stehen, den Menschen zu bessern und menschlicher zu machen, so stehen die Sünden dafür, ihn zu verschlech-

---

60 Diese negative und körperfeindliche Sicht des Menschen wird häufig auf das christliche Verständnis der Sünde zurückgeführt. Vgl. G. Schulze, Die Sünde. Das schöne Leben und seine Feinde, München 2008, 3: „Bei den sieben Todsünden geht es [im Unterschied zur hellenistischen Antike] nicht um einen Kompromiss, in dem auch die Lust ihr Recht bekäme, es geht vielmehr um die völlige Überwindung typisch menschlicher Empfindungen, um das ‚Abtöten des Fleisches'. Das Fleisch gehört zur Welt, und die Welt ist ein Ort ohne Gott. Damit richtet sich die christliche Suche nach Erlösung unmittelbar gegen Körper und Psyche des Gläubigen, gegen seine alltäglichen Gefühle, gegen den allzu menschlichen Menschen, gegen den alten Adam. Die sieben Todsünden bringen eine Glücks- und Menschenfeindschaft auf den Begriff, die alles verflucht, was zum Projekt des schönen Lebens gehört: anthropologisch vorgebahnte Formen von Befriedigung und Frustration. Das Menschliche gilt als das Sündige." Doch das ist trotz der Anklänge an die paulinische Argumentation falsch. Auch wenn man für diese Auffassung viel historisches Material anführen kann, belegt sie nicht die christliche Sicht des Menschen und der Sünde, sondern deren faktische Verkehrung. Das Christentum ist nicht per se körper- und lebensfeindlich, sondern es ist in manchen Strängen seiner vielfältigen Geschichte fälschlicherweise dazu geworden.

tern und unmenschlich werden zu lassen. Der Sünder ist der geschädigte Mensch, der nicht so lebt, wie er leben könnte und sollte. Das ist keine Unvollkommenheit, die man ignorieren könnte. Ihre Beachtung ist vielmehr der Schlüssel zum Verständnis der Wirklichkeit menschlichen Zusammenlebens. Wer sündigt, steht in Gefahr, sich aus der Moral- und Rechtsgemeinschaft der Menschen auszuschließen. Weil alle sündigen, ist diese Gefahr eine reale Bedrohung. Zum Schutz der menschlichen Gemeinschaft ist sie daher durch Gesetze zu bannen und durch Praktiken zu bekämpfen – durch Gesetze des Staates, die gegen die Bösen mit Macht durch Sanktionen durchgesetzt werden, und durch Praktiken der Kirche, die den Sündern ermöglichen, sich von ihrer Schuld befreien zu lassen und wieder in die Gemeinschaft der Christen zurückzukehren. Menschengemeinschaft ist Sündergemeinschaft und bedarf der Gesetze, Sanktionen und staatlichen Durchsetzungsmacht, um angesichts der Wirklichkeit des Bösen bestehen zu können. Und die Kirche ist die Gemeinschaft der Sünder und der Gerechten, die nicht etwa keine Sünder, sondern durch Gottes Gnade gerechtfertigte Sünder sind. Niemand ist gerecht, alle sind vielmehr ungerecht, aber Gottes Gerechtigkeit ist sein Wille und seine Macht, die Ungerechten gerecht zu machen und sie zu einem Leben in der Gemeinschaft der gerechtfertigten Sünder zu befähigen. Im Staat wird Gerechtigkeit daher negativ verwirklicht, indem Unrecht und Ungerechtigkeit durch das Gesetz bekämpft werden. In der Kirche dagegen wird Gerechtigkeit positiv verwirklicht, indem auf Gottes Wirken gesetzt wird, der die Gewaltigen vom Stuhl stößt und die Niedrigen erhebt (Lk 1,52), der den Opfern Recht schafft und die Täter mit den Folgen ihrer Taten konfrontiert, ohne sie ihrem Schicksal zu überlassen.

Im Staat werden Sünde und ihre Manifestationen des Üblen, Bösen und Ungerechten durch Gesetze bekämpft und durch Sanktionen eingedämmt. Beseitigt werden die Sünde und ihre Folgen damit nicht, und von der Sünde wird dadurch auch niemand geheilt. In der Kirche dagegen wird daran erinnert, dass Sünde nicht durch Sünde, sondern allein dadurch überwunden werden kann, dass ihr Liebe, Güte und Gerechtigkeit entgegengesetzt werden. Übles wird nicht durch Übles, sondern allein durch Gutes überwunden, weil nur so die Kette unterbrochen werden kann, in der Übel immer wieder neues Übel erzeugt. Das aber heißt, dass auch das Gute hier nicht nur das Andere des Bösen und Üblen ist, sondern die aktive Gegenkraft zu deren Überwindung: Es ist ein Gutes, das Übles bekämpft, Böses besiegt und Ungerechtigkeiten beseitigt, ohne dadurch selbst wieder Übel, Böses und Ungerechtigkeiten zu erzeugen. Ein solches Gutes ist nicht bei den Menschen, sondern allein bei Gott zu finden. Die endgültige Überwindung der Sünde liegt daher nicht in der Hand der Menschen, sondern allein bei Gott.

Der negativen Anthropologie der klassischen Sündenlehre wird hier also keine positive Anthropologie des gelingenden Lebens entgegengesetzt, sondern es wird betont, dass das Gute, das die Sünde zu überwinden vermag, nicht auf Seiten des Menschen, sondern allein auf Seiten Gottes zu finden ist. Nicht der gute Mensch überwindet seine bösen Neigungen, sondern Gottes Güte sorgt dafür, dass üble Menschen an den Folgen ihrer Bosheit nicht zugrunde gehen. Die Bosheit der Menschen bleibt eine gefährliche Wirklichkeit, die weder Seiten auf Seiten des Staates noch auf Seiten der Kirche ignoriert werden darf.

Das sakramentale System der Kirche und das Sanktionssystem staatlicher Gesetze sind daher eng mit der klassischen Metaphysik der Sünde als Untat, Unmoral und Ungerechtigkeit verbunden. Sünde ist der Letztgrund aller Übel im Leben bis hin zum Tod. Der Letztgrund der Sünde aber ist das falsche Wollen des Menschen, der nicht Gottes Geschöpf, sondern wie Gott und damit ohne Gott sein will, also selbst die Stelle des Schöpfers einnehmen möchte. Der Mensch ist der Störfaktor in der Schöpfung, der zurechtgebracht werden muss, wenn die Welt wirklich als Gottes gute Schöpfung einsichtig werden soll.

5. Verblendung: Sünde als Orientierungsversagen

1

Metaphysik kann nicht nur als der Versuch verstanden werden, durch Aufdeckung der letzten Gründe für alles, was ist und sein kann, ein einheitliches Bild der Seins der Wirklichkeit unserer Welt und des Daseins des Menschen in dieser Welt zu zeichnen. Die Grundannahme der Einheit und Singularität der Welt wurde schon in der frühen Neuzeit infrage gestellt durch Spekulationen über eine Pluralität möglicher und wirklicher Welten. Im Verlauf der Neuzeit hat sich das noch verschärft, indem die Metaphysik selbst pluralisiert wurde. Neben die Metaphysik der Natur trat so im 18. Jahrhundert die Metaphysik der Sitten, neben die metaphysische Naturphilosophie die metaphysische Kulturphilosophie. In beiden Fällen ging es darum, die letzten Erklärungsgründe für das zu finden, was es als Natur und als Kultur gibt. Die damit aufgeworfene Frage nach der Einheit beider Bemühungen wird seit dem 19. Jahrhundert in den absolutheitstheoretischen und prozessphilosophischen Entwürfen einer Identitäts- oder Einheitsmetaphysik beantwortet, die mit Hilfe einer Dialektik des Endlichen und Unendlichen Natur und Kultur in einem dynamischen Entwicklungsgeschehen aufeinander zu beziehen und in einander zu integrieren versuchen. Gott bzw. das Absolute wird als Integral des Weltprozesses verstanden, der sich als Evolution der Natur und Geschichte der Kulturen vollzieht und sich in wechselseitiger Durchdringung im kosmotheologischen Ganzen des Ein und Allen des Endlichen und Unendlichen vollendet. Die Suche nach Einheit und Identität dominiert das metaphysische Denken, weil man nur so der dynamischen Pluralisierung der Wirklichkeitserfahrung meint Herr werden zu können.

Im 20. Jahrhundert kommt es zur Überwindung dieser traditionellen Versuche einer dynamischen Unendlichkeitsmetaphysik durch neue Konzeptionen der Metaphysik, die nicht nach letzten Erklärungen suchen und kein Integral des absoluten Einen und Allen zu entwerfen suchen, sondern vom Hier und Jetzt des endlichen Daseins ausgehen und nach verlässlicher Orientierung in der Unüberschaubarkeit einer pluralen Endlichkeit fragen. Metaphysik wird nicht mehr identitätstheoretisch als Letzterklärungswissenschaft, sondern differenztheoretisch als Fundamentalpraxis der Orientierung über Orientierungen entworfen. Sie hat es nicht mit dem Aufweis und der Entfaltung erster Wahrheiten und letzter Gewissheiten zu tun, sondern mit der kritischen Prüfung der grundlegenden Unterscheidungen, mit deren Hilfe wir uns unsere Welt verständlich erschließen, um angesichts der allgegenwärtigen Gefährdungen überleben und nach Möglichkeit gut und menschenwürdig leben zu können. Orientierung im Denken findet nicht dadurch statt, dass man die Letztprinzipien von allem identifiziert und zusammenhängend entfaltet, sondern indem man versucht, die grundlegenden Unterscheidungen aufzudecken, die es uns ermöglichen, uns im Denken und im Leben verlässlich zu orientieren. Metaphysik wird nicht als einheitsfokussiertes Identitätsdenken, sondern als unterscheidungssensibles Differenzdenken verstanden. Denn wer mit dem Anfang anfangen will, kann nicht mit einem Prinzip, sondern muss mit einer Unterscheidung beginnen.[61]

2

So verstanden wird Metaphysik zur Kunst, uns im Denken über Orientierungen im Leben zu orientieren. Sie sucht die Unterscheidungen zu erhellen, mit deren Hilfe wir uns im Denken und im Leben orientieren, orientieren können oder besser orientieren sollten. Sie ist keine Erklärungsdisziplin (wie die Wissenschaften), aber auch nicht die Entfaltung einer bestimmten normativen Lebensorientierung (wie die Theologie), sondern eine kritische Disziplin der Orientierung im Denken über Orientierungen im Leben.

Die Differenz zwischen *erklären* und *orientieren* fungiert dabei als Leitunterscheidung. Etwas zu erklären heißt, Gründe (für Handlungen) oder Ursachen (für Ereignisse) zu identifizieren, die das Auftreten dieser Handlungen oder Ereignisse wahrscheinlicher machen, als es unter den gegebenen Umständen sonst gewesen wäre. Dagegen orientieren wir andere und uns selbst dadurch, dass wir uns in Orientierungsschemata lokalisieren, die nicht die Welt, sondern unsere Beziehungen zur Welt strukturieren. Die Leitunterscheidungen unserer Lebensorientierung sind nichts, was sich ohne uns in der Wirklichkeit aufweisen ließe. Sie sind keine Naturphänomene, sondern Kulturfakten. Und die Unterscheidung zwischen Natur und Kultur gehört selbst zu diesen Fakten.

Sowohl Erklärungen als auch Orientierungen sind im Leben unerlässlich. Aber sie sind zu unterscheiden, weil es ihnen um verschiedene Probleme geht. Warum-Fragen der Erklärung sind etwas anderes als Warum-Fragen der Orientierung. Wenn wir einen Unfall verstehen wollen, suchen wir zu erklären, warum es in dieser Situation zu ihm kommen konnte und musste. Aber auch wenn alles hinreichend erklärt ist und keine Faktenfragen mehr offen sind, stellen sich für die Betroffenen immer noch Sinnfragen wie „Warum wir? Warum das? Warum gerade jetzt? Warum das Undenkbare?" Sie fragen Warum? und Wie? und Wofür?, nicht weil sie weitere Erklärungen suchen, sondern um einen Weg zurück ins Leben zu finden. Sie brauchen nicht mehr Informationen oder bessere Erklärungen, sondern Orientierungshilfe, um ihrem

---

[61] Vgl. zu den Überlegungen der folgenden vier Abschnitte I. U. Dalferth, On Distinctions, IJPR 79 (2016), 171–183.

Leben wieder einen Sinn geben und ihre Beziehungen zur Welt strukturieren zu können.

Während sich Erklärungsfragen auf das „Warum" oder „Wie" eines Phänomens beziehen (Warum passiert etwas? Warum passiert etwas auf diese Weise?), konzentrieren sich Orientierungsfragen nicht auf die Phänomene selbst, sondern auf den Vollzug menschlichen Lebens im Umgang mit den Phänomenen. Sie fragen nicht, warum etwas so ist, wie es ist, sondern, was es für uns Menschen bedeutet. Wir leben nicht in einer abstrakten Welt der Dinge, Fakten, Regeln und Gesetze, sondern in konkreten und emotional komplexen Sinnwelten, die durch gemeinsame Erfahrungen, persönliche Erinnerungen, affektive Beteiligungen und kulturelle Bedeutung geprägt sind. Diese Sinnwelten sind keine Selbstverständlichkeit, sondern stets gefährdet, instabil und nur wirksam, wo sie gelebt werden. Sie sind Inseln des Sinns in den Ozeanen der Sinnlosigkeit, die aktiv gepflegt werden müssen, weil es sie nur gibt, solange sie von uns immer wieder angeeignet, praktiziert und konkret gelebt werden. Deshalb versuchen wir, sie kulturell zu institutionalisieren und in den konventionellen Praktiken unserer Kultur verfügbar zu halten. Ohne sie sind wir schutzlos dem Sinnlosen, Unsinnigen und Widersinnigen ausgesetzt, das immer wieder ins Leben einbricht, uns den Horizont verdunkelt, die Sicht verstellt und den Boden unter den Füßen wegzieht. Wo das geschieht, kennen wir uns nicht mehr aus und wissen nicht mehr weiter, wie gut und treffend unsere wissenschaftlichen Welterklärungen auch sein mögen. Dann brauchen wir Orientierungsstrategien, die uns helfen, ins Leben zurückzufinden und uns in den unübersichtlichen Lebenssituationen wieder zurechtzufinden.

3

Orientierungsstrategien, die sich in der Praxis bewährt haben, gehören zum Kernbestand unserer Kultur. Sie dienen zwei Zwecken: Sie müssen die Welt für uns sinnvoll ordnen, und sie müssen es uns ermöglichen, unseren Platz in dieser so geordneten Welt zu finden. Um als Menschen menschlich in unserer Welt leben zu können, brauchen wir Orientierungssysteme, die uns helfen, uns in der Welt zurechtzufinden, und Verfahren, die uns ermöglichen, uns mit Hilfe dieser Systeme in unserer Welt zu lozieren. Wer in einer fremden Stadt vom Bahnhof zur Kathedrale finden will, braucht eine Karte, muss aber auf ihr auch seinen Standort bestimmen können, um sich zurechtzufinden. Weder das eine noch das andere allein ist genug. Orientierung verlangt Weltschematisierung (Ordnung) und Lokalisierung (Ortung), und zwar in allen Sphären des Lebens, in denen wir uns gemeinsam bewegen.

Solche Orientierungssysteme werden in Gemeinschaften und Kulturen etabliert, indem entsprechende Unterscheidungen vorgenommen werden und auf wichtige Unterschiede in gemeinsamen Lebens- und Praxisbereichen geachtet wird. So orientieren wir uns im Raum mit Hilfe räumlicher Unterscheidungen (links, rechts, hinter, vor, oben, unten); oder in der Zeit mittels zeitlicher Unterscheidungen (heute, morgen, gestern, vergangen, gegenwärtig, zukünftig, früher als, später als, gleichzeitig); oder in kommunikativen Kontexten mit Hilfe der Personalpronomen (ich, du, er, sie, es, wir, ihr, sie); oder in sozialen Kontexten in Bezug auf familiäre Beziehungen (Mutter, Vater, Schwester, Bruder, Onkel, Tante) oder berufliche Funktionen (Lehrer, Schüler, Professor, Verwaltungsleiter, Kollege, Probst); oder im Leben mit Hilfe von Unterscheidungen wie gut/böse, gut/schlecht, angenehm/unangenehm, glücklich/unglücklich, anzustreben/zu vermeiden usw.; oder in der Welt, indem wir zwischen Immanenz und Transzendenz unterscheiden bzw. die Welt als rohe Tatsache oder als göttliche Schöpfung verstehen. In jedem Lebens- und Praxisbereich kann jederzeit ein Orientierungsbedarf entstehen, und wo immer er entsteht, suchen wir die Grundunterscheidungen zu finden, mit deren Hilfe wir uns gemeinsam einigermaßen verlässlich zurechtfinden können.

Bei aller Vielfalt und Verschiedenheit haben die verschiedenen Unterscheidungssysteme gemeinsame Merkmale. Sie alle sind Systeme von Ordnungsschemata, und sie alle kennen Ortungspraktiken. Das zeigt sich in zwei Eigentümlichkeiten, die das Orientieren kennzeichnen und vom begrifflichen Beschreiben und regelbezogenen Erklären unterscheiden. Zum einen können wir keine Unterscheidung gebrauchen, ohne das gesamte System der Unterscheidungen zu verwenden, zu dem sie gehört. Wir können nicht „links" oder „rechts" sagen, ohne alle anderen räumlichen Unterschiede implizit ins Spiel zu bringen. Und wir können nicht „ich" oder „du" sagen, ohne das ganze System der Personalpronomen zu gebrauchen. Insofern ist alle Orientierung, die auf Unterscheidungsschemata basiert, ganzheitlich, plural und pragmatisch. Zum anderen können wir solche Systeme nicht nutzen, um uns zu orientieren, ohne uns selbst in der so strukturierten Welt zu orten. Ohne konkrete Lokalisierung können wir uns nicht orientieren. Neutralität, im Sinne eines systematischen Absehens von uns selbst, ist hier eine selbstwidersprüchliche Forderung. Wenn wir nicht wissen, wo wir sind, hilft es uns auch nicht zu wissen, wie die Dinge zusammenhängen und aufeinander bezogen sind. Ortung ist indexikalische Lokalisierung (hier, jetzt, heute, ich, wir) und als solche stets lokal, spezifisch und reflexiv.

Alle Orientierung erfordert somit zwei Dinge: ein Schema von Unterscheidungen und die Fähigkeit, sich mit Hilfe dieses Unterscheidungen in der Welt zu orten und das Schema von Unterscheidungen damit indexikalisch so zu ›erden‹, dass man es praktisch nutzen kann.

4

Von hier aus lassen sich Wissenschaft, Theologie und Philosophie unterscheiden. Die Wissenschaft sucht nach Erklärungen, die Theologie entfaltet die in der Glaubenspraxis implizite Lebensorientierung, die Philosophie klärt die Unterscheidungsschemata und Ortungspraktiken, die wir in verschiedenen Lebens- und Denkbereichen anwenden. Weder die Theologie noch die Philosophie setzen das fort, was die Wissenschaften tun. Aber während die Theologie die Orientierungsschemata entfaltet, die in der Praxis des Glaubens enthalten sind, um diese Praxis zu verbessern, also ein normatives Projekt verfolgt, untersucht die Philosophie als kritisches Projekt die Schemata und Grundunterscheidungen, mit deren Hilfe versucht wird, den Sinn der Welt im Licht grundlegender Unterscheidungen der Lebenswelt zu erhellen.

Metaphysik – als Ontologie, philosophische Psychologie, philosophische Kosmologie, philosophische Theologie – ist deshalb keine Erweiterung und Fortsetzung einer Erklärungswissenschaft wie der Physik mit anderen Mitteln, sondern die Entfaltung einer Orientierungspraxis wie der des Alltags, der Lebenswelt, des Glaubenslebens, der wissenschaftlichen Forschung oder einer Religionspraxis. Sie ist der philosophische Versuch, ein System von Unterscheidungen zu entfalten, die uns helfen, uns im Leben oder in einer bestimmten Lebenspraxis zu orientieren. Sie ist keine systematische Beschreibung der letzten Erklärungsprinzipien der Welt, weder der tatsächlichen Welt noch der möglichen Welten. Vielmehr ist sie immer eine kritische Sinnoperation, eine Erhellung der Grundunterscheidungen, mit deren Hilfe wir unseren Platz in der Welt bestimmen und die uns möglichen Beziehungen zu anderen Menschen, anderen Dingen und dem Grund der Welt und unseres Lebens erhellen.

So verstanden ist die Metaphysik kein theoretisches oder spekulatives, sondern ein praktisches Unternehmen.[62] Ihre Aufgabe ist es nicht, die Grundstruktur der Welt zu beschreiben und ultimative Erklärungen zu finden, sondern Schemata existenzieller Orientierung zu liefern, mit denen wir uns in den komplexen Situationen unseres Lebens zu orientieren versuchen. Wir brauchen nicht für alle Lebensbereiche dasselbe Orientierungssystem und sind durchaus in der Lage, mit verschiedenen Systemen in verschiedenen Bereichen unseres Lebens vernünftig umzugehen. Anders als Systeme von deskriptiven Sätzen müssen indexikalische Systeme der existenziellen Orientierung nicht miteinander kompatibel und konsistent zueinander sein. Sie beschreiben nicht die Grundprinzipien der Welt, sondern klären die Struktur unserer Beziehungen zur Welt in bestimmten Bereichen unseres Lebens: Neben Namen und bestimmten Beschreibungen verwenden wir Personalpronomen, um uns in kommunikativen Situationen zu orientieren. Aber die Verwendung von „ich", „du" und „wir" fügt dem Sprechen über Situationen mit Hilfe von Namen und Beschreibungen keine weiteren inhaltlichen Bestimmungen hinzu. „Dalferth spricht" und „Ich spreche" haben denselben Wahrheitswert. Der Unterschied liegt nicht im semantischen Inhalt, sondern in der pragmatischen Pointe, nicht in dem, was ich sage, sondern darin, wie ich es sage, nicht im Inhalt, sondern in der kommunikativen Bedeutung. Systeme der indexikalischen Orientierung funktionieren gerade deshalb situationsübergreifend, weil sie nicht auf deskriptiven Unterschieden in der Welt basieren, sondern auf pragmatischen Unterscheidungen in unseren Beziehungen zur Welt.

Debatten über das Für und Wider der Metaphysik könnten fruchtbarer sein, wenn wir uns auf den praktischen Zweck der Metaphysik als einer kritischen Vernunftpraxis der Klärung der kulturellen Schemata existenzieller Orientierung in der Welt verständigen könnten. Es geht nicht darum, die Welt von ihren letzten Gründen her zu beschreiben und zu erklären, wie es die Systeme der Metaphysik in Antike, Mittelalter und Neuzeit versucht haben, sondern uns zu helfen, uns kritisch darüber klar zu werden, wie wir uns in der Welt und in den verschiedenen Bereichen unseres Lebens orientieren. Kritische Orientierung über die theoretischen und praktischen Orientierungen, die unser Leben lei-

---

62 Vgl. K. Wille, Die Praxis des Unterscheidens. Historische und systematische Perspektiven, Freiburg i. Br. 2018.

ten und bestimmen, ist die zentrale Aufgabe heutiger Metaphysik. Dazu sind die grundlegenden Unterschiede zu erhellen, mit deren Hilfe wir uns in den verschiedenen Bereichen unseres Lebens und Denkens orientieren, um die Welt so zu gestalten, dass wir auf menschliche Weise in ihr zusammenleben können. Und weil sich nicht nur das Leben, sondern auch unsere Ideale der Menschlichkeit verändern, verändern sich auch die Orientierungsunterscheidungen immer wieder, mit deren Hilfe wir uns im unübersichtlichen Gelände unseres Lebens zurechtzufinden versuchen.

Metaphysik muss daher offen sein für wissenschaftliche, soziale und kulturelle Veränderungen. Sie kann nicht einfach die alten Wege der Weltorientierung fortsetzen oder verteidigen und alles Neue in das Prokrustesbett einer alten Weltsicht zu zwingen versuchen. Orientierungssysteme können verknöchern, wenn die Welt anders wird und sie nicht. Dann helfen sie nicht mehr, um ein menschliches Leben in einer sich verändernden Welt zu führen. Und dann suchen wir besser nach nützlicheren Orientierungsschemata, die das leisten, wofür wir sie brauchen.

Metaphysik ist daher selbst ein riskantes Unternehmen und nicht der Überschritt aus der Unübersichtlichkeit des Lebens in die Klarheit einer immergleichen *philosophia perennis*. In einer dynamisch sich verändernden Welt, die dem menschlichen Leben oft nicht besonders freundlich gesinnt ist, können wir nicht erwarten, alle Antworten, die wir suchen, in der Vergangenheit zu finden. Wir müssen vielmehr hier und jetzt die richtigen Unterscheidungen machen. Wir können nicht immer vorhersagen, welche Unterscheidungen im konkreten Fall die richtigen sind. Deshalb brauchen wir philosophische Gedankenexperimente, um Katastrophen im Leben zu vermeiden. Aber letztendlich haben Metaphysiker die gleichen Probleme wie alle anderen: Sie müssen ihr Leben leben und nicht nur darüber nachdenken. Die Pointe der metaphysischen Unterscheidungen kann also nicht darin bestehen, ein Gedankenleben zu führen, das von den Mühen, Sorgen und Freuden des Alltags getrennt ist, sich also in ein „metaphysisches Jenseits" zu flüchten, um dem Wirrwarr des Diesseits zu entgehen. Im Gegenteil, wir wissen oder sollten es doch wissen, dass unser Denken in die Irre geht, wenn es sich im Labyrinth möglicher Welten verliert und uns nicht wieder ins Leben zurückführt – in das normale Leben gewöhnlicher Menschen, die wir auf je unsere Weise alle sind.

5

Das eröffnet auch andere Wege für die Auseinandersetzung mit dem Thema der Sünde. Auch eine Metaphysik der Sünde muss nicht das sein, was sie in der klassischen Tradition war: die religiöse Version einer Laster-Moral, die um die Faszination des Bösen weiß und der radikalen Verwobenheit der Menschen in das Böse Rechnung zu tragen versucht, um ihr Widerstand entgegensetzen zu können. Sünder sind Übeltäter, und Übeltäter haben Strafe verdient, wenn ihre Untaten nicht von ihnen oder von anderen gesühnt werden. Dass die meisten Sünder keine Übeltäter im moralischen Sinn sind, ist die Achillesferse dieser klassischen Sicht. Sie unterstellt ein schlechtes Gewissen, wo nichts dergleichen zu finden ist. Und sie muss die Sünder zunächst auf ihr Sündersein stoßen, ehe sich darüber reden lässt, wie sie von ihrer Sünde befreit werden können. Das Verfahren verfängt nicht mehr, wenn sich Menschen nicht mehr als Sünder ansprechen lassen, weil sie das nicht mehr interessiert oder sie sich daraus nichts mehr machen. Der Sündendiskurs wird dann zum Konventikelgespräch ohne Ausstrahlung auf die Gesellschaft. Ebendas ist die Situation, in der sich die Sündendebatte zu Beginn des 21. Jahrhunderts befindet.

Das stellt sich anders dar, wenn wir auf die Grundunterscheidungen achten, die im Sündendiskurs herangezogen werden, um die *conditio humana* zu erhellen. Wenn dort überhaupt von etwas Interessantem und Beachtenswertem die Rede ist, dann ist es etwas, was durch einen anderen Diskurs (etwa den Moraldiskurs) nicht schon abgedeckt ist (sonst wäre es überflüssig) und das nicht nur für einige, sondern für alle Menschen relevant ist (sonst könnte man es auf sich beruhen lassen, wenn man sich nicht betroffen fühlt). Doch bei der Rede von der Sünde geht es um eine Gesamtsicht der Wirklichkeit und um eine Analyse der existenziellen Grundsituation aller Menschen. Um das zu sehen, müssen wir auf die Grundunterscheidungen achten, die mit der Rede von der Sünde ins Spiel kommen.

Das theologische Orientierungssystem, in dem die Sünde fungiert, orientiert sich traditionell an zehn Grunddistinktionen, die sich jeweils verschieden fortbestimmen lassen:

1. Leitunterscheidung des gesamten Orientierungszusammenhangs ist die Unterscheidung zwischen *Gott* und *Geschöpf*. Gott ist der Schöpfer, alles von ihm verschiedene Mögliche und Wirkliche dagegen die Schöpfung. Das gilt auch für die, die sich an dieser Unterscheidung

positiv oder negativ orientieren, indem sie ihr Leben als Gottes Geschöpfe leben oder den Schöpfer und ihr Geschöpfsein ignorieren.

2. Auf Seiten des Geschöpfs wird diese erste Unterscheidung konkretisiert durch die Unterscheidung zwischen *Vernunftgeschöpfen* und *anderen Geschöpfen*. Vernunftgeschöpfe sind alle, die mit Hilfe ihrer Vernunft über ihre jeweilige Situation hinausblicken können, ihre Leben also nicht im instinktgeleiteten Reagieren auf Reize der jeweiligen Umgebung vollziehen, sondern zur Gestaltung ihrer Umgebung im Licht selbstgesetzter Regeln und Ziele in der Lage sind. Dass die Differenz zwischen Vernunftgeschöpfen und anderen Geschöpfen nicht kategorial, sondern graduell ist, weil auch andere Tiere vernunftähnliche Verhaltensweisen an den Tag legen, gehört zu den Einsichten, die man heute nicht mehr ausblenden kann. In der Tradition dagegen ist die Vernunft nicht nur das, was uns mehr oder weniger deutlich von anderen Geschöpfen unterscheidet, sondern zugleich das, was uns mehr oder weniger klar mit dem Schöpfer verbindet. Gott ist Vernunft, und wir sind vernünftig, insofern wir an Gottes Vernunft nach Maßgabe der Differenz zwischen Schöpfer und Geschöpf Anteil haben.

3. Unter diesem Gesichtspunkt werden Vernunftgeschöpfe unterschieden in *Engel* und *Menschen*. Engel sind Geschöpfe, in denen sich die göttliche Vernunft ungehindert und unvermittelt manifestiert, Menschen dagegen solche, in denen sie sich in körperlicher Brechung und Verkürzung konkretisiert. Der Rekurs auf Engel mag heute verwunderlich klingen, hat aber zwei wichtige systematische Funktionen. Zum einen macht er deutlich, dass Vernunftbestimmtheit nicht davor bewahrt, in Sünde zu verfallen. Nicht nur vernunftschwache Menschen, sondern auch vernunftstarke Engel sind ihr erlegen. Zum anderen ist der Verweis auf Engel wichtig für das Verständnis der Sünde. Er hilft klarzustellen, was die Sünde im menschlichen Leben auszeichnet und wie sie zu verstehen ist. Das zeigt sich an der nächsten Unterscheidung.

4. Die Unterscheidung zwischen *Sünder* und *Nichtsünder* konkretisiert beide Seiten der Unterscheidung zwischen Engeln und Menschen auf verschiedene Weisen: Während Engel in Sünder und Nichtsünder unterschieden werden, also zwei Gruppen von Engeln (gefallene und nicht gefallene) bilden, sind Menschen einheitlich bestimmt als Sünder. Ist ein Mensch Sünder, dann sind alle Menschen Sünder. Sünde wird also nicht als eine Pervertierung des je einzelnen Menschen, sondern damit und dadurch als die der ganzen Menschheit verstanden. Die Rede von

den sündigen Engeln hält in Erinnerung, dass jeder selbst für sein Sündersein verantwortlich ist, die Rede von den sündigen Menschen dagegen macht deutlich, dass die Sünde eines jeden einzelnen alle Menschen affiziert und die ganze Menschheit pervertiert. Kein Sünder kann sich einreden, nur für sich selbst zu handeln, er schädigt immer alle – das zumindest rückt die traditionelle Sündenlehre in den Blick.

5. Das hat Folgen für die weiteren Unterscheidungen, die das Menschsein konkretisieren. So wird im Hinblick auf die Menschen zwischen *Menschengeschöpfen* und *anderen Geschöpfen* unterschieden, um die Grenzen und Verantwortlichkeiten der Sünde markieren zu können. Auf der einen Seite sind alle Menschen Sünder, aber sie hören dadurch nicht auf, auch alle Geschöpfe zu sein. Auf der anderen Seite sind nicht alle Geschöpfe Sünder, sondern nur die Menschen. Andere Geschöpfe sind Opfer und Leidtragende der Sünde der Menschen, aber sie sind nicht dafür verantwortlich und sie müssen auch nicht davon erlöst werden. Die Saurier sind nicht ausgestorben wegen der Sünde der Menschen, aber ohne die Sünde der Menschen wäre die Welt, in der wir leben, besser als sie ist.

6. Muss beim Menschen zwischen Geschöpfsein und Sündersein unterschieden werden, dann impliziert das im Hinblick auf das Sündersein die weitere Unterscheidung zwischen *Sünder* und *Sünde*. Das, was den Sünder zum Sünder macht, kann nicht das sein, was das den Menschen zum Geschöpf macht. Sündersein muss dementsprechend als Resultat eines Geschehens verstanden werden, das sich am Menschen als Geschöpf vollzieht, also nicht primär sein Menschsein, sondern sein Geschöpfsein betrifft. Sünder sind keine pervertierten Menschen, sondern Menschen sind pervertierte Vernunftgeschöpfe. Es ist daher im Ansatz falsch, Sünde an menschlichem Fehlverhalten festmachen zu wollen und sie nicht in einer falschen Einstellung der Menschen zum Schöpfer und ihrem Geschöpfsein zu suchen.

7. Die Unterscheidung zwischen Sünde und Sünder nötigt auf Seiten des Sünders zu einer weiteren Unterscheidung zwischen *Erstsünder* und *Folgesündern*. Denn entweder ist das Veränderungsgeschehen, das Menschen zu Sündern macht, so zu verstehen, dass es einer vollzieht und dadurch alle affiziert (Erstsünde), oder aber so, dass es jeder vollzieht, der mit anderen Sündern zusammenlebt (Ursünde). Die augustinische Tradition privilegierte die erste Antwort, die sie in den Denkfiguren des Sündenfalls und der Erbsünde ausgearbeitet hat. Die protestantische

Tradition rückte die zweite Antwort in den Vordergrund und verstand Sünde als das, was jeder Mensch in eigener Verantwortung vollzieht, wenn er nicht so lebt, wie er als Gottes Geschöpf leben könnte und sollte.

8. Das wiederum hat in beiden Lesarten der Erst- oder Ursünde dazu geführt, auf Seiten der Sünde zwischen *Sünde* (im Singular) und *Sünden* (im Plural) zu unterscheiden, also die falsche Einstellung gegenüber dem Schöpfer von den vielen Formen des Fehlverhaltens gegenüber sich und anderen Geschöpfen im menschlichen Leben zu unterscheiden.

9. Diese Unterscheidung wurde dadurch vertieft, dass im Hinblick auf die Sünden zwischen *verschiedenen Arten von Sünde* (vergebbaren und nicht vergebbaren, Ur- bzw. Erbsünde und Tatsünden) unterschieden wurde. Nicht allen Sünden im menschlichen Leben wird dasselbe Gewicht zugesprochen, vielmehr wird zwischen gravierenden und weniger gravierenden Sünden unterschieden. Der entscheidende Differenzpunkt liegt darin, ob und wie die jeweiligen Sünden vergeben und überwunden werden können, was also der Einsatz ist, durch den der Schaden, den sie angerichtet haben, wiedergutgemacht werden kann. Im Unterschied zu lässlichen Verfehlungen (*peccata venialia*) sind die sieben Todsünden in der katholischen Tradition bewusste und willentliche Verstöße gegen die Gemeinschaft mit Gott und daher heilsgefährdend (*peccata capitalia, mortalia* bzw. *mortifera*). Werden sie im Leben nicht bereut und vergeben, führen sie im Tod zur ewigen Trennung von Gott und damit zur ewigen Verdammnis.

10. Die Unterscheidung zwischen lässlichen Sünden und Todsünden setzt die Unterscheidung zwischen *Sünde* und *Sündenvergebung* voraus. Damit ist nicht nur die bußtheologische Differenz zwischen den Sünden gemeint, die man beichten kann, aber nicht muss (lässliche Sünden), und denen, die man beichten muss, um der ewigen Verdammnis zu entkommen (Todsünden). Die Unterscheidung zwischen *Sünde* und *Sündenvergebung* ist vielmehr eine Näherbestimmung der Erstunterscheidung zwischen *Gott* und *Geschöpf* und keine Fortbestimmung allein auf Seiten des *Sünders*. Sie qualifiziert die ganze Unterscheidungskette in einer bestimmten Weise, indem sie diese an die Grunddistinktion zwischen *Gott* und *Geschöpf* zurückbindet. Sündenvergebung ist keine menschliche Möglichkeit, sondern kommt allein Gott zu. Sie wird auch nicht von der Kirche ausgeführt, sondern die Kirche handelt im Namen und Auftrag Gottes, wenn sie Sünden vergibt. Gott vergibt, dem Sünder wird vergeben. Die Rollen der Aktivität und Passivität in diesem

Geschehen sind klar verteilt und können nicht vertauscht oder vermischt werden, ohne das ganze Heilsgeschehen der Überwindung der Sünde zu gefährden.

Die Unterscheidung zwischen Sünde und Sündenvergebung bindet das ganze in diesen Distinktionen entfaltete Bild zurück an die erste Grundunterscheidung zwischen *Gott* und *Geschöpf*, indem sie daran erinnert, dass nicht nur auf der Seite des Geschöpfs Unterscheidungen zu setzen sind, sondern auch auf der Seite des Schöpfers. So wird auf Seiten *Gottes* unterschieden zwischen *Schöpfer* und *Erlöser*, auf Seiten des *Schöpfers* zwischen *Schöpfer/Erhalter/Vollender* und auf Seiten des *Erlösers* zwischen *Sündenvergebung* (der Beendigung des Alten) und *Neuschöpfung* (dem Anfang des Neuen), den beiden Seiten des erlösenden Neuschöpfungsaktes Gottes. Das ganze Sündengeschehen ist damit eingebunden in eine Unterscheidungskette, die in der Differenz zwischen *Gott* und *Geschöpf* gründet und in der Aufhebung und Überwindung der Differenz zwischen *Menschengeschöpf* und *Sünder* durch Gott selbst in Gottes Neuschaffung des Menschengeschöpfs als *erlöster Sünder* an ihr Ziel kommt.

Nicht die Schöpfungsdifferenz, sondern die Pervertierung dieser Differenz im Sündengeschehen ist damit überwunden. Erlösung besteht nicht darin, dass die Grundunterscheidung zwischen Schöpfer und Geschöpf beseitigt ist, sondern im Gegenteil gerade darin, dass diese durch Überwindung ihrer Verkehrung wieder in ihr Recht gesetzt wird. Sie zu wahren und nicht zu verdunkeln, ist durchgehend und an jedem Punkt das Ziel. Sündenvergebung ist daher niemals als Aufhebung der Grundunterscheidung von Schöpfer und Geschöpf zu konstruieren, sondern diese Aufhebung ist gerade der abwegige Versuch dessen, was *Sünde* genannt wird. Die Sünde besteht darin, dass Menschen Gott nicht Gott sein lassen und selbst Gott und nicht Geschöpfe sein wollen. Das wird durch Gott korrigiert, indem die Sünde überwunden und die Grundsituation der Schöpfung wiederhergestellt wird: Menschen sind Geschöpfe, nicht Gott, und Gott ist der Schöpfer und kein Geschöpf. Denn erst wo so gelebt wird, beginnen Menschen wirklich menschlich zu leben.

6

Im Licht dieser Distinktionen hat eine christliche Hermeneutik der Sünde stets zwei Regeln im Blick zu behalten.

5. Verblendung

Zum einen gilt: *Sünde ist immer auf dem Hintergrund der Unterscheidung zwischen Gott und Geschöpf zu thematisieren*, also nicht nur auf dem Hintergrund der Unterscheidung zwischen Menschengeschöpf und anderen Geschöpfen oder Menschen und anderen Menschen. Wird Gott ignoriert, kann theologisch auch nicht mehr von Sünde gesprochen werden.

Zum anderen gilt: *Sünde ist vor diesem Hintergrund immer von ihrer Überwindung durch Gott her zu thematisieren*, also nicht im Ausgang von negativen Erfahrungen des Lebens, von den Lastern, Unfällen, Untaten oder Verhängnissen her, die als Sünde oder als Folge von Sünde gedeutet werden, sondern von dem her, was sie überhaupt erst als Sünde definiert: ihrer Vergebung und Überwindung durch Gott. Sünde ist das, was Gott vergibt. Das heißt: Es gibt Sünde. Aber wir wissen nicht, was die Sünde ist, ehe wir nicht auf das achten, was Gott vergibt. Gottes Sündenvergebung definiert die Sünde, indem er ihre Wirklichkeit beendet und eine andere Wirklichkeit an ihre Stelle setzt.

Beide Regeln verstehen sich nicht von selbst, sondern sind hoch umstritten. So wird immer wieder argumentiert, Sünde könne oder dürfe nicht nur auf dem Hintergrund der Unterscheidung zwischen Gott und Geschöpf als Verfehlung gegen Gott definiert werden, und zwar aus den folgenden Gründen, wie Majorie Suchocki festhält:[63] Zum ersten setze es ein unzulängliches Verständnis Gottes voraus als eines Herrschers, der Befehle gibt und Gebote aufstellt, der also gefürchtet werden muss und nicht geliebt werden kann. Zum anderen werde aus dem Kampf gegen Benachteiligung, Unterdrückung und Ungerechtigkeit ein Kampf gegen Gott, wenn die bestehenden Verhältnisse als gottgegeben angesehen werden. Zum dritten könne man nicht zwischen verschiedenen Qualitäten der Sünde unterscheiden, wenn alle Verfehlungen Verfehlungen Gott gegenüber wären und damit dieselbe Qualität hätten. Zum vierten gäbe es keine Verantwortung der Täter für die Opfer der Sünde mehr, wenn Gott für alles zuständig sei. Zum fünften würden die Verfehlungen gegen Gott für wichtiger gehalten als die gegen andere Geschöpfe. Zum sechsten sei es eine Aufforderung zum Sündigen, wenn die Besonderheit und Überlegenheit der Menschen über andere Geschöpfe darin gesehen werde, dass Menschen sündigen

---

63   Vgl. zum Folgenden M. Suchocki, The Fall to Violence: Original Sin in Relational Theology, New York 1995, 17 f.

können. Zum siebten wäre dieses Sündenverständnis in einer säkularen Welt, die von Gott nichts mehr wissen will, nicht mehr verständlich zu machen. Stattdessen will Suchocki Sünde als „rebellion against creation" definieren,[64] setzt aber hinzu, dass „sin as rebellion against creation necessarily entails sin against God"[65]. Doch das verkehrt das Abhängigkeitsgefälle. Sünde gegenüber Gott ist nicht mitgesetzt in der Sünde gegen die Schöpfung, sondern diese ist der Grund und die Voraussetzung für die Auswirkungen, die Sünde in der Schöpfung hat.

Die angeführten Gründe, Sünde nicht als Verfehlung gegenüber Gott zu definieren, sind allesamt schwach oder unhaltbar. Zum einen muss man Sünde nicht so verstehen, dass Gott deshalb als Gesetzgeber und autokratischer Herrscher verstanden werden müsste. Wer eine unverdiente Gabe Gottes ablehnt, sündigt, ohne dass Gott deshalb als ein autokratischer Gesetzgeber verstanden werden müsste. Zum zweiten müssen die bestehenden Verhältnisse nicht als gottgegeben angesehen werden, wenn man gegen Benachteiligung, Unterdrückung und Ungerechtigkeit kämpft. Der Kampf gilt ja gerade dem, was nicht Gottes gutem Willen entspricht. Zum dritten ist es ein Irrtum zu meinen, Sünde werde dadurch lebensnäher erklärt, dass man verschiedene Arten oder Qualitäten von Sünde unterscheidet und nicht alle Sünde als Verfehlung und Undankbarkeit gegenüber Gottes Zuwendung und Liebe versteht. Zum vierten kann keine Rede davon sein, dass der Sünder nicht selbst die Verantwortung für seine Taten tragen müsse und nur Gott dafür zuständig sei. Auch Verfehlungen gegenüber Gott sind von dem zu verantworten, der sie begeht, und nicht von Gott, gegen den sie begangen werden. Wo man anders hätte handeln können, ist man auch selbst für seine Taten verantwortlich. Zum fünften ist es keine fragwürdige Hierarchisierung, wenn die Verfehlung gegenüber Gott anderen Verfehlungen gegenüber hervorgehoben wird, sondern die Verfehlung gegenüber Gott ist das, was Sünde als Sünde definiert. Zum sechsten kann keine Rede davon sein, dass es zum Sündigen einlade, wenn nur dem Menschen zugesprochen wird, dass er sündigen könne, und nicht anderen Geschöpfen auch. Den Menschen zeichnet nicht aus, dass er sündigen kann, sondern das, was den Menschen auszeichnet – dass er sich dankbar gegenüber Gottes Zuwendung verhalten kann –, wird von

---

64   A. a. O., 48.57.
65   A. a. O., 48.

ihm in den Staub getreten, wenn er das nicht tut, sondern sündigt. Schließlich ist es kein Einwand gegen ein gottzentriertes Sündenverständnis, wenn eine säkulare Welt es nicht ohne Weiteres versteht, sondern es ist im Gegenteil ein Einwand gegen die säkulare Wirklichkeitswahrnehmung, wenn sie nicht mehr versteht, was Sünde ist. Den Sünder definiert, dass er sich nicht als Sünder kennt und kennen will. Sofern die säkulare Welt so ist, bestätigt sie, was theologisch mit Sünde gemeint ist, auch wenn sie es nicht verstehen will. Keines der angeführten Argumente dagegen, Sünde als Verfehlung Gott gegenüber zu definieren, ist daher stichhaltig. Im Gegenteil, erst wenn man Sünde so definiert, wird Sünde als Sünde verständlich.

7

Auch die zweite Regel theologischer Rede von der Sünde ist nicht willkürlich, sondern tief im christlichen Denken verwurzelt. Das belegen die altkirchlichen Glaubensbekenntnisse, die von der Sünde nur im dritten Artikel sprechen, indem sie die Vergebung der Sünden (Apostolikum) bzw. die eine Taufe zur Vergebung der Sünden (Nizänum) bekennen. Das zeigt der Römerbrief, der in den ersten Kapiteln ausführlich vom Zorn Gottes über die überall sich zeigenden Sünden, Verfehlungen und Verkehrungen der Menschen handelt (Röm 1,18 ff.).

Dieser Sündenkatalog darf aber nicht für sich gelesen werden, wie oben gezeigt, sondern muss von dem her verstanden werden, auf das er hinführt: das Erscheinen der Gnade Gottes im frei geschenkten Glauben an Jesus Christus (Röm 3,21 ff.). Und das zeigt sich auch in der Genesisgeschichte, in der die Sünde Adams und Evas ätiologisch als Ursprung dessen beschrieben wird, was das Verhältnis der Menschen zu Gott in der Gegenwart prägt: dass sie um Gott wissen, aber ihr Leben nicht an Gottes Gegenwart orientieren. Sie leben nicht in völliger Trennung von Gott (denn das wäre nichts anderes als ihr Nichtsein), sondern sie leben durch Gottes Gnade (der die Menschen nach ihrer Verfehlung nicht vernichtet hat, sondern ihr ursprünglich dauerhaftes Leben mit Gott in eine Geschlechterabfolge verschiedener endlicher Leben abgeschwächt hat), aber sie leben ihre endlichen Leben so, dass die einen auf Gott hören und von Gott gehört werden (Abel) und die anderen nicht (Kain). Nur von hinten und damit von ihrem Ende her lässt sich das verstehen, was im christlichen Glauben „Sünde" genannt wird. „Man muß Christus als den Quell der Gnade kennen, um Adam als den Quell der Sünde zu erkennen."⁶⁶ Wer Sünde zu verstehen sucht, indem er sie von den Taten und Ereignissen her liest, in denen und durch die sie sich manifestiert, wird sie grundsätzlich missverstehen. Um sie zu verstehen, ist sie konsequent von dem her zu lesen, wie sie von Gott überwunden wird. Denn erst durch das, was Gott tut, wird deutlich, worin die Sünde bestand und besteht: Nicht menschliches Übeltun definiert die Sünde, sondern göttliches Vergebungshandeln.

Der naheliegende Einwand lautet: „Wie will man Sünde von der Vergebung her beschreiben, ohne beim Thema Vergebung einen vorläufigen Begriff dessen zu haben, was vergeben werden soll?"⁶⁷ Doch genau diese so klug klingende Selbstverständlichkeit ist abwegiger Schein und der Anfang des Endes einer theologisch haltbaren Sündenlehre. Nur wenn man nicht seinen jeweiligen Vorbegriff von Sünde ins Spiel bringt, sondern allein auf das achtet, was von Gott her geschieht, kann man verstehen, was allein Sünde definiert: dass und wie Gott sie überwindet. Man braucht keinen Vorbegriff, um das zu verstehen, ebenso wenig wie man einen Vorbegriff von Sünde braucht, um ein Sünder zu sein. Nicht der Blick auf das eigene Leben zeigt die Sünde, sondern das Ereignis, das dem Leben widerfährt und es von Grund auf verändert, wenn Gott seine Gegenwart und den Charakter seiner Gegenwart bei der Gegenwart seiner Geschöpfe erschließt. Sündenrede ist ein retrospektives Urteil über menschliches Leben aus der Sicht dessen, der diesem Leben als dessen Schöpfer gegenwärtig bleibt, obwohl die Menschen ihn ignorieren, bekämpfen und bestreiten. Nicht die unzähligen Mängel, Übel, Untaten und Ungerechtigkeiten des Lebens erweisen dieses als Leben der Sünde, sondern das Gute, das üblen und guten Menschen widerfährt, ohne dass sie sich das selbst zuschreiben oder es selbst herbeiführen könnten. Was Sünde ist, zeigt die Gnade, aber Gnade ist nie nur Antwort auf die Sünde, sondern ein göttlicher Überfluss, der sie weit übersteigt. Nicht die Sünde definiert daher, was Gnade ist, sondern die Gnade definiert das, was Sünde ist, indem sie etwas bewirkt, was menschliches Leben gut, gerecht, schön und wahrhaft menschlich macht und nicht nur das Negative, den Mangel und die Defizite im menschlichen Leben überwindet.

---

66 Katechismus der Katholischen Kirche Nr. 388 (http://www.vatican.va/archive/DEU0035/_P1J.HTM).
67 T. Dietz, Sünde. Was Menschen heute von Gott trennt, Witten 2016, 213.

6. Verderbtheit:
Der Irrtum des anthropologischen Pessimismus

1

Geht man von diesen Einsichten aus, dann gilt es einen weit verbreiteten Irrtum zu korrigieren: *Das Christentum hat kein negatives, sondern ein positives Menschenbild, wenn es den Menschen nicht primär als Täter, sondern vor allem als Empfänger des Guten bestimmt.* Der Verweis auf die Sünde hat nicht die Pointe, deutlich zu machen, was der Mensch alles nicht kann, sondern im Gegenteil an das zu erinnern, wozu Gott ihn befähigt: zur Ehrlichkeit sich selbst als Gottes Geschöpf gegenüber und zu einem Leben in der Orientierung an Gott in der Gemeinschaft mit den Geschöpfen. Kein Mensch kann sich selbst zum Geschöpf machen. Aber es gibt auch keinen Menschen, der nicht Geschöpf wäre. Wer das ignoriert, ist wirklichkeitsblind. Wer es nicht ignoriert, hat sich nicht selbst von seiner Blindheit kuriert, sondern hat sie als Verblendung durchschaut, weil ihm die Augen, der Geist und das Herz für Gottes Gegenwart geöffnet wurden. Er ist kein anderer als zuvor, aber er lebt jetzt anders als vorher, weil er sich an Gottes Gegenwart orientiert, Gott als seinen Schöpfer und sich selbst als Geschöpf unter Geschöpfen versteht.

Erst das macht deutlich, worin die Menschlichkeit des Menschen im Kern besteht: in der Ausrichtung auf Gott, dem er und alles Übrige das Dasein und die Möglichkeiten ihres Lebens verdanken, und in der Möglichkeit, seine Beziehungen zu anderen Menschen, zu sich selbst und zu anderen Geschöpfen durch diesen Sachverhalt bestimmt sein zu lassen. Menschlich lebt, wer sein Leben an der asymmetrischen Beziehung zu Gott ausrichtet: Wir verdanken uns Gott, er aber sich nicht uns. Diese Beziehung ist das, was alle Geschöpfe gemeinsam charakterisiert. Sich an ihr ausrichten zu können, ist das, was die Menschen unter allen Geschöpfen auszeichnet.[68] Es aber von sich aus nicht zu tun, ist das, was die Menschen als einzige unter den Geschöpfen zu Sündern macht. Nur Menschen sind Sünder, weil nur sie unter allen Geschöpfen anders leben könnten, als sie es tun. Gott ist in dieser Beziehung ganz und gar aktiv,

---

68 Warum die Tradition an dieser Stelle immer auch die Engel genannt hat, wurde schon erläutert. Sie können hier unerwähnt bleiben, weil es um die Konturen der Menschlichkeit geht.

das Geschöpf ganz und gar passiv, und der Mensch dasjenige Geschöpf, das sich dieser geschöpflichen Asymmetrie zwischen schöpferischer Aktivität und geschöpflicher Passivität bewusst werden kann und sein Leben an ihr auszurichten vermag (als Geschöpf), es von sich aus aber nicht tut (als Sünder).

Wer die Menschlichkeit des Menschen verstehen will, darf sich daher nicht auf einen Vergleich des Menschen mit anderen Wesen beschränken (Mensch/Tier) oder auf einen Vergleich dessen, wie er mit sich selbst und anderen Menschen umzugehen vermag (menschliches/ unmenschliches Menschsein), sondern muss den Menschen von Gottes Beziehung zu ihm (Schöpfer/Geschöpf) und seiner Beziehung zu Gottes Beziehung zu ihm (Unglaube/Glaube) her in den Blick nehmen. Seine Nicht-Göttlichkeit ist nicht als Unvollkommenheit, sondern als Geschöpflichkeit und damit als Befähigung zu einem wirklich menschlichen Leben als Gottes Geschöpf zu verstehen, und seine Beziehung zu Gottes Beziehung zu ihm so, dass ein Leben im Unglauben (Sünde), das Gottes Gegenwart gegenüber blind ist, nicht die Möglichkeiten ausschöpft, die ihm von Gott her eröffnet und zugespielt werden (Gnade).

Die Rede von der Sünde ist damit keine Negativbestimmung des Menschen im Verhältnis zu sich oder anderen Menschen und Lebewesen, die zu einer pessimistischen Anthropologie Anlass geben könnte. Sie ist vielmehr ein Verweis darauf, dass in der Beziehung der Menschen zu Gott anderes möglich wäre, als faktisch der Fall ist, weil ihnen von Gott her Gutes widerfährt, das sie sich nie selbst verschaffen könnten: dass sie durch Gottes Zuwendung zu einem Leben in der Gemeinschaft mit Gott bestimmt, befähigt, eingeladen und berechtigt sind.

2

Der irreführende Versuch, die Ausrichtung des Menschen auf Gott als existenziellen Mangel zu denken, hat seinen Ursprung in der plantonischen Sicht des Menschen als Wesen der Begierde, das sucht, was es nicht hat, und in der (neu)platonischen Identifizierung Gottes mit der Idee des Guten, auf das alles Begehren im Letzten ausgerichtet ist. Wir wollen sein, was wir nicht sind. Wir streben nach dem, was wir nicht haben. Wir suchen das, was uns fehlt. Und wir finden es in nichts, was der Zeit und der Vergänglichkeit unterworfen ist, sondern allein im ewig Guten, das ist, was es ist, und eben so alles auf sich selbst hin ausrichtet und bezieht. Gott ist das Gute. Wer in und mit Gott ist, der muss nicht mehr nach Gott streben, weil er im Guten ist. Wer dagegen das Gute sucht und nach ihm strebt, der ist noch nicht gut. Menschen sind Mangelwesen, und sie finden ihre Erfüllung erst dort, wo kein Mangel herrscht und sie das sind, wonach sie streben: sein wie Gott.

Doch dieses Ziel menschlichen Glückseligkeitsstrebens ist fragwürdig, wie schon die Epikuräer wussten. Will man sein wie Gott, ohne die Differenz zwischen sich und Gott einzuziehen, ist dieses Ziel unerreichbar. Will man es erreichen, ohne die Differenz zwischen sich und Gott zu wahren, ist es ein Ziel, das Geschöpfe nicht anstreben sollten. Sein wollen wie Gott unter Ausblendung der Differenz zwischen Gottes Schöpfersein und dem eigenen Geschöpfsein ist das, was in den biblischen Traditionen (Genesis, Paulus, Johannes) „Sünde" genannt wird. Wer sein will wie Gott, weil er es noch nicht ist, will ohne Gott sein oder selbst Gott sein. Ebendas ist das, was den Sünder kennzeichnet. Sünde ist die Verblendung zu leben, als gäbe es keinen Schöpfer, keine Geschöpfe und keine Differenz zwischen Schöpfer und Geschöpfen. Doch diese Sicht scheitert an der eigenen Existenz. Kein Mensch hat sich selbst ins Dasein gebracht, sondern Dasein ist eine Gabe, die niemand sich selbst geben kann, sondern jeder in Anspruch nimmt, der existiert. Alles, was wir tun oder lassen (können), setzt diese Vor-Gabe voraus, weil wir nur leben können, weil und insofern wir da sind. Das heißt nicht, dass wir uns dazu nicht in ein Verhältnis setzen könnten. Im Gegenteil, weil wir im Rahmen unserer Möglichkeiten nicht nur frei entscheiden können, wie wir unser Leben führen, sondern es auch tun müssen, können wir uns nicht nur zu dieser Vor-Gabe unseres Daseins in ein Verhältnis setzen, sondern können gar nicht vermeiden, es zu tun, indem wir sie in unserer Lebensgestaltung berücksichtigen oder nicht berücksichtigen. Doch weder das eine noch das andere macht diese Vor-Gabe zum Resultat unserer eigenen Leistung. Nichts, was Menschen zu tun vermögen, kann die Tiefenpassivität ihres Daseins in eine eigene Konstitutionsleistung überführen. Dass wir da sind, ist kein Resultat unserer eigenen Entscheidung. Wir könnten nichts entscheiden, wenn wir nicht da wären, und wir müssen ständig Entscheidungen treffen, weil wir da sind, obwohl wir auch nicht da sein könnten.

Dass wir uns nicht selbst ins Dasein bringen können, heißt aber nicht, dass wir das in unserem Entscheiden und Handeln nicht ausblenden, ignorieren oder bestreiten könnten. Im Gegenteil, wir blenden es alle aus, obwohl das nicht sein müsste, und deshalb sind wir alle Sünder.

Sünder sind Menschen, die leben, als hätten sie ihr Dasein nicht als Gabe empfangen, sondern selbst hervorgebracht. Wenn sie über ihre Situation ernsthaft nachdenken, wissen sie, dass das nicht so ist und dass sie ihre menschliche Freiheit unter Bedingungen gebrauchen, die sie ausblenden. Aber sie tun so, als sei es egal, ob man sie beachtet oder nicht oder wie man sich zu ihnen verhält. Doch es ist nicht egal, weil sich daran entscheidet, ob man in Übereinstimmung mit der Struktur seiner eigenen Existenz lebt oder nicht.

3

Dass man auch nicht in dieser Übereinstimmung leben kann, zeichnet die Menschen aus und unterscheidet sie von allen anderen uns bekannten Lebewesen. Wir können auch im Widerspruch zur Tiefenpassivität unserer eigenen Existenz leben. Das ist der Grund dafür, dass Menschen nicht nur auf menschliche, sondern auch auf unmenschliche Weise leben können. Das eine oder das andere aber müssen wir tun. Wir können nicht leben, ohne uns zwischen beiden Möglichkeiten zu entscheiden, indem wir menschlich leben oder nicht – menschlich nicht im Sinn der stereotypen Erfüllung eines normativen Konzepts des guten menschlichen Lebens, sondern im Sinne der Myriaden Weisen, in denen Menschen die Idee der Menschlichkeit in ihrem eigenen Leben konkretisieren, wenn sie versuchen, in Übereinstimmung mit der Gabe-Struktur ihrer Existenz zu leben, die auch die Struktur der Existenz aller anderen Menschen ist. Menschlich zu leben, heißt *ipso facto*, mitmenschlich zu leben, also das an seinem Ort zu tun, was alle anderen an je ihrem Ort auch tun können und müssen. Vor jeder Beziehung im Leben teilen wir eine Bezogenheit in unserer Existenz, ohne die es kein Miteinander und kein Gegeneinander im Leben geben könnte. Jeder hat die Möglichkeit, menschlich zu leben, und jeder hat die Möglichkeit, das nicht zu tun, sondern ein menschliches Leben auf die eine oder andere Weise zu verfehlen.

Dass wir das können, also auch nicht menschlich leben können, kennzeichnet uns Menschen; dass wir es nicht nur können, sondern in unzähligen Weisen tatsächlich auch tun, kennzeichnet uns Menschen als Sünder. Wir wollen Herren unserer eigenen Existenz und damit wie Gott sein. Doch das Geschöpf kann niemals an die Stelle des Schöpfers treten, und es pervertiert sich und sein Vermögen, wenn es das zu tun versucht. Insofern manifestiert die Sünde die Blindheit der Menschen gegenüber dem Grundcharakter ihrer eigenen Existenz und zugleich ihre Verblendung, dass es eine solche Blindheit doch überhaupt nicht gäbe. Wer aber so lebt, schadet nicht nur sich, sondern auch allen anderen, weil er im Widerspruch zu dem lebt, was ihn und alle anderen auszeichnet: dass sie ihr Dasein nicht sich selbst, sondern Gott verdanken.

Die Sünde markiert aber nicht nur die Blindheit der Menschen gegenüber dem, was sie von Gott unterscheidet, sondern vor allem das, was Gott von sich aus überwindet und beseitigt, indem er zum Sünder in eine Beziehung tritt, die zwischen diesem und seiner Sünde unterscheidet. Die Beendigung des Zustands der Sünde ist nicht die Vernichtung des Sünders und damit das Ende der Beziehung Gottes zum Menschen, sondern markiert gerade umgekehrt den Beginn einer neuen Beziehung des Menschen zu Gott. Menschen werden in dieser Sichtweise nicht als Mangelwesen verstanden, die nach dem streben, was sie nicht haben, sondern als Adressaten der göttlichen Liebe, die sie zu mehr macht als allem, wozu sie sich selbst machen könnten und wonach sie von sich aus streben. Menschen sind Wesen, an denen Gott baut, indem er sie auf das hin öffnet, was ihnen selbst nicht zugänglich und von sich aus nicht möglich ist.

Blickt man von diesem Geschehen her auf den Menschen, kommt er als Ort, Resonanzraum und Wirkfeld der göttlichen Liebe, nicht als defizitäres Mangelwesen oder als hoffnungslos unvollkommene Lebenswirklichkeit in den Blick. Er wird nicht negativ bestimmt durch das, was er nicht ist und hat, sondern positiv durch das, was ihm widerfährt, zufällt und ihn bereichert. Das christliche Verständnis des Menschen hat, so gesehen, nichts mit einem anthropologischen Pessimismus zu tun, sondern ist Ausdruck der überraschenden Einsicht, dass Menschen das Recht und die Möglichkeit haben, mehr zu erhoffen als das, was ihre Erfahrung und Selbsterfahrung nahelegen und berechtigt erscheinen lassen. Wir sind mehr, als wir selbst aus uns machen, machen können und machen lassen, weil wir Wesen sind, an denen Gott baut. Das aber ist eine Auszeichnung, kein Defizit, ein Grund, Gott zu danken, und kein Anlass zur Auflehnung gegen Gott in der irrigen Meinung, sich zur Wahrung der eigenen Würde als autonomes Selbst gegen Gott behaupten zu müssen. Es gehört zum christlichen Realismus, sich nicht größer, aber auch nicht kleiner zu machen, als man ist. Menschen leben aus einem existenziellen Überschuss, nicht aus einem anthropologischen Defizit, und sie orientieren sich dann in der rechten Weise an Gott, wenn sie das in ihrem Lebensvollzug zum Ausdruck bringen.

4

Das nötigt zur kritischen Neubewertung einer langen Geschichte des Missverstehens christlicher Rede von der Sünde. Der Versuch einer gewichtigen Aufklärungstradition, dem angeblich negativen Bild des Menschen als defizitäres Mangelwesen im Christentum ein positives Bild des Menschen als selbstbestimmungsfähiges Handlungswesen entgegenzusetzen, ist der Versuch, einen Fehler durch einen anderen zu korrigieren bzw. an die Stelle einer irreführenden Einseitigkeit eine gegenteilige Einseitigkeit zu setzen.

Doch das bestimmt beide Seiten des Vergleichs auf unzureichende Weise. Das Christentum war nie so einseitig, dass es den Menschen nur negativ sah, und das Aufklärungsdenken nie so einseitig, dass es den Menschen nur positiv verklärte. Kant hatte das gesehen, andere Denker der Aufklärungsbewegung nicht. Sie hielten und halten im Gefolge von Rousseau[69], Condorcet[70] oder Godwin[71] an der Perfektibilität des Menschen im Sinne eines offenen Prozesses der Selbstoptimierung fest, der die Welt als Spielfeld menschlicher Selbstverwirklichung versteht und den Menschen als ein Projekt, in dem dieser sich selbst erfindet, wenn er durch die anderen nicht gestört und daran gehindert wird.[72] „Die Menschen sind böse; eine traurige und fortdauernde Erfahrung erübrigt den Beweis; jedoch, der Mensch ist von Natur aus gut," wie Rousseau schreibt.[73] Menschen sind von Natur aus gut, wie das Gedankenexperiment des menschlichen Lebens in einem vorkulturellen Zustand klarmachen soll. Erst die Gesellschaft hat sie korrumpiert, indem sie die

---

69 J.-J. Rousseau, Discours sur l'origine et les fondements de l'inégalité parmi les hommes, Amsterdam 1755.

70 M. J. A. de Condorcet, Réflexions sur l'esclavage des nègres, Paris 1781; Ders., Sur l'admission des femmes au droit de cité, Paris 1790; Ders., Esquisse d'un tableau historique des progrès de l'esprit humain, Paris 1793.

71 W. Godwin, Enquiry Concerning Political Justice, London 1793 (https://socialsciences.mcmaster.ca/econ/ugcm/3ll3/godwin/pj.html) (11/2/2019). Gegen die utopistischen Entwürfe von Godwin und Condorcet wendet sich Th. Malthus, An Essay on the Principle of Population As It Affects the Future Improvement of Society, with Remarks on the Speculations of Mr. Goodwin, M. Condorcet and Other Writers, London 1798 (https://archive.org/details/essayonprinciploomalt/page/n8).

72 Vgl. M. Foss, The Idea of Perfection in the Western World, Princeton 1946; J. Passmore, The Perfectability of Man (1969), Indianapolis ³2000.

73 J.-J. Rousseau, Abhandlung über den Ursprung und die Grundlagen der Ungleichheit unter den Menschen, hrsg. und übers. v. Ph. Rippel, Ditzingen 1998, 115.

Menschen zivilisiert und von sich selbst und ihrem natürlichen Gutsein entfremdet hat. Das war der Gegenentwurf zu einer christlichen Sicht des Menschen, die ihn durch die Erbsünde entstellt sah und die Gesellschaft als das Ordnungssystem verstand, das nötig ist, um die üblen und gefährlichen Folgen der Sünde im menschlichen Zusammenleben einzudämmen. Gegen das angeblich negative Bild des Menschen im Christentum wird so das positive Bild des Menschen als eines vernunftgeleiteten, zur eigenen Selbstbestimmung fähigen Subjekts gesetzt. Der ursprünglich gute „Naturmensch" wird durch Religion, Kirche und Gesellschaft seinem eigentlichen Wesen entfremdet. Um das wieder freizulegen, muss man sich vom gesellschaftlichen Korsett befreien und auf sich und seine eigenen Interessen besinnen. Zivilisatorischer Fortschritt ist humaner Rückschritt, und humaner Fortschritt ist nur möglich als konsequente Selbstliebe (*amour de soi*), verbunden allenfalls mit der Bemühung, anderen das gleiche Recht einzuräumen und ihnen möglichst wenig Schaden zuzufügen. Allerdings überzeichnet man dieses Bild nicht selten so, dass es – vor allem in seinen populären Fassungen – jeden kritischen Realismus und jede realistische Selbstkontrolle vermissen lässt. Man unterstellt, was man sich wünscht, und man bleibt unbeirrt dabei, das als aufgeklärten Fortschritt gegenüber dem angeblichen anthropologischen Pessimismus des Christentums zu propagieren, ohne sich durch die Wirklichkeit hineinreden zu lassen.[74]

Doch Menschen sind nicht so harmlos, wie da gesagt wird. Sie sind von Natur aus auch nicht so freundlich und rücksichtsvoll, wie da unterstellt wird. Und sie sind vor allem nicht so vernunftgeleitet, wie da behauptet wird. Menschen sind viel gefährlicher und unergründlicher, als diese Sichtweise zugestehen will. Man kann diese daher auch nur aufrechterhalten, indem man die Wirklichkeit faktischen menschlichen Zusammenlebens ausblendet, sein Wunschbild des Menschen also über die Lebenswirklichkeit der Menschen stellt und Menschsein selbst zum Feld eigener Gestaltung erklärt.

---

74 Dass dieser "optimism, frequently allied with unlimited confidence in the bettering of the human condition through the advance of science, has not generally survived the battering of the 20th century" (*perfectibility* in: S. Blackburn [Hrsg.], The Oxford Dictionary of Philosophy, Oxford ³2016), ist bedauerlicherweise nicht der Fall und belegt, wie wenig sich die Vertreter dieser optimistischen Sicht des Menschen durch die Wirklichkeit stören lassen.

5

Das lässt sich bis in jüngste Publikationen hinein verfolgen. Der zeitgenössische Antiessentialismus sieht den Menschen nicht durch eine ihm vorgegebene „Natur" bestimmt, sondern versteht ihn als Produkt seines eigenen Produzierens und als das Resultat seiner eigenen Selbstgestaltung. Alles steht im Prinzip zur Disposition. "There is no natural or universal essence to being human: everything to do with our state has been historically formed and culturally conditioned."[75] Wir können aus uns machen, was wir wollen, und zwar in immer umfassenderer Weise, weil wir die dazu nötigen Technologien in zunehmender Weise verfügbar haben. Das gilt im Hinblick auf unsere mentalen und intellektuellen Fähigkeiten, die wir mit Hilfe künstlicher Intelligenz in ungeahnter Weise steigern können. Das gilt im Hinblick auf unsere körperlichen Besonderheiten oder Beschränktheiten, die wir mit Hilfe moderner Technik in früher nicht vorstellbarer Weise verändern und kompensieren können.[76] Und das gilt im Hinblick auf die sozialen und kulturellen Formen unseres Zusammenlebens, die wir am Leitfaden unserer Wünsche und Interessen meinen frei gestalten zu können. Weil man den Menschen zwar nicht für perfekt, aber für unbeschränkt perfektibel hält, malt man sich so gänzlich realitätsferne Szenarien aus: „Stellen Sie sich vor, Sie würden in einer Welt leben, in der Sie sich frei entwickeln können. In einer Gesellschaft, in der Selbstverwirklichung einen höheren Stellenwert hat als Produktivität. In der Sie weniger arbeiten und dafür Ihren Sehnsüchten nachgehen. Und in der Ihre Mitmenschen Sie nicht nur tolerieren, sondern annehmen, wie Sie sind – mit Ihrem Lebenskonzept, Ihrer Hautfarbe, Ihrer sexuellen Orientierung."[77] Es wird nicht gefragt, ob eine solche Welt unter Bedingungen der Endlichkeit der Zeit, der Brüchigkeit menschlicher Einsicht, der Knappheit der Lebensressourcen und der Konkurrenz der Menschen im Kampf ums

---

75 K. Hart, Postmodernism: A Beginner's Guide, Oxford 2004, 26.
76 Was das z. B. für die soziale Konstruktion von „gender" besagt, zeigt I. Hacking, Social Construction of What? Cambridge, MA 1999, 12. Vgl. D. Valentine, Imagining Transgender: An Ethnography of a Category, Durham/London 2007; Ch. Witt, The Metaphysics of Gender, Oxford 2011.
77 Dieses und die folgenden Zitate sind alle aus S. Schultz, Was nach der Leistungsgesellschaft kommt, Spiegel Online, 9. Februar 2019, entnommen. Die folgenden Überlegungen wollen kein ausgewogenes Bild zeichnen, sondern die Einseitigkeiten, Gefahren, Absurditäten und Widersprüchlichkeiten dieser Sichtweise einseitig herausstellen.

6. VERDERBTHEIT

Überleben überhaupt eine realistische Möglichkeit sein könnte. Es wird vielmehr gerade umgekehrt nahegelegt, es könnte sein, „dass wir die Anfänge eines solchen Zeitalters gerade erleben. Denn es gibt Anzeichen, dass sich unsere Gesellschaft fundamental weiterentwickelt."
Das wird mit Verweis auf psychologische Theorien der Ich- bzw. Selbstentwicklung begründet, die auf Forschungen von Jane Loevinger zurückgehen.[78] Diese unterscheiden neun bzw. zehn messbare Stufen der Selbstentwicklung.[79] Von diesen seien unter der Bevölkerung Nordamerikas und West-Europas vor allem die Stufen E3 bis E7 verbreitet.[80] E3 ist die selbstorientierte Stufe: „Fühlt sich schnell angegriffen. Freund-oder-Feind-Logik. Sehr kurzfristiger Zeithorizont"; E4 die gemeinschaftsbestimmte Stufe: „Schwarzweißdenken. Selbstwert hängt stark von der Akzeptanz anderer ab. Eher kurzfristiger Zeithorizont"; E5 die rationalistische Stufe: „Aufbau von Expertenwissen. Feste, mitunter starre Vorstellungen, wie die Dinge laufen sollten. Mitunter Probleme beim Priorisieren. Kurz- bis mittelfristiger Zeithorizont"; E6 die eigenbestimmte Stufe: „Hinterfragt Motive. Analytisch. Differenziert. Beginnend selbstkritisch. Zeithorizont von fünf bis zehn Jahren"; und E7 die relativierende Stufe: „Relativiert zunehmend eigene und fremde Ansichten. Hinterfragt die gesellschaftliche Prägung der eigenen Sichtweisen. Wachsendes Bewusstsein für die Komplexität und Einzigartigkeit eines jeden Moments." Daraus wird gefolgert: „Je mehr Menschen auf späteren Entwicklungsstufen stehen, desto selbstbestimmter, offener und demokratischer kann auch die Gesellschaft sein."[81] Zwar wird durchaus gesehen, „dass keine Ich-Stufe besser oder schlechter ist. Grundsätzlich können Menschen auf den meisten Entwicklungsstufen ein glückliches Leben führen." Dennoch aber wird nahegelegt, dass wir am Übergang von der Stufe E6 („Prototypen der Leistungsgesellschaft") zur Stufe E7 („Individualisten oder Pluralisten") stünden, was folgende „postkonventionellen" Aussichten eröffnet:

---

78 J. Loevinger, Measuring Ego Development, San Francisco 1970; dies., Ego Development, San Francisco 1972; L. X. Hy/J. Loevinger, J., Measuring Ego Development, Mahwah, NJ ²1996.
79 Vgl. S. R. Cook-Greuter, Selbst-Entwicklung: 9 Stufen zunehmenden Erfassens (http://www.cook-greuter.com/Stufen%20oder%20Selbst-Entwicklung%2010.06.08%20-%20A4-2.pdf).
80 Die folgende Zusammenstellung stammt von Schultz, Leistungsgesellschaft (s. Anm. 77).
81 Ebd.

> „*Politisch* gesehen sind Pluralisten große Verfechter von Diversität. Sie unterstützen die Gleichwertigkeit aller Geschlechter, sexueller Orientierungen, Ethnien, sozialer Schichten, Beziehungs- und Lebenskonzepte. [...] Das könnte auf lange Sicht auch *Wirtschaftsstrukturen* verändern. Verteilgerechtigkeit und die Gleichstellung von Gesellschaftsgruppen etwa könnten steigen. Die Funktion von *Nationalität* als identitätsstiftendes Element dürfte nachlassen. [...] Das *Leistungsideal*, wie wir es kennen, dürfte an Reiz verlieren. [...] Geld und Status allein [erscheinen] immer weniger lohnenswert. Es wird zunehmend wichtiger, sich selbst zu verwirklichen. Die *Arbeitswelt* stünde dadurch vor neuen Herausforderungen. In den Unternehmen dürften sich Partizipation und Selbstorganisation stärker verbreiten. Uneingeschränkter Pluralismus würde Entscheidungsprozesse erschweren."[82]

Zwar wird all das nur als mehr oder weniger wahrscheinliche Möglichkeit vorgetragen, eher im Konjunktiv als im prophetischen Indikativ gesprochen und zu Recht gefragt, „ob eine Gesellschaft, wie wir sie heute kennen, noch funktionieren würde, wenn die Mehrheit der Menschen auf den postkonventionellen Stufen handeln würde."[83] Aber anstatt das kritisch zu durchdenken und die konjunktivische Möglichkeitsskizze als irreales Zukunftsszenario zu entlarven, werden „Fakten" angeführt, die angebliche Tendenzen belegen sollen. So wird auf „Die Grünen" verwiesen, „die viele postkonventionelle Werte der Stufe E7 verkörpern", auf die gegenwärtigen Debatten um Teilzeitarbeit und bedingungsloses Grundeinkommen, auf die Feuilletondiskussionen über „polyamore Beziehungen, eine Frauenquote in Führungspositionen, #MeToo oder #MeTwo", die „auf ein Bedürfnis nach stärkerer Gleichstellung von Gesellschaftsgruppen" hindeuteten.[84] Und es wird unmissverständlich nahegelegt, dass diese und ähnliche Phänomene in die Richtung wiesen, in der sich eine progressive, moderne und liberale Gesellschaft zu entwickeln habe.

Kritische Überlegungen von Gewicht dagegen gibt es nicht. Stattdessen gleitet die Darstellung immer wieder vom Konjunktiv der Erwägung von Möglichkeiten in den futurischen Indikativ der Ankündigung des unmittelbar bevorstehenden Anbruchs einer menschheitsgeschichtlichen Heilszeit. Denn durchgängig wird unterstellt, dass der Progress der Gesellschaft auf diesen Zustand hin als Fortschritt und

---

82 Ebd.
83 Ebd.; das Zitat wird T. Binder zugeschrieben.
84 Ebd.

Erfolg und nicht als Rückschritt und Verfall verstanden werden müsse. Wer so denkt und zu leben versucht, wie in den Stufen der Ich-Entwicklung E7 und höher skizziert wird, der steht an der Spitze des Fortschritts, wer das nicht tut und sich dieser Entwicklung widersetzt oder verweigert, gehört zu den engstirnigen Vertretern des Gestern und bald überholten Verlierern der Geschichte.

6

Gedankenspiele dieser Art erinnern stark an das Pfeifen im Keller und laute Singen im Dunkeln. Sie entwerfen ein Wunschbild der Gesellschaft, das sich von allen störenden Einwürfen der Wirklichkeit frei gemacht hat. Vor allem aber ist die ganze Argumentation getragen von einer realitätsfernen Sicht des Menschen, in der sich die Wunschträume einer gesellschaftlichen Elite spiegeln, die ihre eigenen Sehnsüchte, Begierden, Interessen und Träume, aber kein Erschrecken vor den eigenen Abgründen und keine Verantwortung für das Gemeinwohl oder die Anliegen und Nöte der anderen mehr kennt. Wo überhaupt noch davon die Rede ist, dient der Verweis darauf der Propagierung und Popularisierung der eigenen selbstzentrierten Lebenssicht.[85] Dass es niemanden gibt, der nicht in Verantwortungsverhältnisse mit anderen eingebunden wäre, wird ignoriert, und dass das auch für einen selbst gilt, erst recht. Stattdessen wird der eigene Lebensstil zur moralischen Norm für alle erklärt und mit einer Bigotterie vertreten, die der religiösen Bigotterie früherer Zeiten in nichts nachsteht. Man wird nicht müde herauszustellen, dass man nur für das Gute eintritt, aber definiert als Gutes das, was man selbst für gut hält. Man plädiert für eine vegane Lebensweise, die Verabschiedung vom Verbrennungsmotor, die Umverteilung der Vermögen, eine freie Grundsicherung für alle, die sofortige Einstellung von nuklearen oder kohlebetriebenen Kraftwerken, das Beenden von Tierversuchen. Alles fängt mit einigermaßen vernünftigen Argumenten an, wird dann aber schnell auf unvernünftige Weise generalisiert und totalisiert, ohne darauf zu achten, in welche Widersprüche man sich verwickelt.

---

85 Die kann hedonistisch sein, wie in vielen libertären Gruppierungen, oder angstbesetzt und furchtgetrieben, wie in weiten Bereichen der gegenwärtigen Öko- und Klimawandelsbewegung. In dem einen Fall wird alles auf die Steigerung der eigenen Lust gesetzt, im anderen Fall wird alles im Licht der eigenen Ängste gesehen.

Nicht alle vertreten all diese Ansichten. Aber zusammengenommen ergibt sich ein trauriges Bild. Man plädiert für das Recht der Kuh auf das eigene Horn und zerstört Metzgerläden.[86] Man propagiert „Antispeziesismus" und sichert sich eben so seine menschliche Sonderrolle. Man verkündet „Milch ist Vergewaltigung"[87], attackiert „die Reichen" und propagiert das angebliche „Menschenrecht", dass alle dasselbe verdienen sollten,[88] ohne Pflicht zu eigener Arbeit. Man will das Klima retten und reist um den halben Globus, um an den einschlägigen Demonstrationen teilzunehmen. Man entdeckt überall „Gerechtigkeitslücken", aber viel zu oft nur solche, die es erlauben, die eigenen Wünsche und Interessen unter dem Deckmantel des „Guten", für das man eintritt, zur Geltung zu bringen. Man sieht auch den Rechtsbruch gerechtfertigt, solange er aus der richtigen moralischen Gesinnung heraus geschieht, und hat kein Verständnis dafür, dass das Recht auch dort gilt, wo es nicht mit der eigenen Moralgesinnung übereinstimmt. Man tritt für das Gute ein, will es hier und jetzt und sofort, und blendet aus, dass man in dieser Welt nichts Gutes befördern kann, ohne zugleich Übles zu bewirken und sich in Böses und Schuld zu verstricken. Überall wird mit Moral argumentiert, aber zu oft geht es gar nicht um Moral, sondern um die eigenen Wünsche, Träume und Ziele. Man ignoriert, dass die ständige Beschwörung von Gerechtigkeitsdefiziten in allen Lebensbereichen die Aufmerksamkeit für die Fälle gerade verdeckt, wo dieser Ruf mehr als berechtigt wäre. Und man deckt das ganze Spektrum der Positionen ab, die sich in allen ideologiegeleiteten Lebensweisen finden. Es gibt solche, die so rigoros von der eigenen Sache überzeugt sind, dass sie nicht willens sind, anderen eine eigene Sicht zu konzedieren. Weil man die eigene Sicht für die einzig vernünftige hält, kann man niemandem das Recht zu einer anderen Sicht zugestehen. Wer anders denkt, muss

---

86   A. Hirsch, Wo sich Veganismus auf Extremismus reimt, Zeit Online (29.7.2018) (https://www.zeit.de/entdecken/2018-06/frankreich-metzger-veganer-streit-fleisch). In anderen Kulturen ist es nicht besser. Vgl. S. Misteli, Im Namen der Kuh – Wie selbsternannte Türschützer in Indien Minderheiten attackieren, NZZ 21.2.2019 (https://www.nzz.ch/international/im-namen-der-kuh-wie-selbsternannte-tierschuetzer-in-indien-minderheiten-attackieren-ld.1461571?reduced=true).

87   S. Brändle, Attacken auf Metzgereien: Militante Veganer entfachen neuen Kulturkampf, Aargauer Zeitung (4.9.2018) (https://www.aargauerzeitung.ch/ausland/attacken-auf-metzgereien-militante-veganer-entfachen-neuen-kulturkampf-133067902).

unvernünftig sein, denn es kann ja nicht vernünftig sein, der vernünftigen Einsicht der Vernünftigen und den vernünftigen Entscheidungen der Einsichtigen zu widersprechen.[89] Es gibt aber auch solche, die zwar anderen ihre Sichtweisen streitig machen, aber keine Schwierigkeiten haben, von ihren eigenen Moralregeln abzuweichen, wenn es ihnen dienlich zu sein scheint. Die altbekannten Phänomene des religiösen Rigorismus und der religiösen Bigotterie haben hier mannigfache moralische und politische Äquivalente. Stets steht das eigene Ich, die eigene Position, die eigene Überzeugung im Vordergrund.[90] Man selbst ist gut, gerecht, vernünftig, verantwortlich, klimabewusst und zukunftsorientiert. Andere kommen nur unter der abwegigen Alternative in den Blick, dass sie den eingeschlagenen Weg mitgehen (also Mitstreiter auf dem Weg in die Zukunft sind) oder noch nicht bzw. nicht mehr dazu bereit sind (also Relikte einer vergangenen Zeit sind und die Verlierer der Weltgeschichte sein werden). Je abstrakter die anvisierten Ziele sind, desto rigoroser werden sie vertreten. Niemand kann gegen Umweltschutz und „Klimarettung" sein, aber was das heißen soll und wie es am besten zu erreichen ist, bestimmen ich und meine *community*. Selbstverwirklichung wird als selbstverständliches Recht eines jeden betrachtet, ohne dass von korrespondierenden Pflichten auch nur gesprochen würde. Dass dieser Radikalindividualismus auf Kosten anderer geht, wird zwar erwähnt, aber nicht erwogen.[91] Darin sieht man keinen ernstzunehmenden Einwand mehr.

Doch irgendjemand muss die Kosten der Umsetzung derartiger gesellschafts-, wirtschafts- und kulturpolitischer Zukunftsvisionen tragen, wenn es dazu kommen soll. Aber das wird ausgeblendet. Das opti-

---

88 Vgl. Chr. Schäfer, Attacke auf die Reiche!, FAZ (15.2.2019) (https://www.faz.net/aktuell/wirtschaft/arm-und-reich/ein-ruf-nach-umverteilung-geht-durchs-land-16043224.html). Das letztgenannte „Argument" findet sich nicht im Hauptartikel, sondern in der Leserdiskussion.
89 Vgl. die Debatte um Chr. Menke, Kritik der Rechte (2015), Berlin 2018; Chr. Geyer, So subjektiv sind sie nicht, FAZ (17.2.2019) (https://www.faz.net/aktuell/feuilleton/hoch-schule/rechte-und-identitaet-so-subjektiv-sind-sie-nicht-16036312.html?printPagedArticle=true#pageIndex_0).
90 Auch im politischen Bereich, wo nationale Egoismen die Ansätze eines Multilateralismus verdrängen. Vgl. R. Pletter/M. Schieritz/X. Yang, Ich zuerst!, Die Zeit, Nr. 8 (14.2.2019) (https://www.zeit.de/2019/08/multilateralismus-handelspolitik-kooperation-populismus-nationalismus/komplettansicht).
91 Vgl. Schultz, Leistungsgesellschaft (s. Anm. 77).

mistische Bild der Selbstverwirklichung einer rundum freien und aller sozialen Verantwortung ledigen Persönlichkeit und der schnelle Schluss auf ein korrespondierendes pluralistisches Gesellschaftsmodell selbstzufrieden-toleranter Individuen, die glücklich nebeneinander her existieren, ohne sich in die Quere zu kommen oder sich durch die Übernahme von Verpflichtungen für andere am Verfolgen ihrer Egoträume stören zu lassen, sind von jeder Reflexion auf offenkundige Schwierigkeiten und gegenteilige Erfahrungen frei. Das Trittbrettfahren der sozial Privilegierten kann nur so lange funktionieren, als die Mehrheit der Menschen es nicht tut. Gruppenwesen, wie es die Menschen sind, zu Radikalindividualisten umgestalten zu wollen, ist ein ebenso lebensfremdes Konzept wie die totale Vergesellschaftung der Menschen. Das 20. Jahrhundert mit seinen Menschenexperimenten und unmenschlichen Gräueltaten bietet dafür traurige Belege.

Hat man vergessen, wie schnell es nach der Zerstörung traditioneller Bindungen und Gemeinschaftsformen in den revolutionären Modernisierungsprojekten der Moderne in Frankreich, Russland, Deutschland oder Kambodscha zum Morden im Namen der Vernunft, des Fortschritts und der ideologischen Menschheits- und Gesellschaftsverbesserung gekommen ist? Zumindest sollte man sich die Frage stellen, was denn dafür spricht, die Menschen für so harmlos, freundlich, gut, offen, tolerant und liberal zu halten, wie durchgehend unterstellt wird. Selbst in guten Zeiten hat dieses Menschenbild kaum Überzeugungskraft, und es wird gänzlich unrealistisch in Zeiten politischer Auseinandersetzungen, ökonomischer Konflikte, egoistischer Nationalismen oder globaler Naturkatastrophen – also meistens. Wer so vom Menschen spricht, ignoriert die Welt, in der wir leben, und wer die Welt mit ihren beschränkten Ressourcen und globalen Gefährdungen so geflissentlich ausklammert, ist auch nicht in der Lage, ein haltbares Bild vom Menschen zu entwerfen. Die Welt ist kein Abenteuerspielplatz, das Leben kein harmloses Vergnügen, jedenfalls nicht für die meisten Menschen, die unter oft unerträglichen Bedingungen für ihren Lebensunterhalt sorgen müssen und täglich mit den daraus entspringenden Schwierigkeiten zu kämpfen haben.

7

Der Fehler, einen Fehler mit einem Fehler zu bekämpfen, ist der durchgehende Zug dieses realitätsfernen Menschenbilds. Es ist ein Optimismus ohne Verankerung in der Wirklichkeit und daher in der Tat der Gegenentwurf zu einer Sicht des Menschen, die um die Sünde weiß. Wer von Sünde spricht, verweist ja nicht nur auf die unübersehbaren Schwächen und Defizite des Menschseins. Er nimmt vor allem nicht nur das ernst, was wir selbst wünschen, wollen, tun und können, sondern erinnert an das, was wir uns nie selbst zu verschaffen vermögen, sondern was uns immer nur widerfahren und zufallen kann, aber auch zufallen und widerfahren muss, wenn wir menschlich leben können sollen. Beides muss beachtet werden. Man blendet einen wichtigen Aspekt des menschlichen Lebens aus, wenn man nur auf die menschlichen Aktivitäten achtet, aber die Vieldeutigkeit, Verführbarkeit und Verblendungsanfälligkeit aller menschlichen Aktivitäten und Akteure nicht zur Kenntnis nimmt. Und man missversteht einen zentralen Zug des Menschseins, wenn man die menschliche Passivität ignoriert oder sie nur als Defizitphänomen versteht und nicht als Hinweis darauf, dass uns Gutes widerfährt, zu dem wir selbst nichts beitragen können. Im einen Fall wird das Negative der menschlichen Aktivitäten unterschätzt, im anderen das Positive menschlicher Passivität ausgeblendet. Doch wir kommen ins Dasein ohne unser Zutun, und wir könnten nicht leben, ohne dass uns ständig Chancen und Möglichkeiten zugespielt werden, die wir uns nicht selbst verschaffen können. Wir sind nicht die Produkte unseres eigenen Begehrens, Wollens, Könnens und Tuns, wir haben keine Macht zur Selbstverwirklichung außerhalb eines eng gesteckten Rahmens, und wir haben kein Recht auf Glück und ein zufriedenes Leben, auch wenn wir jedes Recht haben, ein solches Leben anzustreben. Wir leben von einem Vorschuss, den wir uns nie selbst verschaffen können. Und wir sind gut beraten, das auch anzuerkennen.

Wenn allerdings Wunschbilder der skizzierten Art in politische Programme übersetzt werden, ist Vorsicht geboten. Der Mensch ist anders, als hier unterstellt wird. Er ist Sünder. Er ist es nicht deshalb, weil er keine Moral hätte oder weil Christen das sagen. Diese reden vom Menschen als Sünder, weil das in den Blick rückt, was ein wohlstandsliberaler religionskritischer Aufklärungsoptimismus leicht übersieht: dass man von Gott sprechen muss, wenn man den Menschen verstehen will, weil man sonst die Abgründe und Selbsttäuschungsneigung unterschätzt, die Menschen sich selbst entfremden und sie nicht nur zu menschenfreundlichen Gottesignoranten am Hightable westlicher Reflexionskultur werden lassen, sondern in der Wildnis des wirklichen

Lebens nur all zu leicht und all zu häufig zu Unmenschen von kaum fassbarer Unmenschlichkeit.

8

Man muss daher zwei Übervereinfachungen vermeiden. Zum einen zeichnet die Rede von der Sünde nicht ein nur negatives Bild des Menschen, gegen das man sich aus Gründen der humanen Aufklärung verwahren müsste. Das gilt allenfalls für bestimmte Stränge innerhalb der westlichen Tradition, und die sind auch aus theologischen Gründen zu kritisieren, wie wir sehen werden. Zum anderen steht die Aufklärungsüberzeugung von der vernunftgeleiteten Perfektibilität des Menschen auf schwachen Beinen, wenn sie nur das Gute und nicht das Abgründige am Menschen zur Kenntnis nimmt. Eine Sicht des Menschen, die diesen nur als Sünder und nicht auch als Gottes Geschöpf sieht, ist selbstwidersprüchlich. Und eine Aufklärungssicht des Menschen, die nur dessen Potentiale hervorhebt und seine Abgründe und Verfehlungen überspielt, ist wirklichkeitsblind. Ein undifferenzierter anthropologischer Optimismus ist eine ebenso abstrakte Einseitigkeit wie ein undifferenzierter anthropologischer Pessimismus. Will man der Wirklichkeit des menschlichen Lebens in seiner Vieldeutigkeit gerecht werden, dann darf man den Menschen nicht schlechtreden, ihn aber auch nicht irreführend idealisieren. Er ist besser, als manche meinen, und übler, als er selbst glaubt.

Die christliche Rede von der Sünde rückt das menschliche Leben in ein realistisches Licht, insofern sie sowohl einer nur negativen als auch einer nur positiven Sicht des Menschen widerspricht. Gegenüber einem unbegründeten anthropologischen Optimismus besteht sie darauf, die Schattenseiten menschlicher Blindheit und Selbsttäuschung nicht aus dem Blick zu verlieren. Und gegenüber einem unkritischen anthropologischen Pessimismus erinnert sie daran, dass man nicht von Sünde reden könnte, wenn man nicht auch vom Geschöpf reden müsste. Sünde wird unterbestimmt, wenn man sie nur im Weltverhältnis der Menschen zu konkretisieren sucht. Sie hat ihren Ort im Gottesverhältnis, im Verhalten der Menschen zu Gottes Verhalten zu ihnen, und das wirkt sich auf das Leben der Menschen in der Welt aus. Sünde muss daher zuerst und vor allem im Gottesverhältnis überwunden werden, erst dann können auch ihre Folgen im Weltverhältnis korrigiert und unterbunden werden. Das ist kein Automatismus, sondern fordert zu Bemühungen heraus, die immer wieder an den Abgründen der eigenen Existenz und den Widrigkeiten der Welt scheitern. Der Kampf gegen die Folgen der Sünde prägt daher das christliche Leben in allen Dimensionen. Aber es ist ein Kampf, der nicht auf die Überwindung der Sünde zielt, sondern auf das Beenden ihrer Auswirkungen im Leben. Überwunden wird die Sünde allein von Gott, der sich dem Menschen so öffnet, dass dieser auf ihn hin geöffnet wird. Damit werden Menschen zum Ort, wo Gott gegen die Auswirkungen der Sünde im Leben der Menschen wirkt. Nicht sie sind die Täter, die das Gute in ihrem Leben bewirken, sondern sie werden zum Ort, an dem Gott für sie und für andere Gutes wirkt. Dem können sie sich entziehen, indem sie dazu Nein sagen. Doch ein Nein des Menschen zu Gott kann es nur geben, weil es ein vorgängiges Ja Gottes zum Menschen gibt, das auch dann gilt, wenn Menschen es ignorieren oder ihm widersprechen. Das Nein der Sünde impliziert immer das Ja Gottes, nicht zur Sünde, sondern zum Dasein des Menschen.

Das aber heißt: Es ist uneingeschränkt gut, dass ein Mensch da ist, und das gilt von jedem Menschen, der da ist, und konstituiert seine Würde, die ihm keiner nehmen kann.[92] Das ändert sich auch dort nicht, wo Menschen nichts davon wissen oder wissen wollen, also als Sünder leben. Wo Gottes Ja aber dem Dasein von Menschen gilt, die Sünder sind, da wird dieses Ja zur rettenden Unterscheidung zwischen der Sünde, die verworfen wird, und dem Sünder, der gerettet wird, wenn er sich diesem unterscheidenden Ja nicht widersetzt. Gottes Verwerfung der Sünde ist keine Verwerfung des Sünders, sondern die kreative Unterscheidung zwischen Sünde und Sünder, die den Sünder von der Blindheit gegenüber seinem Geschöpfsein befreit und ihm ermöglicht, zu bejahen, dass er als Gottes Geschöpf von Gott bejaht ist. Damit kann er sich als Geschöpf mit Gott gegen die Sünde wenden und vor Gott so leben, wie es für einen, der wissen kann, dass er Gottes Geschöpf ist, möglich und angebracht ist. Er wird sich nicht an den Plagen, Irrtümern und Abgründen der Welt orientieren, zu denen er selbst seinen Teil beiträgt, sondern an der Güte Gottes, der die Welt nicht sich selbst überlässt und die Übel in ihr nicht überhand nehmen lässt. Wie daher vom Sünder

---

92 Vgl. I. U. Dalferth, Religion, Morality and Being Human: The Controversial Status of Human Dignity, in: P. Jonkers/M. Sarot (Hrsg.), Embodied Religion, Utrecht 2013, 143-179.

gilt, dass er *simul peccator et creatura* (zugleich Sünder und Geschöpf) ist, weil er von sich aus Sünder, durch Gott aber Geschöpf ist, so gilt vom Sünder, den Gott von seiner Blindheit und Selbsttäuschungen befreit, dass er *simul iustus et peccator* (zugleich gerecht und Sünder) ist, weil er, obgleich er Sünder ist, von Gott als Geschöpf bejaht wird, so dass seine Sünde nicht mehr zwischen ihm und Gott steht. Gottes Ja gilt dem Geschöpf, nicht der Sünde, und ist der Mensch Sünder, dann gilt ihm Gottes Ja so, dass es Nein zu seiner Sünde sagt und Ja zu ihm als Geschöpf.

Die christliche Rede von der Sünde und ihrer Überwindung allein durch Gott ist daher kein Ausdruck eines negativen, sondern im Gegenteil eines positiven Menschenbildes. Jeder kann von Gottes schöpferischer Gegenwart und Zuwendung profitieren, niemand ist ausgeschlossen, jeder hat Grund und Anlass, auf Gott zu hoffen. Alle Menschen sind darauf angelegt, am Leben des Schöpfers zu partizipieren, dem sie ihr Leben verdanken, indem sie zum Ort seines Wirkens werden und damit dazu beitragen, die Schöpfung als Resonanzraum seiner Liebe zu erweisen. Die Rede von der Sünde widerspricht daher beidem: einem hoffnungswidrigen anthropologischen Pessimismus und einem wirklichkeitsfremden anthropologischen Optimismus. Sie negiert den Pessimismus, den der Aufklärungsoptimismus negiert. Sie negiert aber auch den Aufklärungsoptimismus, der die Abgründe des Menschseins überspielt. Sie negiert beide, weil sie einseitige Übervereinfachungen sind. Stattdessen legt sie den Grund für eine Sicht des Menschen, die dessen negative Abgründe als Sünder nicht verschweigt, aber auch seine positiven Anlagen als Geschöpf nicht bestreitet, sondern beide im Licht von Gottes Urteil in einer dynamischen Gegenbewegung aufeinander bezieht. Gott ist im Leben eines Menschen so am Werk, dass er Ja zu seinem Dasein als Geschöpf und Nein zu seinem Leben der Sünde sagt.

Damit wird das um seine Wirkung gebracht, was Menschen von Gott trennt, und es wird das zur Wirkung gebracht, was sie auf Gott hin öffnet. Die Sünde wird abgebaut, indem ihre von Gott trennenden Wirkungen von Gott negiert werden, so dass sie ins Leere gehen und keinen Schaden mehr anrichten. Und die Hoffnung auf Gott wird aufgebaut, indem den Sündern die Augen und Herzen für Gottes Gegenwart in ihrem Leben geöffnet werden, so dass sie vor Gott menschlich, untereinander mitmenschlich und mit anderen Geschöpfen rücksichtsvoll leben können, ohne ihre eigenen Abgründe zu verschweigen oder ihre Fähigkeiten zu verleugnen. Ein durch das Prisma der Sünde betrachtetes

Leben muss weder die Abgründe der Menschen verharmlosen noch ihre Fähigkeiten übertreiben, weil es von Gottes schöpferischem Wirken in diesem Leben her in den Blick kommt. Wer die Menschen als Sünder kennt, schreibt ihnen nicht mehr zu, als sie können, erwartet aber auch nicht weniger von ihnen, als sie vermögen. Er sieht sie vielmehr realistisch als die Sünder, die sie sind, und als die Geschöpfe, zu denen Gott sie macht. Und dieser dialektisch-unterscheidende Blick lässt sowohl die Übervereinfachungen eines anthropologischen Optimismus als auch die eines anthropologischen Pessimismus hinter sich.

9

Das zeigt sich in einem neuen Modus des Lebens: Man lebt nicht mehr so wie zuvor, sondern anders. Denn so wenig man selbst dazu beiträgt, dass die Sündenverblendung im Verhältnis zu Gott überwunden wird, so wenig kann man weiterleben wie zuvor, wenn einem diese Überwindung aufgegangen ist. Sein Leben muss jeder selbst führen, und das gilt auch dort, wo Menschen nicht nur als Sünder leben, die Gottes Gegenwart gegenüber blind sind, sondern als Geschöpfe, die Gott vertrauen und sich auf seine Gegenwart verlassen. Die Veränderung der Beziehung zu Gott wirkt sich daher im Leben so aus, dass dieses in einem anderen Modus vollzogen wird: dankbar gegenüber dem Schöpfer, respektvoll gegenüber den Mitmenschen, fürsorgend gegenüber den Mitgeschöpfen.

Das ändert die Welt nicht mit einem Schlag. Es gibt keinen Automatismus, der vom rechten Verhältnis zu Gott zu einem richtigen Leben in der Welt führen würde. Niemand lebt nur mit sich allein, sondern wir leben alle eingebunden in das Leben mit anderen. Was uns verändert, verändert nicht unmittelbar auch ihr Leben, auch wenn es nicht ohne Auswirkungen bleibt. Das rechte Leben kann nicht aufgebaut werden, ohne das falsche abzubauen. Beides braucht Zeit und kann nicht gelingen, wenn es nur von einem Punkt ausgeht. Wir leben gemeinsam falsch, und wir können nur gemeinsam auch richtig leben.

An jedem Punkt in diesem Prozess aber gilt: Es gibt kein richtiges Leben im falschen, und das Leben in dieser Welt hat nicht nur Höhen und Tiefen, sondern ist in der Grundausrichtung falsch, wenn es Gottes Gegenwart ignoriert. Das aber ist der Normalfall. Die Welt der Sünde wird nicht dadurch beendet, dass man nicht mehr als Sünder, sondern als Gottes Geschöpf zu leben sucht. Niemand kann die Welt allein besser machen. Man kann noch nicht einmal sein eigenes Leben in den Griff bekommen. Wenn einem Schritte gelingen, die zur Umorientierung der Menschen auf Gottes Gegenwart hin führen, also dazu beitragen, im einen oder anderen Fall die Verblendung der Menschen über ihre existenzielle Situation ins Wanken zu bringen oder zu beenden, dann bewirken das nicht die Schritte, die man so intendiert (wenn man das überhaupt tut). Man ist auch nicht derjenige, der das bewirkt, sondern es geschieht durch Gott, der in und durch das, was Menschen tun, das Gute bewirkt, das sie selbst nicht herbeiführen können. Der neue Lebensmodus des zurechtgebrachten Sünders hat seine Pointe daher nicht darin, dass man jetzt frei und fähig ist, die Welt zu verbessern. Er gründet vielmehr gerade umgekehrt in der Einsicht, dass man die Welt in der entscheidenden Hinsicht auf ein verändertes Verhalten der Menschen gegenüber Gottes Verhalten zu ihnen nicht verbessern kann, sondern auf Gott setzt und ihm vertraut, dass er das bewerkstelligen wird, was man selbst nicht herbeiführen kann und ohne das die Welt nicht besser werden könnte. Der neue Lebensmodus des von der Sündenverblendung befreiten Geschöpfs ist daher ein Leben im Vertrauen auf Gott, in der Hoffnung auf Gottes Gegenwart und in der Liebe zu Gott und Gottes Nächsten. Nicht der Mensch ist der entscheidende Gestalter seines Lebens, sondern er wird zum Ort, an dem Gottes Gegenwart das Leben gestaltet.

Sofern Christen Sünder sind, die um ihr Geschöpfsein wissen, täuschen sie sich nicht über ihre Unzulänglichkeiten, sondern leiden an ihnen. Sie wissen um ihre Abgründe, die sie selbst nicht ausloten können, und sie wissen um ihre Schwächen, das zustande zu bringen, von dem sie wissen, dass es anders sein sollte. Sie kennen die negativen Seiten ihres Lebens. Sie wissen, wie es anders sein sollte. Sie ahnen, wie ein wirklich menschliches Leben aussehen könnte. Und sie leiden daran, dass sie das selbst nicht bewerkstelligen zu können. Wie es die Bedingung der Möglichkeit eines menschlichen Lebens ist, von der Verblendung gegenüber seinem Geschöpfsein befreit zu werden, so gehört es zur Realität eines menschlichen Lebens, nicht nur an den eigenen Abgründen, sondern auch an den eigenen Unzulänglichkeiten zu leiden, dem veränderten Verhältnis zu Gott im eigenen Leben in der Welt gerecht zu werden. Man weiß, wie man leben könnte und sollte, und man erlebt jeden Tag, dass man nicht so lebt, so sehr man sich auch bemühen mag. Ständig wird man auf das zurückverwiesen, von dem man herkommt: dass Gutes im Leben nur dann geschieht, wenn es von Gott gewirkt wird.

So leben, heißt menschlich leben, weil man nicht auf sich selbst, sondern auf Gott setzt, das Gute zu bewirken. Und wer so lebt, lebt mitmenschlich, weil er auch andere nicht anders sieht als sich selbst. Wie er leiden auch sie an ihren Abgründen und Unfähigkeiten, das Gute, um das sie wissen, zu tun, und wie er sind auch sie darauf angewiesen, dass das Gute, das sie tun sollen und nicht tun können, weil sie es nicht wollen (als Sünder) oder nicht zu tun vermögen (als zurechtgebrachte Sünder), von Gott selbst bewirkt und getan wird. Menschlich lebt, wer sich nicht mit Gott verwechselt, sondern als Nächster Gottes lebt, der alles von Gott erhofft. Und mitmenschlich lebt, wer auch andere nicht anders sieht und behandelt als sich selbst: als Menschen, denen Gott trotz ihrer existenziellen Verblendung so gegenwärtig ist, dass sie zum Ort in der Welt werden, an dem sich trotz ihrer Abgründigkeit, Halbheit und Unzulänglichkeit Gottes Gegenwart für andere erschließen kann. Sie sind nicht Gott, sondern sie werden durch Gott zu Medien der Gegenwart Gottes für andere. Und wie sie Medien der Gottesgegenwart werden können, so können sie auch Medien der Gottesverdunklung sein, wenn sie nicht auf Gott, sondern auf sich selbst setzen. Wer mehr sein will, als er ist, bewirkt das Gegenteil dessen, was er will. Wer dagegen das ist, was er durch Gott wird, der wird auch dann Gutes wirken, wenn er es gar nicht will.

Denker wie Paulus und Johannes haben um die Abgründe und existenziellen Gefährdungen, aber auch um die Gott verdankten Möglichkeiten und Chancen der Menschen gewusst. Sie haben deshalb ein realistischeres Bild der *conditio humana* gezeichnet als die gottvergessenen Wunschbildanthropologen der Gegenwart. Aus gutem Grund haben die Entwicklungen der christlichen Anthropologie und Sündenlehre deshalb immer wieder an diese biblischen Denker angeknüpft, auch wenn sie das auf sehr unterschiedliche und nicht immer gelungene Weisen taten. Man sollte das Sündenthema nicht *ad acta* legen, ohne wenigstens einige dieser theologischen Denktraditionen in Grundzügen in Erinnerung zu rufen.

II
THEOLOGISCHE DENKTRADITIONEN

1. UNORDNUNG:
DIE UNIVERSALITÄT DER SÜNDE

Die grundsätzlichen Überlegungen des Paulus von Tarsos über Sünde und Gnade waren für das sich ausbildende christliche Denken wegweisend. 350 Jahre später wurden sie von Augustinus von Hippo aufgegriffen und unter anderen historischen Bedingungen mit neuen Akzenten weiterentwickelt. 700 Jahre danach zieht Anselm von Canterbury Folgerungen daraus, die deutlich machen, inwiefern das Sündenthema im Zentrum der Theologie des Westens steht. Augustinus entfaltet die Sünde als universale anthropologische Wirklichkeit: Durch einen Sünder sind alle Sünder. Anselm betont ihre universale kosmische Bedeutung: Mit einer Sünde ist nicht nur die ganze Menschheit, sondern die gesamte Schöpfung geschädigt. Wo von Sünde gesprochen wird, geht es um alles – alle Menschen, alle Geschöpfe, die ganze Schöpfung

1

Augustinus versteht Sünde als sittliches Versagen Gottes Wohlordnung der Schöpfung gegenüber, als „Tat oder Wort oder Begehren entgegen dem ewigen Gesetz" Gottes, also der „göttlichen Vernunft bzw. dem Willen Gottes, der die natürliche Ordnung zu wahren befiehlt und zu stören verbietet"[93]. Anstatt das Gute, das ihnen Gott gegeben hat, so zu gebrauchen (*uti*), dass es sie auf Gott hinführt, wollen die Menschen es unabhängig von Gott genießen (*frui*). Das aber heißt nichts anderes, als sich von dem unwandelbaren einen und ewigen Gut des Schöpfers (Gott selbst) abzuwenden und sich den vergänglichen Gütern der Schöpfung zuzuwenden. Insofern kann Augustinus auch sagen: „Die Sünde ist mit

---

93 A. Augustinus, Contra Faustum Manichaeum libri XXXIII, lib. XXII, cap. 27; PL 42,418: „lex aeterna est ratio divina vel voluntas dei ordinem naturalem conservari jubens, perturbari vetans."

1. UNORDNUNG

dem Willen vollzogene Abkehr vom wandellosen Gut und Hinwendung zu wandelbaren Gütern."[94] Sie ist die Verwechselung von Schöpfer und Geschöpf im Vollzug des Lebens und damit eine Form der Idolatrie.

Augustinus' verschiedene Versuche, das Sündenproblem zu durchdenken, waren durch zwei Grundanliegen bestimmt, die im Laufe seiner Verstehensbemühungen immer deutlicher in den Vordergrund traten. Zum einen betonte er nachdrücklich die Universalität der Sünde. Alle Menschen sind Sünder, jeder findet sich in der Sünde vor und keiner kann abstreiten, dafür ganz und gar selbst verantwortlich zu sein. Die Sünde ist eine Macht, die alle dazu bringt, selbst schuldig zu werden. Niemand kann ihr entgehen, jeder wirkt an ihr mit und keiner kann die Verantwortung dafür auf andere schieben. Zum anderen hielt er entschieden daran fest, dass kein Mensch von sich aus, sondern jeder nur durch Gott aus der Macht der Sünde befreit und von seiner Schuld erlöst wird. Menschen können ohne Sünde sein, aber sie haben nicht die Fähigkeit, sich selbst von der Sünde zu befreien. Das heißt: Es ist *möglich*, dass der Mensch sündlos lebt, aber es ist *dem Sünder nicht möglich*, sich aus der Sünde zu befreien, in der er lebt. Die Möglichkeit eines sündlosen Lebens ist keine Fähigkeit des Sünders zu einem sündlosen Leben.

Wenn es vielmehr wahr ist, dass Sündlosigkeit nicht unmöglich, der Zustand der Sünde also nicht unvermeidlich ist, sondern dass es einen Ausweg aus ihm gibt, dann kann diese Veränderung nicht durch den Sünder ausgelöst und vollzogen werden, sondern allein durch den, gegen den man gesündigt hat und der diese Sünde dem Sünder nicht auf ewig zurechnet. Gott, der die Sünde hasst, hält zum Sünder, den er liebt. Er unterscheidet zwischen dem, was man ist, und dem, was man tut, und schafft damit die Möglichkeit, Menschen jenseits allen Tuns, das sie zu Sündern macht, als seine Geschöpfe zu würdigen, denen er in Liebe zugetan ist. Indem er sich gegen die Sünde wendet, um den Sünder zu retten, wird deutlich: Dass Menschen Sünder sind, ist kein notwendiger, sondern ein kontingenter Sachverhalt. Es ist zwar der Fall, aber es müsste nicht der Fall sein. Wäre es anders, wäre eine Erlösung von der Sünde unmöglich. Als Sünder sind die Menschen in Gottlosigkeit verfangen und leben *etsi deus non daretur* (als gäbe es keinen Gott). Aber als Gottes Geschöpfe könnten sie auch im Vertrauen auf Gott leben, müssten also keine Sünder sein. Gottes Zorn gilt den Sündern, insofern sie Sünder

---

94 A. Augustinus, De lib. arb. II 19,53; vgl. Conf. VII 16,22; PL 32,1269.744.

sind, aber nicht, insofern sie seine Geschöpfe sind. Als Geschöpfen gilt ihnen Gottes Liebe und nicht Gottes Zorn.

Menschen sind Sünder, aber sie müssten es nicht sein. Sie könnten keine Sünder sein, wenn sie nicht Geschöpfe wären, die auch anders leben könnten. *Als Sünder* können sie sich nicht aufhören zu sündigen, weil sie das nicht wollen. *Als Geschöpfe* dagegen müssen sie keine Sünder bleiben, sondern können gerettet werden. Genau das tut Gott, indem er sich in zweifacher Weise auf sie bezieht, strafend als Richter und liebend als Vater. Insofern sie Sünder sind, tritt Gott ihnen als Richter strafend entgegen, weil er die Sünde verwirft und Sünder den Tod verdienen. Insofern sie aber seine Geschöpfe sind, deren Leben er will, liebt er sie als Vater so, dass er sie aus dem Bösen ins Gute, aus dem Tod ins Leben und aus dem Nichtsein ins Sein liebt. Gott rettet also, indem er unterscheidet. Er verwirft die Sünde, indem er sie dem Nichts ausliefert, und er liebt den Sünder, indem er ihn ins Leben liebt. *Als Sünder* ist der Mensch daher totgeweiht, *als Geschöpf* dagegen wird er von Gott geliebt. Gottes Liebe ist kreativ und nicht nur responsiv, sie ist keine Liebe, die begehrt, was sie nicht hat (*need-love*), sondern eine Liebe, die schenkt, was sie hat, und gibt, was sie ist (*gift-love*). Sie bezieht sich nicht auf Liebenswertes, das schon da ist, sondern schafft sich selbst das Liebenswerte, das sie liebt. Der Sünder ist, was er ist, durch das, was er tut: Er ist das Resultat seines Tuns. Das Geschöpf dagegen ist, was es ist, dadurch, wie Gott es ansieht: Es ist das Resultat von Gottes schöpferischem Blick der Liebe.

Augustinus' theologische Methode ist es, von einer bloßen klassifizierenden Beschreibung von Entitäten zu ihrer Betrachtung *in bestimmten Hinsichten* überzugehen. Er ist kein Substanzmetaphysiker, der feststellt, was der Fall ist, sondern ein *quatenus*- bzw. *inquantum*-Denker, der unterscheidet, wie sich etwas betrachten und verstehen lässt. Der Mensch, *insofern* er Mensch ist, lässt sich so verstehen. Der Sünder, *insofern* er Sünder ist, kann so oder so verstanden werden. Und Gott, *insofern* er Gott ist, muss so verstanden werden.

Dass Gott den Sünder liebt, heißt also nicht, dass er die Sünde liebt, sondern dass er zwischen Sünder und Sünde unterscheidet, die Sünde verwirft, den Sünder aber nicht vernichtet, sondern aus Liebe von der Sünde befreit. Gott sieht den Sünder nicht nur, insofern er Sünder ist, sondern auch, insofern er sein Geschöpf ist, das nicht Sünder sein müsste, sondern dem er in Liebe zugetan ist. Deshalb unterscheidet er zwi-

1. UNORDNUNG

schen der Sünde und dem Sünder, identifiziert diesen also nicht mit dem, wozu er sich gemacht hat. Weil wir aber sind, wozu wir uns machen, ist diese göttliche Unterscheidung nichts weniger als eine Neuschöpfung, in der wir von Gott so gesehen werden, wie wir hätten sein können, wenn wir durch die Sünde nicht entstellt wären. Durch Gottes Schöpferblick und Schöpferwort wird unterschieden, was nicht notwendig zusammengehört: der Mensch und die Sünde. Der erste wird vor Gott gerecht gesprochen und zum Guten befreit, die zweite wird durch Gott beendet und durch Gutes überwunden.

2

Die so skizzierbare Sicht wurde von Augustinus nun aber durch eine Reihe fragwürdiger Überlegungen erläutert, die helfen sollten, das besser zu verstehen, worum es bei der Sünde geht, die aber gerade umgekehrt dazu beigetragen haben, das für viele zu verstellen, was sie erhellen sollten. Das gilt vor allem für seinen Versuch, die Universalität der Sünde durch den Gedanken der Erbsünde zu erklären. Das gilt für seinen Versuch, Sünde sowohl als Verhängnis als auch als persönliche Schuld zu verstehen und die Überwindung der Unfreiheit des Sünders in der Befreiung von der Möglichkeit des Sündigens zu sehen. Und das gilt für seinen Versuch, die Sündenproblematik mit der Moralfrage zu verknüpfen und Sünde als moralische Verfehlung und die Gerechtigkeit vor Gott als moralische Güte zu explizieren.

    Erbsünde ist kein biblischer Begriff. Von ihr ist weder in den Texten des Neuen und Alten Testaments noch im Judentum noch in der Jesusüberlieferung die Rede. Sie ist vielmehr ein theologisches Konstrukt auf der Basis vor allem paulinischer und johanneischer Teststellen (Joh 1,9-11; 8,44). Im Ausgang von Röm 5,12 entwickelt Augustinus den Gedanken des *peccatum hereditarium*, der im Deutschen seit etwa 1225 als „Erbsünde" wiedergegeben wird.[95] Er orientiert sich an der Übersetzung dieser Stelle in der Vetus Latina: „Per unum hominem peccatum intravit in mundum, et per peccatum mors et ita in omnes homines pertransiit, in quo omnes peccaverunt." (Durch einen einzigen Menschen kam die Sünde in die Welt und durch die Sünde der Tod und ist so auf alle Menschen übergegangen: In ihm haben alle gesündigt.) Das ἐφ' ᾧ πάντες

---

[95] T. Kleffmann, Die Erbsündenlehre in sprachtheologischem Horizont, Tübingen 1994, 29.

ἥμαρτον des griechischen Urtexts wird hier mit *in quo omnes peccaverunt* (in ihm haben alle gesündigt) wiedergegeben, müsste korrekterweise aber „weil sie alle gesündigt haben" übersetzt werden. Für Augustinus begründete die von ihm vertretene Übersetzung seine Überzeugung, dass jeder Mensch als Sünder auf die Welt kommt und nicht durch eigene Anstrengung, sondern nur durch Gottes Gnade davon erlöst werden kann. Daran hing für ihn die kirchliche Praxis der Säuglingstaufe und darauf stützte sich seine Argumentation in den Auseinandersetzungen mit Pelagius und Julianus von Eclanum um das rechte Verständnis der Sünde und der Rolle des freien Willens im Erlösungsprozess.

Pelagius war der Überzeugung, dass man recht leben kann, wenn man recht leben will, so dass die Reinigung und Stärkung des Willens das Hindernis beseitige, das einem gottgefälligen Leben entgegenstehe. Gnade ist die göttliche Erziehung zum gottgefälligen Leben, aber so leben muss man selbst. Wer wirklich gottgefällig leben will, der kann es auch, denn die Freiheit des Willens ist eine Gabe Gottes, ohne die der Sünder für seine Sünden gar nicht verantwortlich gemacht werden könnte und die auch durch die Sünde nicht beseitigt werden kann. Augustinus bestand demgegenüber darauf, dass die Sündenverfallenheit aller Menschen vollständig sei und ihnen keine Freiheit lasse, ihren Zustand selbst zu bessern. Die Freiheit des Menschen besteht darin, das Gute zu wollen und das Böse nicht zu wollen. Durch die Sünde ist diese Freiheit so beschädigt, dass der Mensch das Gute nicht mehr wollen kann, sondern nur noch das Böse. Er ist verantwortlich für das, was er tut, und deshalb lädt er Schuld auf sich, wenn er Böses tut und das Gute nicht tut. Eben das ist der Zustand, in dem sich der Sünder befindet, und aus diesem Zustand kann er sich selbst nicht befreien.

Der Streit zwischen Pelagius und Augustinus wurde als ein Streit um die Freiheitsfähigkeit des Menschen geführt, doch er war im Kern ein Streit um die Universalität der Gnade Gottes. Ein zentraler Teil dieses Streits waren die unterschiedlichen Auffassungen darüber, worin die Sünde bei Adam bestand (wurde sein Wille geschwächt oder wurde seine Natur korrumpiert?), was genau an die folgenden Generationen weitergegeben wurde (die Sünde, die Konkupiszenz als der Zunder zur Sünde oder die Folge der Sünde Adams, der Tod?) und – vor allem – wie es weitergegeben wurde. Augustinus vertrat nicht nur eine monogenistische Sicht der Menschheit (alle Menschen stammen von Adam ab), sondern auch die von Tertullian entwickelte Ansicht, dass im Zeugungsvorgang nicht nur der Körper, sondern auch die Seele vom Vater an die Nachkommen weitergeben werde (Traduzianismus). Jeder Mensch wird körperlich und seelisch durch das geprägt, was ihm vererbt wird, und weil alle Menschen Adam zu Urvater haben, setzen alle Menschen die Sündenprägung fort, durch die Adam das menschliche Geschlecht korrumpiert hat. Denn – so fragt Augustinus in *De libero arbitrio* (395) – „wer könnte sagen, dass er nicht gesündigt hätte, da doch dieser erste gesündigt hat"[96]? Pelagius betonte demgegenüber, dass die Sünde nicht *per generationem* (durch Zeugung), sondern *per imitationem* (durch Nachahmung) weitergegeben werde und dass jeder Mensch selbst dafür verantwortlich sei, ob er als Sünder lebt oder nicht. Die Rolle Christi im Erlösungsvorgang wird von ihm daher darin gesehen, dass er das perfekte *exemplum* eines gottgefälligen Lebens sei, während Augustinus seine Bedeutung als *sacramentum* betont, weil er uns erwirbt und vermittelt, was wir uns von uns aus niemals selbst erwerben können: das neue und ewige Leben mit Gott.

Augustinus dachte in einem heilsgeschichtlichen Modell, das drei Phasen menschlicher Existenz unterschied:[97] den paradiesischen Zustand, in dem der Mensch sündigen oder nicht sündigen konnte (*posse peccare aut non peccare*), den faktischen Zustand der Menschen heute, die gar nicht vermeiden können zu sündigen (*non posse non peccare*), und den angestrebten künftigen Zustand, in dem Menschen nicht mehr sündigen wollen und können (*peccare non posse*). Ein Wesen, das die Fähigkeit, die Sünde zu wollen, nicht besitzt (also nicht sündigen kann und will), ist besser als ein Wesen, das die Fähigkeit besitzt, die Sünde zu wollen oder auch nicht zu wollen (also sündigen oder nicht sündigen kann), obwohl das besser ist, als gar nicht in der Lage zu sein, nicht zu sündigen (also sündigen zu müssen). Der Zustand, in dem sich Adam im Paradies befand, ist dementsprechend weniger gut als der Zustand, der durch Christus erreicht wurde. Selbst wenn Menschen wieder in dem Zustand wären, in dem Adam im Paradies war, wären sie nicht in einem so guten Zustand wie die, die durch den Glauben an Christus nicht nur von der Sünde befreit sind, sondern von der Möglichkeit der Sünde, weil sie nicht mehr sündigen wollen.

---

96   A. Augustinus, De lib. arb. III 20, 56 PL 32,1298; CC 29 Green 307,17: „quis potest dicere non se peccasse cum primus ille peccavit".

97   Vgl. A. Augustinus, Enchiridion Ad Laurentium Liber Unus: De fide, spe et caritate, cap. 28 (https://www.augustinus.it/latino/enchiridion/enchiridion.htm).

3

Sünde wird von Augustinus als Entzweiung des Willens des Geschöpfs und des Schöpfers verstanden und damit als eine Korrumpierung der ursprünglichen Möglichkeit des Menschen, seinen Willen an Gottes Willen auszurichten und aus eigenem Antrieb so zu leben, wie es vor Gott gut und richtig ist. Gott ist ganz und gar gut und will nur und ausschließlich das, was gut ist. Richtet sich der Mensch nicht auf Gott und will etwas anderes als das, was Gott will, dann will er etwas weniger Gutes anstelle des Guten, obwohl er doch das Gute, das Gott will, hätte wollen können. Er hätte damit so gut und gerecht sein können, wie er als Gottes Geschöpf vor seinem Schöpfer hätte sein müssen – nicht gut wie Gott, sondern gut wie das, was Gott für sein Geschöpf will. Diese ursprüngliche Gerechtigkeit (*iustitia originalis*) hat Adam verspielt und damit die Endlichkeit und den Tod der Menschen verschuldet. Was wir von uns aus wollen, ist nicht das, was Gott für uns will. Gott will uns ins Leben führen, aber was wir wollen, nämlich – wie es die Schlange in der Genesiserzählung verführerisch verheißen hat – sein wie Gott, das führt in den Tod, weil es die Grundordnung von Schöpfer und Geschöpf auf den Kopf stellt. Wenn das Geschöpf wie Gott sein will, will es faktisch ohne Gott sein. Damit aber gerät es in einen existenziellen Selbstwiderspruch, weil es ohne den sein will, ohne des es gar nicht wäre und sein könnte.

Durch die Fixierung auf den Willen gerät die Sündenfrage in unmittelbaren Zusammenhang mit der Freiheits- und Moralproblematik. Ist der Wille der zentrale Ort der Sünde, und ist der Wille die Kraft, nicht nur zwischen Gut und Böse zu unterscheiden, sondern das Gute zu wollen und, falls er nicht daran gehindert wird, auch zu tun und das Böse nicht zu wollen und zu unterlassen, dann drohen Sünde und das moralisch Böse deckungsgleich zu werden. Theologisch ist das für Augustin kein Problem, weil für ihn Gott in neuplatonischem Sinn das höchste Gute ist, das nur Gutes will und alles Gute gut macht, so dass, wer Gutes will, das will, was Gott will, und wer das will, was Gott will, immer Gutes und nie etwas Nicht-Gutes, Übles oder Böses will. Anthropologisch dagegen scheint die augustinische Sicht der universalen Realität der Sünde den Menschen abzusprechen, moralisch gut und verantwortlich handeln zu können. Die Folgen der Sünde sind ja nicht nur der leibliche Tod und die Höllenstrafen, sondern auch der Verlust der Freiheit, Gutes zu wollen und zu tun und Böses nicht zu wollen und nicht zu tun. Der Sünder ist unwillig und unfähig, Gutes zu wollen und zu tun, und weil alle Menschen Sünder sind, leben alle Menschen im Stand der Sünde unmoralisch. Das scheint sich schwerlich mit der Erfahrung in Einklang bringen zu lassen, und es ist einer der Haupteinwände gegen die augustinische Sündenlehre geworden.

4

Die kirchliche Lehrtradition hat deshalb Augustins Sündentheologie nie in der Radikalität ihrer endgültigen Form übernommen. Man ist ihm darin gefolgt, dass der freie Wille durch Adams Sündenfall entscheidend geschwächt wurde, aber wies zurück, dass er gänzlich außer Kraft gesetzt worden sei. Für Augustinus ist der Mensch nach dem Fall unfähig zum Guten. Er kennt es nicht mehr und er will es nicht mehr. Deshalb kann er sich die Erlösung nicht durch eigene Kraft verdienen. Er bleibt in seinem Streben nach Gutem beim Genuss des Geschaffenen stehen (*frui*), anstatt es zu gebrauchen (*uti*), um sich auf den Schöpfer und damit die Quelle alles Guten auszurichten. Einerseits kann er als Vernunftgeschöpf nicht aufhören, das Gute zu ersehen und nach dem Guten zu streben, auch wenn er es nicht mehr klar kennt und erkennt. Andererseits kann und muss er selbst daran mitwirken, es zu verwirklichen, wenn Gott ihm die Möglichkeit dazu eröffnet, weil es sonst nicht *seine* Erlösung wäre. Er ist von Anfang bis Ende auf die Gnade Gottes angewiesen, der ihm entgegenkommt und ihn unterstützt, wo sein Bemühen scheitert oder nicht weiterführt. Will er Gutes, dann kann er das nur, weil und insofern Gott ihm das ermöglicht. Aber diese Möglichkeit muss er auch selbst wollen, um das Gute zu verwirklichen. Wer nicht selbst *will*, kann auch nichts Gutes wollen. Aber nur wer das will, was Gott will und ermöglicht, will wirklich *Gutes*. Ohne Gott geht nichts. Aber ohne den Menschen auch nicht. Gott ermöglicht den Menschen, *das Gute* zu wollen, aber sie müssen das auch *selbst wollen*, damit das von Gott Ermöglichte auch Wirklichkeit wird. Nur der will das Gute, der es selbst *will*. Aber nur der kann es wollen, dem Gott es ermöglicht. Ohne menschliches Wollen, kein guter *Wille*. Ohne Gottes Gnade kein *guter* Wille.

Entsprechend wurden die Ansichten des Pelagius, Menschen seien frei und fähig zu einem gottgefälligen Leben, auf der Synode von Karthago (418) verurteilt. Und auf der zweiten Synode von Orange (529) wurde ein gemäßigter Augustinismus als Lehre der Kirche festgeschrieben:

Kan. 2. „Wer behauptet, die Übertretung Adams habe nur ihm, nicht auch seiner Nachkommenschaft geschadet, oder versichert, jedenfalls sei nur der Tod des Leibes, der die Strafe für die Sünde ist, nicht aber auch die Sünde, die der Tod der Seele ist, durch einen Menschen auf das ganze menschliche Geschlecht übergegangen, der wird Gott ein Unrecht zuschreiben, da er dem Apostel widerspricht, der sagt: „Durch *einen* Menschen ist die Sünde in die Welt gekommen, und durch die Sünde der Tod, und so ging er (der Tod) auf alle Menschen über; in ihm haben alle gesündigt" [...].[98]

Kan. 6. „Wer sagt, wenn wir – ohne die Gnade Gottes – glauben, wollen, uns sehnen, uns anstrengen, uns abmühen, bitten, wachen, streben, verlangen, suchen und anklopfen, dann würde uns von Gott Barmherzigkeit verliehen, nicht aber bekennt, es geschehe durch die Eingießung und Einhauchung des Heiligen Geistes in uns, dass wir glauben, wollen, bzw. alles das zu tun vermögen, wie es sich gehört; und wer den Beistand der Gnade von der Demut und dem Gehorsam des Menschen abhängig macht, aber nicht zustimmt, dass es ein Geschenk der Gnade selbst ist, dass wir gehorsam und demütig sind, der widersetzt sich dem Apostel, der sagt: ‚Was hast du, das du nicht empfangen hast?' (1Kor 4,7); und: ‚Durch die Gnade Gottes bin ich das, was ich bin' (1Kor 15,10)."[99]

„So müssen wir gemäß den oben niedergeschriebenen Sätzen der heiligen Schriften bzw. Bestimmungen der alten Väter mit Gottes Huld dies verkünden und glauben, dass der freie Wille durch die Sünde des ersten Menschen so gebeugt und geschwächt wurde, dass hernach keiner Gott lieben, wie es sich gehörte, an Gott glauben oder Gottes wegen wirken kann, was gut ist, wenn ihm nicht die Gnade der göttlichen Barmherzigkeit zuvorkommt. Daher wurde – so glauben wir – dem gerechten Abel, Noah, Abraham, Isaak, Jakob und der ganzen Schar der alten Heiligen jener vortreffliche Glaube, den der Apostel Paulus in ihrem Lobpreis rühmt (Hebr 11), nicht durch ein Gut der Natur, das früher in Adam geschenkt worden war, sondern durch die Gnade Gottes verliehen."[100]

„Wir glauben gemäß dem katholischen Glauben auch dies, dass alle Getauften nach dem Empfang der Taufgnade mit Christi Hilfe und Mitwirkung erfüllen können und müssen, was zum Seelenheil gehört, wenn sie sich gläubig bemühen wollen. Dass aber irgendwelche durch göttliche Macht zum Bösen vorherbestimmt seien, das glauben wir nicht nur nicht, sondern, wenn es welche gibt, die so Übles glauben wollen, so sagen wir diesen auch mit ganzer Abscheu: Anathema! Wir verkünden und glauben zu unserem Heil auch dies, dass bei jedem guten Werk nicht wir beginnen und danach durch die Barmherzigkeit Gottes unterstützt werden, sondern er selbst uns zuerst – ohne dass

---

98 Enchiridion symbolorum definitionum et declarationum de rebus fidei et morum, hrsg. von P. Hünermann, Freiburg i. Br. u. a. [45]2017 (zit. als DH), 372.
99 DH 376.
100 DH 396.

1. Unordnung

irgendwelche guten Verdienste vorausgegangen wären – den Glauben und die Liebe zu sich einhaucht, damit wir gläubig das Sakrament der Taufe erstreben und nach der Taufe mit seiner Hilfe das, was ihm gefällt, erfüllen können."[101]

Man verständigte sich also auf eine Mittelposition, die zwei Sichtweisen auszubalancieren sucht. Auf der einen Seite wird der Mensch als *creatura* Gottes verstanden, die sich von allen anderen Kreaturen (den Tieren) durch ihren freien Willen unterscheidet, von allen anderen Wesen mit freiem Willen (den Engeln) aber dadurch, dass sie leiblich existiert: Der Mensch ist ein Geschöpf von Leib und Seele, und die Fähigkeit der Seele, zwischen Gut und Böse unterscheiden und sich frei zwischen ihnen entscheiden zu können, macht ihn Gott ähnlich und sondert ihn unter allen anderen Geschöpfen der Welt aus. Diese Fähigkeit und Freiheit wurden allerdings durch Adam und Evas Verstoß gegen das göttliche Gebot schwer beschädigt und beeinträchtigt, so dass der Mensch nun als *peccator* im Zustand einer schweren Erkrankung existiert und allein von sich aus nichts Gutes wählen noch tun kann. Doch Gott in seiner Barmherzigkeit kommt ihm durch Christus, den Sünden-Arzt, und seinen Geist zur Hilfe. Er kuriert die Sünden-Krankheit der Menschen durch die Sakramente der Kirche und ermöglicht ihnen so, frei mit Gottes Gnade zu kooperieren im Kampf gegen die Gefährdungen der Sünde, die auch nach der Taufe als Konkupiszenz in ihnen bestehen bleiben, solange sie leiblich in dieser Welt existieren.

Damit sind zwei Spuren gelegt, die das theologische Denken unterschiedlich gewichten kann und die zu unterschiedlich akzentuierten Konzeptionen des Menschseins führen: Der Mensch ist niemals nur Sünder (*peccator*), er ist immer auch Geschöpf (*creatura*). Als Gottes Geschöpfe sind die Menschen gut und auf das ewige Leben mit Gott ausgerichtet, als Sünder dagegen böse und krank zum Tod. Doch Gott erbarmt sich ihrer. Er ermöglicht ihnen durch Christus und seinen Geist, mit Hilfe der Sakramente der Kirche ihre Sündenkrankheit zum Tode zu überwinden und das zu werden, was sie als Gottes ausgesuchte Geschöpfe von Anfang an hätten sein können: freie Partner Gottes, die dem Willen Gottes aus freien Stücken gehorsam sind und so leben, wie es sich für Geschöpfe gebührt, die als *imago dei* geschaffen sind. Das Heil wird daher stets durch Gott initiiert, aber es wird nur in der Kooperation

---

101 DH 397.

zwischen Gottes Willen und dem freien Willen der Menschen realisiert. Gott kuriert die Krankheit, die den Sünder schwächt. Damit setzt er das von ihm abgefallene Geschöpf wieder instand, das Gute frei zu wollen und mit ihm zusammen auch zu erwirken. Ohne Gott gibt es daher kein Heil für den Menschen, aber ohne die Mitwirkung des Menschen bleibt das Heil für ihn nur eine Möglichkeit und wird keine Wirklichkeit.

5

Für Paulus und Augustinus ist die Sünde eine universale Wirklichkeit: Alle Menschen sind Sünder, alle ignorieren Gott, alle sind Gottes bedürftig. Anselm von Canterbury zieht daraus die Konsequenz, dass deshalb mit einer Sünde das ganze Gefüge der Wohlordnung der Schöpfung korrumpiert ist. Es gibt größere und kleinere Untaten, aber keine unwichtigen oder weniger wichtigen Sünden. Sündigen heißt ihm zufolge nichts anderes als „Gott das Geschuldete nicht leisten" (*non reddere Deo debitum*).[102] Das Gott Geschuldete ist bei Vernunftgeschöpfen wie den Menschen und Engeln aber Gehorsam gegenüber Gott: „Aller Wille der vernunftbegabten Schöpfung muss dem Willen Gottes unterworfen sein" (*omnis voluntas rationalis creaturae subiecta debet esse voluntati Dei*). Das ist es, was Engel und Menschen Gott schulden, so dass gilt: „keiner, der es einlöst, sündigt, und jeder, der es nicht einlöst, sündigt" (*quod solvendo nullus peccat et quod omnis qui non solvit peccat*). „Dies ist die alleinige und ganze Ehre, die wir Gott schulden und die Gott von uns fordert" (*hic est solus et totus honor quem debemus Deo et a nobis exigit Deus*). Nicht unser tatsächliches Tun, sondern unser *Wille* ist das Entscheidende:

> „Denn einzig ein solcher Wille wirkt Werke, die Gott wohlgefällig sind, falls er handeln kann; und wenn er es nicht kann, so ist er für sich allein wohlgefällig, denn kein Werk ist ohne ihn wohlgefällig" (*sola namque talis voluntas opera facit placita Deo cum potest operari et cum non potest ipsa sola per se placet quia nullum opus sine illa placet*). „Wer diese schuldige Ehre Gott nicht erweist, nimmt Gott, was ihm gebührt, und entehrt Gott; und das heißt ‚sündigen'" (*hunc honorem debitum qui Deo non reddit aufert Deo quod suum est et Deum exhonorat et hoc est ‚peccare'*).

---

102 Anselm von Canterbury, Cur Deus homo, cap. 11 (http://12koerbe.de/pan/curdeus3.htm#capitulum%20xi). Die folgenden Zitate sind alle aus diesem Kapitel.

1. Unordnung

Wenn aber Sünde darin besteht, dass man Gottes Willen nicht gehorsam ist, dann ist mit jeder noch so geringfügig erscheinenden Sünde die gesamte Wohlordnung der Schöpfung in Frage gestellt. Denn wenn Geschöpfe, die das wollen könnten, was der Schöpfer will, es nicht tun, dann wird die Ehre des Schöpfers missachtet und die Schöpfung als Gotts Schöpfung nicht ernst genommen. Ist das aber geschehen, dann kann es nicht mehr rückgängig gemacht werden. Und weil es geschehen ist, existiert der Mensch in einem unlöslichen Dilemma: Er lebt als Geschöpf, das dem Schöpfer alle Ehre schuldet, mit der Schuld der Missachtung dieser Ehre und damit der Verletzung der Wohlordnung, die er sich selbst zuschreiben muss.

Dass der Sünder lebt, ist damit alles andere als selbstverständlich. Selbst wenn man annimmt, dass auch im Sünder ein *naturaliter velle bonum* (ein natürliches Wollen des Guten) fortbesteht, genügt es nicht, dass die alte Ordnung wiederhergestellt, der Wille also auf Gottes Willen ausgerichtet wird. Man muss vielmehr *mehr* tun als das, was man ja ohnehin tun müsste, weil es die Verfehlung wiedergutzumachen gilt:

> „Es genügt nicht, allein das zurückzugeben, was weggenommen wurde, sondern wegen der zugefügten Entehrung muss er mehr zurückgeben, als er genommen hat" (*nec sufficit solummodo reddere quod ablatum est sed pro contumelia illata plus debet reddere quam abstulit*). „Denn wie es für einen, der die Gesundheit eines anderen geschädigt, nicht genügt, wenn er die Gesundheit des anderen wiederherstellt, es sei denn, er erstatte etwas für die Ungerechtigkeit des zugefügten Schmerzes: ebenso wenig genügt es für einen, der die Ehre eines anderen verletzt, seine Ehre wiederherzustellen, wenn er nicht entsprechend der angetanen Schmach der Entehrung etwas, was dem Entehrten zusagt, erstattet" (*sicut enim qui laedit salutem alterius non sufficit si salutem restituit nisi pro illata doloris iniuria recompenset aliquid: ita qui honorem alicuius violat non sufficit honorem reddere si non secundum exhonorationis factam molestiam aliquid quod placeat illi quem exhonoravit restituit*).

Aber auch der Schöpfer kann das Geschehene nicht unbeachtet lassen. Er kann die Wohlordnung der Schöpfung nicht gering achten, weil er damit sich als Schöpfer nicht ernst nähme. Das aber wäre ein Selbstwiderspruch, der Gott selbst zu Nichts werden ließe. Deshalb kann Gott die Störung der Schöpfungsordnung durch den Menschen nicht übersehen oder ignorieren, sondern muss darauf reagieren.

Die beiden Möglichkeiten, die er hat, sind die *poena* (Strafe) oder die *satisfactio* (Genugtuung). Denn es ist „notwendig, dass entweder die weggenommene Ehre wiederhergestellt wird oder die Strafe folge; sonst wird entweder Gott sich selber gegenüber nicht gerecht sein, oder er wird zu beidem unfähig sein, was auch nur zu denken ein Frevel ist" (*necesse est ergo ut aut ablatus honor solvatur aut poena sequatur alioquin aut sibi Deus ipsi iustus non erit aut ad utrumque impotens erit quod nefas est vel cogitare*).[103] Gott muss den Sünder daher bestrafen, wenn er sich selbst treu bleiben will, und die Strafe kann nur der Tod sein, wenn keine *satisfactio* geleistet wird. Der Sünder aber kann diese *satisfactio* nicht leisten, obwohl er sie leisten muss, wenn er den Tod vermeiden will. Weil Gott in seiner Barmherzigkeit diesen Tod nicht will, muss er selbst tun, was er tun kann, aber nicht tun muss. Es bedarf eines *deus-homo*, eines Gottmenschen, der *qua Mensch* die erforderliche Genugtuung leisten muss und *qua Gott* sie auch leisten kann und will. Gäbe es diesen *deushomo* nicht, wäre die Schöpfung der Vernichtung ausgesetzt und könnte der Sünder nicht mit Gott versöhnt werden. Das Geschehen zwischen Mensch und Gott ist daher keine Petitesse, über die man sich nicht erregen sollte. Im Gegenteil: Selbst die kleinste Sünde bringt die gesamte Schöpfung in Unordnung und nötigt Gott, mit dem höchsten Einsatz dafür zu sorgen, dass die Schöpfung vor der Vernichtung bewahrt wird. Wer die Sünde verharmlost, hat die kosmische Dimension des Problems nicht verstanden: Alles hängt daran, dass Gott selbst das wieder zurechtbringt. Denn nur er selbst kann das, auch wenn er es nicht muss.

6

Im theologischen Denkprozess von Paulus über Augustinus bis zu Anselm werden also die folgenden Überzeugungen entwickelt:

(1) Alle Menschen sind Sünder: Es gibt keinen, der kein Sünder wäre, wenn es einen gibt, der einer ist – entweder ist keiner ein Sünder oder alle sind es (Paulus, Augustinus).

(2) Jede Sünde eines Einzelnen betrifft auch alle anderen: Wer sündigt, schädigt nicht nur sich selbst, sondern jeden anderen Menschen auch – niemand ist Sünder, der nicht selbst sündigt, aber keiner ist Sünder nur für sich allein (Augustinus).

(3) Jede einzelne Sünde betrifft nicht nur alle anderen, sondern auch alles Übrige: Wer sündigt, schädigt nicht nur jeden anderen Menschen,

---

103 A. a. O., cap. 13.

1. Unordnung

sondern das gesamte Gefüge der Schöpfung – auch nur eine einzige Sünde verändert alles (Anselm).

Für die erste These wird argumentiert, indem man zu zeigen sucht, dass es keinen Menschen gibt, der nicht in Sünde lebt. Dafür werden im Anschluss an Paulus und aus den Erfahrungen der Menschheit mannigfache Beispiele angeführt. Jeder kann von Bösem, Üblem, Ungerechtem, Verletzendem, Unmenschlichem berichten, das Menschen sich und anderen antun. Negative Erfahrungen gehören zum Leben eines jeden Menschen. Doch das für sich genommen sagt noch nichts über die Sünde. Sünde ist eine verfehlte Einstellung gegenüber Gott. Negative Erfahrungen machen wir im Umgang miteinander in unserer Erfahrungswelt. Aber warum sollte das zeigen, dass wir Sünder sind? Oder warum sollte nur Negatives im Leben das zeigen? Dass Sünde etwas Negatives ist, heißt nicht, dass alles Negative Sünde ist. Ehe man Negatives als Beleg für menschliche Sündhaftigkeit anführt, müsste geklärt werden, inwiefern das überhaupt ein Beleg dafür sein kann. Aber selbst wenn das klar wäre, würde es nicht helfen, die These zu begründen. Die Aufzählung negativer Beispielen genügt nicht, um die allgemeine Sündhaftigkeit der Menschheit zu belegen. Eine unbeschränkte generelle Aussage kann mittels partikularer Fakten nicht bewiesen, sondern allenfalls mehr oder weniger plausibel gemacht werden.

Ein stärkerer Versuch ist es daher, nicht nur zu zeigen, dass faktisch jeder Mensch ein Sünder ist, sondern auch dass es unmöglich ist, dass ein Menschen das nicht ist. Doch wer so argumentiert, muss vermeiden, das Menschsein mit dem Sündersein in eins fallen zu lassen, weil das jede Erlösung von der Sünde unmöglich machen würde bzw. Erlösung nur als Ersetzung des Menschen durch etwas anderes zu denken erlaubte. In der Regel schränkt man die Reichweite der generellen Sünderaussage deshalb durch zwei Grenzbestimmungen ein. Die erste verweist protologisch auf ein *Vorher* der Sünde in der Geschichte der Menschheit: Der Mensch war nicht immer schon Sünder, sondern er wurde es (Adam). Die zweite verweist soteriologisch auf ein *Nachher* der Sünde in der Geschichte der Menschheit: Der Mensch bleibt nicht auf ewig Sünder, sondern er kann davon befreit werden (Christus).

Das erste Werden wird theologisch als der Fall Adams und Evas symbolisiert, das zweite Werden als die Erlösung durch Jesus Christus. In beiden Fällen geht es nicht um die Geschichte eines einzelnen Menschen, sondern um den Stand der Menschheit vor Gott. Ist einer Sünder, dann sind alle Sünder, und wird einer erlöst, dann können alle erlöst werden.

Zwischen Menschsein und Sündersein ist dementsprechend zu unterscheiden, weil die Sündenbestimmung nur für die nicht-paradiesische Menschheit nach dem Fall und nicht für die erlösten Menschen der neuen Schöpfung gilt. Allerdings wird Christus nicht als Adam redivivus, sondern als der neue Adam verstanden, das Menschsein in beiden Kontrasthinsichten also nicht gleich, sondern verschieden bestimmt. Das wird deutlich, wenn die beiden Bestimmungen zu einem heilsgeschichtlichen Schema von drei Zuständen des Menschseins verknüpft werden: der sündlosen Existenz des Menschen im Paradies, der sündigen Existenz des Menschen in der gegenwärtigen Welt, und der sündenfreien Existenz des neuen Menschen in einer neuen Schöpfung. Das Menschsein im Vorher der Sünde und im Nachher der Sünde ist nicht identisch, sondern verschieden wie die Möglichkeit von der Wirklichkeit: Was der Mensch hätte sein können, zeigt sich in seinem paradiesischen Zustand; was er sein kann, sein soll und sein wird, zeigt sich in der neuen Schöpfung. Soteriologisch wird verwirklicht und perfektioniert, was protologisch nur als Möglichkeit angekündigt ist.

Die Sünde wird damit zum Zwischenspiel auf dem Weg der Menschheit von der Möglichkeit zur Verwirklichung ihrer Bestimmung eines glückseligen Lebens mit dem Schöpfer. Damit ist zwar zwischen Menschsein und Sündersein unterschieden, doch der Preis ist hoch. Auf der einen Seite kann man das, was Menschen eigentlich sein können und sollen, nicht an der aktuellen Wirklichkeit menschlichen Lebens ablesen. Das wahre Menschsein ist in seiner Potentialität im Vorher des Sündenlebens zu finden und in seiner Aktualisierung im Nachher des Sündenlebens. Beides aber ist im Sündenleben keine Erfahrungswirklichkeit, sondern nur als Kontrastkonstrukt zu allem Erfahrbaren vorstellbar. Was der Mensch in Wahrheit ist, lässt sich nicht anhand des empirisch Erfahrbaren bestimmen, weil alles Erfahren die sündige Wirklichkeit der Menschheit, aber nicht ihre wahre Bestimmung manifestiert. Nur im Modus der vorgeschichtlichen Erinnerung und transgeschichtlichen Hoffnung scheint sich das Menschsein des Menschen thematisieren zu lassen. Und das heißt: Es gibt keine erfahrungswissenschaftliche Antwort auf die Frage nach dem wahren Menschsein des Menschen.

1. Unordnung

Aber nicht nur die Frage nach dem Menschsein des Menschen, sondern auch die nach dem Sündersein wird zum Problem. Denn man kann zwar das Sündersein im imaginativen Kontrast zum Vorher und Nachher einer nichtsündigen Menschheit bestimmen, aber nicht an der aktuellen Erfahrungswirklichkeit ablesen. In der Erfahrung zeigt sich nur, was eine erfahrbare Differenz markiert, also hier der Fall ist, aber dort nicht. Doch anhand welcher Kriterien könnte man sagen, das ist Sünde, das dagegen nicht? Sünde ist eine Fehlbestimmung im Verhältnis des Geschöpfs zum Schöpfer und keine Differenzbestimmung innerhalb der Schöpfung. Was sich dort aufweisen lässt, sind allenfalls Folgen der Sünde, die sich im Leben eines Sünders, aber nicht in dem eines Nichtsünders finden lassen. Aber was sollte das sein? Wenn alles aktuelle menschliche Leben Folge der Sünde ist, dann lässt sich innerhalb der Schöpfung zwischen Sünde und Nichtsünde so nicht unterscheiden. Der gängige Verweis auf negative Lebensphänomene, Fehlverhalten und Übeltun ist deshalb nicht überzeugend, weil er den Unterschied zwischen dem jetzigen Leben der Menschen und ihrem vorgeschichtlich-ursprünglichen bzw. nachgeschichtlich-künftigen Leben im jetzigen Leben anhand einer Unterscheidung des Bösen und Guten, Ungerechten und Gerechten, Negativen und Positiven zu ziehen versucht. Doch warum sollte sich das Missverhältnis des Geschöpfs zum Schöpfer in der Schöpfung nur im Negativem und nicht auch im Positiven manifestieren?

Wenn alle Sünder sind, weil es keiner sein kann, wenn es nicht alle sind, dann ist potentiell alles, was Menschen tun und erfahren, durch die Sünde infiziert. In einem Leben der Sünde gibt es nichts, was nicht Ausdruck der Sünde wäre oder diese manifestieren würde, und das gilt für das Gute nicht weniger als für das Böse. Am Negativen kann man daher nicht ablesen, was Sünde ist, wenn man das nicht auch am Guten kann. Und das heißt, dass auch die Sünde nur transgeschichtlich – also im Vorher bzw. Nachher des aktuellen Lebens – bestimmbar ist. Sünde ist kein besonderes Lebensphänomen neben und unter anderen, sondern alle Lebensphänomene in der aktuellen Welt und Geschichte sind als Ausdruck der Sünde zu betrachten, wenn überhaupt eines so betrachtet werden kann. Nicht nur das Negative im Leben, sondern das ganze Leben ist das Leben von Sündern. Was Sünde ist, lässt sich daher nicht durch empirischen Vergleich aus dem erfahrbaren Leben erheben, sondern muss auf anderem Weg bestimmt werden.

7

Vor ähnliche Probleme stellt die zweite These, dass jeder selbst sündigt, aber keiner nur für sich allein Sünder ist. Die These wird traditionell durch eine monogenistische Sicht der Menschheit begründet: Alle Menschen stammen von Adam ab, Adam hat gesündigt, also sind alle Menschen in die Sünde Adams verwickelt. Die Frage ist dann freilich, wie genau dieses Verwickeltsein zu denken ist. Im Wesentlichen werden drei Antworten diskutiert: Alle nachadamitischen Menschen partizipieren an der *Sünde* Adams, oder sie leiden an den *Folgen* der Sünde Adams, oder sie haben die *Strafe* für Adams Sünde mit zu ertragen.

Die erste Sicht wird von Augustinus vertreten, der alle Menschen für *Mitsünder* hält, weil sie bzw. ihre Seelen in Adam an dessen Sünde beteiligt gewesen seien. Diese Sicht setzt den seit Tertullian vertretenen *Traduzianismus* bzw. *Generatianismus*[104] voraus. Diesem zufolge entsteht die Seele der Kinder aus dem männlichen Sperma, dessen „Ableger" bzw. „Setzlinge" sie sind. Durch den Zeugungsvorgang haben alle Menschen von Adam nicht nur die körperliche Gestalt, sondern auch die Seele empfangen, so dass in allen das Adamitische in der Folge der Generationen weiterexistiert.

Dazu gibt es zwei Gegenpositionen. Auf der einen Seite den seit Laktanz vertretenen *Kreatianismus*, demzufolge jede Seele mit der Zeugung eines Menschen von Gott geschaffen werde, so dass die Seele nicht weitergegeben und weitervererbt wird, sondern ein immer neuer Akt der Schöpfung ist. Jeder Mensch hat seine eigene Seele, und sie ist Gott unmittelbar zu verdanken. Auf der anderen Seite argumentiert die *Präexistenzlehre* des Origenes, dass die Einzelseelen der Menschen nicht aktuell geschaffen werden, sondern seit Beginn der Schöpfung existieren und bei der Zeugung mit einem menschlichen Körper verbunden werden, von dem sie sich im Tod wieder trennen, um zu Gott zurückzukehren. In Folge ihrer Abwendung von Gott wären sie ins Nichts gefallen, wenn Gott sie nicht durch die materielle Schöpfung davor bewahrt hätte, so dass sie in der Nachfolge des Logos Christus wieder in die Ewigkeit Gottes zurückkehren können. Diese Präexistenzlehre wurde 543 von

---

104 J. Frohschammer, Ueber den Ursprung der menschlichen Seelen. Rechtfertigung des Generatianismus. München 1854 (indiziert 1857). (https://books.google.de/books?id=wbNMAAAAYAAJ&printsec=frontcover&dq=Frohschammer&hl=de&sa=X&ei=A9yOT-PPK8fStAaU1pyVCQ#v=onepage&q=Frohschammer&f=false).

1. Unordnung

Kaiser Justinian verurteilt[105] und 553 auf dem Zweiten Konzil von Konstantinopel als Häresie bestätigt, während der Traduzianismus verschiedentlich, u. a. 498 von Athanasius II im Schreiben *Bonum atque iucundum* an die Bischöfe Galliens[106] und 1341 von Benedikt XII in seinem Schreiben *Cum dutum* an die Armenier, verworfen wurde.[107]

Katholische Lehre ist im Gefolge von Thomas von Aquin der *Kreatianismus*. So betont der Katechismus der Katholischen Kirche von 1993, dass „jede Geistseele unmittelbar von Gott geschaffen ist – sie wird nicht von den Eltern ‚hervorgebracht'"[108]. Die Evolutionstheorie kann allenfalls die Entstehung menschlicher Körper, nicht aber die der Seele erklären. Diese geht auf einen direkten Schöpfungsakt Gottes zurück und ist kein Produkt der Evolution. Damit aber stellt sich die Frage, wie jede neue menschliche Seele in die Sünde Adams einbezogen wird. Augustinus' Antwort, das geschehe *per generationem*, also durch den menschlichen Zeugungsakt, hat nicht nur die fatale Auswirkung gehabt, die menschliche Sexualität zum Instrument der Weitergabe der Sünde an die neu geschaffenen Seelen zu machen. Sie hat auch nicht verständlich machen können, warum sich Schuld zuzieht, wer so geschaffen wird. Sünde kann hier allenfalls als Verhängnis, aber nicht als persönliche Schuld verstanden werden, für die man selbst Verantwortung trägt. Das Verhängnis der Erbsünde muss daher von den Sünden unterschieden werden, die jeder aufgrund dieses nicht selbst zu verantwortenden Verhängnisses selbst begeht. Schuld kann die Erbsünde nur sein, wenn man sich weigert, sich von ihr befreien zu lassen, indem man die Taufe verweigert. Grund der persönlichen Schuld ist damit aber nicht die von Adam vererbte Sünde, sondern die eigene Weigerung, sich von ihr erlösen und reinigen zu lassen. Entsprechend wird eine doppelte Universalität der Sünde gedacht. Jeder ist durch die Erbsünde affiziert, die er als adamitischer Mensch exemplifiziert. Aber jeder ist auch selbst verantwortlicher Sünder, weil und wenn er sich nicht darum kümmert, sich von der Erbsünde befreien zu lassen. Der Umgang mit der Erbsünde und der Umgang mit den dadurch ermöglichten und bewirkten kon-

---

105 DH 403–404.
106 DH 360–361.
107 DH 1006–1010.
108 Katechismus der Katholischen Kirche, Nr. 366 (http://www.vatican.va/archive/DEU0035/__P1I.HTM).

kreten Sünden ist entsprechend verschieden. Die erste wird durch das Sakrament der Taufe getilgt, die zweite durch das Sakrament der Buße. Und wie das erste für den Umgang mit dem Verhängnischarakter der Sünde steht, so steht das zweite für den Umgang mit dem Schuldcharakter der Sünde.

8

Die Abweisung des Erbsündengedankens in der Moderne hat auch die augustinische Begründung der Universalität der Sünde fragwürdig werden lassen. Doch auch der von ihm zurückgewiesene pelagianische Versuch, die Ausbreitung der Sünde Adams auf alle Menschen nicht *per generationem*, sondern *per imitationem*, also durch Nachahmung, zu erklären, führt in kaum lösbare Schwierigkeiten. Denn warum sollte jeder Mensch das nachmachen, was Adam vorgemacht hat? Warum sollte man nicht vermeiden können, in diese Nachahmungsbeziehung zu Adam zu geraten? Und wenn man in sie geraten ist, warum sollte man damit nicht auch wieder aufhören und sich seine Erlösung erarbeiten können? Mag sein, dass man es nicht allein schafft. Aber wenn Gott Liebe ist, die hilft, wo man sich selbst nicht helfen kann, und die einspringt, wo man selbst nicht weiterkommt, dann müsste das doch möglich sein. Wenn man tut, was man kann, darf man dann nicht erwarten, dass auch Gott tut, was er kann und was man von ihm erhofft? Ist die rechte Haltung der Sünde gegenüber nicht der Versuch, das Gute zu tun, was man vermag, und den Rest dem guten Gott zu überlassen?

So mag man denken, wenn man die Sünde für eine im Prinzip korrigierbare Verfehlung hält. Doch das unterschätzt ihre Radikalität. Die katholische Tradition unterscheidet daher zwischen *Todsünden* und *lässlichen Sünden*. „Die Todsünde zerstört die Liebe im Herzen des Menschen durch einen schweren Verstoß gegen das Gesetz Gottes. In ihr wendet sich der Mensch von Gott, seinem letzten Ziel und seiner Seligkeit, ab und zieht ihm ein minderes Gut vor. Die läßliche Sünde läßt die Liebe bestehen, verstößt aber gegen sie und verletzt sie."[109] Mitwirken an der Überwindung einer Sünde ist daher allenfalls im Fall lässlicher Sünden möglich.

---

109 Katechismus der Katholischen Kirche, Nr. 1855 (http://www.vatican.va/archive/DEU0035/__P6I.HTM).

1. UNORDNUNG

„Eine läßliche Sünde begeht, wer in einer nicht schwerwiegenden Materie eine Vorschrift des Sittengesetzes verletzt oder das Sittengesetz zwar in einer schwerwiegenden Materie, aber ohne volle Kenntnis oder volle Zustimmung übertritt. Die läßliche Sünde schwächt die göttliche Tugend der Liebe; in ihr verrät sich eine ungeordnete Neigung zu geschaffenen Gütern; sie verhindert, daß die Seele in der Übung der Tugenden und im Tun des sittlich Guten Fortschritte macht; sie zieht zeitliche Strafen nach sich. Falls die läßliche Sünde mit Bedacht geschieht und nicht bereut wird, macht sie uns allmählich bereit, Todsünden zu begehen. Die läßliche Sünde macht uns jedoch nicht zu Gegnern des Willens Gottes und seiner Freundschaft; sie bricht den Bund mit Gott nicht. Sie läßt sich mit der Gnade Gottes menschlich wiedergutmachen."[110]

Anders die Todsünde. „Da die Todsünde in uns das Lebensprinzip, die Liebe, angreift, erfordert sie einen neuen Einsatz der Barmherzigkeit Gottes und eine Bekehrung des Herzens, die normalerweise im Rahmen des Sakramentes der Versöhnung erfolgt."[111] Nur Gott selbst kann Todsünden vergeben, und ohne dass er durch das Sakrament der Versöhnung die Bekehrung des Herzens bewirkt, wird sie nicht überwunden.

Doch selbst wenn man den Unterschied zwischen Todsünden und lässlichen Sünden beachtet, taugt der pelagianische Ansatz nicht dazu, die Universalität der Sünde zu erklären. Der Verweis auf eine durch Nachahmung verbreitete Sünde kann nicht klarmachen, dass alle Menschen Adams Sünde nachahmen. Sie mag erklären, warum es immer Sünde in der Welt gibt: Es gibt immer jemanden, der sündigt, weil er Gottes Zuwendung ignoriert. Aber sie bietet keine Erklärung dafür, dass das für alle Menschen gilt. Die Universalität der Sünde bleibt unerklärt.

9

Anders als diese Tradition argumentierte Luther. Auch er wies den augustinischen Erbsündengedanken zurück, indem er den Gedanken der Erbsünde durch den der *Ursünde* (*peccatum originale, peccatum originis* bzw. *peccatum radicale*) ersetzte.[112] Dadurch veränderte er die Debatte von einer Geschichtsfrage zu einer Existenzfrage. Es geht nicht um die sexuelle Transmission der Sünde Adams auf die nachfolgenden Generationen, sondern darum, dass jeder Mensch an seinem Ort ebendie Ursünde wiederholt und vollzieht, die in der Abwendung von Gott,

---

110 A. a. O., Nr. 1862–1863.
111 A. a. O., Nr. 1856.
112 WA 56; 277,12 f.; WA 39,1; 84,10 f.; WA 39,1; 96, 19–22 u. ö.

im Nichtbeachten seiner Gegenwart und in der Bestreitung seiner Liebe besteht. Es gibt niemanden, der nicht wahrheitsgemäß von sich sagen müsste, dass er Gottes Gegenwart missachtet hat und missachtet. Jeder Mensch findet daher die Quelle der Sünde nicht anderswo oder in einem anderen, sondern immer nur in und bei sich selbst: Sünde ist nicht zuerst Verhängnis und dann auch noch Schuld, wenn man sich von dem Sündenverhängnis nicht freimachen lässt. Sie ist vielmehr von Anfang an eigenes Fehlverhalten, das zur Schuld wird, wenn es nicht beendet wird. In der Taufe wird keine vererbte Sünde vergeben, für die man nichts kann, sondern es wird die Sünde abgewaschen, die man sich selbst zugezogen hat.

Dass das im Fall der Säuglingstaufe offenkundig Frage aufwirft, liegt auf der Hand. Deshalb ist sofort hinzuzusetzen, dass „Sünde" hier den faktischen Zustand eines Lebens meint, keine aktiv praktizierte Gottesleugnung, die man auch hätte unterlassen können und für die man die Verantwortung trägt. Es geht nicht um eine Schuld, die man sich zugezogen hat, sondern um einen Zustand, in dem man nicht bleiben sollte, weil ein anderer, besserer, menschlicherer möglich ist. „Sünde" ist das Kennzeichen eines jeden Lebens, in dessen Vollzug Gottes Gegenwart und die Tiefenpassivität der eigenen Existenz als Gottes gute Gabe keine Rolle spielt – ob es diese faktisch nicht beachtet, weil es dazu noch gar nicht in der Lage ist; oder sie nicht kennt, weil es darauf noch nicht aufmerksam gemacht wurde; oder sie nicht anerkennt, weil es davon nichts hält; oder sie ausblendet, obwohl es das besser wissen könnte; oder sie ignoriert, weil es keine Interesse für sie hat; oder sie nicht zur Kenntnis nimmt, weil es Drängenderes zu tun hat; oder sie bestreitet, weil es das für eine falsche These hält; oder sich gegen sie auflehnt und verwahrt, weil es sich nicht an die Stelle eines Geschöpfes setzen lassen will, das sich einem anderen verdankt. Sünde tritt in all diesen Formen und Weisen auf, und nicht erst dort, wo sie bewusst vollzogene Gottesleugnung ist. Eben deshalb kann sie auch an keinem bestimmten Verhalten abgelesen werden, sondern wird als Sünde erst dann erkennbar, wenn sie durch Gottes Zuwendung als die Blindheit des bisherigen Lebens gegenüber Gottes Gegenwart aufgedeckt wird. Das gilt für Erwachsene nicht weniger als für Jugendliche, Kinder oder Säuglinge. Und deshalb ist die Taufe keine Abwaschung einer selbst zugezogenen Schuld, sondern die Zusage der Zuwendung Gottes zu diesem Leben, der dafür sorgen wird, dass das, was sein kann (dass es in der Offenheit für

Gottes Gegenwart gelebt wird), auch sein wird, weil er in diesem Leben so präsent bleiben wird, dass er an ihm mitbaut und in ihm und durch es Gutes in der Welt bewirken wird.

10

Die zweite Sicht[113] ist, dass die Menschen nicht an Adams Sünde partizipieren, sondern alle an den Folgen dieser Sünde leiden. Durch Adams Sünde kam der Tod in die Welt, und die Sterblichkeit der Menschen belegt ihr Verwobensein in die Folgen von Adams Sünde. Doch der Tod ist nicht die einzige Folge. Alle haben mit Adams Sünde auch die ursprüngliche Freiheit verloren, das Gute oder das Böse zu wählen. Sie alle wollen und tun nur noch das Böse, leben also so, wie sie vor Gott nicht leben sollten. Doch die Schuld der Vergangenheit lässt sich durch gutes Verhalten in der Gegenwart nicht wettmachen. Ohne Gottes Hilfe ist den Menschen, die gesündigt haben, das Gute unzugänglich, auch wenn sie sich darum bemühen. Sie wissen nicht oder nur noch in Umrissen, was es ist. Und sie wollen lieber das, was nicht gut ist, als das, was gut ist. Deshalb haben alle Menschen Teil an den Strafen, die jeder Sünder im Gefolge Adams verdient hat. Alle Menschen müssen sterben, jeder ist Sünder, und alle verdienen Strafe. Der Menschheitszusammenhang ist ein Sündenzusammenhang. Niemand lebt, der nicht in ihn verwoben ist und damit seine Folgen zu ertragen hat. Niemand kann sich aus eigener Kraft davon freimachen. Alle sind auf Gottes Hilfe und Gnade angewiesen.

11

Die dritte Sicht zieht daraus die Konsequenz, dass alles Übel im menschlichen Leben entweder menschliche Untat oder göttliche Strafe ist. Entweder ist es ein Übel, das man als Übeltäter selbst verschuldet und für dessen Folgen man geradezustehen hat oder für das man als Mitglied eines Kollektives mit verantwortlich ist, ob man das will oder nicht. Oder es ist eine Strafe Gottes, die man aufgrund seiner Zugehörigkeit zur sündigen Menschheit miterleidet oder aufgrund seines eigenen Fehlverhaltens verdient hat. Übel sind Schäden, die man selbst anrichtet, oder Strafen Gottes, denen man nicht entgehen kann.

---

113 Vgl. oben, 146.

Alles, was im Leben geschieht, wird damit unter der Kategorie des Tuns und der Taten betrachtet. Entweder ist man ein Täter, der für seine Übeltaten Strafe verdient, oder man ist Opfer des Übeltuns anderer oder seiner eigenen Untaten. Es gibt keine neutrale Lebensweise, in der man weder das eine noch das andere ist. Entweder ist man Übeltäter oder Opfer von Untat. Im ersten Fall verdient man selbst Strafe, im zweiten verdient ein anderer Strafe. Weil wir Täter sind, ist alles Schlechte im Leben selbstverschuldetes Übel oder zugezogene Strafe. Wem es schlecht geht, der muss sich daher prüfen, wo er Schuld auf sich geladen und sich strafwürdig verhalten hat.

Doch diese Denkweise trägt nicht, weil es im tatsächlichen Leben den Ungerechten oft gut und den Gerechten häufig übel geht. Das wurde schon im Hiobbuch durchdacht. Hiob hat sich nicht falsch verhalten und leidet doch. Das Übel, das ihm widerfährt, lässt sich weder als selbstzugezogene Schuld noch als berechtigte Strafe verstehen. Und er selbst besteht seinen Freunden und seiner Frau gegenüber darauf, dass er sich nicht nur für unschuldig hält, sondern weiß, dass er unschuldig ist. Deshalb fordert er Gott zu einem Gerichtsprozess heraus, der – so ist er überzeugt – seine Gerechtigkeit erweisen und deshalb zu seinem Freispruch und zum Nachweis des Fehlverhaltens Gottes führen wird. Das Leid, das Hiob erleidet, hat Gott ihm ungerechterweise widerfahren lassen. Nicht Hiob hat sich schändlich verhalten, sondern Gott. Das soll der Prozess klarstellen.

Doch in der Beziehung zwischen Schöpfer und Geschöpf gibt es keine reziproken Rechtsverhältnisse. Die Asymmetrie zwischen Schöpfer und Geschöpf ist konstitutiv und unhintergehbar. Das muss auch Hiob am Ende in donnernder Gottesrede erfahren. Der Mensch hat Gott gegenüber keine Rechtsansprüche. Es ist kein Ausweis seines Fehlverhaltens, wenn es ihm schlecht geht. Aber er hat auch kein Recht auf ein glückliches Leben, wenn er sich Gott gegenüber recht verhält und nicht sündigt. Nicht nur der Sünder leidet, sondern auch der Nichtsünder muss damit leben, dass ihm Übel, Leid und Leiden im Leben widerfahren. Ein unglückliches Leben ist keine Bestrafung für ein falsches Verhalten Gott gegenüber und ein glückliches Leben keine Belohnung für ein rechtes Verhalten gegenüber Gott. Als Schöpfer ist Gott auch dann zu würdigen, wenn es einem schlecht geht, und es ist ein Irrtum zu meinen, Gott sei verpflichtet, den mit einem glücklichen Leben zu belohnen, der sich ihm gegenüber recht verhält. Gott ist zu gar nichts verpflichtet, der Mensch dagegen hat die Pflicht, Gott als seinen Schöpfer zu ehren und seine Gebote zu halten, ob sein Leben glücklich oder unglücklich ist.

12

Damit sind zwei Sachverhalte entkoppelt, die zu Unrecht verknüpft waren und immer wieder verknüpft werden: Es ist eines, recht zu leben, ein anderes, glücklich zu leben. Die Pflicht, das Rechte zu tun, ist keine Garantie eines glücklichen Lebens. Und ein unglückliches Leben ist kein Beleg der Strafe für eine versäumte Pflicht. Leiden und Unglück können, aber müssen nicht selbstzugezogen sein. Und Erfolg und Glück sind nichts, was man seinem eigenen Wohlverhalten zuschreiben darf. Wer nur moralisch lebt, wenn es ihm nützt, versteht nicht, was es heißt, moralisch zu leben, und wer auf ein moralisches Leben verzichtet, weil es ihm nichts bringt, auch nicht. Aber es ist auch ein Irrtum, aus dem Wohlergehen eines Menschen auf dessen moralisches Gutsein zu schließen. Auch moralisch gutes Handeln ändert nichts daran, dass der Mensch ein krummes Holz ist. Wir sollen das Gute und Rechte tun, aber wir sollten es nicht tun, um damit etwas anderes zu erreichen: Moral ist kein Mittel für etwas anderes. Wir sollen auch Gott fürchten und lieben, aber wir dürfen nicht darauf setzen, dass es uns dann gut gehen wird und wir ein glückliches und erfolgreiches Leben führen werden. Moral und Religion sind keine Methoden, die Welt glücklicher zu machen. Sie haben ihren Wert in sich selbst und nicht darin, Mittel für einen anderen Zweck zu sein.

Das widerspricht der verbreiteten Instrumentalisierung von Moral und Religion in Politik und Gesellschaft. Man ruft nach Moral, um eine politische Agenda durchzusetzen. Und man lässt Religion gelten, wenn sie das Wohlverhalten der Bürger befördert, auf das ein funktionsfähiger Staat setzen muss. Doch dass der Staat von Voraussetzungen lebt, die er nicht selbst bereitstellen kann, heißt nicht, dass die Religion dafür herangezogen werden dürfte: Wer Religion so zu instrumentalisieren versucht, missbraucht sie. Und dass Politik nicht ignorieren kann, dass sie unmoralische Auswirkungen hat, heißt nicht, dass sie Moral für parteiliche Zwecke in Gebrauch nehmen darf: Wer Moral zum politischen Instrument macht, missbraucht sie.

Genau das wird befördert, wenn man Sünde moralisiert und sie damit dem verbreiteten Missbrauch der Moral durch die Politik ausliefert. Das ist in einem wichtigen Strang christlicher Sündendiskussion geschehen, und an den Nachwirkungen dieser fragwürdigen Entwicklung leidet das Christentum bis heute.

2. Untugend: Die Moralisierung der Sünde

1

Sünde stört und zerstört die göttliche Wohlordnung der Schöpfung. Das Essen vom Baum der Erkenntnis von Gut und Böse ist der Genesiserzählung zufolge ein folgenschweres Fehlverhalten, weil es den Grundunterschied zwischen Schöpfer und Geschöpf in Frage stellt. Zwischen Gut und Böse unterscheiden zu können, ist göttlich. Wer danach strebt, will wie Gott sein. Wie Gott sein zu wollen, heißt aber, ohne Gott sein zu wollen, also danach zu streben, nicht Geschöpf, sondern selbst Schöpfer zu sein.

Dieses Streben nach Aufhebung der Unterscheidung zwischen Schöpfer und Geschöpf ist der biblischen Erzählung zufolge der Urgrund allen Übels in der Welt. Alles Fehlverhalten wird auf diesen Punkt zurückgeführt und ist dadurch bedingt – alle Übeltaten, üblen Worte und schlechten Gedanken, aber auch alles falsche Wollen, Sehnen und Begehren. Alle Dimensionen des Menschseins vom Leiblichen über das Seelische bis zum Geistigen, im Miteinander mit anderen, aber auch im Selbstverhältnis, sind von dieser Pervertierung der Schöpfungswohlordnung betroffen. Das zeigt sich in allen Beziehungen der Menschen zu ihren Mitmenschen, zu sich selbst, zu ihrer Umwelt und zu Gott. Die Menschen können nicht mehr sein, wie sie wären und sein könnten, wenn sie nicht wie Gott sein wollten. Mit der Leugnung ihres Geschöpfseins verlieren sie ihre Menschlichkeit. Sie können zwischen Gut und Böse unterscheiden, aber sie wissen nicht, was für sie wirklich gut und böse ist, weil sie sich selbst nicht mehr als die Geschöpfe Gottes kennen, die sie in Wahrheit sind. Sie definieren das Gute und Böse durch ihre eigenen Interessen und Wünsche, orientieren sich also an ihrer Selbstliebe und ihrem eigenen Wohlbefinden, Wünschen und Begehren, nicht aber an den Bedürfnissen und Nöten der anderen oder an Gottes Willen. Und deshalb können sie nicht aufhören, das Gute zu verfehlen und das Böse zu tun.

2. Untugend

Dafür bietet die Erfahrung eine nicht endende Reihe von Belegen, und es wundert nicht, dass die Geschichte des Nachdenkens über Sünde vor allem eine Geschichte der Beschreibung menschlicher Verfehlungen, Übeltaten, Ungerechtigkeiten und Überheblichkeiten ist. Paulus steht in einer langen Tradition, wenn er die als Sünde beurteilten Verfehlungen der Menschen summarisch umreißt: „Unzucht, Unreinheit, Ausschweifung, Götzendienst, Zauberei, Feindschaft, Hader, Eifersucht, Zorn, Zank, Zwietracht, Spaltungen, Neid, Saufen, Fressen und dergleichen" (Gal 5,19 f.). Über der Vielzahl der Erzählungen von Mord und Totschlag, Betrug und Selbsttäuschung, Hinterlist und Verführung, Selbstgerechtigkeit und Fremdenhass, Genusssucht, Eifersucht und Neid droht aber immer wieder vergessen zu werden, was der Beter von Psalm 51 in Erinnerung ruft: „Gegen dich allein habe ich gesündigt, ich habe getan, was dir missfällt." Sünde ist Verfehlung gegenüber Gott, aber sie wird behandelt als die Vielzahl der Unmenschlichkeiten, die das menschliche Leben und Zusammenleben verunstalten. Wer fragt, was Sünde ist, wird auf Phänomene im menschlichen Leben verwiesen, die als solche übel, schlecht und böse sind, deren Übelkeit man also nicht erweisen muss, weil sie vor aller Augen liegt. Moralisches Fehlverhalten ist das, woran jeder die Sünde erkennen kann, bei sich selbst und bei anderen.

Weil sie für sich selbst zu sprechen scheinen, haben diese negativen Moralphänomene schon früh den Ort der Sünde eingenommen. Was die Sünde und ihre Folgen erklären und verständlich machen sollte, tritt an die Stelle der Sünde. Das aber verdeckt ihren eigentlichen Kern, weil es den Fokus von der Beziehung zu Gott auf die Beziehung der Menschen zueinander, zu sich selbst, zu ihrer Umwelt und ihrer Mitwelt verlagert. Sünder sind Menschen, die Böses wollen und tun. Jeder kennt das, und deshalb weiß jeder, was Sünder sind: moralische Übeltäter, die durch ihre Gedanken, Worte und Taten sich und andere schädigen.

2

Das Resultat dieser Denkweise ist die Moralisierung der Sünde. Aus der Gottferne wird moralisches Versagen, und das lässt sich thematisieren, ohne von Gott noch reden zu müssen. Der Sündendiskurs verselbständigt sich gegenüber seinem theologischen Kontext und wird zur detaillierten und oft ausufernden Beschreibung negativer Phänomene des menschlichen Lebens. Aber indem er phänomenal eigenständig wird, wird er zunehmend zu einem Moraldiskurs, der ohne jeden Rekurs auf

Gott auskommt. Der Gewinn an Konkretion im Rekurs auf allgemein vertraute negative Moralphänomene führt zu einem Verlust an Einsicht in das, um das es bei der Sünde geht. Die lebensweltlichen Folgen werden für die Sache gehalten, und die Phänomene verstellen das, was sich in ihnen angeblich zeigt. Man sieht überall Bäume, aber man sieht vor lauter Bäumen den Wald nicht mehr.

Das zentrale Argument für diese Entwicklung klingt verführerisch plausibel: Sünde ist möglich, weil sie wirklich ist. Diese Wirklichkeit zeigt sich im unmoralischen Treiben der Menschen. Das liegt vor aller Augen, und deshalb kennt auch jeder die Sünde. Doch der Schluss trügt. Wer Untaten und Ungerechtigkeiten kennt, kennt Untaten und Ungerechtigkeiten, aber damit noch keine Sünden. Sünde hat immer mit Gott zu tun und ist nicht nur ein anderes (religiöses) Wort für moralisches Fehlverhalten. Moral hat ihren Ort im Verhalten der Menschen zu ihrer Mitwelt und Umwelt, in den Beziehungen zu anderen Menschen und zu anderen Lebewesen. Doch alle diese Beziehungen finden unter und zwischen Geschöpfen statt, aber nicht im Verhältnis der Geschöpfe zum Schöpfer. Sünde dagegen ist eine Pervertierung dieser Grundbeziehung. Sie ist immer Sünde gegen Gott. Daran ändert sich nichts, wenn man nach den Folgen und Auswirkungen der Sünde im Leben der Geschöpfe fragt. Diese mit der Sünde zu identifizieren, ist das *proton pseudos* aller Versuche, die Wirklichkeit der Sünde mit dem Verweis auf die Unmoral und Amoral der Menschen zu erklären. Das *explicans* (die Unmoral) wird dabei unter der Hand mit dem *explicandum* (der Sünde) gleichgesetzt. Eben darin besteht die Moralisierung der Sünde. Man verweist auf die Untaten der Menschen, um zu erklären, was Sünde ist, und man endet damit, die Sünde mit den Untaten gleichzusetzen. Aus den moralischen Belegen für die Wirklichkeit der Sünde ist die Sache der Sünde geworden. Sünde ist Unmoral, und die Bekämpfung der Unmoral wird für die Bekämpfung der Sünde gehalten.

3

Die treibende Kraft für diese Entwicklung war die kirchliche Bußpraxis. Um Fegefeuer und Höllenstrafen zu vermeiden, muss man seine Todsünden (die Gottes Liebe im Herzen der Menschen zerstören) und seine lässlichen Sünden (die Gottes Liebe verletzen) beichten. Nur so kann man Vergebung erlangen und der verdienten Strafe Gottes entgehen. Um seine Sünden beichten zu können, muss man sich aber seiner Sünden bewusst sein, sich also klarmachen, gegen welche Gebote Gottes man verstoßen hat. Dafür gab es seit dem 14. Jahrhundert das Hilfsmittel der Gewissens- oder Beichtspiegel, die durch Fragen zu verschiedenen Lebensbereichen helfen, das Gewissen zu erforschen. Beichtspiegel können alle Schattierungen menschlichen Fehlverhaltens im Verhältnis zu Gott, zu den Mitmenschen und zu sich selbst aufzählen. Die Gewissenserforschung hat damit detaillierte Leitlinien, aber sie kann sich nie sicher sein, alle Verstöße aufgedeckt zu haben. Böses tun und Gutes unterlassen kann man in einer unüberschaubaren Vielzahl und Vielfalt von Denk-, Sprech- und Verhaltensweisen, die das menschliche Leben bewusst oder unbewusst daran hindern, so zu sein, wie es sein könnte und sollte. Die Erforschung dieses möglichen und wirklichen moralischen Fehlverhaltens ist ein potentiell endloser Prozess, der in einen unergründlichen Abgrund führt, wenn man ernsthaft versucht, alles möglicherweise falsche Denken, Imaginieren, Reden und Tun zu erkunden.

Der durch die Beichtspiegel erzielbare Gewinn an Erfahrungs- und Lebensnähe wird daher mehr als verspielt durch die Verunsicherung der Erlösungszuversicht. Gibt es nicht noch etwas, was ich übersehen habe? Bin ich mir selbst denn so durchsichtig, dass ich mein eigenes Fehlverhalten in Gedanken, Worten und Werken aufdecken und bereuen kann? Was, wenn ich etwas Entscheidendes übersehe oder übersehen habe? Wer den Weg der Moralisierung der Sünde einschlägt und die Gewissenserforschung nicht nur oberflächlich betreibt, der wird früher oder später vor der Alternative stehen, entweder im unauslotbaren Abgrund seiner moralischen Gewissenserforschung unterzugehen oder sich der Bekämpfung der überall aufscheinenden Unmoralität zu widmen und die Sünde Sünde sein zu lassen. Wenn Menschen wenigstens moralisch gut leben würden, wäre schon viel gewonnen. Sich darum zu bemühen, braucht mehr Kräfte, als die meisten haben. Ob das genügt, um auch vor Gott gerecht zu sein, kann man auf sich beruhen lassen, weil man es ohnehin nicht entscheiden und bewerkstelligen kann. Man sollte seine Kräfte auf das konzentrieren, was man erreichen kann: die Bekämpfung seines moralischen Versagens. Dafür genügt es, sich an der Vernunft zu orientieren und seinen Willen vernünftig zu bestimmen. Wir können wissen, was gut ist, und wir können wollen, was wir wissen. Wer aber das Richtige will, der kann auch das Rechte tun. Ob wir darüber hinaus auch Gottes Willen erfüllen, wenn wir am Leitfaden unserer Vernunfteinsicht moralisch leben, braucht uns nicht zu beschäftigen. Zum einen können wir es ohnehin nicht entscheiden, zum anderen kann vor Gott nicht falsch sein, was in der Beziehung der Menschen zueinander moralisch gut ist. Deshalb genügt es, sich um die Moral zu kümmern, und das Heil Gott zu überlassen oder danach nicht mehr zu fragen.

Die Moralisierung der Sünde führt so früher oder später zu einer Verdrängung der Auseinandersetzung mit der Sünde durch die Vernunftorientierung der Moral. Wo Sünde war, ist nur noch moralisches Fehlverhalten. Mit dem kann und muss man sich auch dort auseinandersetzen, wo man sich um Gott und Sünde nicht mehr kümmert. Die theologische Moralisierung der Sünde ist der erste Schritt auf dem Weg zur säkularen Autonomie der Moral.

4

Das gilt auch für die maßgebliche theologische Grundlegung einer moralphilosophischen Sündentheologie in der Westkirche durch Thomas von Aquin im 13. Jahrhundert. Für Thomas ist Sünde keine übermenschliche Macht, sondern eine universale Wirklichkeit menschlichen Zusammenlebens. Im Kern ist Sünde ein *actus humanus malus* (eine üble menschliche Handlung), nämlich die *aversio a deo*,[114] die Abwendung von Gott, Gottes Gebot und Gottes gutem Willen. Diese Abwendung manifestiert sich in Gotteshass, Überheblichkeit und Stolz des Menschen, von denen er sich aus eigener Kraft nicht befreien kann. Auch wenn den Menschen in der Taufe durch Gottes Gnade die als Erbsünde tradierte Ursünde der Abwendung von Gott vergeben wird, bleibt die dadurch beendete Wirklichkeit als Möglichkeit bestehen, nämlich als die Konkupiszenz, die Neigung des menschlichen Willens, sich von Gott abzuwenden und sich mit dem minder Guten der geschaffenen Wirklichkeit, sei es sinnlicher, sei es geistiger Art, zu begnügen.

Die *concupiscentia* oder Begehrlichkeit ist der Drang zur Sünde,

---

114 Thomas von Aquin, II Sent., d.5, q.1, a.2, ad 5: „in quolibet peccatore aversio a Deo est praeter intentionem: quia malum non potest esse intentum, sed semper bonum, in quo est ad Deum assimilatio." (www.corpusthomisticum.org/snp2005.html) Entsprechend hat die klassische katholische Definition der Sünde präzisiert: Sünde ist *aversio a deo et conversio ad creaturas,* also die Abwendung von Gott und die Hinwendung zu den Geschöpfen, sei es, indem diese wie Gott und damit als Götzen behandelt werden, sei es, indem man sie ohne jeden Bezug auf Gott als irdische Dinge behandelt, sie also nicht als Geschöpfe versteht.

aber sie ist als solche keine Sünde, für die man selbst verantwortlich ist. Sie ist eine Spur der Erbsünde, nicht ihr Wesen, und sie bleibt im Menschen als Möglichkeit und Potenz zum Sündigen auch dann bestehen, wenn er durch die Taufe von der Wirklichkeit der Ursünde befreit und wieder auf Gott hin ausgerichtet ist. Denn wie die Erbsünde darin besteht, dass der Mensch durch Fortpflanzung an der pervertierten Natur des gefallenen Adams teilhat, also Sünder ist, so besteht die Gnade darin, dass Gott dem Sünder im Glauben Teil an der Gutheit und Gerechtigkeit der von Gott erneuerten menschlichen Natur Jesu Christi gibt (*natura humana*), ihn also in Christus trotz seiner Sünde als Kind und Erbe akzeptiert und seine Sünde nicht mehr ihm, sondern Christus zurechnet und damit auf sich selbst nimmt (*natura divina*). Wo aber Menschen von der Sünde befreit werden, da sind sie neu geschaffen, also wahre Menschen, die so sind und leben, wie sie als Gottes gute Geschöpfe sein und leben können und sollen. Und wo Gott die Sünde selbst übernimmt, da trennt sie nicht mehr von Gott, sondern geht an der göttlichen Natur zugrunde, weil im Licht seiner Güte das Dunkel der Sünde so durchleuchtet und überstrahlt wird, dass diese sich in konturloses Nichts auflöst. In Christus findet daher mit der Schöpfung des Neuen zugleich die Vernichtung des Alten statt.

Während Menschheit und Sünde kompatibel sind, stehen Gottheit und Sünde in striktem Widerspruch. Die Natur des Menschen und die Sünde lassen sich verbinden, indem die Sünde die menschliche Natur entstellt und schädigt. Gottes Natur und die Sünde aber lassen sich nicht vereinen, sondern dieser Widerspruch kann nur dadurch gelöst werden, dass das Gute die Oberhand behält und die Sünde zu Nichts werden lässt. Wie die Befreiung der Menschen von der Sünde zur Erneuerung des Menschseins führt, so resultiert die Übernahme der Sünde durch Gott in ihrer Vernichtung. Das erste bringt die klassische Christologie durch den Verweis auf die *natura humana* Christi zum Ausdruck, die ihn wahrhaft zum Menschen, nämlich zum wahren menschlichen Menschen macht, wie er als Gottes Geschöpf gemeint ist (*vere homo*). Das zweite kommt mit der Rede von der *natura divina* Christi zum Ausdruck, die ihn als Schöpfer des Neuen und Vernichter des Alten und eben damit wahrhaft als Gott ausweist (*vere deus*), der Altes beendet und Neues aus Nichts entstehen lässt. Christus steht als Mensch für die Wirklichkeit wahrer Menschlichkeit, und als Gott für die Schöpfung des Neuen und Vernichtung des Alten, ohne die es keine wahre Menschlichkeit und Mitmenschlichkeit in einem Leben der Sünde, des Übels und der Lüge gäbe.

Das Doppelgeschehen der Vernichtung des Alten (Sünde) und der Schaffung des Neuen (wahres Menschsein), das in Jesus Christus in elementarer Verdichtung und exemplarischer Konzentration gedacht wird, ist das Kerngeschehen der Entdeckung der Menschlichkeit. Das, was sich in Christus ereignet, gilt daher für jeden Menschen: Christus ist als *sacramentum* das *exemplum* wahrhafter Menschlichkeit. Menschen sind in die Wirklichkeit des Alten und die Verwirklichung des Neuen einbezogen, ohne selbst die entscheidenden Akteure zu sein. Weder die Teilhabe an Adams Todes-Wirklichkeit noch die Teilgabe an Gottes Lebens-Wirklichkeit sind das Resultat selbst zu verantwortenden menschlichen Tuns. Beide sind vielmehr etwas, in das Menschen in der von Adam herkommenden Reihe der Zeugungen hineingeboren werden (im ersten Fall) oder das ihnen in, durch und wegen Christus geschenkt wird (im zweiten Fall). Das erste stellt die Menschen in einen sie übersteigenden Wirklichkeitszusammenhang, das zweite eröffnet ihnen einen Möglichkeitshorizont, der ihnen aus dem Wirklichkeitszusammenhang der Sünde auszubrechen ermöglicht. Beides wird erst dadurch real, dass es auch gewollt und getan wird, dass der Adam-Mensch also selbst sündigt, also wie Adam wie Gott und damit ohne Gott sein will, und dass der Christus-Mensch selbst Gutes tut, also das will und tut, was Gott gutheißt. Und weil das erste in Gestalt der Konkupiszenz eine stets drohende Möglichkeit bleibt, muss das zweite immer wieder so vergegenwärtigt werden, dass der Möglichkeit und Wirklichkeit der Sünde die größere Wirklichkeit und Möglichkeit der Gnade entgegenwirkt.

5

Thomas entwickelt diese Sicht, indem er die augustinische Tradition von drei Stadien der Menschheitsgeschichte (prälapsarischer Urstand, postlapsarische Gegenwartswirklichkeit der Sünde, seit Christus angebrochene Heilswelt im Kampf mit der zu Ende gehenden Sündenwelt bis zum Endzustand ihrer endgültigen Überwindung im Reich Gottes) in eine in aristotelischer Begrifflichkeit entfalteten Tugend-Anthropologie menschlicher Handlungen einarbeitet. Als Wesen, deren Natur durch die Gnade nicht vernichtet, sondern vervollkommnet wird, gibt es für die Menschen eine doppelte Glückseligkeit (*beatitudo sive felici-*

2. Untugend

tas). Auf der einen Seite eine natürliche, die sie selbst durch ein tugendhaftes Leben erreichen können, indem sie durch entsprechendes Tun einen Habitus tugendhaften Lebens ausbilden (*virtutes acquisitae*) und sich so aus eigener Kraft moralisch vervollkommnen. Auf der anderen Seite eine übernatürliche, die sie nicht aus eigener Kraft, sondern *sola divina virtute* (allein durch gottgegebene Tugend) erreichen können, wenn sie die theologischen Tugenden des Glaubens, Hoffens und Liebens mitgeteilt bekommen, die Gott in ihnen ohne ihre Mitwirkung (*in nobis sine nobis*) wirkt.[115]

Der Grund für diese Dualität liegt in der Herkunftsgeschichte des Menschen. Im Urstand hatte der Mensch, der aufgrund seiner Vernunft *imago dei* ist, das Gnadengeschenk einer *iustitia originalis*, die ihn instand setzte, sich über seine natürlichen Fähigkeiten hinaus auf sein übernatürliches Ziel hin auszurichten. Dieses Gnadengeschenk ging im Fall verloren, so dass der Mensch jetzt auf seine natürlichen Fähigkeiten beschränkt ist. Auch die aber sind lädiert. Durch die Sünde ist die Herrschaft der Vernunft über die Triebe ins Wanken geraten, so dass seine Bemühungen um ein tugendhaftes Leben stets gefährdet sind. Das natürliche Streben des Menschen nach Tugend (*naturalis inclinatio ad virtutem*) ist durch die Sünde also nicht beseitigt, aber geschwächt und gefährdet.[116] Diese Verletzung der menschlichen Natur (*vulneratio naturae*), die sich als Auszehrung der Natur (*languor naturae*) manifestiert,[117] betrifft alle vier Seelenkräfte: Im Bereich der Vernunft (*ratio*) tritt die *ignorantia* (Unkenntnis) an die Stelle der *prudentia* (Klugheit). Im Bereich des Willens wird dessen Ausrichtung auf das Gute durch die *malitia* (Bosheit) verunstaltet. Im Bereich des *irascibile* (Reizbaren oder Cholerischen) wird der Trieb zum Erhabenen durch die *infirmitas* (Kraftlosigkeit) geschwächt. Und im Bereich des *concupiscibile* (Begehrlichen) ist der Genusstrieb nicht mehr durch die Vernunft gebändigt, sondern wird zur *concupiscentia* (Begierde), der steten Neigung und Bereitschaft zum Sündigen. Zusammengenommen bewirkt das eine grundlegende Desorientierung des Menschen. Das zu Erstrebende wird nicht mehr erstrebt und dem nicht zu Widerstrebenden wird wider-

---

115 S. th. I–II q.62, a.1 crp; q.63, a.2 crp (www.corpusthomisticum.org/sth2055.html#36098).
116 S. th. I–II, q.85, a.2; q.109, a.2.
117 S. th. I–II, q.82, a.1 crp.

strebt. Das erste zeigt sich in den *vitia capitalia* (Hauptsünden) der *superbia, avaritia, gula* und *luxuria* (Hochmut, Geiz, Gier und Wollust), das zweite in denen der *invidia, ira* und *acedia* (Neid, Zorn und Trägheit). Der Mensch ist durch die Sünde moralisch orientierungslos geworden. Während er in *statu naturae integrae* (Zustand der unverletzten Natur) die Möglichkeit gehabt hätte, mit Hilfe von Gottes Gnadengabe das *bonum supernaturale* (übernatürliche Gut) zu erreichen, ist er *in statu naturae corruptae* (Zustand der beschädigten Natur) dazu nicht mehr in der Lage, sondern in zweifacher Hinsicht auf Gott angewiesen: Er braucht ihn, um seine natürlichen Kräfte wieder zu heilen, und er braucht seine Hilfe, um das *bonum supernaturale* zu erwirken.

Gott hilft dem gefallenen Menschen durch die Gabe seines Gesetzes. Als *lex naturalis* und *lex humana* leitet es zu Handlungen an, die ihm das Erreichen des Endziels seiner menschlichen Natur aus eigener Kraft ermöglichen, als *lex aeterna* weist es ihm darüber hinaus den Weg zum Erreichen der übernatürlichen ewigen Glückseligkeit.[118] Für beides braucht der Mensch Gottes Gnade, um seinen Willen in der rechten Weise zu disponieren. Das Gesetz sagt ihm, was zu tun ist, die Gnade hilft ihm, es zu wollen und zu tun. Nicht der Mensch selbst, sondern Gottes Gnade bringt den Menschen dazu, seinen Willen am Sittengesetz auszurichten, also die Tugenden zu praktizieren und den Habitus zu entwickeln, die ihm erlauben, seine natürlichen Anlagen vollkommen zu entfalten. Dadurch wird der Mensch vorbereitet für den Empfang der übernatürlichen bzw. theologischen Tugenden, die er sich nicht durch eigene Tugendpraxis aneignen kann, sondern die er ganz und gar Gottes Gnadenwirken verdankt und die ihm ein Leben ermöglichen, das ihn auf sein übernatürliches Ziel hinführt.

Dieser Rechtfertigungsprozess, der den Menschen von den Folgen seiner Abwendung von Gott befreit, umfasst vier Momente, nämlich die *gratiae infusio* (das Eingießen der Gnade), den *motus liberi arbitrii in Deum per fidem* (die freie Willensbewegung zu Gott hin im Glauben), den *motus liberi arbitrii in peccatum* (die freie Willensbewegung gegen die Sünde) und die *remissio culpae* (den Nachlass der Schuld).[119] Gott gibt die Gnade und stößt damit den Rechtfertigungsprozess an, indem er den freien Willen des Menschen zur *acceptatio* der Gnade bewegt:

---

118 S. th. I–II, q.91, a.4 crp.
119 S. th. I–II, q.113 a.6 crp.

2. Untugend

„Gott gießt die Gabe der rechtfertigenden Gnade so ein, dass er damit zugleich auch den freien Willen aller, die dazu in der Lage sind, dazu bewegt, das Geschenk der Gnade anzunehmen" (*ita infundit donum gratiae iustificantis, quod etiam simul cum hoc movet liberum arbitrium ad donum gratiae acceptandum, in his qui sunt huius motionis capaces*).[120]

Der Wille des Menschen wird befreit, indem er sich Gott zuwendet und von der Sünde abzuwendet. Und Gott vollendet diese Erneuerung des Menschen, indem er die Strafe erlässt und den Menschen *a statu culpae in statum iustitiae* (aus dem Stand der Schuld in den Stand der Gerechtigkeit) versetzt.[121] Am Ende dieses Prozesses hat der Mensch damit den Zustand erreicht, den Adam sofort hätte erreichen können, wenn er die ihm gegebene Gabe der *iustitia originalis* in der rechten Weise gebraucht hätte, anstatt sie zu verspielen.

In jedem menschlichen Leben spielt sich damit mikrokosmisch der makrokosmische heilsgeschichtliche Prozess vom Verlust des prälapsarischen Urstands (Erbsünde) über das Leben im postlapsarischen Sündenzustand bis zur Erreichung des Heilsziels (ewiges Leben) bzw. seiner endgültigen Verfehlung (ewiger Tod) in individueller Weise ab. Der von der Erbsünde befreite Sünder wird durch Gottes Gnade instand gesetzt, das Gute zu wollen und das Böse zu meiden und damit im Kampf des guten Willens gegen das böse Wollen in seinem eigenen Leben den Kampf der in Christus angebrochenen Heilswelt gegen die zu Ende gehende Unheilswelt der Sünde zum Ziel zu führen.

6

Im Horizont dieser heilsgeschichtlichen Tugend-Anthropologie entwickelt Thomas auch seine Sündenkonzeption. Er definiert die Sünde

„als eine schlechte menschliche Thätigkeit. Daß überhaupt aber eine Thätigkeit eine menschliche sei, das kommt daher, daß sie freiwillig ist; sei es daß sie ein Willensakt selber sei oder eine vom Willen gebotene äußere Handlung, wie Sprechen oder Gehen. Und daß eine solche Thätigkeit schlecht sei, kommt daher, daß sie der gebührenden Abmessung entbehrt, die immer mit Rücksicht auf eine gewisse Regel oder Richtschnur beurteilt wird. Nun ist die Regel des menschlichen Willens: die menschliche Vernunft selber als die nähere, gleichartige; und das ewige Gesetz, als die entferntere, gleichsam die Vernunft

---

120 S. th. I–II, q.113, a.3.
121 S. th. I–II, q.113, a.6 crp.

Gottes" (peccatum nihil aliud est quam actus humanus malus. Quod autem aliquis actus sit humanus, habet ex hoc quod est voluntarius, sicut ex supradictis patet, sive sit voluntarius quasi a voluntate elicitus, ut ipsum velle et eligere; sive quasi a voluntate imperatus, ut exteriores actus vel locutionis vel operationis. Habet autem actus humanus quod sit malus, ex eo quod caret debita commensuratione. Omnis autem commensuratio cuiuscumque rei attenditur per comparationem ad aliquam regulam, a qua si divertat, incommensurata erit. Regula autem voluntatis humanae est duplex, una propinqua et homogenea, scilicet ipsa humana ratio; alia vero est prima regula, scilicet lex aeterna, quae est quasi ratio Dei).[122]

Das Problem dieser Definition ist, dass sie Sünde auf freiwillige Tätigkeiten bzw. Handlungen beschränkt und sie nur allgemein als „schlechte menschliche Tätigkeit" bestimmt und nicht sofort konkret als „Abwendung von Gott". Thomas begründet das damit, dass die beiden zentralen Merkmale der Sünde, ihre Freiwilligkeit und ihre Schlechtigkeit, nicht auf derselben Ebene stehen. Zum Begriff der Sünde gehört „zweierlei: 1. daß sie freiwillig und 2. daß sie ein ungeregelter Akt sei, d. h. vom ewigen Gesetze sich abwende" (*ad rationem peccati duo concurrunt, scilicet actus voluntarius; et inordinatio eius, quae est per recessum a lege Dei*).[123] Das erste ist grundlegend, weil der Sünder etwas aus freien Stücken tun will: Wer nicht intendiert, was er tut, ist kein Handelnder und folglich auch kein schlecht handelnder Sünder. Das zweite dagegen, „nämlich die Abwendung vom Gesetze Gottes, ist nicht beabsichtigt vom Sünder an und für sich, sondern tritt ohne dessen Willen von außen her zur Sünde hinzu. ‚Denn niemand wirkt etwas', sagt Dionysius (4. de div. nom.), ‚indem er das Schlechte beabsichtigt'" (*scilicet inordinatio actus, per accidens se habet ad intentionem peccantis; nullus enim intendens ad malum operatur, ut Dionysius dicit, IV cap. de Div. Nom.*).[124] Der Sünder will zwar handeln, und deshalb ist er verantwortlich für das, was er tut, aber er will nichts Böses tun oder gegen Gottes Gesetz verstoßen, denn man kann im Handeln immer nur ein Gut (*bonum*) anstreben und nichts Böses (*malum*). Wer Böses tut, strebt etwas an, das er für ein Gut hält, auch wenn es keines ist. Deshalb gehört die Freiwilligkeit und damit Verantwortlichkeit für das eigene Tun zentral zum Tun des Sünders. Aber dass es eine Sünde ist, was er tut, ergibt sich nicht aus seinem

---

122 S. th. I–II, q.71, a.6 crp.
123 S. th. I–II, q.72, a.1 crp.
124 Ebd.

Tun als solchem, sondern daraus, dass dieses faktisch gegen Gottes Gebot verstößt. Und dieses Gebot ist der menschlichen Vernunft allgemein im Sittengesetz oder speziell in der Offenbarung des Willens Gottes zugänglich.

Die *Tat* des Sünders wird also direkt intendiert, aber dass sie *schlecht* ist, ergibt sich nur faktisch und ist nicht Teil dessen, was intendiert wird. Das Böse wird nicht direkt beabsichtig, sondern durch das, was gewollt wird, beiläufig (*per accidens*) bewirkt. Der die Tat bestimmende Wille ist eine „voluntas inordinata" (ein ungeordneter Wille), weil er „minus bonum magis amat" (das weniger Gute mehr liebt).[125] Der Sünder will etwas aus seiner Sicht für ihn Gutes, aber er bestimmt dieses Gute falsch und zieht das weniger Gute dem eigentlich Guten vor.

7

Es ist leicht zu sehen, wie diese theologische Sündenkonzeption moralisierend verkürzt werden kann. Die akzidentielle Bestimmung der Schlechtigkeit der sündigen Tat legt moralistische Missverständnisse nahe. Denn eine menschliche Tätigkeit ist schlecht, wenn der sie bestimmende Wille ungeordnet ist, also nicht der Richtschnur folgt, nach der dieser Wille und die daraus resultierende Tat zu beurteilen sind. Diese Richtschnur aber ist die Vernunft, an der sich der Wille orientiert bzw. orientieren sollte, wenn Menschen in ihrem Handeln nicht ihren Neigungen und Trieben ausgeliefert sein wollen. Mit der Vernunftorientierung des Willens können aber zwei verschiedene Dinge gemeint sein. „Die Regel des menschlichen Willens ist zweifach: die eine ist nahe und gleichartig, nämlich die menschliche Vernunft selbst; die andere ist eigentlich die erste Regel, nämlich das ewige Gesetz, welche gleichsam die Vernunft Gottes ist."[126] Eine Handlung kann dementsprechend sündig sein, wenn sie der menschlichen Vernunft widerspricht (also moralisch böse ist) oder wenn sie wider Gottes Vernunft ist (also Gottes Wille nicht entspricht). Das zweite aber kann sie auch dann, wenn sie der menschlichen Vernunft entspricht, also eine moralisch gut zu bewertende Handlung ist, wie die Reformatoren des 16. Jahrhunderts gezeigt haben: Auch die guten Taten eines Sünders sind Sünde, nicht nur seine schlechten Taten. Das erste dagegen kann sie auch sein, ohne dass das

---

125 S. th. I-II, q.78, a.1 crp.
126 S. th. I-II, q.71, a.6c.

zweite überhaupt in den Blick kommt, wie die Entwicklung in der Moderne gezeigt hat: Ist Sünde ein moralisches Fehlverhalten, dann ist jedes moralische Fehlverhalten Sünde, ohne dass man Gott ins Spiel bringen müsste.

Doch das Problem geht noch tiefer. Man muss nicht nur Gottes Vernunft und die menschliche Vernunft unterscheiden, sondern mit dem Verweis auf die menschliche Vernunft kommen bei Thomas stets zwei Bezugshorizonte ins Spiel. Zum einen markiert die Vernunft die Differenz der Menschen (und Engel) zu anderen Lebewesen, die keine Vernunft haben. Wer sündigt, verstößt gegen die Vernunft und macht sich dadurch zum bloßen Tier. Oder wie Thomas sagt:

> „Indem er sündigt, zieht sich der Mensch von der Ordnung der Vernunft zurück, und das heißt, daß er von der menschlichen Würde abfällt, sofern ein Mensch von Natur aus frei ist und um seiner selbst willen existiert; gewissermaßen fällt er in die Knechtschaft der Tiere hinein" (homo peccando ab ordine rationis recedit, et ideo decidit a dignitate humana, prout scilicet homo est naturaliter liber et propter seipsum existens, et incidit quodammodo in servitutem bestiarum).[127]

Zum anderen markiert die Vernunft das Verhältnis der Menschen zu Gott, das sie zusammen mit den Engeln von allen anderen Lebewesen auszeichnet. Gott ist Vernunft und der Mensch ist dasjenige unter den materiellen Geschöpfen, das an der Vernunft Gottes auf menschliche Weise partizipiert.

Doch warum sollte das, was uns von anderen Lebewesen unterscheidet, zugleich das sein, was uns mit Gott verbindet? Die menschliche Vernunft wird hier durch zwei Differenzen bestimmt, die Differenz zwischen Menschen und anderen Tieren und die Differenz zwischen Mensch und Gott. Doch deren Verknüpfung versteht sich nicht von selbst, sondern ist begründungsbedürftig. Zudem ist jede der beiden Differenzbestimmungen für sich fragwürdig. So ist die Vernunft kein klares Differenzmerkmal des Menschen zu anderen Tieren: Auch viele von ihnen sind nicht ohne jede Vernunft, auch sie agieren mehr oder weniger frei, und auch sie existieren um ihrer selbst willen und nicht nur als Futter für andere Tiere. Die Vernunft muss auch nicht, wie bei Thomas, als Ableitung von der *ratio Dei*, der göttlichen Vernunft, ver-

---

127 S. th. II–II, q.64, a.2, ad 3.

2. UNTUGEND

standen werden. Thomas sieht das anders, weil er die *ratio humana* analogisch auf ihren Ursprung, die *ratio Dei*, bezieht. Die menschliche Vernunft entspricht der göttlichen Vernunft, der sie sich verdankt. Allerdings entspricht sie ihr so, dass die Ähnlichkeit zwischen menschlicher und göttlicher Vernunft durch die immer noch größere Unähnlichkeit qualifiziert wird, die das Geschöpf vom Schöpfer unterscheidet. Da diese Unähnlichkeit nicht graduell, sondern kategorial und unendlich ist, ist jede qualitative Ähnlichkeit zwischen menschlicher und göttlicher Vernunft durch eine noch größere Unähnlichkeit überdeckt. Was die Vernunft ist, können wir nur im Kontrast zu den tierischen Verhaltensweisen und Möglichkeiten bestimmen, und das wird immer auf eine nur relative Differenz, ein graduelles Mehr oder Weniger hinauslaufen. Aber im Kontrast zur göttlichen Vernunft können wir nicht sagen, was die menschliche Vernunft ist, sondern nur, was sie nicht ist. Erst von der Gnade her lässt sich die Wahrheit der menschlichen Vernunft erhellen, nur im Glauben wird sie so erschlossen, dass sie den Willen nicht nur zu dem zu bestimmen vermag, was wir wollen, sondern auch zu dem, was Gott will, dass wir es wollen.

Der Rekurs auf die Vernunft setzt bei Thomas also mehr voraus, als man bei anderen Vernunftkonzepten in Anspruch nehmen würde. Aber das ist nicht das einzige Problem. Übernimmt man von Thomas nur die Bestimmung der Sünde als *actus humanus malus* und nicht auch seine Bestimmung des *malus* durch den Rekurs auf Gottes Vernunft und Willen, dann wird jedes schlechte moralische Tun zur Sünde. Wo immer ein Tun den Moralprinzipien der Vernunft widerspricht, liegt eine Sünde vor. Wo die Theologie auf der Basis der Offenbarung singularisch von Sünde als Abwendung von Gott spricht, spricht die Philosophie auf der Basis der Erfahrung plural von Sünden als Verstößen gegen die moralischen Tugenden. Thomas zieht die Konsequenz ausdrücklich:

„Von den Theologen wird die Sünde vorzugsweise betrachtet als Beleidigung Gottes; vom Moralphilosophen als zuwider der Vernunft; zumal in vielen Dingen, welche die Vernunft überragen, wir geregelt werden durch das ewige Gesetz wie dies in Allem der Fall ist, was den Glauben betrifft. Deshalb sagte Augustin lieber: ‚gegen das ewige Gesetz' als ‚gegen die Vernunft'" (a theologis consideratur peccatum praecipue secundum quod est offensa contra Deum, a philosopho autem morali, secundum quod contrariatur rationi. Et ideo Augustinus convenientius definit peccatum ex hoc quod est contra legem aeternam, quam ex hoc quod est contra rationem, praecipue cum per legem aeternam regulemur in multis quae excedunt rationem humanam, sicut in his quae sunt fidei).[128]

Die Orientierung am Maßstab der Vernunft und am Maßstab von Gottes ewigem Gesetz weist aber nur dann nicht in verschiedene Richtungen, wenn die Anweisungen der Vernunft den Weisungen Gottes entsprechen, Gottes Gesetz und das Moralgesetz der Vernunft also inhaltlich zusammenfallen. Doch das lässt sich nur so lange vertreten, als die Vernunft sich nicht selbst ihre Regeln gibt, aus einer Vernunft, die Gott entspricht, also eine Vernunft wird, die selbst wie Gott spricht. Die Emanzipation der Vernunft aus dem Gehege der göttlichen Vernunft in der Neuzeit pluralisiert deren Stimme aber, und folglich ist das, was als Sünde bestimmt wird, zu verschiedenen Zeiten und an verschiedenen Orten etwas Verschiedenes. Die Moralisierung der Sünde führt in die Pluralisierung der Sünden, und diese manifestiert den Verlust der Orientierung an dem, was die Sünde bei Thomas als Sünde ausgezeichnet hatte: die Abwendung von Gott und seinem guten Willen.

8

Dass sich diese Abwendung von Gott ethisch in negativem Verhalten und moralisch üblen Taten manifestiert, ist die Grundüberzeugung der von Thomas repräsentierten Tradition. Sünde generiert Übel und Böses in der Schöpfung. Doch das ist zu einfach gedacht. Moralisches Gut- und Bösesein ist eine Sache des Mehr oder Weniger, Sünde dagegen die eine Seite eines absoluten Entweder-Oder: Entweder man steht als Geschöpf im rechten Verhältnis zu Gott oder man tut es nicht. Das letztere ist Sünde (*aversio a deo, incurvatio in se*), das erste Rechtheit (*rectitudo*) oder Gerechtigkeit (*iustitia, conversio ad deum*). Beides bezieht sich auf das ganze Leben der Menschen vor Gott, nicht nur auf einzelne Aspekte oder Momente, etwa die bösen und üblen bzw. guten und gerechten Taten der Menschen.

Das aber heißt, dass Sünde das ganze Leben des Sünders qualifiziert und sich nicht nur im Negativen des menschlichen Lebens manifestiert. Wie aber unterscheidet sich dann das Guttun des Sünders vom Guttun des Gerechten? Oder hat Sünde gar nichts mit Moral zu tun, so dass das Mehr oder Weniger des moralisch Guten oder Bösen im Umgang der

---

128 S. th. I–II, q. 71 a. 6 ad 5.

Geschöpfe untereinander gänzlich unabhängig ist von der Sünde gegenüber Gott? Emil Brunner hat es so gesehen. „Das Sündersein ist mit dem moralisch Gutsein durchaus vereinbar; ja letzten Endes verhält sich das Sündersein oder Nichtsündersein zu dem Unterschied von moralisch gut oder böse indifferent: die Zöllner und Huren werden vor den gerechten Pharisäern – denen moralische Gerechtigkeit abzusprechen niemandem einfallen kann – ins Himmelreich kommen."[129] Wie also verhalten sich Sünde und Moral zueinander? Darauf werden in der Regel drei Antworten gegeben:

1. Eine verbreitete philosophische Antwort lautet, dass Sünde und moralisches Fehlverhalten zusammenfallen. "Sin is the Christian name for what ethics calls 'moral evil'."[130] Oder etwas ausführlicher: "sin may be defined as moral imperfection for which an agent is, in God's sight, accountable"[131]. Jede Sünde ist so "an activity of the will, expresssed in thought, word or deed, contrary to the individual's conscience, to his notion of what is good or right, his knowledge of the moral law or the will of God"[132]. Das Problematische diese Bestimmung ist nicht nur, dass sie Sünde und moralisches Fehlverhalten gleichsetzt, beides also nur als verschiedene Weisen versteht, über dasselbe zu reden. Problematisch ist auch, dass sie annimmt, Sünder wüssten, dass sie Sünder sind, weil sie sich bewusst gegen das Gute und für das Böse entscheiden, und das sei nur möglich, wenn sie das Moralgesetz bzw. den Willen Gottes kennen. Das darf man füglich bezweifeln. Man muss nicht wissen, dass man sündigt, um ein Sünder zu sein – das ist die theologische Grundeinsicht, die im Konzept der Erbsünde ihren problematischen Ausdruck gefunden hat. Tennants Bestimmung dagegen lässt keinen Zweifel offen, dass Sünde und moralisches Fehlverhalten zusammenfallen: Wer moralisch böse handelt, ist ein Sünder, und umgekehrt. Doch genau das trifft nicht zu. Auch Sünder können moralisch gut handeln, aber das ändert nichts daran, dass sie Sünder sind.

2. Die katholische Antwort lautet, dass man Sünde differenziert zu verstehen habe und zwischen der *Ursünde* und den *aktuellen Sünden* bzw. *Tatsünden* unterscheiden müsse. In die Ursünde werden alle Men-

---

129 E. Brunner, Der Mensch im Widerspruch, Zürich ³1941, 149.
130 F. R. Tennant, The Concept of Sin, Cambridge 1912, 24.
131 A. a. O., 245.
132 F. R. Tennant, The Origin and Propagation of Sin, Cambridge 1902, 160.

schen hineingeboren. Sie ist für jeden ein unvermeidlicher Defekt des Menschseins (*vitium*), aber sie ist kein Resultat einer eigenen freien Entscheidung und daher auch nicht mit persönlicher Schuld (*reatus*) verbunden. Damit entzieht sich die Ursünde moralischer Beurteilung und kann auch nicht durch moralisches Handeln gelindert oder überwunden werden. Anders die Tatsünden. Sie könnten vermieden werden, wenn Menschen in ihrem Wollen, Entscheiden und Handeln auf das wahrhaft Gute ausgerichtet wären. Tatsünden sind stets Resultate einer freien Entscheidung, die von den Subjekten, die sie treffen, zu verantworten sind. Als solche können und müssen sie moralisch beurteilt werden, denn wer sie begeht, macht sich schuldig. Sünde hat daher einerseits den Charakter eines Verhängnisses, in das man ungewollt und unbeabsichtigt hineingeboren wird (als Ursünde), und sie hat den Charakter schuldvollen Verhaltens, weil man moralisch üble Taten begeht, die man nicht hätte begehen müssen (als Tatsünden).

3. Die reformatorische Antwort zieht die Unterscheidung zwischen Ursünde und aktuellen Sünden ein, reduziert alles Sündigen auf die Ursünde und schließt, dass Sünde und Moral nichts miteinander zu tun haben. Sünde muss ohne Rekurs auf das Moralproblem verstanden werden, und die Evidenz der Moral (wenn es sie denn gibt) kann nicht zur Erhellung der Sünde dienen. Brunner hat es gut zusammengefasst: Der Mensch ist Sünder, weil er sündigt, ja, er kann gar nicht anders als sündigen, was immer er tut. Aber ebendas muss in der richtigen Weise verstanden werden.

> „Der Mensch ‚ist' nicht Sünder so, wie der Elefant ein Säugetier ‚ist' oder die Winkelsumme des Dreiecks hundertachtzig Grad ‚ist'. [...] Sündersein heißt so viel wie: in der Auflehnung gegen Gott begriffen sein. Sünde wird nie zur Qualität oder gar zur Substanz. Sünde ist und bleibt Akt. [...] Der Abfall von Gott ist nicht einfach etwas Abgeschlossenes, der Abfall von Gott vollzieht sich immer wieder."[133] „Denn jede Sünde, die der Mensch tut, ist wieder eine neue Entscheidung wider Gott [...]."[134]

Die Menschen als Sünder zu bezeichnen, heißt daher nicht, sie in eine Beschreibungsperspektive zu rücken, in der sie im Vergleich mit anderen Menschen als moralische Übeltäter beschrieben werden können.

---

133 Brunner (s. Anm. 129), 142 f.
134 A. a. O., 141.

Sündenrede ist keine beschreibende Rede auf der Basis vergleichender Erfahrungen, sondern eine lebensorientierende Bestimmung für ein Leben im Glauben: Sie bestimmt den Menschen in seiner Beziehung zu Gott als einen, der von Gottes Gegenwart und Zuwendung lebt, auch wenn er das ignoriert, bestreitet oder bekämpft. Sünder sind Menschen, die ohne Gott nicht leben können – nicht: die *wissen*, dass sie ohne Gott nicht leben können! – und die von Gottes freier und ungeschuldeter Zuwendung leben, auch wenn sie das ignorieren. Nur wem das deutlich geworden ist, hat Grund und Anlass, sich und andere als Sünder zu bezeichnen. Niemandem wird das von sich aus deutlich, sondern allein dadurch, dass Gott es einem deutlich macht. Und deshalb sagt jeder, der sich und die übrigen Menschen als Sünder bezeichnet: Wir brauchen Gott – nicht: Wir *wissen*, dass wir Gott brauchen, sondern: Wir brauchen Gott, ob wir das wissen und anerkennen oder nicht, weil Gott sich uns zugewandt und damit gezeigt hat, dass auch wir von seiner Zuwendung profitieren können. Retrospektiv kann man sagen, dass man immer schon auf Gott angewiesen war. Aber nichts im Leben gibt einen zureichenden Grund oder Anlass dafür, das prospektiv zu behaupten. Deutlich wird das nicht aus unserer menschlichen Situation, sondern allein vom Einbrechen Gottes in unsere Situation her.

Deshalb kann man auch nicht vom moralischen Fehlverhalten von Menschen aus auf ihr Sündersein schließen oder vom moralischen Gutverhalten auf ihr Geschöpfsein. Dass wir alle Sünder sind, heißt nicht, dass wir alle moralisch fragwürdig leben (auch wenn das wahr sein mag), sondern dass Gott uns allen Gutes zuwendet, das wir uns selbst nie verschaffen könnten – nicht nur den moralischen Übeltätern, sondern auch den moralischen Gutmenschen. Die einen sind nicht weniger Sünder (also auf Gottes Zuwendung angewiesen) als die anderen. Beide sind vielmehr Sünder auf je ihre Weise. Und beiden wendet Gott sich so zu, wie es für sie am besten ist, um vor Gott recht und miteinander gut und gerecht zu leben.

9

Theologisch ist daher nie zu vergessen, dass auch Sünder Gottes Geschöpfe sind, der *peccator* also immer auch als *creatura* verstanden werden muss. Die beiden Momente des *simul peccator et creatura* können aber nicht unabhängig voneinander entwickelt werden. Wir können nicht zuerst darstellen, worin das Geschöpfsein des Menschen besteht, und dann darlegen, wie es durch die Sünde entstellt ist. Worin das Geschöpfsein des Menschen besteht, kann man vielmehr nur darlegen, indem man entfaltet, was sich zeigt, wenn die Sünde durch Gottes Gnade überwunden wird. Erst die Überwindung der Sünde erschließt, was es heißt, Gottes Geschöpf zu sein. Und erst das stellt auch klar, was es heißt, Schöpfer zu sein. Deshalb besteht für Paulus die eigentliche Bestimmung des Schöpfers darin, dass er aus Üblem Gutes schafft, aus Tod Leben und aus Nichts neues Sein. Das heißt für das Geschöpf, dass seine eigentliche Pointe darin liegt, vom Tod ins Leben und vom Nichts ins Sein gerufen zu sein. Erst von Gottes schöpferischer Intervention aus kann man retrospektiv sagen, worin das Sündersein des Menschen besteht (in dem, was Gott überwunden hat) und worin das Geschöpfsein des Menschen besteht (in dem, was durch Gottes Überwindung der Sünde ins Sein und ans Licht gebracht wird). Unsere natürliche Welt- und Menschenerfahrung erschließt gerade nicht, was wir in Wahrheit sind, weil wir die Deformationen der Sünde nie abschütteln, umgehen, ausblenden oder vermeiden können. Erst dass Gott sich des Sünders erbarmt, zeigt, dass der Sünder mehr ist als nur ein Sünder – nämlich ein von Gott geliebtes und gewolltes Geschöpf, dem Gott aus freien Stücken zum Nächsten wird und es damit zu seinem Nächsten und zum Nächsten all der anderen macht, denen er auch zum Nächsten wird.

Werden das Sündersein und das Geschöpfsein des Menschen nicht von diesem neu machenden Schöpferwirken Gottes her verstanden, lässt es sich kaum vermeiden, die Sünde zu moralisieren und die Schöpfung zu naturalisieren. Schöpfung wird dann mit der Natur gleichgesetzt und in dem gesehen, was man mit den Mitteln der empirischen Wissenschaften erforschen kann. Und Sünde wird mit moralischem Fehlverhalten gleichgesetzt und in dem gesehen, was den Prinzipien der Sittlichkeit und des moralisch guten Lebens widerspricht. Beides ist theologisch abwegig, auch wenn es sich dabei um weit verbreitete Einstellungen und Sichtweisen handelt. Nicht nur die Natur, sondern auch die Kultur ist Schöpfung, und nicht nur moralisch böses, sondern auch moralisch gutes Handeln kann Sünde sein. Die Schöpfung ist der Ort der Präsenz des Schöpfers, und dieser ist kein Erfahrungsphänomen, sondern der, ohne den es eine Welt der Erfahrung und des Erfahrbaren nicht geben würde. Entsprechend ist die Sünde kein besonderes Erfahrungsphänomen, sondern eine verfehlte Existenzeinstellung zu Gottes Gegenwart, die sich im ganzen Leben, also nicht nur in moralisch bösem, sondern auch in moralisch gutem Handeln manifestiert. Dass die Welt Schöpfung ist, lässt sich an nichts Erfahrbarem direkt ablesen, und dass der Mensch Sünder ist, auch nicht. Der Versuch, das zu tun, resultiert daher nicht von ungefähr im Gegenteil dessen, was er intendiert: in der Auflösung der Sünde zu einem bloßen religiösen Wort für einen moralischen Sachverhalt.

10

Dennoch oder gerade deshalb wird immer wieder versucht, die Sünde als moralisch erfahrbar zu erweisen. Doch je besser das zu gelingen scheint, desto überflüssiger wird die Rede von der Sünde. Ist Sünde im Kern moralisches Fehlverhalten, dann ist die Auseinandersetzung mit der Sünde nichts anderes als Auseinandersetzung mit moralischem Fehlverhalten und auf die Rede von der Sünde kann verzichtet werden.

Nicht erst diese Folge der Moralisierung der Sünde, sondern diese selbst ist dann aber problematisch. Man versucht, der Rede von der Sünde Erfahrungskonkretheit und Lebensnähe zu verschaffen, indem man vom Bezug des Lebens zu Gott abstrahiert. Wird Sünde als ein Verstoß gegen Gottes Gebot und Willen verstanden und Gottes Gebot als das natürliche und übernatürliche Sittengesetz, dann ist Sünde der Verstoß gegen die sittlichen Prinzipien, an denen sich entscheidet, was gut und was böse ist. Werden diese Prinzipien ohne Rekurs auf Gott definiert, wie es in den Moralphilosophien der Antike und der Neuzeit der Fall ist, wird Sünde auf den Verstoß gegen das Sittengesetz bzw. die Prinzipien der Moral reduziert. Wer sündigt, verhält sich moralisch falsch. Sünde ist moralisches Fehlverhalten, und moralisches Fehlverhalten ist Sünde.

Dieses Argument kann unterschiedlich entwickelt werden. Für prinzipientheoretische Moralkonzeptionen ist Sünde der Verstoß gegen Grundprinzipien der Moral. Für freiheitstheoretische Moralkonzeptionen ist sie der Missbrauch der Freiheit zur Unterminierung der eigenen Freiheitsfähigkeit. Für utilitaristische Moralkonzeptionen trägt sie zur Minimierung des Guten und zur Maximierung des Üblen bei, weil sie das Postulat der Förderung des größten Glücks der größten Zahl missachtet. Für gehorsamstheoretische Moralkonzeptionen ist sie die Ablehnung der herrschenden moralischen Autoritäten durch egozentrischen Subjektivismus, kulturellen Relativismus und gemeinschaftsvergessenen Individualismus. Für psychologische Moralkonzeptionen ist sie die Bevorzugung von Selbstsucht, Egoismus und Eigenliebe gegenüber

Altruismus, Empathie und Sympathie. Für wertphänomenologische Moralkonzeptionen ist sie der Abfall von den Grundwerten menschlichen Zusammenlebens und Ausdruck der kulturellen Umwertung der Werte in ihr Gegenteil. Stets ist sie das, was die entsprechende Moralkonzeption als das Negative definiert, welches menschliches Handeln in der Orientierung an dieser Konzeption vermeiden und ausschließen sollte. Sünde wird damit moralisch plural bestimmt, im Horizont der Moralkonzeptionen verschiedener Kulturen unterschiedlich konkretisiert und in einer Vielfalt verstanden, die sie zu einem konfusen, unklaren und wenig aussagekräftigen Phänomen werden lässt. Wer Sünde so versteht, vernimmt sie nur noch als das negative Echo seiner jeweiligen Moralkonzeption. Sie sagt nichts, was nicht auch ohne sie gesagt werden könnte. Von ihr zu reden wird überflüssig.

3. UNGLAUBE:
DIE ENTMORALISIERUNG DER SÜNDE

1

Gegen diese theologische Verharmlosung und moralische Verkürzung der Sünde wenden sich die Reformatoren des 16. Jahrhunderts.[135] Bei der Sünde geht es um etwas anderes als um ein moralisches Versagen. Es geht um ewigen Tod und ewiges Leben. Denn mit der Sünde steht nicht nur ein Fehlverhalten unter Geschöpfen zur Debatte, sondern eine Fehlorientierung im Verhältnis zum Schöpfer.

Diese Differenz zwischen einem *falschen Leben* (Fehlorientierung in der Beziehung zu Gott) und einem *falschen Handeln* im falschen Leben (Fehlverhalten unter Geschöpfen) ist entscheidend. Je deutlicher ein Sündenkonzept sie zur Geltung zu bringen vermag, desto besser ist es. Nicht alle Sündenverständnisse genügen dieser Bedingung. Aber man kann auch nicht auf ein Verständnis von Sünde verzichten, weil

---

135 So wenig es die Moralisierung der Sünde nur auf katholischer Seite gibt, so wenig gibt es die theologische Entmoralisierung der Sünde nur auf protestantischer Seite. Beides sind vielmehr Tendenzen, die sich im Denken (fast) aller theologischen Traditionen im Christentum finden lassen. Dennoch ist der Neuaufbruch der Theologie in der reformatorischen Revolution des frühen 16. Jahrhunderts entscheidend mit diesem Gegensatz verknüpft und erlaubt eine paradigmatische Gegenüberstellung.

3. UNGLAUBE

man Sünde als etwas verstehen muss, um etwas als Sünde bestimmen zu können.

Thomas hatte das klar gesehen. Um verständlich und für andere nachvollziehbar von Sünde zu reden, bedarf es einer Regel oder Richtschnur, mit deren Hilfe menschliches Handeln als Sünde beurteilt werden kann.[136] Man könnte meinen, das sei eine fragwürdige Beschränkung der Sündenproblematik auf das menschliche Handeln. Das steht zweifellos im Zentrum von Thomas' Sündenlehre, die im Rahmen einer umfassenden Tugend- und Lasterlehre entfaltet wird. Doch dass es nicht nur um menschliches Handeln, sondern um das Sein, Dasein und Sosein des Menschen geht, wird auch bei ihm in Erinnerung gehalten, wenn er die allem sündigen Handeln vorausgehende und zugrundeliegende Erbsünde nicht als Handlung, sondern als *habitus* bestimmt, nämlich als die „ungeregelte Verfassung, die aus der Zerstörung jener Harmonie herrührt, in welcher der Charakter der Urgerechtigkeit bestand" (*inordinata dispositio proveniens ex dissolutione illius harmoniae in qua consistebat ratio originalis iustitiae*). Die Erbsünde ist wie eine Erkrankung (*aegritudo*) der menschlichen Natur, die ein gesundes Leben unmöglich macht. Sie betrifft das Menschsein der Menschen und nicht nur einzelne ihrer Handlungen. Das heißt, anders als die Tatsünden ist die Erbsünde keine bestimmte, selbst zu verantwortende Handlung des einzelnen Menschen, sondern ein kontingenter Zustand des Menschen *als Menschen* (ein *habitus* nicht einzelner Menschen, sondern *des ganzen Menschengeschlechts*), der bestimmte Handlungen möglich und unmöglich, nicht mehr vollziehbar oder unvermeidlich macht. Man wird Sünder, weil man sündigt, und man sündigt, weil man aufgrund der Verwicklung eines jeden Menschen in die Sündengeschichte von Adam her unter den Bedingungen gegenwärtiger Existenz nicht anders kann. Für das Sündersein ist die Zugehörigkeit eines Menschen zum lädierten Menschengeschlecht verantwortlich: Die Sünde Adams macht uns zu Sündern, weil wir die Menschennatur mit ihm teilen, die seit ihm geschädigt ist. Die Reformatoren argumentieren umgekehrt: Man sündigt, weil man Sünder ist, und man ist Sünder, weil man unter den Bedingungen gegenwärtiger Existenz gottlos lebt und von sich aus nicht anders leben kann und will. Für das Sündersein ist nie ein anderer, sondern immer nur der Sünder selbst verantwortlich: Weil wir alle sün-

---

[136] S. th. I–II, q.71, a.6 crp. Auch die folgenden Zitate stammen von hier.

digen, gibt es die Sünde in der Welt.¹³⁷ Ob man aber von der Sünde auf den Sünder oder vom Sünder auf die Sünde hin denkt, in beiden Fällen wird das, was Sünde zur Sünde und Sünder zu Sündern macht, anhand einer Richtschnur beurteilt, die sich daran orientiert, wie und als was man Sünde versteht. Etwas als Sünde zu verstehen, setzt voraus, dass man Sünde als etwas versteht.

Auf die damit aufgeworfene Frage wurden im Verlauf der Geschichte sehr verschiedene Antworten gegeben und die Theologie hat entsprechend unterschiedliche Sündenkonzeptionen ausgearbeitet. So wird Sünde als *Widerspruch gegen Gottes Gesetz* verstanden,¹³⁸ als *Verstoß gegen Gottes Gebot und Verbot*, als *Ungehorsam gegen Gottes Willen*, als *Auflehnung gegen Gott*, als *Widerstand gegen Gott*,¹³⁹ als *Beleidigung Gottes*,¹⁴⁰ als *Verfehlung der wahren Liebe zu Gott und den Nächsten*,¹⁴¹ als *Ablehnung von Gottes Liebe*,¹⁴² als *Selbstsucht und Selbstliebe*,¹⁴³ als *incurvatio in se* (Anselm), als *aversio a deo* (Thomas), als *Undankbarkeit für Gottes Gaben*, als *Lieblosigkeit* (Heidelberger Katechismus), als *Verzweiflung* und *Selbsthass* (Kierkegaard), als *Entfremdung* (Tillich), als *Unwahrheit* (Løgstrup), als *Drang in die Verhältnislosigkeit* (Jüngel), als *Zerstörung wahren Lebens* (Ebeling), als *aus angstvoller Sorge um sich selbst entsprungene unangemessene Beziehung zu anderen Lebewesen und Dingen* (Gestrich),¹⁴⁴ als *Verfehlen der Lebensbestimmung* (Härle), als

---

137 Deshalb betont das Luthertum auch, dass die Sünden, für die Christus gestorben ist, nicht die fremden Sünden anderer, sondern meine eigenen Sünden sind: „(1) Herzliebster Jesu, was hast du verbrochen, // dass man ein solch scharf Urteil hat gesprochen? // Was ist die Schuld, in was für Missetaten bist du geraten? [...] (3) Was ist doch wohl die Ursach solcher Plagen? // Ach, meine Sünden haben dich geschlagen; // ich, mein Herr Jesu, habe dies verschuldet, was du erduldet." Evangelisches Gesangbuch, Nr. 81.

138 Augustinus definierte sie als „ein Wort, eine Tat oder ein Begehren im Widerspruch zum ewigen Gesetz" (Augustinus, Faust. 22, 27) (www.augustinus.it/latino/contro_fausto/index2.htm); vgl. Röm 1,28-32; 1Kor 6,9-10; Eph 5,3-5; Kol 3,5-8; 1Tim 1,9-10; 2Tim 3,2-5.

139 Katechismus der Katholischen Kirche (s. Anm. 66), Nr. 386.

140 A. a. O., Nr. 1850.

141 A. a. O., Nr. 1849.

142 A. a. O., Nr. 1850.

143 Sünde ist „die bis zur Verachtung Gottes gesteigerte Selbstliebe" (Augustinus, civ. 14,28) (www.hs-augsburg.de/~harsch/Chronologia/Lsposto5/Augustinus/ang_cd14.html#28)

144 Gestrich, Die Wiederkehr des Glanzes (s. Anm. 37), 199.

Verstoß gegen die Vernunft, die Wahrheit und das rechte Gewissen.[145] Die Liste ließe sich lange fortsetzen. Die Bestimmungen sind divers, und nicht alle halten einer kritischen Prüfung stand. Aber im Großen und Ganzen kreisen sie um zwei Bestimmungsknoten: die rechte Beziehung zu Gott und die rechte Beziehung zu sich selbst und anderen Geschöpfen. Durchweg wird die Sünde als eine menschliche Haltung, Handlung, Tat oder Tätigkeit verstanden, die sich gegen Gott und/oder die eigene Lebensbestimmung als Gottes Geschöpf richtet. Wer sündigt, lebt nicht so, wie er als Gottes Geschöpf leben könnte und sollte. Das kann konkret viele verschiedene Formen annehmen, aber sie alle haben eine Gemeinsamkeit: Sie problematisieren die Grundunterscheidung zwischen Schöpfer und Geschöpf, weil der Mensch wie Gott oder ohne Gott sein will und damit so oder so in Frage stellt, dass er Geschöpf ist und Gott sein Schöpfer. Sünder kennen keinen Schöpfer und keine Schöpfung. Sie leben gottlos.

2

Luther hat daraus die Konsequenz gezogen, alle Sünden als Ausdruck und Folgen des *Unglaubens* zu bestimmen und diesen als *Verachtung Gottes* zu verstehen. Wer sündigt, gibt Gott nicht die Ehre, sondern missachtet ihn – ob er blind für ihn ist, an ihm zweifelt, ihn bestreitet, gegen ihn kämpft oder nichts von ihm wissen will. Man muss Gott gar nicht bewusst verachten oder ausdrücklich bestreiten, um Sünder zu sein, auch wenn es zur bewussten Ablehnung Gottes kommt, wenn Menschen mit Gottes Gesetz und Willen konfrontiert werden. Es genügt, dass jeder Mensch faktisch lebt, ohne Gott zu achten. Dass eben das der Fall ist, wird aufgedeckt, wenn Gott in ein Leben einbricht und seinen Willen als Gesetz (was wir tun sollen, um ohne Sünde zu leben) und als Evangelium (was er für uns getan hat, damit wir trotz unserer Sünde leben können) so kommuniziert, dass man diese Kommunikation nicht ignorieren kann, sondern sich dazu verhalten muss. Wo Gott sich vergegenwärtigt, indem er seine Gegenwart erschließt, wird alles Tun und Lassen von Menschen zur Antwort auf diese Gegenwart, zu ihrer Anerkennung im Glauben oder ihrer Nichtbeachtung im Unglauben. Beides stellt klar, dass man zuvor gelebt hat, als gäbe es Gott nicht, ob einem das bewusst war oder nicht. „Denn das ist gewisslich wahr, dass

---

145 Katechismus der Katholischen Kirche (s. Anm. 66), Nr. 1849.

kein Mensch jemals seine rechten Hauptsünden sieht, als da ist Unglaube, Verachtung Gottes, dass er nicht Gott fürchtet, ihm vertraut und ihn liebt, wie es wohl sein sollte, und dergleichen Sünde des Herzens, da die rechten Knoten drinnen sind."[146] So hat es Luther auf den Punkt gebracht.

Fehlende Gottesfurcht, mangelndes Gottvertrauen, schwankende Gottesliebe und Desinteresse an Gott sind allerdings nicht nur empirisch-psychologische Phänomene einer ihrer selbst nicht gewissen Religiosität, die man durch entsprechende Maßnahmen therapieren könnte. Sie sind vielmehr Ausdruck einer tiefer liegenden existenziellen Verfehlung im Gottesverhältnis, die den Modus der eigenen Existenz selbstwidersprüchlich werden lässt: des Unglaubens. Unglaube ist die falsche Einstellung Gott gegenüber, ohne dessen schöpferische Gegenwart man Gott weder achten noch verachten könnte. Er ist kein psychisches Phänomen neben oder unter anderen, sondern eine Fehleinstellung zu dem, ohne das es keine psychischen Phänomene geben könnte. Eine Fehleinstellung und ein in sich widersprüchlicher Existenzmodus ist er, weil im Unglauben das missachtet wird, ohne das es den Unglauben gar nicht geben könnte. Ist aber Sünde Unglaube, Unglaube Verachtung Gottes und Verachtung Gottes die Infragestellung der Grundunterscheidung zwischen Schöpfer und Geschöpf, dann ist Sünde ein Leben, das in Widerspruch zum Grund seiner eigenen Möglichkeit und Wirklichkeit steht: Wer sündigt, verachtet den, ohne den es weder jemanden gäbe, der etwas verachten könnte, noch etwas, das sich verachten ließe. Als Unglaube ist Sünde ein Leben im existenziellen Selbstwiderspruch.

In diesen existenziellen Selbstwiderspruch werden alle Menschen hineingeboren, ob man das in augustinischer Tradition auf den Sündenfall zurückführt und als Grundcharakter postlapsarischen Lebens versteht oder ob man es in irenäischer Tradition als den Anfang eines Lebens begreift, in dem sich erst in einer langen heilspädagogischen Bildungs- und Selbstbildungsgeschichte ein Verständnis der menschlichen Situation vor Gott ausbilden kann.[147] In beiden Sichtweisen ist

---

146 M. Luther, Das schöne Confitemini an der Zahl der 118. Psalm (1530): in: K. Aland (Hrsg.), Luther deutsch. Die Werke Martin Luthers in neuer Auswahl für die Gegenwart, Band 7: Der Christ in der Welt, Göttingen ⁴1991, 308–415.

147 Zur Differenz der augustinischen und irenäischen Denktradition im Christentum vgl. J. Hick, Evil and the God of Love (New York 1966), New York 2010.

das gegenwärtige Leben der Menschen nicht so, wie es als Gottes Schöpfung sein könnte, sollte oder müsste, gleich ob dieses Ideal nun als verlorene Vergangenheit oder als noch nicht erreichte Zukunft vorgestellt wird. Der Mensch ist zur Gemeinschaft mit Gott bestimmt, und das ist erst dort wirklich der Fall, wo nicht nur Gott mit den Menschen, sondern die Menschen mit Gott leben und leben wollen.

Als Augustinermönch folgt Luther Augustins Ansicht, dass die heutige Menschheit nicht mehr im Urstand des *posse non peccare* (der Möglichkeit, nicht zu sündigen) lebt, aber auch noch nicht im eschatologischen Endzustand des *non posse peccare* (der Unmöglichkeit zu sündigen), sondern im Sündenzustand des *non posse non peccare* (der Unmöglichkeit, nicht zu sündigen). Auf diesen Zustand sind alle theologischen Überlegungen zu richten, denn er definiert die Wirklichkeit menschlichen Lebens. An jedem Punkt ist daher von der Verfangenheit der Menschen in die Sünde auszugehen. Es gibt keinen, der nicht sündigt, nicht einen. Das ist keine empirische Generalisierung, die sich durch den Aufweis eines Gegenbeispiels falsifizieren ließe, sondern eine kategoriale Bestimmung des Bezugsbereichs aller theologischen Aussagen über den Menschen: Wer theologisch vom Menschen spricht, muss ihn im Hinblick auf seine Beziehung zu Gott thematisieren, und in diese Beziehung kommt er immer im Licht einer Differenzbestimmung in den Blick: als Sünder und als Geschöpf. Als Sünder, weil er gottlos lebt, und als Geschöpf, weil er lebt und nicht Sünder sein müsste. Es gibt keine theologische Lehre vom Menschen, die nicht Lehre vom Menschen als *peccator* wäre, und es gibt keine Lehre vom *peccator*, die nicht Lehre vom *peccator* als *creatura* wäre. Die Pointe dieser Lehre ist darzulegen, wie der *peccator* dazu gebracht werden kann, das sein zu wollen und zu werden, was er als *creatura* ist, aber von sich aus nicht sein will und werden kann.

Das lässt sich nicht darlegen, ohne von dem zu reden, der den Menschen aus freien Stücken zu dieser Veränderung und Entwicklung verhilft, weil er als Schöpfer nicht aufhört, auch im Sünder sein Geschöpf zu lieben. Alle christliche Gotteslehre, Schöpfungslehre, Christologie, Ekklesiologie und Eschatologie ist deshalb eine theologische Entfaltung der existenziellen Grundsituation der Sünde und ihrer Überwindung durch das Wirken der Liebe Gottes. Es geht um die Veränderung von Menschen vom *non posse non peccare* zum *posse non peccare*, an der alles Heil und Leben hängt. Keiner, der im Zustand des *non posse non peccare* lebt, kann diese Veränderung selbst bewirken, und es gibt niemanden, der nicht in diesem Zustand lebte. Alle sind daher auf Gottes Zuwendung und Gegenwart angewiesen, und niemand sollte sich einreden, das nicht zu sein. Sünder sein heißt zwar, Gott nicht achten und gottlos leben. Aber weil jeder Sünder auch Gottes Geschöpf ist und Gott nicht aufhört, seine Geschöpfe aus dem Nichts ins Sein zu lieben, heißt Sünder sein stets auch, zu denen zu gehören, die von Gottes Gegenwart und Zuwendung profitieren. Sünder sind die Adressaten von Gottes Zuwendung, denn Christus ist für die Gottlosen gestorben (Röm 5,6) und nicht für die Gerechten. Als Sünder beginnen Menschen sich aber erst dann zu verstehen, wenn Gottes Zuwendung ihr Leben verändert und sie dazu bewegt, sich an Gottes Gegenwart zu orientieren. Ihre Gottlosigkeit wird dann zur Ausrichtung auf Gott, ihre Verachtung Gottes verwandelt sich in Achtung Gottes, und ihre Selbstliebe wird aufgehoben in die Liebe zu Gott und all den anderen, denen Gott auch zum Nächsten wird.

Wer von dieser Neuausrichtung des Lebens profitiert und profitieren kann, ist ein Sünder, und weil alle Menschen das tun, sind theologisch alle Sünder. Alle Menschen werden in ein Leben des Unglaubens geboren, in dem Gott nicht geachtet, gefürchtet und geliebt wird. Kein Mensch lebt von Anfang an im Glauben, und kein Mensch kann von sich aus zum Glauben kommen. Jeder muss dazu erst durch Gottes Wort und Geist gebracht werden. Aber es gibt auch niemanden, der nicht dazu gebracht werden könnte. Keiner glaubt, jeder könnte es, aber niemand tut es, der nicht von Gott selbst dazu bewegt wird.

Dass es Glauben – also Menschen, die glauben – gibt, belegt daher ein Zweifaches: dass Gott wirksam gegenwärtig ist und dass Menschen Sünder sind, die ihr Leben Gottes Gegenwart verdanken. Der Wechsel vom Unglauben zum Glauben ist keine Menschentat, sondern ein Gottesgeschenk. Ohne Gott gäbe es keinen Glauben, und ohne Unglauben wäre kein Glaube nötig. Deshalb darf man den Unglauben bzw. die Sünde theologisch nicht kleinreden oder verharmlosen. „Gott hat alles eingeschlossen in den Unglauben, damit er sich über alle erbarme. Dass wir gerecht sind, liegt also an Gott, der sich erbarmt, nicht am Menschen, der sich müht."[148] Denn Menschen, die sich nicht um Gott küm-

---

148 M. Luther, Thesen für fünf Disputationen über Römer 3,28 (1535–1537), De fide Nr. 62, in: Martin Luther. Lateinisch-Deutsche Studienausgabe, Band 2: Christusglaube und Rechtfertigung, hrsg. v. J. Schilling, Leipzig 2006, 410: „Summa, conclusit

mern, sondern ihn verachten, widerfährt Gutes von Gott, und was ihnen von Gott widerfährt, macht deutlich, was Sünde ist: das, was sie von der Orientierung an Gottes Gegenwart abgehalten hat und was Gott überwindet, indem er sie für seine Gegenwart öffnet. Die theologische Kurzformel dafür ist der Glaube, und dieser ist der Schlüssel zur Erkenntnis der Sünde. Nicht das moralische Fehlverhalten der Menschen ist Sünde, sondern alles ist Sünde, was nicht aus dem Glauben heraus getan wird, der sich allein Gott verdankt (vgl. Röm 14,23b). Der Gegensatz des Glaubens aber ist der Unglaube, nicht die Unmoral, und deshalb ist der Unglaube die Wurzel aller Sünden.

3

Indem die ganze Sündenthematik auf den Unglauben als Wurzelsünde konzentriert wird, kommt es zu einem radikalen Umbau der scholastischen Sündenkonzeptionen und zu einer nichtmoralischen Zuspitzung des Sündendiskurses, die von vielen als anstößig empfunden wird. Das zeigt sich an vielen Punkten.

Weil er das *peccatum radicale* (Wurzelsünde) mit dem *peccatum originale* (Ursünde) gleichsetzt, ist für Luther keine der Anti-Tugenden, also weder die Hoffart oder *superbia* (wie in Sir 10,15) noch die Geldgier oder *cupiditas* (wie 1Tim 6,10), die Wurzelsünde, sondern der Unglaube, der manifestiert, dass die Menschen in einer falschen Beziehung zu Gott leben. Dieser Unglaube ist kein Phänomen der Vergangenheit, sondern der Gegenwart, und er äußert sich im ganzen Spektrum menschlicher Einstellungen und Verhaltensweisen vom faktischen oder leichtfertigen Nichtglauben über den Aberglauben, Falschglauben und Glaubenszweifel bis zur Verweigerung, Ablehnung oder Bekämpfung des Glaubens. Wo der Unglaube im Spiel ist, leben Menschen als Sünder, und zwar auch und gerade dort, wo sie das gar nicht wissen und wissen wollen. Das *peccatum originale* wird von Luther daher nicht mehr augustinisch als Verhängnis der *Erbsünde* (*peccatum hereditarium*) im Unterschied von den selbst zu verantwortenden Tatsünden verstanden, sondern als *Ursünde*, in der die Differenz zwischen Erbsünde und Tatsünden eingezogen ist. Die Ursünde ist das Signum der Grundsituation eines jeden Menschenlebens in der gegenwärtigen Welt, das nur durch

---

Deus omnia sub incredulitate, ut omnium miseratur, Igitur, Miserentis Dei est, quod iusti sumus, non currentis hominis."

Gott und vor Gott stattfinden kann, aber gerade diese Gottesgegenwart ausblendet oder abstreitet. Dass Menschen auch nach der Taufe noch sündigen, belegt für Luther, dass diese nicht die Erbsünde vergibt und mit der *concupiscentia* nur noch die Möglichkeit für Tatsünden übrig lässt. Wo gesündigt wird, ist die Ursünde am Werk, und diese manifestiert sich im Sünder-Sein des Menschen und nicht erst oder nur in seinem Sünde-Tun.

Auch die *concupiscentia* ist daher nicht nur Zunder oder Zündstoff (*fomes*) der Sünde, der „für den Kampf zurückgelassen ist", wie das Konzil von Trient in der 5. Sitzung im Dekret über die Erbsünde im fünften Kanon sagt, damit Menschen sich im Kampf gegen die Sünde bewähren und „mannhaft durch Christi Jesu Gnade Widerstand leisten" können. Die *concupiscentia* ist vielmehr selbst Sünde, „welche uns von dem Angesichte Gottes verwirft. Nach ihnen [den Scholastikern] ist die Konkupiszenz eine gewisse *passio indifferens*, die uns nicht verdammt, die nichts nützt und nichts schadet. Sie leugnen auch, dass die Begierde nach der Taufe noch Sünde sei. Sofern man nur nicht die Ehe bricht, stiehlt oder mordet, ist es keine Sünde, der Konkupiszenz zu folgen. Sofern man aber wider sie streitet, ist es eine Art Tugend."[149] Doch nicht erst die böse Tat ist Sünde, sondern schon die Konkupiszenz, die zu ihr führen kann, aber nicht muss.

Genau diese Sicht vertritt auch Art. II der *Confessio Augustana*. Er betont, dass die Sünder „alle von Mutterleibe an voll böser Lust und Neigung sind und von Natur aus keine wahre Gottesfurcht und keinen wahren Glauben an Gott haben können" (dass sie also *sine metu Dei, sine fiducia erga Deum et cum concupiscentia* leben), fügt aber sofort hinzu, „daß auch dieselbe angeborene Seuche und Erbsünde wahrhaftig Sünde sei und alle die unter den ewigen Zorn Gottes verdamme, die nicht durch die Taufe und den heiligen Geist neu geboren werden" (*quodque hic morbus seu vitium originis vere sit peccatum, damnans et afferens nunc quoque aeternam mortem his, qui non renascuntur per baptismum et Spiritum Sanctum*). Die *concupiscentia* ist nicht nur Zunder zur Sünde, sondern Manifestation der Ursünde und damit voll und ganz Sünde. Sie bietet dem Sünder nicht Anlass für Bewährung und Widerstand, sondern trennt ihn so von Gott, dass der Tod erfolgen würde, wenn Gott sich seiner nicht erbarmen würde.

---

149 M. Luther, Disputatio de iustificatione, WA 39/1, 116 f.

3. UNGLAUBE

Die *Confutatio* hatte gegen die Definition der Sünde in CA II eingewandt, dass dies nur die Beschreibung von Tatsünden und nicht der Erbsünde sei. Doch der deutsche Text von CA II sowie die *Apologie* des Artikels stellen klar, dass es nicht um Tatsünden geht, sondern darum, dass Menschen „von Natur aus keine wahre Gottesfurcht und keinen wahren Glauben an Gott haben *können*"[150]: „Darumb wenn wir angeborne böse Lust nennen, meinen wir nicht allein die actus, böse Werk oder Früchte, sondern inwendig die böse Neigung, welche nicht aufhört, so lange wir nicht neu geboren werden durch Geist und Glauben."[151]

Der entscheidende Punkt dieser Kontroverse ist, dass beide Seiten zwar von Erbsünde reden, darunter aber Verschiedenes verstehen. Die reformatorischen Theologen verstehen sie nicht als tradierten Defekt, der als solcher noch keine Sünde, sondern nur Neigung zur Sünde ist, der man widerstehen und sich dabei bewähren kann. Sie kritisieren vielmehr die, „so die Erbsund nicht fur Sund halten, damit sie die Natur fromm machen durch naturlich Kräft, zu Schmach dem Leiden und Verdienst Christi"[152]. Sie verstehen sie als die Präsenz der *Ursünde*, als den Verstoß eines jeden Menschen gegen das erste Gebot. Das *peccatum originis* ist, dass „wir alle aus Adam stracks wider Gott, wider die erste Tafel Mosi und das größte, höchste göttlich Gebot gesinnet und geartet sind"[153]. Heilig und gerecht ist nicht schon der, der gute Werke tut und alle Gebote der zweiten Tafel erfüllt, sondern allein der, „der die erste Tafel, der das erste Gebot hält, das ist, der Gott von Herzen fürchtet, ihn liebt und sich auf Gott verläßt"[154]. Das aber tut keiner, und deshalb ist jeder Sünder. Wer Gott nicht achtet und ihm nicht die ihm gebührende Ehre erweist, der ist Sünder.

Ob das der Fall ist oder nicht, lässt sich an keiner Handlung eindeutig ablesen. „Die Werke der Menschen, wie schön sie auch immer sein und wie gut sie erscheinen mögen, sind wahrscheinlich doch Todsünden" (*Opera hominum, ut semper speciosa sont, bonaque videantur, probabile tamen est, ea esse peccata mortalia*).[155] Sünde ist Missachtung Gottes und gelebte Gottlosigkeit. Die aber prägt alles Handeln der Men-

---

150 BSLK 53 (meine Hervorhebung).
151 Apologie der Konfession, II. Von der Erbsünde, BSLK 147, 7–10.
152 CA II, BSLK 53, 14–19.
153 Apologie, BSLK 150, 16–19.
154 A. a. O., 29–34.
155 M. Luther, Disputatio Heidelbergae habita, Conclusio III, in: Martin Luther. Latei-

schen, das gute wie das böse, solange diese sich nicht als Gottes Geschöpfe bekennen und Gott nicht als ihren Schöpfer anerkennen. Das aber kann niemand von sich aus tun, weil es niemand von sich aus will. „Der Mensch kann von Natur aus nicht wollen, dass Gott Gott ist. Vielmehr wollte er, er sei Gott und Gott sei nicht Gott" (*Non potest homo naturaliter velle: deum esse deum. Immo vellet se esse deum. Et deum non esse deum*).[156] Ohne Gott ist alles Sünde, was Menschen tun. Und deshalb gibt es ohne Gott keinen Ausweg für sie. Im falschen Leben gut zu handeln, ist ein Traum; das aus eigener Kraft ändern oder zu seiner Änderung auch nur etwas beitragen zu können, fatale Selbsttäuschung. Wer einmal sündigt, kommt aus eigenen Kräften von der Sünde nicht mehr los. Einmal ist nicht keinmal, sondern für immer. Weil alle aber sündigen, insofern sie Gott nicht die Ehre geben, bleiben alle in der Sünde verfangen und sind damit dem Tod verfallen. Der Weg vom falschen ins rechte Leben ist ihnen verbaut. Ihre Zukunft kann nur noch der Tod sein, nicht das ewige Leben. Kurz: Vor und mit Gott recht zu leben, ist nicht unmöglich, aber es ist nicht mehr möglich für die, die falsch leben.

Diese radikale Sicht der Sünde ist kein Ausdruck einer perversen Lust an der Erniedrigung des Menschen. Ihre Pointe ist vielmehr, dass „die Sünde groß gemacht und ausgeweitet werden [muß], damit die Rechtfertigung so groß gemacht wird, wie es nur geht. Sie ist nämlich die Heilung von der Sünde, welche die gesamte Welt auf ewig tötet und durch grenzenlose Übel verdirbt."[157] Wer die Sünde verharmlost, gibt Gott nicht die Ehre. Er ist mehr an sich selbst als an Gott interessiert, stellt also sich selbst und nicht Gott an die erste Stelle. Ebendas ist der Kern der Sünde.

4
Der Streit zwischen den Reformatoren und der scholastischen Tradition um das Verständnis von Ursünde, Erbsünde, *concupiscentia* und Tat-

---

nisch-Deutsche Studienausgabe, Band 1: Der Mensch vor Gott, hrsg. v. W. Härle, Leipzig 2006, 36 (von mir korrigierte Übersetzung).
156 M. Luther, Disputatio contra scholasticam theologiam, in: Martin Luther. Lateinisch-Deutsche Studienausgabe, Band 1: Der Mensch vor Gott, hrsg. v. W. Härle, Leipzig 2006, 22.
157 M. Luther, Thesen für fünf Disputationen über Römer 3,28 (1535-1537), De fide Nr. 62, in: Martin Luther. Lateinisch-Deutsche Studienausgabe, Band 2: Christusglaube und Rechtfertigung, hrsg. v. J. Schilling, Leipzig 2006, 433.

sünden gründet in einer im Ansatz verschiedenen Sicht des Menschen. Die eine ist an der Erfahrung orientiert und an dem, was sich vergleichend beschreiben und empirisch erklären lässt, die andere an dem, was allem Erfahren, Beschreiben und Erklären vorausgeht und zugrunde liegt. Während die Scholastiker den Menschen als Wesen unter anderen Wesen und damit als Geschöpf unter Geschöpfen im Horizont der Erfahrung ins Auge fassen, sehen ihn die Reformatoren vor allem in seinem Verhältnis zum Schöpfer, der in keiner Erfahrung in besonderer Weise gegeben, sondern in aller Erfahrung mit- und vorausgesetzt ist. Nichts Erfahrbares ist Gott, aber ohne Gott gibt es auch nichts Erfahrbares. Den Menschen im Horizont des Erfahrbaren zu bestimmen, ist daher etwas anderes, als ihn im Horizont dessen zu bestimmen, ohne den es nichts Erfahrbares gäbe.

Das ist der entscheidende Differenzpunkt zwischen den scholastischen und den reformatorischen Ansätzen zur Bestimmung des Menschen. Für die Reformatoren definieren nicht die Differenzbeziehungen zu anderen Geschöpfen und das Verhältnis seiner Seelenkräfte zueinander den Menschen, sondern die Differenzbeziehungen zu Gott und die Art und Weise, in der sich Menschen zu ihr verhalten. In dieser Hinsicht aber kommen Menschen immer im Licht der Grundunterscheidung zwischen Glauben und Unglauben in den Blick, in der sich die existenzielle Grundalternative ihres Verhältnisses zum Grundverhältnis des Schöpfers zu seinen Geschöpfen ausprägt, das ihre Existenz begründet: Entweder man lebt in der Beziehung zu Gott als Sünder, der seinen Schöpfer nicht achtet (Unglaube), oder man lebt in ihr als gerechtfertigter Sünder, der sich auf Gottes Zusage verlässt, ihn auch als Sünder zu lieben und nicht aus seinem göttlichen Leben herausfallen zu lassen (Glaube). Glaube und Unglaube sind die beiden Grundmodi menschlicher Existenz, in denen sich zeigt, ob Menschen dem Schöpfer die Ehre geben oder nicht. Sie sind keine bestimmten Akte im Lebensvollzug, sondern der existenzielle Grundmodus, in dem alle Lebensakte vollzogen werden. Sie sind beide mögliche Modi menschlicher Existenz, aber der eine führt in den Tod und der andere ins Leben.

Die unterschiedliche anthropologische Perspektive führt zu einem anderen Verständnis der überkommenen Aussagen der Sündenlehre. Wo die theologische Tradition vom Verlust der *iustitia originalis* und vom *peccatum originis* spricht, spricht die *Confessio Augustana* davon, dass der Mensch *sine metu Dei* und *sine fiducia erga Deum* lebe. Denn –

so betont Melanchthon in der Apologie – die „*iustitia originalis* oder die erste Gerechtigkeit im Paradies" ist nicht primär das Halten der Gebote der zweiten Tafel des Dekalogs, sondern der Verstoß gegen das erste Gebot der ersten Tafel. Fromm, heilig und gerecht ist der, „der das erste Gebot hält, das ist, der Gott von Herzen fürchtet, ihn liebt und sich auf Gott verlässt". Es geht also nicht nur um einen Defekt der menschlichen Natur, die Unverderbtheit des Leibes oder einen Mangel an übernatürlicher Ausrüstung, sondern um das „Licht im Herzen, Gott und sein Werk zu erkennen, eine rechte Gottesfurcht, ein recht herzliches Vertrauen gegen Gott und allenthalben ein rechtschaffen gewisser Verstand, ein fein und fröhlich Herz gegen Gott und allen göttlichen Sachen". Es geht, mit anderen Worten, nicht um die Natur des Menschen, durch die er sich von anderen Geschöpfen unterscheidet, sondern um sein Herz, das der Ort seiner Gottesbeziehung ist. Ist dieses verdunkelt, dann ist der Mensch nicht mehr auf den Schöpfer ausgerichtet und missversteht dementsprechend auch die Schöpfung und sein eigenes Geschöpfsein, weil er sie gar nicht mehr als Gottes Schöpfung zu würdigen vermag. Wir mögen allerlei mehr oder weniger gute Taten vollbringen. Aber weil „wir kein gut Herz, welchs Gott recht liebet, gegen Gott haben", leben wir ein falsches Leben und sind so, dass wir „nicht allein kein rein gutes Werk zu thun oder vollbringen vermögen"[158]. Ohne Gottes Hilfe sündigen wir nicht nur, sondern können gar nicht anders als sündigen.

Diese andere anthropologische Perspektive verändert auch das Verständnis der *concupiscentia*. Weil die Gottesfurcht und das Vertrauen zu Gott fehlen, lebt der Mensch *cum concupiscentia*, also so, dass er nur noch sich selbst und seine Wünsche und Begehrlichkeiten sieht und sein Leben nicht mehr in der Ausrichtung auf Gott vollzieht. An die Stelle der Gottesliebe und der Öffnung des Lebenszirkels des Geschöpfs auf den Schöpfer hin ist die bloße Selbstliebe getreten, der Hang zur Maßlosigkeit einer Selbstbezüglichkeit, die nur noch sich selbst (Egoismus) und vielleicht nahestehende andere (egoistischer Altruismus), aber weder sich noch andere als Gottes Geschöpfe kennt und würdigt. Der Mensch richtet sich nicht auf Gott aus, weil er es nicht will, und er will es nicht, weil er nur sich und sein Begehren sieht und sich von ihm in seinem Leben leiten und treiben lässt.

---

158 BSLK, 148–153.

3. UNGLAUBE

Die *concupiscentia* bekommt dadurch einen aktiven, den Menschen von Gott wegtreibenden Charakter, der sie nicht nur als Möglichkeit und Potenz zum Sündigen, sondern als wirkliche Sünde ausweist. Das radikalisiert die überkommene Sicht. Augustinus hatte an der Konkupiszenz einen *fomes peccati* (Hang zur Sünde) und einen *reatus* (Schuld) unterschieden und nur beides zusammen und nicht schon das erste allein für Sünde gehalten. Die *concupiscentia* lässt den Menschen nach fleischlichen Dinge (*carnalia*) streben und nicht nach Gott. Dadurch lebt er nicht so, wie er als Gottes Geschöpf leben sollte, und zieht Schuld auf sich, die ihn von Gott trennt. Diese Schuld, die Adam auf sich geladen hat, wird mit der Konkupiszenz durch die Lust und Fleischlichkeit des Beischlafs als Erbsünde von Generation zu Generation weitergegeben. Von ihr werden Menschen in der Taufe befreit, aber diese beseitigt nicht den *fomes peccati* der *concupiscentia*, der weiterhin bestehen bleibt und gegen den man täglich kämpfen muss. Anselm hatte in der augustinischen Privatio boni-Tradition die Erbsünde rein negativ als *carentia* bzw. als *defectus iustitiae originalis* bestimmt, also als ein mangelhaftes Nichthaben und nicht als ein aktives Nichtseinwollen. Lombardus dagegen bestimmte die *concupiscentia* stärker anthropologisch als die niederen Kräfte im Menschen, die sich von der Herrschaft der Vernunft und des Willens zu befreien suchen und dadurch Anlass zum Sündigen werden.[159] Wir werden zu Sklaven unserer Triebe, weil die Vernunft nicht mehr über sie herrscht, aber erst wenn das tatsächlich geschieht, werden wir schuldig. Die Möglichkeit dafür verdankt sich der Sünde Adams, für die Wirklichkeit der Sünde dagegen sind immer wir selbst verantwortlich. Das Fortbestehen des *originale peccatum* in den Menschen ist daher nicht *culpa*, sondern *poena*. Aber mit dieser Strafe geboren zu werden, heißt an den Folgen der Schuld Adams zu partizipieren. Davon befreit die Taufe. Diese beseitigt die Schuld Adams, hebt aber die *concupiscentia* nicht auf, sondern weist ihr wieder den ihr gebührenden Platz im menschlichen Seelenhaushalt zu. Die *concupiscentia* herrscht jetzt nicht mehr, aber „sie macht auch nicht mehr schuldig, weil sie nicht mehr als Sünde zugerechnet wird, sondern nur eine Strafe für die Sünde ist, während sie vor der Taufe Strafe und Schuld ist"[160].

---

159 Petrus Lombardus, Sententiarum Libri Quatuor, Lib. II, Dist. 30, Cap. 7-15 (http://capricorn.bc.edu/siepm/DOCUMENTS/PETRUS%20LOMBARDUS/Lombard—Sent.%20I-II__Quarr.%201916.pdf).
160 A. a. O., Lib. II, Dist. 32, Cap.1: „Sed licet remaneat concupiscentia post baptismum,

In gewisser Weise verbindet Thomas beide Ansätze. Auf der einen Seite besteht er gegen Anselm darauf, „dass die Sünde nicht nur den Mangel an Gutem selbst bezeichnet, also eine Störung der Ordnung ist, sondern dass sie eine Tätigkeit unter Bedingung dieses Mangels bezeichnet, also selbst ein Übeltat ist" (*quod peccatum non solum significat ipsam privationem boni, quae est inordinatio; sed significat actum sub tali privatione, quae habet rationem mali*).[161] Denn nur wenn eine Tat vorliegt, die man selbst zu verantworten hat, kann auch von Schuld die Rede sein. Auf der anderen Seite folgt er Lombardus, wenn er betont, dass das *originale peccatum* beides sei, *culpa et poena*, weil man das Problem unter verschiedenen Gesichtspunkten betrachten könne. Wenn gefragt wird,

> „ob sie [die Ursünde] nur Strafe sei, oder Strafe und Schuld, dann muss man antworten, dass sie Strafe ist, wenn man sie mit einem gerechten Menschen vergleicht, sofern dieser als [einzelne] Person und ohne Rücksicht auf seine Natur [als Mensch] in den Blick gefasst wird, dass sie aber Schuld ist, wenn man sie mit dem Ursprung vergleicht, in dem alle gesündigt haben" („utrum sit poena tantum, vel poena et culpa, dicendum [...] est, quod si comparetur ad istum hominem prout est persona quaedam non habito respectu ad naturam, sic est poena; si autem comparetur ad principium in quo omnes peccaverunt, sic habet rationem culpae").[162]

Das heißt, das *originale peccatum* ist *culpa*, wenn es im Hinblick auf die fehlende Urstandsgerechtigkeit betrachtet wird, *poena* dagegen, wenn man auf die *concupiscentia* blickt. Dass alle Menschen den *fomes peccati* in sich tragen, ist eine Strafe Gottes. Aber das für sich genommen ist keine strafwürdige *culpa*, sondern nur die permanente existenzielle Gefährdung, sich durch eigenes Sündigen schuldig zu machen. Oder wie Alexander von Hales es ausdrückte:

---

non tamen dominatur et regnat sicut ante; immo per gratiam baptismi mitigatur et minuitur, ut post dominari non valeat, nisi quis reddat vires hosti eundo post concupiscentias. Nec post baptismum remanet ad reatum, quia non imputatur in peccatum, sed tantùm poena peccati est; ante baptismum vero poena est et culpa." (474).

161 S. th. I–II. q.75, a.1, ad 1.
162 Thomas von Aquin, Quaestiones disputatae de malo, q. 4 a. 2 ad 26 (http://www.corpusthomisticum.org/qdm04.html).

3. UNGLAUBE

„Wird also gefragt, ob die Ursünde in gleicher Hinsicht Schuld und Strafe ist, dann ist zu sagen, dass sie im Hinblick auf das Fehlen der geschuldeten Gerechtigkeit Schuld ist, im Hinblick auf die Konkupiszenz aber Strafe" („Cum ergo quaeritur utrum originale peccatum secundum idem sit culpa et poena, dicendum es quod secundum carentiam debitae iustitiae est culpa, secundum concupiscentiam vero est poena").[163]

Ganz in diesem Sinn betont das Tridentinum in Kanon 5 des Erbsündendekrets, die katholische Kirche habe die Benennung der Konkupiszenz als Sünde „niemals ‚dahingehend' verstanden, daß sie in den Wiedergeborenen wahrhaft und eigentlich Sünde wäre, sondern daß sie aus der Sünde ist und zur Sünde geneigt macht. Wer aber das Gegenteil denkt: der sei mit dem Anathema belegt."[164]

Die Reformatoren dachten das Gegenteil, weil die *concupiscentia* als solche zeigt, dass der Mensch nicht so ist, wie er als Gottes Geschöpf sein kann und sein soll, und damit genau das belegt, was die Sünde ausmacht: dass man nicht so lebt, wie es vor Gott geboten wäre, sondern im Leben und Sterben ganz auf Gottes Gnade angewiesen ist. In der Taufe wird die Ursünde daher nicht einfach entfernt und beseitigt, sondern vergeben, also nicht mehr als tödliche Entfremdung zwischen Gott und Mensch betrachtet und beurteilt. Die Reformatoren folgen Augustinus, wenn sie betonen: „Die Sünde wird in der Taufe nicht so erlassen, dass es sie nicht mehr gibt, sondern dass sie nicht mehr zur Last gelegt wird" (*Peccatum in baptismo remittitur, non ut non sit, sed ut non imputetur*).[165]

Die Sünde ist also nicht einfach nicht mehr da, wie Luther klarstellt, sondern in der Taufe spricht Gott dem Sünder zu, dass seine Sünden ihn nicht mehr von Gott trennen werden: „Also ist der Mensch ganz rein und unschuldig sakramentlich, das heißt nichts anderes als: er hat das Zeichen Gottes, die Taufe, mit der angezeigt ist, dass seine Sünden alle tot sein sollen und er in Gnaden auch sterben und am jüngsten Tag auferstehen wird, um rein von der Sünde unschuldig ewiglich zu leben." Aber das ist eine Hoffnungsaussage, die gegen die Erfahrungswirklichkeit des Sündenlebens gesetzt ist. Durch das Sakrament der Taufe hat im

---

163 Alexander von Hales, Summa Theologica II-II, Inq. II, Tract. III, Quaest. II, cap. II, art. III (http://scta.lombardpress.org/text/ahsh-l2Bi2t3q2m2c3).
164 DH 1515.
165 Augustinus, De nupt. et concup. I, 25, CSEL 42, 240. Vgl. BSLK 154.

Leben des Sünders etwas angefangen, was noch nicht zu Ende gebracht ist: „Aber weil all das jetzt noch nicht vollbracht ist und er noch im sündigen Fleisch lebt, ist er nicht ohne Sünde und völlig rein, sondern hat angefangen, rein und unschuldig zu werden."[166] Der Sünder lebt in der Hoffnung auf die ihm zugesprochene Vergebung der Sünden. Und genau so lebt er als *simul iustus et peccator:* als *iustus* (Gerechter) im Urteil Gottes, wenn man ihn so sieht, wie Gott ihm zugesagt hat, ihn am Jüngsten Tag zu sehen; als *pecctor* (Sünder) in seinem eigenen Urteil, wenn man ihn so sieht, wie er sich selbst vor Gott erfährt und beurteilen muss.

5

Die entscheidende Differenz der beiden Sichtweisen liegt nicht im Detail der Argumente, sondern in der anthropologischen Perspektive, in deren Rahmen sie die Probleme erörtern. Für die vorreformatorische Tradition ist die Sünden- und Rechtfertigungsproblematik ein innermenschliches Geschehen, das an den Kräften und Schwächen der menschlichen Seele durchdekliniert wird. Für die Reformatoren dagegen ist sie ein Geschehen, das sich in den Beziehungen zwischen Gott und Mensch abspielt und von dort her zu verstehen ist. Der erste Weg führt in die Moralisierung der Sünde und ihre zunehmende Gleichsetzung mit moralisch verwerflichem Leben und Handeln: Sünde ist Unmoral. Der zweite Weg führt in die Entmoralisierung der Sünde und ihre radikale Betrachtung als Pervertierung der Beziehung der Menschen zu Gott im Unglauben: Sünde ist Unglauben. Der erste Weg mutet den Menschen zu, mit Gottes Hilfe ihr falsches Leben zu überwinden, der zweite erwartet und erhofft das allein von Gott, weil dieser der Einzige ist, der Gutes im Schlechten entstehen lassen kann und auch aus Üblem Gutes schafft.

Sünde als Unmoral zu verstehen, heißt sie primär im Horizont der Schöpfung zu bedenken und anhand der Beziehungen der Geschöpfe zueinander zu entfalten. Sünde als Unglauben zu verstehen, heißt sie radikal im Horizont der Beziehung zum Schöpfer zu lozieren und im Licht von Gottes Umgang mit ihr zu bedenken. Zwischen beiden Posi-

---

166 M. Luther, Ein Sermon von dem heiligen hochwürdigen Sakrament der Taufe, in: Martin Luther, Studienausgabe, hrsg. v. H.-U. Delius, Band 1,262, Zeile 10-24. (meine Übersetzung ins heutige Deutsch).

tionen besteht eine nicht nur graduelle Differenz. Unmoral kann durch Moral bekämpft werden, der Unglaube dagegen nur durch den Glauben. Das Subjekt der moralischen Überwindung der Unmoral ist immer der Mensch, auch wenn er dafür auf göttliche Hilfe angewiesen sein mag. Das Subjekt der Überwindung des Unglaubens durch den Glauben dagegen ist Gott, der dem Sünder das schenkt, was dieser von sich aus nicht erreichen kann. Moralische Gerechtigkeit im ersten Sinn ist daher immer Resultat eigenen Tuns, Gerechtigkeit vor Gott im zweiten Sinn dagegen eine Gabe, die man sich selbst nicht hätte erwerben können.

Die Folgen dieser unterschiedlichen Sichtweisen zeigen sich überall im Leben. Die Moralisierung der Sünde macht den Kampf gegen die Unmoral zur Kernaufgabe des christlichen Lebens. Man will sein Leben und die Welt verbessern, indem man einen Tugendkatalog entwirft und die Welt nach den eigenen Vorstellungen des Guten umzugestalten sucht. Das lässt selten Spielraum für alternative Konzeptionen des guten Lebens. Je absoluter das Positive verstanden wird, das man verfolgt, desto weniger lässt man sich davon abhalten, es auch gegen Widerstand umsetzen zu wollen. Die Orientierung an der Moralisierung der Sünde zwingt Menschen in die Rolle der unverbesserlichen Weltverbesserer. Das hat tiefe Spuren des Bösen in der Geschichte der Menschheit hinterlassen. Damit trägt die Moralisierung der Sünde selbst zu dem bei, was sie zu überwinden versucht.

Die Entmoralisierung der Sünde dagegen macht die Dankbarkeit Gott gegenüber zum Leitmotiv christlichen Lebens. Sie will die Welt nicht nach ihren Vorstellungen verbessern, sondern das überall sich aufdrängende Üble und Schlechte vermeiden, soweit es in ihren Kräften steht. Sie verfolgt kein positives Weltgestaltungsprogramm, sondern setzt auf die Erfahrungen der Negativität als treibende Kraft des Fortschritts. Ihre Maxime ist „Meide das Üble!", nicht „Verwirkliche das Gute!" Auf das Negative aber kann man sich in der Regel leichter verständigen als auf das Positive. Am Bösen leiden alle, um das, was in einer bestimmten Situation oder überhaupt das Gute ist, wird dagegen immer gestritten. Die Entmoralisierung der Sünde tut daher gut daran, dazu anzuleiten, sich auf die Vermeidung von Schlechtem zu konzentrieren und das Übel der Welt nicht dadurch zu steigern, dass man die anderen mit den eigenen Überzeugungen des Guten beglücken will, ob diese das haben wollen oder nicht.

Genau das aber ist in der Gegenwart zur Regel geworden. Alles muss immer besser werden. Man will nicht nur Fehler vermeiden, sondern die Welt fehlerlos machen. Doch das geht selten gut. Manchmal ist es besser, es gut sein zu lassen. Denn wie Antoine de Saint-Exupéry zu Recht vermerkt hat: «Il semble que la perfection soit atteinte non quand il n'y a plus rien à ajouter, mais quand il n'y a plus rien à retrancher» (Es scheint, dass man Vollkommenheit nicht dann erreicht, wenn man nichts mehr hinzuzufügen hat, sondern wenn man nichts mehr wegnehmen kann).[167] Auch wenn die Welt nicht so ist, dass sie nicht in vielen Hinsichten besser sein könnte und sollte, muss man nicht ständig danach streben, alles zu verändern, sondern sollte sich darauf beschränken, das zu verbessern, was nicht gut ist. Nicht alles, was nicht oder noch nicht der Fall ist, ist ein hinreichender Grund, sich um seine Realisierung zu bemühen. Manchmal ist es gut, wenn etwas nicht der Fall ist, etwa bei einer ärztlichen Diagnose. Es ist keineswegs wünschenswert, dass alles Mögliche auch wirklich wird. Und es gibt keinen Grund, das, was der Optimierung nicht bedarf, zu perfektionieren, um die Welt noch besser zu machen, als sie ist. Das resultiert beinahe regelmäßig darin, sie schlechter zu hinterlassen, als man sie angetroffen hat. Weltverbesserung ist kein Spielfeld für moralische Selbstbestätigung. Man erreicht oft mehr, wenn man sich auf die Beseitigung des Negativen beschränkt und sich nicht mit der Realisierung des Positiven bzw. für positiv Gehaltenen übernimmt. Denn wo Gutes gelingt, gelingt es nicht durch unser Tun, sondern durch das, was Gott durch unser Tun gelingen lässt.

Beides, das Streben nach Verbesserung der Welt und die Bemühung um das Vermeiden von Übel, sind Haltungen, die sich im Christentum von Anfang an finden. Die erste Haltung ist ständig darum bemüht, zum Erreichen des Heils die Welt besser zu machen, als sie ist, die zweite dagegen konzentriert sich darauf, vom geschenkten Heil her das Übel in der Welt einzudämmen und abzubauen, wo immer das möglich ist. Sie will die Welt nicht besser machen, schon gar nicht, um sich selbst zu bestätigen, dass man recht lebt, das Richtige glaubt und tut und vor anderen gut dasteht. Sie will die Welt weniger übel hinterlassen, weil sie weiß, dass Gott die Menschen, obwohl sie von sich aus nicht gut sind und nicht recht leben können, trotz ihres falschen Lebens nicht aus seiner Lebensgemeinschaft verstößt, sondern in und durch ihr unzuläng-

---

167 A. de Saint-Exupéry, Terre des Hommes, Paris 1981, 47.

liches Tun Gutes in der Welt auch dort bewirkt, wo sie Übel anrichten. Sie weiß, dass Menschen krummes Holz sind und das von sich aus nicht ändern können. Aber sie setzt darauf, dass das Gott nicht davon abhält, durch sie Gutes zu tun.

4. GOTTESHASS: SÜNDE ALS AFFEKT

1

Dass der Mensch Sünder ist, ist eine Grundeinsicht, die alle theologischen Traditionen des Westens teilen. Doch das heißt nicht, dass sie einig wären im Hinblick auf das, was Sünde ist. Die augustinische Tradition hatte den Willen und das Wissen ins Zentrum gerückt, die beide durch den Fall schwer geschädigt sind. Die Reformatoren dagegen waren überzeugt, dass Sünde nicht primär kognitiv (also als ein falsches Wissen) oder moralisch (als ein falsches Wollen) zu verstehen sei, sondern sich zuerst und vor allem emotional als Affekt äußere, weil der Mensch ein primär affektbestimmtes Lebewesen ist.

Die Sünde ist ein falscher und schädlicher Affekt, der seine Negativität nicht enthüllt, sondern verbirgt. Sie tritt attraktiv und verführerisch in Erscheinung und ist gerade deshalb so gefährlich, weil sie anderes vortäuscht und verspricht, als sie in Wahrheit ist und hält. Die Sünde springt nicht als Sünde ins Auge, sie stößt die Menschen nicht ab, sondern zieht sie an, reizt und verlockt sie auf allen Ebenen des Menschseins: sinnlich, seelisch, intellektuell, voluntativ. Sie tritt auf als physische Attraktivität, psychisches Wohlgefühl, intellektuelle Verführung, betörende Hoffnung und haltloses Wollen. Erst ihre Auswirkungen im Leben zeigen, was sie in Wahrheit ist, aber wenn diese erst einmal eingetreten sind, ist es zu spät, sich von ihr zu befreien. Wenn man die Sünde bemerkt, ist man ihr längst verfallen. Sie betört die Sinne, schlägt die Affekte in Bann und verdunkelt das Gewissen, ehe sie den Willen bestimmt und das Wissen beschäftigt. Sünde ist Verführung des Herzens, und demgegenüber kommen alles Wollen, Wissen und Gewissen zu spät. Ihr primärer Ort im Leben sind die Passionen, Affekte oder Leidenschaften. Sie entstellt das Herz und Gemüt (Pathos) und erst danach auch die Vernunft (Logos) und den Willen (Ethos). Wer die Sünde verstehen will, muss die menschlichen Leidenschaften verstehen.

2

Unter den Reformatoren war es vor allem Melanchthon, der in seinen *Loci communes* von 1521 eine auf den Affekten basierende Theologie entwickelte, um Luthers Rechtfertigungstheologie anthropologisch zu konkretisieren.[168] Der Mensch ist ein von Passionen und Affekten beherrschtes Wesen, die er durch seinen Willen nicht zu beherrschen und durch seine Vernunft nicht zu bändigen vermag. Um die gefährlichen Auswirkungen der Affekte zu kontrollieren, genügt es nicht, ihnen vernünftige Überlegungen entgegenzustellen. Affekte haben ihren Sitz im Herzen, und sie können nur durch andere Affekte bekämpft, begrenzt und korrigiert werden. Um ein gutes und rechtes Leben führen zu können, muss man daher wissen, welche Affekte wir haben, was ihre Auswirkungen sind und welche Affekte man bekämpfen bzw. fördern muss, um die Übel zu begrenzen und das Gute zu befördern.

Auch das christliche Leben ist ein affektbestimmtes Leben, in dem es darum geht, die guten Affekte zu fördern und die schlechten Affekte zurückzudrängen. Gelebter Glaube ist nicht primär intellektuelle Einsicht oder vernünftige Willensbestimmung, sondern ein Umbruch im Affekthaushalt des Lebens, der sich dem Wirken von Gottes Geist verdankt und alles neu erleben und erleiden lässt. In seinen *Loci communes* beschreibt Melanchthon den Wechsel vom Leben der Sünde zum Leben des Glaubens nicht als Folge einer intellektuellen Einsicht oder eines freien Willensentschlusses, sondern als einen Affektwechsel, in dem das menschliche Herz von seinen sündigen Affekten befreit und durch neue, entgegengesetzte Affekte der Gnade bestimmt wird.

---

168 Vgl. K.-H. zur Mühlen, Melanchthons Auffassung vom Affekt in den „Loci communes" von 1521, in: Ders., Reformatorische Prägungen. Studien zur Theologie Martin Luthers und zur Reformationszeit, hrsg. v. A. Lexutt/V. Ortmann, Göttingen 2011, 84–95. Zu Luther vgl. B. Stolt, „Laßt uns fröhlich springen!". Gefühlswelt und Gefühlsnavigierung in Luthers Reformantionsarbeit. Eine kognitive Emotionalitätsanalyse auf philologischer Basis, Berlin 2012. Ähnliches ließe sich an Calvins Anthropologie und ihrer Betonung von Affekt und Sinn(lichkeit) einschließlich des *sensus divinitatis* zeigen. Vgl. R. J. Leo, Affect before Spinoza: Reformed Faith, Affectus, and Experience in Jean Calvin, John Donne, John Milton and Baruch Spinoza (Diss. Duke University 2009, 62–120: http://hdl.handle.net/10161/1356). Zu den wichtigsten Zeugnissen dieser Tradition außerhalb Europas gehört J. Edwards, A Treatise Concerning Religious Affections, in: The Works of Jonathan Edwards, Bd. 2, hrsg. v. P. Ramsey, New Haven 1957.

4. GOTTESHASS

Seine Sicht der Affekte lässt sich knapp folgendermaßen umreißen: Die „Kraft, aus der die Affekte hervorgehen", wird entweder Wille (*voluntas*) oder Leidenschaft (*affectus*) oder Trieb (*appetitus*) genannt.[169] Man kann den „Trieb der Sinne" (*appetitus sensuum*) und den „höheren Trieb" (*appetitus superior*) unterscheiden, also „Hunger, Durst und ähnliche Affekte der unvernünftigen [Kreatur]" auf der einen Seite, und „Liebe, Haß, Hoffnung, Furcht, Trauer, Zorn und die Affekte, die aus ihnen entstehen", auf der anderen Seite.[170] Diesen inneren und äußeren Affekten sind wir auf unterschiedliche Weise ausgeliefert. Während wir in äußeren Dingen eine gewisse Freiheit haben, also aus Erfahrung wissen, dass es in unserer „Macht steht, einen Menschen zu grüßen oder nicht zu grüßen, dieses Gewand anzuziehen oder nicht anzuziehen, Fleisch zu essen oder nicht zu essen"[171], stehen die „inneren Affekte [...] nicht in unserer Gewalt. Durch Erfahrung und Gewohnheit erleben wir, dass der Wille nicht aus eigenem Antrieb Liebe, Hass oder ähnliche Affekte ablegen kann, sondern ein Affekt wird durch einen [anderen] Affekt besiegt, z. B. wenn du von dem, den du liebtest, verletzt worden bist, hörst du auf, ihn zu lieben"[172]. Aufgeben oder ändern kann man einen solchen Affekt nur, wenn der „Affekt, von dem [das Herz] besetzt ist, von einer heftigeren Leidenschaft überwältigt" wird, und diese Leidenschaften stehen nicht in unserer Gewalt.[173] Stets ist der Mensch durch Affekte bestimmt, und da diese gegensätzlich sind, steht er in einer permanenten Spannung sich widerstreitender Affekte, denen er sich ausgesetzt findet und mit denen er sich auseinandersetzen muss – im Leben des Glaubens nicht weniger als im Leben des Nichtglaubens.

Der Wechsel vom Unglauben oder Nichtglauben zum Glauben wird dementsprechend als ein Affektwechsel verstanden. Gottes Geist wirkt gute Affekte im Menschen, die stärker sind als die der Sünde. Um den Menschen den Glauben nahezubringen und ihn zu stärken, gilt es Gottes Wort als Gesetz und Evangelium so zu Geltung zu bringen, dass Gottesfurcht und Gottesliebe, Ehrfurcht gegenüber dem Schöpfer aller Dinge und Vertrauen und Liebe zu dem allmächtigen Vater geweckt

---

169 Ph. Melanchthon, Loci communes 1521, übers. v. H. G. Pöhlmann, Gütersloh ²1997, 26 f.
170 A. a. O., 26–28.
171 A. a. O., 34–36.
172 A. a. O., 36.
173 A. a. O., 40.

und gefördert werden, auf den man sich im Leben und Sterben immer und überall verlassen kann. Wer sich auf Gott verlässt, ist nicht verlassen, sondern erlebt sein Leben auf andere und neue Weise. Das alte Leben der Selbstsucht und Gottesblindheit beginnt abzusterben und das neue Leben der Gemeinschaft mit Gott wächst in der Zunahme des Vertrauens, der Zuversicht, der Hoffnung, der Liebe zu Gott und den Nächsten, die ebenso Gottes Kinder, Freunde und Genossen sind wie man selbst.

3

Die Sünde wird dementsprechend anders verstanden, als es die Scholastiker der *via moderna* und des Skotismus taten. Diese suchen darzulegen, was Sünde ist, indem sie die „Relationen der Vernunft in der Sünde erörtern"[174], sich also auf das Verhältnis von Vernunft und Sünde konzentrieren, anstatt das Verhältnis der Sünde zu den Passionen und Affekten des Lebens zu untersuchen. Die Sünde ist „ein anerzeugter Drang und eine Kraft, durch die wir zum Sündigen weggezogen werden" (*quidam genialis impetus et energia, qua ad peccandum trahimur*),[175] eine „ganz tätige, verkehrte Begierde" (*actualis quaedam prava cupiditas*),[176] „ein verkehrter [krummer] Affekt und eine verkehrte [krumme] Bewegung des Herzens gegen Gottes Gesetz" (*Pravus affectus pravusque cordis motus est contra legem dei, peccatum*).[177] So hatte schon Paulus die Sünde bestimmt (Röm 8,7): „Der Affekt des Fleisches besteht in der Feindschaft gegen Gott" (*Affectus carnis inimicitia est adversus deum*), in der Abwendung von allem Geistigen und Gerechten, so dass im Herzen des Menschen nur noch „Fleisch, Gottlosigkeit und Verachtung der geistlichen Dinge [zu finden] sind"[178].

Dieser Affekt der Gottesfeindschaft und Gottesverachtung hat seinen Grund in der Eigenliebe (*amor sui*) des Menschen. Diese ist „der erste und höchste Affekt der Natur des Menschen, von dem er verleitet (weggerissen) wird, nur das zu wollen und zu wünschen, was seiner Natur gut, angenehm, süß und ruhmvoll erscheint, [sowie] das zu hassen und zu fürchten, was seiner Natur scheinbar widerstrebt, sich dem

---

174 A. a. O., 46–47.
175 Ebd.
176 A. a. O., 48–49.
177 Ebd.
178 A. a. O., 52–53.

4. GOTTESHASS

zu widersetzen, der ihn abhält von dem, was er begehrt, oder der ihm rät, dem zu folgen und nach dem zu fragen, was ihm mißfällt. [...] Hieraus entsteht im Menschen Haß gegen Gott und das göttliche Gesetz" (*dei et legis divinae odium oritur*).[179] Sünde ist der Affekt der Gottesfeindschaft, Gottesverachtung und des Gotteshasses, der aus der menschlichen Eigenliebe entspringt, die nichts anderes als sich selbst kennt.

Im Leben tritt die Sünde daher als Kraft und Macht auf (*vis peccati*), der jeder Mensch jederzeit und überall ausgeliefert ist, und zwar jenseits aller Unterscheidung zwischen Ursünde und Tatsünden. Auch die Ursünde (*peccatum originale*) ist keine bloße Möglichkeit zum Sündigen, sondern „eine lebendige Wirklichkeit" (*vivax quaedam energia*), die überall im Leben der Menschen und zu allen Zeiten Frucht trägt und die Sünden heraustreibt. Man kann daher nicht wie Gabriel Biel sagen, der Mensch „könne aus seinen natürlichen Anlagen die Tat hervorlocken, Gott über alles zu lieben, auch wenn ihm nicht die Gnade eingegossen wurde" (*posset actum dilectionis Dei super omnia elicere ex suis naturalisbus, etiam sie gratia non infunditur*).[180] Das Gegenteil ist richtig. „Denn wann kocht nicht das Gemüt vor (von) bösen Begierden, von denen wir die abscheulichsten und häßlichsten nicht einmal wahrnehmen? Wer fühlt nicht bisweilen Geiz, Ehrgeiz, Haß, Neid, Eifersucht, die Flammen der Lüste und Zorn. Die vornehmsten Affekte Anmaßung, Sprödigkeit, pharisäische Aufgeblasenheit, Verachtung Gottes, Mißtrauen gegen Gott, Gotteslästerung empfinden wenige."[181] Die Sünde ist eine affektive Wirklichkeit, die das ganze Leben pervertiert. Sie wirkt gerade dort am stärksten, wo man sie gar nicht wahrnimmt, erlebt und empfindet. Denn weil sie unbemerkt bleibt, solange Gottes Gesetz sie nicht aufdeckt, wirkt sie ungestört und ungebremst und richtet das menschliche Leben zugrunde, indem sie es in sich selbst verkrümmt und ihm so den Zugang zur Quelle des Lebens verbaut.

Das heißt nicht, dass Menschen nicht moralisch gute Werke vollbringen könnten. Menschen können tugendhaft leben, aber das heißt nicht, dass sie auch tugendhaft sind. „Es gibt [Menschen], die dem Schein nach sehr ehrenwert leben [...]."[182] Aber das zeigt nicht, dass sie es

---

179 Ebd.
180 A. a. O., 56–57.
181 Ebd.
182 A. a. O., 58–59.

auch sind: „Diese [Menschen] haben nichts, womit sie großtun könnten, weil ja ihre Herzen den schändlichsten und erbärmlichsten Affekten verfallen sind, die sie nicht [einmal] wahrnehmen."[183] Wer meint, ein tugendhaftes Leben sei ein Zeichen eines sündenfreien Lebens, irrt gewaltig. Von dieser „äußere[n] Maske und Larve der Tugend" (*externa virtutis persona ac larva*) darf man sich nicht täuschen lassen: All „diese Schatten von Tugenden" sind „durch Selbstliebe aus Selbstsucht entstanden" (*amore sui ex philautia oriebantur istae virtutem umbrae*),[184] wie man bei Cicero, Platon und Aristoteles lernen kann.[185] Man lebt nicht um der Tugend willen tugendhaft, sondern tut es nur zum Schein, wegen eines anderen Gutes oder um eines anderen Gutes willen. Der eine wird „zu solcher Sittsamkeit durch den Ekel vor menschlichen Dingen getrieben, ein anderer durch die Furcht vor dem Schicksal, ein anderer durch den Ehrgeiz, ein anderer durch die Liebe zur Ruhe, wieder ein anderer durch eine geheuchelte Furcht vor göttlichen Strafen, andere durch andere Ursachen"[186]. Doch wer die Tugend zum Mittel für etwas anderes macht, lebt nicht wirklich tugendhaft, sondern tut es aus Furcht, Selbstliebe oder Selbstsucht. Seine Tugend ist Schein und nur ein Schatten der Tugend. Auch im konventionellen Sinn tugendhafte Menschen sind nicht gut, sondern tun nur so und wollen nur so erscheinen.

Das ist nicht nur ein Schluss aus der Erfahrung, der durch viele Beispiele belegt werden kann, sondern es ist vor allem eine Einsicht, die sich der biblischen Unterscheidung zwischen Person und Werk verdankt. Folgt man nicht den Philosophen, sondern dem biblischen Zeugnis, dann ist klar: „Alle Menschen sind mit [ihren] natürlichen Kräften wirklich und immer Sünder und sie sündigen."[187] Da ist keiner, der Gutes tut, wie Ps 14 sagt. Das meint nicht nur einfache Verfehlungen, sondern „grauenhafteste[...] Verbrechen" wie „Gottlosigkeit, Unglaube, Torheit, Haß und Verachtung Gottes, Sünden, die niemand erkennen kann ohne den [Hl.] Geist".[188] Während die Philosophie daher „nur die äußeren Masken der Menschen" beachtet, sagt die Hl. Schrift, was Sache ist, weil

---

183 Ebd.
184 A. a. O., 58–61.
185 Ebd.
186 A. a. O., 64–65.
187 A. a. O., 60–61.
188 Ebd.

sie Gottes Sicht zur Geltung bringt, der „die innersten, [sonst] unfaßbaren Affekte" beobachtet.[189] Menschen sind Sünder, wenn sie von den falschen Affekten getrieben sind, auch wenn sie moralisch gut handeln. Um diese falschen Affekte zu entdecken, muss man auf Gottes Urteil achten, und um sie zu überwinden, muss man ein neuer Mensch werden. Das aber kann man nicht selbst und will es auch von sich aus nicht, solange man von den Sündenaffekten beherrscht wird, sondern das wird man nur, wenn man neu „aus Gott geboren" wird.[190] Melanchthon zitiert Joh 15,4: „Wie die Rebe keine Frucht bringen kann aus ihr selbst, wenn sie nicht am Weinstock bleibt, so auch ihr nicht, wenn ihr nicht in mir bleibt."[191]

4
Nicht die äußeren Werke also zählen, sondern die Affekte, aus denen sie getan werden. Der Sitz der Affekte aber ist das Herz, und wer das Herz bestimmt, der bestimmt, wie gelebt und gehandelt wird. Deshalb ist es nicht nur schwer, sondern unmöglich, die Sünde zu besiegen. Man kennt und erkennt sie nicht und will gar nicht anders leben, als man lebt. Und auch wenn Gottes Gesetz die Sünde aufdeckt und den Sünder entlarvt, will man die Sünde nicht wahrhaben und sich nicht gegen sie wenden. Die Sündenaffekte sind keine Schwachheit (*infirmitas*), „die durch menschliche Kräfte besiegt werden kann."[192] Im Gegenteil, „nur durch den Geist Gottes können die Affekte des Fleisches besiegt werden"[193]. Gott lässt sich durch den äußeren Schein nicht beeindrucken. Er „urteilt nach dem Herzen, nicht nach dem äußeren Werk"[194]. Das äußere tugendhafte Leben könnte immer nur Schein sein. Von ihm darf man sich daher nicht in die Irre führen lassen. Entscheidend sind die Affekte, die bestimmen, wie man lebt und was man tut. Und die haben im Herzen ihren Ort.

Alles läuft daher darauf hinaus, wer im Herzen das Sagen hat. Mit „Herz ist nicht nur der sogenannte sinnliche Trieb gemeint, sondern der Sitz aller Affekte, der Liebes- und Haßgefühle, der Gotteslästerung und

---

189 A. a. O., 62–63.
190 A. a. O., 64–65.
191 Ebd.
192 A. a. O., 90–91.
193 Ebd.
194 A. a. O., 92–93.

des Unglaubens."¹⁹⁵ Und wie das „Herz den Sitz aller menschlichen Affekte bezeichnet, so das Fleisch alle natürlichen Kräfte des Menschen. [...] Fleischlich ist alles, was mit den Kräften der Natur geschieht."¹⁹⁶ Und mit diesen Kräften ist die Sünde nicht zu besiegen, sondern immer nur neu zu bestärken. Gott aber urteilt nicht anhand unserer äußeren Werke, sondern „Gott urteilt über unsere Herzen und Affekte"¹⁹⁷.

Die Affekte aber haben nicht wir im Griff, sondern sie haben uns im Griff. Ihnen gegenüber sind wir nicht frei, wir können ihnen nicht folgen oder auch nicht folgen. Schon die „Erfahrung lehrt, daß es keine Freiheit gibt innerhalb der Affekte" (*in affectibus nullam esse libertatem experientia docet*).¹⁹⁸ Wir sind Sklaven unserer Affekte und haben keine Macht über sie. Affekte können nur durch andere und stärkere Affekte besiegt und verändert werden: „ein Affekt wird von einem anderen Affekt besiegt" (*affectus affectu vincitur*), und der jeweils stärkste Affekt beherrscht die anderen und bestimmt unser Herz. Die Sündenaffekte aber sind die stärksten und wirksamsten Affekte in unserem Herzen. Ihnen können wir nichts entgegensetzen. Um sie zu besiegen, sind wir darauf angewiesen, dass Gottes Geist uns die Affekte der Gnade Gottes (*spirituales affectus*) ins Herz gießt und uns von den Affekten der Sünde (*naturales affectus*) befreit. Allein die größere Macht der Liebe Gottes befreit uns von allen anderen Mächten, und je stärker wir an Gott gebunden sind, desto weniger können uns andere Mächte binden.

In der *Institutio* von 1519 hatte Melanchthon diesen Punkt besonders nachdrücklich hervorgehoben.¹⁹⁹ Der Mensch wird durch seinen Affekt „von Natur zum Bösen hingerissen" (*rapitur ad mala*). Weil dieser Raptus „unvorstellbar mächtig" ist, „muß ein entgegengesetzter Affekt [*contrarius affectus*] in unseren Herzen geschaffen werden, durch den wir [...] zum Guten hingerissen werden mögen [*ad bona rapiamur*]. Dieser Affekt ist durch Christus verdient worden und er wird Gnade [*gratia*] genannt."²⁰⁰ Allein dieser *novus affectus*, dessen Autor Christus ist, kann den Affekt der Sünde in unserem Herzen wirksam besiegen und den

---

195 A. a. O., 94–95.
196 Ebd.
197 A. a. O., 96–97.
198 Ebd.
199 Vgl. Die Loci Communes Philipp Melanchthons in ihrer Urgestalt, nach G. L. Plitt, neu hrsg. v. D. Th. Kolde, Leipzig/Erlangen ⁴1925, 42–44.
200 C. R. 21, 53 f. Vgl. Pöhlmann (s. Anm. 169), 45.

Glauben, die Liebe und die Hoffnung wirken, ohne die der Mensch verloren wäre.[201] Denn erst durch diesen neuen Affekt werden wir instand gesetzt, nicht nur Scheingutes, sondern wirklich Gutes zu tun, also nicht nur nach außen ehrbar zu leben, sondern im Herzen vor Gott gerecht zu sein. Im Leben des Sünders gibt es nichts Gutes, es sei denn, Gott tut es.

5

Melanchthons ganzer Argumentationsgang basiert auf seiner Sicht der Rolle der Affekte im Leben der Menschen. Menschen sind leidenschaftliche Wesen. Das Zentrum ihrer Person ist das Herz, das den Ort ihrer Beziehung zu Gott markiert. Gerade das Herz aber wird von Affekten beherrscht und ist ein Schlachtfeld widerstreitender Affekte, Passionen, Kräfte und Leidenschaften. Die stärkeren dominieren die schwächeren und die stärksten bestimmen, wie man lebt und was man tut. Wir sind unseren Affekten ausgeliefert, weil unsere Vernunft und unser Wille zu schwach sind, sich ihnen zu widersetzen. Affekten kann man nur andere Affekte entgegensetzen. Aber das ist kein Akt unserer Freiheit. Affekte kann man nicht wählen, sondern sie packen einen. Sie sind kein Produkt unseres Willens, sondern ein *raptus*, der uns mitreißt und dem wir nichts entgegensetzen können. Verändern können wir unsere Affekte nur, indem wir uns in Situationen begeben, in denen uns stärkere Affekte packen und bestimmen können. Gegen den Affekt der Sünde kommt im Leben aber kein anderer Affekt unserer Natur an: Wir sind ihm stets ganz und gar ausgeliefert. Allein der Affekt der Gnade, den wir Gottes Geist verdanken, ist stärker als der Affekt der Sünde. Er kann die Herrschaft in unserem Herzen antreten, wenn wir Gottes Wort als Gesetz und Evangelium vernehmen und dadurch instand gesetzt werden, uns vom Affekt der Sünde loszusagen und die Werke des Glaubens zu tun. Wie wir unter der Macht der Sünde sind, solange unser Herz von diesem Affekt beherrscht wird, so sind wir unter der Macht der Gnade, wenn unser Herz von dem Affekt beherrscht wird, den uns Christus einpflanzt. Wir brauchen diese Macht von außen, um der Macht der Sünde nicht ohnmächtig ausgesetzt zu bleiben. Denn nicht wir können den Affekt der Sünde besiegen, sondern allein Gott, indem er den Affekt der Sünde durch einen neuen Affekt ersetzt und unser Herz so neu

---

201 C. R. 21, 54.

bestimmt, dass wir werden, was wir von uns aus nie werden könnten: neue Menschen.

Dass es dazu kommt, versteht sich nicht von selbst. Es hat vielmehr zwei Gründe. Zum einen sieht Gott auch im Sünder sein Geschöpf, bleibt also auch dann dem Sünder nahe, wenn dieser ihn ignoriert, bestreitet, verachtet, hasst und bekämpft. Auch als Sünder ist und bleibt der Mensch Gottes Geschöpf. Das heißt nicht, dass er natürliche Kräfte hätte, die von der Sünde nicht infiziert oder zerstört wären. Es heißt vielmehr, dass Gott auch dem Sünder als sein Schöpfer nahe bleibt. In den *Loci* von 1521 wird das nicht ausgeführt. Sie enthalten keine ausgeführte Trinitäts- und Schöpfungslehre. In den *Heubtartikel Christlicher Lere* von 1553[202] aber wird als Pointe des Schöpfungsartikels ausdrücklich festgehalten, „das gott bey allen erschaffenen dingen gegenwertig ist und sorget fur uns"[203]. Das gilt auch für die Menschen, die sich um Gott nicht kümmern. Gott ist auch den Sündern gegenwärtig und sorgt auch für ihr Leben, indem er ihnen täglich Brot gibt und sie am Leben erhält. Ohne Gott wären sie nicht. Dass sie leben, zeigt, dass sie Geschöpfe sind, für die der Schöpfer sorgt.

Zum anderen aber ist Gott dem Sünder nicht nur gegenwärtig, indem er für sein Leben sorgt, sondern er hilft ihm auch, seine Sünde zu überwinden und sich Gottes Gegenwart wieder zuzuwenden. Das geschieht konkret durch Jesus Christus, der Gottes Strafe für die Sünde der Sünder auf sich nimmt, obwohl er selbst keine Sünde hat, und ihnen so Anteil an seiner Gerechtigkeit gibt, auf die sie keinen Anspruch haben. Was Luther den „fröhlichen Wechsel" genannt hat, in dem Christus das übernimmt, was uns belastet (die Sünde), und uns das gibt, was ihn auszeichnet (die Gerechtigkeit), wird auch von Melanchthon betont. Christus „hat unsere Sünden getragen" und mit seinem Tod die „Sühneleistung" (*satisfactio*) erbracht, die keine andere mehr nötig und möglich macht.[204] Sein Amt ist, dass er „trotz der Sünde Gnade denen [gibt], die glauben"[205]. Gnade ist nach Paulus (Röm 5,15) „die Gunst Gottes, durch die er Christus und in Christus und um Christi willen alle Heiligen in Liebe umarmt hat" (*Gratiam vocat favorem dei, quo ille Christus*

---

202 Ph. Melanchthon, Heubtartikel Christlicher Lere, hrsg. v. R. Jenett und J. Schilling, Leipzig 2002.
203 A. a. O., 132.
204 Loci, 344–355.
205 A. a. O., 174–175.

complexum est et in Christo et propter Christum omnes sanctos).²⁰⁶ „Denn das heißt Christus erkennen: seine Wohltaten erkennen" (*hoc est Christum cognoscere beneficia eius cognoscere*).²⁰⁷ Diese Wohltaten aber bestehen darin, dass er uns als „Heilmittel" (*remedium*) für unsere Sünden gegeben ist, weil er die Strafe, die wir verdient haben, in seinem Tod auf sich genommen hat und damit uns das „Heil", das wir uns nicht selbst verschaffen können, nämlich die „Vergebung der Sünde um Christi willen"²⁰⁸, als Geschenk und Gabe zugeeignet hat. Durch ihn sind wir von dem befreit, was uns von Gott trennt, und ihm verdanken wir das, was uns mit Gott verbindet.

Dabei ist wichtig zu sehen, dass dieser Wechsel kein Tausch ist zwischen zwei Akteuren, die jeweils ihren Teil zum Ganzen beitragen. Nicht wir geben Christus unsere Sünde, und er gibt uns dafür seine Gerechtigkeit. Im Gegenteil: Wir tun gar nichts, und Christus tut alles. Er nimmt uns die Sünde, indem er die auf sie stehende Todesstrafe auf sich nimmt. Und er gibt uns seine Gerechtigkeit, indem er Gottes Vorbehalte gegen die Sünder aus dem Weg räumt, ohne die Sünde klein zu machen oder zu überspielen. Gott hasst die Sünde, aber er liebt den Sünder, weil er ihn um Christi willen mit der Liebe ansieht, mit der er Christus ansieht, und dem Sünder daher die Sünde, in der er lebt, nicht anrechnet, sondern ihm die Gnade, die er Christus gibt, zurechnet. Sünder werden von ihrer Sünde nicht erlöst, weil sie glauben, sondern sie glauben, weil sie von ihrer Sünde um Christi willen erlöst sind. Der Glaube ist keine Bedingung, sondern eine Folge der Rechtfertigung. Diese geschieht nicht *propter fidem* (um des Glaubens willen), sondern *propter Christum* (um Christi willen), und sie wird *per fidem* (durch den Glauben) im Sünder wirksam und nicht durch irgendein Tun seitens des Menschen. Glaube ist Gottes Geschenk, das den Sünder verändert, weil es dessen Herz vom Affekt der Sünde befreit und der Affekt der Gnade Christi an dessen Stelle tritt. Durchgehend gibt es hier nur einen Akteur: Gott selbst. Der Sünder dagegen wird, was er von sich aus nie werden und bewirken kann: gerechtfertigter Sünder und damit Gottes Geschöpf, das trotz seiner Sünde von seinem Schöpfer nicht mehr getrennt und geschieden ist.

---

206   A. a. O., 202–203.
207   A. a. O., 22–23.
208   A. a. O., 282–283.

6

Die Rechtfertigung ist ausschließlich Gottes Werk. Aber auch der Sünder ist Gottes Geschöpf, und auch der gerechtfertigte Sünder bleibt in den Kampf gegen die Sünde eingespannt. Er kann diesen Kampf überhaupt erst jetzt führen, weil er durch den Affekt der Gnade von Gott instand gesetzt ist, dem Affekt der Sünde entgegenzuwirken.

Um wissen zu können, was er dabei zu tun und zu lassen hat, hat Gott ihm sein Gesetz gegeben, an dem er sich im Kampf gegen die Sünde orientieren kann. Melanchthon setzt ganz grundsätzlich an: „Das Gesetz ist ein Satz, durch den Gutes geboten und Böses verboten wird. Das Recht ist die Vollmacht, nach dem Gesetz zu handeln."[209] Nicht jeder hat dieses Recht in jedem Fall. Der Sünder hat dieses Recht verspielt, der gerechtfertigte Sünder hat es durch die Gabe des Affekts der Gnade wieder erhalten. Für ihn hat Christus das Gesetz erfüllt, und auch er ist jetzt in der Lage, nach dem Gesetz zu leben.

Die Gesetze unterscheidet Melanchthon mit der Tradition in „die natürlichen, die göttlichen und die menschlichen Gesetze"[210]. Das Naturgesetz „ist ein allgemeiner Satz, dem wir in gleicher Weise wie alle Menschen zustimmen, und zwar in dem Maße, in dem Gott es in das Herz eines jeden eingemeißelt hat, um die Sitten zu formen" (*Est itaque lex naturae sententia communis, cui omnes homines pariter adsentimur atque adeo quam deus insculpsit cuiusque animo, ad formados mores accomodata*).[211] Alle Menschen haben ein Urwissen von den allgemeinen Grundsätzen der Moral, die mit der Natur des Menschen gesetzt sind, wie Melanchthon mit dem Humanismus und dem Neuplatonismus der italienischen Renaissance meint. Sie bestehen „in gewissen anerschaffenen Beschaffenheiten" (*habitus concreatos*), die „von Gott den menschlichen Herzen eingeprägt worden" sind und „eine uns von Gott eingepflanzte Regel" sind, „um über moralische Belange zu urteilen"[212]. Dazu gehört das, „was wir mit den Tieren gemeinsam haben: das Leben schützen, erzeugen und seinesgleichen gebären" – Melanchthon nennt sie „eine Art natürliche Affekte, die [allen] Lebewesen in gleicher Weise eingepflanzt sind"[213]. Dazu gehören aber auch die Gesetze, „die für den

---

209 A. a. O., 100–101.
210 Ebd.
211 Ebd. (Übersetzung korrigiert).
212 A. a. O., 102–103.

4. GOTTESHASS

Menschen charakteristisch sind", nämlich: „Man soll Gott ehren", man soll „niemandem Schaden zufügen" und wir sollen „alle Güter gemeinsam gebrauchen".[214] Diese von Platon bis Thomas Morus immer wieder geforderte Utopie der Gütergemeinschaft wird von Melanchthon präzisiert: „die Güter sind zu teilen, da nämlich das Gemeinwohl der Mehrheit es so fordert"[215]. Und auch sonst konkretisiert und modifiziert er das System der moralischen Naturgesetze so, dass sie in folgenreicher Weise an die gesellschaftlichen Bedingungen der frühen Neuzeit angepasst werden.[216]

Neben diese natürlichen Affekte und naturrechtlichen Bestimmungen treten die göttlichen Gesetze, die Melanchthon in die „Moralgesetze" (den Dekalog, die Räte, die Mönchsgelübde), die „Judizialgesetze" und die „Zeremonialgesetze" einteilt.[217] Beim Dekalog hebt er vor allem die drei ersten Gebote hervor und betont, sie ließen sich zusammenfassen in dem Satz „Liebe Gott von ganzem Herzen usw."[218] und bezögen „sich eigentlich auf die Affekte, daß wir nichts lieben und nichts fürchten außer Gott und daß wir unser Vertrauen nicht auf unsere Güter, Tugend, Klugheit, Gerechtigkeit oder ganz auf irgendeine Kreatur setzen, sondern allein auf Gottes Güte. Diese Affekte stehen ganz und gar nicht in unserer Gewalt: von niemandem außer von wirklich geistlichen Menschen wird gespürt, was Vertrauen, was Furcht, was Liebe zu Gott ist."[219] Diese Affekte haben wir nicht von uns aus und können sie uns auch nicht selbst verschaffen, sondern sie können uns nur von Gott eingepflanzt und geschenkt sein. Sie sind geistige Affekte, nicht solche, die wir natürlicherweise haben. Das „Gebot [der Liebe] kann nicht erfüllt werden, solange wir im Fleisch leben"[220]. Und eben weil wir es natürlicherweise nicht tun, wird es geboten.

---

213 Ebd.
214 A. a. O., 102–105.
215 A. a. O., 106–107.
216 Vgl. W. Dilthey, Weltanschauung und Analyse des Menschen seit Renaissance und Reformation, Gesammelte Schriften Bd. 2, hrsg. v. G. Misch, Göttingen [11]1991, 162–202.247 f.
217 Loci, 110–111.
218 A. a. O., 116–117.
219 A. a. O., 112–113.
220 A. a. O., 116–117.

Die Menschensatzungen schließlich „sind alle [Gesetze], die letztlich von Menschen festgelegt werden", und das sind einerseits die weltlichen oder bürgerlichen Gesetze und andererseits die päpstlichen oder kirchlichen Gesetze.[221] Die „weltlichen Gesetze haben keine andere Funktion außer der, die Rechtsverletzungen zu bestrafen und in Grenzen zu halten"[222]. Sie dürfen nicht in Widerspruch stehen zum göttlichen Recht, aber ansonsten stehen sie in der Freiheit der Obrigkeit, die für gerechte Verhältnisse im Staat zu sorgen hat. Dasselbe gilt für die päpstlichen Gesetze. Sie regeln die Angelegenheiten der Kirche, aber nicht den Glauben. „In Glaubensfragen haben die Päpste, die Konzilien und die gesamte Kirche kein Recht, etwas zu verändern oder festzulegen, sondern die Artikel des Glaubens müssen schlicht und einfach an der Vorschrift (Urschrift) der Hl. Schrift überprüft werden. Was ohne die Schrift aufgekommen ist, darf nicht als Glaubensartikel gelten."[223] Dasselbe gilt für die Moralgesetze. „Den Bischöfen ist es nicht erlaubt, etwas anderes zu gebieten, als was in der göttlichen Schrift überliefert ist."[224] Sie haben kein Recht und keine Vollmacht, neue Moralgesetze zu erlassen. „Die päpstlichen Gesetze sind so zu ertragen, wie wir irgend ein Unrecht oder eine Tyrannei ertragen", aber „die Gewissen [sind] nicht an Menschensatzungen gebunden".[225]

Das ganze System der Gesetze von den Naturgesetzen über die Gottesgesetze bis zu den Menschensatzungen zeigt, dass das Gesetz nach Melanchthon nicht den Sinn hat, die Menschen zum Glauben zu führen, sondern ihnen zu helfen, der Sünde Einhalt zu gebieten und ihre falschen Affekte aufzudecken. Das Gesetz – das Naturgesetz und der Dekalog – hilft, das Leben auf Gott hin zu orientieren und es in der Liebe zu Gott und den Nächsten zu leben, indem sie sagen, was sein soll, und damit aufdecken, was nicht ist. Aber das Gesetz leistet keinen Beitrag zum Heil, sondern hilft nur zur Abwehr von Unheil. Auch im menschlichen Zusammenleben hat das Gesetz diese Schutz- und Hilfsfunktion. Gesetze sind nötig zur Bekämpfung des Bösen, aber sie bieten kein Mittel zum Erreichen des Guten. Weil wir Sünder sind, also nicht von

---

221 A. a. O., 132–133.
222 A. a. O., 134–135.
223 A. a. O., 136–137.
224 A. a. O., 146–147.
225 A. a. O., 150–151.

uns aus Gott und unsere Nächsten lieben, brauchen wir Gesetze. Diese kann man auch als Sünder äußerlichen einhalten, dafür sorgen die Sanktionen, die mit ihnen verbunden sind. Aber der äußere Schein ist etwas anderes als das innere Sein, erzwungene Legalität etwas anderes als gelebte Moralität (wie man später sagen wird). Gerecht werden wir nicht durch das Gesetz, sondern nur durch den Glauben. Und gelebter Glaube vollzieht sich immer in der Doppelspannung der Orientierung am Evangelium, durch das Gottes Gnade zum neuen Leben mit Christus geschenkt und vermittelt wird, und der Orientierung am Gesetz, durch das die Auswüchse und Auswirkungen des alten Lebens der Sünde eingedämmt und begrenzt werden kann. Wir brauchen das Gesetz zum Kampf gegen die Sünde. Aber wir können es nur recht gebrauchen mit den Affekten der Gnade, die wir uns durch nichts verdienen können, sondern die uns von Gott frei und aus reiner Liebe und Barmherzigkeit gegeben und geschenkt werden.

So gewiss wir daher alle Sünder, also Gottes bedürftig sind, so gewiss ist Gott Barmherzigkeit. Barmherzigkeit ist Gottes Liebe in der Zuwendung zum Sünder.[226] Gott hat ein Herz für die, die im Elend sind. Er ist Barmherzigkeit. Wer sich auf Gott beruft, verlässt sich auf den, der aus reiner Barmherzigkeit zu denen hält, die nichts von ihm wissen wollen, sondern meinen, ohne ihn leben zu können. Doch das geht nicht. Wer Gott ignoriert, ignoriert den, ohne den er Gott nicht ignorieren könnte. Er lebt im Widerspruch zu dem, ohne den er nicht leben könnte, lebt also auch als Sünder von den Wohltaten der Barmherzigkeit Gottes. Dieser wendet sich denen zu, die nichts für ihn übrighaben, obwohl sie ohne ihn nicht wären. An diese barmherzige Zuwendung Gottes erinnert das Gesetz, und dessen Erfüllung erschließt das Evangelium. Beide sind Ausdruck der Barmherzigkeit Gottes gegenüber den Sündern. Und weil das Evangelium die Erfüllung dessen erschließt, was das Gesetz verheißt, verspielt man beides, wenn man eines von beiden ignoriert.

---

226 Vgl. W. Kasper, Barmherzigkeit: Grundbegriff des Evangeliums – Schlüssel christlichen Lebens, Freiburg ⁶2019.

5. UNLUST:
SÜNDE ALS SÜNDENBEWUSSTSEIN

1

Unter den Theologen der Neuzeit hat kaum ein anderer die Priorität des Pathos vor dem Logos und Ethos so nachdrücklich herausgestellt wie Schleiermacher. Sein ganzes Denksystem gründet auf der Einsicht, dass nicht Wissen und Tun, sondern das beidem zugrundeliegende Gefühl die Grundgegebenheit des Lebens ist. Was heißt das?

Wir kennen das Leben nie nur als Gegenstand unsere Wissens oder als Objekt und Feld unseres Tuns, sondern immer schon gleichsam „von innen", weil wir es als das erleben, in dem und durch das wir werden, was wir sind. Uns selbst aber erleben wir in der Duplizität von Geist und Materie, Sinn und Sinnlichkeit, Freiheit und Notwendigkeit, Vernunft und Natur, und weil wir uns selbst so erleben, können und müssen wir auch alles andere in dieser Duplizität sehen. Wir projizieren das, was sich in unserem Dasein erschließt, auf das Sein der ganzen Wirklichkeit.

Diese ist kein statisches Ganzes, sondern ein Prozess permanenter Veränderungen. Weil wir nur sind, was wir wurden und werden, ist auch die Wirklichkeit, in der wir leben, nichts anderes als ein Prozess des Gewordenseins, Werdens und Anderswerdens. Das Leben, zu dem wir gehören, ist ein Prozess, der sich dynamisch, plural und vielfältig vollzieht, Lebensformen und Ordnungsstrukturen ausbildet, bestehende abbaut und andere aufbaut. Jede Einheit des Lebens ist das Ergebnis des Zusammenwachsens von vielem, und jede Einheit kann selbst zum Moment einer neuen Einheit werden. Die Kraft, die dabei bildend am Werk ist, ist der Geist, der die Materie formt und verändert. Diese Materie kennen wir von uns selbst als Sinnlichkeit und Körperlichkeit, wie wir auch den Geist von uns selbst als Kraft der sinnstiftenden Gestaltung kennen. Und wie wir die Harmonie von Körper und Geist als Lust erleben, so erleben wir Störungen dieser Harmonie als Unlust.

Das Leben ist so ein Bildungsprozess der Formung und Gestaltung des sinnlich Gegebenen durch die Kraft des Geistes im Aufbau und Abbau von Strukturen, in denen und durch die sich das Leben konkret vollzieht. Nie ist es nur abstrakte Form oder nur ungestaltete Materie, sondern stets konkrete Gestaltung im Doppelprozess des Werdens und Vergehens, des Aufbaus von neuen und des Abbaus von alten Sinngestalten. Da wir selbst zu diesem Prozess gehören und ihm nicht objektivie-

rend gegenüberstehen, nehmen wir ihn nicht primär kognitiv wahr als
Feld des Wissens oder voluntativ als Feld des Tuns, sondern erleben ihn
ursprünglich, indem wir im Mitvollzug und Eingebundensein in die
Werdens- und Vergehensprozesse des Lebens Lust und Unlust empfinden.

2

Das Gefühl der Lust und Unlust ist unser grundlegender Orientierungssinn in dem so bestimmten Lebensprozess. Es bindet uns nicht nur als
Moment in diesen Prozess ein, sondern setzt uns ihm auch so gegenüber, dass wir uns dieses Lebensprozesses und damit auch unserer selbst
als Moment dieses Lebensprozesses bewusst werden können. Unter
Gefühl versteht Schleiermacher dabei nicht nur ein psychisches Phänomen, sondern diejenige Form des bewussten Lebens, in der das Leben
unmittelbar und in undifferenzierter Einheit präsent ist. Schleiermacher folgt dem Naturphilosophen Heinrich Steffens, der das Gefühl definiert hat als „die unmittelbare Gegenwart des ganzen, ungeteilten, sowohl sinnlichen als auch geistigen Daseins, der Einheit der Person und
ihrer sinnlichen und geistigen Welt"[227]. Im Gefühl bin ich mir meines
Daseins und meines Lebens unmittelbar bewusst und nicht etwa vermittelt durch irgendwelche gegenständlichen Vorstellungen. Mein
Dasein ist nicht nur die Tatsache, dass ich lebe, sondern es ist dadurch
mein Dasein, dass ich *erlebe*, wie ich lebe, ehe ich mir gegenständliche
Vorstellungen mache von mir selbst, von anderen oder von der Welt, in
der ich lebe. Ich erlebe mein Leben unmittelbar als Einheit von Geist
und Sinnlichkeit, geistiger Spontaneität („Ich beziehe mich auf ...") und
sinnlicher Rezeptivität („Auf mich wirkt ein ...") in einer Gemengelage
von Lust und Unlust, die mich nötigt, Unterscheidungen zu machen
zwischen mir und meiner Umwelt, Lust und Unlust, Sinnlichem und
Geistigem, Selbsttätigkeit und Fremdbestimmung. So erlebe ich mich in
meiner Beziehung zur Umwelt als einen, auf den die Umwelt einwirkt
(Empfänglichkeit des sinnlichen Erlebens) und der auf diese einwirkt
(Selbsttätigkeit des eigenen Handelns) und der dadurch zwischen dem

---

227 H. Steffens, Von der falschen Theologie und dem wahren Glauben. Eine Stimme
aus der Gemeinde, Breslau 1823, 99 f.; vgl. F. D. E. Schleiermacher, Der christliche
Glaube nach den Grundsätzen der Evangelischen Kirche im Zusammenhange dargestellt, Berlin ²1830, § 3,2, KGA I/13.1, 23 (vgl. KGA I/7.3, 632).

Innen seines Erlebens und dem Außen seines Tuns zu unterscheiden lernt. In dieser pulsierenden Doppelweise des Erlebens (Rezeptivität) und Gestaltens (Spontaneität) vollzieht sich mein Leben „als ein Wechsel von Insichbleiben und Aussichheraustreten des Subjekts"[228]. Das führt zu einer immer klareren Fassung der Differenz zwischen mir und anderem, der Innenwelt meines Fühlens, Wissens und Gewissens und der Außenwelt meiner Gestaltens und Handelns. Und wie das Leben diese pulsierende Doppelbewegung ist, so ist auch das unmittelbare Selbstbewusstsein des erlebten Lebens durch die „Duplicität" gekennzeichnet, sich als „Sichselbstsetzen" und als „Sichselbstnichtsogesetzthaben", als „ein Sein" und „ein Irgendwiegewordensein" bewusst zu sein.[229]

Das Erleben meines Lebens ist ein Bewusstseinsphänomen, in dem die Rezeptivität und Spontaneität des Lebens im Umgang mit der Umwelt zu einer dynamischen Einheit verknüpft sind. Die unmittelbare, also nicht über einen Bezug zur Umwelt vermittelte Gegenwart des ganzen ungeteilten Daseins ist das Bewusstsein der Einheit meines Lebens. Ich erlebe, wie ich lebe, bevor ich nach dem Wer und Was und Wie und Warum meines Lebens fragen kann. Sobald dieses unmittelbare Einheitsbewusstsein des Daseins sich seiner selbst bewusst zu werden beginnt, differenziert es sich am Leitfaden der Frage nach seinem Subjekt (Wer?), Objekt (Was?), Grund (Wodurch?) und Ziel (Wozu?) aus in das Selbstbewusstsein (Subjekt), das Weltbewusstsein (Objekt) und das Bewusstsein schlechthinniger Abhängigkeit (Grund der Möglichkeit des Selbst- und Weltbewusstseins). Das Weltbewusstsein ist ein gegenständliches Bewusstsein (Bewusstsein von etwas). Das Selbstbewusstsein dagegen kann gegenständlich sein (Ichbewusstsein) oder unmittelbar, sich also in der Duplizität von *„Empfänglichkeit* und *Selbstthätigkeit"* erleben. Seine Empfänglichkeit signalisiert sein „Zusammensein mit anderem", und das geht seiner Selbsttätigkeit voraus, die „immer auf einen früheren Moment getroffener Empfänglichkeit bezogen" ist.[230] Ein „Freiheitsgefühl" ist daher nie zu haben ohne ein „Abhängigkeitsgefühl".[231] Dieses aber kann relativ oder absolut sein, also das Ge-

---

228 Schleiermacher, Der christliche Glaube (s. Anm. 127), §3,3, KGA I/13,1, 25.
229 A. a. O., § 4,1, 33.
230 A. a. O., § 4,1, 34.
231 A. a. O., § 4,2, 35.

5. Unlust

fühl einer „*Wechselwirkung* des Subjectes mit dem mitgesetzten Anderen" (der Welt)[232] oder ein „schlechthinniges Abhängigkeitsgefühl", das im Bewusstsein besteht, „daß unsere ganze Selbsttätigkeit [...] von anderwärtsher ist", auf das von uns aus auf keine Weise eingewirkt werden kann.[233] Ein schlechthinniges Freiheitsbewusstsein dagegen ist uns nicht möglich, weil das, worauf dieses sich beziehen würde, „ganz von uns her sein müßte"[234], und das ist weder bei der Welt (dem Inbegriff des Korrelats aller Wechselbeziehungen) noch bei Gott (der kulturellen Symbolisierung des „Woher" der schlechthinnigen Abhängigkeit) möglich.[235]

3

Im Prozess der Ausbildung des Selbstbewusstseins sind diese Momente als niederes Selbstbewusstsein (Selbstbewusstsein im Weltbezug) und höheres Selbstbewusstsein (Selbstbewusstsein im Gottesbezug) so integriert, dass mit den Mitteln des ersteren (und lebensgeschichtlich früheren) das zweite (und lebensgeschichtlich spätere) symbolisiert, also mit Hilfe weltlicher Symbolisierungsmittel eine Vorstellung und ein Begriff Gottes entworfen wird. Dabei kann es zu Spannungen zwischen den Momenten des Selbstbewusstseins kommen. So treten im Fall der Konkretisierung des Bewusstseins schlechthinniger Abhängigkeit zu einem bestimmten Gottesbewusstsein Unlust erzeugende Differenzerfahrungen auf, wenn das Selbstbewusstsein bei der Ausbildung des Gottesbewusstseins durch das Weltbewusstsein behindert und gestört wird. Das sinnliche, auf die Umwelt bezogene Selbstbewusstsein tritt dann in Spannung zum höheren, auf das Gottesbewusstsein bezogene Selbstbewusstsein, insofern dieses sich durch den Weltbezug der Sinnlichkeit in der freien Entwicklung seines Gottesbewusstseins gehemmt fühlt. Ebendas nennt Schleiermacher *Sünde*. Sünde ist der Widerstreit der „Gesammtheit der sogenannten niedern Seelenkräfte"[236] gegen den Geist, der Gottes Gegenwart im Bewusstsein des Menschen zur Geltung bringt.

---

232 Ebd.
233 A. a. O., § 4,3, 38.
234 Ebd.
235 A. a. O., § 4,4, 39.
236 A. a. O., § 66,2, 407.

Sünde ist damit ein negatives Bewusstseinsphänomen, nämlich die Unlust, die daraus resultiert, dass die freie Entwicklung des Gottesbewusstseins als der bestimmenden Kraft des Geistes durch die sinnlichen, aus dem Weltbezug stammenden Faktoren des Bewusstseins gehemmt wird. Nicht die Sinnlichkeit ist Sünde, sondern das aktive Streiten der Sinnlichkeit wieder den Geist in der Ausbildung des Gottesbewusstseins produziert die Unlust, die als Sündenbewusstsein zum Ausdruck kommt. „Wir haben das Bewußtsein der Sünde so oft das in einem Gemüthszustand mitgesezte oder irgendwie hinzutretende Gottesbewußtsein unser Selbstbewußtsein als Unlust bestimmt; und begreifen deshalb die Sünde als einen positiven Widerstreit des Fleisches gegen den Geist."[237]

Das Sündenbewusstsein geht daher dem Gottesbewusstsein voraus, weil es ja gerade aus der Unlust erzeugenden Konflikterfahrung zwischen der Bestimmung des Selbst durch die sinnlichen Seelenkräfte und seiner angestrebten Bestimmung durch den Geist entspringt. Es ist eine Unlust erzeugende Hemmung der Ausbildung eines klaren Gottesbewusstseins. Werden wir uns der Sünde bewusst, dann sind wir ihrer „bewußt als der Kraft und des Werkes einer Zeit in welcher die Richtung auf das Gottesbewußtsein noch nicht in uns hervorgetreten war"[238]. Deshalb kann Schleiermacher ganz grundsätzlich sagen, „daß wir alles als Sünde sezen, was die freie Entwicklung des Gottesbewußtseins gehemmt hat"[239]. Sünde ist die Störung der Ausbildung unseres Gottesbewusstseins durch die Sinnlichkeit bzw. die „durch die Selbständigkeit der sinnlichen Functionen verursachte[n] Hemmung der bestimmenden Kraft des Geistes" in der Ausbildung des Gottesbewusstseins.[240]

Dass, wie Schleiermacher betont, „in der Seele des Christen das Bewußtsein der Sünde nie gesetzt [ist] ohne das Bewußtsein von der Kraft der Erlösung"[241], heißt nicht, dass die Sünde nicht als Möglichkeit und Potenz zuvor schon vorhanden gewesen wäre. Wieder denkt er den Streit zwischen Fleisch und Geist im Selbstbewusstsein in der Figur eines Mehr oder Weniger. Der Keim zur Sünde ist von Anfang an gelegt, auch wenn die Sünde lebensgeschichtlich erst später ausdrücklich ins

---

237 A. a. O., § 66, Leitsatz, 403.
238 A. a. O., § 67, Leitsatz, 409.
239 A. a. O., § 66,1, 406.
240 A. a. O., § 66,2, 408.
241 A. a. O., § 66,2, 407.

Bewusstsein tritt. "Ist das Gottesbewußtsein noch nicht entwikkelt: so ist auch noch kein Widerstand gegen dasselbe, sondern nur eine Fürsichthätigkeit des Fleisches, welche in Zukunft zwar ein Widerstand gegen den Geist der Natur der Sache nach werden wird, vorher aber nicht eigentlich als Sünde wol aber als Keim der Sünde betrachtet werden kann."[242] Erst bewusste Sünde ist wirkliche Sünde, denn nur wo Unlust wirklich erlebt wird, ist Unlust auch gegeben. Bloß mögliche Unlust ist ebenso wenig Unlust wie bloß mögliche Sünde tatsächlich Sünde ist. Aber die Bedingungen sind gegeben, die zum Ausbruch der Sünde führen, sobald der Streit des Fleisches gegen den Geist explizit wird. "Denn nicht alle Functionen des niedern Lebens, welche in Widerstreit mit dem Geist gerathen können, sind schon vor dem Gottesbewußtsein entwikkelt"[243]; aber wenn der Widerstreit eintritt, dann wird das niedere Leben so ausgebildet, dass es zur Unlust kommt und die Sünde bewusst wird. Erst das Gottesbewusstsein treibt daher das als Wirklichkeit heraus, was als Möglichkeit in der Konstitution des Menschen angelegt ist: dass der "Geist in seiner Thätigkeit durch das Fleisch gehemmt" wird.[244]

Entscheidend für das Sündenbewusstsein ist daher der Unlust auslösende Kontrast zum Guten bzw. zur "ursprünglichen Vollkommenheit" des Menschen. Ohne diesen Kontrast würde die Sünde nicht als Sünde bewusst. Sünde kann daher nur als eine "Störung der Natur", aber nicht als Aufhebung "der ursprünglichen Vollkommenheit" gedacht werden.[245] Das Letztere würde die Rede von der Sünde unmöglich machen. Ohne den Kontrast zum Guten hat die Rede von der Sünde keinen Sinn, weil keine Unlusterfahrung auftreten würde. Deshalb gilt grundsätzlich, dass "die Sünde sich nur an schon gewordenem Guten und vermöge desselben offenbart, und nur das künftige hemmt"[246].

Man muss allerdings genauer unterscheiden zwischen dem Bewusstwerden der Sünde und dem Bewusstwerden der Sünde *als* Sünde. Das erste ist auch dort der Fall, wo der Mensch mit Gottes Willen im Gesetz konfrontiert wird, das zweite dagegen im Vollsinn erst dort, wo man durch das Evangelium um die Erlösung und die Tätigkeit des Erlö-

---

242 A. a. O., § 67,1, 409.
243 A. a. O., § 67,1, 409.
244 A. a. O., § 67,2, 411.
245 A. a. O., § 68, Leitsatz, 412.
246 A. a. O., § 68,2, 415.

sers weiß: „Das Bewußtsein der Sünde aber kommt freilich aus dem Gesez; aber wie dieses selbst in der Mannigfaltigkeit einzelner Vorschriften nur eine unvollkommne Darstellung des Guten ist, und auch in der Einheit einer allumfaßenden Formel die Möglichkeit seiner Befolgung nicht mit darlegt, so bleibt auch die hieraus entstehende Erkenntniß der Sünde theils unvollständig theils zweifelhaft, und nur in der völligen Unsündlichkeit und der absoluten Geisteskräftigkeit des Erlösers, wird uns die vollkommne Erkenntniß der Sünde."[247] Während unser Sündenbewusstsein nie aus dem Kontrast des Mehr oder Weniger heraustreten kann, vom „ersten Hervortreten des Gottesbewußtseins [...] bis zu einer absoluten Stärke," ist Jesus durch ein vollkommnes Gottesbewusstsein ausgezeichnet, das jede Regung zur Sünde schon im Keim erstickt. Erst dort wird im Vollsinn klar, was uns Unlust bereitet, wie also ein Gottesbewusstsein aussehen könnte und müsste, das nicht durch das sinnliche Selbstbewusstsein gehemmt wird, sondern umgekehrt diesem den Rahmen absteckt, in dem es seinen schöpfungsbestimmten guten Ort hat.

4

Wo wir uns der Sünde bewusst werden, wird uns allerdings ein Doppeltes deutlich, nämlich dass sie teils „in uns selbst gegründet" ist, teils „ihren Grund jenseits unseres eigenen Daseins" hat.[248] Damit bringt Schleiermacher die traditionelle Unterscheidung zwischen der Erbsünde und den Aktualsünden zum Zug. „In dem ersten nämlich wird der Zustand der Sünde betrachtet als ein empfangenes und vor aller That mitgebrachtes, worin aber doch zugleich auch die eigene Schuld schon verborgen liegt; in dem andern wird er dargestellt als erscheinend in den eigenen sündhaften Thaten, die in einem Jeden selbst begründet sind, in denen aber jenes empfangene und mitgebrachte sich offenbart."[249] Das erste besagt, dass die „Sündhaftigkeit" des Menschen, also die in jedem „nur durch den Einfluß der Erlösung wieder aufzuhebende vollkommne Unfähigkeit zum Guten"[250], in jeder konkreten Sünde schon vorausgesetzt werden muss, also nicht durch das Sündigen erworben werden kann, sondern dieses überhaupt erst möglich macht. Diese „allgemei-

---

247 A. a. O., § 68, 3, 417.
248 A. a. O., § 69, Leitsatz, 417.
249 A. a. O., § 69, Zusatz, 420.
250 A. a. O., § 70, Leitsatz, 421.

ne[...] Sündhaftigkeit" muss dann aber auch für die ersten Menschen gegolten haben und kann nicht durch sie in die Welt gekommen sein. Sie sind „nur die Erstlinge der Sündigkeit", aber die allgemeine Sündhaftigkeit aller Menschen kann nicht „von der ersten Sünde der ersten Menschen" abgeleitet werden.[251] Erbsünde meint daher nicht das, was von den ersten Menschen auf alle späteren übergegangen ist, sondern es zeigt „die alle wirklichen Sünden jedes Einzelnen mitbedingende und vor aller That hergehende Beschaffenheit des handelnden Subjectes an [...]"[252]. Die Wirklichkeit der Sünde setzt voraus, dass Sündigen möglich ist, und Sündigen kann nur, wer die Fähigkeit dazu hat. Diese Fähigkeit aber hat jeder Mensch, weil aufgrund der lebensgeschichtlichen Dominanz des sinnlichen Selbstbewußtseins niemand (außer Christus) von Anfang an und durchgehend das Gute will und tut, „sofern nämlich unter dem Guten nur das durch das Gottesbewußtsein bestimmte verstanden wird"[253]. Allerdings darf man diese generelle „Sündhaftigkeit" nicht auch so weit ausdehnen, daß sogar die Fähigkeit die Erlösung in sich aufzunehmen dem Menschen müßte abgesprochen werden"[254]. Die Fähigkeit zur Sünde darf nicht als Unfähigkeit zur Erlösung verstanden werden. Vielmehr setzt die Wirklichkeit der Sünde die Fähigkeit zum Sündigen voraus, und die Wirklichkeit der Erlösung die Fähigkeit zur Erlösung. Nur wer sündig ist, bedarf der Erlösung. Aber jeder, der sündig ist, kann auch erlöst werden. Und weil jeder Mensch qua Mensch sündig ist, kann auch jeder Mensch qua Sünder erlöst werden.

Die Sündhaftigkeit eines jeden Menschen besagt, dass jeder, der sündigen kann, auch tatsächlich sündigt bzw. sündigen wird: „Aus der Erbsünde geht in allen Menschen immer die wirkliche Sünde hervor."[255] Insofern besteht Schleiermacher zufolge eine „eigene Schuld eines Jeden," die „am besten als die Gesammtthat und Gesammtschuld des menschlichen Geschlechts vorgestellt wird" und damit auch eine „allgemeine[...] Erlösungsbedürftigkeit".[256] Aber sie besagt nicht, dass es im Leben der Sünder nicht auch „einen Gegensatz des löblichen und tadelnswürdigen giebt, welcher gar nicht von dem Verhältniß des Men-

---

251 A. a. O., § 72,4, 449.
252 A. a. O., § 69, Zusatz, 420.
253 A. a. O., § 70,2, 423.
254 A. a. O., § 70,2, 423.
255 A. a. O., § 73, Leitsatz, 457.
256 A. a. O., § 71, Leitsatz, 427.

schen zur Erlösung abhängt"[257]. Die bürgerliche Gerechtigkeit (*iustitia civilis*) wird nicht bestritten, wenn man den Menschen als Sünder bestimmt, sondern allein seine Fähigkeit und Willigkeit, dasjenige Gute zu tun, das allein durch das Gottesbewusstsein bestimmt wird. Auch der Sünder kann moralisch ordentlich leben. Aber durch ein moralisch gutes Leben hört man nicht auf, ein Sünder zu sein.

5

Mit dieser Unterscheidung trägt Schleiermacher der reformatorischen Einsicht Rechnung, dass moralisch gut zu handeln und bürgerlich gerecht zu leben nicht belegt, dass man kein Sünder ist. Doch seine Argumentation ist an anderen Stellen fragwürdig. So schließt er aus der Wirklichkeit der Sünde nicht nur auf deren Möglichkeit, sondern auf eine Fähigkeit zum Sündigen, die in jedem Menschen angelegt sei. Doch nicht jede Tätigkeit bedarf zu ihrem Vollzug einer besonderen Fähigkeit. Wer spazieren geht, bedarf keiner besonderen Fähigkeit zum Spazierengehen, sondern muss nur gehen können. Wenn Spazierengehen nicht unmöglich ist, also keinen praktischen Selbstwiderspruch darstellt, dann kann jeder, der gehen kann, auch spazieren gehen, ohne dass man dafür eine besondere Fähigkeit postulieren müsste. Entsprechendes gilt auch bei der Sünde: Wenn es Sünde gibt, dann muss es möglich sein zu sündigen. Aber man benötigt dafür keine besondere Fähigkeit, sondern nur das, was man zum Leben überhaupt braucht. Wer lebt, kann sündigen, weil die Möglichkeit dazu besteht, aber er benötigt dafür keine spezielle Fähigkeit („Sündhaftigkeit"). Sünde ist nichts, wofür man eine besondere Kompetenz besitzen müsste. Man muss nicht lernen zu sündigen. Man muss es nicht üben. Und man muss nicht wissen, dass man sündigt. Man empfindet auch keine besondere Unlust, wenn man es tut, wie Schleiermacher meint, sondern man kann geradezu Lust empfinden, wenn man sündigt. Und weder für das eine noch für das andere bedarf es einer besonderen Fähigkeit.

Das gilt noch mehr, wenn man Sünde nicht als den Vollzug einer bestimmten Tätigkeit versteht, sondern als das, was alle meine Tätigkeiten kennzeichnet, wenn man sie unter dem Gesichtspunkt betrachtet, inwiefern sie vom Gottesbewusstsein bestimmt werden. Nicht das, was ich tue, entscheidet darüber, ob es Sünde ist, sondern wie ich es tue.

---

257 A. a. O., § 70,3, 426.

Während aber alles Tun eine Fähigkeit voraussetzt, es tun zu können, setzt das Wie meines Tuns keine Fähigkeit voraus, es so und nicht anders tun zu können, sondern nur die Möglichkeit, dass man das entsprechende Tun so oder anders vollziehen kann. Wer handeln kann, kann sündigen, und das vermeidet man nur dann, wenn man immer und überall so handelt, dass das eigene Wollen und Tun mit Gottes Willen nicht nur übereinstimmt, sondern von diesem bestimmt ist. Nur wenn das Gute, das man tut, von Gott gewirkt ist, ist es wirklich gut, weil es mit Gott und nicht gegen oder ohne Gott vollzogen wird. Sünde dagegen ist alles, was nicht so vollzogen wird.

6

Weil er Sünde als Sündenbewusstsein konstruiert, versteht Schleiermacher das allerdings so, dass Sünde als Gefühl der Unlust und als Bewusstsein der eigenen Sündhaftigkeit erlebt wird. Doch wer sündigt, ist sich dessen gerade nicht bewusst, ehe das aufkeimende Gottesbewusstsein es bewusst werden lässt. Das retrospektive Urteil über die eigene Sündenvergangenheit sagt nicht, dass man eine Geschichte der Unlust durchlaufen hat, von der man jetzt befreit ist, sondern nur, dass man früher die Lust nicht verspürt hat, die man jetzt verspürt. Umgekehrt sagt auch die allgemeine Erlösungsbedürftigkeit und Erlösungsfähigkeit nicht, dass man diese Lust als Rückseite der Unlust der Sünde immer schon erwartet und erhofft, weil man jetzt die Unlust der Sünde erlebt. Man muss keine Unlust verspüren, um Sünder zu sein, und man muss keine Fähigkeit haben, künftige Lust zu verspüren, um erlösungsbedürftig zu sein. Beides stellt sich ein, wenn Gott ins Leben einfällt und dieses damit so verändert, dass es für seine Gegenwart empfänglich wird und sich an ihr orientiert. Die anvisierte Veränderung von einem Leben der Sünde zu einem Leben der Gnade ist also keine Veränderung von einem *Leben der Unlust* zu einem *Leben der Lust* – weder im Sinn eines Wechsels vom Schlechten zum Guten noch im Sinn eines Wechsels vom Guten zum Besseren –, sondern allenfalls von einem Leben der Unlust *an Gott* zu einem Leben der Lust *an Gott*. Doch die Unlust an Gott wird in der Regel nicht als Unlust im Leben erlebt, und die Lust an Gott tritt in der Regel nicht als Lust im Leben in Erscheinung. Weder die Sünde als Unlust an Gott noch die Erlösung als Lust an Gott sind Bewusstseinsphänomene. Sünder können ihr Leben positiv erleben, und Erlöste können ihr Leben negativ als Bürde empfinden. Der Gegensatz von Sünde und Gnade betrifft den Existenzmodus der Beziehung zu Gott, der Unterschied von Unlust und Lust den Erlebensmodus unserer Beziehungen in der Welt.

Deshalb erlaubt die Wirklichkeit der Erlösung zwar auf deren Möglichkeit in Gott zu schließen (Gott macht sie möglich, indem er sie vollzieht) und von ihrer Notwendigkeit für den Menschen zu reden (Gott tut nichts, was nicht notwendig ist, um ein Gut zu erzielen oder eine Not zu wenden), aber sie gibt keinen Anlass oder Grund, eine Erlösungsbedürftigkeit und Erlösungsfähigkeit des Menschen postulieren, die im Menschsein des Menschen angelegt oder an diesem abzulesen seien. Der Mensch muss weder die eigene Unfähigkeit zur Lust an Gott als Unlust an Gott erleben noch sich der eigenen Fähigkeit, Lust an Gott zu erleben, bewusst sein, damit seine Erlösung möglich oder er dieser fähig ist. Erst durch die Erlösung wird die Bedürftigkeit des Menschen aufgedeckt und damit von der Lust an Gott her als früheres Fehlen dieser Lust, aber eben nicht als zuvor erlebte Unlust an Gott thematisierbar. Erst *a posteriori* sieht man, was man ist und erleben kann, wenn das wirklich wird, was man nicht einmal für möglich hielt.

7

Schleiermachers Einbindung von Unterschieden in Mehr-oder-Weniger-Beziehungen zwischen polaren Gegensätzen mag zwischen Geschöpfen gelten, in der Beziehung zwischen Schöpfer und Geschöpf gilt sie nicht. Der Schöpfer ist nicht mehr oder weniger, sondern gänzlich verschieden von der Schöpfung. Die Schöpfung hat keine Potenz, geschaffen zu werden, ehe sie geschaffen wird. Und das Geschöpf hat keine Fähigkeit, erlöst zu werden, ehe es erlöst wird. Es ist Resultat der Schöpfung, nicht deren Mitbedingung. Und es ist Ergebnis der Erlösung, nicht deren Mitermöglichung. Allein die Wirklichkeit der Erlösung erweist, dass sie möglich ist, ohne dass dafür eine Fähigkeit auf Seiten des Menschen postuliert werden müsste. Dass der Mensch erlöst wird, zeigt, dass er erlöst werden kann, aber nicht, dass er eine Fähigkeit zum Erlöstwerden besitzt. Alle Fähigkeiten sind hier auf Seiten Gottes zu verorten, aber nicht am Ort des Menschen zu suchen. Was für das Bewusstsein der schlechthinnigen Abhängigkeit gilt, gilt auch für das Erlösungsbewusstsein. Der Mensch besitzt keine Fähigkeit, sich der schlechthinnigen Abhängigkeit von Gott bewusst zu sein, sondern er wird durch diese überhaupt erst dazu befähigt, ein selbstbewusstes Leben zu führen. Und der Mensch besitzt auch keine Fähigkeit, erlöst zu werden, sondern er wird durch die Erlösung zu einem Leben der Lust an Gott befähigt. Dass der Mensch erlösungsbedürftig ist, heißt daher, dass Gott ihm immer noch mehr Gutes tun kann und will, als er sich erträumen kann. Und dass er erlösungsfähig ist, heißt entsprechend, dass Gott nicht ablässt, sich um den Menschen zu bemühen, weil er nicht aufhört, auch den Sünder als sein Geschöpf zu sehen und zu lieben. Nicht das Gefühl der Unlust macht den Menschen zum Sünder, sondern weil er Sünder ist, kann er Unlust empfinden, wenn er seiner Sünde bewusst wird. Und nicht das Gefühl der Lust macht den Menschen zum Erlösten, sondern weil er erlöst ist, kann er Lust empfinden an der Gegenwart des Erlösers, und Unlust darüber, dass er zuvor keine Lust daran hatte, weil sein Gottesbewusstsein nicht die Klarheit hatte, die es angesichts der Gegenwart Gottes hätte haben können und sollen. Schleiermacher setzt die Folge an die Stelle der Ursache, weil er vom Bewusstsein Gottes her auf Gott und nicht von Gott her auf das Gottesbewusstsein hin denkt.

8

Das öffnet Tor und Tür für das abwegige Missverständnis der Moderne, man müsse die Menschen nur vom Sündenbewusstsein kurieren, um das Gottesbewusstsein überflüssig zu machen. Wer nicht mehr vom Sündenbewusstsein umgetrieben wird, der brauche auch kein Gottesbewusstsein mehr, um davon therapiert zu werden.

Doch das ist ein zweifacher Kurzschluss. Zum einen verfehlt diese Argumentation Schleiermachers kritische Unterscheidung zwischen dem Realitätskern des Gottesbewusstseins, dem Gefühl schlechthinniger Abhängigkeit, das stets und überall zum bewussten Menschsein gehört, und der konkreten Symbolisierung der Gottesvorstellung, die historisch und kulturell variiert. Die Beseitigung des Anlasses, eine bestimmte Gottesvorstellung auszubilden, ist keineswegs auch eine Auflösung des Gefühls der schlechthinnigen Abhängigkeit, die das Gottesbewusstsein konkret im Leben und das Leben real in Gott verankert. Zum anderen missversteht der sündenpsychologische Therapieversuch der religionskritischen Moderne Schleiermacher auch dort, wo nahegelegt wird, mit dem Sündenbewusstsein sei auch der Anlass für die Ausbildung eines Gottesbewusstseins beseitigt. Auch wer seine Unlustgefühle nicht als Sünde versteht oder mit dem Sündenbewusstsein in Verbindung bringt, kann Gottesvorstellungen ausbilden, wenn er seinem Lusterleben eine höchste Ausdrucksgestalt zu geben versucht.

Ekstatische Lust kann nicht weniger als schmerzende Unlust Anlass für Gottesvorstellungen sein. Das Bewusstsein schlechthinniger Abhängigkeit ist kein negatives Bewusstsein eines Mangels, sondern im Gegenteil das positive Bewusstsein einer Ermächtigung des Menschen. Wir sind, obwohl wir auch nicht sein könnten. Das eröffnet uns Möglichkeiten, die wir uns nicht selbst erwerben könnten. Das Bewusstsein schlechthinniger Abhängigkeit drängt daher nicht nur dort auf die Ausbildung von Gottesvorstellungen, wo negatives Erleben der Unlust dazu Anlass gibt, sondern auch dort, wo positives Lusterleben dazu führt. Gottesvorstellungen sind nicht nur symbolische Konstrukte auf der Basis erlebter Unlust, sondern auch auf der Basis erlebter Lust. Man müsste schon Unlust und Lust beseitigen, um ihnen die Basis zu entziehen. Doch ein Leben ohne Lust und Unlust wäre nicht nur langweilig, sondern unmöglich: Es wäre kein Leben mehr.

Doch dass Gottesvorstellungen Konstrukte sind, heißt nicht, dass das Gottesbewusstsein ein Konstrukt wäre. Der Nachweis, dass sowohl Unlust-basierte wie Lust-basierte Gottesvorstellungen symbolische Konstrukte sind, taugt nicht dazu, Gott und das Gottesbewusstsein insgesamt als bloßes Konstrukt des menschlichen Geistes zu dekuvrieren, wie es im Gefolge Feuerbachs versucht wurde. Gottesvorstellungen sind menschliche Konstrukte, was sie vorzustellen versuchen dagegen nicht. Das Gottesbewusstsein ist keine idealisierende Selbstprojektion des Menschen und der Gottesgedanke kein bloßes Konstrukt des menschlichen Geistes, weil das Gefühl der schlechthinnigen Abhängigkeit der Realitätskern allen Selbstbewusstseins und der Referenzpunkt jedes Gottesgedankens ist. Wir können und müssen alle Gottesvorstellungen als historische Konstrukte durchschauen, aber wir können das Gefühl der schlechthinnigen Abhängigkeit nicht zum Konstrukt erklären, ohne uns in pragmatische bzw. existenzielle Selbstwidersprüche zu verwickeln. Nur wer da ist, kann das Gefühl schlechthinniger Abhängigkeit haben, sich also als da seiend bewusst sein, obgleich er auch nicht hätte da sein können, nicht immer da war und nicht immer da sein wird. Ohne da zu sein, könnten wir nichts konstruieren, vorstellen oder entwerfen, aber dass wir da sind, kann niemals Resultat unserer eigenen Konstruktion sein, sondern ist all unserem Konstruieren vorgegeben. Wir sind da. Aber wir haben uns nicht selbst ins Dasein gebracht. Das symbolisieren wir im Gottesgedanken.

III
Transformationen der Sünde

Die theologischen Denkformen der Sünde wurden im Lauf der Geschichte auf mannigfache Weise transformiert. Dabei wurde nicht nur ihre Gestalt in eine andere umgewandelt, sondern es wurden auch ihre Pointen einseitig zugespitzt und folgenreich verändert. Diese Veränderungen fanden innerhalb der Theologie statt, aber auch durch die Übertragung theologischer Denkfiguren und Gedankengänge auf andere Bereiche, Disziplinen und Problemfelder. Das geschah heuristisch, wo theologische Überlegungen zur Sünde als Diagnoseinstrument für Probleme in anderen Wissens- und Handlungsfeldern herangezogen wurden. Das geschah aber auch konstruktiv, wo theologische Umgangsweisen mit dem Thema Sünde in nichttheologischen Umgangsweisen mit (in der Regel) negativen Phänomenen in anderen Disziplinen imitiert wurden. Während der Bezug auf die theologischen Traditionen im ersten Fall meist noch erkennbar ist, kommt er im zweiten Fall nur in den Blick, wenn man die Ähnlichkeiten ausdrücklich thematisiert. Nicht immer wird also bewusst von der Theologie auf Problemfelder anderer Disziplinen hin gedacht. Immer aber lassen sich strukturelle Parallelen aufweisen, die zugleich zu erkennen geben, wie man Sünde verstanden bzw. missverstanden hat.

1. Selbsterhaltung:
Die politische Transformation der Sünde

1

Bei Melanchthon war klar: Der Affekt der Sünde wird durch den stärkeren Affekt der Gnade besiegt, und dieser Wechsel verdankt sich allein Gott selbst, der ihn durch Christus und seinen Geist vollzieht. Der Sünder trägt dazu selbst nichts bei, sondern ist darauf angewiesen, dass er von Gott verändert wird. Erst dann kann er ein Leben im Kampf gegen die Affekte der Sünde im Licht der Affekte der Gnade führen.

Doch ist das die einzige Möglichkeit? Können Affekte nicht auch dadurch verändert werden, dass man sie radikal intensiviert (also etwa ausschließlich hasst), extrem zuspitzt (alles nur noch hasst) oder in der Anwendung auf sich selbst gegen sich selbst wendet (den Hass hasst), einen negativen Affekt also nicht durch einen stärkeren positiven ausschaltet, sondern durch Intensivierung, Selbstbezug und Selbstanwendung? Und wenn man einen negativen Affekt nicht direkt verändern und außer Kraft setzen kann, könnte man es dann indirekt tun, indem man eine Instanz schafft, die zu leisten vermag, was man selbst nicht kann?

Thomas Hobbes' politisches Gedankenexperiment im *Leviathan* kann als eine Erkundung dieser Fragen gelesen werden. Hobbes, der Sohn eines anglikanischen Landpfarrers, steht ganz in protestantischer Tradition. Zwar rechnet er aufgrund seiner eher agnostisch-deistischen Ansichten nicht wie die Calvinisten mit dem Eingreifen und Mitwirken Gottes in den Angelegenheiten des menschlichen Lebens, aber er hält entschieden am Bild des Menschen als eines radikalen Sünders fest. Die Pointe dieser Sicht ist allerdings kein negatives Menschenbild, wie manche meinen. Hobbes versteht das Menschsein nicht unter Voraussetzung einer wie auch immer positiv oder negativ gefassten menschlichen Natur, sondern vom faktischen Verhalten der Menschen im Leben her. Menschen leben nicht so, wie sie könnten, wenn sie ihre Möglichkeiten nicht nur im Gegeneinander, sondern im Miteinander suchen würden. Ihr Leben ist faktisch falsch, nicht im Prinzip übel. Wie die protestantische Sündenlehre das Menschsein der Menschen nicht von einer nach dem Sündenfall zwar beschädigten, aber noch immer funktionsfähigen Natur her bestimmt, sondern aufgrund der faktischen Situation menschlicher Existenz in dieser Welt als korrupt und verloren darstellt, um deutlich zu machen, dass nicht der Mensch sich selbst, sondern allein Gott dem Menschen zu seinem wahren Wesen zu verhelfen vermag, so versteht auch Hobbes den Menschen nicht von einer positiv gefassten Natur her, sondern aufgrund der konkreten Bedingungen, unter denen Menschen miteinander verkehren. Menschen sind, wer sie sind, weil sie leben, wie sie leben. Sie sind einander Wölfe, wenn sie nicht als Untertanen eines Souveräns miteinander umgehen, dem sie die Macht übertragen haben, ihre Affekte und Leidenschaften unter Kontrolle zu halten. Und sie sind einander Gott, wenn sie sich als Bürger eines Gemeinwesens begegnen, die alle der gleichen souveränen Macht unterworfen sind. Oder wie er in der Widmung von *De cive* (1642) schreibt:

1. Selbsterhaltung

„Nun sind sicher beide Sätze war: *Der Mensch ist ein Gott für den Menschen*, und: *Der Mensch ist ein Wolf für den Menschen*; jener, wenn man die Bürger untereinander, dieser, wenn man die Staaten untereinander vergleicht. Dort nähert man sich durch Gerechtigkeit, Liebe und alle Tugenden des Friedens der Ähnlichkeit mit Gott; hier müssen selbst die Guten bei der Verdorbenheit der Schlechten ihres Schutzes wegen die kriegerischen Tugenden, die Gewalt und die List, d. h. die Raubsucht der wilden Tiere, zu Hilfe nehmen."[258]

Schon die Parallelisierung der Beziehungen zwischen Bürgern in einem Staat und den Beziehungen zwischen Staaten zeigt, dass Hobbes nicht auf die fragwürdige Hypothese einer gemeinsamen menschlichen Natur rekurriert, sondern in einem Gedankenexperiment *e negativo* kontrafaktisch von den Verhältnissen ausgeht, die herrschen, wenn Menschen nicht in einem geordneten Staatsleben bzw. Staaten nicht in geordneten Beziehungen leben. Im Hinblick auf die Menschen nennt er diesen vorstaatlichen Zustand „Naturzustand", und er fragt, wie man von diesem auf vernünftig nachvollziehbare Weise in einen staatlichen Zustand kommen kann, in dem das Recht herrscht und die Menschen die Rechte eines Souveräns und ihre Pflichten als Bürger anerkennen. Hobbes' vorstaatlicher Naturzustand ist keine historische Fiktion, sondern eine politische Transformation des theologischen Stands der Sünde, sie ist nicht empirisch aus den Erfahrungen seiner Zeit gewonnen, wie meist argumentiert wird, sondern aus der radikalen Sicht der menschlichen Realität in der Sündenlehre des Protestantismus.

Allerdings – und das ist entscheidend – verschärft sein Gedankenexperiment die Ausgangslage. Er operiert ausschließlich mit der Negativität des Ausgangszustands und rekurriert weder auf ein rettendes Handeln des Schöpfers noch auf eine positive Natur des menschlichen Geschöpfs, um zu zeigen, wie sich der Naturzustand aus rein rationalen Überlegungen in den geordneten Zustand eines absolutistischen Staates überführen und dadurch überwinden lässt. Er geht von der Annahme aus, dass Menschen als solche Sünder sind und sonst nichts. Deshalb gehen sie in vorstaatlichen Verhältnissen als Wölfe miteinander um. Sie sind neben ihrem Sündersein nicht auch noch Geschöpfe, die eine

---

258 Th. Hobbes, Widmung, in Grundzüge der Philosophie. Lehre vom Bürger (http://www.zeno.org/Philosophie/M/Hobbes,+Thomas/Grundz%C3%BCge+der+Philosophie/Lehre+vom+B%C3%BCrger/Widmung).

gemeinsame Natur teilen und deshalb auch freundlich miteinander umgehen und sich positiv aufeinander beziehen können und wollen. Aber sie werden von ihrem Sündersein auch nicht von einem anderen erlöst, sondern sie erlösen sich selbst, indem sie sich aus Vernunftgründen in einem „Gesellschaftsvertrag" darauf verständigen, zum Gewinn von Sicherheit auf das Einzige zu verzichten, was sie haben: die Freiheit und Macht, sich selbst zu bestimmen, und diese Freiheit und Macht alle zusammen auf einen übertragen, dem sie sich unterstellen, um in Frieden leben zu können.

2

Anders als für die meisten Sozialphilosophen der Neuzeit ist für Hobbes der Mensch als soziales Wesen nicht im Prinzip gut, fähig und willens, mit seinen Mitmenschen fair und gerecht umzugehen. Die protestantischen Naturrechtsphilosophen von Hugo Grotius über Samuel Pufendorf bis John Locke waren davon überzeugt, dass Gott dem Menschen mit seiner vernünftigen Natur nicht nur ein Wissen um die grundlegenden Moralgesetze der Freiheit, Gleichheit, Unverletzlichkeit der Person und Unantastbarkeit des Eigentums gegeben hatte, sondern auch die Fähigkeit, diese Gesetze halten zu können und zu wollen: Der Mensch ist im Prinzip fähig und willens, nach dem Sittengesetz zu leben. Rousseau wiederum war in expliziter Wendung gegen Hobbes der Überzeugung, dass der Mensch im Naturzustand ganz und gar gut ist, körperliche gesund und zäh, selbstgenügsam und autark, und jeder in gleicher Weise geleitet von Selbstliebe (*amour de soi*), von Mitleid mit den anderen (*pitié*) und ausgestattet mit der Fähigkeit, sich selbst zu vervollkommnen (*perfectibilité*). Erst die Gesellschaft pervertiert dieses natürliche Gutsein des Menschen und ist der Ursprung alles Schlechten, des Neides, der Missgunst, der Ungerechtigkeit und der Ungleichheit unter den Menschen: Schlecht wird der Mensch durch die Gesellschaft, aber ohne sie ist er gut.

Hobbes war vom Gegenteil überzeugt. Allein die Gesellschaft sorgt dafür, dass Menschen, die nichts miteinander teilen, außer dass jeder nur das Seine verfolgt, zusammenleben können, ohne sich ständig Böses zu tun und Übles zuzufügen. Menschen sind keine edlen Wilden, die anderen helfen und zu deren Wohl auf ihre Ansprüche verzichten, sondern sie sind Sünder, die vor allem sich selbst sehen und für sich selbst sorgen. Sich selbst überlassen sind sie keine altruistischen Gutmenschen, sondern wilde Tiere. Getrieben von der Triebfeder der Selbsterhaltung schrecken sie vor nichts zurück und leben in einem permanenten Zustand des Kriegs, der Selbstverteidigung und der Selbstdurchsetzung. Nichts ist sicher und alles scheint erlaubt, wenn es der eigenen Selbsterhaltung dient. Es gibt keine Menschlichkeit, wo man unmenschlich leben muss, um überleben zu können. Das zeigen die christlichen Bürgerkriegsparteien, und das bestätigt die Erfahrung.

Die Religionskriege seiner Zeit und seine eigenen Lebenserfahrungen waren für Hobbes eine Bestätigung (nicht die Ursache!) seiner Sicht der Sündenwirklichkeit der Menschen. Die Menschen sind keine freundlichen, gutherzigen und wohlwollenden Geschöpfe, sondern böse, hinterlistig und schlecht. Sie werden von Passionen beherrscht, die sie nicht zu kontrollieren vermögen, und sie führen ein von ihren Leidenschaften bestimmtes Leben, das nichts mit den Idealen des Naturrechts zu tun hat. "For the laws of nature (as justice, equity, modesty, mercy, and, in sum, doing to others as we would be done to) of themselves, without the terror of some power, to cause them to be observed, are contrary to our natural passions, that carry us to partiality, pride, revenge and the like."[259] Die traditionellen Naturrechte formulieren nicht die moralischen Grundüberzeugungen, die jeder Mensch qua Mensch in sich trägt, sondern sie widersprechen dem, was die Menschen von sich aus sind und wollen, und lassen sich ihnen nur durch Macht und Sanktionen gegen ihre natürlichen Leidenschaften, Passionen und Neigungen aufzwingen. Andere werden nicht als Partner, sondern als Gegner gesehen und als stete Bedrohung des eigenen Lebens erlebt. Angesichts knapper Ressourcen muss jeder auf seinen eigenen Vorteil aus sein und dieses Ziel aus Selbsterhaltungsgründen mit allen zur Verfügung stehenden Mitteln verfolgen. Menschen sind Egoisten, die sich anderen gegenüber die materiellen Vorteile zu verschaffen suchen, die es ihnen ermöglichen, besser zu überleben als die anderen. Hobbes gibt sich keiner Illusion hin: "I put for a general inclination of all mankind, a perpetual and restless desire of power after power, that ceaseth only in death."[260] Jeder will sich anderen gegenüber behaupten, durchsetzen, Vorteile verschaffen. Deshalb sind die Beziehungen der Menschen im Naturzustand, also vor dem Aufbau gesellschaftlicher und kultureller

---

259 Th. Hobbes, Leviathan, Pt. II, ch. 17,2 (http://studymore.org.uk/xhob17.htm).
260 A. a. O., Pt. I, ch. 4 (https://www.bartleby.com/34/5/11.html).

Kontrollen, nicht durch Vertrauen, Freundlichkeit und gegenseitige Hilfe, sondern durch Misstrauen, Angst, Argwohn und Krieg charakterisiert. Wer leben will, muss kämpfen und sich gegen die anderen mit allen Mitteln durchsetzen. Für die Menschen im Naturzustand gilt: „Homo homini lupus" (Der Mensch ist dem Menschen ein Wolf).[261]

Dieser Zustand ist keine längst überwundene Vergangenheit, sondern eine stets drohende Gegenwart, in die jeder gesellschaftliche Kulturzustand jederzeit zurückfallen kann. Das Konstrukt des Naturzustands ist keine Kurzformel für eine konkrete geschichtliche Vergangenheit, sondern der Spiegel, in dem wir erkennen können, wie das menschliche Leben tatsächlich ist, wenn man die Menschen sich selbst überlässt. Es ist ein ständiger Krieg aller gegen alle. "Hereby it is manifest, that during the time men live without a common Power to keep them all in awe, they are in that condition which is called Warre; and such a warre, as is of every man, against every man."[262] Wo aber alle im Krieg mit allen liegen, gibt es keine Gerechtigkeit und kann nichts ungerecht sein. "The notions of Right and Wrong, Justice and Injustice have there no place. Where there is no common Power, there is no Law: where no Law, no Injustice. Force, and Fraud, are in warre the two Cardinall vertues."[263] Unter solchen Bedingungen zu leben bedeutet, dass "there is no place for Industry; because the fruit thereof is uncertain; and consequently no Culture of the Earth; no Navigation, nor use of the commodities that may be imported by Sea; no commodious Building; no Instruments of moving, and removing such things as require much force; no Knowledge of the face of the Earth; no account of Time; no Arts; no Letters; no Society; and which is worst of all, continuall feare, and danger of violent death; And the life of man, solitary, poore, nasty, brutish, and short."[264]

---

[261] Th. Hobbes, De cive, Widmung 59. Vgl. F. Hespe, Homo homini lupus – Naturzustand und Kriegszustand bei Hobbes (https://link.springer.com/chapter/10.1007/978-3-531-93299-6_14).

[262] Hobbes, Leviathan. Pt. I, ch. 13 (http://www.philosophy-index.com/hobbes/leviathan/13-of-mankind.php).

[263] Ebd.

[264] Ebd.

3

Dieser bestialische Zustand ist der Grundzustand der Menschheit, wenn das Zusammenleben der Menschen von ihren Passionen und natürlichen Bedürfnissen bestimmt ist. Wo es nur knappe Güter gibt und jeder mit jedem um sie konkurriert, muss jeder, um zu überleben, um alles kämpfen, um Nahrung, Unterkunft, Land, Arbeit, Geld usf., und zwar mit allen Mitteln, die einem Vorteile gegenüber den anderen verschaffen. Es ist Leichtsinn, das nicht zu tun, weil sonst das eigene Leben gefährdet ist. Wenn ich auf Schritt und Tritt damit rechnen muss, dass ich betrogen, hintergangen, angegriffen und getötet werde, dann ist es nicht unvernünftig, sondern naheliegend, dass ich selbst betrüge, hintergehe und angreife, ehe das die anderen tun. Und dann kann es durchaus vernünftig sein, im Kampf ums Überleben andere zu töten, ehe man selbst von ihnen getötet wird.

Nur die Macht, die man hat, zählt, Werte, Ideale oder Tugenden dagegen spielen keine Rolle, wenn sie nicht in Macht umgemünzt werden können. Gerechtigkeit oder Ungerechtigkeit, Gutes oder Böses gibt es nicht oder es sind bloße Worte. Das ändert sich auch nicht grundlegend, wo es zur Gesellschaftsbildung kommt, sondern der Zustand des Kampfes aller gegen alle bleibt als Realitätshintergrund menschlichen Lebens stets bestehen. Auch Werte werden erfunden und propagiert, um diesem Ziel zu dienen. Gerechtigkeit ist das, was uns Vorteile verschafft, und gut ist das, was unsere Bedürfnisse befriedigt. Und weil das zu verschiedenen Zeiten und Orten Verschiedenes ist, wird gut und gerecht Verschiedenes genannt:

> "'Good' and ‚evil' are names that signify our appetites and aversions, which, in different tempers, customs, and doctrines of men, are different; and divers men differ not only in their judgment on the senses of what is pleasant and unpleasant to the taste, smell, hearing, touch, and sight, but also of what is conformable or disagreeable to reason in the actions of common life."[265]

Weil allein die Macht im Leben der Menschen zählt, hat es keinen Sinn, nach Werten, Rechten, Überzeugungen zu suchen, die alle teilen, und diese in ihrer guten Natur zu verankern, die sie nicht haben. Will man verstehen, wie Menschen zusammenleben können, muss man ihren Egoismus, ihre Gier nach eigenem Vorteil und ihr Streben nach Macht

---

[265] A. a. O., Pt. I, ch. 13 (https://www.bartleby.com/34/5/15.html).

im Kampf ums Überleben ernst nehmen. Nur durch Macht kann Macht überwunden werden, und nur Gewalt kann Gewalt bändigen. Auf dieser Einsicht gründet Hobbes' Versuch, einen Ausweg aus der menschlichen Misere zu finden. Man muss das Übel nur klar genug als Übel benennen und vor Augen stellen, um deutlich zu machen, dass man dieses Übel nur durch sich selbst bekämpfen kann. Menschen müssen begreifen, dass es besser ist, zumindest einen Teil ihrer Freiheit und Macht gegen Sicherheit einzutauschen. Sie brauchen einen Gesellschaftsvertrag, der sicherstellt, dass sie Sicherheit gewinnen, wenn sie auf einen Teil ihrer Macht verzichten und diese gemeinsam auf einen dritten, einen irdischen Gott und starken Herrscher übertragen, der sicherstellen kann, dass Menschen in Frieden leben können, weil er die Macht hat, jeden in die Schranken zu weisen, der sich diesem Abkommen wiedersetzt oder dagegen verstößt.

Hobbes sieht ganz realistisch: Gesetze werden nicht freudig aus Liebe zum Allgemeinwohl akzeptiert, sondern sie müssen gegen die Passionen der Menschen durchgesetzt werden und taugen nur insofern etwas, als es jemanden gibt, der zu dieser Durchsetzung auch fähig und willens ist. Gesellschaftliche Ordnung ist nicht auf Einsicht in die Notwendigkeit gegründet, dass Gesetze zu befolgen gut ist, sondern auf die Sanktionsmacht der Zentralgewalt, die Verstöße gegen das Gesetz ahnden kann, weil ihr alle anderen Macht übertragen und abgetreten haben, um ein sicheres und friedliches Leben führen zu können. Das aber ist das einzig Vernünftige. Wenn man annimmt, dass das Selbsterhaltungsrecht das Einzige ist, was jeder Mensch mit jedem anderen Menschen teilt, dann muss es ein Akt der Praktizierung dieses Selbsterhaltungsrechtes sein, wenn Menschen ihre Freiheit und Macht an eine übergeordnete Instanz abtreten, ihr also zugestehen, die ihr zugesprochene Freiheit und Macht zu nutzen, um alles zu tun, was nötig ist, um das Leben derer, die ihre Macht und Freiheit an sie abgetreten haben, zu schützen und zu fördern. Menschen können nur gut zusammenleben, wenn sie auf die Macht und Freiheit verzichten, sich selbst zu bestimmen. Selbstbestimmung muss als freie Entscheidung zur Fremdbestimmung praktiziert werden, wenn man einigermaßen friedlich zusammenleben will. Sünder können mit anderen Sündern nur zusammenleben, wenn sie sich alle so verhalten, dass nicht nur jeder ein Gott für den anderen ist, sondern dass sie sich alle zusammen einem selbstgeschaffenen Gott – dem Leviathan – unterwerfen, um nicht zu Tode zu kommen, sondern leben zu können.

1. Selbsterhaltung

4

In Hobbes' Transformation der protestantischen Sündenlehre zeigt sich, was geschieht, wenn man die negativen Phänomene des Zusammenlebens der Menschen selbständig thematisiert und ihre Negativität nicht mehr relativ zur Positivität der Erlösung durch Gott bestimmt. Was so ist, dass es durch Gott nicht besser werden könnte, muss keineswegs so sein, dass es als Böses oder Übles erfahren und erlebt wird. Auch Gutes kann Gott gegenüber weniger gut sein, als es sein könnte und sollte.

Die einseitige Betonung des Negativen im menschlichen Leben kann aber, wie bei Hobbes, bis zu dem Punkt getrieben werden, wo die Praxis dieser Negativität zur Schaffung einer Instanz nötigt, von der her sie nicht überwunden, aber doch so eingedämmt werden kann, dass mit ihr zu leben nicht unmöglich ist. Nicht die Menschen werden dabei aber negativ gesehen, sondern ihr Zusammenleben ist kein Zusammenwirken der Wohlmeinenden, sondern voll tödlicher Gefahren.

> "But neither of us accuse man's nature in it. The Desires, and other Passions of man, are in themselves no Sin. No more are the Actions that proceed from those Passions, till they know a Law that forbids them: which till Lawes be made they cannot know: nor can any Law be made, till they have agreed upon the Person that shall make it."[266]

Menschen sind Wesen, die nur einigermaßen sicher zusammenleben können, wenn sie sich gemeinsam einer Satzung unterwerfen, die ihre Freiheit beschränkt, um ihr Überleben zu ermöglichen, und die das nur kann, wenn jemand die Macht hat, diese Satzung auch zur Geltung zu bringen und gegen die menschliche Neigung, sie nicht zu beachten, durchzusetzen. Das Gesetz bekommt dann die Funktion, nicht Gleichgesinnte mit gleicher Wertorientierung unter sich zu versammeln, sondern denen ein Zusammenleben zu ermöglichen, die nicht die gleichen Wertüberzeugungen vertreten und in Konkurrenz und erbittertem Wettstreit um knappe Ressourcen stehen. Gesetze sollen nicht das Gute

---

266 A. a. O., Pt. I, chap. 13. (Hobbes 1991, 89): „Niemand jedoch sollte die Natur des Menschen an dieser Stelle anklagen. Die Begierden und andere Leidenschaften des Menschen sind für sich betrachtet keine Sünden. Sie sind es so wenig wie die Handlungen, die aus diesen Leidenschaften entspringen, bevor man irgendein Gesetz zur Kenntnis nimmt, das sie verbietet: was man wiederum nicht tun kann, bevor irgendein Gesetz erlassen ist: was wiederum nicht geschehen kann, bevor man sich auf eine Person einigt, die das Gesetz erlassen soll."

herstellen, sondern – wiederum ganz im Sinn der reformatorischen Gesetzesauffassung – das Böse eindämmen und mindern.

Das können sie nur, wenn sie nicht nur auf Einsicht und Zustimmung gegründet sind, sondern mit den notwendigen Sanktionen verknüpft sind, die eine dafür geschaffene Staatsmacht gegen Widerwillige und Gesetzesbrecher auch durchzusetzen bereit sein muss. Wer sich selbst einschränkt, indem er sich Gesetzen unterwirft, tut dies nicht – oder doch nicht nur – aus Einsicht in das größere Gut des Gemeinwohls, sondern weil er die Übel vermeiden will, die aus der Nichtbeachtung des Gesetzes folgen. Gesetze wirken durch Sanktionen, und Sanktionen erfordern eine Macht, die sie durchsetzt. Nur Macht bricht Macht. Wer auf eigene Macht verzichtet, tut es, um einer größeren Macht Platz zu schaffen. Wer dagegen Gesetze will, ohne auch für die nötige Sanktionsmacht einzutreten, oder Gesetze nicht auch anwenden will, der betrügt sich selbst. Gesetze ohne Sanktionsmacht sind leer, und Sanktionsmacht ohne Gesetze reine Willkür.

5

Hobbes' Transformation der Sündenlehre in die politische Theorie führt daher konsequent zur Forderung einer zentralen Macht, der alle sich aus der Einsicht unterwerfen, dass sie so größere Überlebenschancen haben. Diese Macht muss ihre Macht aber auch gebrauchen, darf sich also nicht selbst in die Arme fallen, indem sie sich davon abhalten lässt, aus moralischen oder menschlichen Erwägungen Sanktionen, die nötig wären, nicht durchzusetzen, oder auf Maßnahmen zu verzichten, die der Bevölkerung missfallen. Politische Macht muss moralfrei handeln, damit die Abtretung der Eigenmacht der Menschen an sie das Ziel erreicht, um dessentwillen sie ihre Macht abgetreten und sich der Zentralmacht unterworfen haben. Menschen können nur menschlich zusammenleben, wenn sie in einem Staat leben, der machtbewusst und nicht moralgeleitet handelt. Wer vom Staat das verlangt, was er von sich selbst erwartet – dass er aus altruistischen Erwägungen auf die Anwendung der ihm übertragenen Macht verzichtet –, der erzeugt auf der Ebene der Staaten die gleichen Konflikte, die auf der Ebene der Individuen zur Schaffung des Leviathan geführt haben.

Das aber heißt: Menschlichkeit kann es nur unter der Bedingung geben, dass der Staat nicht davor zurückschreckt, unmenschlich zu handeln, und nicht aus Menschlichkeitserwägungen auf den Einsatz von

Gewalt zur Durchsetzung seiner Macht verzichtet. Wer auf Macht setzt, muss mit Gewalt leben, und das Beste, was man erhoffen kann, ist die Bereitschaft möglichst vieler, ihre eigene Macht an eine zentrale Macht abzutreten und darauf zu hoffen, dass diese sie nicht missbraucht. Denn wo alle Gewalt vom Staat ausgeht und der Staat nur an der Konsequenz der Durchsetzung seiner Macht interessiert sein soll, ist das Risiko groß, dass Staaten sich zu Monstern entwickeln, die ihre Macht gegen ihre Bürger missbrauchen.

Wie also kann die Macht des Staates von denen kontrolliert werden, die ihre Macht an ihn abgetreten haben? Die Antwort auf diese Frage wurde im politischen Denken nach Hobbes in einer doppelten Konkretisierung gesucht. Auf der einen Seite betont man, dass alle Gewalt nicht vom Staat, sondern vom Volk ausgeht, das Volk und nicht der Staat also die Quelle aller Legitimität ist. Auf der anderen Seite wird die Staatsgewalt geteilt in Legislative, Exekutive und Judikative, die Ausübung ihrer Funktionen durch Gesetze geregelt und durch demokratische Wahlverfahren zeitlich beschränkt und damit unterbrechbar gemacht. Auf diese Weise ist es zu einer immer deutlicheren Unterscheidung von Volk, Gesellschaft und Staat und damit auch von staatlichen Institutionen und menschlichen Akteuren gekommen. Die Institutionen der Macht sind dauerhaft, aber die Ausübung der Macht in ihnen und durch sie wird zeitlich beschränkt und der Zugang zu den Institutionen der Macht durch Verfahren geregelt, die Missbrauch dadurch zu erschweren suchen und zu unterbinden hoffen, dass es geregelte Verfahren zur Ausscheidung aus Positionen der Machtausübung gibt. Wie Gewalt unter Menschen nur überwunden werden kann, wenn diese auf ihre Macht zugunsten einer gemeinsamen Zentralmacht verzichten, so kann eine Willkürherrschafft dieser Zentralmacht nur verhindert werden, wenn deren Ausübung gesetzlich reguliert und zeitlich limitiert wird. Die Zentralmacht muss sich vor sich selbst schützen, indem sie sich Gesetzen unterwirft und ihre Machtausübung zeitlich beschränkt. Wo das nicht geschieht, sind der Willkürherrschaft Tür und Tor geöffnet. Was die Einzelnen im Hobbesschen Denkexperiment durch Abtretung ihrer Macht an eine Zentralgewalt zu gewinnen scheinen, wird durch unkontrollierte Herrschaftsausübung dieser Zentralmacht wieder verspielt: Man tauscht eigene Macht gegen relative Sicherheit, und man gewinnt völlige Unsicherheit ohne jede eigene Macht, sich dagegen zu wehren.

6

Das gilt nicht nur für das politische System, sondern unter Bedingungen des konsumorientieren technologischen Spätkapitalismus auch für das wirtschaftliche Agieren. Wer sich dazu verleiten lässt, seine Daten um des Gewinns der Möglichkeit, immer und überall zu kommunizieren, den staatlichen oder ökonomischen Datenkraken zu überlassen, kommt schnell an den Punkt, wo der erhoffe Gewinn in einem Totalverlust bestehen kann. Und weil das in diesem Fall nicht nur ein Gedankenexperiment, sondern ein reales Geschehen ist, lässt es sich auch nicht einfach wieder rückgängig machen oder aufheben, wenn es einmal eingetreten ist.

Das Sündenproblem tritt hier in der zusätzlichen Form in Erscheinung, dass ein einmal begangenes Fehlverhalten nicht mehr rückgängig gemacht werden kann, sondern scheinbar unaufhaltbar neues Fehlverhalten generiert und nach sich zieht. Das Negative wird durch das Negative nicht überwunden, sondern der Versuch dazu schafft nur neue Formen und breitere Anwendungsfelder des Negativen. Wo Sünde durch Sünde zu überwinden versucht wird, kommt man nur immer tiefer in die Sünde hinein und nicht mehr aus ihr heraus. Hobbes versagte sich jede Idealisierung der menschlichen Lebenswirklichkeit. Es gehört zum Blendwerk der Sünde, dass gerade die Hoffnung auf das Gute im Menschen dazu benutzt wird, die Menschen unfähig zum Guten zu machen. Die Mechanismen dazu hat Hobbes aufgedeckt und präzise beschrieben. Sie werden durch die politologischen Versuche, ihre Auswirkungen durch Metaprinzipien unter Kontrolle zu bringen, nicht außer Kraft gesetzt, sondern anerkannt. Unter Bedingungen des Negativen kann es keine Überwindung des Negativen durch Negatives geben, sondern nur seine kritische Kanalisierung, ohne diese vor Pervertierungen dauerhaft schützen zu können. Wo Menschen davor geschützt werden müssen, so unmenschlich zu leben, wie sie sind, wird noch keine Grundlage für Menschlichkeit gelegt, sondern nur eine kontrafaktische Hoffnung geweckt. Wie diese Hoffnung auf ein menschliches Miteinander der Menschen verwirklicht werden soll, bleibt dunkel.

Hobbes' skeptischer Blick auf die Brüchigkeit der gesellschaftlichen Zähmung des Menschen gab sich keiner Illusion hin: Ohne Bändigung der Menschen durch eine gewaltbereite Instanz, an die sie ihre Macht und Freiheit zur Selbstverteidigung abgetreten haben, werden die Menschen nicht in relativer Sicherheit zusammenleben können. Wo diese gesellschaftliche Machtzentrierung geschwächt wird und die Kontrolle zusammenbricht, werden Menschen wieder so unmenschlich leben, wie sie sind.

Hobbes' Gedankenexperiment am Anfang der Moderne sah die prekäre Lösung des Problems darin, dass alle zur Sicherung ihres Überlebens ihre Macht und Freiheit auf Selbstverteidigung an einen Souverän abtreten, dem sie sich unterwerfen. Am Ende der Moderne scheint das Umgekehrte einzutreten. Jetzt werden alle von Marktmächten, denen sie unterworfen sind, ohne es wahrhaben zu wollen, dazu gebracht, sich radikal zu vereinzeln und gerade das für den Gebrauch ihrer eigenen Freiheit zu halten, was diese verspielt. Die anonyme Macht eines entfesselten Konsumkapitalismus suggeriert den Menschen, gerade dann frei zu sein und frei zu handeln, wenn sie sich von den überkommenen Konventionen und Kontrollmechanismen ihrer Kultur und Gesellschaft emanzipieren und nicht als Glieder einer Solidargemeinschaft, sondern ganz und gar als Einzelne agieren. Nicht die freiwillige Abtretung der eigenen Freiheit an eine zentrale Macht, sondern gerade umgekehrt die Suggestion, die eigene Freiheit dadurch zu gewinnen, dass man sein Ich dem Wir der anderen entgegensetzt, ist der Mechanismus, durch den die Einzelnen ihrer Freiheit beraubt und zur Verfügungsmasse anonymer Mächte werden. Man meint, frei zu handeln, und agiert doch nur als Glied einer Herde.

Selbst der kontrafaktischen Hoffnung auf ein menschlicheres Leben ist damit der Boden entzogen. Man sieht sich auf dem Weg der souveränen Selbstbestimmung und hat seine Freiheit doch schon gründlicher verloren, als wenn man sie ausdrücklich abgetreten hätte. An die Stelle eines bewussten Freiheitsverzichts zum Gewinn gesellschaftlicher Gemeinsamkeit tritt die Illusion, gerade dann frei zu sein, wenn man sich radikal selbst entwirft und von den normativen Vorgaben eines gesellschaftlichen Wir konsequent emanzipiert. Doch diese Konstruktion des Ich ohne Wir öffnet dem Missbrauch des Ich durch andere Tor und Tür. Man meint, frei zu handeln, und zerstört die Basis der eigenen Freiheit. Weil man das für einen Gewinn hält, wodurch man seine Freiheit verliert, gibt es keinen Anlass mehr, kontrafaktisch auf ein anderes Leben zu hoffen. Die Hoffnung auf ein menschlicheres Miteinander der Menschen kann so erst gar nicht mehr aufkommen.

Damit scheint Hobbes Recht zu behalten. Seine Transformation der

Sünde resultiert in einer fragilen Überbrückung des Schlimmsten, die weit entfernt ist davon, eine realistische Erwartung für eine positive Zukunft zu bieten. Es wird niemals besser werden mit den Menschen. Auch in staatlich geregelten Gesellschaftszusammenhängen ist anderen daher stets mit Misstrauen zu begegnen, und es bedarf guter (und eigentlich nie wirklich gegebener) Gründe, dieses abzulegen und auf Vertrauen zu setzen. Man ist immer besser beraten, nichts Gutes von den anderen zu erwarten. Das ist ein Lebensrealismus, der mit der Sünde rechnet, aber nicht mit ihrer Überwindung. Es könnte immer noch schlimmer sein, als es ist. Aber gut ist es niemals.

2. Selbstsucht:
Die ökonomische Transformation der Sünde

1

Was Hobbes auf dem Feld der politischen Theorie durchdachte, wandte Mandeville auf das Feld der Ökonomie an. Auch er war der Überzeugung, „daß der Mensch, abgesehen von dem leicht Sichtbaren, wie Haut, Fleisch, Knochen usw., ein Gemisch von verschiedenen Neigungen und Gefühlen darstellt, die ihn alle, je nachdem sie auf- und hervortreten, abwechselnd und unabhängig von seinem Willen beherrschen"[267]. Es ist ein Fehler, sich immer nur darauf zu konzentrieren, wie die Menschen „sein *sollen*", anstatt „ihnen zu sagen, wie sie in Wirklichkeit *sind*".[268] Sie sind aber nicht so, wie sie sich gerne sehen und öffentlich präsentieren: tugendhafte Geschöpfe, die gesellig, freundlich, verständnisvoll, sanftmütig, mitleidend und wohlwollend miteinander umgehen. Ihr Handeln und Verhalten wird vielmehr gerade umgekehrt von bewussten und unbewussten Leidenschaften, Begierden und Trieben beherrscht. Die aber sollen sie nicht ablegen und unterdrücken, was wider alle Natur ist, sondern in Gebrauch nehmen und eben so kultivieren. Die Pointe der modernen Kultur besteht nicht darin, dass üble Wesen unter dem selbst auferlegten Zwang der Moral tugendhaft werden, indem sie ihre wilden Triebe kultivieren, sondern gerade umgekehrt darin, dass

---

267 Vorwort zur Bienenfabel in der dritten Auflage von 1724. B. Mandeville, Die Bienenfabel, hrsg. v. F. Bassenge, Berlin 1957, 19.
268 Ebd.

sie ihre Untugenden ausleben und dies zum Motor der gesellschaftlichen, wirtschaftlichen und kulturellen Entwicklung machen. Das Gute erwächst nicht aus dem Widerstand gegen das Böse, sondern aus dessen kluger Ingebrauchnahme.

2

Diese These führt Mandeville breit aus in seinem Buch *The Fable of The Bees: or Private Vices, Publick Benefits* (1714).[269] Er legt darin sein 1705 anonym erschienenes Gedicht *The Grumbling Hive: or, Knaves turn'd Honest* aus und diskutiert die dort beschriebenen ökonomischen Grundgedanken wie die Arbeitsteilung und die positive Rolle des egoistischen Gewinnstrebens. Adam Smith wird das siebzig Jahre später in *The Theory of Moral Sentiments* (1759) und *An Inquiry into the Nature and Causes of the Wealth of Nations* (1776) als das Wirken der „invisible hand" prominent begründen. Mandevilles These, dass "Private Vices [...] may be turned into Public Benefits", wird von Smith so modifiziert, dass der Fehler vermieden wird, man könne dadurch das Gemeinwohl fördern, dass man möglichst egoistisch lebt und handelt. Zwar stimmt er Mandeville zu, dass auch jemand, der "appears to sacrifice his own interest to that of his companions [...] is then acting from the same selfish motives as at all oher times"[270]. Aber dass auch altruistisches Verhalten ein Ausdruck und Vollzug von Selbstliebe sein kann, schließt für Smith nicht aus, dass es trotzdem tugendhaft und nicht rein egoistisch ist, "since self-love may frequently be a virtuous motive of action"[271]. Es geht nicht um eine Instrumentalisierung des Egoismus für das Gemeinwohl, wie das bei Mandeville anklingt. Die Verfolgung von Eigeninteressen kann unter Bedingungen der Herrschaft des Rechts nicht absichtlich, sondern allenfalls unbeabsichtigt das Gemeinwohl fördern.

> Jeder Einzelne "generally, indeed, neither intends to promote the public interest, nor knows how much he is promoting it. By preferring the support of

---

269 B. Mandeville, The Fable of the Bees: or, Private Vices, Publick Benefits, hrsg. v. F. B. Kaye, 2 Bde. Oxford ²1957. Vgl. die Übertragung von Otto Bobertag in: Mandeville, Bienenfabel (s. Anm. 267), 27-38. F. Hayek, Dr Bernard Mandeville. „Die Bienen-Fabel". Eine moderne Würdigung, hrsg. v. M. Perlman, Düsseldorf 1990.
270 A. Smith, The Theory of Moral Sentiments, Part VII: Of Systems of Moral Philosophy, Section II, Chapter 4, ed. D. Stewart, London 1852, 452 (https://archive.org/stream/ theorymoralsentoostewgoog#page/n523/mode/2up) (2018-12-04).
271 Ebd.

domestic to that of foreign industry, he intends only his own security; and by directing that industry in such a manner as its produce may be of the greatest value, he intends only his own gain, and he is in this, as in many other cases, led by an invisible hand to promote an end which was no part of his intention. Nor is it always the worse for the society that it was no part of it. By pursuing his own interest he frequently promotes that of the society more effectually than when he really intends to promote it."[272]

Mandeville vertritt die stärkere These, dass selbstsüchtiges Verhalten das Gemeinwohl nicht nur fördern kann, sondern notwendig dafür ist, dass es ein Gemeinwohl gibt. Laster sind eine notwendige Bedingung für öffentliches Wohl.[273] In seinem Gedicht zieht er eine Analogie zwischen dem Leben von Bienen in einem Bienenstock und dem Leben seiner Zeitgenossen in England zu Beginn des 18. Jahrhunderts. Seine provozierende These ist, dass sich der Wohlstand und Fortschritt der Gesellschaft nicht dem tugendhaften Leben, der Friedfertigkeit und der Genügsamkeit seiner Bürger verdankt, sondern gerade umgekehrt durch Selbstsucht, Verschwendung, Luxus, Krieg und Ausbeutung befördert werde. Sein Lob der Laster und die ihm korrespondierende Kritik der Tugend als ökonomisch rationales Verhalten wird am Bienenstock belegt. Alles funktioniert bestens, solange alle ihre egoistischen Ziele verfolgen. Die Gemeinschaft produziert Honig im Überfluss, allen geht es gut. Doch dann beginnt eine öffentliche Debatte über das Fehlen von Ehrlichkeit und Tugend im Bienenstock, auf die man doch dringen müsse. Die göttliche Macht (Jupiter) lässt sich erweichen und gibt den Bienen, worum sie bitten. Das Ergebnis ist der Zusammenbruch des Wohlstands. Ohne das Streben der Bienen nach persönlichem Vorteil und Gewinn hört ihr Wirtschaften auf zu prosperieren, der Bienenstock verfällt und viele kommen um. Doch selbst ein Massensterben bringt die neuerdings tugendhaften Bienen nicht von ihrer moralistischen Selbstgerechtigkeit ab. Die verbleibenden Bienen ziehen sich zu einem einfachen Leben in einen holen Baum zurück. Ihr Reichtum und Wohl-

---

272 A. Smith, An Inquiry into the Nature and Causes of the Wealth of Nations (1776), hrsg. v. E. Cannan, London 1904, Book IV, chap. 2, par. 2.9. Vgl. G. Streminger, Adam Smith. Wohlstand und Moral. Eine Biographie, München 2017 (https://www.econlib.org/library/Smith/smWN.html?chapter_num=27#book-reader); vgl. Th. Rommel, Das Selbstinteresse von Mandeville bis Smith, Heidelberg 2006.
273 Vgl. R. Rolle, Homo oeconomicus: Wirtschaftsanthropologie in philosophischer Perspektive, Würzburg 2005, 76.

stand sind dahin und sie begnügen sich mit ihrem eigenen Seelenfrieden. Doch damit ist weder ihnen noch der Gemeinschaft geholfen. Und so endet das Gedicht mit der mahnenden Erinnerung: „Mit Tugend bloß kommt man nicht weit; // Wer wünscht, daß eine goldene Zeit // Zurückkehrt, sollte nicht vergessen: // Man mußte damals Eicheln essen." Die Moral der Geschichte liegt auf der Hand: *pecca fortiter* und es wird allen besser gehen, *lebe tugendhaft* und alle werden ein schlechteres Leben haben.

3

Mandeville war nicht blind für die politischen und ökonomischen Implikationen seiner Satire. Er betonte selbst ausdrücklich, dass

> "the main Design of the Fable, (as it is briefly explain'd in the Moral) is to shew the Impossibility of enjoying all the most elegant Comforts of Life that are to be met with in an industrious, wealthy and powerful Nation, and at the same time be bless'd with all the Virtue and Innocence that can be wish'd for in a Golden Age; from thence to expose the Unreasonableness and Folly of those, that desirous of being an opulent and flourishing People, and wonderfully greedy after all the Benefits they can receive as such, are yet always murmuring at and exclaiming against those Vices and Inconveniences, that from the Beginning of the World to this present Day, have been inseparable from all Kingdoms and States that ever were fam'd for Strength, Riches, and Politeness, at the same time."[274]

Kaum ein anderer hat so klar wie Mandeville die Bigotterie der herrschenden Klasse aufgedeckt, die ständig Moral im Munde führt und damit doch nur ihre eigenen Vorteile verfolgt.

Aber er war sich durchaus auch bewusst, dass seine Politiksatire eine Attacke auf die christliche Tugendmoral war und von dieser Seite nicht von ungefähr vehementen Widerspruch erfuhr. Die von ihm skizzierte Bienenstockgesellschaft lebt von den Unterprivilegierten, die den größten Teil der Arbeitsleistung in einem Gemeinwesen erbringen. Sie besserzustellen, verringert den Wohlstand des Gemeinwesens. „Das einzige Ding, das den arbeitenden Mann fleißig machen kann, ist ein mäßiger Arbeitslohn. Ein zu geringer macht ihn je nach seinem Temperament kleinmütig oder verzweifelt, ein zu großer insolent und faul [...] Aus dem bisher Entwickelten folgt, daß in einer freien Nation, wo Skla-

---

[274] Mandeville, The Fable of the Bees (s. Anm. 269), Bd. I, 6-7.

ven nicht erlaubt sind, der sicherste Reichtum aus einer Menge arbeitsamer Armen besteht."[275] Die Maximierung der Tugendkultur führt zur Minimierung des Wohlstands, und umgekehrt kann man den Wohlstand nicht maximieren, ohne dem Laster Raum einzuräumen. Deshalb tritt Mandeville in seiner *Modest Defence of Publick Stews* (1724) für die Enttabuisierung der Prostitution und die Einrichtung öffentlicher und staatlich kontrollierter Bordelle ein.[276] Und deshalb betont Mandeville auch, dass die Erziehung der Armen zur Tugend in *charity schools* für das Gemeinwesen kontraproduktiv ist.[277] Nicht nur, weil diese Schulen nahelegen, Böses gebe es nur bei den Armen der Unterschicht und nicht auch bei der herrschenden Klasse, sondern auch, weil Erziehung das Begehren der Armen nach materiellen Gütern steigert und nicht etwa beseitigt. Man erzieht zur Tugend und befördert das Gegenteil.[278]

Für die Armen sind ein „[m]äßiges Leben und beständige Arbeit [...] der Weg zum materiellen Glücke", wenn man darunter, wie Karl Marx anmerkt, einen „möglichst langen Arbeitstag und möglichst wenig Lebensmittel versteht"[279]. Für Marx ist Mandeville deshalb „ein ehrlicher Mann und heller Kopf", auch wenn er „noch nicht begreift, [...] daß der Mechanismus des Akkumulationsprozesses selbst mit dem Kapital die Massen der ‚arbeitsamen Armen' vermehrt"[280]. Aber anders als viele Zeitgenossen hat Mandeville vor der realen Situation der arbeitenden Bevölkerung nicht die Augen verschlossen. Und das gelang ihm nicht zuletzt deshalb, weil er das diagnostische Instrumentarium der radikalen protestantischen Sündenlehre virtuos zu gebrauchen wusste.

4

Marx ging einen entscheidenden Schritt weiter, indem er den Entfremdungs- und Ausbeutungscharakter dieser ökonomischen Realität auf-

---

275 B. Mandeville, The Fable of the Bees, London, ⁵1728, 212–213.328. Zitiert nach K. Marx, Das Kapital, Band 1, Karl Marx Friedrich Engels Werke, Band 23, Berlin 1970, 643.
276 B. Mandeville, Eine bescheidene Streitschrift für öffentliche Freudenheuser – oder Ein Versuch über die Hurerei, wie sie jetzt im Vereinigten Königreich praktiziert wird, Innsbruck 2018.
277 Vgl. sein *Essay on Charity and Charity Schools* und *A Search into the Nature of Society*, die der dritten Auflage der Fable of the Bees beigefügt wurden.
278 Vgl. Mandeville, The Fable of the Bees (s. Anm. 275), 212 f.328.
279 K. Marx, Das Kapital (s. Anm. 275), 643.
280 Ebd.

deckte. Wer mehr arbeitet, als er zur Erhaltung seiner Lebens- und Arbeitskraft braucht, leistet Mehrarbeit, und wer sich die Mehrarbeit und das daraus resultierende Mehrprodukt eines anderen aneignet, der beutet diesen aus. In Klassengesellschaften ist das regelmäßig der Fall, weil eine Gruppe die Verfügungsgewalt über die Produktionsmittel und über die Arbeitskraft einer anderen Gruppe hat. Insofern ist die Geschichte der bisherigen Gesellschaften eine Geschichte von Unterdrückern und Unterdrückten. Sklavenhaltergesellschaften in der Antike und im Kolonialismus unterscheiden sich hier nur graduell von Leibarbeitsgesellschaften im Mittelalter und Lohnarbeitsgesellschaften im Kapitalismus.[281]

Unter solchen Bedingungen können Menschen nicht menschlich leben. Aus der bisherigen Menschheitsgeschichte ist daher nur indirekt zu erschließen, worin die Menschlichkeit des Menschen und ein menschenwürdiges Leben bestehen würden. Gerade weil der Mensch nach Marx kein fertiges Wesen besitzt, ergibt sich das, was er ist, aus den konkreten gesellschaftlichen Verhältnissen, in denen er lebt und arbeitet. Sein Denken und Handeln sind davon bestimmt, ob und wie er Anteil hat an der Produktion der Güter, Ideen und Entscheidungen einer Gesellschaft. In Ausbeutungsgesellschaften sind Sklaven, Leibeigene und Lohnarbeiter davon aber weitgehend ausgeschlossen.

Die darin angelegte Entfremdung der Menschen zeigt sich besonders deutlich im Kapitalismus. Die Arbeiter sind nicht nur voneinander entfremdet, sondern aufgrund der Ausbeutung ihrer Arbeitskraft auch von sich selbst. Die Entfremdung tangiert dabei alle Grundrelationen des Menschseins: die zwischen Menschen, zwischen Menschen und ihrer Arbeit, zwischen Menschen und den Produkten ihrer Arbeit und von Menschen zu sich selbst. Die Aufhebung dieses Entfremdungszustands ist das Ziel und die Aufgabe des politischen Emanzipationsprozesses, und nur in diesem Prozess wird der Mensch in vollem Sinn zum Menschen. Die Situation der Ausbeutung und Entfremdung ist daher der gesellschaftliche Sündenzustand, der bisher in der Gesellschaftsgeschichte der Menschheit dominiert hat. Er kann nur durch eine gesellschaftliche Umwälzung überwunden werden, in der eine ausschließlich an Profit und Mehrwert orientierte kapitalistische Produktionsgesell-

---

[281] Vgl. F. Engels, Der Ursprung der Familie, des Privateigentums und des Staats, MEW 21, 170.

schaft von einer partizipativen und genossenschaftlichen Produktionsform abgelöst wird. Denn nur diese ermöglicht es jedem, gemäß seinen Fähigkeiten und Bedürfnissen an den gesellschaftlichen Prozessen teilzunehmen und so in der für ihn zutreffenden Weise sein Menschsein zu entwickeln:

> „In einer höheren Phase der kommunistischen Gesellschaft, nachdem die knechtende Unterordnung der Individuen unter die Teilung der Arbeit, damit auch der Gegensatz geistiger und körperlicher Arbeit verschwunden ist; nachdem die Arbeit nicht nur Mittel zum Leben, sondern selbst das erste Lebensbedürfnis geworden; nachdem mit der allseitigen Entwicklung der Individuen auch ihre Produktivkräfte gewachsen und alle Springquellen des genossenschaftlichen Reichtums voller fließen – erst dann kann der enge bürgerliche Rechtshorizont ganz überschritten werden und die Gesellschaft auf ihre Fahne schreiben: Jeder nach seinen Fähigkeiten, jedem nach seinen Bedürfnissen!"[282]

Was in der theologischen Tradition über die Beziehung der Menschen zu Gottes Beziehung zu ihnen gesagt wurde – dass sie Sünder sind, sofern sie diese ignorieren oder negieren, gerechtfertigte Sünder dagegen, insofern Gott ihnen das aus freien Stücken schenkt, was sie von sich aus weder haben wollen noch erwerben können –, das wird jetzt über ihre Beziehung zur Gesellschaft gesagt, unter deren Produktionsbedingungen sie ihre Menschheit ausbilden oder nicht ausbilden können. „Der Mensch verliert sich nur dann nicht in seinem Gegenstand, wenn dieser ihm als menschlicher Gegenstand oder gegenständlicher Mensch wird. Dies ist nur möglich, indem er ihm als gesellschaftlicher Gegenstand und er selbst sich als gesellschaftliches Wesen wie die Gesellschaft als Wesen für ihn in diesem Gegenstand wird."[283] Ist die Gesellschaft falsch, ist auch das Leben falsch, weil es sich entfremdet vollzieht – und zwar für den Unterdrückten nicht weniger als für den Unterdrücker. Es kann deshalb auch nur dadurch wahr oder recht werden, dass die Gesellschaft von Grund auf verändert wird, also Menschen nicht mehr unter Verhältnissen der Ausbeutung und Entfremdung zu leben zwingt. Der anvisierte Zielzustand ist dabei der, in dem sich niemand mehr einem fremden Willen unterwirft, sondern von sich aus das tut, was er will,

---

282 Vgl. K. Marx, Kritik des Gothaer Programms, MEW 19, 21.
283 K. Marx, Zur Kritik der Nationalökonomie. Mit einem Schlußkapitel über die Hegelsche Philosophie, MEGA, Erste Abteilung, Bd. 3, Berlin 1932, 119.

und sich so durch seine Arbeit produktiv selbst verwirklicht. Weil jeder aber andere Fähigkeiten und Anlagen hat und nicht die gleichen wie jeder andere, ist eine solche Gesellschaft nicht dadurch gerecht, dass sie jedem das Gleiche zuteilt, sondern dass von allen das für alle Notwendige erzeugt wird, so dass jeder das erhält, was er für seine Tätigkeit und seine Form des Lebens braucht. Das Ideal des menschlichen Lebens ist die Selbstverwirklichung eines jeden Menschen durch seine eigene Tätigkeit, durch die er wird, was er sein kann, ohne andere daran zu hindern, durch ihre eigene Tätigkeit auch das zu werden, was sie sein können. Die Menschlichkeit des Menschen besteht in seiner entfremdungsfreien Selbstverwirklichung, die jedes Angewiesensein auf eine Unterstützung von anderen, von denen man einseitig abhängig ist, unnötig macht. Nicht seine schlechthinnige Passivität definiert den menschlichen Menschen, sondern seine unbeschränkte Aktivität: Der Mensch ist durch und durch *homo faber*. Er ist das Wesen, zu dem er sich selbst aus freien Stücken macht.

5

Doch dieses Ideal ist nicht frei von der Möglichkeit der Verkehrung und des Missbrauchs. Das Übel der Ausbeutung hört nicht auf, wo Ausbeutung durch andere durch die Nötigung zur Selbsterschaffung oder gar Selbstausbeutung ersetzt wird. Die Überzeugung, dass der neue Mensch nicht geschaffen werden kann, sondern sich selbst schaffen muss, resultiert nur allzu leicht in einer Steigerung des Übels, das man überwinden will, wenn man dieses Selbstschaffen nicht kritisch beschränkt und es nicht als exzessiven Aktionismus, sondern im Ausbalancieren von Aktivität und Passivität in der Einsicht in die *conditio humana* der eigenen Existenz praktiziert. Der Mensch ist niemals nur *homo faber*, sondern als solcher immer auch und vor allem *homo patiens*, der von etwas zehrt, was er sich nicht selbst verschaffen kann. Wer die fundamentale Passivität menschlichen Daseins ignoriert, blendet aus, dass jeder Mensch immer schon in eine Gemeinschaft mit anderen eingebunden ist, ohne die er sich selbst nicht schaffen und zu einem bestimmten Menschen gestalten könnte. Menschen sind nicht zuerst selbstschaffene Einzelwesen und erst dann auch Gemeinschaftswesen, sondern sie leben von Anfang an in Gemeinschaftsbezügen, denen sie sich in vielfacher Hinsicht verdanken und ohne die sie nicht zu distinkten Akteuren werden könnten. Keiner verdankt sein Dasein (dass er lebt) sich selbst, so sehr auch sein Sosein (wie er lebt) nicht der Fremdbestimmung durch andere überlassen bleiben sollte, sondern er selbst in die Lage kommen sollte, autonom zu leben und durch eigene Selbstbestimmung das Entscheidende zu seinem Sosein beizutragen.

Doch Autonomie setzt immer anderes voraus und wird zur selbstverschuldeten Blindheit, wo das ausgeblendet wird. Ohne da zu sein, kann niemand sich zu jemandem machen, aber niemand kann sich selbst ins Dasein bringen. Nicht nur alle Fremdbestimmung, sondern auch alle Selbstbestimmung findet auf dem Hintergrund einer Tiefenpassivität statt, die man in Anspruch nehmen muss, ohne sie durch eigene Aktivität hervorbringen oder ersetzen zu können. Menschen, die das ausblenden, verfehlen an entscheidender Stelle die Bedingung der Möglichkeit, ein wirklich menschliches Leben zu führen, also Menschlichkeit als Mitmenschlichkeit zu praktizieren, weil für alle dieselbe *conditio humana* gilt, nicht von sich aus und durch sich selbst, sondern durch andere und mit anderen da zu sein. Wir sind da. Aber wir verdanken das nicht uns selbst. Darum sind wir immer mehr, als wir selbst aus uns machen können.

3. Endlichkeit:
Die metaphysische Transformation der Sünde

1

Anselm von Canterbury hatte nachdrücklich auf die kosmische Dimension der Sündenproblematik hingewiesen: Schon die geringste Sündenverfehlung bringt die Ordnung des gesamten Kosmos durcheinander, weil sie die Grundbeziehung zwischen Schöpfer und Geschöpf in Frage stellt. Doch wie ist in einer wohlgeordneten Schöpfung eine solche Störung überhaupt möglich?

Die klassische Antwort ist, dass zum Geschöpfsein des Menschen die Freiheit gehört, als Geschöpf zu leben oder nicht zu leben, sich also frei für das eine oder das andere zu entscheiden. Das gilt auch im Prinzip unter den von Augustinus herausgestellten Bedingungen, dass wir aufgrund der falschen Entscheidung Adams diese Entscheidungsmöglichkeit nicht mehr haben, weil wir faktisch nicht als Gottes Geschöpfe, sondern als Sünder leben. Zwar hören wir auch als Sünder nicht auf, Gottes Geschöpfe zu sein. Aber ohne Gottes Hilfe sind wir nicht in der Lage, aus der Verblendung der Sünde herauszukommen und uns frei für Gott zu entscheiden.

Was diese Antwort offenlässt, ist die Frage, warum es in der Schöpfung überhaupt die Möglichkeit gibt, sich auf falsche Weise zu entscheiden, wenn doch das Ziel des Erlösungsprozesses darin besteht, mit Gottes Hilfe in einem Zustand zu leben, in dem man nicht nur wieder frei entscheiden kann, zu sündigen oder nicht zu sündigen, sondern nicht mehr sündigen kann und will, weil man sich für das Gegenteil entschieden hat. Warum hat Gott die Welt nicht von vornherein so geschaffen, dass alle von sich aus immer das Gute wollen und tun, ihre Freiheit also immer in der richtigen Weise gebrauchen, indem sie jederzeit das Böse nicht wollen und tun und das Gute wollen und tun?

2

Auf diese Frage hat im 17. Jahrhundert Gottfried Wilhelm Leibniz eine folgenreiche Antwort gegeben. Wenn die Welt Gottes Schöpfung ist und Gott immer und ausschließlich Gutes tut, weil er gut ist und nicht Gott wäre, wenn das anders wäre, dann kann es in der Schöpfung nichts Böses geben, wenn es nicht gut wäre, dass es das gibt. Wie aber kann das der Fall sein? Leibniz antwortet, indem er zunächst darauf hinweist, dass es nicht selbstwidersprüchlich ist, sich eine Welt ohne Böses zu denken. Gott hätte auch eine Welt ohne Sünde schaffen können. Aber eine Welt ohne alle Sünde wäre auch eine Welt ohne alle die Tugenden, die aus dem Kampf gegen die Versuchungen der Sünde entstehen. Mit der Sünde wären auch sie kein Teil der Schöpfung, diese damit aber nicht so gut, wie sie mit diesen Tugenden ist. Doch Gott wäre nicht Gott, wenn er nur eine gute und nicht die beste Welt hätte schaffen wollen. Alles andere stünde im Konflikt mit seinem schöpferischen Gutsein.

Die entscheidende Frage ist daher nicht, warum Gott nicht eine ganz und gar gute Welt ohne Sünde geschaffen hat, sondern warum er nicht die beste Welt geschaffen hat, in der alles denkbare Gute auf die höchste und beste Weise verwirklicht ist. Eine maximal gute Welt würde nicht nur alles Gute, sondern jedes Gut auf die höchste und vollkommenste Weise enthalten. Das schließt auch die Güter ein, die es nur deshalb gibt, weil es Unvollkommenes, Imperfektes, Böses und Sündiges in der Schöpfung gibt, das es zu bekämpfen, zu besiegen und zu überwinden gilt. Wie eine Welt, die es gibt, besser ist als eine Welt, die es nicht gibt, so kann eine Welt, in der es auch Böses gibt, besser sein als eine Welt, in der es nur Gutes gibt. Doch hier beginnt erst das Problem, mit dem sich Leibniz in differenzierter Weise auseinandersetzt.[284]

3

Zum ersten betont er, dass bei dem, was gut genannt wird, eine intrinsische Relativität mitzudenken ist: Nichts ist einfach gut, sondern was immer gut ist, ist gut *für jemanden oder etwas*. Aber nicht alles, was für den einen gut ist, ist es auch für den anderen. Wenn Gott Gutes geschaffen hat, dann hat er nicht nur Gutes *für die Menschen* geschaffen, sondern auch Gutes für andere Geschöpfe. Ausdrücklich widerspricht Leibniz daher „der alten, verrufenen Maxime [...], wonach alles einzig für den Menschen gemacht ist". Es gibt auch andere Wesen, für die Gott Gutes geschaffen hat – Tiere etwa oder „vernünftige Bewohner"[285] anderer Welten. Wir finden „Dinge im Universum, die uns nicht gefallen; aber bedenken wir doch, daß es nicht für uns allein geschaffen worden ist"[286]. Nicht alles, was für uns gut ist, ist es auch für andere, und nicht alles, was für andere gut ist, ist es auch für uns. Weil wir in einer pluralen Schöpfung mit vielen individuellen Wesen (Monaden) leben, ist es notwendig, dass es Güter gibt, die für uns nicht gut sind, wohl aber für andere. Nicht alles, was es gibt, ist ein Gut *für uns*, denn eine Schöpfung, in der es nicht nur uns gibt, kann nicht nur das enthalten, was für uns gut ist.

Zum anderen unterscheidet er zwischen verschiedenen Arten von Übeln, nämlich dem *malum physicum* (natürliches Übel), *malum morale* (moralisches Übel) und *malum metaphysicum* (metaphysisches Übel). Man muss die Übel im Universum differenziert betrachten, wenn man dem Rätsel der Wirklichkeit des Bösen auf die Spur kommen will und eine sinnvolle Antwort auf die Frage der Vermeidbarkeit oder Unvermeidlichkeit von Übeln geben will. Die zentrale Antwort von Leibniz besagt, dass das metaphysische Übel unvermeidlich ist, weil es mit der wesentlichen Unvollkommenheit der Schöpfung gesetzt ist, und dass

---

284 Im Folgenden greife ich auf Überlegungen zurück, die ich in I. U. Dalferth, Malum: Theologische Hermeneutik des Bösen, Tübingen ²2010, 166–217, ausführlicher dargelegt habe.
285 G. W. Leibniz, Versuche in der Theodicée über die Güte Gottes, die Freiheit des Menschen und den Ursprung des Übels, hrsg. und übers. v. H. Herring, Bd. 2,1: Die Theodizee von der Güte Gottes, der Freiheit des Menschen und dem Ursprung des Übels, Darmstadt 1985, 384 f.; 236–239.
286 A. a. O., 546 f.

ebendas der unvermeidliche Grund aller physischen und moralischen Übel sei. Diese Übel mögen sich in jedem konkreten Fall vermeiden lassen, aber sie können nicht gänzlich vermieden werden: Wer Schöpfung will, kann nicht ausschließen, dass es Übel gibt.

Zum dritten sind alle Übel durch *Kontingenz* charakterisiert. Sie sind wirklich, aber nicht notwendig, sondern gerade als nicht notwendig zu begreifen. Denn dass Gott notwendig das Beste wählt („Es ist notwendig, dass Gott das Beste wählt"), heißt nicht, dass das Beste damit notwendig wäre („Das Beste, das Gott wählt, ist notwendig"), sondern dass es frei von Gott gewählt, also *kontingent* ist.[287] Nicht „Das Beste ist notwendig", sondern „Es ist notwendig, dass das Beste ist" folgt aus Leibniz' Argumentation. Entsprechend gilt nicht, dass die Übel dieser kontingenten Welt notwendig sind, sondern dass es notwendig ist, dass zum Besten dieser Welt auch Übel gehören. Denn *notwendig* ist alles und nur das, was in den ewigen Wahrheiten der göttlichen Vernunft enthalten ist, *wirklich*, aber nicht kontingent allein Gott selbst, *kontingent* dagegen alles und nur das, was sich dem guten Willen Gottes verdankt, der will, dass es ist, obgleich an seiner Stelle auch anderes hätte sein können.[288] Die Übel, die es in dieser Welt gibt, sind Tatsachen, nicht ewige Wahrheiten. Es muss für sie daher Gründe geben, aber keine notwendigen, sondern hinreichende Gründe, die deutlich machen, warum diese Übel sind und nicht vielmehr etwas anderes an ihrer Stelle. Diese Gründe können nur in einem Willen gefunden werden, und während das für manche Übel der Wille und das Wollen von Menschen sind (moralische Übel), kann das nicht für alle kontingenten Übel gelten (physische Übel). Die Gründe für die Wirklichkeit zumindest mancher Übel und die Gründe für die Möglichkeit aller Übel scheint daher in Gottes Willen gesucht werden zu müssen, denn wie sein Verstand „la source des *essences*" (die Quelle der Wesenheiten) ist, so ist sein Wille „l'origine des existence" (der Ursprung der Existenz).[289]

---

287 G. W. Leibniz, De contingentia, in: G. W. Leibniz, Philosophische Schriften, hrsg. und übers. von H. H. Holz, Bd. 1: Kleine Schriften zur Metaphysik, Darmstadt 1965, 186 f.: „Deus necessario eligeret optimum, non ideo tamen optimum foret necessarium."
288 G. W. Leibniz, Theodizee. Discours de la conformité de la foi avec la raison, § 7, in: G. W. Leibniz, Philosophische Schriften, hrsg. und übers. von H. Herring, Bd. 2,1 (s. Anm. 284), 218 f.
289 Leibniz, Theodizee (s. Anm. 284), § 7, 218 f.

4

Zum Problem wird mit Leibniz' Argumentation daher nicht die Kontingenz der Übel, sondern Gottes Wille und damit das Verständnis Gottes, von dem Leibniz' Überlegungen geleitet sind. Wer alles unter seine Macht zwingt, und wer diese Macht in reiner Willkür gebraucht, verdient nicht Gott genannt zu werden. Leibniz begründet das – mit deutlichem Anklang an das „Wir sollen Gott fürchten und lieben" des lutherischen Katechismus – so: „Das Wesen der Frömmigkeit besteht nicht nur darin, ihn zu fürchten, sondern auch, ihn in allen Dingen zu lieben" (l'essentiel de la piété est non seulement de le craindre, mais encore de l'aimer sur toutes choses).[290] Wie also ist Gott angesichts der Wirklichkeit der Übel zu denken, damit man ihn nicht nur fürchten, sondern lieben kann? Geliebt werden kann Gott nur, wenn sich einsehen lässt, dass und inwiefern Gottes Wille nicht der Ursprung des Übels ist. Doch Sünde, Elend und Übel in dieser Welt könnte es nicht geben, wenn Gott als Schöpfer daran nicht irgendwie beteiligt wäre. Einerseits also kann es ohne Gott keine Übel in der Welt geben, andererseits darf Gott daran nicht so beteiligt sein, dass er dadurch aufhörte, Gott zu sein – also derjenige, den wir als Einzigen über alle Dinge lieben und fürchten können und sollen.

Fest steht, dass die Frage *unde malum?* (Woher kommt das Übel?) nicht mit Verweis auf Gott beantwortet werden kann. Vielmehr betont Leibniz mit der augustinischen Tradition, „dass Gott nicht die Ursache des Bösen ist" (que Dieu n'est pas la cause du mal).[291] Seine *positive* Antwort aber weicht erheblich von der traditionellen theologischen Ansicht ab, das *malum* sei grundlegend *malefactum* und *peccatum*, Übelwollen und Übeltat des Geschöpfes im Verstoß gegen ein göttliches Verbot, und daher selbstzugezogene Schuld *(culpa)* bzw. von Gott dafür verhängte Strafe *(poena)*. Die Geschöpfe kommen hier als bösartige Urheber allen Übels, der Schöpfer als willkürlicher Gesetzgeber und strafender Richter der Übeltäter in Blick. Genau von diesem falschen Gottesverständnis will Leibniz befreien, weil es Gott als einen absoluten und despotischen Herrscher darstellt, „wenig geeignet, geliebt zu werden, und wenig würdig, geliebt zu werden" (peu propre à être aimé et peu digne d'être

---

290 A. a. O., § 6, 216 f.
291 G. W. Leibniz, Discourse de Métaphysique, § 30, in: G. W. Leibniz, Philosophische Schriften, hrsg. u. übers. von H. H. Holz, Bd. 1 (s. Anm. 287), 142 f.

aimé).²⁹² Es ist – die lutherischen Hintergründe sind unübersehbar – nur ein Gott des Gesetzes, den man fürchten muss, kein Gott des Evangeliums, den man lieben kann.

Die negative Teilantwort, dass Gott nicht die Ursache des Übels sei, begründet Leibniz zum einen vom Verständnis Gottes als des absolut vollkommenen Wesens her, das nur Gutes will und tut, zum anderen aber auch von einem Verständnis des Übels aus, das dieses strikt als *Privation* begreift. Gott kann nicht Urheber des Übels sein, weil „das privative Wesen des Übels" (la nature privative du mal) das unmöglich macht.²⁹³ Das Übel ist keine negatives Gut, sondern das Fehlen oder der Mangel eines Gutes, es existiert nicht selbständig, sondern nur parasitär an etwas anderem. Es ist ein Defekt der Schöpfung, aber kein Effekt des Schöpfers. Für diesen Defekt kann man nicht, wie der Neuplatonismus, die Materie verantwortlich machen, wenn man wie Leibniz mit der christlichen Tradition „alles Sein aus Gott" (tout être de Dieu) herleitet.²⁹⁴ Vielmehr muss man mit der augustinischen Schultradition sagen, dass „Gott die Ursache der Materie des Übels ist, die in Positivem besteht, aber nicht der Form des Übels, die in der Privation besteht" (que Dieu est la cause du matériel du mal, qui consiste dans le positif, et non pas du formel, qui consiste dans la privation).²⁹⁵ Gott ist stets die Ursache des Positiven und Vollkommenen in der Schöpfung, deren Defekte und Mängel dagegen entstehen aufgrund der „Beschränktheit der Empfänglichkeit auf Seiten der Kreatur" (limitation de la réceptivité de la créa-ture).²⁹⁶ Das Übel ist nichts, was bewirkt wird, sondern besteht als Privation gerade umgekehrt „in dem, was die Wirkursache nicht tut" (dans ce que la cause efficiente ne fait point).²⁹⁷ Der Schöpfer will und wirkt das Gute, aber weil die Schöpfung so ist, wie sie ist, entstehen dabei immer auch Übel. Übel ist der unvermeidliche Schatten der Kontingenz der Schöpfung.

Nicht das, was Gott will und tut, ist damit der Ursprung des Übels (wie Leibniz mit der Tradition sagt), aber auch nicht das, was die

---

292 Leibniz, Theodizee § 6 (s. Anm. 285), 216 f.
293 A. a. O., Préface, 36 f.
294 A. a. O., § 20, 238.240.
295 A. a. O., § 30, 254 f.
296 A. a. O., § 30, 254 f.
297 A. a. O., § 20, 240 f.

Geschöpfe wollen und tun (wie er gegen die Tradition vertritt), sondern etwas, das jenseits des göttlichen und geschöpflichen Willens und Tuns liegt: „die Quelle des Bösen [...] muss in der idealen Natur des Geschöpfes gesucht werden, sofern diese Natur unter die ewigen Wahrheiten gehört, die im Verstand Gottes sind unabhängig von seinem Willen" (la source du mal [...] doit être cherchée dans la nature idéale de la créature, autant que cette nature est renfermée dans les vérités éternelles qui sont dans l'entendement de Dieu indépendamment de sa volonté).[298] Kein Übelwollen Gottes, aber auch nicht erst das Übelwollen und Übeltun der Geschöpfe ist die *causa mali* (Ursache des Übels). Vielmehr gab es, schon ehe sie sündigten und ihre Unschuld verloren, „eine ursprüngliche Einschränkung oder Unvollkommenheit, die allen Kreaturen eigen ist, die sie fähig macht zu sündigen oder für Fehler anfällig macht" (il y avoit une limitation ou imperfection originale connaturelle à toutes les creatures, qui les rend peccables ou capable de manquer).[299] Grund allen Übels ist die „ursprüngliche Unvollkommenheit in der Kreatur vor der Sünde, weil die Kreatur wesentlich begrenzt ist" (*imperfection originale dans la créature avant le péché, parce que la créature est limitée essentiellement*).[300] Im *Geschöpfsein* liegt der Grund allen Übels. Die Privation des Übels folgt aus der Limitation des Geschöpfs.[301]

5

Doch wenn alles physische und moralische Übel nur aufgrund des metaphysischen Übels möglich ist, das seinerseits kein *malefactum* des Geschöpfs, sondern die Voraussetzung all seines *male velle* (auf üble Weise wollen) und *bene nolle* (auf gute Weise nicht wollen) ist und deshalb weder als *culpa* (Schuld) noch als *poena* (Strafe) charakterisiert werden kann, scheint Gott zumindest für dieses grundlegende *malum metaphysicum* (metaphysische Übel) die Verantwortung übernehmen zu müssen. Geht die Entlastung des Geschöpfs also auf Kosten der Belastung des Schöpfers?

Leibniz verneint das. Verantwortung gibt es nur für das, was man will und tut, obgleich man es auch nicht hätte wollen oder anders hätte

---

298 A. a. O., § 20, 240 f.
299 Leibniz, Discourse de Métaphysique (s. Anm. 291), § 30, 142 f.
300 Leibniz, Theodizee (s. Anm. 285), § 20, 240 f.
301 Vgl. A. Heinekamp, Das Problem des Guten bei Leibniz, Bonn 1969, 148–156.

tun können. Gerade das aber kann man im Blick auf das Übel im Allgemeinen und das metaphysische Übel im Besonderen für Gott nicht sagen. Gott hat sich zwar frei entschieden, eine von ihm verschiedene Welt zu schaffen. Aber er hat sich damit für etwas Gutes, nicht für etwas Übles entschieden. Dass es die Schöpfung gibt, ist gut; dass es sie nicht ohne Übel geben kann, ist der Preis, der für das Dasein der Schöpfung zu entrichten ist: Das Übel ist gerade *nicht* der Preis der Freiheit, sondern der Preis für das Dasein der Schöpfung. Nicht weil Gott *freie Geschöpfe* will, muss er die Möglichkeit des Übels in Kauf nehmen und kann er seine Wirklichkeit nicht verhindern, wie im Gefolge Augustins die *free will defence* des neuzeitlichen Theismus bis zur Gegenwart immer wieder vertritt, sondern *weil Gott die Schöpfung will, kann er das Übel nicht vermeiden* und nicht eine ganz und gar gute, sondern nur die *bestmögliche* Welt schaffen: „Gott will vorher das Gute und nachher das Beste" (Dieu veut *antécédemment* le bien et *conséquemment* le meilleur).[302] Inwiefern?

Weil eine Schöpfung zu wollen, etwas Unvollkommenes zu wollen heißt. Gott kann eine Schöpfung nur wollen, wenn er deren Unvollkommenheit und damit das metaphysische Übel in Kauf nimmt. Das ist kein verbesserungswürdiger oder verbesserungsfähiger Mangel, sondern hängt am Begriff der Schöpfung: Sie – und das gilt für jede mögliche Schöpfung – ist *prinzipiell unvollkommen*, denn wäre sie das nicht, wäre sie von Gott ununterscheidbar und damit keine Schöpfung. *Dass* es eine Welt gibt (und nicht vielmehr keine) und dass es *diese* Welt gibt (und nicht an ihrer Stelle eine andere), sind kontingente Sachverhalte, für die nach Gottes Verantwortung nicht nur gefragt werden kann, sondern gefragt werden muss. Nicht von Gott zu verantworten dagegen ist, dass die Welt als Schöpfung von Gott verschieden, also *unvollkommen* ist, und ebenso wenig, dass ihre wesentliche Unvollkommenheit sich in den Unvollkommenheiten konkretisiert, die als physische und moralische Übel beschrieben werden. In beiden Hinsichten, im Blick auf das Dass-Sein und das So-Sein der Welt weist Leibniz vielmehr vehement die Auffassung derer zurück, „die glauben, dass Gott es besser hätte machen können" (qui croyent que Dieu aurait pû mieux faire).[303] Sie wissen nicht, was sie sagen, wenn sie von Schöpfer und Schöpfung sprechen.

---

302 Leibniz, Theodizee (s. Anm. 285), § 23, 244 f.
303 Leibniz, Discourse de Métaphysique (s. Anm. 291), § 3, 60 f.

6

Wie aber ist von Schöpfer und Schöpfung zu sprechen? Indem man sich klarmacht, dass es keine Schöpfung geben müsste: Die Welt, als Gottes Schöpfung verstanden, ist *kontingent*, weil Gott zwar ohne die Welt, die Welt aber nicht ohne Gott hätte sein können. Sieht man von Gott ab, verliert diese Aussage ihren Sinn. Dass es *in* der Welt kontigente Sachverhalte gibt, ist eines, dass *die Welt* ein kontingenter Sachverhalt ist, ein anderes. Ist kontingent das, was nicht gewesen wäre, wenn etwas anderes anders gewesen wäre, dann kann das allenfalls von Sachverhalten „within the world", aber nicht „for the world as a whole" gelten, wie nicht nur Mackie kritisiert hat.[304]

Doch Leibniz schließt nicht von der Kontingenz in der Welt auf die Kontingenz der Welt und von dieser auf Gott, sondern argumentiert gerade umgekehrt von Gott als Schöpfer auf die Kontingenz der Welt als Schöpfung. Denn heißt etwas *kontingent*, wenn es etwas ist, an dessen Stelle auch etwas anderes hätte sein können, dann kann die Welt nur kontingent genannt werden, wenn eine andere Welt an ihrer Stelle hätte sein können. Das nötigt, die Welt als eine von verschiedenen möglichen Welten zu sehen, aus denen der Schöpfer die wählt und verwirklicht, die seinem Willen zum Guten am besten entspricht. Diese möglichen Welten existieren aber nicht als freischwebende Optionen im Nichts, sondern *in Gott selbst*, genauer: *in Gottes unendlichem Verstand*. Gott ist nicht deshalb notwendig, weil es eine kontingente Welt gibt, sondern nur weil Gott vollkommen und damit der Einzige ist, der allein aufgrund seines Möglichseins wirklich ist, gibt es eine kontingente Welt. Sieht man vom schöpfungstheologischen Horizont der ganzer Argumentation von Leibniz ab, verliert sie ihre Pointe.

In diesem Horizont aber gilt, dass nichts, was ist, ohne Gott ist: Wo etwas ist, ist Gott, und wäre Gott nicht da, hätte es kein Dasein. Wird Gott unter diesem Aspekt als Grund des Seins und Daseins von anderem als er selbst thematisch, kommt er als *Macht* in den Blick: Gott ist Allmacht, weil alles, was ist, nur ist, weil Gott ist. Das heißt nicht, dass alles, was ist, durch Gott ist. Zwar ist überhaupt nur etwas von Gott Verschiedenes, weil Gott es will; und weil er es auch nicht hätte wollen können, ist es nur kontingent. Aber am kontingenten Geschaffenen muss

---

[304] J. L. Mackie, The Miracle of Theism, Oxford 1983, 84 ff.

man genauer zwischen dem unterscheiden, was nicht anders sein könnte, und dem, was anders hätte sein können. So sind die *ewigen Wahrheiten* nicht von Gott gemacht, sondern absolut notwendig, also so, dass auch Gott nichts ihnen Widersprechendes machen kann, ohne „zu Absurditäten getrieben zu werden" (être mené à des absurdités)[305] – nicht weil er damit einer außer ihm liegenden Fremdnorm unterworfen wäre, sondern weil der göttliche Wille nicht in Widerspruch zum göttlichen Verstand agieren kann, ohne Gott in Widerspruch zu sich selbst zu bringen. Die *positiven Wahrheiten* der in dieser Welt geltenden Regeln und Gesetze dagegen sind von Gott gesetzt als diejenigen, die im Rahmen der ewigen Wahrheiten die bestmögliche Ordnung der Welt ermöglichen. Sie gehen auf Gottes Willen, nicht Gottes Verstand zurück, gründen eben damit aber in keiner blinden Willkür, sondern in einem gezielten Wollen: „Es ist [...] wahr, dass es nicht ohne Grund ist, dass Gott sie gegeben hat; denn er wählt nichts nach Lust und Laune und wie durch Losen oder aus reiner Gleichgültigkeit aus" (Il est [...] vrai que ce n'est pas sans raison que Dieu les a données; car il ne choisit rien par caprice et comme au sort ou par une indifférence toute pure).[306] Gottes *Macht* wirkt nicht blind, sondern verwirklicht seinen *Willen*, der sich seinerseits an seinem *Verstand* orientiert. Gottes Verstand aber ist der Bereich der ewigen Wahrheiten, also das vollkommene Wissen von allem, was möglich ist. Das schließt das Wissen dessen ein, dass nicht alles Mögliche zusammen möglich ist. Insofern weiß Gott, dass mehr als eine Welt kompossibler Möglichkeiten möglich wäre, von denen, wenn überhaupt, nur eine wirklich sein kann. Er muss daher eine auswählen; er wählt diejenige aus, die seinem Willen zum Guten am besten entspricht; und diese beste aller möglichen Welten verwirklicht er.

Gottes Schöpfung ist daher keine Gestaltungsoperation an einer vorgegebenen Materie. Vielmehr ist es genau „die Region der ewigen Wahrheiten, die man an die Stelle der Materie setzen muss" (la *région des vérités éternelles* qu'il faut mettre à la place de la matière).[307] Und genau in dieser ist auch der Ursprung des Übels zu suchen: Der Bereich der ewigen Wahrheiten ist „die ideale Ursache sowohl des Bösen, wenn man so will, als auch des Guten" (la *cause idéale* du mal, pour ainsi dire, aussi

---

305 Leibniz, Theodizee (s. Anm. 285), § 2, 70 f.
306 A. a. O., § 2, 72 f.
307 A. a. O., § 20, 240 f.

bien que du bien):[308] Weil nicht alles Mögliche kompossibel ist und nur eine Welt kompossibler Möglichkeiten wirklich sein kann, kann Gott nur eine *unvollkommene* Welt schaffen, und zwar wird er als *vollkommener Gott* die optimale unvollkommene Welt schaffen, die ein Maximum an Vollkommenheiten und ein Minimum an Unvollkommenheiten einschließt. Weil Gott *Schöpfer* ist, schafft er *Unvollkommenes*, und weil Gott *vollkommen* ist, schafft er das *bestmögliche* Unvollkommene.

7

Der Ursprung des Übels ist also *nicht* im Willen Gottes zu suchen, sondern in den Beschränktheiten, die sich zwangsläufig ergeben, wenn nicht alles zugleich möglich und nicht alles zugleich Mögliche auch zusammen wirklich sein kann. Gott will nur das Gute, und er wählt nur das Bestmögliche. Das ist keine Einschränkung seiner Vollkommenheit, sondern die Weise, in der er diese als Schöpfer zum Zuge bringt. Gott hält an jedem Punkt an seiner Vollkommenheit, also an seiner vollkommenen Macht, Weisheit und Güte fest.[309] Gibt es eine Schöpfung, dann ist es gut, dass es sie gibt, weil es sie nicht gäbe, wenn Gott sie nicht wollte, und Gott nur Gutes will. Will Gott aber als Schöpfer eine von ihm verschiedene Welt, dann will er sie, weil es gut ist, dass es nicht nur Vollkommenes, sondern auch Unvollkommenes gibt: Das ist die schöpfungstheologische Grundprämisse der ganzen Argumentation von Leibniz. Wenn man überhaupt von einem „Optimismus" sprechen will, dann ist hier der Ort: Es ist gut, dass es diese Welt gibt, weil es sie nicht gäbe, wenn es nicht gut wäre. Schon dass es überhaupt etwas gibt außer Gott, spricht für dessen Güte, aber auch das, was es gibt und wie Gott sich zu dem, was es gibt, verhält. So will Gott, weil er gut ist, nicht nur irgendeine, sondern die bestmögliche der unvollkommenen Welten, also die mit dem Maximum an Vollkommenheit und dem Minimum an Unvollkommenheit. Und weil er weiß, dass Unvollkommenheit in jedem Fall unvermeidlich ist, weil sie „in der Privation oder Beschränktheit der Kreaturen" (dans la privation ou limitation des creatures) besteht, kommt er seinen Geschöpfen in ihrer unvermeidlichen metaphysischen und daraus resultierenden physischen und moralischen Unvollkommenheit „gnädig durch den Grad der Vollkommenheit, den

---

308 A. a. O., § 20, 240 f.
309 Vgl. a. a. O., § 7, 218 f.

er ihm zu geben gefällt" (gracieusement par le degré de perfection qu'il luy plaist de donner), zur Hilfe.³¹⁰

Gottes Güte wird von Leibniz damit in dreifacher Hinsicht betont: Gott ist gut, weil er überhaupt eine Welt will und schafft. Er ist gut, weil er die bestmögliche Welt schafft. Und er ist gut, weil er seinen notwendigerweise unvollkommenen Geschöpfen so zur Hilfe kommt, dass er ihre Unvollkommenheiten in freier Gnade ausgleicht: Als *Wille* sucht er auszugleichen, was er als *Verstand* nicht vermeiden kann: die Unvollkommenheit seiner Geschöpfe. Gerade angesichts der Wirklichkeit des Übels kommt Gott damit nicht als Despot und Richter in den Blick, vor dem man sich nur fürchten kann, sondern in jeder Hinsicht als der, der *zu lieben* ist: dafür, *dass* er eine Welt schafft, dafür, dass er *diese* Welt schafft, dafür, dass er seinen Geschöpfen in dieser Welt *zur Hilfe kommt*. Gott, der Schöpfer, ist kein strafender, sondern ein helfender Gott, und seine Güte besteht nicht darin, dass er für sich gut ist, und das Übel Übel sein lässt, sondern darin, dass er das, was nicht gut ist, so gut wie möglich macht, dem, was nicht besser sein kann, aber nicht gut ist, durch seine Gnade entgegenkommt und das, was besser sein könnte, als es seine Geschöpfe machen, in seiner Gnade zurechtbringt.

8

Alles andere als selbstverständlich ist allerdings die Gleichsetzung von *moralischem Übel* und *Sünde*, die für die frühe Neuzeit charakteristisch ist. Sie manifestiert die typische Tendenz zur Moralisierung der Sünde, die dem alten Versuch der augustinischen Tradition entstammt, die Sünde als Problem des Willens zu bestimmen und als Verkehrung des Wollens vom *bene velle et male nolle* zum *male vele et bene nolle* zu beschreiben. Gemeint war dabei ein Übelwollen, das darin Übel ist, dass es sich gegenüber Gottes Willen verschließt, und schon dieses Sichverschließen und nicht erst die ausgeführte Tat war das eigentliche Übel. Manifest wird dieses Übelwollen aber in der Übeltat anderen und sich selbst gegenüber, und die Sünden- und Lasterkataloge boten die pastoraltheologischen Anleitungen, diese Übel aufzuspüren und zu benennen. Je stärker man sich an den Manifestationen des verkehrten Wollens in den üblen Taten orientierte, desto näher lag die moralisierende Verkürzung des Sündenverständnisses. Hier, wie so oft, waren die seelsor-

---

310 Leibniz, Discourse (s. Anm. 291), § 30, 142 f.

gerlichen Konkretionsversuche theologischer Einsichten nicht zu erfolglos, sondern zu erfolgreich, so dass die Belege mit der Sache, für die sie als Belege angeführt wurden, identifiziert wurden. Die Sünde verschwand hinter den so drastisch ausmalbaren Sünden, das Böse wurde von der Faszination an den sensationellen Übeln verstellt, um nur umso ungestörter wirken zu können. Es ist deshalb ein Irrtum zu meinen, das Theodizee-Problem würde sich doch gar nicht stellen, „wenn man die bösen Absichten als Übel definieren würde [...] Die bloße Absicht, jemand zu betrügen, zu bestehlen, zu belügen, zu verletzen oder zu töten, ist als solche weder notwendig eine Sünde noch ein Übel im Theodizee-relevanten Sinn."[311] Das Gegenteil ist richtig. Nicht die ausgeführten Übeltaten, sondern die ihnen zugrundeliegende Fehlbestimmung des Willens ist das entscheidende Sündenproblem, also gerade die *inclinatio ad malum* (Neigung zum Üblen) und nicht erst die ausgeführten Taten. Die Sünde nur an der Oberfläche der Taten, aber nicht in der Tiefe des Wollens zu suchen, wäre von Anselm mit seinem *nondum considerasti quanti ponderis sit peccatum* (Du hast noch nicht bedacht, wie schwer die Sünde wiegt) belegt worden. Die bösen Absichten sind das Übel, denn ohne sie gäbe es keine Übeltaten.

Das Problem ist nicht, dass diese willenszentrierte Bestimmung der Sünde zu weit geht, sondern dass sie nicht weit genug geht. Ist der entscheidende Punkt die Fehlorientierung des menschlichen Lebens im Blick auf Gott, dann ist Sünde zentral *theologisch* zu verstehen als (absichtlicher oder faktischer) Widerspruch gegen Gottes Liebe und Zuwendung. Nicht die moralisch üble Tat anderer oder sich selbst gegenüber ist Sünde, sondern das, was sie ermöglicht und voraussetzt: die Abwendung des Menschen von Gott. Aber diese Abwendung manifestiert sich nicht nur in den Übeltaten, sondern auch in den Guttaten oder gutgemeinten Taten der Menschen mit ihren oft alles andere als guten Konsequenzen. Das *malum morale* kann mit der Sünde theologisch nicht gleichgesetzt werden, weil es das angebliche oder wirkliche Guttun der Menschen aus der Perspektive der Sünde entlässt und damit die Sünde verharmlost. Dass niemand betrogen, bestohlen, belogen, verletzt oder getötet wird, könnte man durch entsprechend durchgesetzte Gesetze erreichen. Die Sünde wäre damit nicht aus der Welt vertrieben.

---

311 A. Kreiner, Gott im Leid. Zur Stichhaltigkeit der Theodizee-Argumente, Freiburg ²1998, 30.

3. Endlichkeit

9

Das eigentliche Problem im Argumentationsgang von Leibniz liegt an anderer Stelle: an der Bestimmung der ontologischen Unvollkommenheit des Geschaffenen im Vergleich zur Vollkommenheit des Schöpfers als *malum metaphysicum*. Leibniz' Verhaftetsein in der Privatio boni-Tradition bewirkt, dass er gegen die Intention seiner theologischen Sachaussagen an einer Beschreibung der Welt in einer normativen Perspektive festhält, die seinen Entwurf für das Bewusstsein der Zeit bald, aber zu Unrecht, bedeutungslos werden ließ. Wo in der Tradition des Neuplatonismus und seiner christlichen Rezeption das Geschöpfsein und Nicht-Gott-Sein des Menschen als Unvollkommenheit (im Kontrast zur göttlichen Vollkommenheit) und als Endlichkeit (im Kontrast zu göttlichen Unendlichkeit) beschrieben wird, da wird es als Mangel und Negatives gefasst, während es doch als Positives und als Gewinn verstanden werden müsste. Die Pointe der Schöpfung ist nicht, dass der Mensch den Mangel hat, nicht Gott zu sein, sondern dass er das Glück hat zu sein, obwohl er nicht sein müsste und nicht sein könnte. Geschöpfsein ist nur dann ein „Übel", wenn man Endlichkeit im Kontrast zu Gottes Vollkommenheit und Unendlichkeit denkt und darum als *privatio* einstuft oder wenn man sie „Übel" nennt, weil sie als Bedingung der Möglichkeit des physischen und moralischen Übels verstanden wird. Doch definiert man den Menschen nicht im Kontrast zu Gott, sondern (etwa) zu den Tieren, wird auch sein Mangel anders bestimmt: nicht als Endlichkeit, sondern als sein Leben gefährdende und herausfordernde Instinktreduktion, der er den Antrieb zur Gestaltung seines Lebens, zu Technik und Rhetorik (Blumenberg) verdankt. Geschöpfsein ist nicht *ipso facto* Mangel. Und wird es als Mangel verstanden, dann kann das je nach Bezugshorizont in sehr Unterschiedlichem bestehen.

Unbestritten ist, dass die Geschöpflichkeit des Menschen auch die Verfehlung seiner Bestimmung prägt. Doch der Grund der physischen Übel, des moralisch Bösen und der theologischen Sünde ist gerade nicht seine Geschöpflichkeit, sondern deren Verkehrung und Verdunklung. Der Mensch ist nicht Sünder, *weil* er Geschöpf ist, sondern er ist Sünder *als* Geschöpf. Und er begeht auch keine moralisch üblen Taten, *weil* er *endlich* ist, sondern er schadet sich und seinen Nächsten als endliches Wesen. Nicht die Endlichkeit ist ein *malum*, sondern die pervertierte Endlichkeit. Und nicht das Geschöpf ist Sünder, sondern das pervertierte, seinem Schöpfer gegenüber verblendete Geschöpf.

Man darf sich schöpfungstheologisch daher nicht auf den von Leibniz fortgesetzten Privatio boni-Weg begeben und das Ganze der Schöpfung als ein Beieinander von *bonum et malum* beschreiben. Wie Thomas von Aquin zu Recht festgestellt hat, muss man zwar sagen, dass die endliche Schöpfung eine in sich differenzierte Vielfalt ist, aber es gibt keinen Grund, diese Vielfalt als etwas zu verstehen, das durch das Verhältnis von Bösem und Gutem strukturiert ist:[312] Die Existenz endlicher Unterschiede ist nicht identisch mit der Differenz von *bonum* und *malum*, und die Steigerung von *gut* zu *besser* ist auch dann etwas anderes als die von *schlecht* zu *gut*, wenn man nur Grade der Vollkommenheit unterscheidet und wie Leibniz argumentiert, dass „wie ein kleineres Übel eine Art von Gut ist, so ist ein kleineres Gut eine Art von Übel" (comme un moindre mal est une espèce de bien, de même un moindre bien est une espèce de mal). Denn dabei bleibt ausgeblendet, dass nichts an sich gut oder übel ist, aber auch nicht nur im Verhältnis zu einem anderen besser oder schlechter, sondern dass es gut oder übel im Verhältnis zu dem ist, *für den* es ein Gut oder Übel ist. Deshalb kann *dasselbe*, das für den einen ein Übel ist, für den anderen ein Gut sein, und umgekehrt.

Das hat prinzipielle Folgen, die sich nicht in Leibniz' Betrachtung der Wirklichkeit als eines kontinuierlichen Mehr oder Weniger von Gutem bzw. Üblem einbinden lassen, bei der das Beste noch ein Minimum an Übel und das Übelste noch ein Minimum an Gutem darstellt, so dass es in der Wirklichkeit strenggenommen nichts völlig Neues, aber auch kein gänzliches Ende geben kann.[313] Die wesentliche *Für-Relation* des Guten und Üblen besagt vielmehr, dass sich die Phänomene unserer Welterfahrung nicht deshalb nicht eindeutig und „objektiv" nach *böse* und *gut* sortieren lassen, weil sie nur ein Mehr oder Weniger an Gutem oder Üblem im Verhältnis zueinander aufweisen, sondern weil diese Bestimmung ihr Wertverhältnis *zu uns* oder *zu Gott*, nicht ihr Seinsverhältnis untereinander charakterisiert. Im Verhältnis zu uns aber kann jedes Phänomen nicht nur in einer Perspektive, sondern in verschiedenen erlebt und angesehen werden. Selbst der Tod (des anderen oder der imaginierte eigene Tod) ist nicht immer und durchweg negativ zu werten, sondern kann als Moment der endlichen Schöpfung

---

312 S.th. I q.48 a.1 ad quintum; u. ö. etwa a.4.
313 Vgl. G. W. Leibniz, Mondalogie, § 73, in: G. W. Leibniz, Philosophische Schriften, hrsg. u. übers. von H. H. Holze, Bd. 1 (s. Anm. 287).

3. ENDLICHKEIT

durchaus positiv gewürdigt werden. Negativ wird er in theologischer Hinsicht etwa dadurch, dass er durch Sünde zur endgültigen Trennung von Gott wird, und gefürchtet wird er in philosophischer Hinsicht etwa aufgrund des Bedauerns über ein verfehltes Leben und des endgültigen Entzugs der Möglichkeit, dem eigenen Leben noch eine andere Richtung und einen sinnvollen Gehalt zu geben.[314]

In der einen wie in der anderen Hinsicht treten die kontingenten Fakten des Lebens im Bezug auf uns in das Licht einer Beurteilungsperspektive, in deren Horizont sie als böse oder gut *für uns* beschrieben und bewertet werden. Das gilt für die einzelnen Phänomene, das gilt für die Gesamtheit der Phänomene im Bezug auf jeden Einzelnen (die jeweilige Welt eines jeden), und das gilt auch für die Welt insgesamt, also für „die gesamte Menge aller existierenden Dinge" (toute la collection de toutes les choses existantes):[315] Sie als gut oder schlecht, böse oder gut zu bestimmen bedeutet, sie in Bezug auf jemanden in einem bestimmten Horizont zu lozieren, und man kann weder von diesem Bezug noch von diesem Horizont absehen, wenn diese Bestimmung verständlich sein soll: Die Welt ist nicht gut oder übel oder eine Mischung aus beidem, sondern sie ist gut oder übel stets nur für den und in dem Horizont, in dem die kontingenten Phänomene für jemanden zur Welt vereinheitlicht und für jemanden als gut oder übel bestimmt werden.

Auch Leibniz' Bestimmung der faktischen Welt als der bestmöglichen Schöpfung ist deshalb kein standpunktfreies und horizontloses Urteil, sondern gerade umgekehrt nur unter seinen *theologischen Voraussetzungen* nachvollziehbar: Es ist ein Urteil, das die kontingente Wirklichkeit der Welt strikt *coram deo* (in Bezug auf Gott) betrachtet und Gott dabei strikt als denjenigen versteht, der als vervollkommnender Schöpfer aktiv an der Überwindung der Unvollkommenheiten der Schöpfung arbeitet, indem er die Übel zu meiden lehrt, die vermeidbar sind, und dort durch seine Gnade zur Hilfe kommt, wo sich Übel nicht vermeiden lassen. Dass die kontingente Welt die bestmögliche Schöpfung ist, schließt also nicht nur ein, dass das je und je Vorfindliche unter dem Gesichtspunkt seiner Vervollkommnungsfähigkeit im Gesamt der Schöpfung Gottes gesehen wird, also nicht für sich genommen und in

---

314 Vgl. in säkularisierter Version E. Tugendhat, Gedanken über den Tod, in: M. Stamm (Hrsg.), Philosophie in synthetischer Absicht, Stuttgart 1998, 487-512.
315 Leibniz, Theodizee (s. Anm. 285), § 8, 220 f.

seinem konkret immer relativ mangelhaften Zustand verstanden wird, sondern auch, dass es als Moment der gesamten Schöpfung in ihrem Werdeprozess im Blick auf seine vorgesehene Vollkommenheit hin betrachtet wird. Es schließt auch – und zwar notwendig – ein, dass es nicht direkt beurteilt, sondern auf dem *Umweg über Gott* betrachtet wird: Nur in diesem Bezug kann die Welt so beurteilt werden, wie Leibniz es tut. Sieht man von Gott ab, ersetzt man Gott durch eine andere Bezugsgröße oder versteht ihn nicht so, wie Leibniz es tut – als denjenigen, der aus Güte Schöpfer ist und in seiner Güte den Geschöpfen dort zur Hilfe kommt, wo sie aufgrund ihrer Geschöpflichkeit nicht so vollkommen sein können wie der Schöpfer –, werden Leibniz' Aussagen so anstößig, wie sie bald empfunden wurden.

10

Bis heute gesteht man so „Leibniz's solution" zwar zu, dass sie „theologically sound" sei, hält ihr aber entgegen, dass „it seemed to fly in the face of commonsense experience of natural desasters, misery, disease, cruelty, poverty and so on"[316]. Doch wenn Leibniz' Lösung theologisch stichhaltig ist, dann ist dieser Einwand nicht überzeugend, weil der Rekurs auf die *common sense experience* gerade keine lebensnahe und konkrete, sondern eine abstrakte Haltung gegenüber den Übeln dieser Welt einnimmt, indem er Gott ausblendet und von Gottes Verhältnis zum Übel absieht. Leibniz' Lösung ist nicht deshalb verbesserungsbedürftig, weil sie angesichts des Übels Gott ins Spiel bringt, sondern gerade umgekehrt deshalb, weil sie Gott nicht noch viel intensiver ins Spiel bringt, nämlich nicht nur im Blick auf das Ganze der Welt und die große Zahl der Übel in grenzwertberechnender Maximierung des Guten und Minimierung des Üblen, sondern in Blick auf jedes einzelne Übel an dem Ort, wo es für jemanden als Übel auftritt. Gerade wenn man Gott so versteht und ernst nimmt, wie Leibniz ihn darstellt, ist Gott an jedem Punkt der Wirklichkeit als Schöpfer und Helfer engagiert, das Übel zu überwinden und das Gute zu verwirklichen. Die beste aller möglichen Welten ist die wirkliche Welt nur, weil und insofern sie der Ort der permanenten Überwindung des Üblen auf das Gute hin ist – nicht durch uns, sondern durch Gott, aber durch Gott so, dass es nicht ohne uns

---

316 G. MacDonald Ross, Leibniz, Oxford 1984, 104.

geschieht. Gerade weil Übel nicht in den Blick tritt, wenn davon abgesehen wird, *für wen* es ein Übel ist, muss Übel am Ort seines Auftretens ins Auge gefasst und überwunden werden. Wenn es theologisch eine „Lösung" des Problems des Übels gibt, dann nicht abstrakt in Gestalt seiner Verrechnung in ein Insgesamt von Welterfahrung überhaupt, sondern so, dass jedes Übel eines jeden für jeden und an seinem Ort identifiziert und überwunden wird. Für jeden an seinem Ort aber so präsent zu sein, dass das für ihn bestmögliche Leben im Prozess der Überwindung des Üblen durch Gutes realisiert wird, ist diejenige Bestimmung Gottes, die in Leibniz' Überlegungen an- und nahegelegt ist: Gott wird erst dann wirklich als Gott gedacht, wenn er für jeden an seinem Ort als Überwinder seiner Übel und Verwirklicher des für ihn Guten gedacht wird. Gott ist nicht nur im Allgemeinen der Schöpfer der Welt, sondern er ist nur Schöpfer, weil und insofern er der Schöpfer *jeder einzelnen Welt eines jeden Einzelnen* ist. Das Übel muss stets *in meinem Leben* auf das bestmögliche Leben hin überwunden werden, nicht im großen Ganzen des Weltprozesses überhaupt. Und wenn man das überhaupt von jemandem im Blick auf jedes Leben sagen und erwarten kann, dann ist das Gott.

Nicht der Rekurs auf Gott erweist daher die Bemühungen von Leibniz als „abstrakt gegenüber dem konkreten Leiden"[317], sondern gerade mit dem Verlust Gottes wird das Übel anthropologisch opak und in seiner Vernunft- und Sinnwidrigkeit undurchschaubar. Man muss Leibniz' Umweg über Gott in der Auseinandersetzung mit dem Übel daher intensivieren und zuspitzen, nicht um vermeintlicher praktischer Abkürzungen willen verabschieden. Die direkte Konfrontation der Vernunft mit dem Übel scheint regelmäßig im Konstatieren der Vernunftwidrigkeit des Übels und der Ratlosigkeit der Vernunft zu enden. Selbst wenn man theologischen Trostversuchen nichts abgewinnen kann, bleibt zu bedenken, was Leibniz nahelegt: dass der Rekurs auf Gott der Schlüssel ist, das Übel in der Differenziertheit von Unvermeidlichkeit und Vermeidbarkeit als Schatten der Kontingenzstruktur der Welt zu verstehen. Weil wir nicht anders als kontingent wirklich sind, ist Übel für uns beides: im Prinzip kontingent unvermeidlich und im konkreten Fall kontingent durchaus vermeidbar. An der Stelle jedes Übels könnte

---

317 H.-G. Janßen, Gott – Freiheit – Leid. Das Theodizeeproblem in der Philosophie der Neuzeit, Darmstadt ²1993, 39.

etwas *anderes* sein, und zugleich könnte die Welt *nicht ohne* Übel sein. Es gibt kein Leben ohne Übel, aber kein Übel ist so, dass ein Leben nicht auch ohne es sein könnte. Das nötigt im praktischen Lebensvollzug zur nüchternen Unterscheidung vermeidbarer, von uns zu vermeidender und für uns unvermeidlicher Übel. Aber diese vernünftige Differenzierung ist nach Leibniz nur zu gewinnen auf dem Umweg über Gott, ohne den weder die Kontingenz des Übels noch die Unterscheidung von vermeidbarem und unvermeidlichem Übel vernünftig einsichtig zu machen ist.

4. Radikal böse: Die ethische Transformation der Sünde

1

Zu den auffälligen Neuerungen in Kants philosophischer Behandlung der Pflichtenfrage gehört die strikte Ausklammerung der Rede von *Pflichten gegen Gott* als Thema der Philosophie. Anders als Baumgartens *Ethica philosophica*, die ihm als Vorlesungsvorlage diente, behandelt er in der *Metaphysik der Sitten* nur die *Pflichten gegen sich selbst* und die *Tugendpflichten gegen andere*, aber bestreitet, dass in einer philosophischen Morallehre auch *Pflichten gegen Gott* zu behandeln seien. Formal gehört aus dem Bereich der Religion nur das zu einer „philosophischen Moral", wodurch „die Beziehung der Vernunft auf die Idee von Gott, welche sie sich selber macht, ausgedrückt wird, und eine Religionspflicht wird alsdann noch nicht zur Pflicht gegen (*erga*) Gott, als ein außer unserer Idee existierendes Wesen gemacht, indem wir hiebei von der Existenz desselben noch abstrahieren"[318]. Die Philosophie beschäftigt sich nicht mit Gott, sondern nur mit der *Gottesidee*. Und selbst wenn es so etwas wie Pflichten gegenüber einer Idee gäbe, wären diese keine Pflichten gegenüber einer eigenständigen Wirklichkeit, sondern könnten nur Pflichten gegenüber denen sein, die solche Ideen haben.

Philosophisch kann man daher nicht von *Pflichten gegen Gott*, sondern allenfalls von *Pflichten in Ansehung Gottes* handeln. „Allein diese Pflicht in Ansehung Gottes (eigentlich der Idee, welche wir uns von einem solchen Wesen machen) ist Pflicht des Menschen gegen sich

---

318 I. Kant, Metaphysik der Sitten, A 181, AA VI, 487.

4. Radikal böse

selbst, d. i. nicht objective, die Verbindlichkeit zur Leistung gewisser Dienste an einen Anderen, sondern nur subjective zur Stärkung der moralischen Triebfeder in unserer eigenen gesetzgebenden Vernunft."[319] Philosophisch sind Pflichten in Ansehung Gottes nichts anderes als ein Fall der Pflichten gegen sich selbst, nämlich die Erklärung der Religion als „der Inbegriff aller Pflichten als (instar) göttlicher Gebote"[320]. Material dagegen könnte der „Inbegriff der Pflichten gegen (erga) Gott, d. i. de[r] ihm zu leistende [...] Dienst [...] nur empirisch erkennbare, mithin nur zur geoffenbarten Religion gehörende Pflichten, als göttliche Gebote, enthalten"; und dazu müsste „auch das Dasein dieses Wesens, nicht blos die Idee von demselben, [...] als unmittelbar (oder mittelbar) in der Erfahrung gegeben, dargelegt werden" können.[321] Das aber gehört nicht

---

319 Ebd. Dasselbe gilt Tieren gegenüber. Auch hier gibt es keine Pflichten gegen die Tiere, sondern nur Pflichten in Ansehung der Tiere, also eine Selbstverpflichtung der Menschen, sie in einer für Lebewesen angemessenen Weise zu behandeln.
320 Ebd.
321 Ebd. Hier ist die Schwachstelle der Argumentation Kants. Dass Gottes Dasein nicht die Existenz eines Wesens im Raum der Erfahrung sein kann, hat er aufgezeigt: Das wäre die Verkürzung des Gottesgedankens zu einem Begriff, der in der Erfahrung instantiiert sein könnte und damit nicht der Gedanke Gottes wäre. Gott ist für uns kein Begriff, sondern eine Idee. Auf diese Gottesidee können wir nicht verzichten, wenn wir unser Menschsein verstehen wollen, weder im theoretischen Gebrauch der Vernunft (im Geflecht der Ideen von Gott, Welt und Seele, die unserer Erfahrungserkenntnis Einheit und Ganzheit verleihen) noch im praktischen Gebrauch der Vernunft (als Postulat eines Wesens, das die intelligible und sensible Seite unsres Daseins zusammenhält und damit die Bedingung der Möglichkeit für die Vereinbarkeit unseres Strebens nach Glückseligkeit und unserer Bemühung um Glückswürdigkeit ist). Aber Kant meint, dafür würde es genügen, die *Möglichkeit* Gottes anzunehmen, also die Nichtwidersprüchlichkeit der Gottesidee und ihre Vereinbarkeit mit unserer Selbsterfahrung als sinnliche Freiheitswesen aufzuzeigen. Doch während das für seine Postulatenlehre genügt, genügt es nicht für den Gottesgedanken. Denn wo es Möglichkeiten gibt, muss es Kant zufolge auch jemanden oder etwas geben, dessen Möglichkeit es ist. Alles Mögliche ist eine Möglichkeit *von etwas oder jemandem* oder *für jemanden oder etwas*, und dieser Ankerpunkt der Möglichkeiten kann letztlich keine nur andere Möglichkeit, sondern muss eine Wirklichkeit sein. Deshalb schloss Kant in seiner Schrift *Der einzig mögliche Beweisgrund zu einer Demonstration des Daseins Gottes* (1762-63), dass es nichts Mögliches geben kann, ohne dass es ewas Wirkliches gibt, und dass dieses Wirkliche nicht nur die Welt sein kann, sondern eine Wirklichkeit, die so beschaffen ist, dass wir sie „Gott" nennen können. Und deshalb wiederholte er dieses Argument in der *Kritik der reinen Vernunft* so, dass er diesen Gedanken als notwendigen Zug der Gottes*idee* fasste: Gott ist die Idee derjenigen Wirklichkeit, ohne die

in die Philosophie und kann „keinen Theil der reinen philosophischen Moral ausmachen"[322], sondern ist zur theologischen Tradition einer Offenbarungsreligion zu rechnen.

Kants Argumentation stellt unmissverständlich klar, dass die Philosophie zwar von der Idee Gottes, aber nicht von Gott zu handeln vermag, es also allein mit der Möglichkeit, aber nicht mit der Wirklichkeit Gottes zu tun hat. Die Gottesidee ist die kritische Regel, mit der wir religiöse Gottesvorstellungen und theologische Gottesbegriffe auf ihre Adäquatheit und Haltbarkeit hin überprüfen können. Sie ist wie der Urmeter in Paris nicht ein Fall dessen, was mit ihr gemessen wird, sondern das Maß, mit dem gemessen wird. Die Gottesidee ist daher nicht Gott, sondern die Idee, die sich Menschen von Gott machen. Zwar ist Kant überzeugt, dass die Gottesidee keine frei erfundene, sondern eine unverzichtbare Idee ist, ohne die Menschen sich als freie Wesen nicht zureichend verstehen können.[323] Niemand braucht sich daher den Glauben an Gott ausreden zu lassen, auch wenn es keinen philosophisch überzeugenden Beweis seines Daseins gibt.[324] Aber dass Gottes Dasein nicht bewiesen werden kann, heißt ja nicht, dass der Glaube an Gott nicht wahr sein könnte, sondern zeigt nur, dass er nicht auf Beweisen ruht. Und dass die Gottesidee anthropologisch unverzichtbar ist, sagt nicht, dass Gott notwendig oder wirklich ist, und taugt daher nicht als Gottesbeweis. Um das erste philosophisch mit Gründen sagen zu können, muss man nur die Möglichkeit einer solchen Idee erweisen, nicht die

---

es nichts Mögliches geben könnte. Das aber heißt, dass auch die Möglichkeit der Gottesidee eine Wirklichkeit voraussetzt, in der sie fundiert ist, und diese Wirklichkeit kann nicht nur die des Menschen sein, der diese Idee entwirft und denkt, sondern diejenige Wirklichkeit, in der die Möglichkeit des Menschen und alles übrigen Weltlichen fundiert ist. Nicht der falsche Versuch, Gottes Daseins in oder aus der Erfahrung zu erweisen, ist daher das Problem, sondern die Unumgänglichkeit der Annahme einer Wirklichkeit, ohne die es weder die Möglichkeit noch die Wirklichkeit des Erfahrungsraums der Welt und des Freiheitsraums der Menschen geben könnte. Kants vorkritische und kritische Argumentation nötigt zu einer Unterscheidung zwischen der *Existenz* und der *Wirklichkeit* Gottes, und das Entscheidende ist nicht Gottes Dasein in der Erfahrung, die es für die Gottesidee nicht geben kann, sondern die unvordenkliche Wirklichkeit oder notwendige Aktualität dessen, ohne den es weder die Möglichkeit noch die Wirklichkeit einer Erfahrungswelt oder Gottesidee geben könnte.

322 Ebd.
323 Vgl. I. Kant, Kritik der praktischen Vernunft, A 216–218, AA V, 120 f.
324 A. a. O., A 257–260, AA V, 143.

Wirklichkeit Gottes aufweisen. Wer sich auf die Gottesidee bezieht, bezieht sich daher nicht auf Gott, sondern auf die Menschen, die diese Idee haben. Handelt Philosophie aber nur von der Gottesidee und nicht von Gott, dann ist ausgeschlossen, philosophisch von einer realen Beziehung zu Gott als einem anderen als man selbst zu sprechen. Vielmehr ist jede philosophische Rede von Gott eine Entfaltung der Idee Gottes, die immer eine Idee der Menschen ist, die diese Idee haben. Sie hat ihren Ort in der Vernunft-Beziehung der Menschen zu sich selbst und bezeichnet keine Wirklichkeit außerhalb der Menschen, zu der diese eine Beziehung haben könnten. Gibt es Gott aber nicht als eine objektive Wirklichkeit außerhalb von mir, dann kann ich auch keine Pflichten Gott gegenüber haben, diese damit auch nicht verletzen oder verfehlen und dementsprechend auch kein Sünder sein.

2

Damit scheint es ausgeschlossen, philosophisch von der Sünde zu handeln: Der ganze Denkrahmen ist – theologisch gesprochen – für die Analyse der Beziehungen unter Geschöpfen entworfen und nicht für die von Beziehungen zum Schöpfer. Soll unter diesen Bedingungen überhaupt von Sünde gesprochen werden, muss sie in etwas anderes transformiert werden, das sich im Horizont der Schöpfung thematisieren lässt. Ebendas tut Kant, indem er das theologische Konzept der Sünde ethisch transformiert, also nicht im Hinblick auf Gott entwickelt, sondern im Hinblick auf den Menschen, der die Gottesidee hat. Gottlosigkeit kann keine falsche Beziehung zu Gott, sondern nur eine falsche Auffassung über die Beziehung der Menschen zu dem sein, was sie Gott nennen. Sünde wird dementsprechend nicht als Fehlverhalten gegenüber Gott verstanden, sondern als „die Übertretung des moralischen Gesetzes als *göttlichen Gebots*"[325]. Was die Theologie Sünde nennt, durchdenkt die Philosophie als moralisch Böses.

Dafür genügt es nicht, Verstöße gegen die Moralkonvention der Tugenden Sünden zu nennen. Das wäre oberflächlich und würde das Sündenproblem zu einer Sprachfrage verharmlosen: Was die Theologie Sünde nennt, nennt die Philosophie moralisch Böses. Es spricht für Kants philosophische Scharfsicht, dass er das nicht tut. Das Sündenthema ist nicht nur ein Sprachproblem, sondern eine Grundfrage des Ver-

---

325 Kant, Religion (s. Anm 15), B44, AA VI, 42.

ständnisses des Menschseins. Es geht nicht nur um moralisch fragwürdige Handlungen, sondern um ein Verständnis der Fragwürdigkeit unseres Menschseins. Nicht allein das, was wir tun (Sünden), sondern das, wer und was wir sind (Sünder), muss kritisch durchgedacht werden. Deshalb genügt es philosophisch nicht, die Sünde zu moralisieren, sondern man muss den Sünder ethisch verstehen. Kants Ziel ist eine *Ethik des Sünders*, nicht ein Verständnis der Sünde als Unmoral. Seine philosophische Transformation des theologischen Sündenkonzepts unternimmt es daher, nicht nur Tatsünden, sondern die Ursünde ethisch zu reformulieren. Das vor allem muss man tun, wenn man das theologische Konzept der Sünde nicht nur philosophisch verabschieden, sondern kritisch reformulieren und säkular verständlich machen will. Das versucht Kant in seiner Theorie des radikal Bösen.

> In der „menschlichen Natur liegt [...] ein natürlicher Hang zum Bösen; und dieser Hang selber, weil er am Ende doch in einer freien Willkür gesucht werden muß, mithin zugerechnet werden kann, ist moralisch böse. Dieses Böse ist radical, weil es den Grund aller Maximen verdirbt; zugleich auch als natürlicher Hang durch menschliche Kräfte nicht zu vertilgen, weil dieses nur durch gute Maximen geschehen könnte, welches, wenn der oberste subjektive Grund aller Maximen als verderbt vorausgesetzt wird, nicht statt finden kann; gleichwohl aber muß er zu überwiegen möglich sein, weil er in dem Menschen als frei handelndem Wesen angetroffen wird."[326]

Moralisch böses Wollen und Tun ist nichts, was sich nur bei einigen Menschen findet, den moralisch Schwachen im Unterschied zu den moralisch Starken. Auch diejenigen, die moralisch gut zu leben versuchen, können das nur im Widerstand gegen eine Neigung zum Bösen tun, die nicht nur andere, sondern sie selbst haben. Niemand handelt moralisch gut, ohne das in „der unablässigen Gegenwirkung gegen" diesen Hang zu tun.[327] Der Hang zum Bösen eignet allen Menschen. Das aber entlastet keinen. Niemand, der moralisch Böses tut, kann sich mit dem Verweis auf diesen Hang entschuldigen. Er hätte ihn nicht, wenn er sich nicht frei für ihn entschieden hätte. Jeder trägt selbst die Verantwortung für seinen Hang zum Bösen. Das heißt aber nicht, dass man vor der Wahl stünde, ihn zu haben oder nicht zu haben. Man kann ihm nur mehr oder weniger nachgeben und folgen. Aber man hat ihn, weil man ihn will.

---

326 A. a. O., B 36, AA VI, 37.
327 A. a. O., B 60, AA VI, 51.

4. RADIKAL BÖSE

Diesen Hang zum Bösen, der das ganze menschliche Leben bestimmt, nennt Kant *radikal*, und zwar aus drei Gründen. Zum einen ist er kein natürliches Verhängnis, sondern selbst frei gewählt: Man müsste so nicht leben, aber man lebt so, weil man es selbst will. Zum anderen ist er nicht nur ein böser Akt des Menschen unter oder neben anderen, sondern dasjenige Böse, das alles andere Böse bedingt und möglich macht: Er ist nicht nur eine böse Tat oder eine böse Maxime, sondern der böse Grund, der alle Maximen verdirbt. Zum dritten ist er zwar durch eigene freie Entscheidung im Leben eines Menschen wirksam, aber niemand kann ihn aus eigner Kraft wieder außer Kraft setzen: Wer den Hang zum Bösen hat, bekommt ihn nicht mehr los, weil er nur durch eine freie Entscheidung für das Gute getilgt werden könnte, aber eben eine solche Entscheidung macht er selbst unmöglich. Wer Böses will, weil er Gutes nicht will, kann nicht Gutes wollen, um Böses nicht mehr zu wollen. Er ist in einem unlöslichen Selbstwiderspruch seines Willens verfangen, aus dem er selbst keinen Ausweg finden kann. Niemand kann ihm helfen, weil nur er selbst sein falsches Wollen beenden könnte, indem er das Gute will. Aber das eben kann er nicht, weil er ja Böses will. Wer Böses will, kann das Gute nicht wollen, weil er dazu wollen müsste, was er nicht will. Das heißt nicht, dass Gutes zu wollen unmöglich wäre, sondern nur, dass es dem, der Böses will, unmöglich ist, weil er ja Böses will. Dass Menschen Böses wollen, setzt nicht außer Kraft, dass Gutes zu wollen möglich ist, aber es verhindert, dass es wirklich wird. Die einzige Hoffnung besteht daher darin, dass die Möglichkeit, sich für Gutes zu entscheiden, auch bei Menschen, die sich für das Böse entschieden haben, nicht nur bestehen bleibt, sondern wieder die Oberhand gewinnen kann.

Das aber „kann nicht durch allmähliche Reform, so lange die Grundlage der Maximen unlauter bleibt, sondern muß durch eine Revolution in der Gesinnung im Menschen [...] bewirkt werden"[328]. Es muss zu einem Umsturz in der Ordnung der Maximen kommen, die alles, was aus Selbstliebe gewollt wird, wieder an die zweite Stelle rückt und dem nachordnet, was aus Achtung für das Moralgesetz gewollt wird. Diese Revolution kann es allerdings nur geben, wenn man sie selbst ausführt. Und weil man nicht ausschließen kann, dass sie möglich ist, lässt sich nicht absehen, wie sie wirklich geschehen könnte. Solange wir Böses

---

328   A. a. O., B 54, AA VI, 47.

wollen, können wir selbst nichts Gutes wollen, auch wenn das per se nicht unmöglich ist. Aber solange wir nicht selbst Gutes wollen, können wir auch nicht aufhören, Böses zu wollen, auch wenn das nicht notwendig ist. Wir wollen, was wir nicht müssen (das Böse), und wir wollen nicht, was an sich möglich wäre, aber wir nicht können (das Gute). Deshalb können wir nach dem Guten allenfalls streben, indem wir dem Hang zum Bösen widerstreben.[329] Auch wenn wir das Gute nicht wollen können, weil wir das Böse wollen, so können wir doch versuchen, nicht nur das Böse zu wollen, weil wir auch das Gute wollen können.

Kant gelingt es nicht, wirklich plausibel zu machen, wie diese „Zumuthung der Selbstbesserung"[330] umgesetzt werden sollte. Er spricht von einer „Art von Wiedergeburt"[331], die aber – die Metapher stellt das klar – ebenso wenig wie eine Geburt die freie Tat eines Menschen ist, sondern allem freien Wollen und Tun vorausgeht und zugrunde liegt. Doch wenn die Entscheidung für das Böse ein Akt der Freiheit ist, dann muss auch „die Umwandlung der Gesinnung des bösen in die eines guten Menschen"[333] ein Akt der Freiheit und kein Fremdgeschehen sein. Wenn ich und nur ich selbst verantwortlich bin für das, was ich will, dann gilt das für den guten Willen nicht weniger als für den bösen Willen. Und dann bleibt die Aporie bestehen: Wenn und insofern ich Böses will, kann ich nicht Gutes wollen. Der Wechsel von der bösen Bestimmung meines Willens zur guten Bestimmung meines Willens kann daher nicht von mir selbst vollzogen werden, auch wenn er von mir selbst vollzogen werden muss, wenn mein Wille autonom, also durch einen Akt der Selbstbestimmung bestimmt sein soll.

Kants Versuch einer philosophischen Ethik des Sünders endet damit in derselben Aporie wie die Theologie der Sünde, die sie säkular zu transformieren sucht, ohne allerdings deren Ressource einer Hoffnung auf ein revolutionäres Wirken Gottes zu haben. Wo in der christlichen Tradition die Hoffnung auf Gottes Wirken steht, bleibt Kant nur ein trotziges Setzen auf das eigene moralische Tun: „Es ist nicht wesentlich und also nicht jedermann nothwendig zu wissen, was Gott zu seiner

---

329 A. a. O., B 56, AA VI, 50.
330 A. a. O., B 62, AA VI, 51.
331 A. a. O., B 54, AA VI, 47.
332 A. a. O., B 61, AA VI, 51.
333 A. a. O., B 63, AA VI, 52.

Seligkeit thue, oder gethan habe; aber wohl, was er selbst zu thun habe, um dieses Beistandes würdig zu werden."

3

Nicht nur für Goethe war diese Lehre vom radikal Bösen etwas, das man von Kant nicht erwartet hatte. Kant, so schreibt er an Herder am 7.6. 1793, habe mit diesem „Schandfleck" „seinen philosophischen Mantel, nachdem er ein langes Menschenleben gebraucht hat, ihn vor mancherlei sudelhaften Vorurtheilen zu reinigen, freventlich [...] beschlabbert, damit doch auch Christen herbeigelockt werden, den Saum zu küssen"[334]. Das war nun gewiss nicht die Absicht, die Kant verfolgte. Im Gegenteil. Aber es ist deutlich, dass Kant der theologischen Tradition, aus der er stammt, in zweifacher Hinsicht folgt: in seinem Verständnis des Menschseins und in seinem Verständnis der Sünde.

Zum einen versteht er die Sünde nicht nur als Tatsünde, also als Resultat unseres je eigenen moralischen Übeltuns, aber auch nicht als Erbsünde (*peccatum originale*), „die durch Anerbung von den ersten Eltern auf uns gekommen"[335] sei, sondern als Ursünde (*peccatum originarium*), als natürlichen Hang der menschlichen Gattung zum moralisch Bösen, der Grund aller menschlichen Laster (*peccata derivativa*) ist.[336] Der Mensch ist „von Natur böse," und das „heißt so viel, als: dieses gilt von ihm in seiner Gattung betrachtet"[337]. Das ist ein für Kant schwieriger Gedanke, weil das Böse stets in einem Akt der Freiheit gründet, der nicht im Genus des Menschen, sondern in den Akten konkreter Menschen seinen Ort hat. Das durch den Verweis auf eine Erbsünde erklären zu wollen, die sich von unseren ersten Eltern her „durch alle Glieder unserer Gattung und in allen Zeugungen" verbreitet und fortgesetzt habe, ist „die unschicklichste" aller Erklärungen.[338] Man kann versuchen, diese angebliche Vererbung des moralisch Bösen im Anschluss an die drei oberen Fakultäten der Medizin, Jurisprudenz und Theologie als „Erbkrankheit, oder Erbschuld, oder Erbsünde" verständ-

---

334 J. W. Goethe, Briefe, Tagebücher, Gespräche, CD-ROM, Digitale Bibliothek, Bd. 10, Berlin 1998, 4948.
335 Kant, Religion (s. Anm. 15), B 42; AA VI, 40.
336 A. a. O., B 26, AA VI, 31.
337 A. a. O., B 27, AA VI, 32.
338 A. a. O., B 42, AA VI, 40.

lich zu machen.³³⁹ Doch das kann nicht überzeugen, am wenigsten von allen die theologische Erklärung. Was man nicht selber getan und zu verantworten hat, das kann einem auch nicht als moralisch Gutes oder Böses zugerechnet werden. Moralische Schuld ist kein transmissibles Gut, das ohne eigene Beteiligung von einem auf einen anderen übertragen werden kann.

Kant versteht den Kern und Ursprung der Sünde daher nicht als Erbsünde, sondern in reformatorischer Tradition als *Ursünde*, die jeder Mensch im „ursprüngliche[n] Gebrauch seiner Willkür" in eigener Verantwortung selbst vollzieht.³⁴⁰ Denn

> „jede böse Handlung muß, wenn man den Vernunftursprung derselben sucht, so betrachtet werden, als ob der Mensch unmittelbar aus dem Stande der Unschuld in sie geraten wäre. Denn: wie auch sein voriges Verhalten gewesen sein mag, und welcherlei auch die auf ihn einfließenden Naturursachen sein mögen, imgleichen ob sie in oder außer ihm anzutreffen sind: so ist seine Handlung doch frei und durch keine dieser Ursachen bestimmt [...] Er sollte sie unterlassen haben, in welchen Zeitumständen und Verbindungen er auch immer gewesen sein mag; denn durch keine Ursache in der Welt kann er aufhören, ein frei handelndes Wesen zu sein."³⁴¹

In jeder bösen Handlung wird also das vollzogen, was die augustinische Tradition den Fall genannt hat: der Wechsel vom Stand der Unschuld in den Zustand der Schuld. Dieser besteht darin, dass wir „dem Princip der Selbstliebe" vor der Achtung des Moralgesetzes Priorität einräumen, also „das Übergewicht der sinnlichen Antriebe über die Triebfeder aus dem Gesetz, in die Maxime zu handeln, aufgenommen" haben.³⁴² Und weil „wir es täglich eben so machen, mithin in Adam alle gesündigt haben' und noch sündigen"³⁴³, ist jeder selbst für das moralisch Böse verantwortlich, das er tut.

4

Wie kann man wissen, dass man diesen moralischen Sündenfall begeht? Wie kann man wissen, dass alle Menschen die Ursünde vollziehen und

---

339 A. a. O., B 42–43, AA VI, 40.
340 A. a. O., B 43, AA VI, 41.
341 Ebd.
342 A. a. O., B 45, AA VI, 42.
343 A. a. O., B 46, AA VI, 42.

4. RADIKAL BÖSE

gegen das moralische Gesetz verstoßen? Und wie kann man die Unterscheidung zwischen Gut und Böse überhaupt noch machen, wenn alles Handeln von Menschen im Zustand der Sünde geschieht? So wenig „zwischen einem Menschen von guten Sitten (*bene moratus*) und einem sittlich guten Menschen (*moraliter bonus*), was die Übereinstimmung der Handlungen mit dem Gesetz betrifft"[344], ein Unterschied besteht, so wenig ist am Handeln abzulesen, ob es im Stand der Unschuld oder im Stand der Schuld vollzogen wird. Das Handeln lässt diese Differenz nicht erkennen. Sie muss ihren Grund anderswo haben.

Hier kommt der andere Zug von Kants Anknüpfung an die theologische Tradition ins Spiel. Wir sind nicht einfach durch und durch korrupte Wesen, die im „sogenannten Naturzustande"[345] einander unablässig nach dem Leben trachten und die auch als „civilisirte Völkerschaften gegen einander im Verhältnisse des rohen Naturstandes (eines Standes der beständigen Kriegsverfassung) stehen", wie Hobbes meinte.[346] Aber wir sind auch nicht natürlich gut und nur durch die Kultur korrumpiert, wie Rousseau und andere Aufklärungsromantiker in ihrem Traum von der „natürliche[n] Gutartigkeit der menschlichen Natur" dachten.[347] Wir „können, in der sittlichen Ausbildung der anerschaffenen moralischen Anlage zum Guten nicht von einer uns natürlichen Unschuld den Anfang machen, sondern müssen von der Voraussetzung einer Bösartigkeit der Willkür in Annehmung ihrer Maximen der ursprünglichen sittlichen Anlage zuwider anheben"[348]. Wir sind vielmehr von Anfang an der Kampfplatz zweier gegenläufiger Tendenzen, unserer Anlage zum Guten und unserer Neigung zum Bösen.

Kant versteht den Menschen also in der Doppelheit des *simul peccator et creatura* nicht nur als Sünder, sondern auch als Geschöpf. Das Letzte zeigt sich an unserer „sittliche[n] Anlage zum Guten"[349], das erste an unserem natürlichen „Hange zum Bösen"[350]. Menschen haben nicht nur einen guten Willen, sondern auch ein böses Herz.[351] Das erste ge-

---

344 A. a. O., B 23; AA VI, 30.
345 A. a. O., B 29–31, AA VI, 33.
346 A. a. O., B 29–31, AA VI, 34.
347 A. a. O., B 29, AA VI, 33.
348 A. a. O., B 60, AA VI, 51.
349 A. a. O., B 6, AA VI, 20.
350 A. a. O., B 20, AA VI, 28.
351 A. a. O., B 21, AA VI, 29.

hört notwendig zum Menschsein, das zweite dagegen „zufällig": Der Hang zum moralisch Bösen „unterscheidet sich darin von einer Anlage, daß er zwar angeboren sein kann, aber doch nicht als solcher vorgestellt werden darf: sondern [...] als von dem Menschen selbst sich zugezogen gedacht werden kann"[352].

Die Differenz zwischen Naturanlage und natürlichem Hang ist entscheidend. So hat der Mensch eine „Anlage für die Thierheit", insofern er ein lebendes Wesen ist, eine Anlage für „die Menschheit [...] als eines lebenden und zugleich vernünftigen" Wesens, und eine Anlage für „seine Persönlichkeit, als eines vernünftigen und zugleich der Zurechnung fähigen Wesens."[353] Zu den natürlichen Anlagen des Menschen qua Mensch gehört daher immer auch eine „ursprüngliche[...] Anlage zum Guten"[354]. Und alle drei Anlagen äußern sich in bestimmten Lebensphänomenen.

So äußert sich seine Anlage zur Tierheit als physische (also vernunftfreie) Selbstliebe in seinem Trieb „zur Erhaltung seiner selbst", seinem Trieb „zur Fortpflanzung seiner Art" und seinem „Trieb zur Gesellschaft" und „zur Gemeinschaft mit andern Menschen"[355]. Jeder dieser Naturtriebe hat sein negatives Pendant in den „viehische[n] Laster[n] der Völlerei, der Wollust und der wilden Gesetzlosigkeit [...]"[356]. Seine Anlage für die Menschheit äußert sich als „vergleichende[...] Selbstliebe (wozu Vernunft erfordert wird)" in der Neigung, sich „in Vergleichung mit andern als glücklich oder unglücklich zu beurtheilen"[357]. Diese „Triebfeder zur Cultur" schlägt „im Neide, in der Undankbarkeit, der Schadenfreude, u. s. w." um in die „Laster der Cultur"[358]. Seine „Anlage für die Persönlichkeit" schließlich ist „die Empfänglichkeit der Achtung für das moralische Gesetz, als einer für sich hinreichenden Triebfeder der Willkür"[359]. Diese „ursprüngliche [...] Anlage zum Guten in der menschlichen Natur"[360] unterscheidet sich von den

---

352 A. a. O., B 21, AA VI, 28 f.
353 A. a. O., B1 5-16, AA VI, 26.
354 A. a. O., B 15, AA VI, 26.
355 A. a. O., B 16-17, AA VI, 26.
356 A. a. O., B 16-17, AA VI, 27.
357 A. a. O., B 17, AA VI, 27.
358 A. a. O., B 18, AA VI, 27.
359 Ebd.
360 A. a. O., B 15, AA VI, 26.

anderen Anlagen darin, dass auf sie „schlechterdings nichts Böses gepfropft werden kann"[361]. Sie ist ganz und gar gut und lässt sich nicht pervertieren. Entsprechend kann Kant im ersten Satz seiner *Grundlegung zur Metaphysik der Sitten* mit allem Nachdruck sagen: „Es ist überall nichts in der Welt, ja überhaupt auch außer derselben zu denken möglich, was ohne Einschränkung für gut könnte gehalten werden, als allein ein guter Wille."[362] Die Orientierung am guten Willen kann nie und unter keinen Umständen zu etwas moralisch Bösem führen. Deshalb ist der Ursprung des moralisch Bösen nicht in der Pervertierung dieser Anlage, sondern in einem eigenen Hang zum Bösen zu suchen, der nicht in der Natur des Menschen angelegt ist, sondern den dieser sich selbst zugezogen hat.

Doch wie soll das gedacht werden? Dass man sich den Hang zum Bösen selbst zugezogen hat, kann nicht besagen, dass man in einer bestimmten Weise gehandelt hat, die zu diesem Resultat geführt hat. Denn in einer solchen Weise – also böse – zu handeln, setzt ja schon voraus, dass man nicht nur eine Anlage zum Guten, sondern auch einen Hang zum Bösen hat.

Das Problem spitzt sich zu, wenn man sich klarmacht, dass für Kant das Gute und das Böse immer im eigenen freien Wollen und Handeln ihren Ort haben, also nicht als vorgegebene Optionen wählend ergriffen werden, sondern aus einer richtigen oder falschen Bestimmung des eigenen Willens resultieren: Wer das Gute tut, bestimmt seinen Willen nach dem moralischen Gesetz, wer das Böse tut, tut das nicht. Allerdings ist es nicht so, dass man das Böse als Böses wählen würde, sondern das Böse ergibt sich, wenn man das Gute nicht wählt, das Moralgesetz also nicht an die erste Stelle seiner Maximen stellt. Das „Böse als Böses zur Triebfeder in seine Maxime aufzunehmen" wäre „teuflisch", aber es genügt, „ein böses Herz"[363] zu haben, wenn man seine Triebfedern falsch ordnet, indem man mehr auf seine Selbstliebe als auf das Sittengesetz setzt.[364]

Auf jeden Fall muss man zur Bestimmung des moralisch Guten und des moralisch Bösen auf einen „Actus der Freiheit" rekurrieren, der

---

361 A. a. O., B 18, AA VI, 27.
362 I. Kant, Grundlegung zur Metaphysik der Sitten, B 18, AA IV, 393.
363 Kant, Religion (s. Anm. 15), B 35–36, AA VI, 37.
364 A. a. O., B 33, AA VI, 36.

„vor aller in die Sinne fallenden That vorhergeht"[365]. „Mithin kann in keinem die Willkür durch Neigung bestimmenden Objecte, in keinem Naturtriebe, sondern nur in einer Regel, die die Willkür sich selbst für den Gebrauch ihrer Freiheit macht, d. i. in einer Maxime, der Grund des Bösen liegen."[366] Wenn man daher sagt, die Anlage zum Guten sei dem Menschen „angeboren" oder der Hang zum Bösen sei ein „natürlicher" Hang, dann kann das nicht heißen, dass „die Natur die Schuld derselben (wenn er böse ist), oder das Verdienst (wenn er gut ist) trage, sondern daß der Mensch selbst Urheber desselben sei"[367]. Der Mensch ist selbst dafür verantwortlich, welchen Maximen er folgt. Niemand kann mir eine Maxime aufzwingen, und niemand anderes kann für die Wahl meiner Maximen verantwortlich gemacht werden. Man mag mich zwingen, etwas Böses zu tun. Aber man kann mich nicht zwingen, dieses Böse zu wollen oder nicht für böse zu halten. Bin ich böse, dann ist niemand anderes als ich selbst schuld daran, und bin ich gut, ebenfalls.

Wie aber kann man selbst der Urheber des Bösen sein, wenn die Entscheidung für das Böse sich nicht dem Hang zum Bösen, sondern dieser sich ihr verdankt? Wie kann der Hang zum Bösen in einem Akt der Freiheit gründen, wenn dieser durch diesen Hang schon bestimmt sein muss, um als freie Entscheidung zum Bösen verstanden werden zu können? Kant sieht das Problem klar:

> „Weil aber der erste Grund der Annehmung unserer Maximen, der selbst immer wiederum in der freien Willkür liegen muß, kein Factum sein kann, das in der Erfahrung gegeben werden könnte: so heißt das Gute oder Böse im Menschen (als der subjective erste Grund der Annehmung dieser oder jener Maxime, in Ansehung des moralischen Gesetzes) bloß in dem Sinne angeboren, als es vor allem in der Erfahrung gegebenen Gebrauche der Freiheit (in der frühesten Jugend bis zur Geburt zurück) zum Grunde gelegt wird und so als mit der Geburt zugleich im Menschen vorhanden vorgestellt wird: nicht dass die Geburt eben die Ursache davon sei."[368]

In der Reihe der Ursachen wird man nie auf diesen ersten Grund der Annahme einer guten oder bösen Maxime zur Bestimmung unseres Willens stoßen. Der Mensch weiß, dass er das Böse hätte unterlassen sol-

---

365 A. a. O., B 7, AA VI, 21.
366 Ebd.
367 A. a. O., B 8, AA VI, 21.
368 A. a. O., B 8, AA VI, 21 f.

4. RADIKAL BÖSE

len, und wenn das seine Pflicht war, dann hätte er es nicht nur unterlassen können, „sondern es ist jetzt noch seine Pflicht, sich zu bessern"[369].

Die Frage nach dem Ursprung der Ursünde ist daher keine Frage nach einem Anfang in der Zeit (das ist der Grundfehler des Erbsündengedankens), sondern nach der Bedingung der Möglichkeit, seinen Willen hier und jetzt nicht am moralischen Gesetz zu orientieren. Das ist ein moralischer Sachverhalt, und wir müssen „von einer moralischen Beschaffenheit, die uns soll zugerechnet werden, keinen Zeitursprung suchen", sondern können nur nach ihrem „Vernunftursprung" fragen.[370] Warum sind Menschen aus freien Stücken dazu bereit, sich nicht am Moralgesetz zu orientieren, sondern „subordinierte Triebfedern zu oberst in ihre Maxime aufzunehmen"[371]?

Die Antwort ist, dass wir das nicht sagen können.

> Der Ursprung „dieses Hanges zum Bösen [...] bleibt uns unerforschlich, weil er selbst uns zugerechnet werden muß, folglich jener oberste Grund aller Maximen wiederum die Annehmung einer bösen Maxime erfordern würde. Das Böse hat nur aus dem Moralisch-Bösen [...] entspringen können; und doch ist die ursprüngliche Anlage [...] eine Anlage zum Guten; für uns ist also kein begreiflicher Grund da, woher das moralisch Böse in uns zuerst gekommen sein könne."[372]

Wir können philosophisch zwar darlegen, worin dieser Hang besteht (in der Verkehrung der Ordnung unserer Maximen durch Unterordnung der moralischen Triebfeder unter die sinnlichen Triebfedern). Aber wir können nicht sagen, warum wir das tun. Wir können nur sagen, dass wir jedesmal, wenn wir Böses tun, *in ein und demselben Akt* das Gute nicht wollen und tun (empirisch-psychologischer Akt) und *zugleich* die Bedingung der Möglichkeit für dieses Nicht-Wollen des Guten und Tun des Bösen (den Hang zum Bösen) etablieren („intelligibele That"[373]). Wir tun Böses, weil wir selbst das Gute nicht wollen. Während unsere Tun ambivalent bleiben mag, weil es uns von anderen außer uns oder von anderem in uns aufgezwungen sein kann, so dass wir es nur genötigt und nicht aus freien Stücken tun, kann dies niemals für unser Wollen

---

369 A. a. O., B 43, AA VI, 41.
370 A. a. O., B 47, AA VI, 43.
371 Ebd.
372 Ebd.
373 A. a. O., B 26, AA VI, 31.

gelten: Ich kann nicht anders wollen, als ich will, und will ich das Gute nicht, dann bin *ich* es, der es nicht will, und niemand anderes.

Kant kann damit philosophisch beschreiben, worin Sünde besteht: „nicht, wie man [...] gemeiniglich anzugeben pflegt, in der Sinnlichkeit des Menschen und den daraus entspringenden natürlichen Neigungen"[374], sondern in der Verkehrung der Ordnung der Maximen, insofern man „die Triebfeder der Selbstliebe und ihre Neigungen zur Bedingung der Befolgung des moralischen Gesetzes macht"[375]. Nicht dass wir sinnliche Neigungen haben, ist böse, sondern dass wir sie der Achtung für das moralische Gesetz vorziehen, wenn es um die Bestimmung unseres Willens geht, und deshalb das Gute, das wir tun könnten und sollten, nicht tun.

Unerklärlich aber ist, warum wir das tun, warum wir also das, was wohlgeordnet sein könnte, in Unordnung bringen und damit eigentlich Gutes zum Laster verkehren. Wir können nicht sagen, warum wir frei sind, warum wir unsere Freiheit missbrauchen und wie wir diesen Missbrauch wieder korrigieren könnten. Dass wir Gutes wollen können, bleibt uns ebenso ein Geheimnis wie das, warum wir das Gute nicht wollen, sondern Böses tun, oder wie es uns möglich sein soll, wieder Gutes zu wollen. Das erste muss sein, wenn wir nicht aufhören sollen, Menschen zu sein. Das zweite müsste nicht sein, wenn wir Menschen wären, wie wir sein sollten. Und das dritte muss nicht nur möglich sein, sondern wirklich werden, wenn wir die werden sollen, die wir sein könnten. Menschen sind notwendig frei, aber nur kontingent böse, und sie müssen so nicht bleiben, sondern können auch wieder gut werden. Diese Notwendigkeit des Freiseins, die Kontingenz des Böseseins und die Möglichkeit des Gutwerdens, gilt für alle Menschen. Wir können nicht sagen, warum wir frei sind, warum wir böse wurden und wie wir gut werden können. Aber wir dürfen hoffen, dass das nicht nur möglich ist, sondern wirklich wird, wenn wir das Unsere tun – also dem Hang zum moralisch Bösen widerstehen, wo wir können, und das moralisch Gute tun, so gut wir es vermögen.

---

374 A. a. O., B 32, AA VI, 34.
375 A. a. O., B 35, AA VI, 36.

5. Angst:
Die psychologische Transformation der Sünde

1

Kierkegaard hatte Kant verstanden: Das Existenzprädikat ist kein Bestimmungsprädikat. Es hilft uns nicht zu sagen, *was* etwas ist, sondern *dass* es ist – nicht irgendwo in einer Phantasiewelt, sondern in der Welt, in der wir leben. Wer sagt „Menschen sind vernunftfähige Lebewesen", definiert einen Begriff des Menschen. Wer dem hinzufügt „und sie existieren", präzisiert diesen Begriff nicht durch eine weitere Bestimmung, sondern behauptet, dass es so definierte Menschen wirklich gibt, dass es also in unserer Welt vernunftfähige Lebewesen gibt. Mit dem Existenzprädikat wird der Begriff des Menschen nicht weiter präzisiert, sondern es wird erklärt, dieser Begriff sei instanziiert, es gebe in unserer Welt also etwas, von dem man zu Recht sagen könne, es sei ein vernunftfähiges Lebewesen. Begriffe können bestimmt („Der Mensch ist vernunftfähig, zweibeinig, aufrecht gehend ...") und zu Aussagen (Propositionen oder Sätzen[376]) verknüpft werden („Menschen sind vernunftfähige Zweibeiner, die in Dörfern und Städten leben"). Wenn diese widerspruchsfrei sind, also einen möglichen Sachverhalt formulieren, können sie in einer möglichen Welt der Fall sein; wenn das, was sie sagen, in unserer Welt der Fall bzw. nicht der Fall ist, also eine Tatsache ausdrückt, sind sie wahr oder falsch. Doch Aussagen über Begriffe (philosophische Aussagen) sind etwas anderes als Aussagen über etwas durch Begriffe (Sachverhaltsaussagen), und beide unterscheiden sich von Aussagen über Existierendes (Existenzaussagen).

Wenn aber zwischen dem Begriff und dem Dasein von etwas zu unterscheiden ist, dann kann das Dasein einer Sache nie in den Begriff

---

[376] Begriffe können durch Wörter, Sätze, Texte oder auf andere Weise (Bilder, Zeichen) zum Ausdruck gebracht werden. Sätze sind die größte grammatikalische Sinneinheit, die durch die korrekte Verknüpfung von Wörtern nach den Regeln der Syntax erzeugt werden. Propositionen oder Aussagen sind Sinneinheiten von Sätzen, die durch widerspruchsfrei verknüpfte Begriffe aufgebaut sind, durch die etwas von etwas ausgesagt wird. Sie können behauptet oder bestritten, gedacht oder gesprochen, ausgedrückt oder verschwiegen werden. Auch wenn „Satz" eine sprachlich-grammatikalische Einheit meint und „Proposition" bzw. „Aussage" die Sinneinheit eines Satzes, werde ich im Folgenden diese Ausdrücke austauschbar verwenden, da die semiotische Differenz für die anstehenden Pobleme keine Rolle spielt.

dieser Sache aufgehoben werden. Der Satz „Es gibt Menschen" ist kein Teilmoment des Satzes „Menschen sind vernunftfähige Lebewesen". Er sagt nichts über die Menschen, von denen gesprochen wird, sondern über die Welt derer, die hier sprechen und zu denen gesprochen wird. Wenn es keine Menschen gäbe, wäre unsere Welt anders, aber es würde nichts daran ändern, dass Menschen vernunftfähige Lebewesen wären, wenn es sie gäbe. Existenzaussagen sind etwas anderes als Begriffsbestimmungen und Sachverhaltsaussagen. Während wohlgeformte Propositionen Sachverhalte formulieren, die in einer möglichen Welt wahr sein können, auch wenn sie in unserer Welt falsch sind, stellen Existenzaussagen einen Sachverhalt fest, der in der Welt, in der wir leben, der Fall bzw. nicht der Fall ist. Sie sprechen von Wirklichem, nicht nur von Möglichem.

Wir können Begriffe zu Sätzen verknüpfen und aus Sätzen Schlüsse bilden, aber wir können allein auf diese Weise nicht das erfassen, was in Existenzaussagen zur Sprache kommt: dass in *unserer* Welt das der Fall ist, was *hier* gesagt wird. Um Wahres zu sagen, das nicht nur eine analytische Entfaltung eines Begriffs ist („Der Mensch ist vernunftfähig"), muss man Sätze mit nichtbegrifflichen Indexausdrücken wie „hier", „dort", „heute", „gestern", „ich", „du", „wir", „ihr" formulieren. Die Frage „Regnet es?" kann ich nur beantworten, wenn ich das grammatische Präsens als Verweis auf die Situation der Äußerung dieser Frage beachte, sie also als die Frage „Regnet es *jetzt* oder *hier* oder *heute*?" verstehe. Wahrheit ist konkret und kann nicht nur durch Begriffe erfasst werden, die von Möglichem, aber nicht vom *hier* und *jetzt* und *für mich* bzw. *für uns* Wirklichen reden. Wer nur Begriffe zu Propositionen und Propositionen zu Systemen von Propositionen verknüpft, und sei es noch so detailliert und ausführlich, bleibt im Abstrakten und Objektiven und erreicht nicht das Konkrete und Subjektive, wie Kierkegaard Hegel gegenüber nicht müde wurde einzuwenden. Auch die umfassendste Entfaltung des Möglichen führt nicht vom Möglichen zum Wirklichen. Man kann Mögliches immer weiterdenken, entfalten und vernüpfen, aber das so Gedachte, Entfaltete und Verknüpfte bleibt verschieden vom wirklichen Leben. Es bleibt ein Zeichen und wird nicht das dadurch Bezeichnete. Doch 100 Euro zu denken, ist etwas anderes als 100 Euro zu haben, mögliche Wahrheit ist etwas anderes als wirkliche Wahrheit, und wirklich ist Wahrheit dort, wo sie in der Welt gilt, in der ich lebe. Nicht das Objektive, in widerspruchsfreien Sätzen Formulierbare ist das

Wahre, sondern das Subjektive, an dem sich entscheidet, ob diese Sätze wahr sind oder nicht. Nicht das Ganze aller wahrheitsfähigen Sätze ist die Wahrheit, sondern die „Subjektivität ist die Wahrheit"[377]. Das objektiv (also gegenständlich) Gedachte ist immer nur die Entfaltung eines Möglichkeitszusammenhangs, bei dem offenbleibt, *ob* und *wo* und *für wen* diese Möglichkeiten wirklich und wahr sind. Erst das subjektiv (also wirklichen Subjekten im wirklichen Leben in der wirklichen Welt) Gegebene ist wahr oder falsch, weil sich hier entscheidet, ob es eine bloße Möglichkeit bleibt oder eine Wirklichkeit ist.

Wer Existenzaussagen macht, überschreitet daher den Möglichkeitszusammenhang des Denkens auf den Wirklichkeitszusammenhang des Lebens hin. Er formuliert nicht nur Mögliches (das wahr oder falsch sein kann), sondern behauptet Wahres (das sich am Wirklichen als falsch erweisen kann). Im Denken kann etwas möglicherweise („Es ist möglich, dass ...") oder notwendigerweise („Es ist notwendig, dass ...") wahr oder falsch sein. Aber nur im Dasein ist es wirklich wahr oder falsch („Es ist der Fall/nicht der Fall, dass ..."). Die Abstraktheit des Möglichen erreicht nie die Konkretheit des Wirklichen. Sachverhaltsaussagen exponieren Mögliches, Existenzaussagen sprechen von Wirklichem. Sie sind nicht begrifflich abstrakt, sondern existenziell konkret, weil sie mit dem Dasein der thematisierten Sache auch unser Dasein ins Spiel bringen: Sie sind nur *wahr*, wenn sie *für uns* (in unserer Welt) wahr sind, und sie können für uns nur wahr sein, wenn wir *da sind*, also existieren.

2

Das ist der Ausgangspunkt von Kierkegaard. Er beginnt nicht mit einer begrifflichen *Möglichkeit*, sondern mit der *Wirklichkeit*; und nicht mit einer *beliebigen* Wirklichkeit, sondern mit *unserer eigenen*; und nicht mit der Frage, *was* wir sind, sondern *wie* wir existieren. Wir existieren als Einzelne, die untereinander Mitteilungen austauschen. Mitteilungen sind Ereignisse in der realen Welt, also nicht nur etwas Mögliches, sondern etwas Wirkliches. Gerade dabei zeigt sich aber, dass Sachverhaltsmitteilungen etwas anderes sind als Existenzmitteilungen. Beide finden in der realen Welt statt und setzen die Existenz derer voraus, denen sie

---

377 S. Kierkegaard, Abschließende unwissenschaftliche Nachschrift zu den philosophischen Brocken, Erster Teil, übers. v. H. M. Junghans, Gesammelte Werke, Bd. 10, 16. Abt., hrsg. v. E. Hirsch, Düsseldorf/Köln 1957, 198.

mitgeteilt werden. Aber die ersten teilen nur eine Möglichkeit mit, zu der man sich verhalten kann, aber nicht muss, während die zweiten etwas mitteilen, zu dem man sich nicht nicht verhalten kann, sondern faktisch verhält oder verhalten muss, weil die Wahrheit bzw. Falschheit des Mitgeteilten die eigene Welt verändert bzw. das eigene Leben tangiert.

Kierkegaards Hegelkritik war daher ganz auf der Linie Kants, nur zog er die Konsequenzen dessen aus, was Kants Präzisierung der Funktion des Existenzprädikats angedeutet hatte: dass es bei dem, was hier gesagt wird, nicht nur um einen Begriff, sondern *um uns* geht. Existenzmitteilungen sagen nicht nur, *dass* etwas der Fall ist, sondern dass es *in unserer Welt* und damit *für uns* der Fall ist. Wer vom Dasein spricht, tritt aus der Welt des Denkens in die Welt des Lebens und Leidens, zu der alle gehören, die existieren, existiert haben oder existieren werden. Erlebtes Leiden aber ist etwas anderes als beschriebenes Leiden, und in Begriffe gefasstes Leben etwas anderes als gelebtes Leben. Alle begriffliche Lehre stößt am Dasein daher auf eine Grenze, die sie nicht überschreiten kann. Nicht weil man von der Existenz nicht reden könnte. Sondern weil man das nur kann, indem man mit seinem Reden die Differenz zwischen Reden und Existieren neu setzt.

Sachverhaltsaussagen haben damit eine andere Pointe als Existenzaussagen. Auf diesem Punkt beharrte Kierkegaard in allen seinen Schriften und unter allen Pseudonymen. Und er zog diese Differenz heran, um sein Verständnis des Christentums pointiert zum Ausdruck zu bringen: „Das Christentum ist keine Lehre, sondern [...] eine Existenz-Mitteilung. [...] Das Christentum geht die Existenz, das Existieren an. [...] Wenn der Glaubende im Glauben existiert, hat seine Existenz ungeheuren Inhalt, aber nicht in der Bedeutung von Paragraphen-Ausbeute."[378] Nicht die begrifflich genaue Entfaltung eines dogmatischen Denkzusammenhangs in vielen klar gegliederten Paragraphen ist der Ausweis guter Theologie, sondern die Mitteilung dessen, worauf es im Leben und Sterben ankommt. Im Christentum geht es um die Existenz der Menschen, nicht nur um das Denken und begriffliche Entfalten des christlichen Lebens im Verlauf der Geschichte. Das würde die Dogmatik zu

---

378 S. Kierkegaard, Abschließende unwissenschaftliche Nachschrift, Zweiter Teil, übers. v. H. Gottsched, Gesammelte Werke, Bd. 11, 16. Abt., hrsg. v. E. Hirsch, Düsseldorf/Köln 1958, 550 f.

5. ANGST

einer historischen Disziplin machen, Dogmatik zur Dogmengeschichte und Theologie zur Theologiegeschichte verkürzen, wie es sich bei Schleiermacher angedeutet hatte. Kierkegaard hält dagegen, dass es nicht um das Verstehen der theologischen Lehrtradition, sondern um das Verstehen der Existenz des Menschen hier und heute geht. Theologie erreicht ihr Ziel, wenn sie den christlichen Glauben so expliziert, dass sich aufgrund ihrer Mitteilung das Leben von Menschen verändert, weil sie ihre Existenz in neuer Weise verstehen und damit anders leben als zuvor. Darauf muss das Denken hinarbeiten, und deshalb bemüht sich Kierkegaard durch sein ganzes pseudonym und im eigenen Namen verfasstes Werk hindurch, dogmatische Begriffe und Gedankengänge in existenzerhellende Mitteilungen zu übersetzen, ihnen also das Leben und die existenzielle Relevanz zurückzugeben, die sie in den Denksystemen der Theologie und Philosophie verloren haben.

3

Das gilt in exemplarischer Weise auch für seinen Umgang mit dem Sündenthema am Leitfaden des Begriffs der Angst. In *Der Begriff Angst* (1844)[379] wählt Kierkegaard bewusst einen psychologischen Zugang, indem er nicht dogmatische Erörterungen, sondern eine „schlichte psychologisch-andeutende Überlegung in Richtung auf das dogmatische Problem der Erbsünde" vorzulegen beansprucht. Sein Ziel ist, diesen dogmatischen Begriff daraufhin zu durchleuchten, wie er im Erleben der Menschen fungiert und ihr Verständnis ihrer selbst und ihrer Situation in der Welt erhellt.

In einleitenden Überlegungen stellt er klar, warum er einen psychologischen Zugang wählt und warum deshalb nicht der Begriff der Sünde, sondern der Begriff *Angst* sein Thema ist. „Die Sünde ist [...] keine Aufgabe für das Interesse der Psychologie [...] Sie ist Gegenstand der Predigt, wo der Einzelne als der Einzelne zum Einzelnen spricht."[380] Die

---

379 S. Kierkegaard, Der Begriff Angst, Gesammelte Werke, Bd. 7, 11. und 12. Abteilung, Regensburg 1952. Die Schrift war zunächst in eigenem Namen verfasst, erst kurz vor der Drucklegung hat Kierkegaard das Pseudonym Vigilius Haufniensis eingefügt und das Vorwort entsprechend verändert. Vgl. A. Grøn, Angst bei Søren Kierkegaard. Eine Einführung in sein Denken, übers. v. U. Lincoln, Stuttgart 1999; G. D. Marino, Anxiety in "The Concept of Anxiety", in: A. Hannay/G. D, Marino (Hrsg.), The Cambridge Companion to Kierkegaard, Cambridge 1998, 308-328.
380 Kierkegaard, Der Begriff Angst (s. Anm. 379), 11-13.

Psychologie kann sich nur damit beschäftigen „*wie* die Sünde entstehen kann und nicht, *daß* sie entsteht"[381]. Denn dazu müsste man zeigen, wie aus der „Möglichkeit der Sünde ihre Wirklichkeit werden" kann.[382] Aber was für die Freiheit gilt, das gilt auch für die Sünde: „die Freiheit ist niemals möglich; sobald sie ist, ist sie wirklich"[383], und ebenso ist die Sünde wirklich, ohne dass man ethisch auf ihre Möglichkeit rekurrieren könnte, um ihre Wirklichkeit zu erklären. Von der Ethik kann man daher keine Erklärung der Sünde erwarten, wie mit kritischem Seitenblick auf die Versuche Kants gesagt wird. Doch was der Ethik unmöglich ist, können Psychologie und Dogmatik leisten. Wie „die Psychologie die reale Möglichkeit der Sünde ergründet," indem sie die Angst als anthropologische Voraussetzung der Sünde analysiert, so „erklärt die Dogmatik die Erbsünde, das heißt die ideelle Möglichkeit der Sünde"[384], indem sie Adams erste Sünde als Grund alles weiteren Sündigens in der Geschichte der Menschheit darlegt. Was die Psychologie aber als anthropologische Voraussetzung der Sünde erhellt, gilt nicht nur für uns, sondern auch für Adam, wenn dieser als Typos des wirklichen Menschen fungieren können soll. Deshalb sind die Darlegungen der Psychologie auch grundlegend für die Dogmatik.

Entsprechend zeigt Kierkegaard, inwiefern „Angst als Voraussetzung der Erbsünde und als das die Erbsünde nach rückwärts auf ihren Ursprung Erklärende" zu verstehen ist.[385] Die Sünde kann nicht von etwas anderem her erklärt werden, sondern „[d]ie Sünde ist durch eine Sünde in die Welt gekommen"[386]. Das wird mythologisch in der Genesiserzählung von Adams erster Sünde dargelegt. Damit aber stellt sich die Frage, wie Adam denn sündigen konnte, wie er also vom Zustand der Unschuld zu dem der Schuld übergehen konnte.[387] Denn wenn es zuvor weder die Sünde noch die Möglichkeit der Sünde gab, weil erst „durch die erste Sünde [...] die Sündigkeit in Adam hineingekommen" und damit in der Welt eine Wirklichkeit und Möglichkeit geworden ist,[388]

---

381 A. a. O., 19.
382 Ebd.
383 Ebd.
384 A. a. O., 21.
385 A. a. O., 22.
386 A. a. O., 29.
387 A. a. O., 33–35.
388 A. a. O., 30.

wie soll man dann den Wechsel vom Stand der Unschuld in den der Schuld erklären?

Kierkegaard antwortet: Gar nicht. Die Schuld lässt sich nie von der Unschuld her erklären, sondern „die Unschuld wird stets nur verloren durch den qualitativen Sprung des Individuums"[389]. Schuld gibt es, weil man sich schuldig macht. Dafür bedarf es ebenso wenig einer vorausgehenden Fähigkeit zum Schuldigwerden, wie meine Existenz eine vorausgehende Fähigkeit zum Existieren voraussetzt. Man kommt ins Sein und existiert, und man begeht eine Verfehlung und ist schuldig. Dass dies möglich ist, belegt die Wirklichkeit. Aber diese Möglichkeit ist keine Fähigkeit, die man haben muss, um existieren zu können oder sich schuldig machen zu können. Ich existiere, also ist es möglich zu existieren. Aber das heißt nicht, dass ich die Fähigkeit habe zu existieren, auch wenn ich nicht existierte. Und ich bin schuldig, also ist es möglich, schuldig zu sein. Aber das heißt nicht, dass ich die Fähigkeit habe, schuldig zu sein, auch ehe ich mich schuldig mache. Dass ich existiere und mich schuldig mache, sind Möglichkeiten dieser Welt und dieses Lebens. Aber diese Möglichkeiten sind keine Fähigkeiten, die ich schon gehabt haben müsste, um in dieser Welt existieren und in meinem Leben schuldig werden zu können. Ich existiere nicht, weil ich es kann, sondern dass ich existiere zeigt, dass es möglich ist. Und ich mache mich nicht schuldig, weil ich dazu in der Lage bin, sondern meine Schuld zeigt, dass schuldig zu sein nicht unmöglich ist.

Dasselbe gilt auch für die Sünde. Sünde gibt es, weil man sündigt. Aber es setzt keine vorgängige Fähigkeit zum Sündigen voraus. Das gilt für Adam nicht weniger als für jeden anderen. Als Adam sündigte, nahm er nicht eine Fähigkeit in Anspruch, die er unerklärlicherweise hatte. Und auch bei uns kann man nicht auf eine vorausgehende Konkupiszenz rekurrieren, um das Auftretenkönnen der Sünde zu erklären, weil die Rede von der Konkupiszenz die Wirklichkeit der Sünde schon voraussetzt: „Ein Gelüste (concupiscentia) ist eine Bestimmung von Schuld und Sünde *vor* Schuld und Sünde, und welche doch nicht Schuld und Sünde, d. h. gesetzt durch diese, ist."[390] Doch die „Sündigkeit ist keine Seuche, die sich ausbreitet wie die Kuhpocken"[391]. Man zieht sie sich

---

[389] A. a. O., 35.
[390] A. a. O., 38 (meine Hervorhebung).
[391] A. a. O., 36.

nicht zu wie eine Krankheit, aber man entscheidet sich auch nicht in einem freien Willensakt für sie, weil man dazu die Fähigkeit hat. Das muss eine psychologische Erklärung der Sünde beachten: Sie „darf nicht die Pointe zerreden" und die Sünde aus etwas Vorausgehendem herleiten wollen, sondern sie muss einen Zustand der Seele beschreiben, aus dem „die Schuld hervorbricht *im qualitativen Sprung*"[392].

4

Genau das tut die Psychologie, indem sie von der Angst handelt. Diese ist Kierkegaard zufolge weder ein Tun noch ein Wissen noch ein Fühlen des Menschen, sondern das, was den Zustand seiner Unschuld charakterisiert. Angst ist keine Eigenschaft des Menschen, sondern ein Merkmal seiner Existenz, und zwar schon ehe er sich seiner selbst bewusst wird. Man kann sich ihr nicht entziehen, indem man sie ignoriert oder sich gegen sie wehrt, sondern sie ist das, was all mein Tun und Lassen begleitet, weil es der adverbiale Modus meiner Existenz ist, über den ich keine Verfügungsgewalt habe. Nicht ich habe Angst, sondern die Angst hat mich, weil ich nicht existieren kann, ohne angstvoll zu existieren.

Kierkegaard erläutert das mit Hilfe seines Begriffs des Menschen. „Der Mensch ist eine Synthesis des Seelischen und des Leiblichen", verbunden durch den Geist, der beide vereinigt.[393] Erst durch den Geist wird der Mensch zum Menschen, er ist es nicht schon aufgrund seiner leiblich-seelischen Natur, sondern erst dadurch, dass der Geist Seele und Leib zur Einheit synthetisiert. Der Geist aber ist ein aktives Verhältnis, das sich nicht zu anderem verhalten kann, ohne sich auch zu sich selbst zu verhalten. Ja noch stärker: Er verhält sich nicht zu sich selbst, weil er sich zu anderem verhält, sondern nur weil er sich zu sich selbst verhält, kann er sich zu anderem verhalten. Sein Selbstverhältnis (also die Aktivität seines Sich-Beziehens auf sich selbst) ist die Bedingung der Möglichkeit für sein Fremdverhältnis zu anderem (seines Sich-Beziehens auf anderes). Sie liegt der Fremdbeziehung zugrunde und geht ihr voraus und ist nicht deren Folge oder Implikat.

Der Menschwerdungsprozess hat daher zwei zu unterscheidende Momente: Er vollzieht sich als Synthetisierung von Leib und Seele zur Einheit eines Menschen durch den Geist, der sich aber eben dabei auch

---

392 A. a. O., 39 (meine Hervorhebung).
393 A. a. O., 41.

in bestimmter Weise zu sich selbst verhält. Ohne den Geist gäbe es keine Synthesis von Leib und Seele, ohne das Verhältnis des Geistes zu sich selbst würde diese Synthesis nicht vollzogen. Aber „wie verhält der Geist sich zu sich selbst" in diesem Prozess?[394] Kierkegaards Antwortet lautet: „Er verhält sich als Angst. Seiner selbst ledig werden kann der Geist nicht; sich selber ergreifen kann er auch nicht, so lange er sich selbst außerhalb seiner hat; ins Vegetative versinken kann der Mensch auch nicht; denn er ist ja bestimmt als Geist; die Angst fliehen kann er nicht, denn er liebt sie; eigentlich lieben kann er sie nicht, denn er flieht sie."[395] Das ist der in sich zerrissene Grundzustand der menschlichen Existenz, den Kierkegaard „Angst" nennt.

Kierkegaard entwickelt diese Analyse der Angst am Leitfaden einer Analyse der Funktion des Geistes im menschlichen Leben. „In der Unschuld ist der Mensch nicht als Geist bestimmt, sondern [...] [d]er Geist ist träumend im Menschen."[396] Er ist da, aber sein Verhältnis zu sich selbst und damit seine synthetisierende Funktion im menschlichen Leben sind noch nicht in Erscheinung getreten.

> „In diesem Zustand ist Friede und Ruhe; aber da ist zu gleicher Zeit noch etwas Anderes, welches nicht Unfriede und Streit ist; denn es ist ja nichts da, [um] damit zu streiten. Was ist es denn? Nichts. Aber welche Wirkung hat Nichts? Es gebiert Angst. Das ist die tiefe Heimlichkeit der Unschuld: sie ist zugleich Angst."[397]

Das bloße Dasein bzw. Existieren des Menschen ist angstvoll. Wo Menschen existieren, existieren sie in Angst. Das unterscheidet sie von allen anderen Lebewesen. Diese Angst ist „keine Schuld", „keine beschwerliche Last, kein Leiden".[398] Sie ist „eine Bestimmung des träumenden Geistes"[399], nämlich die Art und Weise, wie „der Geist sich zu sich selbst und seiner Bedingung" verhält.[400] Es ist keine Angst vor irgendetwas Bestimmtem, sondern Angst angesichts der „unendliche[n] Möglichkeit zu können"[401].

---

394 A. a. O., 42.
395 Ebd.
396 A. a. O., 39.
397 Ebd.
398 A. a. O., 40.
399 Ebd.
400 A. a. O., 42.
401 A. a. O., 43.

Dadurch unterscheidet sich Angst grundsätzlich von Furcht. Furcht bezieht „sich auf etwas Bestimmtes", sie ist immer Furcht *vor etwas*, und das gibt es auch bei Tieren, die sich vor anderen fürchten können. Angst dagegen wird man beim Tier „nicht finden, eben weil es in seiner Natürlichkeit nicht als Geist bestimmt ist"[402]. Angst ist ein Geistphänomen „und je weniger Geist desto weniger Angst"[403]. Denn Angst ist „die Wirklichkeit der Freiheit als Möglichkeit für die Möglichkeit"[404]. Sie ist nichts anderes als „die ängstigende Möglichkeit zu *können*. Was es ist, das er [der Mensch] kann, davon hat er keine Vorstellung"[405]. Man weiß nicht, wovor man Angst hat, sondern man hat Angst, weil man die Möglichkeit hat zu können, ohne zu wissen oder wissen zu müssen, was man können kann. Während Furcht stets Furcht *vor etwas* ist, ist Angst stets Angst *vor sich selbst*, nämlich *vor seiner eigenen Möglichkeit zu können*.

In diesem Sinn versteht Kierkegaard „Angst als Voraussetzung der Erbsünde und als das die Erbsünde nach rückwärts auf ihren Ursprung zu Erklärende"[406]. Ohne Angst keine Freiheit. Denn „die Möglichkeit der Freiheit ist nicht, daß man das Gute oder das Böse wählen kann", sondern die „Möglichkeit ist das *Können*".[407] So wenig es eine bloß mögliche Freiheit gibt, weil Freiheit stets wirklich oder gar nicht ist, so wenig gibt es die Wirklichkeit der Freiheit als Übergang aus der Möglichkeit in die Wirklichkeit. Dieser Übergang ist ein qualitativer Sprung, und er lässt sich psychologisch nicht erklären, sondern nur existenziell vollziehen. Aber dieser Sprung erfolgt aus dem Zustand, den Kierkegaard „Angst" nennt. Denn „Angst ist keine Bestimmung der Notwendigkeit, aber auch keine der Freiheit, sie ist eine gefesselte Freiheit"[408], die freigesetzt wird, wenn man sie entfesselt.

5

Alle Erklärungsversuche der Sünde scheitern an diesem Punkt. Man kann nicht sagen, dass „die Sünde notwendig in die Welt gekommen"

---

402 A. a. O., 40.
403 Ebd.
404 Ebd.
405 A. a. O., 43.
406 A. a. O., 44.
407 A. a. O., 47–48.
408 A. a. O., 48.

sei, weil das „ein Widerspruch ist": die Sünde ist ein kontingentes Faktum, kein notwendiger Sachverhalt. Man kann dieses Faktum aber auch nicht „durch einen Akt eines abstrakten freien Willensentschlusses, liberum arbitrium" erklären: Die Sünde ist nicht in der Welt, weil der Mensch sündigen *will* oder sich zum Sündigen *entschließt*, sondern sie ist da, weil Menschen sündigen. „Logisch das Kommen der Sünde in die Welt erklären wollen, ist eine Torheit, auf die nur Leute verfallen können, welche lächerlich darauf versessen sind, eine Erklärung zu bekommen."[409] Sünde lässt sich durch nichts anderes erklären als durch sich selbst, und wie „die Sünde in die Welt gekommen ist, das versteht ein jeder Mensch einzig und allein aus sich selbst"[410].

Der Verweis auf die Angst ist daher kein Versuch, die kontingente Wirklichkeit der Sünde zu erklären, sondern das verständlich zu machen, was Kierkegaard den „qualitativen Sprung" nennt: den Übergang vom Zustand träumender Unschuld in den Zustand der Schuld im Prozess der Menschwerdung. Denn dieser Übergang ist Schuldigwerden, weil er zugleich die Entfesselung der Freiheit und die Freisetzung der Verantwortlichkeit für das ist, was wir tun, getan haben und nicht getan haben, aber hätten tun können und sollen. Aus der Möglichkeit zu können ist damit die Unmöglichkeit nicht zu können geworden: Wir sind frei, und erst mit dieser Wirklichkeit ist auch die Möglichkeit der Freiheit gegeben, weil man nicht frei sein kann, ohne seine Freiheit auch wirklich zu leben. In dem Moment aber, in dem wir die Möglichkeit zur Freiheit haben, ist es auch unmöglich geworden, sie nicht zu praktizieren. Niemals sind wir nur möglicherweise frei, sondern wir haben die Möglichkeit zu können nur, wenn wir wirklich frei sind. Aber sind wir wirklich frei, dann ist es unmöglich, diese Freiheit nicht zu praktizieren, also nicht schuldig zu werden. Wir können nicht im Stand der Unschuld verharren, also nur die Möglichkeit haben, frei zu sein, weil es die Möglichkeit der Freiheit nur dort gibt, wo sie wirklich praktiziert wird. Wir haben aber auch nicht die Freiheit, unsere Freiheit nicht zu praktizieren, weil wir dann nicht wirklich frei wären. Können wir aber weder im Stand der Unschuld existieren noch *weder* im Stand der Schuld *noch* im Stand der Unschuld, weil es für uns als Freiheitswesen keine dritte Existenzmöglichkeit gibt, dann können wir nicht frei leben, ohne schuldig

---

409 Ebd.
410 A. a. O., 49.

zu werden. Wer frei sein kann, der muss es auch sein, und wer es ist, der wird auch schuldig.

6

Hat Kierkegaard damit Recht, dann muss man seinen Gedanken noch weitertreiben. Wir sind schuldig, weil die Wirklichkeit der Freiheit es nicht möglich macht, dass man nur die Möglichkeit hat zu können, sondern es unumgänglich macht, diese Möglichkeit zu leben und nicht anders leben zu können. Das aber heißt, dass für jemanden, der wirklich frei ist, der Zustand der Unschuld nicht nur ein vergangener, sondern ein unmöglicher Zustand ist. Tiere leben weder im Stand der Unschuld noch im Stand der Schuld, weil sie nicht frei sind, sondern so leben, wie sie leben. Gott ist frei, lebt aber weder im Zustand der Unschuld noch im Zustand der Schuld, weil er nicht schuldig sein kann, ohne aufzuhören, Gott zu sein, damit aber auch nicht unschuldig zu sein vermag, also die Möglichkeit haben kann, schuldig zu werden: Schon die Möglichkeit, das zu werden, wäre das Ende Gottes. Ist der Mensch aber frei, dann lebt er im Zustand der Schuld, weil der Zustand der Unschuld, also die bloße Möglichkeit zu können, unvereinbar ist mit der Wirklichkeit seiner Freiheit, während es kein Selbstwiderspruch ist, dass der Mensch frei ist und in Schuld lebt. „Wäre der Mensch ein Tier oder ein Engel, so würde er sich nicht ängstigen können. Da er eine Synthesis ist, vermag er sich zu ängstigen; und je tiefer er sich ängstigt, desto größer ist der Mensch."[411] Tiere kennen weder Schuld noch Unschuld, weil sie nicht frei sind. Gott kennt weder Schuld noch Unschuld, weil er frei ist, aber aufhören würde Gott zu sein, wenn er schuldig werden könnte. Menschen dagegen sind frei und schuldig, weil sie nicht frei sein können und in Unschuld leben. Es war niemals möglich für uns, nur die Möglichkeit zu können gehabt zu haben, wenn wir wirklich frei sind. Wer frei ist, muss frei leben, wer frei lebt, hat nie in einer Unschuld gelebt, in der es nur möglich war frei zu sein. Mit einer solchen Unschuld zu rechnen, ist eine retrospektiver Traum. Die Unschuld ist nicht nur träumend, weil alles in ihr erst angelegt, aber noch nicht verwirklicht und in Erscheinung getreten ist, sondern weil es ein Traum ist, dass es eine solche Unschuld gibt. Wer frei ist, kann niemals in Unschuld gelebt haben, wenn er – anders als Gott – in Schuld leben kann.

---

411 A. a. O., 161.

7

Kierkegaard nimmt das in umgekehrter Form auf, wenn er die so bestimmte Angst in der Geschichte der Menschheit „als die Erbsünde im Fortschreiten" entfaltet.[412] Der Zustand der Angst gehört zu jedem Menschen, und „je ursprünglicher ein Mensch ist, desto tiefer die Angst"[413]. Menschen, „die überhaupt keine Angst spüren", sind nicht von Tieren zu unterscheiden.[414] Das heißt nicht, dass die Angst nicht überwunden werden könnte. Aber diese Überwindung findet erst durch die Erlösung statt. „Wenn die Erlösung gesetzt ist, ist die Angst dahintengelassen ebenso wie die Möglichkeit."[415] Dann ist die Angst nicht nur Vergangenheit, sondern eine Unmöglichkeit.

Kommt mit der Erlösung die Möglichkeit der Angst zum Ende, dann sind damit alle Formen der Angst überwunden. Blick man aber auf ihre Wirklichkeit, dann ist differenziert von der Angst zu reden. Kierkegaard tut es, indem er zwischen subjektiver und objektiver Angst unterscheidet. Subjektiv ist „die im Individuum gesetzte Angst, welche die Folge seiner Sünde ist"[416]. Objektive Angst dagegen ist die „Wirkung der Sünde im nicht-menschlichen Dasein"[417], der „Widerschein [der] Sündigkeit der Generation in der ganzen Welt"[418]. Denn indem „die Sünde in die Welt gekommen ist, wurde dies für die gesamte Schöpfung bedeutungsvoll"[419]. Kierkegaard versucht also ausdrücklich, auch in seiner psychologischen Analyse der Sünde als Angst der kosmischen Universalität der Sünde gerecht zu werden. Die Angst ist nicht nur ein Phänomen des individuellen Lebens eines Menschen, sondern wirkt sich auf alles aus. Es gibt sie dementsprechend in zwei Gestalten: als „die objektive Angst in der Natur" und als „die subjektive Angst im Individuum".[420]

Kierkegaard belegt das in einer Reihe phänomenologischer Analysen menschlicher Lebensphänomene:

---

412 A. a. O., 51.
413 Ebd.
414 Ebd.
415 A. a. O., 52.
416 A. a. O., 55–56.
417 A. a. O., 57.
418 A. a. O., 56.
419 A. a. O., 57.
420 A. a. O., 60.

„Angst kann man vergleichen mit Schwindel. Der, dessen Auge es wiederfährt in eine gähnende Tiefe niederzuschauen, er wird schwindlig. Aber was ist der Grund? es ist ebensosehr sein Auge wie der Abgrund; denn falls er nicht herniedergestarrt hätte [, wäre er nicht schwindlig geworden]. Solchermaßen ist die Angst der Schwindel der Freiheit, der aufsteigt, wenn der Geist die Synthesis setzen will, und die Freiheit nun niederschaut in ihre eigene Möglichkeit, und sodann die Endlichkeit packt [um] sich daran zu halten. In diesem Schwindel sinkt die Freiheit zusammen. [...] Den gleichen Augenblick ist alles verändert, und indem die Freiheit sich wieder aufrichtet, sieht sie, daß sie schuldig ist. Zwischen diesen beiden Augenblicken liegt der Sprung, den keine Wissenschaft erklärt hat oder erklären kann."[421]

Die Pointe dieser und weiterer Analysen von Phänomenen wie Sinnlichkeit, Geschlechtlichkeit, Geschlechterdifferenz, Trauer, Scham, Trieb, Schönheit usf. ist der Aufweis, dass gerade die „Angst vor der Sünde die Sünde hervorbringt"[422] und dass man eben dadurch schuldig wird, dass man nicht Angst davor hat, „schuldig zu werden", sondern „für schuldig zu gelten".[423] „Die Möglichkeit der Freiheit macht sich kund in der Angst."[424] Und weil man dieser Möglichkeit nicht gewahr werden kann, ohne sie zu verwirklichen, wird man aus Angst, durch Angst und in der Angst schuldig, ehe man sich dessen überhaupt bewusst geworden ist.

8

Diese These vertieft Kierkegaard, indem er „Angst als Folge derjenigen Sünde" analysiert, „welche das Ausbleiben des Sündenbewußtseins ist".[425] Die Angst ist nicht Ausdruck eines Sündenbewusstseins, sondern entspringt gerade dem, dass ein solches Bewusstsein nicht vorliegt. Der Sünder ist Sünder, ehe er ein Bewusstsein seiner Sünde hat. Aber eben deshalb hat er Angst, ohne zu wissen, wovor. Angst und Sündenbewusstsein liegen nicht auf einer Linie. Das Sündenbewusstsein ist ein Lebensphänomen, Angst dagegen ein Existenzmodus, den jeder hat, der Sünder wird. Man kann sich der Sünde bewusst werden oder nicht, wenn man Sünder ist, aber man kann nicht ohne Angst existieren. Nicht jeder entwickelt im Lauf seines bewussten Lebens ein Sündenbewusst-

---

421 A. a. O., 60–61.
422 A. a. O., 73.
423 A. a. O., 75.
424 A. a. O., 74–75.
425 A. a. O., 8426

sein, im Gegenteil: Sünder sind sich ihrer Sünde in der Regel gerade nicht bewusst und bestreiten sie. Angst aber haben sie alle.

Man kann diese Differenz auch zeitphilosophisch präzisieren. Das Auftreten des Sündenbewusstseins ist ein Phänomen im Zeitverlauf des Lebens, das alle Stadien der Zeit durchläuft, also einmal zukünftig war, dann auftritt (wenn es denn dazu kommt) und schließlich zur Vergangenheit wird. Die Angst dagegen ist, „der Augenblick im individuellen Leben"[426], in dem ein Mensch seine Freiheit verwirklicht und vom Zustand der Unschuld in den der Schuld übergeht. Diesen Augenblick nennt Platon „das Plötzliche"[427] und Kierkegaard „das Gegenwärtige"[428]. Im Zeitverlauf des Lebens gibt es „nichts Gegenwärtiges", sondern nur ein Aufeinanderfolgen der Momente, in dem Zukünftiges im Durchgang durch die Gegenwart zu Vergangenem wird. „[D]as Leben, welches in der Zeit ist und allein der Zeit zugehört, hat nichts Gegenwärtiges [...] Das Gegenwärtige [aber] ist das Ewige, oder richtiger das Ewige ist das Gegenwärtige, und das Gegenwärtige das Erfüllte."[429] Im Gegenwärtigen berühren sich Zeit und Ewigkeit so, dass das Ewige Gegenwart wird in einem menschlichen Leben. Ebendas nennt Kierkegaard den Augenblick. Dieser ist „nicht eigentlich Atom der Zeit, sondern Atom der Ewigkeit"[430]. Er ist das Ereignis der Geistesgegenwart bzw. des Gegenwärtigwerdens des Geistes, durch den die Synthesis des Seelischen und Leiblichen gesetzt wird. Insofern gehört der Augenblick zur Existenz des Menschen, nicht zum Verlauf seines Lebens. Und auch die Angst gehört zur Existenz und ist kein Phänomen des Lebensprozesses. Im Rekurs auf die Angst wird daher nichts erklärt, was im Leben geschieht, sondern es wird der Existenzmodus eines Lebens beschrieben. „Angst ist der psychologische Zustand, welcher der Sünde vorausgeht, ihr so nahe wie nur möglich kommt, so ängstigend wie nur möglich, ohne jedoch die Sünde zu erklären, die erst im qualitativen Sprung hervorbricht."[431] Sünde gibt es erst im Lebensvollzug, Angst dagegen gehört zur Existenz. Sie zeigt sich in vielem im Leben, auch wenn man es erst retrospektiv von der Sünde her so verstehen kann – in der Geistlosigkeit in Christentum und

---

426 A. a. O., 82
427 A. a. O., 89.
428 A. a. O., 87 ff.
429 A. a. O., 88.
430 A. a. O., 90.
431 A. a. O., 94.

Heidentum, im Schicksalsglauben des Heidentums, in der Angst vor Schuld im Judentum. Überall zeigt sich: „Das Verhältnis der Freiheit zur Schuld ist Angst, weil die Freiheit und die Schuld annoch Möglichkeit sind."[432] Aber auch wenn die Freiheit wirklich wurde und man schuldig ist, bleibt die Angst vor der Möglichkeit eine Wirklichkeit. Denn wie man mit dem Eintritt in die Existenz zu leben und seine Freiheit zu praktizieren beginnt, so kann man sein Leben und seine Freiheit nur vollziehen, sofern man existiert. Deshalb ist die Angst schon da, wenn man zu leben beginnt, und sie hört auch nicht auf, solange man lebt. Adams Sünde wiederholt sich immer wieder, „[a]ber jede Wiederholung ist dennoch keine einfache Folge, sondern ein neuer Sprung"[433].

9

Kierkegaard betrachtet die Angst dementsprechend nicht nur als das, was der Sünde existenziell vorausgeht, sondern auch als das, was sie begleitet und ihr nachfolgt. Die Angst setzt einen Kreislauf der Angst in Gang, insofern Angst Schuld erzeugt und diese wiederum Angst erzeugt. Aus diesem Kreislauf der Angst gibt es für den Menschen kein Entkommen, wenn er nur sich selbst überlassen bleibt. Selbsterlösung ist prinzipiell ausgeschlossen, weil kein Mensch diesen Kreislauf der Angst aufbrechen oder aus ihm ausbrechen kann. Erlösung muss von außen kommen, und sie muss so geschehen, dass die Angst durch die Angst überwunden wird, indem das lähmende Erschrecken über die schwindelerregende Möglichkeit zu können von einem dankbaren Erstaunen über die geschenkte Möglichkeit zu dürfen abgelöst wird.

Ausdrücklich fragt Kierkegaard daher nicht nur nach der Angst als Voraussetzung alles Sündigens bei Adam und allen Folgegenerationen, sondern auch nach der „Angst der Sünde" bzw. der „Angst als Folge der Sünde in dem Einzelnen"[434]. Was sich verändert gegenüber der Angst vor der Sünde, ist, dass „der Gegenstand der Angst nunmehr ein Bestimmtes" ist: „[I]hr Nichts ist wirklich Etwas, da der Unterschied zwischen Gut und Böse im Konkreten gesetzt ist."[435] Durchweg freilich gilt: Kein „Mensch muss sündigen", aber jeder tut es – von sich aus.[436] Die

---

432 A. a. O., 112.
433 A. a. O., 116.
434 A. a. O., 114.
435 Ebd.
436 A. a. O., 115.

5. Angst

Tatsache, dass gesündigt wird, ist allerdings nicht nur „eine aufgehobene Möglichkeit", sondern zugleich „eine unberechtigte Wirklichkeit".[437] Sie ist wirklich, aber diese Wirklichkeit sollte eigentlich nicht sein. Genau daraus entspringt die Angst, die Folge der Sünde ist. Sie äußert sich in der Reue, aber „die Reue kann [den Sünder] nicht frei machen [...] Das einzige, was in Wahrheit den Sophismus der Angst entwaffnen kann, ist Glaube"[438]. Nicht weil dieser „die Angst zunichte machte", sondern weil „er sich fort und fort dem Todesaugenblick der Angst" entwindet und das Leben daraufhin öffnet, dass es nicht nur als Verlauf in der Zeit im Tod endet, sondern seinen Grund im ewigen Leben hat: „[A]llein im Glauben ist die Synthesis [von Zeit und Ewigkeit] auf ewig und in jedem Augenblick möglich."[439]

Glaube ist damit die rechte Realisierung der Freiheit, „Aberglaube und Unglaube [dagegen] sind beide Gestalten der Unfreiheit."[440] Freiheit lässt sich nicht nur auf falsche Weise verwirklichen, so dass sie in einer „unberechtigten Wirklichkeit" resultiert, sondern sie lässt sich auch verfehlen, so dass es zum „somatisch-psychische[n]" und zum „pneumatische[n] Verlust der Freiheit" kommt.[441] Im ersten Fall ist sie „Angst vor dem Bösen",[442] im zweiten „Angst vor dem Guten".[443] Angst äußert sich entsprechend im Leben als „Sündenknechtschaft", die „ein unfreies Verhältnis zum Bösen" ist, und als „das Dämonische", das „ein unfreies Verhältnis zum Guten" ist.[444] In beiden Fällen wird die Wirklichkeit der Freiheit als bloße Möglichkeit behandelt, im ersten Fall als die „aufgehobene Möglichkeit" einer „unberechtigte[n] Wirklichkeit"[445], im zweiten Fall als „Unfreiheit; denn die Freiheit ist verloren"[446]. Das erste manifestiert sich im Phänomen der Reue, das zweite im Phänomen des Dämonischen. Denn das „Dämonische ist die Unfreiheit, welche sich in sich verschließen möchte"[447], sie „will keine Kom-

---

437 Ebd.
438 A. a. O., 120.
439 A. a. O., 121.
440 A. a. O., 145.
441 A. a. O., 141; 143.
442 A. a. O., 116.
443 A. a. O., 122.
444 A. a. O., 123.
445 A. a. O., 116.
446 A. a. O., 127.
447 Ebd.

munikation", ist „Schweigen", das sich der Sprache verwehrt, und das „Verschlossene", das erst im „Offenbarwerden" überwunden wird.[448]

Offenbar aber wird es im Glauben, den Kierkegaard im Anschluss an Hegel als „die innere Gewißheit" versteht, „welche die Unendlichkeit vorwegnimmt."[449] Glaube ist eine Bestimmung der Existenz, „Unglaube und Aberglaube" dagegen „sind beide Angst vor dem Glauben; aber der Unglaube hebt in der Aktivität der Unfreiheit an, der Aberglaube hebt in der Passivität der Unfreiheit an".[450] Denn es gibt in diesem Bereich keine Aktivität, in der nicht „wiederum eine Passivität zum Vorschein kommt", und keine Passivität „ohne Aktivität".[451] Treten diese in ein Missverhältnis, kommt es zur Angst vor dem Bösen (und damit zu erneuter Sünde) und zur Angst vor dem Guten (und damit zu neurotischem Verhalten). Doch „Angst ist die Möglichkeit der Freiheit, nur diese Angst ist schlechthin bildend kraft des Glaubens, indem sie alle Endlichkeiten verzehrt, alle Täuschungen an ihnen entdeckt"[452]. Wer aber „durch die Angst gebildet wird, [d]er wird durch die Möglichkeit gebildet, und erst wer durch die Möglichkeit gebildet wird, wird gebildet nach seiner Unendlichkeit"[453]. Indem die Angst ganz auf die Möglichkeit des Könnens ausgerichtet ist, wird sie zum Wegbereiter für den Glauben, der in seiner inneren Gewissheit der Angst den Boden entzieht, indem er die Unendlichkeit vorwegnimmt. „Indem also das Individuum durch die Angst gebildet wird zum Glauben, wird die Angst eben das ausroden, was von ihr selbst erzeugt wird."[454] Die Angst bahnt den Weg zum Glauben und damit zu dem, was sie selbst überwindet, und deshalb ist sie „das kraft des Glaubens Erlösende"[455]. Sie ist das, was durch das überwunden wird, was sie selbst auslöst. Als Existenzmodus geht die Angst ja nicht nur der Sünde voraus, sondern auch dem Glauben. Sie realisiert sich im qualitativen Sprung in die Sünde, und sie realisiert sich in anderer Weise im qualitativen Sprung in den Glauben. Das erste resultiert im Leben des Sünders, das zweite im Leben des erlösten Sünders.

---

448 A. a. O., 127–134.
449 A. a. O., 163.
450 A. a. O., 150.
451 A. a. O., 149.
452 A. a. O., 161.
453 A. a. O., 162.
454 A. a. O., 166.
455 A. a. O., 161.

5. ANGST

Wie daher die Sünde im Lebensprozess durch die Erlösung überwunden wird, so wird die Angst als Existenzmodus durch den Glauben ab- und aufgelöst, durch den sich die Erlösung im Leben eines Individuums wirklich vollzieht und damit auch ihre Möglichkeit für dieses und jedes menschliche Leben erweist. Angst ist damit die existenzielle Erziehung zum Glauben, die ihr Ziel dann erreicht hat, wenn sie sich selbst überflüssig gemacht hat. Beide, Angst und Glaube, sind daher keine bestimmten Lebensphänomene neben und unter anderen, sondern existenzbezogen zu verstehen als Modi menschlicher Existenz vor Gott. Und zwar sind es die einzigen Modi dieser Existenz (man kann nicht neutral, also weder in der Angst noch im Glauben existieren), aber es sind auch Modi, die unverzichtbar realisiert werden (man kann nicht existieren, ohne ein Leben der Sünde oder ein Leben des Glauben zu führen).

10

Ein Leben des Glaubens gibt es nicht, ohne angstlos der Angst zu entsagen. Dieses Entsagen ist weniger ein Tun als vielmehr ein Mir-Geschehen, keine Leistung, sondern ein Widerfahrnis bzw. ein Geschenk. Wer im Glauben der Angst entsagt, lebt nicht mehr im Zustand der Schuld, aber auch nicht im Zustand einer imaginierten Unschuld, in dem der Geist nur träumend im Menschen anwesend ist, sondern im Zustand der Erlösung, der auf das schöpferische Wirken des Geistes zurückgeht. Der Zustand der Erlösung ist ein Geschenk, das sich nicht menschlicher Tätigkeit, sondern dem Geist verdankt, der durch sein Wirken das Ewige im Augenblick schöpferisch vergegenwärtigt, dadurch – als *creator spiritus* – die Existenz des Menschen vor dem Hintergrund des Nichts begründet (so dass der Mensch ist, obgleich er auch nicht sein könnte), ihn – als *spiritus salvans* – zur rechten Praxis der Freiheit befreit (so dass ein Mensch seine Freiheit recht gebraucht, ohne schuldig zu werden) und damit – als *spiritus vivificans et refrigerans* – ein Leben der Liebe im Glauben und Hoffen möglich macht (so dass Menschen einzeln und gemeinsam so leben können und wollen, wie es sich für die Nächsten Gottes gebührt).

Die ganze psychologische Analyse Kierkegaards ist daher ein Versuch, dem Wirken des Geistes im menschlichen Leben denkend nachzuspüren. Wo der Geist wirksam ist, kommt es zu der Synthese des Zeitlichen und des Ewigen, die der Mensch ist. Und nur wo sich Menschen als Ort dieses Geistwirkens verstehen, beginnen sie sich nicht nur als

Tiere unter Tieren, sondern im Vollsinn als Menschen zu begreifen, weil sie sich als den Ort erkennen, an dem und durch den Gottes Geist in Gottes Schöpfung wirkt. Die Auszeichnung des Menschen ist, dass er zum Ort der Gegenwart Gottes wird, und nur wo er dazu wird, wird seine existenzielle Angst überwunden. Denn wo das geschieht, wird das angstvolle Erschrecken vor der Möglichkeit des Könnens, an dem man scheitern kann, zur Dankbarkeit für die Möglichkeit eines geschenkten Könnens, das man sich nicht selbst erwerben kann, an dem man aber auch nicht scheitern kann, weil es die Möglichkeit einer Wirklichkeit ist, die man dem Wirken des Geistes verdankt. Damit ist diese geschenkte Möglichkeit aber so, dass man sie nicht falsch realisieren oder verfehlen kann, weil sie schon immer verwirklicht ist, und zwar von Gottes Geist und nicht vom fehlenden Menschen. Dadurch wird Menschen eine Existenz möglich, die das Leben gelassen als das sieht, was es ist: der Ort, an dem jeder für jeden zu dem werden kann, der ihn an die Gegenwart Gottes in seinem und jedem Leben erinnert.

Der anthropologische Realismus von Kierkegaards Analyse der existenziellen Rolle der Angst im menschlichen Leben trifft sich so mit dem theologischen Realismus der Sensibilität für das schöpferische Wirken des Geistes Gottes im Leben der Menschen. Die Welt und das Dasein der Menschen werden damit als Schöpfung erhellt, und im gleichen Zug werden zentrale Phänomene des menschlichen Lebens besser verständlich, als sie für sich betrachtet wären. Der Blick aus der Perspektive des Geistes deckt nicht nur die Schuld als Grundphänomen menschlicher Existenz auf, sondern macht zugleich deutlich, dass und wie diese existenzielle Grundbefindlichkeit des Menschen auf die Konkretisierung als Sünde im menschlichen Leben hin ausgerichtet ist. Damit zeigt Kierkegaard, wie man Beziehungen in der Schöpfung erhellen kann, wenn man sie im Licht der Beziehung des Schöpfers zum Geschöpf kritisch betrachtet und analysiert. Genau das ist die Pointe eines theologischen Realismus, der sich als anthropologischer Realismus vollzieht, weil er die Wirklichkeit menschlichen Lebens im Licht der Möglichkeiten erhellt, die ihm von Gottes wirksamer Gegenwart her zugespielt und zugeeignet werden.

6. Entfremdung:
Die existenzphilosophische Transformation
der Sünde

1

Kant transformiert das Sündenproblem in ein Problem der Ethik, indem er es am Leitfaden des moralischen Imperativs *Entscheide Dich für das Gute!* als die Verstrickung in das radikal Böse durchdenkt. Kierkegaard transformiert es in ein Problem der Existenz, indem er am Leitfaden des Imperativs *Existiere richtig!* die existenzielle Angst-Dynamik der Schuld als psychologische Voraussetzung und anthropologische Grundlage der Sünde beschreibt. Tillich führt das im Anschluss an Schelling und Hegel weiter, indem er Schuld existenzphilosophisch als *Entfremdung* fasst. Wir sind nicht das, was wir sein könnten und sollten. Und wir leben nicht so, wie wir leben müssten, wenn wir wären, was wir sein sollten. Wir müssen daher nicht nur unterscheiden zwischen dem, was wir sind, und dem, *dass* wir sind, sondern wir müssen das, was wir in Wirklichkeit sind, nicht mit dem verwechseln, was wir in Wahrheit sein könnten. Wir sind, aber wir leben nicht so, wie wir leben müssten, wenn wir in Wirklichkeit wären, was wir in Wahrheit sein könnten.

2

Auch Tillich beginnt mit einer Erklärung des Begriffs „Existenz". „Die ursprüngliche Bedeutung von ‚existieren' [...] ist ‚heraussstehen'."[456] „Wir stehen aus dem Nichtsein heraus."[457] Aber Nichtsein kann „in zweierlei Weise verstanden werden [...]: als *ouk on*, d. h. absolutes Nichtsein, und als *me on*, d. h. relatives Nichtsein."[458] Wer aus dem absoluten Nichtsein „heraussteht", der steht „gleichzeitig in beidem, dem Sein und dem Nichtsein"[459]. Dabei muss man allerdings unterscheiden: Was nicht ist, aber sein kann, hat „potentielles Sein" und befindet sich „im Stand relativen Nichtseins. Es ist Noch-nicht-Seiendes, aber es ist nicht nichts."[460] Seine Potentialität, seine „‚Macht zu sein' ist noch latent, sie ist noch nicht manifest geworden. [...] Um aktuell zu werden, muß es das relative

---

456 P. Tillich, Systematische Theologie, Band II, Stuttgart ⁴1972, 26.
457 Ebd.
458 Ebd.
459 Ebd.
460 Ebd.

Nichtsein, den Zustand des *me on* überwinden."⁴⁶¹ Auch als aktuelles Sein aber bleibt es potentiell, denn was wirklich ist, hört damit nicht auf, möglich zu sein. Existieren kann damit einerseits bedeuten, aus dem absoluten Nichtsein „herausstehen", also *endlich sein* (Einheit von Sein und Nichtsein). Und es kann andererseits bedeuten, aus dem relativen Nichtsein „herausstehen", also *wirklich sein* (Einheit von Potentialität und Aktualität).

Der Begriff der Existenz steht nun aber seit altersher im Kontrast zum Begriff der Essenz. *Dass* etwas ist, ist etwas anderes, als *was* es ist. Wer weiß, *was* etwas ist, weiß noch lange nicht, *ob* es ist, und wer weiß, *dass* etwas ist, weiß damit noch nicht, *was* es ist. Die Frage nach der Essenz und die Frage nach der Existenz sind verschiedene Fragen. Zwischen Existenz und Essenz besteht ontologisch und epistemologisch eine Differenz.

3

Man kann das von zwei Seiten her in Frage stellen. Der Existentialismus hinterfragt die Differenz, indem er die Essenz auf die Existenz zurückführt und von dort her zu verstehen sucht. So verfährt insbesondere der französische Existentialismus des 20. Jahrhunderts. Jean-Paul Sartre argumentiert, dass die Existenz der Essenz vorausgeht und von ihr her geschaffen wird. Der Mensch ist seine Existenz, weil es keinen Gott gibt, der ihm eine Essenz gegeben hätte. Was der Mensch ist, hat er selbst aus sich und haben andere aus ihm gemacht, und das ist nur möglich, sofern er existiert.

> „Der atheistische Existentialismus, für den ich stehe, [...] erklärt, dass, wenn Gott nicht existiert, es mindestens ein Wesen gibt, bei dem die Existenz der Essenz vorausgeht, ein Wesen, das existiert, bevor es durch irgendeinen Begriff definiert werden kann, und dass dieses Wesen der Mensch oder, wie Heidegger sagt, die menschliche Wirklichkeit ist. Was bedeutet hier, dass die Existenz der Essenz vorausgeht? Es bedeutet, dass der Mensch zuerst existiert, sich begegnet, in der Welt auftaucht und sich danach definiert."⁴⁶²

Nur wer da ist, kann etwas aus sich machen, aber wer da ist, kann auch nicht darauf verzichten, etwas aus sich zu machen.

---

461 A. a. O., 26–27.
462 J.-P. Sartre, Ist der Existentialismus ein Humanismus? Drei Essays, Frankfurt a. M. 1989, 11.

6. Entfremdung

Das geschieht schon lange, ehe es zu einer bewussten Entscheidung und eigenen Selbstwahl kommt.

> „Der Mensch ist zuerst ein Entwurf, der sich subjektiv lebt, anstatt nur ein Schaum zu sein oder eine Fäulnis oder ein Blumenkohl; nichts existiert diesem Entwurf vorweg, nichts ist im Himmel, und der Mensch wird zuerst das sein, was er zu sein geplant hat, nicht was er sein wollen wird. Denn was wir gewöhnlich unter Wollen verstehen, ist eine bewusste Entscheidung, die für die meisten unter uns dem nachfolgt, zu dem sie sich selbst gemacht haben. Ich kann mich einer Partei anschließen wollen, ein Buch schreiben, mich verheiraten, alles das ist nur Kundmachung einer ursprünglicheren, spontaneren Wahl als was man Willen nennt."[463]

Existieren heißt sich entwerfen, und sich entwerfen kann nur ein Da-Sein, „das nicht das ist, was es ist, und das das ist, was es nicht ist"[464]. Man kann daher nicht von einem Begriff des Wesens des Menschen auf das hin argumentieren, wie man leben müsste, um wirklich als Mensch zu leben. Jeder ist selbst verantwortlich für das, was er ist. Denn

> „wenn wirklich die Existenz der Essenz vorausgeht, so ist der Mensch verantwortlich für das, was er ist. Somit ist der erste Schritt des Existentialismus, jeden Menschen in den Besitz dessen, was er ist, zu bringen, und auf ihm die gänzliche Verantwortung für seine Existenz ruhen zu lassen. Und wenn wir sagen, dass der Mensch für sich selber verantwortlich ist, so wollen wir nicht sagen, dass der Mensch gerade eben nur für seine Individualität verantwortlich ist, sondern dass er verantwortlich ist für alle Menschen."[465]

Wer da ist, kann und muss sich selbst gestalten. Gibt es dafür Regeln oder Leitlinien? Für eine Rede von Verfehlung gibt es keinen Ansatzpunkt mehr, weil es keine prinzipiellen Vorgaben gibt, an die man sich halten müsste, sondern nur das, was man selbst setzt und akzeptiert. Allerdings gilt das für jeden, und damit steht jeder mit jedem im Streit um die Ressourcen, die er oder sie benötigt, um das aus sich zu machen, was man aus sich machen will und kann. Damit existiert man in einer Situation, die in vielem der ähnelt, von der Hobbes ausgegangen war. Weil es nicht alles im Überfluss gibt, sondern jeder mit jedem im Wettstreit liegt, können Menschen sich selbst nur verwirklichen, wenn sie zumindest dafür

---
463 A. a. O., 20.
464 J.-P. Sartre, Das Sein und das Nichts, Hamburg 1993, 191.
465 A. a. O., 325.

sorgen, dass sie ihr Dasein erhalten. Nur wer da ist, kann etwas aus sich machen, und da ist man nur so lange, als andere einem das Dasein nicht nehmen. Die für diese Form des Existentialismus entscheidende Frage ist daher nicht die nach dem Selbstmord, wie Camus es sah,[466] sondern die nach dem Überleben unter Bedingungen eines erbarmungslosen Kampfes um die beschränkten Ressourcen des Lebens. Dasein wird zum höchsten Gut. Denn ohne dieses geht gar nichts.

4

Der Essentialismus auf der anderen Seite ist der Versuch, die Differenz zwischen Existenz und Essenz zu überwinden, indem man die Existenz in die Essenz aufhebt oder einbezieht bzw. sie aus der Essenz ableitet und gewinnt. Das ist für Tillich am umfassendsten im System der Hegelschen Philosophie geschehen. Hegel stellte „das Nichtsein in das Zentrum seiner Dialektik" und machte methodisch nachvollziehbar, wie das Nichtsein im Prozess des Wissens in das Systems des absoluten Wissens integriert und damit überwunden wird.[467] Das Ganze ist das Wahre und das Wirkliche das Vernünftige. Existenz wird „als die logisch notwendige Folge der Essenz" deduziert, weil sich „die Essenz in der Existenz aktualisiert" und damit das Wirkliche (die Existenz) als Verwirklichung des Vernünftigen (der Essenz) zu begreifen ist. Die Folge ist, dass für Hegel die Welt „die Selbstverwirklichung des göttlichen Geistes" ist und die Existenz „Ausdruck der Essenz und nicht des Abfalls von ihr".[468]

Dagegen wandte sich die existentialistische Hegel-Kritik von Schelling, Schopenhauer, Kierkegaard und Marx. „Die Welt ist nicht versöhnt, weder im Individuum – wie Kierkegaard zeigt – noch in der Gesellschaft – wie Marx zeigt – noch im Leben als solchem – wie Schopenhauer und Nietzsche zeigen. Existenz ist Entfremdung und nicht Versöhnung."[469] Sie lässt sich nicht begrifflich in die Essenz aufheben noch aus ihr deduzieren. Sie hat ihre eigene Logik, ihre eigene Problematik, ihre eigenen Herausforderungen. Aber alle existentialistischen Entwürfe stimmen darüber überein, dass sie eine tief zerrissene, eine nicht versöhnte Welt

---

466 Vgl. A. Camus, Der Mythos des Sysiphos, übers. v. V. von Wroblewsky, Reinbek 2000.
467 Tillich, Systematische Theologie (s. Anm. 456), 30.
468 Ebd.
469 A. a. O., 31.

ist. Tillich beurteilt das aus christlicher Sicht: „Der Existentialismus hat den ‚alten Äon' beschrieben, nämlich die Situation des Menschen und seiner Welt im Zustand der Entfremdung."[470] Das Christentum dagegen behauptet, „daß Jesus der Christus ist" der ist, „von dem gesagt wird, daß er den ‚neuen Äon' bringt, die universale Erneuerung, die neue Wirklichkeit".[471] Die „alte Wirklichkeit ist nach den Aussagen der Propheten und Apokalyptiker der Zustand der Entfremdung des Menschen und seiner Welt von Gott. Die entfremdete Welt wird von den Strukturen des Bösen beherrscht, symbolisiert als dämonische Mächte. Sie beherrschen die Einzelseele, die Nationen und sogar die Natur. Sie erzeugen die Angst in all ihren Formen."[472] Eben diese Entfremdung wird durch den Messias überwunden, und diese Überwindung wird im Glauben an ihn im Leben der Menschen die alles verändernde neue Wirklichkeit.

Tillich hält also an der Differenz von Essenz und Existenz im Hinblick auf den Menschen fest, aber er versteht die Existenz nicht als Konkretisierung der Essenz des Menschen, sondern als Abfall von ihr. Das „Symbol des ‚Falls'" stellt für ihn den „Übergang von der Essenz zur Existenz" dar, ist also kein Kondensat einer historischen Erinnerung, sondern ein „Symbol für die universale menschliche Situation".[473] Die Genesisgeschichte ist „der tiefsinnigste und reichste Ausdruck für das Bewußtsein des Menschen um seine existentielle Entfremdung"[474]. Und es ist gerade der Kern des Menschen, seine Freiheit, in der seine Gottebenbildlichkeit besteht, die „die Möglichkeit des Falls schafft. Nur das Wesen, das Ebenbild Gottes ist, hat die Macht, sich von Gott zu trennen. Die Größe und die Schwäche des Menschen haben ein und dieselbe Wurzel. Selbst Gott kann die eine nicht ohne die andere aufheben. Hätte der Mensch diese Freiheit nicht erhalten, so wäre er ein Ding unter Dingen, unfähig, der göttlichen Ehre zu dienen, weder als Geretteter noch als Verdammter."[475] Ohne menschliche Freiheit kein Übergang von der Essenz zur Existenz und damit auch keine entfremdete menschliche Existenz.

---

470 A. a. O., 33.
471 Ebd.
472 Ebd.
473 A. a. O., 35.
474 A. a. O., 37–38.
475 A. a. O., 39.

Tillich folgt hier ganz der traditionellen Auffassung, dass Freiheit als Entscheidungsmacht zwischen dem Guten und dem Bösen verstanden werden muss und dass man das eine nicht haben kann, ohne das andere auch zu ermöglichen. Doch es ist theologisch abwegig, die Freiheit des Menschen darin zu sehen, dass er sich „von Gott zu trennen" vermag. Das Umgekehrte ist die Pointe der Rede von der Freiheit: Sie macht es möglich, sich Gott zuzuwenden, sich auf Gott zu verlassen und das Leben an Gottes Gegenwart auszurichten. Zu sagen, dass das die Möglichkeit der Abwendung voraussetzt, ist ein Irrtum. Denn das würde ein erlöstes Menschsein unmöglich machen, weil es nur ein faktisches Nicht-Sündigen sein könnte und nicht ein prinzipielles Nicht-mehr-Sündigen-Können und -Wollen. Man muss dann allerdings Freiheit anders denken als Tillich und die ganze augustinische Tradition es tun: nicht als die Macht, zwischen Gutem und Bösem zu wählen, sondern als Gabe, an Gottes Freiheit zu partizipieren, also an der Freiheit, die das Gute nicht nur wollen kann, sondern auch zu garantieren vermag, dass es wirklich wird, weil sie die Kontrolle über das hat, was sie tut, auslöst und anrichtet. Wir können das Beste wollen und tun, aber wir können nicht garantieren, dass es nicht üble Konsequenzen hat. Und wir mögen Übles tun und können nicht verhindern, dass es gute Konsequenzen haben kann. Allein Gott ist der, der Gutes nicht nur wollen und tun kann, sondern auch dafür einzustehen vermag, dass es Wirklichkeit wird. Wenn die menschliche Freiheit ernst genommen werden soll, dann darf sie nicht als Fähigkeit zum Abfall von Gott verstanden werden, sondern muss als die zugespielte Möglichkeit der Zuwendung zu und des Vertrauens auf Gott ausgelegt werden. Wir sind frei, nicht weil wir uns von Gott abwenden können, sondern weil Gott sich den Menschen so zuwendet, dass sie in dieser Zuwendung auf ihn hingewendet, von ihrem alten Leben der Entfremdung befreit und für ein neues Leben der Gemeinschaft mit Gott instand gesetzt werden.

5

Tillichs These, dass die „Freiheit zur Sünde" in der Entfremdung menschlicher Existenz von der Essenz des Menschen gründe, aber eben als solche untrennbar mit der Gottebenbildlichkeit des Menschen gesetzt sei,[476] erlaubt ihm, die traditionellen Deuteversuche der Sünde

---

476 A. a. O., 39.

zu rezipieren. Kierkegaards Figuren der träumenden Unschuld und der Angst werden von Tillich auf „den Zustand vor der Aktualität, vor der Existenz und vor der Geschichte" bezogen.[477] „Reine Potentialität (träumende Unschuld) ist nicht Vollkommenheit. Nur die bewußte Einheit von Existenz und Essenz ist Vollkommenheit. Gott ist vollkommen, weil er jenseits von Essenz und Existenz steht."[478] Ähnlich markiert Angst „die Erfahrung des Menschen, endlich zu sein – eine Mischung aus Sein und Nichtsein, stets bedroht durch absolutes Nichtsein"[479]. Diese Erfahrung und damit auch der Übergang von der Essenz zur Existenz sind ein universales Strukturmoment menschlicher Existenz, kein „Faktum neben anderen", sondern das, was „in jeder Wirklichkeit" wirklich ist.[480]

Damit stellt sich der Theologie eine doppelte Aufgabe. Einerseits muss sie „ausdrücklich darauf bestehen, daß der Mensch in seiner essentiellen Natur positiv bewertet wird"[481]. Andererseits muss sie „die existentielle Selbstentfremdung des Menschen" herausstellen, also „die tragische Universalität der Entfremdung und die persönliche Verantwortlichkeit des Menschen anerkennen".[482] Wenn „der Übergang von der Essenz zur Existenz" aber „kein Ereignis in Raum und Zeit ist, sondern die transhistorische Qualität aller Ereignisse in Raum und Zeit",[483] wie sind dann Schöpfung und Fall noch zu unterscheiden? Tillich versucht es mit Hilfe der Unterscheidung von Potentialität und Aktualität zu beantworten. „Die Schöpfung ist gut, aber sie ist reine Potentialität. Wird sie aktualisiert, so verfällt sie durch Freiheit und Schicksal der universalen Entfremdung."[484] Mit Kierkegaard besteht er darauf, dass die Aktualisierung dieser Potentialität nicht den Charakter „struktureller Notwendigkeit" hat, sondern im „Sprung von der Essenz zur Existenz" besteht.[485] Doch es bleibt unklar, wer hier springt. Klar bleibt nur: „Verwirklichte Schöpfung und entfremdete Existenz sind materialiter identisch."[486] Wirkliche Schöpfung ist per se gefallene Schöpfung.

---

477 A. a. O., 39–42.
478 A. a. O., 41.
479 Ebd.
480 A. a. O., 43.
481 A. a. O., 46.
482 Ebd.
483 A. a. O., 48.
484 A. a. O., 52.
485 Ebd.
486 Ebd.

Das aber heißt: „Der Zustand der Existenz ist der Zustand der Entfremdung. Der Mensch ist entfremdet vom Grund des Seins, von den anderen Wesen und von sich selbst. Der Übergang von der Essenz zur Existenz endet in persönlicher Schuld und universaler Tragik."[487] Die Entfremdung erfasst also alle Grundverhältnisse des Menschen, seine Beziehungen zu Gott, zu den anderen und zu sich selbst. In allen drei Dimensionen ist sie schuldhaft, also eine moralische Deformation. Aber die Folgen der Entfremdung in der Beziehung zu anderen und zu sich selbst in der Schöpfung lassen sich nur korrigieren, wenn man die Entfremdung in der Beziehung zu Gott, dem Grund des Seins, überwindet. Tillich zeigt das in drei Schritten.

6

Der erste ist der Aufweis, dass alle traditionellen Figuren der Sünde diesen Entfremdungszustand in verschiedenen Hinsichten charakterisieren. Entfremdung ist also nicht nur das theologische Interpretament der Sünde, sondern sie wird jetzt umgekehrt als das Interpretandum verstanden, das in der theologischen Tradition als Sünde, als Unglaube, als *hybris*, als Konkupiszenz, als Faktum und Akt, als individuelle und kollektive Entfremdung bestimmt und bedacht wurde.[488] Alle haben ihr Gewicht und ihre Pointe.

An der Rede von der Sünde ist wichtig, dass sie „den persönlichen Entscheidungscharakter der Entfremdung zum Ausdruck" bringt, also „die persönliche Freiheit und Schuld im Gegensatz zur tragischen Schuld und dem universalen Schicksal der Entfremdung" betont.[489]

Die Rede vom Unglauben dagegen bezieht sich auf den Zentralpunkt der Beziehung zu Gott: „Der menschliche Unglaube ist die Entfremdung von Gott. Das ist das religiöse Verständnis von Sünde – wie es von den Reformatoren neu entdeckt worden und im protestantischen Leben und Denken wieder verlorengegangen ist."[490]

Hybris meint „den universal menschlichen Zug der Selbstüberhebung"[491]. Sie ist „keine spezielle Charaktereigenschaft. Sie ist universal

---

487 Ebd.
488 Vgl. a. a. O., 52–68.
489 A. a. O., 54.
490 A. a. O., 56.
491 A. a. O., 59.

menschlich, sie kann in Akten der Bescheidenheit ebenso hervorbrechen wie in Akten des Stolzes." Sie ist die „geistliche Sünde" des Menschen, die „Abwendung vom göttlichen Zentrum" und die „Zuwendung zu sich selbst".[492]

Die Konkupiszenz ist „die unbegrenzte Sehnsucht, das Ganze der Wirklichkeit dem eigenen Selbst einzuverleiben"[493]. Sie manifestiert sich im „Drang des Menschen, sein Zentrum vom göttlichen Zentrum zu entfernen (Unglaube)", aber auch im anderen Drang, „sich selbst zum Zentrum seines Selbst und seiner Welt zu machen (*hybris*)"[494]. „Jeder einzelne hat, weil er geschieden ist vom Ganzen, den Wunsch, mit dem Ganzen wiedervereinigt zu werden. Seine ‚Armut' läßt ihn nach Überfluß suchen. (Das ist die Wurzel der Liebe in all ihren Formen)." Die Anspielung auf den Liebesmythos in Platons *Symposion* ist deutlich. Tillich legt die Konkupiszenz daher mit Hilfe von Freuds Lehre von der *libido* aus, betont aber, dass sie nicht mit dieser gleichzusetzen sei. „Die *Endlosigkeit* der *libido* ist ein Merkmal der menschlichen Entfremdung. Sie widerspricht seiner essentiellen oder geschaffenen Vollkommenheit. In der essentiellen Beziehung des Menschen zu sich selbst und zu seiner Welt ist *libido* nicht Konkupiszenz", also „die unendliche Begierde, das Universum in die partikulare Existenz hineinzuziehen, sondern sie ist ein Element der Liebe – geeint mit den anderen Qualitäten der Liebe: *eros, philia, agape*".[495]

Gegenüber der Tendenz zur Privatisierung und Moralisierung der Sünde betont Tillich die Unmöglichkeit, „Sünde als Faktum von Sünde als Akt zu trennen"[496]. „Sünde ist ein universales Faktum, noch bevor sie zu einem individuellen Akt wird, oder genauer gesagt: Sünde als individueller Akt aktualisiert das universale Faktum der Entfremdung."[497] Sie ist daher nie nur individuelle, sondern stets auch kollektive Entfremdung.[498] Allerdings: „Es gibt keine Kollektivschuld. Es gibt [aber] wohl das universale Schicksal der Menschheit, das in einer besonderen Grup-

---

492 A. a. O., 58–59.
493 A. a. O., 60.
494 Ebd.
495 A. a. O., 63.
496 A. a. O., 65.
497 Ebd.
498 A. a. O., 67.

pe zum besonderen Schicksal wird, ohne jedoch damit seine Universalität zu verlieren."[499]

Zusammengenommen belegen diese symbolischen Redeweisen, dass der Zustand der Entfremdung mit dem Gottes-Verlust auch zum Selbst-Verlust und Welt-Verlust führt.[500] Deshalb ist die Welt, in der wir leben, durch Tod, Endlichkeit und Schuld gekennzeichnet,[501] durch Ortlosigkeit im All,[502] durch Leiden und Einsamkeit,[503] durch Zweifel und Sinnlosigkeit.[504]

7

Damit aber, das ist der zweite Schritt, sind alle „Wege der Selbst-Erlösung" zum Scheitern verurteilt, „legalistische Wege" ebenso wie „asketische" oder „mystische Wege", aber auch „sakramentale, doktrinelle und emotionale Wege" in den kirchlichen Traditionen des Katholizismus, Protestantismus und Pietismus.[505] Sie alle sind falsche Religionspraktiken, denn „*Falsa religio* ist nicht mit speziellen historischen Religionen identisch, sondern mit den Versuchen der Selbst-Erlösung in jeder Religion, sogar im Christentum"[506].

Ist Erlösung damit aber eine universelle Notwendigkeit und Selbst-Erlösung eine universelle Unmöglichkeit, dann kann sie nur von anderswoher kommen. Das ist der dritte Schritt. „Das Verlangen nach einem Neuen Sein ist universal, weil die menschliche Entfremdung universal ist."[507] Aber ob man das Neue Sein „jenseits der Geschichte" sucht oder als „das Ziel *der Geschichte*" versteht, es ist nicht selbst zu bewerkstelligen.[508] Das zeigt sich im Judentum und Christentum in den zentralen Symbolen des „Messias" oder „Christus". Das Neue Sein wird nicht hervorgebracht durch die Überwindung des Alten, sondern das Neue Sein kommt und überwindet das Alte. „Im messianischen Denken

---

499 A. a. O., 68.
500 A. a. O., 69.
501 A. a. O., 76–78.
502 A. a. O., 79.
503 A. a. O., 80–82.
504 A. a. O., 82–84.
505 A. a. O., 89–96.
506 A. a. O., 96.
507 Ebd.
508 Ebd.

verlangt das Neue Sein nicht die Opferung des endlichen Seins; das Neue Sein bringt allem endlichen Sein Erfüllung, indem es seine Entfremdung überwindet."[509] Im Christentum dagegen wird behauptet, „daß das neue Sein in Jesus als dem Christus erschienen ist"[510]. Das aber ist im strengen Sinn paradox, also nicht irrational, absurd oder sinnlos, und auch nicht dialektisch zu verstehen. Es ist ein Paradox, weil es etwas als Wahrheit behauptet, was unter den Bedingungen, unter denen es auftritt, eigentlich nicht auftreten kann. „Das Paradox der christlichen Botschaft besteht darin, daß in *einem personhaften Leben das Bild wesenhaften Menschseins unter den Bedingungen der Existenz erschienen ist, ohne von ihnen überwältigt zu werden.*"[511] Unter den Bedingungen entfremdeter Existenz sei in Jesus Christus das Bild der Essenz des Menschseins nicht nur als Möglichkeit entworfen worden, sondern als Wirklichkeit aufgetreten. Paradox ist also nicht das Bild wahren Menschseins, sondern dass es im falschen Sein tatsächlich existiert habe.

Die christliche Botschaft ist daher nicht die Mitteilung, worin das wahre Wesen des Menschen besteht, sondern die Mitteilung, dass dieses wahre Wesen nicht nur eine Möglichkeit, sondern eine Wirklichkeit sei, weil es in Jesu Christus existiert habe. Die christliche Botschaft propagiert kein christliches Menschenbild, sondern sie ist eine Existenzmitteilung – eine Mitteilung, dass etwas Mögliches tatsächlich existiert und damit auch unsere Existenz betrifft und verändert: Es erweist unsere Existenz als entfremdete Existenz, indem es als „Neues Sein" unsere Existenz als das „Alte Sein" dekuvriert. Wir leben, wie wir nicht leben müssten, wenn wir lebten, wie wir leben könnten. Dass wir das können, können wir nicht an unserer eigenen Existenz ablesen, sondern allein an Jesus Christus. Er zeigt, dass es möglich ist, nicht entfremdet zu existieren, indem er es tut. Ist es aber dort wirklich, dann kann es auch bei uns wirklich sein. Und weil das, was wirklich sein kann, auch wirklich sein soll, kann und soll auch in unserem Leben die dreifache Entfremdung von Gott, von den anderen und von uns selbst überwunden werden, indem wir im Glauben an Christus – also an das, was Gott in und durch Christus für seine entfremdeten Geschöpfe getan hat und tut – unseren Unglauben, unsere *hybris,* unsere Konkupiszenz und unsere individu-

---

509 A. a. O., 98.
510 A. a. O., 100.
511 A. a. O., 104.

elle und kollektive Entfremdung Gott anheimstellen und ihn zurechtbringen lassen, was wir nicht zurechtbringen können. Der Weg der Erlösung ist kein Weg der Selbsterlösung, sondern der „Teilnahme am Neuen Sein (Wiedergeburt)"[512], der „Annahme des Neuen Seins (Rechtfertigung)"[513] und der Umwandlung durch das Neue Sein (Heiligung)"[514].

8

Niemand hat im 20. Jahrhundert eindrücklicher als Tillich den Denkansatz Kierkegaards theologisch aufgenommen und zur Geltung gebracht. Kierkegaards psychologische Transformation der Sünde in existentielle Schuld wird von Tillich wiederum theologisch transformiert in eine Auslegung der Sünde als existentielle Entfremdung. Sie ist exemplarisch für ein Phänomen, das in der Problemgeschichte der Sünde immer wieder auftritt: Eine theologische Beschreibung der menschlichen Situation wird in eine nicht-theologische Analyse überführt, die an der Situation der Menschen deutlich zu machen vermag, was vorher so nicht gesagt und erkannt werden konnte, und damit ihrerseits den Weg dafür bahnt, auch in der Theologie auf neue Weise von der Sünde zu reden.

Diese Dialektik ist der Motor der theologischen Auseinandersetzung mit der Sündenthematik in der Spätmoderne. Nur als theologische Mitteilung findet sie kein Gehör mehr. Erst wenn sie durch die Negation der nichttheologischen Transformation geht, kann es eine theologische Reformulierung geben, die wieder auf Gehör zu stoßen vermag, weil sie von dem spricht, wovon auch in nichtchristlichen und nichttheologischen Diskursen vom Menschen gesprochen wird. Denn durch diese dialektische Bewegung wird klar, dass das Christentum nicht von einer Phantasiewelt, sondern vom realen Leben der hier und jetzt existierenden Menschen spricht. Was sie von diesen sagt, kann von jedem im eigenen Leben nachvollzogen und nachbuchstabiert werden, der willens ist, sich auf diesen anderen Blick einzulassen. Das Christentum beschreibt keine virtuelle Realität, sondern vertritt einen anthropologischen Realismus, der die Augen nicht vor dem verschließt, wie wir wirklich sind, sondern kritisch aufdeckt, worin die Wirklichkeit der *con-*

---

512 A. a. O., 189.
513 A. a. O., 190.
514 A. a. O., 193.

ditio humana besteht, indem er sie im Licht des Wirkens Gottes betrachtet. Wer so auf das menschliche Leben sieht, sieht mehr, weil er nicht ausblendet, dass unser wirkliches Leben nicht so ist, wie es als wahres Leben vor Gott sein könnte und sollte. Er bekommt einen geschärften Blick für das, was abzubauen und was aufzubauen ist, was beendigt werden muss oder der Erneuerung und Verbesserung bedarf, nicht nur im individuellen Leben, sondern auch im gesellschaftlichen, politischen, ökonomischen und kulturellen Leben (strukturelle Sünde). Denn er weiß zu unterscheiden zwischen dem, was wir selbst tun können und müssen, und dem, was wir nicht tun können oder nicht mehr zu tun brauchen, weil Gott es richtet. Und er weiß, dass nicht unser Bemühen garantiert, dass das Gute gelingt, sondern dass wir bei allem Bemühen immer darauf angewiesen bleiben, dass Gott die üblen Folgen unserer gut gemeinten Taten eindämmt und das Übel, das wir anrichten, durch das Gute, das er daraus entstehen lässt, überwindet.

Nicht Moral ist deshalb die Grundhaltung eines menschlichen Lebens, sondern Gottvertrauen. Moral ohne Gottvertrauen hat kein Rezept gegen Verzweiflung, Enttäuschung und Entfremdung. Wird sie Moralismus, endet sie in Enttäuschung, und verzweifelt sie an sich selbst, wird sie Nihilismus. Beides findet ständig statt. Gottvertrauen dagegen weiß, dass wir moralisch von anderen nicht mehr erwarten können als von uns. Weil wir von uns aber moralisch alles erwarten müssen und fast nichts erwarten können, können wir nur zukunftsgewiss leben und trotz aller gegenteiligen Erfahrungen auf die Möglichkeit des Guten hoffen, wenn wir unsere Hoffnung nicht auf uns setzen, sondern auf Gott. Ohne diese Wirklichkeit des Möglichen gibt die Wirklichkeit, in der wir leben und für die wir durch unser Leben mitverantwortlich sind, wenig Anlass zur Hoffnung. Das sollte man realistischerweise zugeben. Und deshalb ist es zwar riskant, aber realistisch, auf Gott zu hoffen.

7. DASEINSSCHULD:
DIE PHÄNOMENOLOGISCHE TRANSFORMATION
DER SÜNDE

1

Tillich hat die Existenzanalyse Kierkegaards in die Theologie einbezogen und damit die psychologische Angstanalyse für die theologische Sündenlehre fruchtbar gemacht. Heidegger geht den umgekehrten Weg und transformiert Kierkegaards Angstanalyse nicht theologisch, sondern phänomenologisch in eine philosophische Analyse der Daseinsschuld. Auch er folgt der Unterscheidung zwischen existenziellem und begrifflichem Denken, indem er die klassische begriffsbasierte Metaphysik zurückweist und durch eine existentiale Daseinsanalytik zu ersetzen sucht. Das Dasein ist nicht in kategorialen Begriffen zu fassen, weil diese immer nur Möglichkeiten verknüpfen und erhellen können, sondern es verlangt nach einer existentialen Analyse der Strukturen, die alles Existieren als wirkliches Existieren charakterisieren. Nicht nur das, was etwas ist, exemplifiziert allgemeine Seinsstrukturen, die sich in kategorialen Bestimmungen fassen lassen, sondern auch das, *dass* es ist, nötigt dazu, allgemeine Existenzstrukturen zu erheben, die alles Wirklichsein charakterisieren und sich in phänomenologischer Beschreibung thematisieren lassen.

Heidegger versucht das, indem er in seinem philosophischen Denken konsequent von begrifflichen Beschreibungen von möglichen Sachverhalten auf indexikalische Charakterisierungen existierender Wirklichkeiten umstellt. Und er versucht das methodisch nachvollziehbar dadurch zu leisten, dass er das menschliche Dasein als den methodisch privilegierten Fall wirklicher Existenz versteht, weil es in der Analyse der Strukturen seines eigenen Daseins in der Zeit die Existentialstrukturen zu erhellen vermag, die alles Sein in der Zeit charakterisieren. Nicht kategoriale Begriffe (kategoriale Urteile) und transzendentale Bestimmungen (Sein, Einssein, Wahrsein, Gutsein, Schönsein) wie in der metaphysischen Tradition, sondern existentiale Strukturen (Existentialien) stehen daher im Zentrum seines phänomenologischen Denkens. Für ihn besteht die Seinsvergessenheit der traditionellen Metaphysik gerade darin, dass sie ganz auf begriffliche Wesensanalyse und subjekttheoretische Bewusstseinsanalyse gesetzt hat, ohne den Indexausdrücken unserer Aussagen (hier, da, dort, jetzt, dann, ich, du, wir) und damit den

Existenzstrukturen unseres Daseins die gebührende Aufmerksamkeit zu schenken. Auf diese Weise hat sie nie das erreicht, was sie wollte: Eine wahrheitsfähige Beschreibung nicht nur irgendeiner möglichen, sondern dieser wirklichen Welt zu geben, in der wir Menschen faktisch leben und existieren. Die Strukturen dieser wirklichen Welt aber sind die Strukturen unserer Existenz, und umgekehrt. Denn existieren heißt, In-der-Welt-Sein, und in der Welt kann man nicht sein, ohne in Raum und Zeit und damit unter Bedingungen endlicher Existenz zu sein. Wer in der Welt lebt, existiert endlich, denn er wird dem Tod nicht entgehen. Diese Strukturen stehen nicht zur Disposition und wir können uns nicht wählend zu ihnen verhalten. Alles Entscheiden und Wählen findet vielmehr unter ihrer Voraussetzung und unter ihren Bedingungen statt. Wir können daher leben, indem wir uns an der Bedingtheit dieser Existentialstrukturen orientieren oder indem wir sie ignorieren. Das Letzte können wir nur, wenn wir in uneigentlichem Sinn leben, denn auch wenn wir es nicht beachten, leben wir in der Welt als endliche Wesen auf den Tod hin. Nicht ethische Wahl, sondern ontologische Entschiedenheit ist die Grundgegebenheit unserer Existenz. Ehe wir etwas entscheiden können, müssen wir da sein, und wenn wir da sind, sind wir so da, dass die Grundlinien dessen, was wir tun und lassen können, schon entschieden sind.

2

Heidegger folgt daher Kierkegaard, wenn er Sünde als Schuld und nicht als Schuld*gefühl* oder Schuld*bewusstsein* thematisiert, aber Sünde und Schuld auch nicht gleichsetzt. „Der Begriff der Sünde wird nicht einfach auf dem der Schuld aufgebaut. Gleichwohl ist dieser in einer Hinsicht bestimmend, und zwar formal in der Weise, daß er den ontologischen Charakter der Seinsregion anzeigt, in der sich der Begriff der Sünde als Existenzbegriff notwendigerweise halten muß."[515] Schuld ist das philosophische Pendant der Sünde, dass deren konkrete Gestalt formal vorbereitet, insofern es den Seinsbereich anzeigt, in dem der Sündenbegriff fungiert. Wie Kierkegaard die Angst als psychologisches Grundphänomen der Sünde entwickelt hat, so entwickelt Heidegger die Schuld als philosophisches Grundphänomen der Sünde.

---

515 M. Heidegger, Phänomenologie und Theologie, Frankfurt a. M., 1970, 31.

Dabei geht es nicht um ein moralisches Phänomen, sondern um die existentiale Bedingung der Möglichkeit, faktisch schuldig zu werden und moralische Schuld auf sich zu laden.[516] Diese Möglichkeit ist für Heidegger nicht so, dass man sie haben oder nicht haben kann. Nur wer da ist, kann schuldig sein, und wer da ist, ist schuldig. „Das Dasein ist als solches schuldig."[517] Denn das „Sein des Daseins ist die Sorge"[518]. Ins Sein geworfen entwirft es sich auf die Möglichkeiten hin, „in die es geworfen ist"[519]. Aber diese vermag es nie vollständig zu verwirklichen, vielmehr „bleibt das Dasein ständig hinter seinen Möglichkeiten zurück", weil es „des eigensten Seins von Grund auf *nie* mächtig sein" kann.[520] Es hat nie Macht über seine Möglichkeiten, weil es nicht Macht über seinen eigenen Grund, sein Geworfensein in das Dasein hat, und damit auch nicht bestimmen kann, welche Möglichkeiten seine Möglichkeiten sind. Stets kann es nur einige der ihm gegebenen Möglichkeiten verwirklichen, eben damit aber andere nicht. „[S]einkönnend steht es je in der einen oder anderen Möglichkeit, ständig ist es eine andere *nicht* und hat sich ihrer im existenziellen Entwurf begeben."[521]

Ebendas enthüllt das Sein des Daseins als Sorge. Immer schon ist es sich vorweg,[522] immer schon ist es als „Sich-vorweg-sein" ein „Sich-vorweg-schon-sein-in-(der-Welt-) als Sein-bei (innerweltlich begegnendem Seienden)"[523] und als solches Sorge in Gestalt des Besorgens „bei dem Zuhandenen" und als Fürsorge „mit dem innerweltlich begegnenden Mitdasein Anderer"[524]. Diese Sorge aber ist in beiden Gestalten nicht nur durch die Möglichkeiten bestimmt, auf die hin man sich entwirft, sondern auch durch die, deren man sich durch seinen Entwurf und die eigene Wahl begeben hat. Daseiend hat man Verantwortung nicht nur für

---

516 Vgl. A. Wulff, Die Existenziale Schuld. Der fundamentalontologische Schuldbegriff Martin Heideggers und seine Bedeutung für das Strafrecht, Berlin 2008, 179–204; M. Schmidt, Ekstatische Transzendenz. Ludwig Binswangers Phänomenologie der Liebe und die Aufdeckung der sozialontologischen Defizite in Heideggers „Sein und Zeit", Würzburg 2005.
517 M. Heidegger, Sein und Zeit [1927], Tübingen ¹⁸2001, 285.
518 A. a. O., 284.
519 Ebd.
520 Ebd.
521 A. a. O., 285.
522 A. a. O., 191.
523 A. a. O., 192.
524 A. a. O., 193.

das, was man zu sein sucht, sondern auch für das, was man damit nicht zu sein sucht. Deshalb ist „[d]ie Sorge selbst [...] in ihrem Wesen durch und durch von Nichtigkeit durchsetzt" und eben deshalb auch das Dasein als solches schuldig.⁵²⁵ „Seiendes, dessen Sein Sorge ist, kann sich nicht nur mit faktischer Schuld beladen," wie Heidegger betont, „sondern *ist* im Grunde seines Seins schuldig, welches Schuldigsein allererst die ontologische Bedingung dafür gibt, daß das Dasein faktisch existierend schuldig werden kann. Dieses wesenhafte Schuldigsein ist gleichursprünglich die existenzielle Bedingung der Möglichkeit für das ‚moralisch' Gute und Böse"⁵²⁶. Und Heidegger schließt: „Ursprünglicher als jedes *Wissen* darum ist das Schuldig*sein*."⁵² Nicht unser Wissen macht uns schuldig, sondern wir können nur wissen, dass wir schuldig sind, wenn und weil wir es vorlaufend *sind.* Der Ruf des Gewissens ist kein Weckruf der Schuld, sondern deckt auf, dass man „schuldig ist".⁵²⁸

3
Was mit „Schuld" in diesem Zusammenhang gemeint wird, ist allerdings erläuterungsbedürftig. Heidegger geht von der Alltagsrede aus, die „‚Schuldigsein' zunächst im Sinne von ‚schulden', ‚bei einem etwas im Brett haben'" versteht.⁵²⁹ Wer Schulden hat, kann „dem Besitzanspruch der Anderen in irgendeiner Weise nicht genügen"⁵³⁰. Weiter heißt Schuldigsein „Ursache-, Urhebersein von etwas oder auch ‚Veranlassungsein' für etwas", also „schuld sein an".⁵³¹ Man kann aber nicht nur im vulgären Sinn „‚Schulden haben bei ...' und ‚Schuld haben an ...'",

---

525 A. a. O., 285.
526 A. a. O., 286.
527 Ebd.
528 A. a. O., 287.
529 A. a. O., 281-282. Gion Condrau in G. Condrau/F. Böckle, Schuld und Sünde, in: Christlicher Glaube in Moderner Gesellschaft, Bd.12, Freiburg/Basel/Wien 1981, 112, präzisiert: „Das Wort [Schuld] stammt vom althochdeutschen sculd oder scult und bedeutet ‚Verpflichtung, was man soll oder schuldig ist', somit etwas, das mangelt oder fehlt, aber nicht einfach verloren ist. ‚Ich schulde' bedeutet eigentlich, ‚ich bin verpflichtet'." Vgl. G. Condrau, Angst und Schuld als Grundprobleme der Psychotherapie. Philosophische und pychotherapeutische Betrachtungen zu Grundfragen menschlicher Existenz, Frankfurt a. M. ²1976; Ders., Angst und Schuld im menschlichen Dasein, Wege zum Menschen 18 (1966), 65-73.
530 Heidegger, Sein und Zeit (s. Anm. 517), 281.
531 A. a. O., 28.

sondern auch „sich schuldig machen" im Sinne eines „Schuldigwerdens an Anderen", nicht nur durch eine „Rechtsverletzung als solche, sondern dadurch, daß ich Schuld habe daran, daß der Andere in seiner Existenz gefährdet, irregeleitet oder gar gebrochen wird".[532] Im Reden von Schuldigsein laufen also mindestens drei Bedeutungslinien zusammen: Wer jemandem etwas schuldig ist, hat diesem gegenüber eine Verpflichtung (*debitum*), wer schuld für etwas ist, ist der Verursacher einer Wirkung (*causa*), wer sich schuldig gemacht hat, hat gegen Recht und Ordnung verstoßen (*delictum*), und wer schuldig ist, verdient Strafe (*culpa*).

All diese Verständnisse von Schuld sind aber nicht grundlegend, sondern ihrerseits abkünftig von dem, was Heidegger herauszuarbeiten sucht: „Das Schuldigsein resultiert nicht erst aus einer Verschuldung, sondern umgekehrt: diese wird erst möglich ‚auf Grund' eines ursprünglichen Schuldigseins" – eben des existentialen Schuldigseins des Daseins als solchen. Wer da ist, ist schuldig, weil er nicht Macht hat über seine Möglichkeiten, sondern zwischen ihnen entscheiden muss und sich dabei stets schuldig macht, indem er mit der Wahl der einen Möglichkeiten andere nicht wählt. Ehe Schuldigsein ein moralischer Sachverhalt und ein existenzielles Phänomen sein kann, ist es zunächst und vor allem ein Existential des Daseins. Wir sind schuldig, weil wir da sind. Und nur weil wir existential schuldig sind, können wir existenziell schuldig werden.

Heidegger erklärt den existentialen Schuldcharakter des Daseins im Rekurs auf die kontingenten Möglichkeiten, in die man im Dasein geworfen ist, ohne über sie Macht zu haben, und zwischen denen man sich entscheiden muss, ohne allen gerecht werden zu können. Seine ganze Argumentation spiegelt die Nähe zu Kierkegaards Angstanalyse. War diese existenzpsychologisch als Erschrecken angesichts der bloßen Möglichkeit zu können entfaltet worden, so beschreibt Heidegger die Schuld existenzphänomenologisch als Resultat des unvermeidlichen Scheiterns der Sorge an den Möglichkeiten, die dem Dasein gegeben sind. Dass wir die Möglichkeit haben zu können, macht Angst (Kierkegaard). Dass wir den Möglichkeiten, die wir haben, nicht gerecht werden können, macht schuldig (Heidegger). Beide Analysen umkreisen das-

---

[532] Ebd.

selbe Grundphänomen: dass wir als endliche Wesen nicht Macht über das uns Mögliche haben, aber auch nicht vermeiden können, uns dazu unterscheidend zu verhalten. Wir können nur im Rahmen der uns zugespielten Möglichkeiten leben. Wir müssen zwischen dem uns Möglichen entscheiden, aber wir können nicht entscheiden, uns nicht zu entscheiden, und wir können nicht entscheiden, welche Möglichkeiten uns gegeben sind und welche nicht. Unser Entscheiden findet unter Bedingungen statt, auf die wir keinen Einfluss haben. Unsere Existenz hat die Tiefenstruktur einer unaufhebbaren Passivität, und alle Aktivität im Leben ist durch diese Passivität bedingt.

4

Heidegger sieht die Differenz dieser beiden Momente, zieht sie aber in den Gedanken eines komplexen „Nicht nur-Sondern auch" zusammen: „Der Entwurf ist nicht nur als je geworfener durch die Nichtigkeit des Grundseins bestimmt, sondern *als Entwurf* selbst wesenhaft *nichtig*."[533] Wir haben nicht nur keine Macht über die Möglichkeiten der Situation, in die hinein wir geworfen sind, wir können auch nicht verhindern, mit der Wahl einiger dieser Möglichkeiten andere zu verwerfen. Selbst im Tod, der einzigen Möglichkeit, die jeder verwirklichen wird, weil niemand sie nicht verwirklichen kann, bleibt vieles offen, was möglich gewesen wäre. Nie sind wir die, die wir hätten sein können, sondern wir sind immer nur einiges von dem, was überhaupt möglich ist, und wir sind auch nur einiges von dem, was uns möglich ist, weil wir vieles nicht sind, was wir auch oder an seiner Stelle hätten sein können, und das, was wir sind, nicht in der Vollkommenheit sind, in der man es hätte sein können. Wir sind endliches und nicht unendliches Dasein, und wir leben unser endliches Dasein auf unvollkommene und nicht auf vollkommene Weise. Wir können immer nur einiges und nicht alles Mögliche sein, und wir können das uns Mögliche nie vollkommen sein. Wir bleiben vielmehr in beiden Hinsichten hinter dem zurück, was möglich wäre, weil wir weder Macht über das überhaupt Mögliche haben noch Macht über das uns Mögliche.

Doch damit wird eine Differenz überspielt, die nicht überspielt werden sollte. Theologisch lässt sich das präziser sagen. Das erste

---

[533] A. a. O., 285.

Moment ist die Grundpassivität des Geschaffenseins: Unser Dasein ist nicht das Ergebnis unserer Entscheidung für das Sein und gegen das Nichtsein, sondern ein Gesetztsein, an dem wir selbst schlechterdings nicht aktiv beteiligt sind, sondern von dem wir nur rein passiv betroffen sind. Als Dasein zu leben aber vollzieht sich im Unterscheiden von Möglichkeiten, von denen die einen verwirklicht und die anderen nicht verwirklicht werden. Nicht für alle ist dasselbe möglich, aber für jeden ist einiges möglich, von dem er nicht alles verwirklichen kann. Schuldig werden im Sinne der Sünde kann man nur in der zweiten, nicht in der ersten Hinsicht. Dass wir nicht vollkommen, sondern endlich sind, ist keine Schuld, die aus unserer Freiheit resultierte, sondern die Ermöglichung all unserer Freiheit. Geschaffen zu sein, ist keine Verstrickung in Schuld, sondern eine Befreiung zur Freiheit. Wir sind verantwortlich dafür, wie wir leben, wir sind aber nicht verantwortlich dafür, dass wir sind. Unser Dasein kann uns nicht als Tat zugerechnet werden, sondern ist die Voraussetzung dafür, dass wir Taten vollziehen und uns schuldig machen können.

Die einzige „Schuld", die mit unserem Dasein gesetzt ist, ist die, dass wir nicht umhinkönnen, für unsere eigenen Entscheidungen Verantwortung zu übernehmen, weil wir das aufgrund unseres Daseins können und müssen. Dazu gehört, zwischen dem zu unterscheiden, was wir verantworten müssen und können, und dem, was wir nicht verantworten können und müssen. Wir können nicht verantworten, *dass* wir existieren, sondern nur, *wie* wir existieren und *wie* wir leben. Denn wir können nicht leben, ohne uns faktisch zum Gesetztsein unseres Daseins zu verhalten, also anzuerkennen, dass wir uns nicht selbst ins Dasein gebracht haben, oder das zu ignorieren oder zu bestreiten. Wir sind nicht verantwortlich dafür, dass wir sind, aber sehr wohl dafür, wie wir leben, weil wir aufgrund unseres Daseins für unser Sosein zumindest mitverantwortlich sind. Und wir verfehlen eine entscheidende Pointe unseres Daseins, wenn wir so leben, dass wir dem von uns nicht zu verantwortenden Gesetztsein unseres Daseins keine Rechnung tragen.

Theologisch formuliert: Geschaffensein ist die existentiale Bedingung der Möglichkeit für die Sünde, weil im Geschaffensein eine Schuldigkeit gegenüber dem Schöpfer angelegt ist, der man nachkommen oder die man verfehlen kann, und weil es unvermeidlich ist, diese Schuldigkeit konkret im Leben zu übernehmen und entweder das eine oder das andere zu tun. Als Geschöpfe haben Menschen die Möglichkeit, in Übereinstimmung mit oder im Widerspruch zu ihrer Geschöpflichkeit zu leben, und sie können sich der Verantwortung nicht entziehen, entweder das eine oder das andere zu tun – als Gottes Geschöpfe zu leben oder eben nicht. Geschöpfe sind also nicht als solche Sünder, sondern Geschöpf zu sein, ist die Bedingung der Möglichkeit dafür, Sünder zu werden, wenn man ignoriert oder bestreitet, dass man Geschöpf ist. Wir sind, aber wir haben uns nicht selbst gemacht, darum können wir nur werden, was wir sind, wenn wir nicht so leben, wie wir wollen, sondern als die, die wir sind.

5

Sich im Vollzug seines Lebens daran zu orientieren, dass man sein Dasein nicht sich selbst, sondern Gott verdankt, heißt aber nicht, dass man nicht moralisch, sondern religiös zu leben hätte. So wenig Sünde ein Verstoß gegen einen Moralkodex ist, sondern in einer Fehleinstellung des Geschöpfs zum Schöpfer und zu dessen Beziehung zum Geschöpf besteht, so wenig ist die Überwindung der Sünde eine moralische Neuorientierung, sondern eine Ausrichtung an dem, dem man sein Dasein verdankt. Jeder muss moralisch der Pflicht genügen, zu der einen das Gewissen ruft. Aber das Gewissen ist nicht die moralische Letztinstanz, sondern steht selbst unter der Forderung, sich an der grundlegenden Passivität zu orientieren, die das Dasein auszeichnet. Das „Bewußtsein oder Gefühl, gegenüber seinem Selbst etwas schuldig geblieben zu sein, hinter seinen Möglichkeiten zurückzubleiben, nicht mit sich in Übereinstimmung zu leben", ist nicht als solches schon Ausdruck der Sen-sibilität für die Gegenwart Gottes.[534] Dieses Gefühl kann mit unterschiedlichen Wertorientierungen verbunden sein, die miteinander unvereinbar sein können. Nicht genug geleistet und vieles versäumt zu haben, ist ein universales anthropologisches Phänomen. Das wird auch dadurch nicht anders, dass man ein bestimmtes endliches Ziel moralisch so verabsolutiert, dass es für einen selbst und für andere zum moralischen Letztziel wird, dem jeder entsprechen und für das sich jeder einsetzen sollte.

---

534 F. Böckle in G. Condrau/F. Böckle, Schuld und Sünde (s. Anm. 529), 118.

„Jedes verabsolutierte Ziel, mag es noch so wertvoll sein, zwingt uns, alles, was es sonst noch gibt, als Mittel zum Zweck zu verdinglichen. Eine letztverbindliche Orientierung an dem unbedingt-unendlichen Gott dagegen erniedrigt und beeinträchtigt niemanden. Sie konkurriert mit nichts, sie schließt keinen Wert der Welt aus. Sie läßt Menschen und Dinge, Begebenheiten und Projekte an die rechte Stelle rücken; sie verleiht allem die richtige und gerechte Perspektive."[535]

Die Orientierung an Gott tut das, weil sie die Beziehungen in der Schöpfung nicht mit den Beziehungen zwischen Schöpfer und Schöpfung verwechselt, Gottes Gegenwart also nicht zur Gegenwart von Geschaffenem verkehrt. Sie ist vielmehr gerade dadurch rechte Orientierung im Leben, dass sie zwischen Beziehungen zur Gegenwart des Schöpfers und zur Gegenwart von Geschöpfen unterscheidet, sich also in der Gestaltung ihrer Lebensvollzüge an der Unterscheidung zwischen Schöpfer und Geschöpf und damit an der Grunddifferenz zwischen Gottes Gegenwart und allem anderen orientiert.

Die Orientierung an Gottes Gegenwart ist keine Orientierung neben oder unter anderen, sondern richtet das Leben an dem aus, ohne den es kein Leben gäbe. Sünde besteht darin, sein Leben nicht so an Gott auszurichten, sondern sich stattdessen an anderem zu orientieren, sei es neben oder unter anderem, sei es auf absolute Weise. Ein verabsolutierter religiöser Partikularismus ist nicht besser als ein religiöser Pluralismus. In beiden Fällen begnügt man sich damit, sich im Horizont des Geschaffenen zu orientieren. Damit verdeckt man den Sündencharakter dieser Haltung, und damit verspielt man den Ernst der Schuldfrage, vor die das Dasein stellt. Denn nicht, dass wir vieles von dem nicht werden, was wir sein könnten, ist die existenzielle Last eines Lebens, so belastend es für den Einzelnen auch sein mag, sondern dass wir die Wahl unserer Lebensmöglichkeiten nicht an der Gegenwart dessen ausrichten, dem wir sie verdanken. Kein Mensch kann alles sein, was er sein könnte, aber jeder Mensch könnte so leben, dass er sich an Gottes Gegenwart orientiert, der sich seine Möglichkeiten verdanken. Man ist nicht Sünder, weil man nicht wurde, was man hätte sein können, sondern weil man nicht leben will, wie man könnte: als Gottes Geschöpf in der Gegenwart des Schöpfers.

---

535 Ebd.

8. Scham:
Die kulturanthropologische Transformation der Sünde

1

Doch geht es bei der Sünde wirklich um Schuld und nicht primär um etwas anderes? Wie die Genesisgeschichte erzählt, besteht die erste Folge des Verstoßes gegen den Willen Gottes nicht in einem schlechten Gewissen, sondern darin, dass Adam und Eva Scham über ihre Nacktheit empfinden. „Da gingen beiden die Augen auf und sie erkannten, dass sie nackt waren. Sie hefteten Feigenblätter zusammen und machten sich einen Schurz." (Gen 3,7) Dieses Bedecken ihrer Geschlechtsteile ist kein Zeichen plötzlich erwachter Tugendhaftigkeit, die sich als Schamhaftigkeit äußert. Sie schämen sich. Wer sich schämt, bangt um sein Ansehen, seine Ehre, seine soziale Reputation. Scham ist das peinigende Gefühl, das auftritt, wenn etwas öffentlich wird, was nicht öffentlich sein sollte, bzw. etwas geschieht, was nicht hätte geschehen dürfen, und damit eine für die betroffene Person peinliche Situation entsteht.

Die Fähigkeit, Scham zu empfinden, kennzeichnet die Menschen. Sie ist vielleicht sogar exklusiv menschlich. Anders als Angst oder Wut kennzeichnet sie den Menschen aber nicht immer schon, weder phylogenetisch noch ontogenetisch, sondern sie wird erworben, wenn man sich seiner selbst als Mitglied einer Gruppe oder Gemeinschaft bewusst wird. Scham ist ein zentraler Mechanismus, um den Zusammenhalt und die Zusammenarbeit in Gruppen zu etablieren und aufrechtzuerhalten.[536] Wer keine Scham empfindet, bei dem kann man sich nicht darauf verlassen, dass er sich an die geltenden Regeln hält. Wem nichts peinlich ist, dem fällt es leichter, bestehende Normen zu ignorieren und konventionelle Grenzen des Geschmacks und des Verhaltens nicht einzuhalten. Schamlosigkeit ist Kennzeichen derer, die sich um den sozialen Zusammenhalt einer Gruppe nicht scheren. Sie kümmern sich nicht darum, Regeln zu verletzen, und sie geben den anderen Mitgliedern der Gruppe zu erkennen, dass sie ihre individuellen Vorlieben für das Gemeinsame nicht hintanstellen werden.

---

536 Vgl. D. Fessler, Shame in two cultures: Implications for evolutionary approaches, Journal of Cognition and Culture 4 (2004), 207–262.

Scham ist kein Schuldgefühl, sondern ein Gefühl der sozialen Bloßstellung. Dieses Gefühl gehört nicht zum Bereich rechtlicher Regelungen, sondern zum Bereich sozialer Erwartungen im gesellschaftlichen Zusammenleben. Seine Leitdifferenz ist die zwischen Privatem und Öffentlichem, zwischen Intimsphäre und gesellschaftlicher Öffentlichkeit, und es tritt auf, wenn aufgedeckt wird bzw. man meint, es sei aufgedeckt, dass man den geltenden sozialen Erwartungen nicht gerecht geworden ist. Schuld entsteht, wenn man gegen eine geltende Moral- oder Rechtsnorm verstößt, Scham dagegen, wenn man einer sozialen Erwartung nicht genügt.

Beides folgt sehr unterschiedlichen Logiken. Man kann schuldig sein, ohne diese Schuld zu empfinden: Schuld lässt sich nicht auf Schuldgefühl reduzieren, sondern ein Schuldgefühl ist nur angemessen, wenn eine entsprechende Schuld vorliegt. Scham dagegen gibt es nicht, wenn man sie nicht empfindet. Man kann gegen gesellschaftliche Erwartungen verstoßen und keine Scham empfinden, weil es einem egal ist oder weil man es nicht bemerkt. Man kann auch Scham empfinden, ohne dass ein solcher Verstoß tatsächlich vorliegt, weil man nur meint, gegen entsprechende Erwartungen verstoßen zu haben, so dass die Schamempfindung unangebracht ist. Aber man kann nicht Scham haben und sich nicht schämen, also kein Gefühl der Scham empfinden. Ohne Schamgefühl gibt es keine Scham.

2

Das ist nicht alles. Schuldgefühle sind individuell, ich kann sie für meine Schuld, aber nicht für die Schuld eines anderen haben. Bei der Scham ist das anders, weil sie ein soziales Gruppengefühl ist. Man schämt sich nicht nur, weil man selbst vermeintlich oder tatsächlich gegen eine Konvention oder Erwartung verstoßen hat, sondern auch wenn ein anderes Mitglied der Gruppe das getan hat, ob das bemerkt und ernst genommen wird oder nicht. Scham gibt es nicht nur als Schämen für eine eigene Verfehlung, sondern auch als Fremdschämen für die Verfehlung eines anderen, der sich selbst nicht schämt. Was ihm nicht peinlich ist, ist mir peinlich. Ich schäme mich für ihn. Das bedeutet nicht, dass er sich nicht mehr zu schämen brauchte. Ich kann zwar die Schuld eines anderen begleichen, aber ich kann mich nicht für ihn schämen und ihm damit ersparen, sich selbst zu schämen. Wenn ein anderer meine Schuld begleicht, bin ich dem Schuldner nichts mehr schuldig, auch wenn ich noch Schuldgefühle habe. Wenn ein anderer sich zu Recht für mich fremdschämt, wird nach wie vor erwartet, dass ich mich auch selber schäme.

Bernard Williams hat auf einen weiteren Punkt aufmerksam gemacht:

> „Die Schuld vermag Aufmerksamkeit auf die zu lenken, denen Unrecht oder Schaden zugefügt wurde, und sie verlangt Wiedergutmachung im Namen dessen, was diesen Menschen passiert ist. Aber sie versetzt uns als solche nicht in die Lage, unser Verhältnis zu derartigen Ereignissen zu verstehen, und sie hilft auch nicht dabei, das Selbst, das diese Dinge getan hat, oder die Welt, in der es leben muss, neu zu schaffen. Das kann nur die Scham, da sie eine Vorstellung davon beinhaltet, wer ich bin und in welchem Verhältnis ich zu anderen stehe."[537]

Allerdings ist diese Vorstellung geprägt von den Erwartungen der Gruppe, zu der ich gehöre und auf deren Anerkennung und Wohlwollen ich meine Identität gründe. Schuld stellt mich vor mir selbst bloß, Scham resultiert aus dem Gesichtsverlust vor den anderen.

Man kann das weiter differenzieren und mit Schmitz[538], Greiner[539] oder Huizing[540] zwischen Beschämendem und Peinlichem unterscheiden. „In Situationen der Peinlichkeit besteht auch für denjenigen, der Auslöser der Peinlichkeit ist, kein vergleichbarer Druck wie in der Scham, die Scham in die Schuld zu verschieben, um aus der Passivität der Schamsituation in die Aktivität der Schuldsituation zu wechseln. Offenbar lässt sich mit Schuld häufig besser leben als mit Scham."[541] Peinlichkeit ist das, was übrig bleibt, wenn der soziale Druck einer Scham- und Ehr-Gesellschaft nachgelassen hat, die sozialen Folgen eines beschämenden Verhaltens also nicht mehr zerstörerisch für das soziale Prestige einer Person sind. Peinlichkeit ist Scham ohne moralischen Ernst. Hält man diesen Verlust an Ernst für ein generelles Kennzeichen der gegen-

---

537 B. Williams. Scham, Schuld und Notwendigkeit. Eine Wiederbelebung antiker Begriffe der Moral, Berlin 2000, 110.
538 H. Schmitz, Der Leib, Berlin 2011, 90.
539 U. Greiner, Schamverlust. Vom Wandel der Gefühlskultur, Reinbek bei Hamburg 2014, 21 f.
540 K. Huizing, Scham, Schuld und Peinlichkeit. Über die Neudefinition von Schamgrenzen, Hermeneutische Blätter 1/2: Peinlich!, Zürich 2015, 73–85; Ders., Scham und Ehre. Eine theologische Ethik, Gütersloh 2016.
541 Huizing, Scham, Schuld und Peinlichkeit (s. Anm. 540), 78.

wärtigen Medienkultur, dann kann man mit Greiner eine kulturelle Abfolge von der „älteren Schamkultur" über die „alte Schuldkultur" bis zur gegenwärtigen „Kultur der Peinlichkeit" konstruieren.[542] Es ist einem unangenehm, so gesehen zu werden, aber es hat keine moralischen Konsequenzen. Das Selbstwertgefühl und das soziale Ansehen bleiben unbetroffen.[543] Man hat sich danebenbenommen, etwas ist nicht so gelungen, wie man gewünscht hätte, aber damit kann man und können die anderen leben. Anders als bei einem moralischen Versagen, das Tadel verdient, kann man über Peinlichkeiten lächelnd hinwegsehen. Es ging daneben, aber sein Gesicht hat man nicht verloren.

3

Kann man Sünde am Leitfaden der Scham besser verstehen als an dem der Schuld? In ihrer Studie *The Chrysanthemum and the Sword* (1946) über die Kultur Japans hat Ruth Benedict zwischen *Schuldkulturen*, in denen Schuld verinnerlicht wird, und *Schamkulturen*, in denen man durch Fehlverhalten in der Öffentlichkeit sein Gesicht verliert, unterschieden.[544] Vor dem eigenen Gewissen empfinde man Schuld, durch eine öffentliche Instanz werde man beschämt. Das erste sei das Ergebnis einer Verinnerlichung von Werten, das andere das Resultat einer äußeren Instanz, die einen sanktioniere. Benedict wurde kritisiert, diese Unterscheidung sei eine unscharfe Projektion, weil in beiden Kulturtypen Verinnerlichungsprozesse stattfänden. Die Unterscheidung innerlich/äußerlich sei unzureichend, eine Differenz der Kulturen sei zu etablieren.[545] Dennoch wurde ihre Unterscheidung immer wieder aufgegriffen, weil sie eine griffige Formel bietet, auf ein Bündel wesentlicher Unterschiede und wichtiger Probleme aufmerksam zu machen.

Peinlich berührt zu sein, ist etwas anderes, als ein schlechtes Gewissen zu haben. Das erste tritt im Kontext einer Gruppe auf, deren Verhaltenskonventionen ich übernommen habe. Das zweite stellt sich im Hinblick auf eine Norm ein, gegen die ich verstoßen habe, auch wenn nie-

---

542 Greiner, Schamverlust (s. Anm. 539), 21 f.
543 Vgl. E. Tugendhat, Vorlesungen über Ethik, Frankfurt a. M. 1993, 57–63.
544 R. Benedict, Chrysanthemen und Schwert: Formen der japanischen Kultur, Frankfurt a. M. 2006.
545 Vgl. P. Tiedemann, Menschenwürde als Rechtsbegriff, Berlin 2007, 309. Vgl. Th. Schirrmacher, Scham- und Schuldkultur, Querschnitte 14 (2001), 1–3.

mand sonst sich an diese Norm hält. Im ersten Fall definiert die Gruppe, worin ein angemessenes Verhalten besteht, im zweiten Fall orientiere ich mich an einer Regel, für die ich mich im besten Fall selbst frei entschieden habe. Das erste ist daher Ausdruck einer heteronomen Fremdbestimmtheit, das zweite kann Ausdruck autonomer Selbstbestimmung sein. Auch wer das Gewissen nur für ein Organ der verinnerlichten Anpassung an ein soziales Normgefüge gelten lässt, kann diese Differenz nicht überspielen. Dem peinigenden Gefühl der Beschämung kann ich entgehen, indem ich mich in eine andere Situation begebe oder mich aller Scham entledige. Denn ist der Ruf erst ruiniert, lebt es sich ganz ungeniert (Werner Kroll). Dem schlechten Gewissen dagegen kann ich nicht entkommen, weil es mich überall hin begleitet. Ich kann allenfalls versuchen, es durch Drogen zum Schweigen zu bringen. Aber das wird nur so lange anhalten, bis die Wirkung der Droge nachlässt und sich das Gewissen wieder zu Wort meldet.

Schamgefühl und Schuldgefühle sind daher zu unterscheiden. Das Gesicht zu verlieren ist etwas anderes als sich in Schuld zu verstricken. Auf seine Reputation zu achten, ist etwas anderes, als sich um Recht und Gerechtigkeit zu kümmern. Und seine Ehre wiederherzustellen, ist etwas anderes, als seine Schuld zu sühnen. Wer gegen soziale Regeln verstößt, aber verhindern kann, dass diese Verstöße öffentlich werden, braucht sich nicht zu schämen. Wer dagegen gegen moralische Regeln verstößt, kann sich seinem Gewissen auch dann nicht entziehen, wenn niemand sonst davon Kenntnis hat. Schamgefühle entstehen vor dem Forum der anderen, Schuldgefühle vor dem Forum meines eigenen Gewissens.

In Schamkulturen spielt der Besitz sozialer Macht daher eine viel wichtigere Rolle. Wer die Macht hat, den Zugang zur Öffentlichkeit zu regulieren, kann Scham-Situationen für sich oder andere verhindern oder zumindest die Wahrscheinlichkeit ihres Auftretens einschränken. In Gesellschaften dieser Art ist Pressefreiheit eine Bedrohung, weil sie aufdeckt und publik macht, was man verborgen halten will. In Schuldkulturen dagegen ist es ein Missbrauch der Macht der Medien, wenn die das eigene Gewissen peinigende Schuld durch öffentliche Verbreitung intensiviert und der Schuldige an den Pranger gestellt wird. In diesem Fall wird die Macht der Medien nicht zur Aufdeckung von Machtmissbrauch benutzt, sondern zur Erniedrigung und Herabwürdigung von Menschen, die sich ihrer Verfehlung nur zu bewusst sind. Die Linie zwischen beidem ist nicht immer einfach zu ziehen. Aber öffentliche Entwürdigung von Schuldigen ist etwas anderes als Veröffentlichung der Vertuschungsversuche von Mächtigen.

4

Wird Sünde im Horizont der Scham verstanden, erfordert die Überwindung der Sünde, mit der Bezugsgruppe ins Reine zu kommen und die eigene soziale Reputation und das eigene Sozialprestige wiederzugewinnen. Wird Sünde im Horizont der Schuld verstanden, kann es dagegen eine Überwindung der Sünde nicht geben, ohne dass ich mit mir selber ins Reine komme. Das erste lässt im Prinzip alles, wie es ist, setzt das soziale Räderwerk der Scham- und Ehrkultur also nicht außer Kraft. Das zweite dagegen lässt nichts, wie es ist, sondern nötigt dazu, meine eigene Menschlichkeit neu zu bestimmen. Eine Ethik der Scham tribalisiert die Gesellschaft, ohne etwas Entscheidendes an den überkommenen Selbstverständlichkeiten zu verändern. Eine Ethik der Schuld dagegen nötigt in den langen und komplizierten Prozess der Veränderung und Neuentdeckung der eigenen Menschlichkeit und Individualität. Sie ist ein Aufbruch nach vorne, nicht eine Rückkehr in das Gewohnte.

Das hat durchaus gewichtige Folgen für eine Kultur. Schirrmacher benennt das Problem präzise:

> „Was als angemessenes Verhalten gilt, entscheidet in der Schamkultur nicht die Einzelperson, sondern die Gesellschaft als ganzes [sic!], das Kollektiv. Deshalb handelt jeder einzelne auch immer in Hinblick darauf, welche Folgen sein Verhalten für die Gruppe, die Familie und die Gesellschaft haben wird. In der Schuldkultur kann von Fall zu Fall unterschiedliches individuell abweichendes Verhalten toleriert werden. Entscheidungen haben zumeist nur für den Einzelnen Bedeutung und werden der Gruppe, der Familie und der Gesellschaft nicht zur Last gelegt. Deswegen sind Schamkulturen viel leichter zu manipulieren und neigen zur Diktatur. Die Abwendung des Abendlandes von der christlichen Schuldkultur beinhaltet deswegen die große Gefahr, dass nicht mehr Recht und Gerechtigkeit als objektive Größen gelten und dass dem Druck der Gesellschaft, der Medien und des Staates, wie man gefälligst zu sein hat, nicht mehr das an Wahrheit und Gott gebundene Gewissen des Einzelnen entgegengesetzt werden kann."[546]

---

546 Schirrmacher (s. Anm. 545), 3.

Der Appell an das eigene Gewissen bleibt ohne Effekt, wenn dieses in nichts anderem als der Interiorisierung und Aneignung der Moral der Gruppe besteht, zu der man gehört. Mein Gewissen ist dann keine Instanz mehr, von der her diese Gruppenmoral ihrerseits noch einmal kritisch beurteilt werden könnte. Die Gruppenmoral ist vielmehr die Instanz, an der ich jederzeit mein Gewissen und Verhalten ausrichten muss, um nicht in Schamsituationen zu geraten.

Schamkulturen brauchen keine Gewissensbildung, sondern die soziale Kohärenz wird durch öffentliche Beschämung erreicht. Wiederum ist der Gebrauch von Macht das Entscheidende, nicht die Aufklärung über die Gefährdung der moralischen Integrität einer Person oder die Bildung einer moralischen Persönlichkeit. Sozialverträgliches Verhalten wird durch sozialen Druck erzwungen, nicht durch Einsicht in die Gefährdung meiner Würde als Person. Wer sich diesem Druck entziehen will, muss den Machtbereich der Gruppe verlassen oder eine Gegenmacht aufbauen. Der bloße Appell an das eigene Gewissen der Protagonisten genügt nicht.

Sünde wird damit ganz in das soziale Machtgefüge einer Gruppe eingezeichnet. Wer sündigt, verstößt gegen das Gute, das er von der Gruppe empfangen hat bzw. empfängt. Sünde wird zur sozialen Undankbarkeit. Sie wird mit sozialer Ächtung, Ausschluss des Sünders aus der sozialen Gemeinschaft und oder gar dem physischen Tod dessen beantwortet, der die Möglichkeiten, die ihm die Gemeinschaft bereitgestellt hat, missbraucht oder ignoriert. Nicht von ungefähr ist dieses Sündenverständnis in islamischen Gesellschaften verbreitet. Man sündigt, wenn man von den Regeln der muslimischen Gemeinschaft abfällt. Der Sünder ist ein Apostat (*murtadd*), also ein Muslim, sei es von Geburt, sei es durch Übertritt zum Islam, der sich vom Islam abwendet und diesen (wieder) aufgibt.[547] Sünde ist entsprechend definiert als Abfall (*irtidad*), als Aufgabe des Islam durch einen Muslim. Apostaten werden nicht sozial oder – wie in Saudi Arabien, Iran, Afghanistan, Yemen oder Sudan – physisch vernichtet, weil sie gegen Gott gesündigt, sondern weil sie gegen die Gemeinschaft verstoßen haben. Wenn Muslime sich gegen Muslime verschwören, dann werden sie aus der Gemeinschaft verstoßen, "not because it [ihr Verhalten] is a denial of Islam as a true religion,

---

547 Vgl. S. A. Kadayifici-Oellana, Da'wa and Religious Freedom in Islam, in: I. U. Dalferth/M. Ch. Rodgers, Conversion, Tübingen 2013, 61.

but because of the conspiracy it involves against the community and the confusion of faith it causes"[548]. Ihre Untat ist kein religiöses Versagen, sondern ein soziales Vergehen. Sünde ist asoziales Verhalten, und das kann in einer Gesellschaft und Kultur, die durch die Machtstrukturen und Sozialordnungen des Kollektives bestimmt ist, nicht ungeahndet bleiben. Denn dieses Verhalten gefährdet genau das, was die Gruppe zusammenhält. Es stellt das soziale Ordnungsgefüge in Frage, und die Gemeinschaft schützt sich davor, indem sie darauf mit sozialer Vernichtung, Rechtsverlust, wirtschaftlicher Zerstörung oder physischem Tod antwortet.

5

Wo Scham und Ehre den Kitt einer Gemeinschaft darstellen, wird Sünde zur Ordnungsstörung, zum asozialen Fehlverhalten derer, die aus eigennützigen Motiven sich selbst über die Gemeinschaft stellen und ihre eigenen Interessen über deren Ordnungen stellen. Man geht gegen Sünder vor durch Entehrung und öffentliche Beschämung. Das kann auch denen zustoßen, die sich nichts vorzuwerfen haben, und dem können sich die entziehen, denen in der Öffentlichkeit nichts vorgeworfen wird, obgleich sie etwas zu verbergen haben. Auch wer sich nichts vorzuwerfen hat, kann sich dieser sozialen Beschämung nicht entziehen, und umgekehrt kann dieser sozialen Entehrung entgehen, wer sich zwar etwas vorzuwerfen hätte, das anderen aber nicht bekannt ist oder dessen Bekanntmachung er verhindern kann. Während in Schuldkulturen das Gewissen einen Schuldigen auch dann behaftet, wenn niemand sonst von dem Vergehen weiß, kann sich in Schamkulturen auch der einer Entehrung entziehen, der ein Vergehen begangen hat und das weiß, aber sein Bekanntwerden verhindern kann. Nicht die Vermeidung der Untat ist damit das Entscheidende, sondern die Bemühung, die Untat nicht bekannt werden zu lassen, um Erniedrigung zu vermeiden. Wenn andere nicht von meiner „Sünde" wissen, muss sie mich auch nicht kümmern. Vermeidung von Erniedrigung, nicht Steigerung von Gerechtigkeit ist das Ziel des Umgangs mit „Sünde" in Schamkulturen.

Während in Schuldkulturen typischerweise Wahrheit und Wahrhaftigkeit, Gerechtigkeit und das Recht der Einzelnen im Zentrum stehen, sind es in Schamkulturen soziales Prestige, die Anerkennung der

---

[548] A. a. O., 61 f.

anderen, Familienehre und die Wahrung des Gesichts. Was nicht öffentlich wird, braucht von mir auch nicht bereut oder bedauert zu werden. Nicht die Untat ist das entscheidende Vergehen, sondern deren Veröffentlichung. In Schuldkulturen kann es zu gegenläufigen Einseitigkeiten kommen. Nicht das Bekanntwerden einer Untat ist das Entscheidende, sondern das Begehen einer solchen Tat, nicht das schlechte Gewissen, sondern die Verfehlung, nicht das Schuldgefühl, sondern die tatsächliche Schuld. Wo aber Gewissen, Reue und Bedauern an Schuldgefühle und nicht an Schuld gekoppelt werden, kann es gefährliche Pervertierungen geben. Wo in Schamkulturen die Gefahr besteht, dass man faktische Vergehen nicht bereut oder bedauert, solange sie nicht öffentlich werden, besteht in Schuldkulturen die Gefahr, dass man bedauert und bereut, wo gar nichts zu bereuen und zu bedauern ist. Ein schlechtes Gewissen kann man nicht nur dann haben, wenn man tatsächlich schuldig ist, sondern auch dann, wenn man meint oder das Gefühl hat, schuldig zu sein, ob man das nun wirklich ist oder nicht. Deshalb wird in Schuldkulturen der Gefahr krankmachender Selbstanklagen mit dem Versuch begegnet, Schuldgefühle abzubauen – ob sie zu Recht bestehen oder nicht. Dagegen wird der Flucht in die Verantwortungslosigkeit in Schamkulturen dadurch entgegengewirkt, dass man Strategien zur Erniedrigungsvermeidung untergräbt und auf die Einsicht hinarbeitet, dass für Fehlverhalten und die dadurch eingetretenen Folgen individuelle Verantwortung zu übernehmen ist und das Problem nicht nur darin gesehen werden darf, in der Öffentlichkeit nichts bekannt werden zu lassen.

Die Gefahr der Verantwortungslosigkeit in Schamkulturen und die Gefahr des unnötigen Leidens an Schuldgefühlen in Schuldkulturen sind beide Zeichen dafür, dass das Sündenproblem in diesen Denkformen nur unzureichend zur Geltung gebracht wird. Wo nicht klargestellt ist, dass es bei der Sünde um eine verfehlte Haltung Gott gegenüber geht, kann auch nicht klargestellt werden, inwiefern moralisches und soziales Fehlverhalten gegenüber anderen und sich selbst Folgen der Sünde sind. So wenig sich Sünde auf Schuld reduzieren lässt, so wenig lässt sie sich zureichend im Horizont der Scham entfalten. Sie ist stets mehr und anderes: Verfehlung der rechten Beziehung des Geschöpfs zur Beziehung des Schöpfers zum Geschöpf. Wer Gott und seine Nächsten nicht liebt wie sich selbst, reagiert nicht liebend auf Gottes Liebe zum Geschöpf. Dadurch lädt man Schuld auf sich, ob man das weiß oder nicht. Das ist ein Grund, sich zu schämen, ob man es tut oder nicht. Und deshalb ist im Umkehrschluss die rechte Lebenshaltung von Christen die Dankbarkeit gegenüber dem, der seine Anerkennung auch dem Sünder nicht entzieht, und die Hoffnung und das Vertrauen auf den, der sich durch die Schuld der Menschen nicht davon abhalten lässt, diesen zugewandt zu bleiben.

IV
DEKONSTRUKTIONEN DER SÜNDE

Im Unterschied zu Transformationen lassen sich Dekonstruktionen nicht als geregelte Verfahren der Umwandlung von einer Gestalt der Sündenreflexion in eine andere oder als Verwendung von Figuren des Sündendenkens in anderen Problembereichen rekonstruieren. Sie sind vielmehr durch eine methodische Verschränkung von Konstruktion und Dekonstruktion (Heidegger) bzw. durch Abbau und Aufbau (Cassirer) charakterisiert. Beide Momente gehören zusammen. Es geht nicht nur um den Abbau und die Auflösung eines Denkzusammenhanges, sondern zugleich um den Aufbau von etwas Neuem. Das unterscheidet Dekonstruktion von Destruktion. Dekonstruktion ist die Bemühung, die Ordnung einer Gedankenfigur (einer Theorie, eines Textes) zu brechen, um ihre Elemente neu zu ordnen und so die Leerstellen deutlich zu machen, die in der ursprünglichen Gedankenkonstruktion verdeckt waren.[549] Im Unterschied zur Destruktion hat eine Dekonstruktion also nicht die negative Absicht, etwas abzubauen oder zu zerstören, was man für fragwürdig hält, sondern die positive Absicht, die Konstruktionslogik aufzuzeigen, die dem Abzubauenden zugrunde liegt, um so verstehen zu können, wie es dazu gekommen ist bzw. wie man verhindern kann, dass es wieder dazu kommt. Dekonstruktionen können in der Destruktion stecken bleiben oder zur Destruktion verkürzt werden. Aber ihr eigentliches Ziel ist es, bessere Antworten auf die Probleme zu finden, um deren Lösung sich die dekonstruierte Gedankenfigur bemühte.

---

549 Insofern kann die Dekonstruktion auch als eine Version des Verfahrens der freien Variation in der Phänomenologie verstanden werden.

1. Ressentiment:
Die genealogische Dekonstruktion der Sünde

1

„Ich habe nie über Fragen nachgedacht, die keine sind, – ich habe mich nicht verschwendet. – Eigentliche *religiöse* Schwierigkeiten zum Beispiel kenne ich nicht aus Erfahrung. Es ist mir gänzlich entgangen, in wiefern ich ‚sündhaft' sein sollte. [...] ‚Gott', ‚Unsterblichkeit der Seele', ‚Erlösung', ‚Jenseits' lauter Begriffe, denen ich keine Aufmerksamkeit, auch keine Zeit geschenkt habe, selbst als Kind nicht, – ich war vielleicht nie kindlich genug dazu? – Ich kenne den Atheismus durchaus nicht als Ergebniss, noch weniger als Ereigniss: er versteht sich bei mir aus Instinkt. Ich bin zu neugierig, zu *fragwürdig*, zu übermüthig, um mir eine faustgrobe Antwort gefallen zu lassen. Gott ist eine faustgrobe Antwort, eine Undelicatesse gegen uns Denker –, im Grunde sogar bloss ein faustgrobes *Verbot* an uns: ihr sollt nicht denken!"[550]

Nietzsche war ein Meister der Sprache und des doppelbödigen Spiels mit seiner Leserschaft. Was er schreibt, hat neben dem expliziten Text immer noch einen Subtext, der mitzulesen ist. *Religiöse* Schwierigkeiten kann es nur dort geben, wo es um die eigene Sündhaftigkeit geht. Kann man mit dieser nichts anfangen, hat auch die Religion keinen Anhaltspunkt im Leben. Wer sich von der Religion befreien will, muss sich daher um keine Widerlegung angeblicher Gottesbeweise bemühen. Atheismus kann nie das Ergebnis eines Argumentationsgangs sein. Er tritt auch nicht als Ereignis in einem Leben auf. Er muss mit ihm selbst gesetzt sein. Man ist Atheist aus Instinkt oder gar nicht. Aus Instinkt aber hat man keine Ahnung, was mit Sünde gemeint sein sollte. Ein vom Instinkt geleiteter Mensch hat deshalb keinen Anlass, sich über religiöse Fragen den Kopf zu zerbrechen und über „Sünde", „Gott", „Unsterblichkeit der Seele", „Erlösung" oder „Jenseits" nachzudenken. Solches Denken ist hohl und leer, ein bloßes Entlanghangeln an Wörtern ohne Grund im Leben. Im Instinkt dagegen manifestiert sich der Wille zum Leben, und alles Denken, das nicht darauf gründet und das zum Zug bringt, ist es nicht wert, ernst genommen zu werden. „Gott" ist „eine Undelicatesse gegen uns Denker", und „Sünde" der Ausdruck eines falschen Lebens – nicht, weil dieses sündhaft wäre, sondern weil von Sünde

---

[550] F. Nietzsche, Ecce Homo, Warum ich so klug bin, 1. (www.nietzschesource.org/#e KGWB/EH-Klug-1 – Ecce homo: Warum ich so klug bin, § 1. Druckfertig 02/01/1889).

auch nur zu reden zeigt, dass man sich auf einer falschen Lebens- und Denkspur bewegt. Man sollte sich besser mit wirklich Wichtigem befassen, nicht mit dem Heil der Menschen, sondern mit deren Ernährung. „Ganz anders interessirt mich eine Frage, an der mehr das ‚Heil der Menschheit' hängt, als an irgend einer Theologen-Curiosität: die Frage der Ernährung. Man kann sie sich, zum Handgebrauch, so formuliren: wie hast gerade du dich zu ernähren, um zu deinem Maximum von Kraft, von Virtù im Renaissance-Stile, von moralinfreier Tugend zu kommen?"[551] Das ist nicht nur ironisch gesagt, sondern todernst gemeint. Wo es ums wirkliche Leben geht, findet sich so etwas wie Sünde nicht. Sie ist kein ernsthaftes Thema.

2

Unter allen Denkern nach Kierkegaard ist Nietzsche wohl derjenige, der am radikalsten existenziell dachte. Er wollte keine Lehre entwickeln, der auch andere anhängen können sollten. Er wollte auch keine existentialen Strukturen entfalten, die jedes Dasein als solches charakterisieren. Er wollte sich selbst philosophisch in sein Werk hinein entwerfen, also den Zwiespalt, der er war, in seinen Schriften ausarbeiten und zur Darstellung bringen. Sein Bekenntnis „Das Eine bin ich, das Andre sind meine Schriften"[552] würde missverstanden, wenn man es nur so nähme, wie es dasteht. Kein Schriftsteller ist nur das, was er in seinen Schriften zum Ausdruck bringt. Und selbst wenn er sich direkt und nicht nur indirekt an und mit anderem in seinen Schriften thematisiert, ist das immer eine gezielte Stilisierung seiner selbst. Das Ich, das schreibt, und das „ich", das im Geschriebenen genannt wird, sind niemals einfach identisch.

Doch das ist nicht alles. Nietzsche wollte noch auf etwas anderes hinaus: auf die Unmöglichkeit, überhaupt in einer konsistenten Weise zum Ausdruck zu bringen, wer und was man ist. Zur „feineren Menschlichkeit gehört, Ehrfurcht ‚vor der Maske' zu haben und nicht an falscher Stelle Psychologie und Neugierde zu treiben"[553]. Wer nicht mit Masken umgehen kann, wird auch kein klärendes Verhältnis zu sich

---

551 Ebd.
552 F. Nietzsche, Ecce Homo, Warum ich so gute Bücher schreibe 1, Werke in drei Bänden, München 1954, Band 2, 1099. (www.nietzschesource.org/#eKGWB/EH).
553 F. Nietzsche, Jenseits von Gut und Böse, § 270, eKGWB/JGB-270 – Jenseits von Gut und Böse: § 270. Erste Veröff. 04/08/1886. (www.nietzschesource.org/# eKGWB/JGB-270).

selbst haben können. Man muss durchschauen, dass man sich selbst nicht durchschauen kann, so dass man nie mit Sicherheit weiß, wer die Kontrolle über das eigene Schreiben hat. Nicht ich denke, wie Nietzsche mehrfach betont, sondern es denkt in mir. Es ist ein Irrtum zu meinen, „daß das ‚Ich' es ist, was denkt: vielmehr nehme *ich* das Ich selber als eine Construktion des Denkens, von gleichem Range, wie ‚Stoff' ‚Ding' ‚Substanz' ‚Individuum' ‚Zweck' ‚Zahl': also nur als regulative Fiktion, mit deren Hülfe eine Art Beständigkeit, folglich ‚Erkennbarkeit' in eine Welt des Werdens hineingelegt, hineingedichtet wird"[554]. Und was vom Ich gilt, gilt ähnlich auch vom Gedanken: „ein Gedanke kommt, wenn ‚er' will, und nicht wenn ‚ich' will; so dass es eine *Fälschung* des Thatbestandes ist, zu sagen: das Subjekt ‚ich' ist die Bedingung des Prädikats ‚denke'. Es denkt: aber dass dies ‚es' gerade jenes alte berühmte ‚Ich' sei, ist, milde geredet, nur eine Annahme, eine Behauptung, vor Allem keine ‚unmittelbare Gewissheit'."[555] Die Gedanken kommen eben nicht, wann ich will, sondern wann sie wollen. Sie „kommen als Reize irgend woher"[556]. Und nie ist ganz gewiss, wer eigentlich spricht und schreibt. Ich bin, aber ich weiß nicht, wer ich bin, deshalb schreibe ich über mich, über euch, über uns. Je pointierter man das in seinem Schreiben berücksichtigt, desto deutlicher wird, dass man beim Schreiben nicht von einem intimen Wissen seiner selbst ausgeht, das man dann mehr oder weniger klar ausbreitet, sondern dass man im Prozess des Schreibens sich selbst zu schaffen und zu entdecken beginnt. Wer ich bin, weiß ich nicht. Aber ich sage es euch.

Kierkegaard hatte eine ähnliche Einsicht bewogen, seine Dialoge mit sich selbst durch die Wahl von Pseudonymen zur Darstellung zu bringen. Nietzsche wählt die Form einer unablässig tieferbohrenden kulturellen Selbstanalyse, die alles als Teil des vitalen Lebensprozesses versteht und es unter mehr als einem Gesichtspunkt zu betrachten sucht. Vergangenes wird dabei nicht nur im Licht der Gegenwart, sondern Vergangenes und Gegenwärtiges im Licht der erhofften und erahnten Zukunft beurteilt. Nur im Kontrast zur herrschenden Meinung kommt man sich selbst auf die Spur. Die herrschende Meinung aber steht selbst im Kontrast zu dem, von dem sie sich in Vergangenheit und

---

554 eKGWB/NF-1885,35[35] – Nachgelassene Fragmente Mai–Juli 1885.
555 eKGWB/JGB-17 – Jenseits von Gut und Böse: § 17. Erste Veröff. 04/08/1886.
556 eKGWB/NF-1883,9[47] – Nachgelassene Fragmente Mai–Juni 1883.

Gegenwart absetzt. Beides ist daher im Auge zu behalten, aber beides ist auch zu überwinden. Allein in der Ab- und Umwertung der geltenden Ansichten besteht die Chance, das hier und heute Wichtige zu erahnen. Denn nur das verdient dafür gehalten zu werden, was in der Zukunft sich so erweisen wird.

3

Nietzsches Nein galt deshalb der europäischen Kultur und ihren Irrungen, ob sie traditional und rückwärtsgewandt waren, wie die mitleidsethischen Haltungen des bürgerlichen Christentums, oder liberal und vernünftelnd, wie die naiven Egoismen des europäischen Nihilismus. Beide diagnostiziert er als autoritäre Versuche, sich das Recht herauszunehmen, für andere festzulegen, worin die Menschlichkeit der Menschen bestehe bzw. zu bestehen habe – in ihrer Mitmenschlichkeit oder in ihrer individuellen Selbständigkeit. Deshalb gilt seine Kritik dem zentralen Punkt beider Haltungen, ihrer speziesistischen Ausrichtung auf den Menschen. „Der Anblick des Menschen macht nunmehr müde – was ist heute Nihilismus, wenn er nicht *das* ist? [...] Wir sind *des Menschen* müde.⁵⁵⁷ Der Nihilismus ist nicht weniger eine Folge der Dekadenz als das, was er kritisiert. Deshalb muss man nicht nur mit ihm die verlogene christlich-bürgerliche Moral, sondern auch ihn selbst und seine antichristliche und antibürgerliche Gegenmoral überwinden. Nur eine Haltung, die weder in das Pro der Mitleidsethik zurückfällt noch beim Contra des Nihilismus stehen bleibt, sondern beides negiert, kann in die Zukunft weisen. Das Ziel einer kulturkritischen Philosophie kann nicht eine bessere Moral und ein besseres Menschenbild sein, sondern nur der Aufbruch in eine unbekannte künftige Welt, in der sowohl die Mitleidsethik der Zukurzgekommenen als auch die Protestethik der Schlechtweggekommenen keine Rolle mehr spielt. „Denn so steht es: die Verkleinerung und Ausgleichung des *europäischen* Menschen birgt unsre grösste Gefahr, denn dieser Anblick macht müde [...]." Alle drängen zur Mitte, zur Mittelmäßigkeit, zur unanstößigen Allerweltlichkeit.

> „Wir sehen heute Nichts, das grösser werden will, wir ahnen, dass es immer noch abwärts, abwärts geht, in's Dünnere, Gutmüthigere, Klügere, Behaglichere, Mittelmässigere, Gleichgültigere, Chinesischere, Christlichere – der

---

557 eKGWB/GM-I-12 – Zur Genealogie der Moral: § 1 – 12. Erste Veröff. 16/11/1887.

> Mensch, es ist kein Zweifel, wird immer ‚besser' [...] Hier eben liegt das Verhängniss Europa's – mit der Furcht vor dem Menschen haben wir auch die Liebe zu ihm, die Ehrfurcht vor ihm, die Hoffnung auf ihn, ja den Willen zu ihm eingebüsst."558

Wo die Schlechtweggekommenen das Sagen haben, wird alles unanstößig und dürftig. Man polemisiert gegen die angeblich oder tatsächlich Privilegierten, nicht weil man selber eine bessere Lebensvision anzubieten hätte, sondern weil man aus Neid und aus Ressentiment nicht will, dass andere anders sind als man selbst: miserabel.

Nietzsches Nein gilt dezidiert nicht nur dem, was der Nihilismus negiert, sondern nicht weniger diesem selbst. Und umgekehrt gilt sein Ja nicht der Mitleidskultur der Herdenmoral, gegen die sich der Nihilismus wendet, sondern dem Leben, der Moralfreiheit und Moralosigkeit des „Übermenschen"559, der vom heutigen Kulturmenschen so weit entfernt ist wie dieser vom Tier. „Was der Affe für uns ist, ein Gelächter oder eine schmerzliche Scham: das soll der Mensch für den Übermenschen sein."560 Erst jenseits der resentimentgetriebenen Sklavenmoral der Mitleidskultur und des nihilistischen Antimoralismus' der Freidenker gibt es die Moralfreiheit eines wahrhaft freien Lebens, das nicht daran denkt, für andere oder gar für alle anderen reden oder handeln zu wollen. Es gibt keine allgemeine Menschlichkeit, weil es keine einheitliche Menschheit gibt, sondern nur Herren oder Sklaven. Jeder Versuch, diese Differenz abzubauen oder zu verwischen, beschleunigt den Niedergang der Menschheit. Das gilt für die, die schweigend mit der Mehrheit schwimmen, nicht weniger als für die, die lauthals herausposaunen, gegen den Strom zu schwimmen. Wer sich nur der dürftigen Mittelmäßigkeit der nihilistischen Freidenker anschließt, bestätigt nur *e negativo*, wogegen diese sich auflehnen. Und wer meint, die christliche Mitleidsethik gegen den Nihilismus verteidigen zu müssen, setzt nur fort, was den Nihilismus heraustreibt.

Es gibt hier nur einen Ausweg: die Höher-Züchtung der Menschheit zur gewissenlosen, allein sich selbst verantwortlichen Inkarnation des Willens zur Macht, dem Übermenschen: „Die Liebe zum Übermen-

---

558 Ebd.
559 eKGWB/Za-I-Vorrede-3 – Also sprach Zarathustra I: Vorrede, § 3. Erste Veröff. 20/08/1883.
560 eKGWB/NF-1882,5[1] – Nachgelassene Fragmente November 1882 – Februar 1883, Nr. 255.

schen ist das Heilmittel gegen das Mitleid mit den Menschen: an letzterem müßte die Menschheit sehr schnell zu Grunde gehen."[561] Und die Liebe zum Übermenschen ist auch das Heilmittel gegen den nihilistischen Widerspruch gegen das Mitleid, dem nichts weiter einfällt, als dagegen zu sein. Nicht die Suche nach der Menschlichkeit des Menschen bringt uns dem Ziel der Menschheit näher. Diese hat kein gemeinsames Ziel für alle. Im Gegenteil, es hat immer nur Gewinner und Verlierer, Sieger und Unterlegene gegeben. Der Wille zur Macht, der das Leben vorantreibt, ist nicht gleichmäßig auf alle Menschen verteilt. Er hat sich nicht in der Masse, sondern immer nur in Einzelnen klar manifestiert. An ihnen muss man sich ausrichten, wenn man nach dem Ziel der Menschheitsgeschichte fragt. „Das Ziel der Menschheit kann nicht am Ende liegen, sondern in den höchsten Exemplaren, die, zerstreut durch Jahrtausende, zusammen alle höchsten Kräfte, die in der Menschheit verborgen sind, repräsentieren."[562] Das sind die Spuren, die in die Zukunft weisen und den Übermenschen ankündigen. Nur wer diesen Spuren folgt, wird aus dem Für und Wider der Suche nach der Menschlichkeit des Menschen am Leitfaden der Mitleidsmoral ausbrechen können, weil er die Idee *einer* Menschheit und *einer* gemeinsamen Menschlichkeit der Menschen hinter sich gelassen hat und nur die „ewige Wiederkunft des Gleichen"[563] kennt in der reinen Inkarnation des Willens zur Macht. Denn wo dieser Wille herrscht, wird nichts mehr gewollt, was man nicht ist, sondern man bejaht das Leben und seine Triebkräfte, indem man sich dem *amor fati* eines Daseins überlässt, das nichts anderes mehr über oder hinter dem Leben sucht, sondern nur ist, was es wird, und nie anderes wird, als es ist.

4

Die christliche Rede von der Sünde hat die Menschen auf eine ganz und gar falsche Spur gesetzt, die in ihre Selbstvernichtung führt. Das zeigt sich für Nietzsche nicht nur dort, wo positiv von Sünde gesprochen wird (im klassischen Christentum), sondern auch dort, wo dieser Sicht- und Redeweise widersprochen wird (im zeitgenössischen Nihilismus). Im Pro und Contra bleibt man auf einen Irrtum fixiert, und Fehler werden

---

561 eKGWB/NF-1882,3[1] – Nachgelassene Fragmente Sommer-Herbst 1882, Nr. 385.
562 eKGWB/NF-1873,29[52] – Nachgelassene Fragmente Sommer-Herbst 1873.
563 eKGWB/NF-1881,11[141] – Nachgelassene Fragmente Frühjahr-Herbst 1881.

nicht dadurch überwunden, dass man weitere Fehler macht. Man muss vielmehr den ganzen Weg verlassen, die Idee der Sünde also nicht nur nicht vertreten, sondern sie auch nicht nur kritisieren und in etwas philosophisch Vertretbares transformieren wollen, sondern sich von den Befürwortern und den Kritikern absetzen und einen ganz neuen Weg einschlagen. Nicht eine bessere Konstruktion des Sündengedankens führt weiter, sondern nur seine konsequente Dekonstruktion und Ersetzung durch etwas anderes.

Was das besagen kann, hat Nietzsche in hellsichtiger Klarheit in seinen Überlegungen zu Genese der Moral aufgezeigt.[564] Ausdrücklich stellt er klar, dass es ihm bei seiner Kritik aller Rede von Sünde, Mitleid und Heil nicht um Gefühle, sondern um Werte geht.[565]

> „Dies Problem vom *Werthe* des Mitleids und *der* Mitleids-Moral (– ich bin ein Gegner *der* schändlichen modernen Gefühlsverweichlichung –) scheint zunächst nur etwas Vereinzeltes, ein Fragezeichen für sich; wer aber *einmal* hier hängen bleibt, hier fragen lernt, dem wird es gehn, wie es mir ergangen ist: – eine ungeheure neue Aussicht thut sich ihm auf, eine Möglichkeit fasst ihn wie ein Schwindel, jede Art Misstrauen, Argwohn, Furcht springt hervor, *der* Glaube an die Moral, an alle Moral wankt, – endlich wird eine neue Forderung laut. Sprechen wir sie aus, diese neue Forderung: wir haben eine Kritik *der* moralischen *Werthe* nöthig, *der Werth dieser Werthe ist selbst erst einmal in Frage zu stellen* – und dazu thut eine Kenntniss der Bedingungen und Umstände noth, aus denen sie gewachsen, unter denen sie sich entwickelt und verschoben haben (Moral als Folge, als Symptom, als Maske, als Tartüfferie, als Krankheit, als Missverständniss; aber auch Moral als Ursache, als Heilmittel, als Stimulans, als Hemmung, als Gift), wie eine solche Kenntniss weder bis jetzt da war, noch auch nur begehrt worden *ist*."[566]

Ehe man um Werte streitet, sich für die einen starkmacht und die anderen bekämpft, muss man untersuchen, wie Menschen dazu kommen, bestimmte moralische Wertvorstellungen zu vertreten, nach denen man leben und handeln soll. Warum soll man denn überhaupt moralisch irgendetwas sollen? Könnte die eigentliche Herausforderung nicht

---

564 Vgl. F. Nietzsche, Jenseits von Gut und Böse, Leipzig 1886; Ders., Zur Genealogie der Moral, Leipzig 1887.
565 Nietzsche bezieht sich vor allem auf Paul Rée, Der Ursprung der moralischen Empfindungen, Chemnitz 1877.
566 eKGWB/GM-Vorrede-6 – Zur Genealogie der Moral: Vorrede, § 6. Erste Veröff. 16/11/1887.

1. Ressentiment

darin bestehen, statt falsche Moralkonzeptionen zu verwerfen und die richtige Moral zu entwickeln, auf das ganze Für und Wider der Bemühung um die Bestimmung des moralisch Guten zu verzichten, weil das immer mit einer Beschneidung und Verdunklung der Möglichkeiten des Menschen einhergeht? „So dass gerade die Moral daran Schuld wäre, wenn eine an sich mögliche *höchste Mächtigkeit und Pracht* des Typus Mensch niemals erreicht würde? So dass gerade die Moral die Gefahr der Gefahren wäre?"[567]

5

Um das zu zeigen, untersucht Nietzsche den Unterschied zwischen den Unterscheidungen zwischen „Gut und Schlecht" und „Gut und Böse". Die erste Unterscheidung ist nicht moralisch, die zweite ist moralisch. Für Nietzsche ist die nichtmoralische Unterscheidung zwischen „Gut und Schlecht" ursprünglicher. Erst im Kontrast dazu hat sich die moralische Unterscheidung entwickelt.

Als Beleg für seine Sicht führt er die Leitunterscheidung klassischer Poliskulturen an zwischen Herren und Sklaven, der Schicht der Privilegierten und der Schicht der Nichtprivilegierten. „Es giebt *Herren-Moral und Sklaven-Moral*; – ich füge sofort hinzu, dass in allen höheren und gemischteren Culturen auch Versuche der Vermittlung beider Moralen zum Vorschein kommen, noch öfter das Durcheinander derselben und gegenseitige Missverstehen, ja bisweilen ihr hartes Nebeneinander – sogar im selben Menschen, innerhalb Einer Seele."[568] In der „Herren-Moral" der privilegierten Schichten gibt es nur eine Differenz zwischen „gut" und „schlecht", erst in der „Sklaven-Moral" der Unterprivilegierten wird diese in das Kampfinstrument der moralischen Unterscheidung zwischen „gut" und „böse" umgemünzt.[569]

> „Der Begriff gut und böse hat eine doppelte Vorgeschichte: nämlich einmal in der Seele der herrschenden Stämme und Kasten. Wer die Macht zu vergelten hat, Gutes mit Gutem, Böses mit Bösem, und auch wirklich Vergeltung übt, also dankbar und rachsüchtig ist, der wird gut genannt; wer unmächtig ist und nicht vergelten kann, gilt als schlecht. Man gehört als Guter zu den

---

567 Ebd.
568 eKGWB/JGB-260 – Jenseits von Gut und Böse: § 260. Erste Veröff. 04/08/1886.
569 Vgl. eKGWB/NF-1885,1[186] – Nachgelassene Fragmente Herbst 1885 – Frühjahr 1886.

> ‚Guten', einer Gemeinde, welche Gemeingefühl hat, weil alle Einzelnen durch
> den Sinn der Vergeltung mit einander verflochten sind. Man gehört als
> Schlechter zu den ‚Schlechten', zu einem Haufen unterworfener, ohnmächti-
> ger Menschen, welche kein Gemeingefühl haben. Die Guten sind eine Kaste,
> die Schlechten eine Masse wie Staub. Gut und schlecht ist eine Zeit lang so viel
> wie vornehm und niedrig, Herr und Sclave. Dagegen sieht man den Feind
> nicht als böse an: er kann vergelten. Der Troer und der Grieche sind bei Homer
> beide gut. Nicht Der, welcher uns Schädliches zufügt, sondern Der, welcher
> verächtlich ist, gilt als schlecht. In der Gemeinde der Guten vererbt sich das
> Gute; es ist unmöglich, dass ein Schlechter aus so gutem Erdreiche hervor-
> wachse. Thut trotzdem Einer der Guten Etwas, das der Guten unwürdig ist, so
> verfällt man auf Ausflüchte; man schiebt zum Beispiel einem Gott die Schuld
> zu, indem man sagt: er habe den Guten mit Verblendung und Wahnsinn
> geschlagen."[570]

Die Guten also sind die Vornehmen, Mächtigen und Glücklichen der herrschenden Klasse, die Schlechten dagegen die Einfachen, Schlichten, Nicht-Vornehmen der niederen Klasse. Die Unterscheidung ist psychologisch und politisch, aber nicht moralisch. Sie konstatiert eine Differenz, die in der Gesellschaft besteht, aber sie wertet sie nicht.

Das ändert sich im anderen Gebrauchszusammenhang der Unterscheidung.

> „*Sodann* [fungiert der Begriff gut und böse] in der Seele der Unterdrückten,
> Machtlosen. Hier gilt jeder *andere* Mensch als feindlich, rücksichtslos, ausbeu-
> tend, grausam, listig, sei er vornehm oder niedrig; böse ist das Charakterwort
> für Mensch, ja für jedes lebende Wesen, welches man voraussetzt, zum Beispiel
> für einen Gott; menschlich, göttlich gilt so viel wie teuflisch, böse. Die Zeichen
> der Güte, Hülfebereitschaft, Mitleid, werden angstvoll als Tücke, Vorspiel
> eines schrecklichen Ausgangs, Betäubung und Ueberlistung aufgenommen,
> kurz als verfeinerte Bosheit. Bei einer solchen Gesinnung des Einzelnen kann
> kaum ein Gemeinwesen entstehen, höchstens die roheste Form desselben: so
> dass überall, wo diese Auffassung von gut und böse herrscht, der Untergang
> der Einzelnen, ihrer Stämme und Rassen nahe ist."[571]

Erst in diesem Zusammenhang also wird die nichtmoralische Unterscheidung zwischen „gut" und „schlecht" zur moralischen Unterscheidung zwischen „gut" und „böse". Der entscheidende Unterschied ist, dass im moralischen Gebrauch „gut" *im Kontrast* zu „böse" bestimmt

---

[570] eKGWB/MA-45 – Menschliches Allzumenschliches I: § 45. Erste Veröff. 07/05/1878.
[571] Ebd.

wird. Die Guten sind gut, *weil* sie nicht die Bösen sind. Ihr Begriff des Guten ist ein reaktiver Kampfbegriff, der gegen die anderen gerichtet ist, die nicht unter ihn fallen. Während die „Herrenmoral" das als gut definiert, was sie tut, ohne auf andere und anderes zu achten, definiert die „Sklavenmoral" das als gut, was die Bösen nicht tun. Ihr Begriff des Guten beruht auf einer Wertumkehr des Begriffs des Guten der Herrenmoral. Sie sind nicht *für* etwas, sondern *gegen* etwas.

6

Die Unterscheidung beider Wertungen wird von Nietzsche nicht nur konstatiert, sondern zur Rekonstruktion der Kulturentwicklung des Westens herangezogen. Die Herrenmoral der Antike findet sich noch im römischen Reich, sie lebt in der Renaissance wieder auf und manifestiert sich in einzelnen herausragenden Gestalten der Geschichte wie Napoleon oder Goethe. Aufs Ganze gesehen aber hat die Sklavenmoral gesiegt, die für Nietzsche im Judentum und Christentum ihren Anfang nahm und sich im Wesentlichen durchgesetzt hat.

Wie das geschehen konnte, rekonstruiert Nietzsche in seiner Ressentiment-Theorie. Sie dürfte ihren Ursprung in Platons Dialog *Gorgias* haben, in dem Kallikles folgende Auffassung des guten Lebens vertritt:

> „[W]ie könnte wohl ein Mensch glückselig sein, der irgend wem diente? Sondern das ist eben das von Natur Schöne und Rechte, was ich dir nun ganz frei heraus sage, dass wer richtig leben will, seine Begierden muss so groß werden lassen als möglich, und sie nicht einzwängen, und diesen, wie groß sie auch sind, muss er dennoch Genüge zu leisten vermögen durch Tapferkeit und Einsicht, und worauf seine Begierde jedesmal geht sie befriedigen. Allein dies, meine ich, sind eben die Meisten nicht im Stande, weshalb sie grade solche Menschen tadeln aus Scham, ihr eignes Unvermögen verbergend, und sagen, die Zügellosigkeit sei etwas Schändliches, um, wie ich auch vorher schon sagte, die von Natur besseren Menschen einzuzwängen, und weil sie selbst ihren Lüsten keine Befriedigung zu verschaffen vermögen, so loben sie das Maßhalten und die Gerechtigkeit, ihrer eigenen Feigheit wegen."[572]

Eugen Dühring hatte diese Argumentation zum Kerngedanken seiner Juden- und Rechtskritik gemacht: Gerechtigkeit ist der Rachebegriff der Rechtlosen gegen das Naturrecht der Mächtigen und Starken.[573] Auf

---

572 Platon, Georgias, 491 f. (http://www.opera-platonis.de/Gorgias.pdf).
573 Vgl. E. Dühring, Der Werth des Lebens. Eine philosophische Betrachtung, Breslau 1865. (https://books.google.de/books?id=CWFNAAAAYAAJ&printsec=frontcover

diesen „Berliner Rache-Apostel Eugen Dühring, der im heutigen Deutschland den unanständigsten und widerlichsten Gebrauch vom moralischen Bumbum macht", nimmt auch Nietzsche Bezug.[574] Aber er wechselt von der Rechtssprache zum Krankheitsdiskurs:

> „Die Kranken sind die grösste Gefahr für die Gesunden; *nicht* von den Stärksten kommt das Unheil für die Starken, sondern von den Schwächsten. Weiss man das? [...] Die *Krankhaften* sind des Menschen grosse Gefahr: *nicht* die Bösen, *nicht* die ‚Raubthiere'. Die von vornherein Verunglückten, Niedergeworfnen, Zerbrochnen – sie sind es, die *Schwächsten* sind es, welche am Meisten das Leben unter Menschen unterminiren, welche unser Vertrauen zum Leben, zum Menschen, zu uns am gefährlichsten vergiften und in Frage stellen. [...] Hier wimmeln die Würmer der Rach- und Nachgefühle; hier stinkt die Luft nach Heimlichkeiten und Uneingeständlichkeiten; hier spinnt sich beständig das Netz der bösartigsten Verschwörung, – der Verschwörung der Leidenden gegen die Wohlgerathenen und Siegreichen, hier wird der Aspekt des Siegreichen *gehasst*. [...] Das sind alles Menschen des Ressentiment, diese physiologisch Verunglückten und Wurmstichigen, ein ganzes zitterndes Erdreich unterirdischer Rache, unerschöpflich, unersättlich in Ausbrüchen gegen die Glücklichen und ebenso in Maskeraden der Rache, in Vorwänden zur Rache: wann würden sie eigentlich zu ihrem letzten, feinsten, sublimsten Triumph der Rache kommen? Dann unzweifelhaft, wenn es ihnen gelänge, ihr eignes Elend, alles Elend überhaupt den Glücklichen *in's Gewissen zu schieben*: so dass diese sich eines Tags ihres Glücks zu schämen begönnen und vielleicht unter einander sich sagten: ‚es ist eine Schande, glücklich zu sein! es giebt zu viel Elend!' [...] Aber es könnte gar kein grösseres und verhängnissvolleres Missverständniss geben, als wenn dergestalt die Glücklichen, die Wohlgerathenen, die Mächtigen an Leib und Seele anfingen, an ihrem *Recht auf Glück* zu zweifeln. Fort mit dieser ‚verkehrten Welt'! Fort mit dieser schändlichen Verweichlichung des Gefühls! Dass die Kranken nicht die Gesunden krank machen – und dies wäre eine solche Verweichlichung – das sollte doch der oberste Gesichtspunkt auf Erden sein: – dazu aber gehört vor allen Dingen, dass die Gesunden von den Kranken *abgetrennt* bleiben, behütet selbst vor dem Anblick der Kranken, dass sie sich nicht mit den Kranken verwechseln. Oder wäre es etwa ihre Aufgabe, Krankenwärter oder Ärzte zu sein? [...] Aber sie könnten *ihre* Aufgabe gar nicht schlimmer verkennen und verleugnen, – das Höhere *soll* sich nicht zum Werkzeug des Niedrigeren herabwürdigen, das

---

&dq=Eugen+D%C3%BChring&hl=de&ei=gwnpTbHVDsH0-gb81cS9Dw&sa=X&oi=book__result&ct=result&sqi=2&redir_esc=y#v=onepage&q=Eugen%20D%C3%BChring&f=false).

574 Dritte Abhandlung, Abschnitt 14. KSA 5, 370 (eKGWB/GM-III-14 – Zur Genealogie der Moral: § III – 14. Erste Veröff. 16/11/1887).

1. Ressentiment

Pathos der Distanz soll in alle Ewigkeit auch die Aufgaben aus einander halten! Ihr Recht, dazusein, das Vorrecht der Glocke mit vollem Klange vor der misstönigen, zersprungenen, ist ja ein tausendfach grösseres: sie allein sind die *Bürgen* der Zukunft, sie allein sind *verpflichtet* für die Menschen-Zukunft. Was *sie* können, was *sie* sollen, das dürften niemals Kranke können und sollen: aber *damit* sie können, was nur *sie* sollen, wie stünde es ihnen noch frei, den Arzt, den Trostbringer, den ‚Heiland' der Kranken zu machen? [...] Und darum gute Luft! gute Luft! Und weg jedenfalls aus der Nähe von allen Irren- und Krankenhäusern der Cultur! Und darum gute Gesellschaft, *unsre* Gesellschaft! Oder Einsamkeit, wenn es sein muss! Aber weg jedenfalls von den üblen Dünsten der innewendigen Verderbniss und des heimlichen Kranken-Wurmfrasses! [...] Damit wir uns selbst nämlich, meine Freunde, wenigstens eine Weile noch gegen die zwei schlimmsten Seuchen vertheidigen, die gerade für uns aufgespart sein mögen, – gegen den *grossen Ekel am Menschen! gegen das grosse Mitleid mit dem Menschen!*"[575]

Die Pointe von Nietzsches rhetorischem Ausbruch ist unmissverständlich: Die Starken dürfen sich durch die Schwachen nicht in Haftung nehmen und moralisch erpressen lassen. Wenn die Gesunden anfangen, sich ihrer Gesundheit zu schämen, weil die Kranken ihnen ihr Leid als Ungerechtigkeit aufdrängen, dann ist das keine kulturelle Sublimierungsleistung zu einer solidarischen Mitleidskultur, sondern das angesagte Ende der Menschheit. Wenn die Starken und Gesunden anfangen, Mitleid zu haben mit den Schwachen und Kranken, begeben sie sich in deren Hände und lassen sich von ihnen manipulieren. Dann kommt es zu jener großen Umwertung aller Werte, die menschliches Leben gut und stark machen. Wo das Leben gefeiert werden sollte, herrscht jetzt das Mitleid, und wo das Mitleid herrscht, gehen dem Leben die Kraft, die Lust, die Stärke, der Wille zur Macht aus.

7

Sünde wird von Nietzsche ganz in die Umwertungsbewegung der Werte der Herrenmoral eingeordnet. Sie ist durch und durch ein Produkt des kranken Ressentiments, das im Christentum seinen kulturellen Ausdruck gefunden hat.

> „Man soll das Christenthum nicht schmücken und herausputzen: es hat einen *Todkrieg* gegen diesen *höheren* Typus Mensch gemacht, es hat alle Grundinstinkte dieses Typus in Bann gethan, es hat aus diesen Instinkten das Böse, *den*

---

575 Ebd.

Bösen herausdestillirt, – der starke Mensch als der typisch Verwerfliche, der ‚verworfene Mensch'. Das Christenthum hat die Partei alles Schwachen, Niedrigen, Missrathnen genommen, es hat ein Ideal aus dem *Widerspruch* gegen die Erhaltungs-Instinkte des starken Lebens gemacht; es hat die Vernunft selbst der geistigstärksten Naturen verdorben, indem es die obersten Werthe der Geistigkeit als sündhaft, als irreführend, als *Versuchungen* empfinden lehrte. Das jammervollste Beispiel – die Verderbniss Pascals, der an die Verderbniss seiner Vernunft durch die Erbsünde glaubte, während sie nur durch sein Christenthum verdorben war!"[576]

Das Christentum ist der kulturelle Wirklichkeit gewordene Todestrieb der Menschheit, die Sünde das moralische Instrument, mit dem er umgesetzt wird.

Der erste Schritt zur Befreiung vom kulturellen Harakiri des Christentums ist deshalb die Befreiung von der Sündenfixierung. „Wir haben uns freigemacht von vielen Vorstellungen – Gott ewiges Leben vergeltende jenseitige und diesseitige Gerechtigkeit, Sünde Erlöser Erlösungsbedürftigkeit –; eine Art vorübergehende Krankheit verlangt einen Ersatz an die leeren Stellen hin, die Haut schaudert etwas vor Frost, weil sie früher hier bekleidet war."[577] Nietzsche sieht richtig, dass es bei der Sünde um einen „Frevel an Gott" geht und nicht um einen „Frevel an der Welt".[578] „Die Lehren des Christenthums von der Sünde sind hinfällig geworden wegen des Hinfalls Gottes."[579] Mit der Gottesvorstellung löst sich auch das Sündenthema auf:

> „Fällt aber die Vorstellung des Gottes weg, so auch das Gefühl der ‚Sünde' als eines Vergehens gegen göttliche Vorschriften, als eines Fleckens an einem gottgeweihten Geschöpfe. Dann bleibt wahrscheinlich noch jener Unmuth übrig, welcher mit der Furcht vor Strafen der weltlichen Gerechtigkeit, oder vor der Missachtung der Menschen, sehr verwachsen und verwandt ist; der Unmuth der Gewissensbisse, der schärfste Stachel im Gefühl der Schuld, ist immerhin abgebrochen, wenn man einsieht, dass man sich durch seine Handlungen wohl gegen menschliches Herkommen, menschliche Satzungen und Ordnungen vergangen habe, aber damit noch nicht das ‚ewige Heil der Seele' und ihre Beziehung zur Gottheit gefährdet habe. Gelingt es dem Menschen zuletzt noch, die philosophische Ueberzeugung von der unbedingten Noth-

---

576 eKGWB/AC-5 – Der Antichrist: § 5. Druckfertig 20/11/1888.
577 eKGWB/NF-1876,23[110] – Nachgelassene Fragmente Ende 1876 – Sommer 1877.
578 eKGWB/WS-81 – Menschliches Allzumenschliches II: § WS – 81. Erste Veröff. 18/12/1879.
579 eKGWB/NF-1884,25 [441] – Nachgelassene Fragmente Frühjahr 1884.

wendigkeit aller Handlungen und ihrer völligen Unverantwortlichkeit zu gewinnen und in Fleisch und Blut aufzunehmen, so verschwindet auch jener Rest von Gewissensbissen."[580]

Jeder Anlass zur Rede von Sünde hat sich erübrigt, wenn man den Gottesirrtum durchschaut hat und erkennt, dass keine Handlung im Leben anders hätte sein können, als sie tatsächlich war, so dass es nichts zu bereuen gibt. Gott ist nicht der große Verantwortliche für alles, und wir sind es erst recht nicht. Ein Gefühl der Verantwortlichkeit für Geschehenes ist grundsätzlich unangebracht, denn es hätte ja gar nicht anders sein können, als es ist. Damit hat sich die Sünde erledigt. „Der Irrthum steckt nicht nur im Gefühle ‚ich bin verantwortlich', sondern eben so in jenem Gegensatze ‚ich bin es nicht, aber irgendwer muss es doch sein.'"[581] Wo es keine Verantwortlichkeit gibt, kann es auch keine Sünde geben, und wo es keine Sünde gibt, hat sich auch die Frage nach der Verantwortlichkeit erledigt.

Das Christentum lebt von dieser Logik. Um sein Heilsangebot an die Menschen zu bringen, muss es sie zu Sündern machen. „Erst das Christenthum hat den Teufel an die Wand der Welt gemalt; erst das Christenthum hat die Sünde in die Welt gebracht. Der Glaube an die Heilmittel, welche es dagegen anbot, ist nun allmählich bis in die tiefsten Wurzeln hinein erschüttert: aber immer noch besteht der Glaube an die Krankheit, welchen es gelehrt und verbreitet hat."[582] Wir glauben heute zwar nicht mehr an das Heil, das die Christen verkünden, aber wir glauben immer noch an die Krankheit, die dadurch geheilt werden sollte, anstatt zu sehen, dass mit der Destruktion des Heilsmittels auch die Sünde destruiert ist, die es heilen sollte.

Auf diesen abstrusen Konnex zu verfallen, ist eine nicht zu unterschätzende kulturelle Leistung. „Die Sünde erfinden und dann den erlösenden Zustand ist die unvergleichlichste Leistung der Menschheit. Diese Tragödie macht die anderen sehr blaß!"[583] Wer durchschaut, dass

---

580 eKGWB/MA-133 – Menschliches Allzumenschliches I: § 133. Erste Veröff. 07/05/1878.
581 eKGWB/VM-33 – Menschliches Allzumenschliches II: § VM – 33. Erste Veröff. 20/03/1879.
582 eKGWB/WS-78 – Menschliches Allzumenschliches II: § WS – 78. Erste Veröff. 18/12/1879.
583 eKGWB/NF-1880,7[251] – Nachgelassene Fragmente Ende 1880.

es sich um keine Realität handelt, sondern um ein Konstrukt des Ressentiments der Unterlegenen, Unbedeutenden, Schwachen und Kranken, der sollte alles daran setzen, mit dem Begriff der Sünde auch den der Strafe los zu werden: „Schaffen wir den Begriff der *Sünde* aus der Welt – und schicken wir ihm den Begriff der *Strafe* bald hinterdrein!"[584]

Um das zu beschleunigen, versucht Nietzsche den Begriff der Sünde als „Jüdelei" zu erweisen: „Sünde, so wie sie jetzt überall empfunden wird, wo das Christenthum herrscht oder einmal geherrscht hat: Sünde ist ein jüdisches Gefühl und eine jüdische Erfindung, und in Hinsicht auf diesen Hintergrund aller christlichen Moralität war in der That das Christenthum darauf aus, die ganze Welt zu ‚verjüdeln'."[585] Deshalb kann Nietzsche das Christentum insgesamt als „emancipirtes Judenthum" bezeichnen, als eine „*Religion der Sünde* (des Vergehens *an Gott* als *einziger* Art der Vergehung, als einziger Ursache alles Leidens überhaupt), mit einem Universalmittel gegen sie. Es giebt nur an Gott Sünde; was gegen den M[enschen] gefehlt ist, darüber soll der Mensch nicht richten, noch Rechenschaft fordern, es sei denn im Namen Gottes."[586] Und er behauptet:

> „Ich bin nicht eine Stunde meines Lebens Christ gewesen: ich betrachte alles, was ich gesehen habe, als Christenthum, als eine *verächtliche Zweideutigkeit der Worte*, eine wirkliche *Feigheit* vor allen Mächten, die sonst herrschen [...] Christen der allgemeinen Wehrpflicht, des parlamentarischen Stimmrechts, der Zeitungs-Cultur und zwischen dem Allen von ‚Sünde' ‚Erlösung' ‚Jenseits' Tod am Kreuze redende –: wie kann man in einer solchen unsauberen Wirthschaft es aushalten!"[587]

Das ganze Sündenthema wird so unter dem Stichwort der methodisch betriebenen „psychologischen Falschmünzerei" abgelegt: Es ist eingeführt, um Wirkungen zu erklären, die es nicht gibt, und um ein „Heil" notwendig zu machen, das niemand braucht.[588]

---

584 eKGWB/M-202 – Morgenröthe: § 202. Erste Veröff. 31/07/1881.
585 eKGWB/FW-138 – Die fröhliche Wissenschaft: § 138. Erste Veröff. 10/09/1882.
586 eKGWB/NF-1887,10[91] – Nachgelassene Fragmente Herbst 1887.
587 eKGWB/NF-1887,11[251] – Nachgelassene Fragmente November 1887 – März 1888.
588 eKGWB/NF-1888,14[179] – Nachgelassene Fragmente Frühjahr 1888. Eine ausführliche Widerlegung von Nietzsches Ressentiment-Analyse der christlichen Moral versucht Max Scheler in seiner Schrift: Das Ressentiment im Aufbau der Moralen (1912), hrsg. M. S. Frings, Frankfurt a. M. ³2017 und seiner Gegenschrift: Zur Phä-

8

Das ist die Grundformel von Nietzsches sozialphilosophischer Dekonstruktion der Sünde. Sie wird als ein fiktives Problem präsentiert (Sündenschuld), das eine ressentimentgeleitete Priesterkaste einer Herde von Schlechtweggekommenen erfunden hat, um diesen eine fiktive Lösung aufzudrängen (Erlösung von der Sünde), von der die Priester profitieren, weil es ihnen Macht und Ansehen gibt. Doch in Wirklichkeit hat niemand dieses Problem, und deshalb bedarf es auch keiner Lösung durch göttliche Erlösung und deren Vermittlung durch eine Priesterkaste. Niemand muss erlöst werden, weil niemand in Sünde steckt. Das ganze Denkgebäude ist auf Wolken gebaut und entwirft eine reine Fiktions-Welt.

> „Weder die Moral noch die Religion berührt sich im Christenthume mit irgend einem Punkte der Wirklichkeit. Lauter imaginäre Ursachen (‚Gott‘, ‚Seele‘, ‚Ich‘ ‚Geist‘, ‚der freie Wille‘ – oder auch ‚der unfreie‘); lauter imaginäre Wirkungen (‚Sünde‘, ‚Erlösung‘, ‚Gnade‘, ‚Strafe‘, ‚Vergebung der Sünde‘). Ein Verkehr zwischen imaginären Wesen (‚Gott‘ ‚Geister‘ ‚Seelen‘); eine imaginäre Naturwissenschaft (anthropocentrisch; völliger Mangel des Begriffs der natürlichen Ursachen) eine imaginäre Psychologie (lauter Selbst-Missverständnisse, Interpretationen angenehmer oder unangenehmer Allgemeingefühle, zum Beispiel der Zustände des nervus sympathicus mit Hülfe der Zeichensprache religiös-moralischer Idiosynkrasie, – ‚Reue‘, ‚Gewissensbiss‘, ‚Versuchung des Teufels‘, ‚die Nähe Gottes‘); eine imaginäre Teleologie (‚das Reich Gottes‘, ‚das jüngste Gericht‘, ‚das ewige Leben‘). – Diese reine Fiktions-Welt unterscheidet sich dadurch sehr zu ihren Ungunsten von der Traumwelt, dass letztere die Wirklichkeit wiederspiegelt, während sie die Wirklichkeit fälscht, entwerthet, verneint. Nachdem erst der Begriff ‚Natur‘ als Gegenbegriff zu ‚Gott‘ erfunden war, musste ‚natürlich‘ das Wort sein für ‚verwerflich‘, – jene ganze Fiktions-Welt hat ihre Wurzel im Hass gegen das Natürliche (– die Wirklichkeit! –), sie ist der Ausdruck eines tiefen Missbehagens am Wirklichen [...] Aber damit ist Alles erklärt. Wer allein hat Gründe sich wegzulügen aus der Wirklichkeit? Wer an ihr leidet. Aber an der Wirklichkeit leiden heisst eine verunglückte Wirklichkeit sein [...] Das Übergewicht der Unlustgefühle über die Lustgefühle ist die Ursache jener fiktiven Moral und Religion: ein solches Übergewicht giebt aber die Formel ab für décadence."[589]

---

nomenologie und Theorie der Sympathiegefühle und von Liebe und Hass (1913), Stuttgart-Bad Cannstatt 2011.
589 eKGWB/AC-15 – Der Antichrist: § 15. Druckfertig 20/11/1888.

Nietzsches methodischer Schlüssel für diese Dekonstruktion der Sünde ist der Begriff einer *imaginären Ursache imaginärer Wirkungen*. Darunter verrechnet er alles, was in der europäischen Kulturgeschichte als Religion und Moral der Massen aufgetreten ist.

„*Der ganze Bereich der Moral und Religion gehört unter diesen Begriff der imaginären Ursachen.* – ‚Erklärung' der unangenehmen Allgemeingefühle. Dieselben sind bedingt durch Wesen, die uns feind sind (böse Geister: berühmtester Fall – Missverständniss der Hysterischen als Hexen). Dieselben sind bedingt durch Handlungen, die nicht zu billigen sind (das Gefühl der ‚Sünde', der ‚Sündhaftigkeit' einem physiologischen Missbehagen untergeschoben – man findet immer Gründe, mit sich unzufrieden zu sein). Dieselben sind bedingt als Strafen, als eine Abzahlung für Etwas, das wir nicht hätten thun, das wir nicht hätten *sein* sollen."[590]

Und Nietzsche schließt:

„Der Buddhismus ist hundert Mal realistischer als das Christenthum, – er hat die Erbschaft des objektiven und kühlen Probleme-Stellens im Leibe, er kommt nach einer Hunderte von Jahren dauernden philosophischen Bewegung, der Begriff ‚Gott' ist bereits abgethan, als er kommt. Der Buddhismus ist die einzige eigentlich positivistische Religion, die uns die Geschichte zeigt, auch noch in seiner Erkenntnisstheorie (einem strengen Phänomenalismus –), er sagt nicht mehr ‚Kampf gegen Sünde', sondern, ganz der Wirklichkeit das Recht gebend, ‚Kampf gegen das Leiden'. Er hat – dies unterscheidet ihn tief vom Christenthum – die Selbst-Betrügerei der Moral-Begriffe bereits hinter sich, – er steht, in meiner Sprache geredet, jenseits von Gut und Böse."[591]

Deshalb

„muss man anfangen, umzulernen. Das, was die Menschheit bisher ernsthaft erwogen hat, sind nicht einmal Realitäten, blosse Einbildungen, strenger geredet, Lügen aus den schlechten Instinkten kranker, im tiefsten Sinne schädlicher Naturen heraus – alle die Begriffe ‚Gott', ‚Seele', ‚Tugend', ‚Sünde', ‚Jenseits', ‚Wahrheit', ‚ewiges Leben' [...] Aber man hat die Grösse der menschlichen Natur, ihre ‚Göttlichkeit' in ihnen gesucht [...] Alle Fragen der Politik, der Gesellschafts-Ordnung, der Erziehung sind dadurch bis in Grund und Boden gefälscht, dass man die schädlichsten Menschen für grosse Menschen nahm, – dass man die ‚kleinen' Dinge, will sagen die Grundangelegenheiten des Lebens selber verachten lehrte [...]."[592]

---

590 eKGWB/GD-Irrthuemer-6 – Götzen-Dämmerung: Die vier grossen Irrthümer, § 6. Erste Veröff. 24/11/1888.
591 eKGWB/AC-20 – Der Antichrist: § 20. Druckfertig 20/11/1888.

Sünde hat nichts mit diesen Grundangelegenheiten des Lebens zu tun, im Gegenteil, sie ist deren systematische Verfälschung und Ausblendung. Nur wer sich nicht mehr von der Sünde den Geist verdunkeln und den Mut nehmen lässt, kann die wahre Zukunft der Menschen erahnen. Erst eine Kultur, in der die Sünde konsequent als Ressentiment-Konstrukt durchschaut und damit dekonstruiert ist, schafft die Möglichkeit für eine konsequente Ausrichtung auf die Zukunft des neuen Menschen. Nur ohne Sünde hat die Menschheit eine Zukunft. Aber ohne Sünde ist sie nicht durch eine wie auch immer verstandene Erlösung, sondern dadurch, dass man aufhört, die Sünde ernst zu nehmen. Sie ist ein psychologisches Konstrukt des Ressentiments der Schwachen gegen die Starken, ein Krankheitssymptom, das kein Heilmittel benötigt, sondern sich durch Aufklärung selbst auflöst. Wer an die Scheinwirkungen der Scheinwirklichkeit der Sünde nicht mehr glaubt, kann auch auf das Scheinheil ihrer Überwindung durch Gott verzichten. Was es nicht gibt, an dem kann man nicht leiden und von dem muss man sich nicht heilen lassen.

9

Oder vielleicht doch? Leidet man vielleicht gerade daran, dass man zwar an der Sünde nicht mehr leiden kann, aber feststellt, dass man immer noch leidet, nun aber nicht nur keine Erklärung, sondern auch keine Sprache mehr dafür hat? Der Rekurs auf die Sünde war nie nur das, was Nietzsche hervorhebt: eine fiktive negative Beschreibung der menschlichen Situation, um dann umso heller die fiktiven Heilsangebote des Christentums ausbreiten zu können. Nietzsche sieht zwar richtig, dass die Rede von der Sünde und die Rede vom Heil unlöslich verknüpft sind. Aber er konstruiert ihre Beziehung gerade umgekehrt zu Paulus. Seine Formel lautet: „Ohne Sünde, kein Heil und keine Notwendigkeit, von Heil und Erlösung zu reden". Paulus dagegen argumentiert: „Die Wirklichkeit des Heils erweist die Wirklichkeit der Sünde, denn was Gott gut macht, das war nicht so, dass es auch ohne Gott gut gewesen wäre." Für Nietzsche entwerfen die Christen eine Sünden-Sicht der Welt, um die Menschen durch ihr Heilsangebot an sich und damit an eine fremde Autorität zu binden. Für Paulus ist die Sünden-Sicht der Welt die Rück-

---

592 eKGWB/EH-Klug-10 – Ecce homo: Warum ich so klug bin, § 10. Druckfertig 02/01/1889.

seite der Erfahrung des Guten, das Gott im Leben der Menschen wirkt. Er geht von der Wirklichkeit des Heils aus, Nietzsche von der Scheinwirklichkeit eines unnötigen Heilsversprechens und einer gefährlichen Heilsverführung. Der entscheidende Differenzpunkt ist, dass Nietzsche Gott für eine verunglückte Denkfigur eines völlig lebensfeindlichen Denkens versteht, als faustgrobes Verbot eigenen Denkens, Paulus dagegen als Kurzformel der Wirklichkeit, die ins Leben einbricht und alles verändert, weil sie alles neu zu sehen lehrt. Wo Paulus ganz auf die Widerfahrnis von Gottes wirksamer Gegenwart setzt, begnügt sich Nietzsche mit dem Rekurs auf die Instinkte, den Willen und die Vitalkräfte des physischen Lebens. Dass in diesem Horizont Gott kein Thema sein kann, verwundert nicht. Aber dass das Gottesthema der Schlüssel ist, nicht eine Hinterwelt hinter der realen Welt vorzuspiegeln, sondern eine ganz andere Einstellung zur realen Welt zu gewinnen, sieht er nicht. Dass es alles verändert, ob man als Tier unter Tieren in einer vergänglichen Welt lebt oder als Gottes Geschöpf unter Gottes Geschöpfen mit einem Auftrag und einer Pflicht, sich für andere einzusetzen und deren Leben durch das eigene Leben nicht nur nicht zu behindern und zu schädigen, sondern zu fördern und zu stärken, das bleibt ein ihm fremder Gedanke. Für ihn ist die Mitleidshaltung des Christentums ein bloßer Ausdruck des Ressentiments der Zukurzgekommenen, die den Starken das Leben neiden. Dass sie Ausdruck und Manifestation einer Stärke sein könnte, die das eigene Leben nicht nur in Abgrenzung gegen das der anderen sieht, sondern es in seiner unlöslichen Verwobenheit mit dem der anderen begreift, so dass man das Gute im eigenen Leben nicht leben kann, ohne andere daran zu beteiligen, die nicht damit gerechnet hätten, das sieht er nicht. Er denkt durchgehend vom Leiden der Unterprivilegierten aus, durch das sich die Privilegierten nicht aus der Fassung bringen lassen sollen. Das Christentum dagegen denkt von der Widerfahrnis des Guten her und sieht daher alles, auch das eigene und fremde Leiden, in einem anderen Licht: als einen Anlass zu Hoffnung auf Besserung und nicht zur trostlosen Auflehnung gegen eine Wirklichkeit, gegen die man nichts auszurichten vermag.

2. SEXISMUS:
DIE IDEOLOGISCHE DEKONSTRUKTION DER SÜNDE

1

Nietzsches Ressentimentanalyse wurde das ideologische Argumentationsparadigma für eine Vielzahl sozialkritischer Bewegungen im 20. Jahrhundert.[593] Man definiert sich im Kontrast zu einer Position, deren Wertorientierungen negativ charakterisiert werden, weil sie das Gegenteil der eigenen, für positiv gehalten Wertorientierungen sind.

Diese Umwertung der Werte ist aber keine schlichte Umkehrung der Wertung, so dass jetzt als positiv gilt, was vorher negativ war. Die Sache ist komplizierter, wie sich am Umgang mit der Negation der abgelehnten Position zeigt. Was die abgelehnte Position verwirft, ist nicht unbedingt das, was man selbst vertritt: Man kann das ebenfalls ablehnen. Die eigene Ablehnung erstreckt sich dann nicht nur auf das, was die abgelehnte Position vertritt, sondern auch auf das, was diese verwirft. Wer die antiken Griechen kritisiert, weil sie alle anderen als Barbaren bezeichneten, muss nicht selbst die Position eines Barbaren einnehmen, sondern kann die ganze Unterscheidung zwischen Griechen und Barbaren in Frage stellen, also eine von beiden verschiedene Position einnehmen. Die eigene, positiv bewertete Position steht damit nicht nur im Gegensatz zur abgelehnten Position (Griechen), sondern zu dem ganzen von dieser Position vertretenen Gegensatz zwischen Positivem und Negativem (Griechen vs. Barbaren): Der neue Gegensatz ist nicht eine Seite des alten Gegensatzes, sondern nimmt beiden Seiten des alten Gegensatzes gegenüber eine neue Position ein.

Das zeigt sich besonders deutlich am Umgang der feministischen Theologien mit dem Sündenproblem.[594] Für sie ist es ein „unbestritte-

---

593 Unter „Ideologie" verstehe ich jedes System von Ideen (Normen, Werten, Rechten), das von Menschen zur Orientierung im Leben, zur Beurteilung und Rechtfertigung von Ansichten und Handlungen und zur Stabilisierung oder Veränderung von Machtverhältnissen entworfen oder herangezogen wird. Ideologien können von Einzelnen oder Gruppen vertreten werden, sie werden durch Abgrenzungen von anderen Ideologien aufgebaut und sie können nicht generalisiert und damit zur Ideologie von vielen oder gar allen werden, ohne dass interne Schuldifferenzen aufbrechen, die sich gegenseitig das Recht streitig machen, für diese Ideologie zu sprechen.

594 Man muss hier im Plural reden, weil es „feministische Theologie" nicht nur in

ner Konsens", dass man zur Konkretisierung der Sündenthematik nicht nur von Männererfahrungen, sondern auch und vor allem von Frauenerfahrungen ausgehen müsse.[595] Zuweilen wird dabei eine schlichte Umpolung postuliert und praktiziert: Wo Männererfahrungen waren, sollen Frauenerfahrungen sein. Das erschließt kein Neuland, sondern wiederholt nur das Alte in umgekehrter Weise. Die eine Einseitigkeit wird durch eine andere abgelöst.

Das ist anders in denjenigen Entwürfen feministischer Theologie, in denen es nicht nur darum geht, den Dual von der anderen Seite her aufzubauen, sondern über diesen Dual hinauszukommen. Mit Hilfe der Unterscheidung von „Männersünde" und „Frauensünde" wird nur die überkommene Sündenrede als patriarchalische Verkürzung kritisiert und als diskriminierender Sexismus destruiert: Sie präsentiert eine Sicht der Sünde und der Frau aus männlicher Perspektive, ohne die Eigensicht der Frau sowie ihre Sicht auf Sünde und sich selbst mit zu bedenken. Damit bleibt sie von Anfang bis Ende ein diskriminierender männlicher Blick auf ein selbsterzeugtes männliches Problem. Darüber hinaus wird beansprucht, dass das Konzept der „Frauensünde" nicht nur das Gegenkonzept zur „Männersünde" ist, sondern dass es sowohl zu dem, was von Männern vertreten wird, als auch zu dem, was von ihnen abgelehnt wird, in einem Differenzverhältnis steht. Während Männersünde sich im Gegensatz zur Frauensünde erschöpft, weist die Frauensünde über diesen Gegensatz hinaus, weil ihre Überwindung zugleich auch die Überwindung der Männersünde und der sie definierenden Gegensätzlichkeiten ist.

So oder so wird eine methodische Differenz postuliert zwischen einem "masculine approach" und einem "feminine approach" zur Sünde.[596] "For generations", schreibt Sharon Drury,

> "sinfulness has been defined mostly by males [...] as selfishness, self-assertion, the will-to-power, pride, exploitation, and treating people as objects instead of

---

einem Sinn gibt, sondern letztlich in so vielen Versionen und Subdivisionen, wie es Frauen und Männer gibt, die sich mit "Women's Studies in Religion" oder mit "Gender Studies in Religion" befassen. Vgl. Women's Studies in Religion, Encyclopedia of Religion, Encyclopedia.com. 22 Dec. 2018 [https://www.encyclopedia.com].

595 Vgl. E. Hartlieb, Die feministische Rede von der Sünde, in: S. Brandt/M. H. Suchocki/ M. Welker (Hrsg.), Sünde, 1997, 162.

596 S. Drury, A Masculine vs. Feminine Approach to Sin (April 20, 2015) (https://www.seedbed.com/a-masculine-versus-feminine-approach-to-sin/) (2/3/2019).

persons. Love (the opposite of sin) has therefore been defined as selflessness and self-sacrifice for the sake of others. This male oriented view of sin has so dominated Christian preaching and teaching that sanctification is almost invariably presented as surrendering self, sacrificing ego, crucifying the desire for power, and mortifying personal pride. The sanctified life is thus seen as dedicating oneself to the interest of others, being gentler, submissive, and even passive. But this approach presents a problem for women."[597]

So von Sünde und Heil zu reden, lässt sich kaum mit der Erfahrung von Frauen vereinbaren. Aus biologischen und kulturellen Gründen

> "many women tend to already live a life oriented to others. When women hear the usual-suspect list of sins, they [are] being totally honest when they say they have always been this way. A call to surrender self and serve others, for many women, is to call them to do the very thing they are already doing and perhaps have done too much. Some women have so negated themselves and merged their lives into others that they hardly have a self. Many women have such low esteem that their self is nowhere available to surrender."

Im Gegensatz zu den Männern besteht ihre Sünde in der „sin of hiding" (Susan Nelson Dunfee) "which is opposite to the sin of pride and its antidote of self-sacrifice. Thus when women respond to the average male initiated call to sanctification, we presume we must already be sanctified, since we always have lived above these sorts of sins."[597] Das heißt nicht, dass nur Männer sündig sein könnten und nicht auch Frauen. Auch "women face sinfulness just like men", nur eben auf ganz andere Weise.

> "Many women have negated self so much that we no longer have a self to surrender to God. The primary meaning many of us find is in identification with the lives of others. When the husband or children are joyful, sad, or pensive, we feel likewise, taking on the feelings of others, instead of being a self that is related to God apart from these relationships. Women are not inherently more 'good' than males. Women are just as sinful, but in different ways."[598]

Ihre Sünden sind eher die "sins of distraction, diffuseness, triviality, sentimentality, avoiding responsibility, mistrusting reason, lacking centeredness, disrespect of boundaries, and passivity", und nicht wie bei den Männern "lust, rage, and power-seeking. Women can be tempted to

---

597 Ebd.
598 Ebd.

find their identity completely in others instead of God and are tempted to give their entire selves to others, leaving no self left to surrender to God. Some cannot love others as they do themselves, for they have no self to love."[599] Während bei Männern Sünde typischerweise als Selbstsucht, Machtstreben und Selbstliebe auftritt, trete sie bei Frauen gerade umgekehrt als Selbstverachtung, Selbstverleugnung und Selbstverlust auf. Steht bei Männern das übergroße Ego zwischen ihnen und Gott, so ist bei Frauen gerade umgekehrt das Fehlen eines eigenen Selbsts das Problem. Viele Männer sehen immer nur sich, viele Frauen dagegen sehen sich nie. Beides unter einen Begriff der Sünde zu subsumieren, sei ein grundlegender Fehler.

2

Seit den 70er Jahren des vergangenen Jahrhunderts wird dementsprechend ein breites Spektrum feministisch-theologischer Ansätze entwickelt, die das überkommene Verständnis von Sünde als patriarchalisch verzerrt kritisieren und als Ausdruck eines diskriminierenden Sexismus zu destruieren suchen. Die Vorwürfe sind nicht unberechtigt. Spätestens seit dem 2. Jahrhundert v. Chr. wurde immer wieder wiederholt, was in apokryphen Texten, aber nicht in der Genesisgeschichte zu lesen ist: „Von einer Frau nahm die Sünde ihren Anfang, ihretwegen müssen wir alle sterben."[600] Die darin ausgesprochene negative Sicht der Frau hat sich tief in das symbolische Gefüge der westlichen Gesellschaft eingegraben. Frauen sind Verführerinnen und Sünderinnen, sie sind verantwortlich für das Böse in der Welt und sie haben Schuld an der Unvollkommenheit der Schöpfung. Dass der Mann die Frau sexuell begehrt, wird zum Symptom seiner Sündigkeit, und dass die Frau sexuell zum Mann hingezogen ist, erweist sie als Verbreiterin der Sünde. Die Frau ist Sünderin, der Mann der von ihr verführte Sünder. Will er seine Sünde bekämpfen, muss er sich gegen die Verführungskünste der Frau zur Wehr setzen. Sündenbekämpfung wird Frauenbekämpfung und sexuelle Enthaltsamkeit zum Ausdruck der Sündenabstinenz.

Diese unheilvolle Verknüpfung von Frau und Sünde wirkt sich besonders folgenreich in der augustinischen Deutung des Sündenfalls und

---

599 Ebd.
600 Jesus Sirach, Kap. 25. Vgl. http://www.bpb.de/apuz/197973/erfindungen-von-suende-und-geschlecht?p=all.

der Erbsünde aus. Sünde wird als sexuelle Verführung verstanden. Sie wird durch den Geschlechtsakt übertragen. Und sie ist in allen sexuellen Beziehungen am Werk. Die Scheidelinie verläuft nicht mehr, wie bei Paulus, zwischen akzeptierten Geschlechtsbeziehungen (Ehe) und nicht akzeptieren Verirrungen (gleichgeschlechtliche Beziehungen), sondern jede sexuelle Beziehung ist mit dem Makel behaftet, das Einfallstor für die Sünde zu sein. Deshalb durchzieht das Loblied auf die Ehelosigkeit, die Keuschheit und den Verzicht auf körperliche Liebe die westliche Kultur- und Religionsgeschichte wie ein roter Faden. Wer Sünde vermeiden will, muss die Frauen meiden, und wer sich von der Sünde befreien will, muss sich von den Frauen lossagen.

Um diese zutiefst fragwürdige Sicht zu korrigieren, wird seit den siebziger Jahren des vergangenen Jahrhunderts versucht, ein nichtpatriarchalisches Sündenverständnis zu entwickeln, das nicht durch den männlichen Blick entstellt wird und damit für Frauen zutreffender ist.[601] Dabei wird allerdings immer wieder in fataler Weise die Verkehrung, gegen die man sich zur Wehr setzt, in den eigenen Versuchen unter umgekehrtem Vorzeichen fortgesetzt. Hier wie dort ist nicht die Differenz zwischen Gott und Geschöpf die Leitdifferenz der Sünden-Debatte, sondern die zwischen Männern und Frauen. Alles wird auf diesen Gender-Grunddual bezogen, auch wenn er im Laufe der Debatte selbst vom Postfeminismus als Form des Sexismus desavouiert wird.[602] Und je nachdrücklicher es um Sexismus geht, desto eindeutiger werden die überkommene Rede von der Sünde und die mit ihr verknüpften biblischen Narrative als Kampfbegriff des Patriarchats gegen die Frauen destruiert.

3

Ausgangspunkt dieser Versuche ist fast immer die Rede von der Sünde als Hybris oder *superbia*, wie sie sich in der Tradition von Augustinus bis

---

601 Vgl. Chr. Schaumberger/L. Schottroff, Schuld und Macht, München 1988; L. Scherzenberg, Sünde und Gnade in der Feministischen Theologie, JBTh 9: Sünde und Gericht (1994), 261–283; Dies., Sünde und Gnade in der Feministischen Theologie, Mainz 2001. Vgl. B. Kruhöffer, Reflexionen über „das Böse". Sprachliche Differenzierungen in Auseinandersetzung mit der Theologie Wolfhart Pannenbergs, Münster 2002, 103–108. Die folgenden Ausführungen knüpfen daran an.

602 Vgl. E. Fels/D. Fink, Was ist Sexismus? Was haben feministische Strategien mit Transgender-Politiken zu tun? (http://gendertalk.transgender.at/sexismus.htm).

Paul Tillich, Reinhold Niebuhr oder Wolfhart Pannenberg findet. Diese Bestimmung wird als eine fragwürdige Generalisierung kritisiert, und zwar aus mehreren Gründen.

Erstens werde die Vielzahl von Bestimmungen von Sünde damit auf ein einziges Verständnis verengt und so das Potential biblischer Einsichten zu einer differenzierten Beschreibung der menschlichen Situation mit Hilfe des Sündengedankens unangemessen verspielt. Doch Sünde ist mehr als nur Begierde, Ichsucht und Hochmut, sie ist auch Übertretung, Schuld, Verfehlung, Unrecht, Unheil, Verwundung, Krankheit, Gefangenschaft, Verstrickung ins Böse und Todesverfallenheit, sie ist neben individueller auch strukturelle oder gesellschaftliche Sünde, die sich nicht reduzieren lässt auf ein ichsüchtiges „Verzweifelt-nicht-man-selbst-sein-Wollen" oder ein „Verzweifelt-wie-Gott-sein-Wollen".[603] Zum anderen sei diese Zuspitzung unvereinbar mit einem nicht dogmatistischen, sondern suchend und hypothetisch verfahrenden Theologieverständnis. „Wird ‚Hochmut' als Kern des Menschseins, als etwas alle Menschen Betreffendes, sogar empirisch nicht Abweisbares gewertet, verliert theologische Rede von der ‚Sünde' ihren hypothetischen Charakter, die ‚Wahrheit der Sünde' wird auf einen Sachverhalt festgelegt und nicht offen gehalten."[604] Schließlich und vor allem wird kritisiert, dass die Rede von der Sünde als Hybris oder Hochmut unter Gendergesichtspunkten eine fragwürdige anthropologische Pauschalisie-

---

Sowohl „lesbische als auch postkoloniale Feministinnen [protestierten] vehement gegen die Annahme einer universalen Kategorie ‚Frau', welche als Opfer des Sexismus betrachtet wurde". „Postkoloniale Feministinnen warfen dem Feminismus daher vor, dass dessen Bestimmung des ‚Frau-Seins' aus der Perspektive weißer Mittelschichtsfrauen verfasst sei. Die Kategorie ‚Frau' schließe alle nicht-weißen Frauen aus." Die von Fels und Fink skizzierte Entwicklung belegt die Richtigkeit der Analyse Nietzsches, dass eine Ideologie, die zur Ideologie von allen wird, nicht mehr die Möglichkeiten bietet, mich durch sie von anderen abzugrenzen und mich im Gegensatz zu ihnen zu definieren. Je umfassender eine Ideologie vertreten wird, desto größer ist die Wahrscheinlichkeit, dass intern Differenzen aufbrechen, weil die Außendifferenz zu anderen Sichtweisen und den Sichtweisen anderer nicht mehr genügt, um die eigene Identität zu definieren.

603 Vgl. H.-J. Klauck, Heil ohne Heilung? Zu Metaphorik und Hermeneutik der Rede von Sünde und Vergebung im Neuen Testament, in: H. Frankemölle (Hrsg.), Sünde und Erlösung im Neuen Testament, Freiburg 1996, 18–52; Th. Söding, Vergebung der Sünden. Soteriologische Perspektiven des Neuen Testaments, ZThK 115 (2018), 402–424.
604 Kruhöffer, Reflexionen (s. Anm. 601), 102.

rung sei, die wichtige Unterschiede zwischen Männern und Frauen ignoriere.[605] Statt pauschal von *superbia* zu reden, müsse man zwischen „Frauensünde" und „Männersünde" unterscheiden.[606] Valerie Saiving Goldstein begründet das mit dem Hinweis auf die unterschiedliche Identitätsentwicklung von Frauen und Männern,[607] Susan Nelson Dunfee mit der Erinnerung an die unterschiedliche Rollensozialisation von Frauen und Männern in der Gesellschaft. Kern der Kritik ist, dass die überkommene theologische Rede von Sünde in Androzentrismus und patriarchale Strukturen und Denkformen verstrickt sei. Die „Engführung des Sündenbegriffs auf Stolz bzw. Hybris" fordert „eine Selbstlosigkeit und Selbstaufgabe", die „einer Emanzipation von Frauen im Wege steht"[608]. Frauen leiden in der Regel nicht an einem aufgeblähten Ego, sondern die „weibliche Sünde" ist eher die „Unterentwicklung oder Negation des Ich".[609] Der Makel der Frauen ist, dass sie sich scheuen, sie selbst zu sein. „Anders als die männliche Sünde der Hybris, des Seinwollens-wie Gott, sind Frauen von sich und Gott entfremdet, indem sie nicht mal sie selbst sein können."[610]

Die traditionelle Rede von der Sünde wird so als Ausdruck von Sexismus diagnostiziert, der das Sündenverständnis zur „patriarchalen Ideologie" pervertiere.[611] Frauenerfahrungen würden durchgehend ausgeblendet und nicht berücksichtigt.[612] Und das Humane werde, wie besonders bei Paulus, „typisch männlich" definiert: „Aus einer persönlichen Erfahrung wird der Anspruch abgeleitet, allgemein gültige Theorie zu sein: Aus eigener Schulderfahrung wird Gotteserfahrung. Die persönliche Konflikterfahrung dient dazu, um allgemeine Aussagen über das Humanum zu machen: z. B. daß es keine schöpferische sponta-

---

605 S. N. Dunfee, The Sin of Hiding: A Feminist Critique of Reinhold Niebuhr's Account of the Sin of Pride, Soundings 65 (1982), 316–327.
606 Vgl. Hartlieb (s. Anm. 595), 155–174.
607 V. S. Goldstein, Die menschliche Situation. Ein weiblicher Standpunkt, in: E. Moltmann-Wendel (Hrsg.), Frauenbefreiung. Biblische und theologische Argumente, München ⁴1986, 152–173.
608 Kruhöffer (s. Anm. 601), 104.
609 Goldstein (s. Anm. 607), 167.
610 E. Moltmann-Wendel, Das Land wo Milch und Honig fließt. Perspektiven einer feministischen Theologie, Gütersloh 1985, 169.
611 Hartlieb (s. Anm. 595), 163.
612 Vgl. J. Plaskow, Sex, Sin and Grace, New York 1980; E. Moltmann-Wendel, Frau und Religion. Gotteserfahrungen im Patriarchat, Frankfurt a. M. 1983.

ne Liebe zu Gott gibt, daß menschliches Wesen in Bezug auf Gott nur Reflex, Empfänglichkeit ist, daß Menschen kein selbständiges Zentrum in sich haben."[613] Wo aber Männer „aus eigener Schulderfahrung Gotteserfahrung" definieren, da „wird Gott fern, unnahbar, durch einen tiefen Graben vom schuldigen Menschen getrennt"[614]. Die „bedingungslose Liebe des Sophia-Gottes, die gleichmachende und keine Unterschiede kennende Liebe, die Spontaneität weckt und aus Spontaneität kommt, verliert ihre Dynamik und Gegenseitigkeit. Gott wird Zentrum und Ausgangspunkt der Liebe. Die Liebe des Menschen zu Gott und zu sich wird gestrichen [...] Gott verliert Nähe, wird unerreichbar."[615]

4

Mit derselben Logik wird das Umgekehrte postuliert, wenn von den Beziehungserfahrungen von Frauen ausgegangen wird. Männliche Erfahrungen würden abgrenzen und Differenzen setzen, so heißt es, weibliche Erfahrungen dagegen einbeziehen und zusammenbinden. Das aber sei eine bessere Basis für ein christliches Gottes- und Menschenverständnis. So betont Christa Mulack, dass „der Mensch genau wie der Gott nur durch das weibliche Prinzip geoffenbart werden kann, weil es allein in der Lage ist, Gegensätze zu vereinigen und Ganzheit darzustellen"[616]. Und Elisabeth Moltmann-Wendel unterstreicht gegenüber dem männlichen Hybris-Verständnis der Sünde: „Wer aus den Kräften des bedingungslos liebenden Gottes lebt [...], muss heute sagen können: Ich bin gut. Ich bin ganz. Ich bin schön."[617] Zu dieser Überzeugung kommt sie „einmal von der Erfahrung her, wie tief der Selbsthaß in Frauen sitzt und wie wenig die befreiende Botschaft des Evangeliums daran etwas ändern konnte, und zweitens von der Rückbesinnung auf die zentrale Mitte protestantischer Theologie, das Wissen von der Befreiung des Menschen ohne Eigenleistung, von seiner bedingungslosen Annahme"[618].

Doch hier geht einiges durcheinander. Die bedingungslose Annahme durch Gott besagt nicht, dass ich so, wie ich bin, gut, ganz und schön

---

613 Moltmann-Wendel, Das Land (s. Anm. 610), 178.
614 Ebd.
615 A. a. O., 178–179.
616 Chr. Mulack, Die Weiblichkeit Gottes, Stuttgart 1983, 180.
617 Moltmann-Wendel, Das Land (s. Anm. 610), 155.
618 A. a. O., 155–156.

bin. Die Pointe ist eher umgekehrt: dass Menschen, die all das nicht sind, dennoch von Gott als seine Nächsten betrachtet und behandelt werden. Selbst die von Moltmann-Wendel zitierte „Urerzählung dieser bedingungslosen Annahme des Menschen", das „neutestamentliche Gleichnis vom verlorenen Sohn", belegt ebendas.[619] Dass „Gott bedingungslos den suchenden, unmoralischen, zweifelnden Menschen akzeptiert", sagt ja nicht, dass dieser gut, ganz und schön ist, wie er ist.[620] Im Gegenteil, der unmoralische Zweifler ist nichts davon und wird dennoch akzeptiert, weil Gott auf das sieht, was man für ihn ist (das geliebte Kind), und nicht nur auf das, was man tut, wie man sich verhält und wie man lebt. „Die verlorenen Söhne sind die, die an der Sinnlosigkeit ihrer Eigenleistungen kranken, ihre Eigenleistungen vergessen und mit nichts als ihrem Vertrauen zum Vater zurückkehren." Aber nicht diese Selbsttherapie macht sie gesund, gut, ganz und heil, sondern dass sich der Vater durch nichts, was sie getan oder gelassen haben, davon abbringen lässt, sie zu lieben. Seine Annahme geht jeder menschlichen Annahme dieser Annahme voraus. Wenn man mit Tillich sagt, glauben heiße zu akzeptieren, dass man akzeptiert sei, dann ist damit nichts über das eigene Gutsein, Ganzsein oder Heilsein gesagt. Im Gegenteil: Nicht weil der Sünder als Sünder gut, ganz und schön ist, wird er angenommen, sondern weil er angenommen wird, kann er gut, ganz und schön werden, wenn er sich ganz an dieser göttlichen Annahme ausrichtet und sich ihr überlässt.

Moltmann-Wendel sieht das Problem und präzisiert: Das „Gutsein ist keine moralische Qualität. Es meint unser Sein, unsere Existenz, die richtig, berechtigt, legitim und voll Qualität ist. Ich bin gut, heißt also zunächst einmal: Ich bin gut, so wie ich bin [...]: ich bin von Gott geschaffen – aus Lust, geliebt, befreit."[621] Doch so, wie ich bin, bin ich nur gut, wenn man nicht auf das achtet, was mich zum Sünder macht, sondern nur auf das, was mich zu Gottes Geschöpf macht. Wird diese Differenz nicht berücksichtigt, bekommen Moltmann-Wendels Aussagen einen falschen Klang. Sie sagen dann Richtiges am falschen Ort, und sie sagen Wichtiges nicht, das man sagen müsste. Ihre Folgerung, dass es nicht darum gehe, den Frauen Schuldgefühle einzureden, sondern

---

619 A. a. O., 156.
620 Ebd.
621 A. a. O., 159.

ihnen bewusst zu machen, dass das, was ihnen eingeredet wird, eine „falsche Schuld", nämlich keine Schuld sei, belegt das.[622] Von bloß eingeredeten Schuldgefühlen sollte man in der Tat befreit werden. Aber die Befreiung von Schuldgefühlen ist nicht Befreiung von Schuld, und die Befreiung von falschen Schuldgefühlen nicht die Befreiung von tatsächlicher Sünde.

Das wird auch dann nicht anders, wenn man auf das eigene Ganzsein rekurriert. Man ist nicht dadurch ganz, dass man alles ist, was man ist, ohne zwischen Sündersein und Geschöpfsein zu unterscheiden. Zwar kann man sagen „Ganzsein schließt dann alles Perfekt-sein-müssen aus"[623]. Aber die Auflehnung gegen die gesellschaftlichen Normen und das Bestehen auf dem eigenen Gutsein, Ganzsein und Schönsein ist vielleicht ein Weg, „den Selbsthaß in Selbstliebe [zu] verwandeln", seine „Schwächen zu Stärken" zu machen und die Angst vor den eigenen „dunklen Seiten" zu verlieren.[624] Aber es beseitigt diese dunklen Seiten nicht, und es befreit nicht von tatsächlicher Schuld und wirklicher Sünde.

5

Als eigentliches Problem dieser ganzen Debatte erweist sich also gerade das, was nicht in Frage gestellt, sondern durchgehend angenommen wird: dass Theologie von Erfahrungen ausgehen müsse, wenn sie etwas Haltbares sagen wolle. Dieser Erfahrungsbezug ist in der feministischen Theologie aber keine Wende zur Empirie, sondern zur Geschichte, Gesellschaft und Kultur. Ihr Rekurs auf Erfahrung ist keine naturalistische Wende zur empirisch erforschbaren biologischen Natur (*sex*), sondern eine kulturalistische Wende zu den kulturellen Konstruktionen der Geschlechter (*gender*).[625] Dabei verknüpfen sich deskriptiv-analytische (Was ist der Fall?) und normativ-politische Interessen (Wie soll es sein?). So wird Erfahrung von vornherein am Leitfaden der Genderdifferenz zwischen Mann und Frau konstruiert. Diese Differenz fungiert nicht nur als Beschreibungsdifferenz, sondern als Wertungsdifferenz.

---

622 A. a. O., 160.
623 A. a. O., 164.
624 A. a. O., 167–168.
625 Wie fruchtbar das sein kann, zeigt E. Hartlieb, Geschlechterdifferenz im Denken Schleiermachers, Berlin 2006, bes. Kap. III (57–155) und Kap. VI (319–363).

Und diese wird nicht nur als Unterscheidung, sondern als gesellschaftlicher Widerstreit konstruiert und damit als Machtkampf verstanden, der zu Klagen und Forderungen Anlass gibt. Wie Nietzsche die Herdenmoral von der Herrenmoral unterschied, um zu zeigen, wie die Herdenmoral sich gegen die Herrenmoral durchsetzen konnte und was dagegen zu tun sei, so wird in den Ansätzen feministischer Theologie die Frauenerfahrung von der Männererfahrung unterschieden, um zeigen zu können, wie und warum die erste sich gegen die zweite durchsetzen müsse und wie das zu erreichen wäre. In beiden Fällen geht es um die Aufdeckung eines angeblichen oder faktischen historischen Unrechts, das nicht nur beendet, sondern kompensiert werden müsse. Theologie wird damit Teil eines gesellschaftlichen Kampfes um Geltung, Anerkennung und Rekompensation, und das prägt auch die Debatte um die Sünde.

So wird der Ausgang von männlichen Erfahrungen kritisiert als zu eng, zu ausgrenzend und zu patriarchalisch, während der Ausgang von weiblichen Erfahrungen nicht nur als der Weg postuliert wird, Ausgeblendetes und Übersehenes zu berücksichtigen, sondern die aufgebrochenen Gegensätze konstruktiv zu überwinden. Doch Erfahrungen sind immer konkret und partikular, und keine kann ohne Weiteres zur Erfahrung von allen verallgemeinert werden oder als Kompensationsform einer anderswo vergessenen, übersehenen oder unterdrückten Art der Erfahrung präsentiert werden. In diesem Bereich steht alles für sich selbst und taugt nicht dazu, Defizite an anderer Stelle zu kompensieren. Wäre Sündenrede erfahrungsbasierte Rede in diesem Sinn, dann müsste nicht nur zwischen Männersünde und Frauensünde unterschieden werden, sondern dann müssten diese Grobkategorien historisch, sozial, kulturell, ökonomisch, politisch, rechtlich, religiös und theologisch mannigfach differenziert werden, und es müsste neben sie eine Vielzahl weiterer Sündenarten treten – im Grunde genommen so viele, wie es menschliche Individuen gibt.

Das ist längst auch in der feministischen Diskussion erkannt worden. Die Kategorie der „Frauenerfahrung" ist viel zu abstrakt, um darauf haltbare Generalisierungen aufzubauen. Sie unterstellt genderbedingte Gemeinsamkeiten, die sich konkret kaum aufweisen lassen. Entscheidend ist nicht, dass man eine Frau oder ein Mann ist, sondern wo und wann man das ist. Nicht allein die Biologie definiert uns, und auch nicht nur unser individueller Umgang mit unserer Biologie, sondern der kulturelle Kontext, in dem unsere biologischen Möglichkeiten in einer bestimmten, historisch und kulturell vermittelten Weise konkretisiert werden. Unsere Identität als Person ist immer das Produkt einer kontingenten Konstellation unterschiedlicher Faktoren, die man kritisch gewichten muss, um zu verstehen, wie wir konkret erfahren, leben und denken. Nicht unser Geschlecht als solches ist entscheidend, sondern der Ort, an dem wir die konkrete Person sind, die wir wurden.

> "To be a person in the world necessarily entails location in a particular place and time, and humans are further shaped (though not determined) by social identities and roles that contribute to selfunderstanding and form identities, that make one subject to different life experiences, that give one particular outlooks or perspectives on the world, and that enable differences to be discerned between oneself and other differently situated subjects. A greater appreciation of the role of social location in creating and shaping human diversity has allowed women's studies in religion to offer more sophisticated analyses of the factors that affect women's religious lives and to dispel some of the generalizations about 'women's experience' that characterized certain lesscritical early feminist critiques of religion."[626]

Niemand erfährt genauso wie jeder andere, jeder leidet an seinen eigenen Verkrümmungen und Verkürzungen, niemandem ist einfach durch das schon geholfen, was einem anderen helfen mag. Sünde ist das, was uns unendlich vereinzelt, und eben so alle zusammenbindet.

Entscheidend ist daher nicht, was *meine* Sünde oder *deine* Sünde ist, sondern was unser aller *Sünde* ist. Und die wird umso klarer bestimmbar, als wir nicht auf unsere jeweiligen positiven und negativen Erfahrungen rekurrieren, sondern auf den existenziellen Ort, an dem wir sie machen: auf unseren Ort *coram deo*. *Vor Gott* ist das, was wir uns gegenseitig zufügen und was wir uns selbst antun, Sünde, weil und insofern es uns für Gottes Gegenwart blind macht. Sünde hat in der falschen Beziehung zur Beziehung des Schöpfers zu uns ihren Ort, nicht primär in den Beziehungen zu anderen und zu uns selbst. Dort zeigt sich nicht ihr Wesen, sondern äußern sich ihre Folgen, und zwar darin, wie wir mit

---

[626] J. Clague, Women's Studies in Religion, Encyclopedia of Religion (s. Anm. 594) (https://www.encyclopedia.com) (28/1/2019). Vgl. S. G. Davaney, The Limits of the Appeal to Women's Experience, in: C. W. Atkinson/C. H. Buchanan/M. R. Miles (Hrsg.), Shaping New Vision: Gender and Values in American Culture, Ann Arbor, Mich. 1987, 31–49.

anderen und uns selbst umgehen und leben. Aber Sünde besteht nicht in unseren Erfahrungen, weder in den negativen noch in den positiven. Wer sich als Sünder bekennt, spricht von seiner verfehlten Einstellung zum Schöpfer, von seinem abwegigen Versuch zu leben, als gäbe es Gott nicht. Das ist die Hybris, von der die theologische Tradition sprach, nicht das Machtgefüge der Männer, die nur sich selbst durchsetzen wollen.

Man darf die berechtigte Kritik an diesen falschen Zuständen daher nicht mit der Kritik an einem falschen Sündenverständnis verwechseln. Ich muss mich weder für gut noch für ganz noch für schön halten, um Sünder zu sein. Und ich höre nicht auf, es zu sein, wenn ich anfange, mich für gut, für ganz und für schön zu halten. Nicht nur der Patriarchalismus ist ein Irrweg, sondern auch der antipatriarchale Feminismus. In beiden Fällen werden berechtigte Einsichten mit falschen Folgen verknüpft, und in beiden Fällen beginnt berechtigte Kritik sich nur allzu schnell in kritiklose Selbstgerechtigkeit zu verkehren. So lange man meint, Sünde nur im Horizont menschlicher Beziehungen thematisieren zu können und unter der Leitunterscheidung von Männern und Frauen thematisieren zu müssen, wird man nicht zum Kern des Problems vorstoßen. Nicht die Differenz zwischen *Männer*sünden und *Frauen*sünden ist theologisch relevant, sondern das, was sie gemeinsam als *Sünden* auszeichnet. Und das zeigt sich nur, wenn man nicht nur auf menschliche Erfahrungen der einen oder der anderen Art blickt, sondern auf Gottes Gegenwart achtet und damit auf das, was auch dort alles trägt, wo es nicht erfahren wird, und an dem sich jedes Leben orientieren könnte und sollte, wenn es nicht im Zustand der Gottesblindheit verharren will.

6

Man braucht daher nicht zu bestreiten, dass Sünde im Leben von Männern und Frauen auf verschiedene Weise erfahren wird und in Erscheinung tritt. Das ist so und lässt sich umfangreich belegen. Nur muss man es weiter zuspitzen als nur bis zum Konstrukt einer Geschlechterdifferenz, die quer durch die (meisten) kulturellen Traditionen gelten soll. Jeder einzelne Mensch lebt Sünde auf seine unnachahmlich eigentümliche Weise. Weil Sünde nicht mit unserem Wesen, sondern mit unserer Existenz zu tun hat, ist sie nicht in dem zu suchen, was wir mit anderen teilen, sondern in dem, was uns ganz und gar vereinzelt: dass jeder von uns auf eine einzigartige Weise existiert. Alle sind Sünder, aber jeder ist es auf seine eigene Weise.

Aber auch die Geschlechterdifferenz darf nicht so konstruiert werden, dass die Rolle von Opfern und Tätern einseitig verteilt wird, wenn man die Wirklichkeit nicht verfehlen will. Die Differenz zwischen Opfern und Tätern verläuft nicht zwischen Frauen und Männern, sondern durch beide Gruppen hindurch. Nicht nur Männer, sondern auch Frauen können Täter sein, und nicht nur Frauen, sondern auch Männer Opfer. Männer *und* Frauen der reichen Länder sind an der Ausbeutung von Frauen, Kindern und Männern in anderen Ländern beteiligt. Und Frauen *und* Männer werden in kapitalistischen Konsumgesellschaften ihrer Menschlichkeit beraubt, wenn sie auf bloße Funktionsgrößen einer expansiven Marktökonomie reduziert werden. Die Geschlechterdifferenz ist nicht per se eine Differenz von Arten der Sünde, und der Kampf gegen die Täter und für die Opfer der Geschichte ist nicht gleichzusetzen mit dem Kampf gegen die Sünde. Wer meint, Ungerechtigkeiten dadurch überwinden zu können, dass man auf die eigene Diskriminierung mit der Diskriminierung der Diskriminierer reagiert, der wird sehen, dass Privilegierung der einen immer eine Diskriminierung anderer bedeutet und dass Diskriminierung gegen die Privilegierten nicht zum Abbau, sondern zur Steigerung und zur Perpetuierung von Diskriminierung und Ungerechtigkeiten führt. Die Differenzen zwischen Diskriminierern und Diskriminierten bzw. zwischen Tätern und Opfern sind nicht gleichzusetzen mit der Differenz zwischen Sünder und Nichtsünder, sondern stehen quer zueinander, weil die Sünderdifferenz sich mit beiden Seiten der Täter- und Opfer-Differenzen verknüpfen lässt.

Vor allem aber ist zu bestreiten, dass sich Sünde auf Erfahrungen reduzieren und damit als theologisches Thema destruieren ließe. Gerade weil es so viel Übel, Böses, Schreckliches und Unmenschliches in der Welt gibt, ist der berechtigte Kampf um ein besseres, gerechteres, faireres und chancengleiches Leben nicht mit dem Kampf gegen die Sünde zu verwechseln. Sexismus ist nicht weniger Sünde als ein Antisexismus, der nur seinen Widerspruch gegen den Sexismus kennt. Jede berechtigte Protestdebatte steht permanent in Gefahr, in einen ideologischen Totalitarismus zu pervertieren, wenn sie nicht selbstkritisch im Blick behält, dass sie nicht nur Übel bekämpft, sondern zugleich auch Übel erzeugt. Wir entkommen unserer Endlichkeit nicht, indem wir uns gegen das

2. SEXISMUS

uns erkennbare Üble wenden, weil wir die bösen Folgen unserer guten Taten nicht kontrollieren können. Deshalb sind die, die moralisch, politisch oder sozial auf der „richtigen Seite" stehen, nicht ohne Weiteres auch die, die auf der anderen Seite der Sünde stehen. Sünde gibt es in positiven Lebensverhältnissen nicht weniger als in negativen, in erfolgreichen Lebensentwürfen nicht weniger als in erfolglosen und zerstörten. Man kann seine Gottesblindheit in der Verblendung eines selbstgefälligen Egoismus und der Zufriedenheit mit seinem Glück unter Beweis stellen und in der Wut über die Übel, in dem Leiden an den Ungerechtigkeiten und in der Verzweiflung über das Elend, in dem man lebt. Sünde kann sich in jeden Lebensentwurf hineinfressen und diesen pervertieren. Aber man behält sie nur im Blick, wenn man den Bezug auf Gottes Gegenwart nicht aus den Überlegungen und Erörterungen ausblendet. Denn nur Gott gegenüber gibt es Sünde, aber die wirkt sich auf alles aus.

Jede nur ideologische Konstruktion der Sünde, die sie nur als Verfehlung einiger kritisiert, gegen die sich andere verwahren müssen, ist eine ideologische Dekonstruktion, die an der Pointe des Sündenkonzepts vorbeigeht. Wer Sünde zum Kampfbegriff im Streit um die gerechtere Verteilung der knappen Ressourcen unserer Welt macht, verliert das Thema aus den Augen. Nicht nur sexistisches Verhalten steht auf dem Prüfstand, sondern jedes Verhalten, das in Institutionen Vorurteile auf Dauer stellt, die selbst nicht mehr kritisch geprüft werden. So gewiss Sexismus ein Irrweg ist, so gewiss können auch aus dem Kampf gegen Sexismus Irrwege entstehen, die ideologisch einseitig und menschlich fragwürdig sind. Entscheidend ist, dass sich Sünde nicht auf nur eine Seite solcher ideologischer Gegensätze verrechnen lässt. Man kann Sünde nicht auf Sexismus und die Folgen reduzieren und das antisexistische Gegenteil von ihr ausnehmen. Sie übersteigt auch alles, was durch Genderdifferenzen thematisiert werden könnte, und zwar in allen möglichen Kombinationen: entweder männlich, aber nicht weiblich; entweder weiblich, aber nicht männlich; sowohl männlich als auch weiblich; weder weiblich noch männlich. Wie immer man diese Differenz konkretisiert, sie taugt nicht dazu, Sünde zu konstruieren (ihr also einen Sinn zu geben) oder zu destruieren (also ihren Sinn aufzulösen). Der Verweis auf Sünde kann nicht herangezogen werden, um eine Gruppe von Menschen von anderen zu unterscheiden. Wenn überhaupt jemand Sünder ist, dann sind alle Sünder. Sünde ist nicht primär im Horizont geschöpflichen Miteinanders und seiner vielfältigen Gegensätze angesiedelt. Sie hat im Verhältnis der Geschöpfe zum Schöpfer ihren Ort, und nur von dort her bestimmt sie auch die Verhältnisse unter den Geschöpfen.

Deshalb gibt es auch keine „Sünde wider die Schöpfung", die nicht zuerst und vor allem eine „Sünde wider den Schöpfer" wäre. Aber alle Sünde wider den Schöpfer wirkt sich auch in der Schöpfung aus, weil sie die Menschen in Lügen über sich selbst und ihre Mitmenschen verstrickt. Wer nicht weiß, wer und was er vor Gott und für Gott ist, der kann auch nicht als der in der Welt leben, der er in Wahrheit ist. Er belügt sich selbst, und deshalb betrügt er sich und andere. Von der Sünde befreit zu werden, heißt daher immer, auch von den Lebenslügen befreit zu werden, die einem die Sicht auf die Wahrheit des eigenen Lebens verstellen. Aber eben zu dieser Befreiung kommt es nur, wenn die Probleme im Verhältnis zu Gott beseitigt werden. Ohne dass sich Gottes Gegenwart erschließt, so dass man sich so an ihr orientieren kann, wie sie sich von sich aus erschließt, wird sich auch das Lügengewebe der Sünde im Leben der Menschen nicht zerreißen lassen.

3. Kolonialismus: Die identitätspolitische Dekonstruktion der Sünde

1

Die Feminismusdebatte um Geschlechtergerechtigkeit kann als eine Spielart der Kolonialismusdebatte verstanden werden, wenn man die Genderdifferenz zwischen Männern und Frauen asymmetrisch als kulturelle Überlegenheit der einen über die anderen konstruiert. Wie sich in der Geschichte der Ausbreitung der europäischen Nationen über die Erde Kolonisierende und Kolonisierte[627] so gegenüberstanden, dass die Kolonisten kulturelle Überlegenheit über die Kolonisierten beanspruchten, so stehen sich in der Geschichte der Geschlechter Männer

---

627 Genauer müsste man sagen: Kolonisierende auf der einen Seite, und Menschen und Völker, die kolonisiert werden, auf der anderen Seite. Kolonisiert zu sein ist das Ergebnis eines Prozesses, der in einem präkolonialen Zustand anfängt und diesen Zustand bei den Betroffenen nie ganz verdrängt und vergessen macht. Kolonisierte

3. KOLONIALISMUS

und Frauen so gegenüber, dass die Männer das Menschsein gegenüber den Frauen primär für sich beanspruchen und es den Frauen nur in abgeleiteter Weise zugestehen. Der Mann ist Mensch als Mann, die Frau ist Mensch durch ihre Beziehung zum Mann.

Die Differenz zwischen *kolonisierenden Nationen und kolonisierten Völkern* bzw. – in den Kolonien – zwischen *Kolonisten* und *Kolonisierten* repräsentiert eine weitere Version von Nietzsches Unterscheidung zwischen Herren und Sklaven.[628] Sklavenhalternationen und versklavte Völker bilden den traurigen Grunddual des Kolonialismus, nicht nur in der Epoche des Imperialismus.[629] Und wie bei Nietzsche die Sklaven gegen die Herren mehr als durch gewaltsame Aufstände durch ihre Ressentiment-Praxis der moralischen Beschämung kulturell die Oberhand gewinnen, so gewinnen im politischen Kampf die Kolonisierten nicht allein durch revolutionäre Erhebungen und die gewaltsame Neugestaltung der Besitz- und Machtverhältnisse, sondern durch die Ressentiment-Praxis der kulturellen Beschämung politisch die Oberhand. Der Leitgedanke dafür wird im Moraldiskurs als *Unrecht* bzw. im Religionsdiskurs als *Sünde* artikuliert. Beide verschmelzen in der Regel zu einem gemeinsamen Diskurs, weil der Rekurs auf Sünde hier durchgehend

---

haben stets eine präkoloniale Vergangenheit. Sie können nicht auf das reduziert werden, was die Kolonisierenden aus ihnen machen und gemacht haben. Dieses präkoloniale Zuvor kann jederzeit zur gefährlichen Erinnerung werden und die mehr oder weniger Kolonisierten dazu bringen, sich dagegen aufzulehnen, nur „koloniale Artefakte" der Kolonisierenden zu sein, und zu Agenten ihrer eigenen Geschichte zu werden. Wenn ich im Folgenden von „Kolonisierten" rede, meine ich nicht nur die, die tatsächlich dazu geworden sind, sondern auch die, die man als „zu Kolonisierende" in das Kolonialsystem der wirtschaftlichen Ausbeutung, politischen Entrechtung und kulturellen Entmachtung hineinzupressen sucht.

628 Ich rede von „Kolonisierenden", wenn ich die kolonisierenden Nationen oder Mächte meine, von „Kolonisten" dagegen, wenn ich die Angehörigen der kolonisierenden Nationen in den Kolonien meine, die dort die Kolonialmacht vertreten und deren Herrschaft ausüben bzw. repräsentieren.

629 Vgl. J. Osterhammel, Kolonialismus: Geschichte, Formen, Folgen, München 1995; W. Reinhard, Kleine Geschichte des Kolonialismus, Stuttgart ²2008; I. Kerner, Postkoloniale Theorien zur Einführung, Hamburg 2012; P. K. Najar, The Postcolonial Studies Dictionary, Malden, MA u. a. 2015; J. McLeod, Beginning Postcolonialism, New Delhi 2012; S. Pittl (Hrsg.), Theologie und Postkolonialismus: Ansätze – Herausforderungen – Perspektiven, Regensburg 2018. Es ist bemerkenswert, dass in diesen theologischen Studien an keiner Stelle die Sündenproblematik angesprochen wird.

nicht religiös, sondern moralisch und ideologisch ist, um die Differenz zwischen Menschen, Gruppen, Völkern und Nationen zu markieren.

So sind die Sünden der kolonialen Unterdrückung zuerst und vor allem die Sünden der Kolonisten. Ihr Verhalten gegenüber den Kolonisierten ist durch Ausbeutung, Kulturimperialismus, Marginalisierung und Machtlosigkeit der indigenen Bevölkerung sowie Gewalt gegen sie charakterisiert.[630] Nicht dass die Kolonisten ihre Praxis selbst so verstehen würden. Das ist eher die Ausnahme. Aber auch wenn sie selbst andere Motive für ihre Kolonisierungspraxis anführen, sind ihre politische Machtausdehnung, die Gier nach Gold und anderen Gütern, der Ausbau ihrer Wirtschaftskraft und die Ausbreitung ihrer Kultur und Religion faktisch durch diese Züge gekennzeichnet. Es kommt zu Ausbeutung, Zerstörung anderer Kulturen und Gesellschaftsformen und zur Unterwerfung der Unterdrückten und Ausgebeuteten unter die politischen, ökonomischen, rechtlichen und religiösen Machtstrukturen der Kolonisierenden. Die Unterworfenen werden nicht nur wirtschaftlich enteignet und ausgebeutet, sondern auch politisch, sozial und kulturell entwurzelt, indem ihre traditionellen Lebensstrukturen zerschlagen und sie zu den Lebens- und Denkweisen der Kolonisierenden umerzogen werden. Aus fremden Völkern werden so Kolonisierte, die keine eigene Identität mehr haben und sich nicht mehr in herkömmlicher Weise verstehen dürfen oder können, sondern denen das Fremdbild aufgezwungen wird, das die Kolonisierenden von ihnen haben. Dadurch kommt es zu einer entmenschlichenden Verstrickung der Entrechteten in das Unrecht ihrer Entrechtung. Sie werden nicht nur ökonomisch ausgebeutet, politisch marginalisiert und kulturell entrechtet, sondern es wird ihnen keine Möglichkeit gelassen, sich dieser Entmenschlichung zu entziehen, weil sie durch alltägliche Diskriminierungspraxis und die Formierung ihres Selbstbildes durch die Kultur der Kolonisierenden auch für sich selbst das werden, was sie für die Kolonisierenden und Kolonisten sind: Menschen zweiter oder dritter Klasse.

Das ist auch dort noch nicht beendet, wo es zu revolutionären Aufständen und Umwälzungen der Machtverhältnisse kommt. Solange

---

630 Vgl. I. M. Young, Fünf Formen der Unterdrückung, in: Chr. Horn/N. Scarano (Hrsg.), Philosophie der Gerechtigkeit, Frankfurt a. M. 2002, 428–44; Dies., Justice and the Politics of Difference, Princeton 1990; Dies., Global Challenges. War, Self-Determination and Responsibility for Justice, Cambridge 2007.

sich die Kolonisierten nicht aus der Sichtweise der Kolonisierenden befreien, prolongieren sie deren Sünden und ihre Auswirkungen in ihrem eigenen Leben. Je klarer dagegen die Kolonisierten im Rekurs auf ihre präkoloniale Geschichte ihr eigenes Selbstverständnis ausbilden, desto nachdrücklicher können sie die Sünden benennen, unter deren Auswirkungen sie leben, und desto stärker können sie diese zur Anklage der Kolonisten verdichten und diese damit moralisch nötigen, das zu beenden, zu bereuen und – sofern das überhaupt geht – dafür Wiedergutmachung zu leisten, was sie den Kolonisierten angetan haben und was nicht nur deren Leben pervertiert, sondern auch das ihre.

2

Der Anstoß zu dieser Erneuerung kann nicht von den Kolonisten ausgehen, weil diese – von Ausnahmen abgesehen – blind sind für ihre Sünden und deren Auswirkungen. Sie sind, wer sie sind, und sie sehen von sich aus keinen Anlass, sich anders zu sehen, als sie sich sehen. Es genügt auch nicht, ihnen in allgemeiner Weise die sozialen Sünden vorzuhalten, die sie begehen, wie es Frederick Lewis Donaldson am 20. März 1925 in einer Predigt in Westminster Abbey getan hat. Er hatte die "7 Deadly Social Evils" aufgezählt, die das Britische Kolonialreich pervertieren und die Gandhi[631] im gleichen Jahr auch in Indien bekannt gemacht hat: "Wealth without work. Pleasure without conscience. Knowledge without character. Commerce without morality. Science without humanity. Religion without sacrifice. Politics without principle."[632] Diese allgemein gehaltenen Verfehlungen lassen sich bruchlos in das Selbstverständnis der Kolonisten integrieren, weil sie als Aufforderungen verstanden werden können, das besser zu tun, was sie tun, und nicht, das, was sie tun, zu beenden.

Der Anstoß zur Erneuerung des Verhältnisses zwischen Kolonisierenden und Kolonisierten muss daher von den Kolonisierten ausgehen,

---

631 M. Gandhi, Seven Social Sins, Young India (22.10.2025); vgl. The Collected Works of Mahatma Gandhi (electronic edition), Bd. 33, 135 (https://www.gandhiashramsevagram.org/gandhi-literature/mahatma-gandhi-collected-works-volume-33.pdf).

632 Evils of the World are Outlined (1. April 1925, Sheffield), zitiert nach: The 7 Social Sins, Intellectual Takeout (28. August 2015) (http://www.intellectualtakeout.org/blog/7-social-sins). Gandhi zitiert sie etwas anders: „Politics without principles. Wealth without work. Pleasure without conscience. Knowledge without character. Commerce without morality. Science without humanity. Worship without sacrifice." A. a. O., 135.

indem diese sich ihre Identität nicht mehr durch die Kolonisten vor- und zuschreiben lassen, sondern es selbst in die Hand nehmen, ihre Identität zu bestimmen. Das setzt eine Dialektik frei, die sich auf beiden Seiten der asymmetrischen Kolonialbeziehung auswirkt. Je deutlicher der Konflikt zwischen der zugeschriebenen Fremdidentität und der selbstbestimmten Eigenidentität am Ort der Kolonisierten ausgetragen wird, desto deutlicher wird er auch in die nur scheinbar konfliktfreie Identität der Kolonisten hineingetragen und zwingt diese dazu, sich selbst die Frage zu stellen, wie sich ihre eigene Identität von der Identität, die sie im Bezug auf die von ihnen Kolonisierten haben, unterscheidet.

Am Ort der Kolonisierenden und Kolonisten tritt damit eine ähnliche Differenz auf wie am Ort der Kolonisierten. Das lässt sich besonders deutlich an der Entstehung der Bewegungen zur Abschaffung der Sklaverei von Portugal 1761 über Brasilien 1888 bis zu Großbritannien 1787 (Society for Effecting the Abolition of Slavery) und dem Slavery Abolition Act von 1833 beobachten, in denen Einsichten der Aufklärung und christliches Gedankengut (Pietisten, Quäker, evangelische Mission) zur Auswirkung kamen. Wo auch Sklaven als Menschen und Kinder Gottes gesehen werden, müssen die Kolonisierenden ihre Sicht und ihre Verhaltensweisen den Kolonisierten gegenüber verändern und auch sich selbst anders verstehen als zuvor. Dadurch wird das asymmetrische Gefüge der Beziehung zwischen Kolonisierenden und Kolonisierten ins Wanken gebracht und die Identitätsfrage an beiden Polen der Beziehung differenziert und dynamisiert. Keiner ist, wer er ist, nur durch die Beziehung auf die anderen oder nur durch die Beziehung auf sich selbst. Jeder wird vielmehr, wer er sein kann, wenn er sich Rechenschaft darüber gibt, wie er die Beziehung zum anderen und dieser die Beziehung zu ihm sieht und wie er sich zu beidem verhalten kann und soll. Ohne sich so von seiner historisch gesetzten Identität zu distanzieren, ihr also als ein Anderer gegenüberzutreten, kann man diese nicht auf neue Weise gestalten, sich selbst also zu einer anderen Identität fortbestimmen. Man bleibt dann, was man durch andere wurde, und wird nicht, wozu man sich selbst macht und für das man selbst verantwortlich ist.

Das gilt für die Kolonisierenden und Kolonisten ebenso wie für die Kolonisierten. Aber nur von diesen kann der Anstoß zur Veränderung ausgehen, weil sie die Differenz zwischen dem, wie sie von anderen bestimmt werden, und dem, wie sie sich selbst verstehen, erleben, während die Kolonisten meinen, genau die zu sein, die sie in der Beziehung zu den Kolonisierten sind. Das ändert sich nur, wenn diese Beziehung am Ort der Kolonisierten so in Frage gestellt wird, dass sie auch am Ort der Kolonisierenden in Frage gestellt werden muss. Nur wenn das geschieht, kann es zur Ausbildung einer neuen Identität an beiden Polen der Beziehung zwischen Kolonisten und Kolonisierten kommen.

3

Der so gebrauchte Sündenbegriff steht im Zentrum eines ganzen Konglomerats von Begriffen, die dazu dienen, die Machtasymmetrie zwischen Unterdrückern und Unterdrückten ideologisch zu stabilisieren. Da diese Begriffe nicht nur als kognitive Größen, sondern als Ausdruck einer sozialen Unterdrückungspraxis fungieren, werde ich im Folgenden nicht nur von der Sünde, sondern vom *kolonialen Sündendiskurs* reden. Dieser hat in verschiedenen Phasen der Entwicklung der Beziehung zwischen Kolonisierenden und Kolonisierten verschiedene Funktionen. Drei sind besonders hervorzuheben:

1. Zunächst dient er dazu, in der Bestimmung der Kolonisierten als Sünder (Heiden, Ungläubige, Wilde, Unzivilisierte) das oft unmenschliche Verhalten der Kolonisierenden den Kolonisierten gegenüber ideologisch zu rechtfertigen. Wo die anderen unter dem Gesichtspunkt der Sünde in den Blick gefasst werden, lassen sich die gegen sie eingesetzten Machtinstrumente, Sanktionen und Grausamkeiten als Kampf gegen die Sünde und als Hilfsmittel zur Zivilisierung und Besserung der Sünder rechtfertigen. Die zivilisatorische Zwangsbeglückung wird moralisch und religiös damit gerechtfertigt, dass sie der Eindämmung der Sünde dient, und die Gewissen der Kolonisierenden werden dadurch beruhigt, dass ihre Grausamkeiten einem moralisch und religiös guten Zweck dienen.

2. Je erfolgreicher dieser Sündendiskurs nicht nur unter den Kolonisierenden geführt wird, sondern sich auf die politisch unterdrückten und wirtschaftlich ausgebeuteten Völker selbst ausdehnt, desto mehr trägt er dazu bei, dass diese sich selbst so sehen und verstehen, wie sie gesehen und verstanden werden. Indem sie sich selbst so zu betrachten beginnen, wie die Kolonisierenden sie verstehen, übernehmen sie die Sicht der Unterdrücker für sich selbst und suchen durch aktives Partizipieren an den Zivilisationsprozessen der Unterdrücker ihren eigenen Zustand in deren Sinn zu „bessern". Das gilt nie für alle, aber doch so,

dass es unter den Kolonisierten selbst zur Wiederholung der Differenz zwischen Kolonisierenden und Kolonisierten kommt, indem einige mit den Kolonisten gegen ihre Mitkolonisierten kollaborieren und agieren, ihre Identität also eher aus den Gemeinsamkeiten mit den Kolonisten als aus denen mit den übrigen Kolonisierten beziehen. Die Unterdrückten spalten sich damit selbst auf in unterdrückende Unterdrückte und unterdrückte Unterdrückte, und das treibt den Keil der kolonialen Spaltung bis in die Seele der kolonisierten Völker.

3. Angesichts dieser Spaltung ist es nur eine Frage der Zeit, bis sich der Prozess wendet und es zu Selbstaffirmation der unterdrückten Unterdrückten gegen die Unterdrücker und ihre kollaborierenden unterdrückenden Unterdrückten kommt. Das Aufbrechen des Bewusstseins der eigenen Andersheit auf Seiten der Unterdrückten führt dazu, sich gegen die innere Kolonialisierung ihres eigenen Denkens, Fühlens und Selbstverstehens aufzulehnen und den Sündendiskurs ihrer Unterdrücker gegen diese selbst zu wenden. Wie diese ihre zivilisatorische Vergewaltigung mit der Sündenverfallenheit der Kolonisierten rechtfertigten, so wird jetzt umgekehrt deren Auflehnung gegen die Kolonisten und Kolonisierenden mit deren Sünden ihnen gegenüber begründet, und die Sünden dieser Väter werden bis ins dritte und vierte Glied der Söhne, Enkel und Urenkel verfolgt.

Der Sündendiskurs dient in dieser Phase nicht zur Rechtfertigung eines einmaligen Handelns, sondern dazu, den Aufstand der Unterdrückten gegen die Unterdrücker polemisch und ideologisch auf Dauer zu stellen. Weil das angerichtete Unrecht das Verhältnis zwischen den kolonisierenden Nationen und den kolonisierten Völkern auf Dauer vergiftet, können die Sünden, die sie begangen haben, und die Übel, die sie angerichtet haben, nicht vergessen werden. Die gezielt wachgehaltene Erinnerung an sie wird vielmehr zur Begründung dafür, die moralischen, rechtlichen und politischen Forderungen an die Kolonialmächte und ihre Agenten nicht zu beenden, sondern immer wieder neu aufleben zu lassen. Weil das Geschehene nicht ungeschehen gemacht werden kann, können die Entrechteten nicht aufhören, ihre Rechte immer wieder und immer weiter einzufordern. Der Sündendiskurs wird zum permanenten Beschämungsdiskurs der Unterdrücker und damit zum ideologischen Kampfmittel gegen diese. Er hält ihnen ihre Untaten ständig vor Augen und bringt sie so dazu, sich selbst mit ihrem eigenen schlechten Gewissen moralisch unter den Druck zu setzen, dem sie sich früher mit Hilfe des Sündendiskurses durch die religiöse Beruhigung ihres moralischen Gewissens zu entziehen versucht hatten.

4

In jeder dieser drei Phasen nimmt der Sündendiskurs andere Gestalt an und wirkt sich anders aus. Gemeinsam aber ist ihnen allen, dass der Sündengedanke in polemischer Weise gegen die jeweils andere Seite gebraucht und damit ideologisch pervertiert wird. Er wird zum Kampfmittel der einen gegen die anderen, und zwar nicht nur in äußerlicher Weise als Rechtfertigung bestimmter Handlungen und Verhaltensweisen, sondern in tiefergreifender Weise dadurch, dass er das Selbstverständnis der Akteure bestimmt und damit nicht nur ihre Sicht ihrer selbst (sie sind das Andere der Sünder), sondern auch ihr Verstehen der jeweils anderen pervertiert (sie sind Sünder). Sie verstehen sich selbst so, wie der Sündendiskurs darlegt. Sie verstehen auch die jeweils anderen so. Und sie haben deshalb keine Mühe, sich ihnen gegenüber ganz anders zu verhalten, als sie es sich selbst gegenüber tun würden. Der koloniale Sündendiskurs hat in allen Phasen die ideologische Funktion, die jeweils anderen als diejenigen zu thematisieren, denen gegenüber unmenschliches Verhalten gerechtfertigt ist, weil sie sich selbst durch ihr Verhalten aus der Gemeinschaft der Menschen ausgeschlossen haben. Man kann sie ohne Selbstwiderspruch unmenschlich behandeln, weil man sie kaum noch oder gar nicht (mehr) als Mitmenschen sieht. Wer den anderen nur noch als Sünder versteht, meint im Recht zu sein, ihn auch nur so zu behandeln.

Das zeigt die durchgängige Pervertierung und Dekonstruktion des Sündengedankens im kolonialen Sündendiskurs. Die Machtasymmetrie zwischen Unterdrückern und Unterdrückten, Besatzern und Besetzten, Ausbeutern und Ausgebeuteten wird durch den Sündendiskurs an keinem Punkt überwunden und aufgeweicht, sondern gerade umgekehrt immer wieder ideologisch etabliert und verstärkt: Man hat ein Recht, sich in der unmenschlichen Weise zu verhalten, in der man sich verhält, weil man es mit einem Anderen zu tun hat, der selbst nicht, noch nicht oder nicht mehr zur Gemeinschaft der zivilisierten Menschen zu gehören scheint, sondern zunächst einmal zum Objekt der Zivilisierung gemacht werden muss. Damit wird das eigene Verhalten jeweils moralisch gerechtfertigt, obgleich es für sich betrachtet verachtenswert und verdammungswürdig ist. Der Sündendiskurs dient Unterdrückern und

Unterdrückten dazu, die eigene Unmenschlichkeit der anderen Seite gegenüber zu vertuschen und sich die moralische und religiöse Legitimation zu verschaffen, das zu tun und sich so zu verhalten, wie man sich anderen Menschen gegenüber niemals verhalten sollte und es auch nicht könnte, wenn man sie als Mitglieder der Menschengemeinschaft wahr- und ernstnehmen würde. Der koloniale Sündendiskurs wird daher in allen Phasen dieses Prozesses zur Rechtfertigung der Unmenschlichkeit herangezogen – der Unmenschlichkeit der Kolonisierenden gegenüber den Kolonisierten, und der Unmenschlichkeit der Kolonisierten gegenüber den Kolonisierenden. Anstatt einen Weg zu weisen, der aus diesem Zirkel der Unmenschlichkeit hinausführen könnte, verstellt er den Blick auf die eigene Unmenschlichkeit und dient daher der Verblendung vor der Wirklichkeit und nicht zur kritischen Aufdeckung und Aufklärung ihrer Perversionen.

5

Das kann man bis ins Detail verfolgen. Postkolonialistische Denkansätze seit der Mitte des 20. Jahrhunderts suchen die Dialektik aufzudecken, durch die sich die Praxis und das Denken des Kolonialismus auch nach der Auflösung kolonialer Abhängigkeiten in mannigfacher Weise in den ehemaligen Kolonialstaaten und in ihren Kolonien fortsetzen, und sie versuchen, diese Dialektik für die Fortentwicklung der Situation nicht nur der Kolonisierten, sondern auch der Kolonisten fruchtbar zu machen.[633] Die grundlegende Figur wurde in Edward Saids Studie *Orientalism* beschrieben. Unter „Orientalismus" versteht er ein "system of knowledge about the Orient", das Politik und Wissen so zueinander in Beziehung setzt, dass der imperiale Westen kulturelle Dominanz über den kolonialen Anderen postulieren kann und praktizieren konnte.[634] Dabei sieht Said zwei Prinzipien am Werk. Zunächst hätten westliche „Orientexperten" den Gegenstand ihrer Forschung als das kulturell Andere Europas konstruiert, das der europäischen Kultur und Wissenschaft unterlegen sei und daher der zivilisatorischen Besserung bedürfte. Daraufhin sei diese Sichtweise nicht nur in den Macht- und Bildungsstrukturen der kolonisierenden Länder implementiert worden, sondern auch in den Bildungskanon der kolonisierten Völker eingegan-

---

633 Vgl. R. J. C. Young, Postcolonialism. An Historical Introduction, Oxford 2001. 57.
634 E. Said, Orientalism, New York 1978/London 2003, 6.

3. KOLONIALISMUS

gen, so dass diese begonnen hätten, sich selbst so zu verstehen, wie sie von den Europäern verstanden wurden.[635] Diese eurozentrische Fremdsicht in der eigenen Selbstsicht habe sich auch nach der Unabhängigkeit der vormaligen Kolonien fortgesetzt und verlange darnach, kritisch aufgedeckt und durch Wiedergewinnung der eigenen verlorenen, vergessenen und verborgenen Traditionen korrigiert und ersetzt zu werden. Wirkliche Freiheit können die Kolonisierten erst erreichen, wenn sie nicht nur politisch unabhängig sind, sondern auch die geistige Selbständigkeit und kulturelle Kontrolle über ihre Traditionen wiedergewonnen haben. Wie im Feminismus ist das aber nicht nur als Besetzung der Gegenposition zu verstehen oder als Rückkehr zu einem (so gar nicht möglichen) vorkolonialen Zustand, sondern als konstruktive Überwindung sowohl der kolonialistischen als auch der antikolonialistischen Sicht in einer eigenständigen, im strengen Sinn postkolonialen Kultur, die beide Gegensätze einschließt und in etwas Neues transformiert.

Das geht auf Seiten der Kolonisierten nur, wenn es zugleich auch entsprechende Prozesse auf Seiten der Kolonisierenden gibt. Die Persistenz kolonialistischer Denk- und Handlungsmuster muss auf beiden Seiten des Kolonialismus-Duals gebrochen werden[636] – auf Seiten der Kolonisierten durch ausdrückliche Thematisierung der Differenz zwischen Fremdbestimmung und Selbstverständnis, auf Seiten der Kolonisierenden durch Infragestellung der Selbstverständlichkeit, mit der sie sich und die von ihnen Kolonisierten so verstehen, wie sie es tun. Denn während die Kolonisten ihre Identität darin haben, dass sie sind, was sie sind, haben die Kolonisierten in dieser asymmetrischen Beziehung ihre Identität darin, dass sie nicht die Kolonisten sind. In dieser rein negativen Bestimmung aber können sie sich positiv mit ihrer eigenen Sicht ihrer selbst nicht finden. Diese allerdings nur abstrakt als ihre präkoloniale Identität zu konstruieren und der kolonialen Fremdsicht entgegenzusetzen, ist nicht genug, weil sie die Asymmetrie der Beziehung zwischen Kolonisten und Kolonisierten nicht überwindet. Zu einem tatsächlichen politischen und kulturellen Neuanfang kann es nur kom-

---

635 Vgl. M. Do Mar Castro Varela/N. Dhawan, Postkoloniale Theorie. Eine kritische Einführung, Bielefeld ²2015, 31 f.
636 Das gilt auch, wenn es koloniales Denken auf Seiten eines Landes wie der Schweiz gibt, das selber nie Kolonien besessen hat. Vgl. P. Purtschert/B. Lüthi/F. Falk (Hrsg.), Postkoloniale Schweiz. Formen und Folgen eines Kolonialismus ohne Kolonien, Bielefeld 2012.

men, wenn sie das präkoloniale Eigene nicht vergöttern, sondern kritisch rezipieren, und das koloniale Andere nicht nur abstoßen, sondern als Teil der eigenen Geschichte kritisch in die eigene Welt- und Selbstsicht integrieren.[637] Denn erst damit nötigen sie die Kolonisten, in ihnen nicht mehr nur Kolonisierte, sondern Menschen mit eigener Identität und Würde zu sehen. Wir alle sind, was wir geworden sind, durch uns selbst und durch andere. Das gilt für Kolonisierte nicht weniger als für Kolonisierende. Beide Seiten aber können nur dadurch ihre problematische Kontrastbeziehung überwinden, dass sie die Differenz in ihrer eigenen Identität vermitteln, sich selbst also durch Aufnahme und Abstoßung von Momenten beider Seiten eine neue Identität erarbeiten und damit die Möglichkeit eröffnen, sich in einer neuen, postkolonialen Weise aufeinander zu beziehen und miteinander umzugehen.

6

Auf dem Weg dorthin ist allerdings mit der Gefahr folgenreicher Abstürze zu rechnen. Das gilt vor allem dann, wenn man meint, den Neuanfang durch Identitätspolitik erreichen zu können, also dadurch, dass man alles politische Handeln an den Bedürfnissen und Ansprüchen derjenigen Gruppen ausrichtet, die im öffentlichen Diskurs zu Recht oder zu Unrecht in der Rolle der Kolonisierten (Ausgebeuteten, Entrechteten, Unterdrückten, Ausgegrenzten) gesehen werden. Der notwendige Schritt, sich auf das Eigene zu besinnen, führt nicht weiter, wenn der Antagonismus zwischen sich und den anderen dadurch nur verstärkt wird. Zwar ist richtig: Um die alten asymmetrischen Identitätsbestimmungen zu überwinden, darf man diese nicht ignorieren, verwischen oder verdecken, sondern muss sie ausdrücklich zum Gegenstand selbstbewussten Handelns machen. Nur wenn man ausdrücklich thematisiert, was man faktisch ist und durch andere und sich selbst wurde, kann man das historisch selbstverständlich Gewordene durchbrechen und es neu gestalten. Kolonisten werden Kolonisten bleiben, solange sie nicht ausdrücklich dazu stehen, dass sie es sind, und dadurch benennen, was sich in der Beziehung zu den Kolonisierten ändern muss, damit das

---

637 Das ist schon deshalb unverzichtbar, weil in vielen Fällen Kolonisten der einstigen kolonisierenden Nationen in den unabhängig gewordenen ehemaligen Kolonien leben, die Differenz zwischen Kolonisierten und Kolonisierenden also auf Seiten der Kolonisierten in konkreter Weise wiederholt und perpetuiert wird.

Alte beendet und Neues möglich wird. Und das gilt entsprechend auch für Kolonisierte, Sklaven, Frauen, Afroamerikaner, Latinos, Asians, Native Americans, Behinderte oder Volksgruppen, die nicht sind, was sie sind, weil sie selbst sich so bestimmen, sondern weil andere sie so definieren und entsprechend behandeln. Um diesen Zustand überwinden zu können, muss vor allem anderen die Fremdbestimmung durch eigene Selbstbestimmung ersetzt werden, die eigene Identität also nicht mehr durch andere, sondern durch einen selbst definiert werden. Wer nicht weiß, wer er ist, kann auch nicht begründen, warum das so bleiben soll oder sich verändern muss.

Doch all das heißt nicht, dass Politik zur Identitätspolitik werden müsste, die durch politische, soziale und kulturelle Maßnahmen versucht, der eigenen Gruppierung Vorteile im gesellschaftlichen Kampf um Anerkennung und die Verteilung der Ressourcen zu verschaffen. Das ist auch dann kein Weg zu einer neuen postkolonialen Identität der Kolonisten und Kolonisierten, wenn es mit Gerechtigkeitsgründen zu rechtfertigen versucht wird – als ob früheres Unrecht durch gegenwärtiges Unrecht aufgewogen werden könnte. Die Meinung, das sei nötig, um Chancengleichheit für alle herzustellen, ist eine Selbsttäuschung, weil es das Übel verlängert, das man zu überwinden sucht, anstatt es zu beenden. Man sucht die eigene Gruppe zu stärken, um der anderen Paroli bieten zu können und ihr gegenüber Boden gutzumachen. Der Preis dieser identitätspolitischen Praxis ist, dass Menschen nicht als Einzelne von gleicher Würde und mit gleichen Rechten und Pflichten gesehen werden, sondern als Mitglieder von Gruppierungen, die aufgrund ihrer konfligierenden Interessen in einem dauernden Machtkampf stehen. Anstatt das Gemeinsame zu betonen, werden identitätspolitisch Gruppenidentitäten geschaffen oder verstärkt, die über den Besitz bestimmter Eigenschaften definiert sind. Wer diese aufweist und die entsprechende Identität besitzt, gehört dazu, wem sie fehlen, der wird ausgeschlossen. Auf neue Weise werden damit Unterscheidungen wieder aufgebaut, die man durch diese Politik abzubauen versucht. Identitätspolitik ist Diversifizierungspolitik, die sich für die Rechte von Gruppen einsetzt, aber dadurch nicht zum Aufbau einer gerechten Gesellschaft beiträgt, sondern im Gegenteil die Dynamik einer immer ungehemmteren Pluralisierung individueller Ansprüche und gruppenegoistischer Erwartungen ohne Gemeinschaftssinn und Verantwortungsbewusstsein für das gemeinsame Ganze steigert.

Die Folgen sind katastrophal. Anstatt das gemeinsame Menschliche zu betonen und auf geteilte Ideale abzuheben, werden gruppenspezifische Identitätsprozesse gefördert, die zum tribalisierenden Zerfall der Gesellschaft in rivalisierende Gruppen führen. Identitätspolitik setzt immer Grenzen zwischen dem Eigenen und den Anderen, zwischen denen, die dazugehören, und denen, die ausgeschlossen sind. Sie ist, wie Richard Rorty zu Recht festgestellt hat, eine „Politik der Differenz", die nicht zur erhofften Gemeinschaft der Verschiedenen in der gleichberechtigten Partizipation am Gemeinsamen führt, sondern zu einer bis zum Irrwitz steigerbaren Fortsetzung der Identitätskämpfe.[638] Anstatt die Unterschiede zu überwinden, werden die Anderen auf ihre Andersheit festgelegt und das Eigene wird nicht aus sich selbst oder in Bezug auf das allen Gemeinsame, sondern durch seine Andersartigkeit den Anderen gegenüber bestimmt.

Damit wiederholt sich das Übel, das man überwinden will, durch die Art und Weise, in der man es zu überwinden sucht.[639] Das Resultat solcher identitätspolitischen Strategien ist die Steigerung der Probleme, um deren Überwindung man sich bemüht. Man unterminiert die Basis gemeinsamer Überzeugungen, ohne die keine Demokratie funktionieren kann, weil man die Konflikte intensiviert, indem man alles auf den Identitäts- und Machtstreit einzelner Gruppen und Gruppierungen fokussiert.[640] Identitätspolitik ist eine „Politik des Ressentiments", die auf Diversitätskategorien wie „Nation", „Religion", „Rasse" oder „Gender" setzt, die nicht das Gemeinsame, sondern das je Eigene und damit die Andersheit der Anderen und die eigene Andersheit von den Anderen betonen.[641] Doch wo nur noch Eigeninteressen und Gruppenansprüche verfolgt werden, wird den differenzübersteigenden Gemeinschaftsorientierungen der Boden entzogen, ohne die auf Dauer kein Gemein-

---

638 R. Rorty, Stolz auf unser Land. Die amerikanische Linke und der Patriotismus, Frankfurt a. M. 1999, 74 f.
639 Vgl. M. Schönhut, Identitätspolitik, Das Kulturglossar (http://www.kulturglossar.de/html/einleitung.html) 5. Abschnitt.
640 Vgl. M. Lilla, Identitätspolitik ist keine Politik, Neue Zürcher Zeitung (26. November 2016) (https://www.nzz.ch/feuilleton/mark-lilla-ueber-die-krise-des-linksliberalismus-identitaetspolitik-ist-keine-politik-ld.130695); Ders., The Shipwrecked Mind: On Political Reaction, New York 2016.
641 Vgl. F. Fukuyama, Identity: The Demand for Dignity and Politics of Resentment, New York 2018.

wesen überleben kann. Die identitätspolitische Tribalisierung der Gesellschaft und die Feier kultureller Diversität um ihrer selbst willen ist kein Weg in die Zukunft, sondern der Rückschritt in den Zustand, den das Aufklärungsdenken durch die doppelte Betonung der unhintergehbaren Würde jedes Einzelnen und der Gleichheit der unveräußerlichen Rechte und Pflichten aller Einzelnen zu überwinden begann. Identitätspolitik ist keine Fortsetzung der Aufklärungsbewegung, sondern deren gruppenegoistische Zerstörung.

7

Doch muss die Betonung des Eigenen zwangsläufig eine Diskriminierung der Anderen bedeuten? Wer das Eigene privilegiert, privilegiert das Nicht-Eigene nicht. Aber das Nicht-Eigene nicht zu privilegieren, heißt nicht, es zu diskriminieren. Wer Nichtstaatsbürgern nicht die gleichen Rechte einräumt wie Staatsbürgern, der diskriminiert sie nicht. Wer Minderjährige anders behandelt als Erwachsene, der verstößt nicht gegen das Gleichbehandlungsgebot. Wer seine eigenen Kinder mehr liebt als andere, diskriminiert die anderen nicht. Wer lieber in der Schweiz lebt als anderswo, spricht anderen Ländern nichts ab, sondern macht seine Präferenzen kund, ohne zu unterstellen, dass alle diese Präferenzen haben müssten. Wer betont, dass Hans sein einziger Freund sei, sagt, dass alle anderen nicht seine Freunde sind. Aber er sagt nicht, dass andere nicht auch Freunde von Hans sein könnten oder dass Hans nicht auch mit anderen befreundet sein könnte. Ähnlich auch in anderen Fällen. Wer eine bestimmte Schule, Stadt, Gemeinde oder Kirche anderen vorzieht, bestreitet nicht, dass andere das nicht tun könnten oder dass sie anderen Schulen, Städten, Gemeinden oder Kirchen den Vorzug geben könnten. Privilegierung des einen ist nicht zwangsläufig Diskriminierung von anderem. Und sich für das eine und nicht für das andere zu entscheiden, ist kein Akt der Diskriminierung, sondern unvermeidlich angesichts endlicher Ressourcen und begrenzter Lebenszeit.

Das wäre allenfalls dann anders, wenn man sich nicht nur für das eine entscheidet, sondern ausdrücklich gegen das andere ausspricht, indem man es aus Gründen, die nichts mit der anstehenden Wahl zu tun haben, als mögliche oder wirkliche Option verwirft. Wer sich für einen deutschen Mieter entscheidet, diskriminiert keine Ausländer. Wer sich aber weigert, Ausländern eine freistehende Wohnung zu vermieten, weil sie Ausländer und nicht Deutsche sind, der diskriminiert sie. Diskriminierung ist hier im soziologischen und rechtlichen Sinn der Benachteiligung, Herabwürdigung, Ausgrenzung oder unrechten Ungleichbehandlung und nicht im formalen Sinn der Unterscheidung verstanden. Erst wo sich Unterscheidungen mit Ungleichbehandlung und Ungleichstellung verknüpfen, die nicht in der Sache, sondern in anderen Einstellungen begründet sind, kommt es zu Diskriminierungen. Deshalb gebietet der allgemeine Gleichheitssatz des Art. 3 Abs. 1 GG dem Gesetzgeber, „wesentlich Gleiches gleich und wesentlich Ungleiches ungleich zu behandeln"[642], also dafür zu sorgen, dass sachbezogen argumentiert wird und keine sachfremden Kriterien wie Herkunft, Geschlecht, Religion oder sexuelle Orientierung zu Benachteiligungen und Ausgrenzungen führen, die von der Sache her nicht zu begründen sind. Diversitätssteigerung und die Gewährung von Sonderrechten für einzelne Gruppen sind daher kein Weg zur Vermeidung oder zum Abbau von Diskriminierung, sondern sie steigern die Diskriminierungsgefahr zwischen konkurrierenden Gruppen. Abgebaut und eingedämmt werden diese Konflikte nicht durch identitätspolitische Stärkung der Konfliktparteien, sondern durch ihre Einbindung in ein größeres Ganzes, in dem alle die gleichen Rechte und Pflichten haben und bestehende Gruppenkonflikte zu Meinungsdifferenzen entspannt werden können.

8

Das Christentum geht noch einen wesentlichen Schritt weiter. Wenn es von Sünde und Sündern spricht, ist die Pointe nicht, dass einige Sünder sind und andere nicht oder dass andere Sünder sind und man selbst nicht, sondern gerade umgekehrt, dass man selbst Sünder ist und alle anderen auch. Es wird also nicht zwischen Menschen, die Sünder sind, und Menschen, die nicht Sünder sind, unterschieden. Es werden auch nicht andere der Sünde bezichtigt, um sich von ihnen abzuheben. Und es wird niemand als Nichtsünder bezeichnet, der nicht auch Sünder genannt werden müsste. Die Unterscheidung zwischen Sünder und Nichtsünder taugt daher nicht dazu, Menschen in unterschiedliche Mengen oder Gruppen zu klassifizieren und als Sünder und Nichtsünder einander entgegenzusetzen. Alle sind Sünder, niemand ist es mehr oder weniger als irgendein anderer, und alle könnten von der Sünde und ihren Folgen befreit werden, wenn sie sich auf Gottes Zuwendung ver-

---

642 BVerfGE 98, 365 (385).

lassen würden und bereit wären, sich an Gottes Gegenwart zu orientieren. Zwischen Sündern und Nichtsündern besteht daher kein asymmetrischer Gegensatz, der durch die Konstruktion von Gemeinsamkeiten überbrückt werden müsste, die durch gemeinsame Merkmale eines größeren Ganzen definiert wären, an denen alle auf gleiche Weise partizipieren würden. Sondern es werden alle Menschen im Bezug auf Gott so bestimmt, dass sie von Gottes Zuwendung profitieren, die deutlich macht, dass man nicht Sünder bleiben muss, wenn man Sünder ist, weil die Sünde Gott nicht davon abhält, seinen Geschöpfen als ihr Schöpfer gegenwärtig zu bleiben.

Der Versuch, den Sündendiskurs in einen Konfliktdiskurs zwischen Privilegierten und Nichtprivilegierten, Kolonisten und Kolonisierten, Unterdrückten und Unterdrückern zu überführen, verfehlt daher die entscheidende Pointe der theologischen Rede von der Sünde. Sünde besteht nicht in dem, was die Menschen einander antun, und sie wird auch nicht dadurch überwunden, dass man ein überwölbendes Gemeinsames aufbaut, um die asymmetrische Konfliktbeziehung zwischen Kolonisten und Kolonisierten, Habenden und Nichthabenden, Mächtigen und Abhängigen in einer umfassenderen Einheit aufzuheben. Solche Gemeinsamkeiten werden immer von der einen oder anderen Seite aus entworfen, weil es für Menschen keine Position jenseits diese Unterscheidung gibt und deshalb jede Konzeption von Gemeinsamem infiziert ist von Interessen, die nicht von allen in gleicher Weise geteilt werden. Jeder versucht das Gemeinsame daher in seinem Sinn auszulegen und den Bezug darauf zu seinem Vorteil zu nutzen. Der Streit zwischen den Parteien setzt sich fort im Streit der Parteien um den größeren Vorteil im Bezug auf das gesetzte Gemeinsame. Man versucht auch dort noch für sich zu profitieren, wo man Gemeinsames bemüht, um den Konflikt mit dem anderen zu entschärfen.

Das ist anders, wenn man sich auf Gott bezieht. Gott steht jenseits aller Parteiinteressen, und zwar nicht, weil wir ihn als neutrale Instanz setzen, sondern als eine von uns unabhängige Wirklichkeit, der wir alle unsere Existenz verdanken. Anders als das Recht, der Staat oder die Wirtschaft ist Gott kein kulturelles Konstrukt, das von den konfligierenden Parteien als Gemeinsames zur Vermittlung ihrer Differenzen aufgebaut wird. Im Unterschied zum Bezug auf Recht, Staat oder Wirtschaft ist die Gottsidee daher auch nicht durch die Interessendifferenzen infiziert, die unsere Bezugnahmen auf von uns gesetzte Größen immer begleiten und sich in unseren Ideal-Konstrukten und Gemeinsamkeits-Konstruktionen niederschlagen. Die Leitdifferenz besteht im Fall der Orientierung an Gott nicht zwischen Privilegierten und Nichtprivilegierten, Kolonisierenden und Kolonisierten, einer Partei und einer anderen, sondern zwischen diesen allen auf der einen Seite und Gott auf der anderen Seite.

Damit werden die Asymmetrien unter den Menschen durch eine sie alle auf einen Pol verweisende Asymmetrie zwischen ihnen und Gott relativiert. Die Asymmetrie der Schöpfungsrelation zwischen Schöpfer und Geschöpfen ist aber in keiner Weise mit der Asymmetrie der Kolonialismusrelation zwischen Kolonisierenden und Kolonisierten zu vergleichen. Die Ressentiment-Praxis der moralischen oder kulturellen Beschämung hat zwischen Menschen und Nationen, aber nicht zwischen Geschöpfen und dem Schöpfer einen Ort: Man kann Gott nicht beschämen, weil zwischen Schöpfer und Geschöpf keine Rechts- oder Anspruchsgleichheit besteht. Das Geschöpf ist ohne den Schöpfer nicht zu denken, und jeder Versuch, seine Identität durch Abgrenzung gegen den Schöpfer oder durch Beanspruchung der Position des Schöpfers bestimmen und stärken zu wollen, ist de facto ein Akt der Selbstzerstörung. Wer Geschöpf sein will unter Absehung vom Schöpfer oder in der Wendung gegen ihn, der untergräbt den Boden, auf dem er steht. Was immer man dadurch werden und was immer man so gewinnen könnte, es könnte nicht die Identität des Geschöpfes sein. Stellt das Geschöpf aber sein Geschöpfsein in Frage, dann bestimmt es nicht nur sein Sosein anders, sondern untergräbt sein Dasein. Es will dann das nicht sein, was ihm überhaupt erst möglich macht, das nicht sein zu wollen. Auch ein Geschöpf, das sich gegen sein Geschöpfsein wendet, bleibt Geschöpf, weil sich sein Geschöpfsein nicht seiner eigenen Entscheidung verdankt, sondern eigene Entscheidungen überhaupt erst möglich macht. Wir können uns nicht selbst zu Geschöpfen machen, sondern wir können uns als Geschöpfe nur zu dem verhalten, was wir sind, indem wir das beachten oder ignorieren, anerkennen oder bestreiten. Aber auch wer bestreitet, Geschöpf zu sein, hört nicht auf es zu sein, weil er nicht wäre, wenn er es nicht wäre.

9

Jeder Versuch, der Sünde zu entkommen und die Sünde zu destruieren, indem man seine Identität durch die Bestreitung des Schöpfers und des eigenen Geschöpfseins zu gewinnen sucht, ist daher aporetisch und endet im Selbstwiderspruch. Menschen haben keine Identität, die sich unabhängig von ihrer Relation als Geschöpfe zum Schöpfer fassen ließe, weil sie ohne diese Relation weder wirklich noch möglich wären. Menschen sind Menschen nur als Geschöpfe, aber sie können Geschöpfe sein als Sünder, die ihr Geschöpfsein ignorieren oder bestreiten, oder als Sünder, die das nicht mehr tun, weil ihnen ihre Sünde bewusst gemacht wurde.

Die Rede von der Sünde weist Menschen also nicht einer Gruppe von Menschen im Unterschied zu einer anderen zu, sondern sie bestimmt den Charakter oder Modus des Daseins von Menschen unter dem Gesichtspunkt, dass diese blind sind für ihren Schöpfer und damit auch für ihr Geschöpfsein. Sie sind Geschöpfe, aber sie leben, als ob sie keine Geschöpfe wären, obwohl sie doch so nur leben können, weil sie Geschöpfe sind. Ihr Sosein widerspricht damit ihrem Dasein, und kein Versuch, in ihrem Sosein eine Identität aufzubauen, die jeden Gottesbezug ausblendet, kann dem Selbstwiderspruch entgehen, in ihrem Dasein das in Anspruch nehmen zu müssen, was sie in ihrem Sosein auszublenden suchen. Mit dem Dasein steht aber kein Charakterzug des Lebens zur Debatte, der es erlauben würde, Menschen in Gruppen zu klassifizieren, sondern es sind alle Menschen in ihrer unvertretbaren Einzelheit betroffen. In der Sünde geht es immer um den Einzelnen vor Gott, und in der Überwindung der Sünde auch. Das schließt weder das aus, was man die Solidarität der Sünder nennen könnte, noch das, was die Gemeinschaft der zurechtgebrachten Sünder auszeichnet. Aber diese Gemeinschaftsstrukturen charakterisieren das Sosein der Sünder bzw. der erlösten Sünder, während ihr Dasein sie vor Gott vereinzelt. Jeder ist Geschöpf als Einzelner (und erst als solcher auch Mitglied der Gemeinschaft der Geschöpfe), jeder ist Sünder als Einzelner (und erst damit auch Mitglied der Masse der Sünder), und jeder, der erlöst ist, ist erlöster Sünder als Einzelner (und erst damit auch als Mitglied der Gemeinschaft der Erlösten).

Weil es bei der Sünde um das Dasein und nicht um das Sosein von Menschen geht, kann man Sünde nicht durch Aufbau einer entsprechend gestalteten Identität im Sosein destruieren. Jede identitätstheoretische und identitätspolitische Destruktion der Sünde ist eine Fehlkonstruktion der Sünde im Sosein der Menschen. Doch es geht um ihr Dasein, und zwar genauer gesagt darum, wie der Charakter ihres

Daseins als Geschaffensein durch Gott in ihrem Sosein beachtet und gewürdigt oder ausgeblendet und bestritten wird. Menschen kommen dem Kern ihrer Menschlichkeit erst dort auf die Spur, wo sie die Gefahr der Unmenschlichkeit nicht nur moralisch thematisieren, sondern existenziell begreifen: Unmenschlich ist ein Leben, das sich dagegen wehrt, den Grundpunkt des Menschlichen nicht in einer wie auch immer gearteten Qualität des Soseins von Menschen, sondern in ihrem Dasein und damit in einem Bezug auf etwas von ihrem eigenen Sein Unterschiedenes zu sehen. Wir leben menschlich, wenn wir nicht in unserem Selbstbezug und den darin aufgebauten Identitäten verharren, sondern so leben, dass wir uns von dem her verstehen, ohne das wir nicht da wären. Menschlichkeit ist die Resonanz und der Reflex der Tatsache im Leben, dass Menschen ihr Dasein nicht sich selbst, sondern Gott verdanken, und deshalb dann sachgerecht leben, wenn sie sich und alle anderen als Gottes Nächste und Geschöpfe würdigen und behandeln. Menschlich lebt, wer nicht nur sich, sondern sich, alle anderen und alle Übrigen als Adressaten von Gottes Zuwendung sieht. Dafür blind zu sein, ist Sünde, von dieser Sünde frei zu werden, der Anfang der Entdeckung der Menschlichkeit.

4. Trivialisierung: Die zeitgenössische Destruktion der Sünde

1

Die wohl verbreitetste Form der Dekonstruktion der Sünde in der Gegenwart ist ihre Trivialisierung. Diese Dekonstruktion läuft de facto auf eine Destruktion hinaus. Man nimmt dem Thema jeden Ernst, indem man es verharmlost, als engstirnig und gestrig veräppelt, zum Gespött macht, ins Lächerliche zieht. Das nimmt häufig absurde Züge an. Scherze über die Sünde sind verbreitet, aber meist nicht lustig, sondern peinlich. Sie lassen eine ernsthafte Auseinandersetzung mit dem Thema gar nicht erst aufkommen, indem sie es veralbern und lächerlich machen. „Geht es dir eigentlich auch so, dass dich deine früheren Sünden nicht schlafen lassen? – Jetzt nicht mehr. Ich stelle nachts mein Telefon ab!" ist noch eine harmlose Variante.[643] Meist sind die Witze

---

643 http://witze.net/sünden-witze.

nicht nur nicht lustig, sondern geschmacklos.[644] Sie zeigen vor allem eines: In welchem Maße das Thema Sünde mit dem Thema Sex verknüpft ist. Sich über die Sünde lustig zu machen, hat fast immer die Pointe, die Moralisierung der Sexualität für albern zu erklären und ins Lächerliche zu ziehen. Wer über Sünde schlüpfrige Witze erzählt, will zeigen, dass er nicht prüde oder moralisch verklemmt ist. Meist belegt er damit freilich genau das Gegenteil: Man muss moralisch ziemlich verklemmt sein, um solche Sünden-Sex-Witze lustig zu finden. Diese bringen allenfalls sexuell Verklemmte zum Lachen. Aber es geht ihnen ja gar nicht um Sünde, sondern um Sex. Denn der Kontrast, ohne den kein Witz funktioniert, ist nicht die Einstellung zur Sünde, sondern zum Sex.

Diese verklemmte Sexualisierung ist nicht die einzige Trivialisierung der Sünde in der Gegenwart. Wo man Freiheit unreflektiert mit der Befreiung von Regeln und normativen Verpflichtungen gleichsetzt und als Recht zur Missachtung aller Gemeinschaftsansprüche und Sozialpflichten missversteht, wird leicht jede Art von Verstoß gegen normative Vorgaben hyperbolisch Sünde genannt. Man hat Jugendsünden begangen, wenn man als Jugendlicher dumme Streiche ausgeführt hat, man sündigt gegen seine Linie, wenn man gegen Diätvorschriften verstößt, man begeht Modesünden, wenn man sich nicht um konventionelle Kleiderästhetik schert, man wird zum Park- oder Verkehrssünder, wenn man Verkehrsregeln nicht beachtet, man hat ein Sündenregister, wenn man beim Essen, Trinken, Spielen, Drogenkonsum oder Geschlechtsverkehr nicht Maß zu halten weiß. Jeder Verstoß gegen eine gesellschaftliche Norm, Konvention oder Regel kann zur Sünde werden. Ja, je folgenloser der Verstoß gegen eine Vorgabe oder Gepflogenheit ist, desto eher wird er Sünde genannt. Das zeigt umgekehrt, dass der Sündenbegriff nicht nur trivialisiert, sondern karikiert wird, weil man ihn nicht für seriöse und folgenreiche, sondern gerade für unerhebliche und bedeutungslose Normverstöße verwendet. Die bedeutungsloseste Kleinigkeit wird Sünde genannt, und damit im Umkehrschluss Sünde zur bedeutungslosesten Sache erklärt.

2

Trivialisierung ist eine Strategie, eine Sache oder ein Thema dem gesellschaftlichen Diskurs zu entziehen, indem man den Anschein erweckt, es

---

644 Ein Blick auf diese Seite genügt: http://witze.net/sünden-witze.

handle sich um ein unseriöses und damit nichternstes und unwichtiges Thema. Allenfalls in Klamauk-Sendungen und Kabarettveranstaltungen kann man sich im Modus der Ironisierung damit noch befassen, in serösen Sachdiskussionen kann eine so verharmloste Sünde keine Rolle mehr spielen. So gesehen ist die Strategie der Trivialisierung eine Parallelerscheinung zu dem verbreiteten Verfahren, bei Auseinandersetzungen nicht zur Sache zu sprechen, sondern die Person lächerlich zu machen, die sich für oder gegen eine Sache einsetzt. Wer die Migrationspolitik der Regierung für politisch falsch hält, greift die freiwilligen Helfer als „Gutmenschen" an, anstatt Sachargumente gegen diese Politik anzuführen. Und wer die Sünde für ein überholtes Thema einer prüden und bigotten Moralepoche hält, trivialisiert sie so, dass sie nur noch in lächerlichen und unernsten Zusammenhängen zur Sprache kommt. Was man aber nur noch unernst thematisieren kann, dem muss man in seriösen Zusammenhängen keine wirkliche Aufmerksamkeit mehr schenken. Die Trivialisierung der Sünde ist ein effektives Verfahren, sie aus dem Kreis ernsthafter Themen zu vertreiben.

Das ist auch dort der Fall, wo es gar nicht ausdrücklich intendiert wird. Was nur noch zum Witzemachen taugt, besitzt keinen existenziellen Ernst mehr. Ernst sind Themen, die man nicht behandeln kann, ohne von sich selbst zu sprechen. Man steht selbst zur Debatte und kann davon nicht absehen, ohne das ganze Thema zu verlieren. Man muss deshalb die Verfahren zur Trivialisierung der Sünde in unserer Kultur noch unter einem anderen Gesichtspunkt betrachten. Trivialisierung ist die Begleiterscheinung der Bemühung, bestimmte Themen besonderen Bereichen zuzuweisen, in denen sie eine biotopische Sonderexistenz führen können, ohne den Rest der Gesellschaft noch zu belästigen. Das galt einst für das Thema Sex, und das gilt heute für die Religion. Während das Thema Sex enttabuisiert wurde und heute anstoßlos in fast allen Zusammenhängen thematisiert werden kann, ist das Thema Religion ein Tabuthema geworden, das man unter zivilisierten Menschen besser nicht anspricht. Religiöse Themen werden dem Sonderbereich der organisierten Religion bzw. der spirituellen Freizeit- und Wellnesskultur zugewiesen, wo sie ein beschränktes Daseinsrecht fristen. Wie der Sport den Körper stärkt, so entspannen Spiritualitätspraktiken die Seele. Der Geist aber – darüber besteht unter der sich für aufgeklärt haltenden Avantgarde der zeitgenössischen Kulturschaffenden weitgehender Konsens – braucht sich mit diesen Themen nicht zu befassen, weil es nichts gibt, womit er sich ernsthaft befassen könnte. Sie haben ihren Wert ganz in der Praxis ihres Vollzugs, aber nicht als Schlüssel zu einer Realität, die nicht erst durch diese Praxis hervorgebracht wird und als solche eine Herausforderung für das Verstehen und Erkennen darstellt. Sich mit religiösen Themen intellektuell zu befassen, kann allenfalls als Hilfe zur Verbesserung dieser Praktiken verstanden werden, aber nicht als Anleitung zur Erkenntnis einer sich dadurch erschließenden Realität. Man lässt die Beschäftigung mit Religion als spirituelles Wellnessphänomen gewähren, aber man erwartet keinerlei vernunftbestimmende Wirklichkeitseinsicht von ihr.

Je besser es gelingt, die Sündenthematik auf einen Sonderbereich gegenwärtigen gesellschaftlichen Lebens zu beschränken, desto weniger spielt sie in anderen Lebensbereichen noch eine ernsthafte Rolle. Hat man sich erst einmal angewöhnt, sie einem Bereich zuzuordnen, der allenfalls durch seine praktischen Vollzüge, aber nicht durch seine intellektuellen Herausforderungen gekennzeichnet ist, kann sie in anderen Bereichen höchstens noch unernsthaft auftreten. Die Trivialisierung der Sünde ist so gesehen die Rückseite ihre Einweisung in den Sonderbereich einer für eine wachsende Zahl von Menschen nicht mehr aktuellen religiösen Praxis. Sie ist ein Teilmoment der Strategie, religiöse Themen zu privatisieren und zu historisieren und sie so aus dem öffentlichen Bewusstsein zu vertreiben. Wer an der Praxis des Christentums nicht mehr teilnimmt und die Rede von der Sünde allenfalls noch im Modus der Trivialisierung kennt, der kann in ihr kein Thema sehen, dem man sich seriös widmen müsste, weil es um den Kern der eigenen Existenz geht. Man macht dann vielleicht noch Witze über die Sünde, aber man weiß nicht mehr, wovon man eigentlich spricht.

3

Die Doppelstrategie der Zuweisung des Sündenthemas an einen religiösen Sonderbereich und seiner Trivialisierung in allen anderen Bereichen entzieht die Sündenthematik nicht nur dem öffentlichen Diskurs, sondern verhindert auch, dass man ein Interesse an ihr entwickeln könnte, das zur Beschäftigung mit diesem Sonderbereich und damit der Sündenthematik führen könnte. Es wird damit systematisch unterbunden, sie als ernsthaftes Thema wahrzunehmen.

Verwunderlich ist deshalb auch nicht, dass sich für dieses Thema niemand mehr interessiert, sondern allenfalls, dass auch Theologen meinen, diesen Trend unterstützen zu müssen, indem sie für die Ausmerzung der Sündenthematik aus dem christlichen Leben und Denken plädieren.[645] Was im gesellschaftlichen Diskurs kein ernsthaftes Thema mehr ist, kann und soll es auch im religiösen Diskurs nicht mehr sein. Was die Trivialisierung im öffentlichen Diskurs der Gesellschaft schon erreicht hat, das soll die Vertreibung der Sündenthematik aus dem Diskurs des Christentums zu Ende bringen: dass es keinen Ort mehr gibt, wo ernsthaft über Sünde nachgedacht wird.

Das aber ist eine theologische Bankrotterklärung, und zwar aus mehreren Gründen. Zum einen verspielt man damit die Pointe der Rede von Gottes Gnade. Sünde ist kein harmloser Verstoß gegen gesellschaftliche Moralnormen, sie hat nichts damit zu tun, dass man sich gegen eine gesellschaftliche Konvention auflehnt oder eine überholte Moralverpflichtung von sich weist. Sie ist vielmehr die Rückseite dessen, dass Gottes Zuwendung allen Menschen guttut – nicht nur denen, die im Übel stecken und keinen Ausweg mehr sehen, sondern auch denen, die gar nicht merken, in welchem Übel sie stecken, weil es ihnen glänzend geht. Wo einem das Wohlergehen den Blick verstellt für das, was man Gott Gutes verdankt, da kommt es zum Phänomen eines Wohlstandsatheismus, der nicht im Streit gegen Gott, sondern im schlichten Desinteresse an Gott und allem, was damit zusammenhängt, besteht. Und ganz entsprechend gibt es ein Ignorieren und Trivialisieren der Sündenthematik, obwohl man die Wirklichkeit faktisch lebt, von der das Christentum mit dem Sündenbegriff spricht.

Nicht das Reden von der Sünde, sondern das Leben in der Sünde ist das entscheidende Problem. Man kann die Rede von der Sünde systematisch ignorieren oder bis zur Lächerlichkeit trivialisieren und gar nicht merken, dass man genau so gottvergessen lebt, wie es unter dem Stichwort der Sünde theologisch verhandelt wird. Doch entscheidend ist nicht das Wort, sondern die menschliche Lebenswirklichkeit, nicht die Rede von der Sünde, sondern die gelebte Sünde. Auf sie reagiert Gottes Zuwendung, nicht auf das, dass man seine Lebenssituation so versteht oder nicht versteht, von ihr so spricht oder anders. Auch wenn von Sünde nicht mehr geredet wird, ist die damit thematisierte Sachlage immer noch der Fall: dass Menschen leben, als gäbe es keinen Gott. Ist

---

645 Vgl. K. Huizing, Schluss mit Sünde! Warum wir eine neue Reformation brauchen, Freiburg i. Br. 2017.

das aber der Fall, so wirkt es sich auch dann im menschlichen Leben aus, wenn sich dieses gar nicht als Sündenleben versteht und auch nicht so thematisiert wird. Die Auseinandersetzung mit der Sünde und ihren Auswirkungen stellt auch dann eine Herausforderung dar, wenn man gar nicht mehr von Sünde spricht.

4

Zum anderen verzichtet man seitens der Theologie damit auf ein Diagnoseinstrument, das besser als andere die Verblendung der Menschen über ihre eigentliche Situation aufdecken kann und verständlich zu machen vermag, warum wir in kaum zu verstehender Verblendung immer wieder Dinge tun, von denen wir wissen, dass sie falsch sind, und doch unfähig sind, den Unsinn einzustellen, den wir tun und erkannt haben. Warum gelingt es uns fast nie, Fehler anders als durch neue Fehler zu korrigieren? Warum können wir uns selbst nicht oder kaum davon abhalten, erkannte Fehler immer wieder zu begehen? Warum gibt es diesen Hang zur Selbstzerstörung, der momentanen Genuss künftigen Übeln auch dann vorzieht, wenn dieser Genuss künftige Übel unvermeidlich macht? Die Beispiele sind Legion und sprechen für sich. Sie reichen vom Rauchen, Tablettenmissbrauch, Alkoholexzessen und Drogenkonsum über die Verschmutzung der Umwelt, die einseitige Ideologie unserer Erziehungs- und Bildungsprogramme und die politische Kurzsichtigkeit nationaler Egoismen bis zum Unsinn der Wählerbefriedigung durch Wahlgeschenke, auch wenn diese allem ökonomischen Sachverstand widersprechen. Warum müssen Parlamente Legislaturperiode um Legislaturperiode die Regeln modifizieren und korrigieren, die sie zuvor eingeführt haben, nur um noch Schlimmeres zu verhindern? Warum sehen wir im politischen Diskurs die anderen nur durch unsere Brille und halten an dieser Sicht fest, ohne uns von der Wirklichkeit stören zu lassen? Warum können wir nichts Gutes tun, ohne die Wahrscheinlichkeit zu steigern, dass es an anderer Stelle zu üblen Folgen kommt? Warum setzen wir verblendet unsere falschen Lebensweisen fort, bis es gar nicht mehr geht? Warum ist uns der Spatz in der Hand wichtiger als die Taube auf dem Dach? Warum genügt es nicht, sich und andere über Fehler und Fehlverhalten aufzuklären, um richtiges Verhalten wahrscheinlicher zu machen? Warum ist zwischen Erkennen, Wollen und Handeln in vielen Fällen ein solcher Hiat? Warum erkennen wir oft erst im Rückblick, welchen Verblendungen wir erlegen waren und was uns davon abgehalten hat, das Richtige zu tun, obwohl wir es eigentlich gewusst hätten? Weil wir „krummes Holz" sind, wie Kant sagte, und weil krummes Holz nur schwer zum aufrechten Gang findet, also das tut, von dem man weiß, dass es richtig ist, und so lebt, wie es richtig wäre.

Wir sind in unzählige Verblendungszusammenhänge verstrickt, über die wir uns selbst nicht zureichend aufklären können, weil unsere Vernunft beschränkt, lädiert, inkompetent und vor allem unwillig ist, die Welt so zu sehen, wie sie ist. Diese Verblendungen lassen sich nicht von innen her aufklären, jedenfalls nicht in der grundlegenden Weise, in der es nötig wäre. Sie müssen von außen her, durch einen Blick von einem anderen Standpunkt aus aufgedeckt werden, der nicht von unseren Verblendungen infiziert ist. Das aber ist nur möglich, wenn es einen Standpunkt gibt, den nicht wir konstruiert und damit durch unsere Verblendungen verfälscht haben. Wir versuchen, uns durch Wissenschaft, Recht und Moral selbst zu kontrollieren. Solche Selbstkontrollen sind wichtig, nötig und unverzichtbar. Was können wir wissen? Was sollen wir tun? Was dürfen wir hoffen? Kants kritische Fragen zur Beantwortung der Grundfrage nach uns selbst, unserem Menschsein und unserer Menschlichkeit sind nach wie vor unverzichtbar. Sie helfen uns, die Grenzen unserer Vernunft nicht aus den Augen zu verlieren und uns nicht mehr zuzuschreiben, als wir uns ehrlicherweise zuschreiben können. Sie reichen aber nicht aus, einen Weg aus unseren Verblendungszusammenhängen zu weisen, weil sie selbst unter den Verblendungsbedingungen stehen, gegen die sie anzukämpfen versuchen. Sie helfen uns, vorsichtiger und kritischer zu leben. Aber sie decken nicht den Grund der Verblendungen auf, die unser endliches Leben verunstalten, weil sie nicht darüber hinausblicken und sich selbst unter einem anderen Gesichtspunkt zu beurteilen wissen.

5

Man hat weithin vergessen, dass der Rekurs auf Gott im christlichen Glauben eben diese Funktion hat: Er projiziert nicht unsere Verblendungen in den Himmel, wie die Meister der Religionskritik meinten, sondern er hält uns an, unsere Verblendungen im Licht einer anderen und von uns unabhängigen Wirklichkeit zu durchschauen und damit uns von uns selbst kritisch so zu unterscheiden, dass wir das, was wir aus uns machen und gemacht haben, in einer Wirklichkeit gegründet sehen, ohne die wir aus uns selbst niemals hätten etwas machen können. Natürlich kennen wir diese Wirklichkeit nur durch Vorstellungen, die wir uns selbst machen. Aber sich Vorstellungen dieser Wirklichkeit zu machen, ist etwas anderes, als diese Wirklichkeit zu machen. Und wir machen uns nur dann angemessene Vorstellungen von ihr, wenn sich unsere Vorstellungen selbst so kritisch kontrollieren, dass sie nichts als Gott thematisieren, was von diesen Thematisierungen nicht nur unterschieden ist, sondern sie überhaupt erst möglich macht. Wer von Gott spricht, spricht von dem, ohne den man von Gott weder sprechen noch schweigen könnte. Gott ist keine Wirklichkeit in unserer Welt, sondern die Wirklichkeit des Möglichen, ohne die es unsere Welt nicht gäbe.

Der Rekurs auf Gott ist so der Rekurs auf eine Wirklichkeit, die nicht wir gesetzt haben, sondern der wir uns verdanken. Dass wir uns auf diese Wirklichkeit nicht beziehen können, ohne sie uns vorzustellen, uns Bilder und Konzepte von ihr zu machen, ist unbestritten. Doch während diese Gotteskonzeptionen historisch geworden und kulturell variabel sind, gilt das für die Wirklichkeit, auf die sie sich richten, nicht. Gott ist kein Konstrukt der Menschen, sondern diejenige Wirklichkeit, ohne die solche Konstrukte gar nicht möglich wären. Sich auf diese Wirklichkeit zu beziehen, heißt sich an dem zu orientieren, was sich nicht eigener Setzung, Projektion oder Wunschvorstellung verdankt, sondern diese kritisch zu hinterfragen erlaubt.

In diesem selbstkritischen Prozess hat der Sündengedanke seinen unverzichtbaren Ort: Er klärt über das auf, was Menschen sind, aber nicht sein müssten, und was sie sein könnten, aber nicht sind, und er tut es im Licht dessen, was Menschen nicht von sich aus, sondern durch Gottes Zuwendung zu ihnen sind und werden können. Indem Sündenrede die Existenz und das Leben der Menschen im Licht der Zuwendung Gottes beurteilt, erschließt sie die *conditio humana* als Existenz vor Gott und Leben in der Gegenwart Gottes. Sie stellt klar, dass alle Menschen von Gottes Zuwendung profitieren, weil diese aufdeckt, worin Menschlichkeit im Kern besteht: in einem Leben, in dem Menschen nicht mehr sein wollen, als sie sind, aber auch nicht weniger, als sie sein können, weil sie anerkennen, dass sie von Gott anerkannt sind, sich also seiner Gegenwart und Zuwendung verdanken, ohne die sie weder sein noch leben könnten. Das kann man von sich nicht sagen, ohne es auch von anderen zu sagen. Deshalb gehen Menschen, die menschlich leben, mit sich nicht anders um als mit anderen. Sie nehmen sich anderen gegenüber nichts heraus, begegnen anderen Menschen mit Respekt und verhalten sich anderen Geschöpfen gegenüber verantwortlich. Sie tun das, weil sie wissen, dass sie nicht nur die sind, als die sie sich erleben und die sie zu sein meinen. Menschen können ohne ihr Zutun zum Ort werden, an dem sich Gottes Gegenwart erschließt, die Verblendungszusammenhänge des Lebens durchbricht und Menschen instand setzt, in der Orientierung an dieser Gegenwart als Gottes Geschöpfe in seiner Schöpfung mit anderen respektvoll und verantwortlich zusammenzuleben.

In diesem Sinn beginnt Menschlichkeit mit der Anerkennung der Wahrheit der eigenen Existenz und der darin angelegten Befähigung und Verpflichtung, verantwortlich zu leben – Gott gegenüber, sich selbst als Gottes Geschöpf gegenüber, der Welt als Gottes Schöpfung gegenüber. Diese Verantwortung nimmt man wahr, wenn man menschlich mit sich selbst umgeht, mitmenschlich mit anderen Menschen, solidarisch mit den Schwächeren und fürsorglich mit anderen Geschöpfen. Menschen sind die einzigen uns bekannten Lebewesen, die verantwortungsfähig sind. Verantwortung für das eigene Leben übernehmen aber kann man nicht, ohne das auch anderen Menschen zuzugestehen und ohne verantwortungsvoll auch mit denen umzugehen, die selbst keine Verantwortung für ihr Leben übernehmen können. Eigenverantwortung, Mitmenschlichkeit, Solidarität und Fürsorge sind die Grundpfeiler der Menschlichkeit.

6

Es wäre deshalb töricht, der Theologie einreden zu wollen, auf das Diagnoseinstrument der Sündenlehre zu verzichten. Nichts hilft besser, die existenziellen Verkürzungen und Verkrümmungen aufzudecken, die dazu führen, dass Menschen nicht so leben, wie sie als Gottes Geschöpfe leben könnten und sollten. Wer sich so, wie er ist, für ganz und schön und gut hält, übersieht, was möglich wäre, weil er nicht mehr danach fragt. Und wem Gottes Zuwendung unbekannt ist, weiß nicht, wonach er fragen sollte. Ist es aber die Aufgabe der Christen, die Menschen über Gottes Zuwendung und damit über ihre *conditio humana* aufzuklären, dann ist es auch ihre Aufgabe, von der Sünde zu handeln, die den Menschen den Blick dafür verstellt, so menschlich mit anderen zusammenzuleben, wie sie als Gottes Geschöpfe leben könnten und sollten.

Allerdings muss man recht von der Sünde reden, wenn das geschehen soll. Und damit das gelingt, braucht es die kritische Begleitung durch die Theologie. Denn recht redet von der Sünde nicht der, der die Menschen verstrickt in Übel, Unrecht und Irrtum darstellt, also ein negatives Bild der Menschen zeichnet, sondern der sie positiv als Adressaten der Zuwendung Gottes und als ausgezeichneten Ort des schöpferischen Wirkens seiner Liebe versteht – ausgezeichnet, weil sie davon wissen können, dass Gott ihrer Gegenwart und der Gegenwart all seiner Geschöpfe als schöpferische Liebe gegenwärtig ist.

Wer so von der Sünde handelt, besitzt einen Schlüssel zur Entdeckung der Menschlichkeit, der alles empirische Wissen von Faktischem und allen normativen Streit über Ideale der Menschlichkeit übersteigt, weil er nicht von dem handelt, was wir Gutes tun oder tun müssen, um menschlich zu leben, sondern zunächst und vor allem von dem, was uns von Gott her Gutes widerfährt, so dass wir aus einem Zuspruch leben können, den wir nicht zu erschöpfen vermögen. Sünde ist die christliche Kurzformel für die unnötige Blindheit der Menschen gegenüber ihrem Angewiesensein auf ein Leben aus dem Überschuss der Gnade. Sie zeigt an, dass Gott uns immer noch mehr bietet, als wir zu brauchen meinen. Wir sind nicht nur die, die wir aus uns machen. Wir sind der Ort, wo mehr geschieht, als wir selbst bewirken oder bemerken, weil uns durch andere und anderen durch uns Möglichkeiten zugespielt werden, von denen wir nicht einmal geträumt hätten. Geschöpfsein heißt, aus diesem Mehr zu leben, und Sündersein heißt, das so zu tun, dass man Gott unablässig Grund und Anlass bietet, einem in Überwindung der eigenen Verblendung Herz und Sinn dafür zu öffnen, dass man sein Leben Gottes Zuwendung verdankt. Wer dafür blind ist, lebt verblendet, und wer verblendet lebt, verfehlt die Möglichkeiten, die ihm von Gott zugespielt werden. Er sieht nur sich und nicht, dass und wie Gott an ihm und durch ihn wirkt.

Wer von dieser Verblendung befreit wird, dem erschließt sich dagegen, dass *menschlich* zu leben heißt, *mitmenschlich* zu leben, und dass mitmenschlich der lebt, der in der Orientierung an Gottes Gegenwart sich und alle anderen jenseits aller Gemeinsamkeiten und diesseits aller Differenzen als Gottes Nächste versteht und behandelt. Niemand ist sich selbst der Nächste, und keiner ist schon dadurch der Nächste eines anderen, dass er ihm nahe ist. Zum Nächsten wird man vielmehr, wenn man sich bei sich und bei anderen auf den bezieht, der sich von sich aus zum Nächsten eines jeden Menschen macht. Gott ist jedem Menschen näher, als dieser sich selbst jemals sein kann, weil jeder Mensch Gott sein Dasein, sein Woher und sein Wohin verdankt und nicht da wäre, wenn Gott nicht gegenwärtig wäre. Ohne Gottes Gegenwart könnte man sich weder auf andere beziehen noch gäbe es andere, auf die man sich beziehen könnte. Das ist in jedem Bezug auf sich und auf andere mit zu bedenken: Man bezieht sich immer zugleich auch auf Gott, ohne den man selbst und der andere nicht da wäre. Erst wo das beachtet wird, wird aus selbstbezogen konstruierten Gemeinsamkeiten kritische Solidarität mit anderen – eine Solidarität, die im Miteinander der Menschen mehr sieht, als in die Augen springt: die wirksame Gegenwart der Liebe Gottes.

Auf wirklich menschliche Weise können wir anderen und uns selbst nur nahe sein, wenn wir uns zu ihnen und zu uns so verhalten, dass wir uns dabei zugleich zu Gott verhalten, der ihnen und uns gegenwärtig ist. Wer Gottes Gegenwart ignoriert, der bleibt sich selbst in entscheidender Hinsicht dunkel und dem bleiben auch die anderen in entscheidender Hinsicht fremd, weil man bei sich und bei anderen den ausblendet, ohne den weder man selbst noch die anderen da wären. Wer das dagegen nicht ausblendet, der lebt *menschlich*, weil er sich selbst nicht mit Gott verwechselt oder sich im Verhältnis zu sich selbst (Selbstvergötzung) oder zum anderen (Selbstanmaßung) an Gottes Stelle setzt, sondern in allem, was er tut, die Grunddifferenz zwischen Schöpfer und Geschöpf zu wahren sucht. Und wer so lebt, der lebt *mitmenschlich*, weil er die anderen nicht anders sieht und behandelt als sich selbst und sich selbst nicht anders als die anderen. Er kennt nur Gottes Nächste, also solche, die von Gottes Gegenwart profitieren, weil sie ihr Dasein und alles Gute in ihrem Leben Gott verdanken.

Wer das weiß, lebt als Gottes Geschöpf, und wer so lebt, weiß, dass er nicht immer so gelebt hat, obwohl er immer Gottes Geschöpf war. Er war Sünder. Weil er das war, wird es immer wahr bleiben, dass er es war, auch wenn er nicht immer bleiben muss, was er war. Er hätte nicht Sünder sein müssen, und er muss nicht Sünder bleiben. Nur kann er das selbst nicht herbeiführen, wenn er Sünder ist, weil er es gar nicht will. Wird die Sünde beendet, dann wird sie nicht vom Sünder beendet, sondern von dem, gegen den gesündigt wird, indem dieser sich den Wirkungen der Sünde entzieht und sie ins Leere laufen lässt. Die Sünde wird damit nicht rückgängig gemacht, sondern um ihre Wirkungen gebracht. Eine wirkungslose Sünde aber ist eine tote Sünde, und die kann man getrost sich selbst überlassen.

V
Der Sinn der Sünde

1. Das Positive des Negativen:
Die beiden Hauptstränge des Sündendiskurses

1

Überblickt man die skizzierte Problemgeschichte der Sünde im Denken des Westens, dann lassen sich zwei Hauptlinien erkennen, die unterschiedlich intensiv ausgearbeitet wurden. Der erste Strang stellt die existenziellen Abgründe des Menschseins heraus, die Menschen sich nicht eingestehen wollen, obwohl sie ihnen nicht entgehen können. Für diese Blindheit der Menschen lassen sich viele Belege aus der Erfahrung anführen, ohne dass man von Gott reden müsste. Meist konzentriert man sich auf die Folgen, die diese Blindheit der eigenen Wirklichkeit gegenüber für das Zusammenleben der Menschen hat. Entsprechend stehen moralische und politische Debatten im Vordergrund, die sich um die Auswirkungen der menschlichen Verblendung im Leben der Einzelnen und im Zusammenleben mit anderen drehen.

Der zweite Strang legt diese Abgründe als Ausdruck der Ausblendung der Zuwendung Gottes aus, der Menschen in nicht vorhersehbarer Weise als steigerungsfähige Wesen erweist, indem er sie zu Adressaten seiner uneingeschränkten Zuwendung und unbedingten Liebe macht. Menschen sind nicht nur das, was sie sind; und was sie sind, müssen sie nicht bleiben. Sie sind Wesen im Werden, und was sie werden, bestimmen sie nur in geringem Maße selbst. Nicht nur, weil sie im Austausch mit anderen und ihrer Umwelt zu dem werden, was sie sind, sondern weil diese Prozesse eingebettet sind in einen Zusammenhang, der durch die kreative Aktivität Gottes konstituiert ist. Ohne den Schöpfer gäbe es keine Schöpfung, und nichts, was Menschen in der Schöpfung sind und werden, ist ohne die Präsenz des Schöpfers möglich.

Menschen sind daher immer in mehr als nur einer Weise in den Blick zu fassen. Sie sind nicht nur der Ort, wo trotz aller Versuche der Kultivierung von Menschlichkeit immer wieder ein Abgrund unfasslicher Unmenschlichkeit aufbrechen kann. Sie sind auch der Ort, an dem Gottes Gegenwart unerwartet und nicht vorhersehbar als Wirksamkeit seiner schöpferischen und neu machenden Liebe in Erscheinung tritt. Menschen können anderen und sich selbst gegenüber unmenschliche Teufel sein, aber sie können für andere und sich auch zum Ort und zum Medium der Gegenwart von Gottes Liebe werden. Beides zeichnet menschliches Leben aus. Menschen können Gottes Gegenwart verdunkeln und sie können sie erschließen – und beides nicht nur dann, wenn sie es ausdrücklich wollen oder intendieren, sondern durch ihr bloßes Sosein und Dasein. Nicht nur ihr Handeln, sondern ihr Dasein und Sosein können Gottes Gegenwart verstellen oder erhellen.

Der Sinn der Sünde lässt sich daher in zwei Hinsichten konkretisieren. Auf der einen Seite erinnert der Sündentopos daran, dass Menschen sich auch dann nicht selbst durchsichtig sind, wenn sie meinen, sich zu kennen. Auf der anderen Seite macht er darauf aufmerksam, dass Menschen für sich und für andere mehr sind, als sie ahnen, weil an ihrem Ort nicht nur sie handeln und leiden, sondern in und durch ihr Dasein und Sosein Gott seine Liebe in seiner Schöpfung zur Wirkung bringt. Menschen sind uneinholbar mehr als alles, was sie selbst tun und leiden, weil in und durch ihr Tun und Leiden Gott an seiner Schöpfung baut. Sie sind weit weniger, als sie denken, und weit mehr, als sie vermuten.

2

Der erste Strang der Problemgeschichte der Sünde besteht darin, die Verfehlungen, Verkehrungen, Abgründe und Abstürze des Menschseins aufzudecken und zu thematisieren, die in den gängigen Analysen des Menschen als *animal rationabile* ausgeblendet und unterschätzt werden. Fragt man nicht primär, was der Mensch ist, sondern wie Menschen leben, dann erweist sich die Geschichte der Menschen nicht nur als eine Geschichte unablässiger Konflikte, sondern zugleich als eine Geschichte der nicht endenden Verblendung über den tatsächlichen Charakter der *conditio humana*. Menschen sind in vieler Hinsicht das Gegenteil dessen, wie sie sich selbst gern sehen würden und einschätzen. Sie sind Wesen, die selbst dann, wenn sie Gutes wollen, immer wieder Böses schaffen. Nicht weil sie das wollen, obwohl auch das vorkommt, sondern weil sie Böses nicht vermeiden können, auch wenn sie Gutes wollen. Menschen sind nicht Herren der Folgen ihres Tuns, weil sie nicht Herren ihres Daseins sind. Sie wissen, dass sie anders leben müssten, aber sie tun es nicht, weil sie es nicht wollen. Ihr Wissen und ihr Wollen sind durch einen Abgrund getrennt, der es ihnen unmöglich macht, die Kontrolle über ihr Leben zu gewinnen. Dieser Abgrund kontrolliert sie und nicht sie ihn.

Diese existenzielle Abgründigkeit des Menschen kommt in kaum einer anderen Sicht des Menschen so klarsichtig in den Blick wie dort, wo er als Sünder thematisiert wird. Wer ernsthaft von Sünde spricht, macht sich keine Illusionen über die Menschen, weder über sich selbst noch über andere. Entsprechend wird in dieser Sichtweise die Menschlichkeit des Menschen als das Andere dessen bestimmt, wie Menschen tatsächlich leben. Menschlichkeit ist ein Ideal, das *e negativo* aus der Wirklichkeit des Menschseins erschlossen wird. Zustimmungsfähig ist dieses Ideal, wenn es sich auf das beschränkt, was ein unmenschliches Leben ausschließt oder zu vermeiden hilft. Menschlich lebt, wer nicht unmenschlich lebt, und zwar sowohl als Täter wie als Betroffener. Die Mindestbedingung eines menschlichen Lebens ist, nicht unmenschlich zu handeln und nicht unter unmenschlichen Bedingungen leben zu müssen. Was das heißt, ist nicht ein- für allemal zu sagen, sondern immer wieder neu auszuloten. Ohne Sensibilität für unsere negativen Abgründe ist es unmöglich, ein menschliches Leben zu führen. Die Rede von der Sünde macht auf diese Abgründe aufmerksam, und deshalb ist sie ein entscheidender Schlüssel für ein realistisches, der Wirklichkeit unserer Existenz gerecht werdendes Bild unserer selbst. Wir sind abgründig fragwürdige Wesen, die sich nicht auf einen rationalen Nenner bringen lassen. Das zeigt sich nicht zuletzt daran, dass wir das so lange bestreiten, bis es nicht mehr geht.

3

Wo dieser Punkt erreicht ist, setzt der zweite Strang der Problemgeschichte der Sünde an. Man kann es nicht mehr bestreiten, wenn einem deutlich wird, dass man nicht nur faktisch nicht Herr seines eigenen Lebens ist, sondern das prinzipiell nicht sein kann, weil man durchgehend davon lebt, dass einem mehr Gutes geschieht, als man selbst verdient oder sich verschaffen könnte. Wir sind mehr, als wir jemals aus uns machen können, weil wir uns selbst nicht ins Dasein zu bringen vermögen und im Dasein vom Zuspiel von Möglichkeiten leben, über die wir keine Verfügungsmöglichkeiten haben. Wir nennen das erste

„Kontingenz" (wir hätten auch nicht sein können) und das zweite „Schicksal" (wir sind ihm ausgeliefert und können es nicht kontrollieren). Mit beidem muss man lernen zu leben, denn beides nötigt uns zu Einstellungen, die wir nicht natürlich haben, sondern im Prozess des Lebens entwickeln müssen. Es ist keine Beleidigung, nur endlich zu existieren, und es ist keine Ungerechtigkeit, nicht so glücklich zu leben wie andere, auch wenn viele Menschen das immer wieder so empfinden.

Dass wir endlich sind, ist nicht von Anfang an klar, sondern wird uns erst im Lauf des Lebens bewusst. Und oft dauert es lange, bis aus theoretischem Wissen (Alle Menschen müssen sterben) eine existenzielle Einsicht wird (Ich muss sterben). Wir alle müssen daher lernen, mit der Kontingenz unseres Daseins zu Rande zu kommen und uns nicht gegen das aufzulehnen, was für uns kein wählbares Gut ist. Wir können nicht entscheiden, ins Dasein zu kommen oder nicht. Wir haben keine Wahl, entweder kontingent oder nicht kontingent zu existieren. Wir können vielmehr überhaupt nur Entscheidungen treffen, weil wir kontingent da sind. Das gilt auch dann, wenn wir uns entscheiden, nicht weiter existieren zu wollen. Ohne da zu sein, ist nicht da zu sein keine Option für uns. Endlichkeit ist daher keine Unvollkommenheit, sondern die Bedingung der Möglichkeit eines menschlichen Lebens. Wir können versuchen, die Zeitspanne zu verlängern, in der wir da sind, und die Qualität unseres Lebens in dieser Zeit zu steigern, und vieles, was wir wissenschaftlich und technisch tun, dient diesem Ziel. Aber auch ein viel längeres und besseres Leben wird ein endliches und kontingentes Leben sein. Endlichkeit ist keine Ungerechtigkeit, und Kontingenz keine Unvollkommenheit.

Ähnliches gilt auch für das, was wir „Schicksal" nennen. Wir halten es für ungerecht, dass es den einen besser geht als den anderen. Doch weder die Bemühung um Chancengleichheit noch um die Korrektur ungleicher Startbedingungen im Leben wird daran etwas ändern. Es gibt in dieser Hinsicht keine Gerechtigkeit, weil niemand ein Recht auf Glück hat und sich daher auch niemand zu Recht auf ein gleiches Recht auf Glück berufen kann.[646] Gerade die nicht aufhebbare und schmer-

---

646 Das in der Verfassung von Bhutan verankerte Recht auf Glück widerspricht dem nicht, da es eine Selbstverpflichtung des Staates ist, für seine Bürger die Voraussetzungen zu schaffen, ein glückliches Leben zu führen (Bruttonationalglück), aber es ihnen nicht abnimmt, selbst auf je ihre Weise ein solches Leben zu führen. Für die

zende Ungleichheit fordert vielmehr zur Menschlichkeit heraus, das, was man hat, mit denen zu teilen, denen es schlechter geht als einem selbst. Doch der Schritt vom besseren Leben zur Mitmenschlichkeit und zum geteilten guten Leben ist kein Schritt, der durch Gerechtigkeitsforderungen bewirkt oder begründet werden könnte. Alle sind darauf angewiesen, dass andere einem jenseits aller berechtigten Ansprüche mitmenschlich begegnen und aus freien Stücken das mit einem teilen, was sie mehr, besser oder verfügbarer haben als man selbst. Aber keiner hat ein Recht, das von den anderen einzufordern oder es ihnen zum Vorwurf zu machen, dass es ihnen besser geht, oder daraus eine moralische oder rechtliche Verpflichtung zu konstruieren, der sie genügen müssten. Es gibt ungerecht erworbene Vermögen, soziale Positionen und politische Privilegien und dadurch bedingte soziale Spannungen und Verwerfungen, die man in einer um Ausgleich bemühten Gesellschaft nicht auf sich beruhen lassen kann. Aber niemand kann moralisch genötigt werden, menschlich, ehrlich, gerecht oder verlässlich zu sein. Jeder sollte es sein, aber niemand kann moralisch dazu gezwungen werden. Wird und tut man es unter Zwang, ist es kein Sieg der Moral, sondern der Klugheit, der Furcht oder der Feigheit. Jeder kann und soll menschlich leben. Aber man muss es aus eigener Überzeugung und nicht aus äußerer Nötigung oder als Mittel zu einem davon verschiedenen Zweck tun (Ich spende, weil ich damit Steuern sparen kann). Niemand muss mitmenschlich leben. Eben deshalb ist es nicht die Erfüllung eines Muss, sondern ein Zeichen der Menschlichkeit, es zu tun.

4

Die Rede von Kontingenz und Schicksal macht deutlich, dass unser Dasein und Sosein immer mehr umfasst, als wir selbst verantworten, beanspruchen oder verwirklichen können. Wir beginnen unser endliches Dasein mit einem Vorschuss, den wir niemals abzulösen vermögen, und wir vollziehen unser Leben aus einem Überschuss, der alles übersteigt, was wir selbst erreichen könnten. Wir leben von Anfang bis Ende von

---

Grundsicherung des Lebens, also für Nahrung, Kleidung, Wohnung und Sicherheit zu sorgen, ist eines, auf dieser Grundlage und unter diesen Voraussetzungen ein glückliches Leben zu führen, ein anderes. Der Glücksbegriff muss in diesem Gebrauch mindestens zweigeteilt verstanden werden, wenn er nicht in Widersprüche führen soll. Vgl. Ha Vinh Tho, Grundrecht auf Glück: Bhutans Vorbild für ein gelingendes Miteinander, München 2014.

einem Mehr, auf das wir angewiesen sind, um überhaupt leben zu können. Dafür blind zu sein und es zu ignorieren oder zu bestreiten, ist Ausdruck dessen, was theologisch als „Sünde" bezeichnet wird. Um sich als Sünder sehen und verstehen zu können, muss man auf diese Verblendung aufmerksam werden und sie durchschauen. Dazu muss der Zirkel der eigenen Selbstbezüglichkeit so unterbrochen werden, dass ein kritischer Blick auf das eigene Leben von einem Standpunkt aus möglich wird, der weder mit dem eigenen Standpunkt noch mit dem Standpunkt eines anderen endlichen Lebens zusammenfällt. Nur wer sich nicht nur so sieht, wie er sich selbst sieht oder wie er von anderen gesehen wird, die der gleichen Dialektik von Selbstsicht und Fremdsicht ausgesetzt sind, beginnt sich aus den Verblendungszusammenhängen zu lösen, in denen er steckt.

Das wird dort möglich, wo einem das widerfährt, was theologisch „Vergebung der Sünde" genannt wird. Sie öffnet einem die Augen nicht nur für das, was der Fall ist, sondern auch für das, was man nicht hatte sehen wollen. Im Modus der Vergebung erweist sich Sünde als das, was durch Gottes Gnade überwunden und beendet wird, indem er die Auswirkungen unseres falschen Lebens ins Nichts gehen lässt. Wer sich und sein Leben im Horizont der Vergebung versteht, kann seine Sünde als das bekennen, dem durch Gottes Präsenz die Wirkkraft genommen ist, so dass es folgenlos wird. Die Sünde wird nicht für unwirklich erklärt, sondern ihr werden die Folgen genommen, so dass sie wirkungslos wird.

Vergebung wird damit zum Katalysator und Verstärker der Einsicht, dass man von einem Mehr her lebt, dem man mehr verdankt, als man ahnt, und das man nur zum eigenen Schaden ignoriert. Wer als Sünder lebt, blendet ein wichtiges Stück seiner Wirklichkeit aus. Wer darauf aufmerksam wird und von dieser Verblendung freikommt, für den lässt sich ein menschliches Leben nicht mehr auf sich selbst beschränken. Der Schritt von der Menschlichkeit zur Mitmenschlichkeit wird dann unvermeidlich. Denn wer weiß, dass er von einer Vorgabe und einem Überschuss her lebt, auf die er keinen Anspruch hat, der hat keinen Grund, nicht auch anderen so zu begegnen, dass er ihnen mehr zugesteht als das, worauf sie einen Anspruch haben. Menschlichkeit als Mitmenschlichkeit zu vollziehen, ist nicht nur möglich, sondern nicht vermeidbar, wenn man sich und alle anderen in gleicher Weise als Nächste Gottes versteht und behandelt, weil in dieser Hinsicht keiner einem anderen etwas voraus hat, obwohl jeder anders ist als der andere.

Unter diesen Bedingungen werden unberechtigte Differenzen zwischen Menschen als solche durchschaubar und können berechtigte Differenzen zwischen den Menschen ihre diskriminierende Wirkung verlieren. Im berechtigten Fall bestehen sie, ohne zu behindern, und im unberechtigten Fall kann man sie verändern oder beenden, ohne das Leben zu schädigen. Denn Übles abzubauen, ist auch dann kein Schade, wenn es diejenigen schädigt, die von Üblem profitieren. Der Kampf um Mitmenschlichkeit ist kein Nullsummenspiel, das den einen nur geben kann, was den anderen genommen wird. Denn Mitmenschlichkeit entspringt ja der Einsicht, dass einem immer mehr zufällt als das, worauf man Anspruch hat, und dass man es deshalb nicht verliert, sondern vermehrt, wenn man anderen daran Anteil gibt.

2. Wider Verkürzungen: Übervereinfachung als Kern der Sündenkritik

1

Wir können nichts verstehen, ohne die Komplexität des uns Kommunizierten auf Erfassbares zu reduzieren. Und wir können nicht denken, ohne die Vielfalt und Dichte des Denkbaren auf das hin zu vereinfachen, was wir emotional zu erfassen und intellektuell zu verarbeiten vermögen. Vereinfachen aber heißt, manches in den Blick nehmen und anderes im Hintergrund belassen, auf einiges achten und anderes ausblenden, das eine hervorheben und das andere zurückstellen. Das ist nicht ohne Risiko. Nicht immer halten wir das fest, was hier und jetzt wichtig ist. Nicht immer achten wir auf das, was sich als wirklich relevant erweisen wird, weil es unsere Zukunft bestimmt. Leicht lassen wir uns durch Denkgewohnheiten und Tagesaktualitäten verleiten, auf das Bekannte und Vertraute und nicht auf das Ungewöhnliche und Neue zu achten. Oft begnügen wir uns mit dem, was aktuell besonders anschluss- und zustimmungsfähig erscheint, anstatt auf das zu achten, was sich erst in Anfängen erkennen lässt, aber sich mittelbar oder unmittelbar prägend auswirken wird. Und selten beachten wir das, was zu selbstverständlich erscheint, als dass man es besonders thematisieren müsste, weil es unser Leben immer mitprägt. Richtig zu vereinfachen ist eine Kunst, die lange Übung erfordert und erst nach Generationen einigermaßen verlässlich gelingt. Und dann hat sich die Welt oft so verändert, dass aus brauchbaren Vereinfachungen untaugliche Übervereinfachungen geworden sind.

2

Die Debatten um das Sündenproblem belegen all das mannigfach. Man meint zu wissen, worum es sich bei der Rede von der Sünde handelt, und sieht keinen Anlass, sich um ein kritisches Verständnis zu bemühen. Man reduziert das Problem auf einen Aspekt und sieht es nur im Licht des einseitigen Verständnisses, das man sich aus der Tradition hat zuspielen lassen. Man weiß nichts mehr mit der Rede von Gott anzufangen, aber weiß genau, was mit „Sünde" gemeint ist. Man hält Nietzsches Kritik des Sündenthemas für treffend, weil man das, was er so darstellt, für das hält, was das Christentum vertritt, und sieht keinen Anlass, diese Sicht noch einmal an den Quellen und an den Fakten der Geschichte des Christentums zu prüfen. Man übernimmt unkritisch die moralisierende Sicht des Sündenthemas aus einer langen Tradition christlicher Theologie und meint, mit deren Kritik, Widerlegung und Abweisung auch das Sündenthema entsorgt zu haben.

Aber das ist eine Täuschung. Nicht weil das, was die Moderne mannigfaltig kritisiert, nicht zu Recht kritisiert würde und werden müsste. Sondern weil die Kritik eines Fehlers selbst zu einem neuen Fehler wird, wenn sie sich mit der Abweisung fragwürdiger Übervereinfachungen und irreführender Fehlkonzeptionen begnügt und die zugrundeliegenden Übervereinfachungen nicht auf ihre Verkürzungen hin durchleuchtet. Was sind die Fragen, auf die mit der Rede von der Sünde eine Antwort zu geben versucht wird? Was sind die Fragen, die man hätte stellen sollen, wenn man von Sünde spricht? Worum ging es Christen, wenn sie von Sünde sprachen? Was haben sie mit dieser Rede geklärt oder angerichtet? Und worauf hätten man achten müssen, um die Rede von der Sünde nicht missverständlich werden zu lassen? Das sind nur einige der Fragen, die man stellen muss, und alle diese Fragen haben nicht nur eine Antwort.

Wer meint, das Sündenthema sei erledigt, wenn man seine Fehlformen vorgeführt hat, irrt sich daher. Eine Kritik, die nur Vorurteile wiederholt, verdient keine Aufmerksamkeit. Man muss sich schon am bestmöglichen Verständnis der Sünde abarbeiten, wenn man etwas Beachtenswertes beitragen möchte. Sonst bleibt es bei einer ständigen Wiederholung abgegriffener Fehldiagnosen, Teilwahrheiten und Übervereinfachungen, die nichts erhellen, sondern alles vernebeln. Man meint zu wissen, was Christen mit Sünde meinen. Man kann für sein Verständnis auch mancherlei Belege anführen. Und hat doch fast nichts verstanden.

3

Das wird besonders deutlich in den derzeitigen Debatten um die Rolle der Religion in Staat und Gesellschaft. Diese Debatten werden auf beiden Seiten mit überkommenen Übervereinfachungen und abgegriffenen Schlagwörtern geführt. Das zeigt sich exemplarisch beim Thema Sünde. Sünde ist der ständig wiederholte Zentraltopos der Aufklärungskritik am Christentum, und zwar durchweg in moralisierender Verkürzung. Ein Beispiel mag genügen.

„Welcher moralischen Werte und Normen bedarf eine Gesellschaft, damit ein friedliches Zusammenleben gewährleistet ist?", fragt Maximilian Zech.[647] Man könne diese Frage nicht im Rekurs auf religiöse Überzeugungen beantworten, ohne daran zu erinnern, dass das Christentum allen Nichtchristen abgesprochen habe, wirklich moralfähige Subjekte zu sein. Einerseits vertrete das Christentum die Überzeugung, „dass es keine andere Autorität als die des Allerhöchsten in moralischen Belangen geben könne", andererseits behaupte es, wie „Paulus im Brief an die Römer deutlich ausgesprochen" habe: „Alles aber, was nicht aus Glauben ist, ist Sünde."[648] Alle sind Sünder und alle sind unfähig, das Gute zu tun. Anstatt zu fragen, was das denn heißen soll, wird sofort behauptet: „Erst die europäische Aufklärung war es, die auf der Grundlage der Vernunft und gegen zahlreiche religiöse Widerstände der Idee zum Durchbruch verhalf, dass es auch ‚tugendhafte Atheisten' geben könne und der Mensch ohne Religion nicht zwangsläufig in Barbarei verfallen müsse."[649]

Das ist in mehrfacher Hinsicht falsch, wie wir gesehen haben. Die Aufklärung hat überall Barbarei vermutet, wo nicht die Vernunft herrscht, aber es ist keineswegs so, dass alle Aufklärer nur Atheisten für

---

647 M. Zech, Religion und Politik: Kein Staat kann wirklich christlich sein, NZZ 30.3.2019 (https://www.nzz.ch/feuilleton/religion-und-politik-kein-staat-kann-wirklich-christlich-sein-ld.1469341).
648 Ebd.
649 Ebd.

vernünftig und tugendhaft gehalten hätten. Wolff und Leibniz dachten anders, und ebenso Kant, Mendelssohn, Herder, Hamann und viele andere. Es ist auch eine abstruse Verkehrung seiner tatsächlichen Argumentation, die Ausführungen des Paulus zur Sünde als Plädoyer dafür zu lesen, Menschen ohne Religion könnten nichts anderes sein als moralische Barbaren. Man hat keineswegs auf die Aufklärung warten müssen, um zu entdecken, dass es auch „tugendhafte Atheisten" geben könne. Dass die dabei unterstellte Sicht der Sünde seit Jahrhunderten in Frage gestellt war; dass die augustinisch-lutherische Entmoralisierung der Sünde gegenüber den thomanisch-reformierten Moralisierungstraditionen eine ganz andere Perspektive eröffnete; dass eine sachgemäße Pauluslektüre schon lange bemerkt hat, dass die These „alles, was nicht aus Glauben ist, ist Sünde" (Röm 14,23), keine Moralthese ist, sondern die Rückseite der Entdeckung der grenzenlosen Gnade Gottes, der sich in Christus bedingungslos auf die Seite der gottvergessenen Menschen gestellt hat; dass nicht erst die Aufklärung, sondern schon das Hiobbuch gewusst hat, dass ein tugendhaftes Lebens etwas anderes ist als ein glückliches Leben und dass Tugend nichts damit zu tun hat, sich ein Recht auf Glück zu erwerben, weil moralische Tugend niemals instrumentell, sondern immer nur als Selbstzweck zu denken ist – all das und vieles andere wird nicht beachtet. Man begnügt sich, ein Bild zu zeichnen, das so übervereinfacht ist, dass man nicht einmal mehr bemerkt, welchen Verkürzungen und Fehldeutungen man unterliegt. Das christliche Engagement in der Gesellschaft ist eben nie nur durch das Doppelgebot der Liebe motiviert, das man leicht und mit Gründen als politisch untaugliche Maxime für die Gestaltung der Rechtsordnung der Gesellschaft abweisen kann. Es ist vielmehr immer und maßgeblich durch die Sicht des Menschen als Sünder bestimmt, der für Gottes Gegenwart blind ist und lebt, als gäbe es keinen Gott, den Gott aber dennoch nicht fallen lässt und vernichtet, sondern in seiner Gegenwart am Leben erhält.

Diese Sicht des Menschen als Sünder wird abwegig missverstanden, wenn man sie zu einem negativen Menschenbild verfälscht, das den Menschen absprechen würde, Gutes zu tun und tugendhaft zu leben, ob sie religiös sind oder nicht. Das Gegenteil ist der Fall. Dass alle Menschen Sünder sind, heißt, dass Gottes Zuwendung allen Menschen gilt und kein Mensch einem anderen etwas voraushat. Alle sind Sünder, Gläubige nicht weniger als Ungläubige, keiner existiert von sich aus, alle können nicht leben ohne Gott, alle sollten die Möglichkeit haben, sich über ihre existenzielle Situation Klarheit zu verschaffen und ihr Leben an den Fakten ihrer Existenz auszurichten.

4

Staat und Politik müssen daher alles ihnen Mögliche tun, das Übel und Böse einzudämmen, in das Menschen immer verwickelt sind. Und sie dürfen nichts tun, was es unmöglich macht, Menschen über die Tiefe ihrer existenziellen Verblendung aufzuklären. Staat und Politik können diese Aufklärung nicht selbst übernehmen: Sie habe dazu keine Kompetenz. Aber sie dürfen sie auch nicht verhindern: Dazu haben sie kein Recht. Sie wissen nicht besser, wer oder was Menschen sind, und sie sollten sich das auch nicht anmaßen. Wo immer Staat und Politik einen neuen, einen besseren, einen anderen Menschen schaffen wollten, haben sie nicht das Paradies, sondern die Hölle auf Erden geschaffen. Das 20. Jahrhundert sollte das jedem klargemacht haben.

Deshalb ist es falsch zu behaupten, „Politik verträgt nur so viel Religion, wie der Ungläubige akzeptieren kann"[650]. Denn ungläubig im christlichen Sinn sind *alle* Menschen, nicht nur die, die sich in säkularistischer Verkürzung als nicht-kirchlich und nicht-religiös bestimmen. Nicht die „Ungläubigen" sind der Maßstab dessen, wie viel Religion die Politik vertragen kann, sondern die Politik soll Politik und nicht Religion sein und die Religion Religion und nicht Politik. Der Staat sollte weder Religionspolitik im positiven noch im negativen Sinn machen, er sollte weder für Religionen noch gegen Religionen agieren. Er sollte vielmehr dafür sorgen, dass es in der Gesellschaft eine freie Auseinandersetzung über religiöse Fragen und Positionen geben kann und die neutrale Toleranz, die dem Staat obliegt, nicht zur Intoleranz gegenüber einer offenen und engagierten Religionsdiskussion in der Gesellschaft verkehrt wird. Politik, die neutral und angemessen mit der Religionsthematik umgehen will, muss den Religionen den gesellschaftlichen Raum einräumen, Menschen ohne Gewaltmittel von ihren Ansichten zu überzeugen oder das eben nicht zu tun. Religionen und ihre Gegner und Bestreiter haben ihre Rolle in der Gesellschaft zu spielen, aber nicht im Staat. Die Neutralitätspflicht des Staates heißt auch nicht, dass sich die Politik dafür engagieren müsste, dass alle Religionen

---

650 Ebd.

in der Gesellschaft gleich wichtig genommen oder für gleich überzeugend gehalten werden müssten. Es gibt viel Unsinn im Bereich der Religionen. Dieser muss auch öffentlich zur Sprache gebracht und kritisiert werden können, ohne dass man sofort der Intoleranz bezichtigt wird. Die Toleranz- und Neutralitätspflicht des Staates verliert geradezu ihre Pointe, wenn sie als Pflicht missverstanden wird, in der Gesellschaft für die Gleichwertigkeit aller Religionen einzutreten. Wenn nicht mehr gesagt werden kann, was falsch ist, kann auch nicht mehr darüber gestritten werden, was wahr ist. Alle Religionen für gleichwertig zu halten, ist nicht tolerant, sondern falsch. So wenig man aus der Gleichheit aller Bürger vor dem Gesetz die Gleichheit aller Bürger in jeder anderen Hinsicht ableiten kann, so wenig kann man aus der Neutralitätspflicht des Staates allen Religionen gegenüber die Gleichwertigkeit aller Religionen ableiten. Es ist gerade die unbestreitbare Ungleichheit aller Bürger, die es nötig macht, für die Gleichheit aller vor dem Gesetz einzutreten. Und es ist die unbestreitbar Ungleichheit der Religionen, die es nötig macht, sie politisch neutral zu behandeln – also nicht die einen auf Kosten der anderen zu privilegieren, aber auch nicht, sich dagegen auszusprechen oder es unmöglich zu machen, dass Religionen und Religionskritiker in der Gesellschaft in scharfer Konkurrenz zueinander agieren und es eine offene und kritische Debatte gibt, die sich nicht nur um die moralischen, politischen und ökonomischen Auswirkungen religiöser Überzeugungen dreht, sondern um deren Sinn, Haltbarkeit, Vernünftigkeit, Überzeugungskraft und Wahrheit.

5

Für Christen hat die Orientierung am Evangelium im politischen Horizont schon immer geheißen, die Ordnungsaufgaben des Staates zu würdigen und zu unterstützen, auch und gerade dann, wenn dieser Staat kein „christlicher Staat" war oder ist. Der Staat ist nicht nur für die Christen da, sondern für alle Menschen, die seine Bürger sind. Weil aber alle Menschen Sünder sind, auch und gerade die Christen, sind die fragwürdigen Auswirkungen der generellen Blindheit gegenüber der Realität der eigenen Existenzsituation durch Regelwerke und Verfahren einzudämmen, die dem Übel Grenzen setzen, ohne von ihnen zu erwarten, dass sie dazu beitragen, das Gute zu verwirklichen, und ohne vorauszusetzen, dass man diese Regelungen nur befolgen kann, wenn man eine christliche Einsicht in die Sündenverfallenheit der Menschen hat.

2. Wider Verkürzungen

Das Gegenteil muss gelten. Diese Regelungen sollen das Zusammenleben von Menschen mit unterschiedlichen Überzeugungen ermöglichen, aber sich nicht am Streit um die richtige religiöse oder antireligiöse Überzeugung beteiligen oder sich für die Durchsetzung der einen oder anderen Überzeugung engagieren. Die Einsicht, auf falsche Weise zu existieren, kann kein Staat seinen Bürgern vorgeben oder vorschreiben, sondern diese Einsicht kann sich jedem Menschen nur frei erschließen. Wer es nicht selbst sieht, der wird es auch dann nicht sehen, wenn ihm diese Sicht verordnet wird. In diesem Sinne kann es keinen „christlichen Staat" geben. Eine „christliche Politik" aber sehr wohl – nämlich eine Politik, die darauf drängt, dass der Staat sich nicht Funktionen und Rechte der Religionen anmaßt, sondern sich auf das beschränkt, was er zu tun hat: das Zusammenleben der Menschen möglichst gerecht zu ordnen, also an Grundsätzen auszurichten, die für alle Menschen gelten (Menschenrechte), diese auch gegen Widerstände durchzusetzen und, wenn nötig, durch rechtlich legitimierte Anwendung von Gewalt zu verteidigen (Gewaltmonopol), und damit das zu befördern, was wir eine „offene Gesellschaft" nennen.[651]

Dazu gehört, dass der Staat sich selbst Rechtsregeln unterwirft, die es seinen Bürgern erlauben, sich gegen die Übergriffe des Staates mit den Mitteln des Rechts zur Wehr zu setzen (Grundrechte), und die ihn selbst nötigen, sich gegen die Feinde der Freiheit und des Rechts mit den Mitteln rechtlich legitimierter Gewalt zu verteidigen (Gewaltmonopol, Polizei, Landesverteidigung). Dass Menschen in diesen Rechtsordnungen aber menschlich und nicht unmenschlich zusammenleben, ist durch Gesetze allein nie zu garantieren. Legalität lässt sich durch Sanktionsmittel erzwingen, Moralität nicht und rechte Religion auch nicht. Wer nicht von sich aus moralisch lebt, wird es auch unter Zwang nicht tun. Und wer nicht von sich aus sieht, dass er sein Dasein Gottes Gegenwart verdankt, wird es auch unter der Androhung von Gewalt nicht tun. Der christliche Glaube setzt auf Einsicht, nicht auf Gewalt, und es ist eine Einsicht, die sich nur frei einstellt, weil einem widerfährt, was man von sich aus nicht herbeiführen oder bewirken kann: dass man sein eigenes Leben und das aller anderen im Licht der Gegenwart Gottes ver-

---

[651] Vgl. O. Höffe, Gibt es christliche Politik – und wenn ja, warum und wie viel? FAZ 22. April 2019 (https://blogs.faz.net/essay/2019/04/22/gibt-es-christliche-politik-und-wenn-ja-warum-und-wie-viel-2222/).

steht. Wo das geschieht, verweisen Christen nicht auf sich selbst und ihre Denkkraft, sondern auf Gottes Geist und seine Wirkkraft als den Grund ihrer Einsicht. Sie danken Gott dafür, aber sie loben nicht sich selbst.

6

Das Christentum hat diese Einsicht in seiner Geschichte immer wieder in ihr Gegenteil verkehrt und ist so selbst zu einem Haupthindernis für die Widerfahrnis der Erfahrung des Glaubens geworden. Das geschieht dort, wo es selbst zu Mitteln der Gewalt greift, um den Glauben zu verteidigen oder das Christentum auszubreiten. Die Christianisierung der Sachsen oder die Kreuzzüge stehen nicht weniger für diesen politischen Missbrauch des Christentums als die Taiping Bewegung in China oder die Zwangsbekehrung von Muslimen durch Christen in Zentralafrika. Es geschieht aber auch dort, wo dem Staat das Recht abgesprochen wird, Gewalt zur Verteidigung von Leben, Recht und Freiheit seiner Bürger einzusetzen. Der Verzicht auf Gewalt in der Vermittlung des Evangeliums und der Ausbreitung des Christentums kann keinesfalls bedeuten, die Wirklichkeit des Bösen und die unausrottbare Neigung zur Unmenschlichkeit unter den Menschen zu ignorieren und sich für einen bedingungslosen Pazifismus einzusetzen. Das ist verantwortungslos und widerspricht der Einsicht des Glaubens, dass Menschen nicht von sich aus, sondern allein als Werkzeuge der Liebe Gottes Gutes wirken und Frieden stiften können. Natürlich sind stets alle Mittel einzusetzen, um den Frieden zu suchen und zu sichern. Aber dazu gehört auch die legitime Gewalt des Rechtes und des Staates. Die Welt, in der wir leben, ist nicht gut, und Menschen fügen anderen Menschen und Geschöpfen immer wieder Unrecht, Übel und Böses zu, die durch nichts zu rechtfertigen sind. Wer Gutes will, muss bereit sein, Böses zu bekämpfen, und wer Böses mit Gutem bekämpfen will, muss unterscheiden zwischen dem, was uns möglich ist, und dem, was nur Gott zukommt. Wir müssen Frieden durch Recht sichern, und das geht nur dort, wo die Bereitschaft besteht, wenn nötig das Recht gegenüber dem Unrecht mit legitimer Gewalt zur Geltung zu bringen.[652] Nur Gott ist in der Lage, Böses allein durch Gutes zu überwinden, weil er die Kontrolle über die Folgen

---

652 Rat der Evangelischen Kirche in Deutschland, Aus Gottes Frieden leben – für gerechten Frieden sorgen. Eine Denkschrift des Rates der Evangelischen Kirche in Deutschland, Gütersloh 2007.

unseres Tuns hat und auch dort Gutes herbeizuführen vermag, wo wir Übles bewirken. Wir mögen Gutes wollen, aber wir können nicht verhindern, dass auch unser gutes Tun böse Folgen zeitigt. Wer dieses *law of unintended consequences* nicht beachtet, handelt unklug und leichtfertig, also gerade nicht so, wie Christen handeln sollten. Allein Gott kann Gutes schaffen und Böses beenden, indem er die Folgen des Bösen und die üblen Folgen des Gutgemeinten ins Leere laufen lässt und ihnen keine Zukunft einräumt. Wir dagegen müssen dem Bösen mit den Mitteln entgegenwirken, die uns verfügbar sind. Wir können von uns aus das Gute nicht bewirken, sondern nur durch Recht, Gesetz und legitime Gewalt das Böse bekämpfen und das Üble eindämmen.

Wer daher behauptet, „Jesu Tod am Kreuz setzt alle tödliche Gewalt ins Unrecht", und folgert, dass wir deshalb „in unseren Reaktionen nicht mehr auf Gegengewalt angewiesen" sind,[653] der begeht einen zweifachen Fehler. Er verspielt die Pointe von Jesu Tod, der das Unheil der Sünde und ihrer tödlichen Folgen im Leben der Menschen aufdeckt, indem er klarstellt, dass es allein von Gott, aber nicht von uns überwunden wird. Dafür steht die Auferweckung, ohne die Jesu Kreuzestod eine bloße Projektionsfläche unserer Wünsche und Vorstellungen wird. Und er zieht Folgerungen aus diesem Missverständnis von Jesu Kreuzestod, die darauf hinauslaufen, Notleidende und Schutzbedürftige sich selbst zu überlassen und ihnen die Möglichkeiten von Recht, Gesetz und legitimer Gewalt im Kampf gegen das Böse zu entziehen und zu versagen. Das aber verkehrt das Kreuz in sein Gegenteil. Aus dem eschatologischen Zeichen der bedingungslosen Güte und Barmherzigkeit Gottes wird ein Fanal der Selbsttäuschung über die Tiefe der eigenen Verantwortung und der Unbarmherzigkeit gegenüber denen, die von Übeln betroffen sind, am Bösen leiden und Schutz, Solidarität und Zuwendung nötig haben. Ihnen das mit Berufung auf das Kreuz zu verweigern, ist erbarmungs- und verantwortungslos, und ihnen nur gewaltfreie Hilfe zuzusagen und mit Verweis auf das Kreuz auf alle Gewalt im Kampf gegen das Böse zu verzichten, ist realitätsfern. Die Welt ist nicht so, dass wir das Böse bekämpfen könnten, ohne selbst in die Zweideutigkeiten des

---

653 Landessynode der Evangelischen Kirche im Rheinland, Friedenswort 2018: Auf dem Weg zum gerechten Frieden – Impulse zur Eröffnung eines friedensethischen Diskurses anlässlich des Endes des Ersten Weltkrieges vor 100 Jahren, Düsseldorf 2018, 6.

Lebens zu geraten und schuldig zu werden. Kein Mensch kann nur Gutes tun, selbst wenn er es will. Und kein Mensch kann Böses bekämpfen, ohne sich in Böses zu verstricken und selbst schuldig zu werden.

Wer angesichts des unfassbar Bösen, das Menschen Menschen antun, zum Schutz der Schwachen und Notleidenden auf alle Gewalt verzichtet, macht sich ebenso schuldig wie der, der sie anwendet. Für uns gibt es kein rechtes Leben im falschen. Um Böses zu bekämpfen, genügt es nicht, Gutes zu wollen: Man muss es auch tun. Aber wir können nichts Gutes tun, ohne damit rechnen zu müssen, auch Böses zu wirken, und deshalb können wir dem Bösen nicht wirksam widerstehen, indem wir nur Gutes tun wollen. Wer Gutes tun will, muss Böses bekämpfen und ihm nicht freien Lauf lassen. Wir haben die Pflicht, das Böse, das wir erkennen, zu meiden und zu bekämpfen, mit friedlichen Mitteln und mit legitimer Gewalt, aber wir haben nicht die Macht, das Gute, das wir wollen, auch selbst zu bewirken. Diese Macht steht allein Gott zu. Wer das ignoriert und Böses dadurch bekämpfen und eindämmen will, dass er nur Gutes tut, maßt sich an, was nur Gott zusteht, und bestätigt damit das, was „Sünde" meint: den verblendeten Anspruch, sein zu wollen wie Gott.

7

Nicht die Kreuzzüge und der Gebrauch von Gewalt zur Ausbreitung des Christentums, sondern der verantwortungslose Gewaltverzicht eines selbstgerechten Pazifismus ist heute die Hauptgefahr der christlichen Kirchen.[654] In beiden Fällen werden wichtige Unterscheidungen nicht gemacht oder nicht beachtet. Christentums- und Kirchenkritik sind daher nach wie vor notwendig. Nicht zuletzt deshalb hat sich in der christlichen Tradition die kritische Reflexionstradition der Theologie entwickelt und hat es neben dem etablierten Christentum immer auch mystische, religiöse und soziale Kritik- und Reformbewegungen gegeben. Christen wissen, dass sie sich selbst nicht trauen können. Sie beziehen sich auf Gott, um ihre eigene Selbstbezüglichkeit, Voreingenommenheit und Engstirnigkeit zu unterbrechen und sich für die Nöte der anderen öffnen zu lassen. Deshalb feiern sie Gottesdienst, daran erinnern sie sich mit ihren Bekenntnissen, und deshalb gibt es kirchliche

---

654 Vgl. H. von Schubert, Pflugscharen und Schwerter: Plädoyer für eine realistische Friedensethik, Leipzig 2018.

2. Wider Verkürzungen

Lehre und christliche Theologie. Recht verstanden ist das kirchliche Dogma keine Doktrin zur Bestätigung der eigenen Überzeugungen, sondern eine Leitlinie kritischer Korrektur, Infragestellung und Unterbrechung eingespielter Selbstverständlichkeiten. Dogma setzt Ritual voraus und Ritual gibt es nicht ohne Autorität, die in einer Gemeinschaft die Regeln setzt, nach denen Gottesdienst und Glaubensleben gestaltet und vollzogen werden. Diese Regeln drohen ausgrenzend zu werden, wenn ihre kulturelle Nichtselbstverständlichkeit nicht immer wieder in Erinnerung gerufen wird. Und Autorität steht immer in Gefahr, die eigenen Kompetenzen falsch einzuschätzen und zu missbrauchen. Eine selbstkritische kirchliche Autorität wird daher dafür sorgen, dass es von ihr unabhängige Instanzen wie die Theologie gibt, die sie kritisch begleiten und ihr ins Wort und in die Hand fallen, wenn es nötig wird. Ohne solche Kritik besteht die kaum zu vermeidende Gefahr, dass christliches Leben zu einer religiösen Lebensform einiger in einer Gesellschaft wird, anstatt ein Vorschein auf das neue eschatologische Leben aller mit Gott zu sein.

Diese Kritik missversteht sich allerdings selbst, wenn sie von der Kritik an den Fehlformen von Christentum und Kirche zur Kritik der Berufung auf Gott und der Orientierung an Gottes Gegenwart wird. Denn dann stellt sie in Frage, was ihr überhaupt erst ermöglicht, etwas in Frage zu stellen. Damit aber wird sie pragmatisch selbstwidersprüchlich, weil sie das kritisiert, ohne das sie nichts kritisieren könnte. Sie untergräbt dann den Boden, auf dem sie steht.

Genau das ist bei der Kritik der Orientierung an Gott der Fall. Ohne Gott lässt sich Gott nicht einmal in Frage stellen. Er ist diejenige sich selbst erschließende schöpferische Wirklichkeit, ohne die es nichts anderes Wirkliche oder Mögliche gäbe. Nicht nur, dass es Menschen gibt, die glauben, belegt deshalb Gottes Gegenwart, sondern auch, dass es Menschen gibt, die das nicht tun. Ohne Gott kann keiner leben, weil es ohne Gott weder ihn gäbe noch andere Menschen noch eine Welt, in der Menschen zusammen mit anderen Geschöpfen leben könnten. Weil das keiner glaubt, ehe ihm oder ihr Herz und Sinn dafür geöffnet werden, sind alle Sünder, ob sie das einsehen oder nicht. Und weil alle Sünder sind, sind auch alle Adressaten und Nutznießer der Barmherzigkeit Gottes.

3. Mitmenschlichkeit:
Die Aufdeckung der Sünde als Schlüssel zur Entdeckung der Menschlichkeit

1

Die Aufdeckung der Sünde ist damit der entscheidende Schlüssel zur Entdeckung dessen, was es heißt, wahrhaft menschlich zu leben: Menschlich lebt, wer sich selbst und alle anderen als diejenigen kennt und behandelt, die mehr sind, als sie erscheinen, weil in ihnen und durch sie Gott am Werk ist. Menschen können wissen, dass sie ihr Dasein und die ihnen zugespielten Möglichkeiten im Leben Gottes Gegenwart verdanken. Nicht, weil sie von sich aus zu dieser Einsicht fähig wären, sondern weil es für sie nicht unmöglich ist, zu dieser Einsicht befähigt zu werden. Das zeichnet sie unter den Geschöpfen aus. Deshalb sind sie gut beraten, auch ihr Sosein im Vollzug ihres Lebens daran auszurichten, also in der Orientierung an Gottes Gegenwart menschlich und nicht durch deren Ausblendung oder Bestreitung existenziell orientierungslos und damit potentiell unmenschlich zu leben. Das zeigt sich im Vollzug des Lebens exemplarisch an zwei Punkten: an der Einstellung zur eigenen Endlichkeit und am Umgang mit der Tiefenpassivität des eigenen und jedes anderen Daseins.

Wir sind endliche Wesen, und wir sind Teil des Prozesses der biologischen Evolution. Für unser Selbstverständnis als Menschen entscheidend ist aber nicht das, was uns von anderen Tieren oder den von uns gebauten Maschinen unterscheidet bzw. mit ihnen verbindet, sondern das, was uns hilft, als Mensch unter Menschen auf menschliche und nicht unmenschliche Weise zu leben. Ein solches Selbstverständnis muss auf einer positiven Fassung der menschlichen Endlichkeit beruhen: Wir sind endliche Wesen in einer endlichen Welt, und wir missverstehen uns selbst, wenn wir unsere Endlichkeit nicht würdigen. Was heißt das?

Endlichkeit ist ein Kontrastbegriff. Es ist die eine Seite der Unterscheidung zwischen *endlich* und *unendlich*. Etwas als „endlich" zu bezeichnen heißt nicht nur, auf seine Grenzen, Beschränkungen und Mängel hinzuweisen, indem man es von anderen endlichen Dingen abgrenzt, sondern auch, es als eine reale Wirklichkeit und Konkretion des Unendlichen zu sehen. Die Unterscheidung zwischen Endlichem und anderem Endlichem (*endlich/endlich*) setzt die Unterscheidung zwischen Endlichem und Unendlichem (*endlich/unendlich*) voraus, denn nichts kann als „endlich" bezeichnet werden, es sei denn, es wird vom Unendlichen unterschieden, und die Unterscheidung zwischen Endlichem und Unendlichem kann niemals als ein Fall der Unterscheidung zwischen Endlichem und anderem Endlichen verstanden werden.

Alles, was wir als „endlich" bezeichnen, wird so in zweierlei Hinsicht bestimmt: Es ist vom Unendlichen unterschieden, und es ist von anderen Endlichen unterschieden, und die beiden Unterscheidungen können nicht zu einer einzigen zusammengefügt werden: Das Unendliche ist weder ein Element in der Reihe des Endlichen noch die Gesamtheit des Endlichen. Ohne den Kontrast zum Unendlichen bleibt keine bloß endliche Welt zurück, sondern nur eine Welt, die nicht einmal mehr „endlich" genannt werden kann. Und während die Unterscheidung von anderem Endlichen Grenzen und Abgrenzungen setzt, gilt das für die Unterscheidung vom Unendlichen nicht: Das Unendliche begrenzt das Endliche nicht, sondern ermöglicht oder konstituiert es als Wirklichkeit.

2

Menschen unterscheiden sich von anderen endlichen Wesen dadurch, dass sie sich ihrer Endlichkeit in diesem doppelten Sinne bewusst werden können. Ein schwacher Sinn der Endlichkeit stellt sich ein, wenn man auf die Unterschiede und Gemeinsamkeiten mit anderem Endlichen aufmerksam wird, während ein starker Sinn der Endlichkeit darin besteht, der eigenen Differenz vom Unendlichen gewahr zu werden und die Einbettung ins Unendliche als Grund der eigenen Wirklichkeit zu erkennen. Wir entwickeln einen schwachen Sinn der Endlichkeit in Alltagssituationen, indem wir uns in unseren Interaktionen mit anderen unserer Grenzen und Unvollkommenheiten bewusst werden. Aber um einen starken Sinn der Endlichkeit zu entwickeln, müssen wir uns von diesen Alltagssituationen distanzieren und sie alle zusammen vom Unendlichen unterscheiden, in das sie eingebettet sind und ohne das sie nicht endlich wären. Dies ist keine erfahrungsbasierte, sondern eine mentale Operation, die uns hilft, das, was wir erleben und tun, unter dem Gesichtspunkt des Unendlichen und damit aus einer anderen Perspektive und in einem anderen Licht zu sehen.

Um einen starken Sinn der Endlichkeit zu entwickeln, muss man seinen eigenen Unterschied vom Unendlichen begreifen. Wir verfehlen die Pointe dieses Unterschieds, wenn wir das Unendliche nur in negativen Begriffen als das konstruieren, was nicht endlich ist (negative Unendlichkeit), und nicht in positiven Begriffen als das, was das Endliche ermöglicht und setzt, indem es sich vom Endlichen als das Unendliche unterscheidet (positive Unendlichkeit). Die Idee der negativen Unendlichkeit ist das Ergebnis unseres Versuchs, unsere endlichen Grenzen zu überwinden, während die positive Unendlichkeit das ist, ohne das es kein endliches Dasein gäbe. Als Menschen sind wir ständig bestrebt, unsere Grenzen zu überschreiten und unsere Unvollkommenheiten zu überwinden. Aber endlich und nicht unendlich zu sein, ist keine zu überwindende Unvollkommenheit, sondern das, was uns wirklich sein lässt, indem es uns Zeit und Raum gibt, ein menschliches Leben in dieser Welt zu führen. Die Pointe der Endlichkeit ist nicht, dass wir den Mangel haben, nicht unendlich zu sein, sondern dass wir das Glück haben, zu sein, obwohl wir es auch nicht hätten sein können.

Wenn wir als Menschen eine Zukunft in einer sich technologisch rasant verändernden Welt haben wollen, müssen wir einen starken Sinn der Unendlichkeit entwickeln und die Unendlichkeit in einem positiven und nicht nur in einem negativen Sinne verstehen. Ein schwacher Sinn der Endlichkeit führt leicht zu Gefühlen der Ungleichheit unter den Menschen und fördert Konkurrenz- und Dominanzverhalten, um das Beste aus den eigenen begrenzten Möglichkeiten auf Kosten anderer zu machen. Das lässt sich überall beobachten und ist gerade deshalb so schwer zu bekämpfen, weil es nicht einem üblen Wollen der Menschen entspringt, sondern einem unzureichenden Verständnis ihrer Endlichkeit. Ein starker Sinn der Endlichkeit hingegen impliziert die universelle Gleichheit von allem Endlichen im Unterschied zum Unendlichen, und das bildet die Grundlage für die Achtung der gleichen Würde aller Menschen und die Würdigung des Eigenrechts allen Lebens. Im Verhältnis zum Unendlichen sitzen wir alle im selben Boot. Wir empfangen unser Dasein als Geschenk und können es nicht durch unser eigenes Tun erlangen.

3

Deshalb müssen wir von der menschlichen Endlichkeit differenzierter sprechen. Es ist eines, da zu sein (zu existieren: *Dasein*), ein anderes, als Mensch zu leben (in einer bestimmten Weise zu existieren: *Sosein*), und ein drittes, als Mensch auf eine wirklich menschliche Weise zu leben (als

3. MITMENSCHLICHKEIT

Mensch in der richtigen Weise zu existieren: *Wahrsein*). Das erste markiert den existentiellen Unterschied zwischen Sein und Nicht-Sein: Wir sind da, obgleich wir auch nicht hätten da sein können. Das zweite markiert den biologischen Unterschied zwischen Menschen und anderen Tieren: Wir sind Menschen und damit unter allen uns bekannten Lebewesen, soweit wir wissen, als Einzige verantwortlich dafür, wie wir leben. Das dritte markiert den anthropologischen Unterschied zwischen menschlichen und unmenschlichen Lebensweisen: Als Menschen können wir so leben, dass wir der Kontingenz und Endlichkeit unseres Daseins Rechnung tragen (menschliche Lebensweise) oder dies nicht tun (unmenschliche Lebensweise).

Es gilt daher drei grundlegende Einsichten über die menschliche Endlichkeit im Blick zu behalten. Zum einen schulden wir unser Dasein nicht uns selbst, sondern einer schöpferischen Wirklichkeit jenseits von uns selbst: Wir sind eine endliche Wirklichkeit, die sich nicht selbst ins Dasein gebracht hat. Zum anderen verdanken wir unser Sosein unserem eigenen Tun, indem wir auf menschliche oder unmenschliche Weise leben: Wir sind eine endliche Wirklichkeit, die dazu geschaffen ist, sich selbst zu machen, d. h. wir können auf wirklich menschliche Weise leben wollen oder nicht. Zum dritten leben wir auf wirklich menschliche Weise (*Wahrsein*), wenn wir anerkennen, dass wir unser Dasein nicht uns selbst verdanken: Wir haben uns nicht selbst dazu geschaffen, uns selbst zu machen, sondern verdanken das einer uns vorausgehenden anderen Wirklichkeit.

Während unser Dasein nicht das Ergebnis unserer eigenen Entscheidung ist, liegt die Art und Weise, wie wir leben, durchaus in unserer Entscheidung: Wir hätten immer anders leben können, und deshalb sind wir – im Rahmen unserer Möglichkeiten – für die Art und Weise verantwortlich, wie wir tatsächlich leben. Der zentrale Punkt einer positiven Sicht der menschlichen Endlichkeit ist daher nicht der biologische Unterschied zwischen Menschen und anderen Tieren, sondern der anthropologische Unterschied zwischen menschlicher und unmenschlicher Lebensweise. Das Kriterium für diesen Unterschied ist, ob wir bei der Art und Weise, wie wir unser Leben leben, auf den existenziellen Unterschied zwischen Sein und Nichtsein achten und dabei beachten, dass der existenzielle Unterschied nicht in unserer eigenen Entscheidung liegt, sondern allem, was wir tun oder tun können, vorausgeht. Wir sind da, aber wir hätten auch nicht da sein können. Die Möglichkeit unseres Daseins ist daher nicht in uns selbst begründet, sondern in einer von uns verschiedenen Wirklichkeit. Deshalb verlangt die Analyse der menschlichen Endlichkeit danach, von unserer Passivität sprechen.

4

Die westliche Betonung der Aktivitätskompetenz der Menschen hat der Passivität in unserer Kultur einen schlechten Ruf eingebracht. Eine ganze Industrie ist damit beschäftigt, uns immer wieder daran zu erinnern, dass wir, um unser Leben zu verbessern, unsere Passivitäten überwinden, unsere Aktivitäten verstärken, Dinge in die eigenen Hände nehmen, alles tun müssen, um die Welt zu einem besseren Ort zu machen. In unserer Kultur ist es gut, aktiv zu sein, während passiv zu sein als ein zu überwindender Mangel gilt.

Die christliche Theologie hat sich immer gegen eine solche einseitige Ausrichtung auf Aktivität verwahrt. Das kreative Zentrum des menschlichen Lebens ist nicht Aktivität, sondern Passivität. Das meiste von dem, was wir sind, verdanken wir nicht uns selbst. Unser Dasein ist nicht von uns selbst gemacht; unser Sosein ist nur zum kleinen Teil das Ergebnis dessen, was wir tun; und unser Wahrsein resultiert nicht aus dem, was wir tun, sondern aus etwas, das uns widerfährt (wenn es das tut). Wir können Geschehenes nicht ungeschehen machen, und wir können das, was schiefgelaufen ist, nicht wieder aus der Welt schaffen. Von Anfang bis Ende und in Bezug auf unser Dasein, Sosein und Wahrsein wird unser Leben von Passivitäten geprägt. Es gibt so viel, was uns passiert, und so wenig, was wir bewirken. Bevor wir als Selbst handeln können, müssen wir Selbste werden, und während wir kein Selbst sein können, ohne zu handeln, können wir nicht durch eigenes Handeln zu einem Selbst werden. Eine ursprüngliche Passivität liegt allen unseren Aktivitäten zugrunde und geht ihnen voraus. Bevor wir geben können, müssen wir eine Gegebenheit sein, und bevor wir handeln und etwas verwirklichen können, müssen wir eine Wirklichkeit sein.

Natürlich darf man die Passivität und Aktivität nicht einfach gegeneinander ausspielen. Beide sind konstitutive Merkmale des menschlichen Lebens. Aber sie treten in einer Reihenfolge auf, die zu respektieren ist, und in Weisen, die unterschieden werden müssen.

Der wichtigste Unterschied ist der zwischen *kontrastierender Passivität* und *Tiefenpassivität*. Unser tatsächliches Leben in Raum und Zeit ist niemals nur reine Aktivität oder reine Passivität. Es ist immer eine

3. Mitmenschlichkeit 413

Mischung aus beidem oder, mit Schleiermacher gesagt, eine kontinuierliche Durchdringung und Abfolge von Aktivität und Passivität. Wir haben eine passive und eine aktive Seite, eine Fähigkeit, von anderen beeinflusst zu werden (Empfänglichkeit), und eine Fähigkeit, andere zu beeinflussen (Aktivität), und die beiden sind polare Gegensätze, die konkret in unterschiedlichen Mischungsgraden auftreten können. Das ist anders bei der Tiefenpassivität. Diese grundlegendere Passivität ist nicht nur etwas anderes als menschliche Aktivität. Sie ist das, ohne das es weder aktive noch passive Prozesse im menschlichen Leben gäbe. Sie ist eine vollständige Passivität des ganzen Lebens der Menschen, nicht nur eine partielle Passivität in ihrem Leben.

Diese Tiefenpassivität kennzeichnet den Anfang unseres Lebens, aber sie tritt auch im Verlauf des Lebens in vielen Phänomenen in Erscheinung. Unser Dasein kennzeichnet eine Tiefenpassivität, die unsere eigenen Aktivitäten überhaupt erst ermöglicht. Es ist eine kreative Passivität, die uns instand setzt, auf unsere endlichen Weisen aktiv und kreativ zu sein. Aber wir können auch nicht leben, ohne immer wieder auf Aspekte dieser Tiefenpassivität zu stoßen. Man kann zum Erben des Vermögens eines Onkels werden, aber man wird das durch nichts, was man selbst tut. Und während es wahr ist, dass man kein Erbe sein kann, ohne in der einen oder anderen Weise zu handeln, wird man nicht durch das eigene Tun zum Erben, sondern durch das, was einem widerfährt. Ähnliches gilt auch für viele andere Ereignisse im menschlichen Leben, und das widerspricht nicht der Tatsache, dass wir nicht leben können, ohne sowohl aktiv als auch passiv zu sein, von anderen beeinflusst zu werden und andere zu beeinflussen.

Unser Dasein kann nicht nach dem Modell reziproker oder kontrastierender Aktivität und Passivität verstanden werden. Auch wenn es wahr wäre, dass wir für jede Tätigkeit, die wir ausüben, eine Fähigkeit besitzen müssen, sie auszuführen, können wir nur dann Fähigkeiten besitzen, wenn wir existieren, und wir können unsere Existenz nicht als Resultat einer Tätigkeit verstehen, die eine Fähigkeit aktualisiert, die uns zu existieren ermöglicht. Ich kann niemanden hören, wenn ich keine Fähigkeit habe zu hören, aber ich brauche keine Fähigkeit zu existieren, um existieren zu können. Die modale Unterscheidung zwischen Möglichkeit („Es ist möglich, dass f") und Fähigkeit oder Potentialität („Es ist mir möglich, dass f") taugt nicht dazu, die Tiefenpassivität unseres Daseins zu verstehen. Wenn ich existiere, ist es möglich, dass ich existiere, aber ich habe keine Fähigkeit oder kein Potenzial zu existieren, bevor ich es tatsächlich tue.

Diese Tiefenpassivität wird im Schöpfungsgedanken theologisch gefasst. Von Gott erschaffen zu werden bedeutet für das Geschöpf, rein passiv zu werden. Es gibt kein Lebewesen, das nicht aktiv ist, solange es lebt. Aber seine Aktivität ist nicht das, dem es sich selbst verdankt, sondern gerade umgekehrt das, was es ohne sein Dasein nicht gäbe. Nur wer da ist, kann als Geschöpf leben oder das nicht tun wollen, aber niemand ist dadurch da, dass er so lebt oder nicht lebt. Erst die Tiefenpassivität unseres Daseins befähigt uns zu unseren Aktivitäten und Passivitäten im Lebensvollzug. Sie ist eine kreative Passivität, weil sie es uns ermöglicht, auf unsere endliche Weise kreativ zu sein.

Der entscheidende Punkt im Vollzug des Lebens und in der eigenverantwortlichen Gestaltung unserer Soseins ist dann aber, wie wir uns zur Tiefenpassivität unseres Daseins verhalten. Nehmen wir sie ernst oder ignorieren wir sie? Beachten wir, dass sie das ist, was wir mit allem Übrigen teilen, das ist, oder blenden wir sie aus und leben, indem wir versuchen, uns auf Kosten anderer möglichst lange und möglichst gut am Leben zu erhalten? Die Art und Weise, wie wir uns zur Tiefenpassivität unseres Daseins verhalten, ist die Wurzel unserer Menschlichkeit. Sie zu würdigen, ist der Zentralpunkt eines menschlichen Lebens, sie nicht zu würdigen die Quelle aller Unmenschlichkeit im Umgang mit anderen Menschen, mit uns selbst und mit den übrigen Geschöpfen. Sünde ist die Blindheit gegenüber der Tiefenpassivität unseres Daseins, das wir nicht uns selbst, sondern Gott verdanken. In dieser Blindheit zu leben, ist der Grundzug aller Unmenschlichkeit, die sich in der Vor- und Überordnung des eigenen endlichen Daseins über das Dasein anderer endlicher Wesen zum Ausdruck bringt. Diese Sünde zu überwinden, indem man sie aufdeckt und als Blindheit entlarvt, ist der Anfang der Entdeckung der Menschlichkeit. Und diese erfasst ihre eigene Pointe dann, wenn sie sich als Ausdruck der Gleichheit alles Endlichen gegenüber dem Unendlichen begreift und deshalb als Mitmenschlichkeit mit den anderen Menschen und als Proexistenz für andere Geschöpfe vollzieht.

5

Menschen leben menschlich, wenn sie mitmenschlich leben, und sie leben mitmenschlich, wenn sie sich daran ausrichten, dass sie und alle anderen in derselben Existenzsituation leben. Menschen sind Geschöpfe, die unter allen Geschöpfen das auszeichnet, dass sie nicht nur faktisch in Gottes Gegenwart leben, sondern sich aktiv zu ihr verhalten und ihr Leben an dieser Gegenwart ausrichten können. Als Geschöpfe haben sie nur die Option, das zu tun oder nicht zu tun. Sie können nicht weder das eine noch das andere tun. Und sie können nicht wirklich existieren, ohne ihr Leben faktisch an Gottes Gegenwart auszurichten oder das nicht zu tun – nicht weil sie das wollen, sondern weil sie als endliche Geschöpfe nicht anders können.

Tun sie das, leben sie in einer Gemeinsamkeit, die allen selbst entworfenen Allgemeinheiten vorausgeht und zugrunde liegt. Tun sie es nicht, stehen sie in permanenter Konkurrenz zueinander, weil unter der Bedingung der Knappheit der Lebensressourcen jeder nur auf Kosten der anderen meint überleben zu können – und zwar auch dann, wenn man erkennt, das man gemeinsam mehr erreichen kann als allein. Das gilt so nicht immer und überall, aber in vielen Bereichen des Lebens. Wer aber nur deshalb mit anderen kooperiert, weil sich damit die Wahrscheinlichkeit erhöht, unter widrigen Bedingungen größere Lebenschancen zu haben, der lebt zwar mit anderen zusammen, aber er lebt nicht mitmenschlich mit ihnen. Mitmenschlichkeit ist zweckfreie Gemeinsamkeit, die mit der prinzipiellen Gleichheit aller in Gottes schöpferischer Gegenwart gesetzt ist. Kein Mensch existiert oder könnte existieren, der nicht diese Gemeinsamkeit teilte. Mitmenschlichkeit ist universal und nicht beschränkbar. Alle partiellen Gemeinsamkeiten im Leben sind zeitbedingte Resultate der Suche und des Strebens nach Übereinstimmungen, durch die man sich von anderen unterscheidet und durch die man sich Lebensvorteile zu verschaffen hofft. Die Gemeinsamkeit des Daseins dagegen ist Ausdruck der existenziellen Gleichheit, die alle, die existieren, in gleicher Weise Gottes schöpferischer Gegenwart verdanken. Niemand hat hier anderen etwas voraus, niemand kann sich auf sie mit größerem Recht berufen als irgendein anderer und niemand kann sich dadurch anderen gegenüber Vorteile verschaffen. Mitmenschlichkeit ist der Kern der Menschlichkeit, und Menschlichkeit beginnt damit, die Gleichheit des Daseins aller Menschen und den darin mitgesetzten Grund dieser Gleichheit, die schöpferische Präsenz Gottes, zum Bezugspunkt der eigenen Lebensorientierung zu machen. Wir sind durch Gott. Wir haben eine endliche Gegenwart durch die schöpferische Gegenwart Gottes. Und wir können unser Leben an dieser existenziellen

Grunddifferenz zwischen Schöpfer und Geschöpf ausrichten, wenn wir
durch Gottes Gegenwart dazu gebracht werden, sie nicht länger zu
ignorieren.

6

Wer so lebt, dass er sein Sosein am Gabe-Charakter seines Daseins ausrichtet, der wird andere nicht anders sehen und behandeln als sich selbst und sich selbst nicht für besser halten als andere. Um das zu tun, muss man die existenzielle Gottesblindheit überwinden, mit der jeder sein Leben beginnt und die in der christlichen Tradition „Sünde" genannt wird. Wer sich als Sünder kennt, weiß um die Abgründe seiner Selbsttäuschung und die Leichtfertigkeit jeder Selbstüberhebung über andere. Er kann sich über sich selbst nichts mehr vormachen, braucht aber auch nicht mehr ständig um seine eigene Identität zu kämpfen. Wer er ist, entscheidet sich nicht im Verhältnis zu anderen, sondern zu Gott. Und für die anderen gilt genau das Gleiche. Deshalb lebt er in ironischer Distanz zu sich selbst, nimmt sich nicht wichtiger als andere, macht keine Unterschiede zwischen Nächsten, Nahen und Fernen, wenn sie Hilfe brauchen, und kann Andersdenkende und Anderslebende gelassen ertragen, weil er weiß, dass sie alle in gleicher Weise von Gottes Zuwendung leben. Jeder ist anders als der andere. Jedem spielt das Leben anders mit, und keiner hat dieselben Möglichkeiten und Chancen wie die anderen. Aber alle stehen vor den gleichen existenziellen Herausforderungen, leben unter Bedingung der gleichen *conditio humana*, sind durch die gleiche unhintergehbare Tiefenpassivität und unaufhebbare Endlichkeit gekennzeichnet, haben die gleiche menschliche Würde und das gleiche Recht auf die Rechte eines menschlichen Lebens.

Diese Gleichheit gründet in nichts, was wir haben oder besitzen, in keinen Eigenschaften des Menschseins und keinen Errungenschaften der Menschheit. Was wir haben und besitzen, haben stets die einen mehr und die anderen weniger. Das ist die Wurzel aller Differenzen unter den Menschen und zwischen Menschen und anderen Lebewesen. Wirklich gleich macht uns allein das, was wir nicht haben und besitzen, sondern was für uns alle in gleicher Weise gilt: dass wir da sind, obwohl wir auch nicht hätten da sein können; dass wir nur leben können, wenn uns Möglichkeiten zugespielt werden, über die wir nicht verfügen; und dass wir dann wirklich menschlich zu leben beginnen, wenn wir unser

Leben ausdrücklich an dem ausrichten, zu dem wir uns faktisch immer schon verhalten, indem wir da sind und leben, wie wir leben: der Zuwendung Gottes, dem sich alles Leben verdankt.

7

Zu leben, aber für diese Zuwendung Gottes blind zu sein, ist Sünde. Diese Sünde zu überwinden und zu erkennen, dass man nicht so leben muss, wie man lebt, weil es möglich wäre, anders zu leben, auch wenn man das allein von sich aus nicht kann, ist der erste Schritt, aus dem faktischen Zustand eines Lebens der Gottesblindheit eine Situation der Entscheidung zwischen einem gottoffenen und gottblinden Leben zu machen, einem Leben, das sich in der Orientierung an Gott an der Gleichheit aller Menschen und damit an den Idealen der Menschlichkeit ausrichtet, oder einem Leben, das diese Gleichheit in Frage stellt, indem es Gott ignoriert und damit das Tor zur Unmenschlichkeit öffnet, indem es den Weg einer interessen- und machtgeleiteten Konstruktionen von Idealen der Menschlichkeit einschlägt.

Es gehört zu den Grundeinsichten des christlichen Glaubens, dass man den Schritt aus der Sünde zur Erkenntnis und Überwindung der Sünde nicht selbst machen kann. Wenn es geschieht, verdankt man das in radikaler Einseitigkeit Gott selbst. Ohne das Wirken seines Geistes, der Sündern die Augen und das Herz für Gotts Gegenwart öffnet, wird die Sünde nicht erkannt, und ohne dass Gott seine Geschöpfe den Folgen ihrer Sünde entzieht und diese ins Leere laufen lässt, wird sie nicht überwunden. Gerade diese einseitige Überwindung der Sünde durch Gott wird zur Aufdeckung der Wurzel der Menschlichkeit, weil sie die Tiefenpassivität menschlicher Existenz und die Endlichkeit des Lebens nicht negativ als Mangel bestimmt, sondern positiv als existenzielle Offenheit für Gabe und Gut, Begabung und Verpflichtung erschließt. Wir sind, obwohl wir auch nicht hätten sein können. Dass wir leben, verdanken wir einer Wirklichkeit, ohne die wir nicht wären. Wir können leben, weil uns immer wieder mehr Möglichkeiten zugespielt werden, als wir von uns aus hätten erwarten oder erreichen können. Immer wieder werden wir für andere zum Ort und Anlass von Erfahrungen und Einsichten, die wir nicht unserem eigenen Tun und Lassen zuschreiben können. Das gilt im Positiven wie im Negativen. Wir lösen Übel aus, die wir nicht beabsichtigt haben. Und wir bewirken Gutes, von dem wir keine Ahnung haben. In unserem Leben und durch unser Leben geschieht mehr als das, was wir bemerken und intendieren und wofür wir uns oder andere verantwortlich machen können. Wir zerstören Lebensmöglichkeiten anderer dadurch, dass wir da sind und wie wir leben. Aber wir werden auch zum Ort, wo immer wieder Neues geschieht, das nicht schon im Vorangehenden angelegt war. *Life is full of new beginnings*, für uns und für andere, und zwar auch gerade dort, wo wir nicht damit rechnen und rechnen können.

All das bleibt auch dann wahr, wenn wir uns nicht darum kümmern und leben, als wäre es nicht so. Aber wir müssen das nicht. Es ist möglich, anders zu leben, und tun wir es, realisieren wir Möglichkeiten der Menschlichkeit, die wir sonst zum Schaden anderer und zu unserem eigenen Schaden übersehen oder verspielt hätten. Wir können uns diese Möglichkeiten nicht selbst erschließen. Wir müssen sie uns vielmehr zueignen lassen. Dieser radikalen Passivität verdanken wir unsere unaufhebbare Gleichheit. Die Aufdeckung der Sünde durch Gott wird so zum Anfang der Entdeckung unserer Menschlichkeit – der Möglichkeit, als endliche Wesen ein wirklich menschliches Leben zu führen und sich nicht mit einem Leben abzufinden, in dem die Chancen der Mitmenschlichkeit verspielt und die Übel der Unmenschlichkeit durch Rücksichtslosigkeit, Ausgrenzung, Unterdrückung und Ausbeutung weiter perpetuiert werden. Dass ein mitmenschliches Leben möglich ist, wissen wir; dass wir diese Möglichkeit nicht uns selbst verdanken, auch. Aber was es heißt, mitmenschlich zu leben, und was man konkret tun könnte oder müsste, um entsprechend zu leben, das müssen wir selbst erkunden, entdecken und umsetzen. Es gibt keinen Grund zu vermuten, dass wir dabei schon weit fortgeschritten wären. Wir stehen bestenfalls am Anfang.

Namenregister

Abel 50, 107, 138
Abraham 138
Adam 43, 51, 54, 79, 107, 134–139, 143–151, 159 f., 163, 175, 183, 187, 235 f., 242, 268, 280 f., 290, 317
Aland, Kurt 178
Alexander von Hales 188 f.
Amos 64
Anselm von Canterbury 130, 140, 142 f., 176, 187 f., 242, 254,
Antigone 45
Aristoteles 85, 198
Athanasius 147
Atkinson, Clarissa W. 358
Augustinus, Aurelius 50, 130–137, 140, 142, 146, 167, 176, 187, 189, 242, 351

Bahl, Patrick 75
Barth, Karl 89
Bassenge, Friedrich 234
Bauer, Joachim 28
Baumgarten, Alexander Gottlieb 260
Benedict, Ruth 320
Benedikt XII 147
Berg, Ludwig 22
Betz, Robert 10
Biel, Gabriel 197
Binder, Thomas 118
Binswanger, Ludwig 310
Blackburn, Simon 115
Blumenberg, Hans 255
Böckle, Franz 311, 315
Böhme, Gernot 12
Brandt, Sigrid 39
Brändle, Stefan 120
Brunner, Emil 169 f.
Buchanan, Constance H. 358

Calvin, Jean 194
Camus, Albert 298
Cannon, Edwin 236
Cicero, Marcus Tullius 198
Clague, Julie 358
Condorcet, Marie Jean Antoine Nicolas Caritat de 114
Condreau, Gion 311, 315
Cook-Greuter, Susanne 117

Davaney, Sheila Greeve 358
Delius, Hans-Ulrich 190
Dhawan, Nikita 371
Dietz, Thorsten 108
Dilthey, Wilhelm 205
Dionysius 164
do Mar Castro Varela, María 371
Donaldson, Frewdrick Lewis 365
Don Giovanni 13
Donne, John 194
Doré, Joseph 72
Drury, Sharon 348
Dühring, Eugen 337 f.
Dunfee, Susan Nelson 349, 353

Edwards, Jonathan 194
Engels, Friedrich 238 f.
Epstein, Richard A. 10
Esra 50
Eva 48, 51, 54, 79, 317
Evagrius 89

Falk, Francesca 371
Faustus 130, 176
Fels, Eva 351 f.
Fessler, Daniel 317
Feuerbach, Ludwig 220

Fink, Dagmar 351 f.
Foss, Martin 114
Frankemölle, Hubert 352
Freud, Siegmund 44
Fredriksen, Paula 59
Frings, Manfred 342
Frings, Theodor 48
Frohschammer, Jakob 146
Fukuyama, Francis 374

Gandhi, Mahatma 365
Gestrich, Christof 43, 176
Geyer, Christian 121
Godwin, William 114
Goethe, Johann Wolfgang 267, 337
Goldstein, Valerie 353
Gottsched, Hermann 278
Gowing, Nik 20
Granoff, Phyllis 59
Greenblatt, Stephen 48
Gregor I. 46, 89
Greiner, Ulrichs 319 f.
Grøn, Arne 279
Grotius, Hugo 224

Hacking, Ian 116
Härle, Wilfried 176, 184
Hamann, Johann Georg 400
Hannay, Alastair 279
Hart, Kevin 116
Hartlieb, Elisabeth 348, 353, 356
Haufniensis, Vigilius 279
Hayek, Friedrich 235
Hegel, Georg Friedrich Wilhelm 240, 276, 278, 292, 295, 298
Heidegger, Martin 296, 308–313, 327
Heinekamp, Albert 248
Herder, Johann Gottfried 267, 400
Herring, Herbert 244 f.
Hespe, Franz 226
Hick, John 178
Hiob 54 f., 58, 152, 400
Hirsch, Annabelle 120
Hirsch, Emanuel 277 f.

Hobbes, Thomas 12, 222–234, 269, 297
Höffe, Otfried 89, 403
Holz, Hans Heinz 245 f., 256
Hoppe, Hans-Hermann 10
Horn, Christoph 364
Hübenthal, Christoph 83
Hünermann, Peter
Huizing, Klaas 319, 384
Hy, Le Xuan 117

Isaak 138

Jakob 50, 138
Janßen, Hans-Gerd 259
Jenett, Ralf 202
Jesus 66, 70–79, 107, 143, 160, 202, 214, 299, 305,
Jesus Sirach 350
Johannes 111, 129
Jonkers, Peter 125
Jüngel, Eberhard 176
Junghans, Hans Martin 277
Julianus von Eclanum 134
Justinian 147

Kadayifici-Oellana, Ayse 323
Kain 50, 107
Kallikles 337
Kant, Immanuel 22 f., 57, 85, 89, 114, 260–275, 278, 280, 295, 386, 400
Kasper, Walter 207
Kaye, Frederick Benjamin 235
Kerner, Ina 363
Kierkegaard, Søren 176, 275–295, 298, 301, 306–309, 312, 329 f.
Kim, Jahng Seob 89
Klauck, Hans-Josef 352
Kleffmann, Tom 133
Kluge, Friedrich 47 f.
Knoll, Bodo 10
Knop, Carsten 21
Körtner, Ulrich H. J. 42
Kolde, Theodor von 200

Namenregister

Kreiner, Armin 254
Kroll, Werner 321
Kruhöffer, Bettina 351–353

Laktanz 146
Langdon, Chris 20
Leibniz, Gottfried Wilhelm 44, 243–260, 400
Leo, Russell Joseph 194
Lewis, Clive Staples 19 f., 24
Lexutt, Athina 194
Lilla, Mark 374
Lincoln, Ulrich 279
Locke, John 224
Loevinger, Jane 117
Lofti, Andrea 40
Løgstrup, Knud Ejler 176
Lüthi, Barbara 371
Luther, Martin 78, 149, 176–184, 189 f., 194, 202

Mackie, John Leslie 250
Malthus, Thomas Robert 114
Mandeville, Bernard 234–238
Marino, Gordon 279
Marx, Karl 238–240, 298
McLeod, John 363
Melanchthon, Philipp 186, 194 f., 199–206, 221
Mendelssohn, Moses 400
Menke, Christoph 121
Mensching, Gustav 33
Mierzwa, Roland 30
Miles, Margaret R. 358
Milton, John 194
Misch, Georg 205
Misteli, Samuel 120
Moltmann-Wendel, Elisabeth 353 ff.
Mulack, Christa 354

Najar, Pramod K. 363
Niebuhr, Reinhold 352 f.
Nietzsche, Friedrich 30, 44, 298, 328–347, 352, 357, 363, 398

Noah 138
Nozick, Robert 10

Origenes 146
Ortmann, Volkmar 194
Osterhammel, Jürgen 363
Otsuka, Michael 10

Pannenberg, Wolfhart 351 f.
Pascal, Blaise 340
Passmore, John 114
Paulus 52, 66, 71–79, 111, 129 f., 138, 140, 142 f., 155, 172, 196, 202, 345 f., 351, 353, 399, 400
Pelagius 134 f., 137
Perlman, Mark 235
Petrus Lombardus 187 f.
Pieper, Josef 58
Pinker, Stephen 19
Pittl, Sebastian 363
Plaskow, Judith 353
Platon 20, 205, 289, 303, 337
Pletter, Roman 121
Plitt, Gustav Leopold 200
Pöhlmann, Hans Georg 195, 200
Pufendorf, Samuel 224
Purtschert, Patricia 371

Rabiipour, Laura Jean 46
Ramsey, Paul 194
Rée, Paul 334
Reinhard, Wolfgang 363
Rippel, Philipp 114
Rodgers, Michael 323
Rolle, Robert 236
Rommel, Thomas 236
Rorty, Richard 13, 374
Ross, George MacDonald 258
Rousseau, Jean-Jaques 23, 114, 224, 269

Said, Edward 370
Saint-Exupéry, Antoine de 192
Sarot, Marcel 125
Sartre, Jean-Paul 296 f.

Scarano, Nico 364
Schäfer, Christoph 121
Schaumberger, Christine 351
Scheler, Max 342
Schelling, Friedrich Wilhelm Joseph 295, 298
Scherzenberg, Lucia 351
Schidrowitz, Leo 89
Schieritz, Mark 121
Schilling, Johannes 180, 184, 202
Schirrmacher, Thomas 320, 322
Schleiermacher, Friedrich Daniel Ernst 208–219, 356, 413
Schlette, Magnus 10
Schmidt, Michael 310
Schmitz, Hermann 319
Schönhut, Michael 374
Schopenhauer, Arthur 298
Schottroff, Luise 351
Schröder, Edward 47
Schubert, Hartwig von 406
Schulze, Gerhard 42, 90
Schultz, Stefan 116 f., 121
Schumacher, Meinolfs 48
Seebold, Elmar 47 f.
Seewald, Michael 83
Shinohara, Koichii 59
Smith, Adam 235 f.
Smith, Zadie 13
Söding, Thomas 352
Sophokles 45
Spinoza, Baruch 194
Sprenger, Reinhard K. 21
Stamm, Marcello 257
Steffens, Heinrich 209
Stewart, Dugald 235
Stolt, Birgit 194
Streminger, Gerhard 236
Suchocki, Marjorie 105 f., 348
Szkredka, Slawomir 66

Tennant, Fredrick Robert 169
Tertullian 135, 146
Thiel, Marie-Jo 72

Tiedemann, Paul 320
Tho, Ha Vinh 395
Thomas von Aquin 147, 158–168, 175 f., 188, 256
Tillich, Paul 176, 295, 298–308, 352, 356
Tugendhat, Ernst 257, 320

Valentine, David 116
De Vries, Jan 48

Walter, Ernst 48
Watzlawick, Paul 10
Weder, Hans 71
Welker, Michael 348
Werner, Jürgen 89
Wille, Katrin 98
Williams, Bernard 319
Witt, Charlotte 116
Wolff, Christian 400
Wroblewsky, Vincent von 298
Wulff, Agnes 310

Yang, Xifan 121
Young, Iris Marion 364
Young, Robert J. C. 370

Zech, Maximilian 399
Zwoliniski, Matt 10
zur Mühlen, Karl-Heinz 194

Nachwort zur 2. Auflage

Das Buch ist auf Zustimmung, aber auch auf Kritik gestoßen. Das ist gut, denn damit hat eine Diskussion begonnen, die überfällig war. Viele Einwände waren zu erwarten, einige auch provoziert, manche verdanken sich Missverständnissen. Überspitzungen sind zuweilen nötig, um Probleme klar herauszuarbeiten. Aber manchmal werden sie nur als Überspitzungen empfunden, weil man sich kirchlich und theologisch in Unklarheiten und Vagheiten eingerichtet hat, die verhindern, dass sich noch irgendjemand an irgendetwas stoßen kann.

1

Die Sündenthematik nötigt dazu, klar und nicht vage zu reden. Sünde ist kein Einzelthema, sondern ein ganzes Bündel von Themen und Theorien, die alle ihre Stärken und Schwächen haben. Kein theologisches Konzept ist dagegen gefeit, missbraucht und missverstanden zu werden. Das habe ich ausführlich dargestellt. Meine eigene These ist, dass es nicht auf unsere Konzepte und Theorien, sondern im Kern auf das ankommt, was man mit ihnen zu verstehen sucht: wie Gott sich zu denen verhält, die sich ihm gegenüber blind, unwillig oder ablehnend verhalten. Sünde ist niemals das erste oder einzige, was theologisch über die Menschen zu sagen ist, auch nicht im Verhältnis zu Gott. Von Sünde kann nur dort die Rede sein, wo es Geschöpfe gibt. Und Geschöpfe gibt es nicht ohne den Schöpfer.

Der Sündendiskurs ist daher kein Erfahrungs- oder Moraldiskurs in religiösem Gewand. Er beschreibt keine Erfahrungen, sondern er urteilt über unsere moralischen und nichtmoralischen Erfahrungen im Licht von Gottes Gegenwart. Übel, Unrecht, Leid und Leiden sind Erfahrungen, die jeder kennt. Dass sie etwas mit Sünde zu tun haben, wird erst deutlich, wo Menschen sich als Geschöpfe verstehen. Niemand kann das, ohne mit Gottes vorgängigem Wirken zu rechnen. Ohne Gott gäbe es keine Geschöpfe, und ohne Gottes Geist kein Aufmerken darauf, dass man Gottes Geschöpf ist. Kann man aber ohne Rekurs auf Gott nicht von Schöpfung und ohne Rekurs auf Schöpfung nicht von Sünde reden, dann ist alle Rede von Sünde, die nicht ausdrücklich auf Gott rekurriert, an entscheidender Stelle zu vage und präzisierungsbedürftig.

2

Menschen sind nicht per se übel. Ein negatives Menschenbild ist weder Ausgangspunkt noch Implikat meiner Überlegungen. Dass alle Menschen Sünder sind, sagt nicht, dass alle Menschen moralisch übel sind oder dass es keine Unterschiede zwischen ihnen gäbe. Wir stehen in moralischen Beziehungen zu anderen Menschen, zu uns selbst und zu anderen Geschöpfen. Aber nicht zu Gott. Moralisch gut zu leben, schließt nicht aus, dass man Sünder ist. Sünder zu sein, macht es nicht unmöglich, ein moralisch gutes Leben zu führen. Auch wer nichts von Gott weiß oder wissen will, kann moralisch leben, und wer sich an Gottes Gegenwart ausrichten will, kann moralisch versagen. Wer allerdings moralisch verwerflich lebt und sich nicht darum schert, dessen Verhältnis zu Gott ist auch nicht Ordnung. Deshalb hat die Beschäftigung mit den moralischen Verfehlungen in der kirchlichen Bußpraxis und im theologischen Nachdenken über Sünde eine so große Bedeutung erlangt. Es ging nicht um die moralischen Verfehlungen als solchen, sondern um die Funktion dieser Verfehlungen als Hinweise auf ein gestörtes Gottesverhältnis. Zugleich hat das die Fehlmeinung befördert, es genüge, moralisch gut zu leben, dann sei auch das Verhältnis zu Gott in Ordnung. Aber das ist nicht so. Menschen können moralisch gut oder böse leben, auch wenn sie im Verhältnis zu Gott ihr Geschöpfsein verfehlen. Sie verfehlen es, wenn sie nicht darauf achten, dass und wie Gott in ihrem Leben und im Leben anderer am Werk ist. Dann leben sie unter ihren Möglichkeiten, auch wenn sie selbst das gar nicht so sehen. Jeder Mensch beginnt sein Leben in einer solchen natürlichen Gottesblindheit. Und man kann so leben bis zum Tod. Aber Gott ist auch dort am Werk, wo das aus Blindheit, Unfähigkeit oder Unwilligkeit nicht beachtet wird. Gottes Zuwendung geht allem voraus. Sie kommt jedem Leben zugute, und sie geht über alles Erleben hinaus. Sie zeigt sich nicht daran, *wie* Menschen ihr Leben erleben, sondern *dass* sie leben und das erleben können. Und sie hört nicht auf, wo Menschen ihr Leben nicht (mehr) erleben (können).

Nicht das menschliche Leben definiert daher, wie man von Gott reden kann, sondern Gottes Zuwendung definiert den Horizont, in dem theologisch vom menschlichen Leben, von Gott und von der Welt zu reden ist. Dass Gott gut ist und für jedes menschliche Leben Gutes will, ist weder eine definitorische Festsetzung noch ein an jedem Erleben ausweisbares Erfahrungsurteil. Es ist eine kontrafaktische Einsicht, die sich einer langen Geschichte verdankt und christlich ihr Zentrum im Kreuz Jesu und der Auferweckung des Gekreuzigten hat, ohne die es kein Christentum gegeben hätte. Wenn christliche Theologie nicht von dort her denkt, wird sie überflüssig.

3

Von verschiedenen Rezensenten wurde meine Zurückhaltung kritisiert, theologische Aussagen auf Erleben oder Erfahren zu gründen. Ein wirkliches Argument, meine Bedenken zu revidieren, habe ich aber nicht vernommen. Meine Zurückhaltung hat nichts damit zu tun, dass menschliches Erleben und Leiden nicht ernst genommen würden. Würde es Gott nicht geben, die Wut und Enttäuschung der Opfer der Geschichte müssten ihn ins Dasein rufen. Aber nicht ihr Erleben begründet ihre Hoffnung, sondern ein kontrafaktisches Urteil über ihr Leben, das die Möglichkeit des Guten auch im tiefsten Dunkel des eigenen Lebens und Erlebens offenhält. Die christliche Hoffnung auf Gerechtigkeit wäre auf Sand gebaut, wenn sich im Leben nicht mehr abspielen würde als das, was wir erleben.

Nicht unser Erleben ist daher der Anfang der Theologie, sondern dass man ohne Gott nichts erleben kann. Und nicht unser Erfahren ist die Basis der Theologie, sondern diese hat nichts Ernsthaftes zu sagen, wenn sie das ganze menschliche Erfahrungsleben nicht in ein Gottesverhältnis eingebettet versteht, das auch dann nicht endet, wenn nichts mehr erlebt und erfahren werden kann. Erfahrungsbasierte Theologie kommt mit dem Tod an ihr Ende. Christliche Theologie beginnt mit der Auferweckung. Die aber ist kein Erfahrungsphänomen, sondern das göttliche Geschehen, von dem her alles Erfahrene und Erfahrbare in ein neues und anderes Licht gerückt wird – ein Licht der Hoffnung, die über das hinausweist, was faktisch erlebt wird.

4

Mehrfach wurde der Einwand gemacht, man könne die Sünde nicht von ihrer Überwindung her denken, weil die Überwindung der Sünde ein Verständnis von Sünde voraussetze. Natürlich ist das, was die Sünde aufdeckt, nicht das, was die Sünde schafft: Gäbe es keine Sünde, könnte man sie auch nicht aufdecken und überwinden. Das ist die Grundthese des ganzen Buches. Aber die Realität der Sünde sagt nicht, dass Sünder sich der Sünde bewusst sind und sie als Sünde kennen müssten. Das Gegenteil ist richtig: Der Sünder wäre kein Sünder, wenn er nicht eben das bestreiten würde, weil er gar keinen Grund und Anlass sieht, sich so zu beurteilen. Der Sünder will ja, mit Luther gesagt, wie Gott sein und damit de facto ohne Gott leben. Aber wo Gott aus dem Leben ausgeblendet wird, kommt auch das eigene Geschöpfsein und damit die Sünde nicht in den Blick. Sünde besteht in einer gestörten Beziehung zu Gottes Beziehung zum Menschen, und erst wo diese Störung aufgedeckt und beseitigt wird, wird Sünde als Sünde thematisierbar. Dann wird deutlich, was im eigenen Leben der Fall war und ist, und wie es anders sein könnte, sein sollte und sein wird.

Etwas als Sünde verstehen, ist deshalb eines, Sünde als etwas verstehen, ein anderes. Beides hängt zusammen. Aber das erste gibt es nicht unabhängig vom zweiten, und das zweite in einer theologisch vertretbaren Weise nicht unabhängig davon, dass die Pointe der Sünde dort aufgedeckt wird, wo Gott sie überwindet. Das hat nichts mit »Barthianismus« zu tun – Barth spielt keine Rolle in diesem Buch –, sondern das kann man bei Jesus lernen und seit Paulus wissen. Wir wissen nicht, was wir beten sollen ohne den Geist. Und wir wissen nicht, was Sünde ist, ohne Gottes Überwindung der Sünde in Christus, die aufdeckt, was Menschen sein könnten und sollten, aber von sich aus nicht sind und nicht sein werden: Gottes Nächste.

5

Von katholischer Seite wurde erwartbar daran erinnert, dass zwischen Gott und Mensch nicht nur zu unterscheiden sei, sondern dass es bei allen Differenzen auch Analogien gäbe. Doch es sind gerade die unterstellten wesentlichen Ähnlichkeiten, die Menschen dazu verleiten, sich mit sich selbst zu begnügen und zu leben *etsi deus non daretur*. Wer sich selbst als Schöpfer versteht, meint leicht, keinen Schöpfer zu brauchen, weil es doch nur auf die eigenen Fähigkeiten ankomme. Mein Argument ist umgekehrt: dass man auch dort, wo nichts dafür zu sprechen scheint, leben sollte *etsi deus daretur*, weil man nur dadurch die Grenze im Blick behält, ohne die es keine wahre Menschlichkeit gibt. Ähnlichkeiten gibt es nur zwischen Größen derselben Art, und man kann sich nur auf sie berufen, wenn man die beiden Größen, die man vergleicht, je für sich thematisieren kann. Das geht im Fall Gottes nicht, weil wir immer nur von uns ausgehen können. Der anthropologische Standpunkt all unseres Nachdenkens über Gott heißt aber nicht, dass es zwischen Gott und uns ontologische Ähnlichkeiten geben müsste, wenn wir überhaupt sinnvoll von ihm reden können sollen. Nicht was wir sind und zu sagen versuchen, ist der entscheidende Punkt, sondern *dass* wir überhaupt da sind und etwas sagen oder auch nicht sagen können. Gott ist der Schöpfer, wir sind seine Geschöpfe. Wir verdanken unser Dasein ihm, er verdankt sein Dasein nicht uns. Die Strukturbedingungen der menschlichen Situation des Redens und Nachdenkens über Gott sind keine Seinsbedingungen Gottes. Sonst wäre er in derselben Situation wie wir und damit nicht Gott.

In unserem Horizont können wir daher nur so adäquat von Gott reden, dass wir die asymmetrische Differenz zwischen Schöpfer und Geschöpf ausdrücklich zur Geltung bringen, die im Gedanken der ursprünglichen Zuwendung Gottes chiffriert ist. Ohne Gottes Pro-Existenz gäbe es keine andere Existenz. Das zu ignorieren, ist Sünde, weil es den Blick dafür verstellt, dass wir nicht Gott, sondern Geschöpfe sind, und zwar Geschöpfe, die das wissen können und entsprechend leben sollten. Damit verhindert die Sünde, dass wir als Menschen wirklich menschlich leben. Und deshalb ist die Überwindung der Sünde der Anfang der Entdeckung unserer Menschlichkeit.

Ingolf U. Dalferth
Wirkendes Wort
Bibel, Schrift und Evangelium im Leben der Kirche und im Denken der Theologie

488 Seiten | Hardcover
14 x 21 cm
ISBN 978-3-374-05648-4
EUR 38,00 [D]

Der international bekannte Systematiker und Religionsphilosoph Ingolf U. Dalferth bestimmt das Verständnis von »Wort Gottes«, »Bibel«, »Schrift« und »Evangelium« neu und stellt damit das herrschende Theologieverständnis radikal infrage.

Die protestantische Theologie ist mit ihrer unkritischen Gleichsetzung von Schrift und Bibel in die »Gutenberg-Falle« gegangen und hat sich im Buch-Paradigma eingerichtet. Die reformatorische Orientierung an Gottes schöpferischer Gegenwart in seinem Wort und Geist wurde ersetzt durch die historische Beschäftigung mit Gottesvorstellungen. Dabei brachte und bringt Theologie Interessantes ans Licht, aber am Wirken des Geistes versagen ihre Instrumentarien. Will Theologie eine Zukunft haben, muss sie wieder lernen, sich produktiv mit den Spuren des Geistwirkens im Leben der Menschen auseinanderzusetzen.

EVANGELISCHE VERLAGSANSTALT
Leipzig   www.eva-leipzig.de

Tel +49 (0) 341/ 7 11 41 -44   shop@eva-leipzig.de

Ingolf U. Dalferth
God first
Die reformatorische Revolution der christlichen Denkungsart

304 Seiten | Paperback
14 x 21 cm
ISBN 978-3-374-05652-1
EUR 28,00 [D]

Die Reformation war nicht nur ein historisches Ereignis mit weltweiter Wirkung, sondern eine spirituelle Revolution. Ihre Triebkraft war die befreiende Entdeckung, dass Gott seiner Schöpfung bedingungslos als Kraft der Veränderung zum Guten gegenwärtig ist. Gott allein ist der Erste, alles andere das Zweite. Das führte existenziell zu einer Neuausrichtung des ganzen Lebens an Gottes Gegenwart und theologisch zu einer grundlegenden Umgestaltung der traditionellen religiösen Denksysteme.

Das Buch des international bekannten Systematikers und Religionsphilosophen Ingolf U. Dalferth legt dar, was es heißt, Gott vom Kreuzesgeschehen her theologisch zu denken. Und es entfaltet den christlichen Monotheismus nicht als System der Vergewaltigung Andersdenkender, sondern als Lebensform radikaler Freiheit und Liebe, die sich als Resonanz der Gnade Gottes versteht.

EVANGELISCHE VERLAGSANSTALT
Leipzig   www.eva-leipzig.de

Tel +49 (0) 341/ 7 11 41 -44   shop@eva-leipzig.de

Ulrich H. J. Körtner
Dogmatik

*Lehrwerk Evangelische
Theologie (LETh) | 5*

736 Seiten | Paperback
14 x 21 cm
ISBN 978-3-374-06312-3
EUR 38,00 [D]

Dogmatik als gedankliche Rechenschaft des christlichen Glaubens ist eine soteriologische Interpretation der Wirklichkeit. Sie analysiert ihre Erlösungsbedürftigkeit unter der Voraussetzung der biblisch bezeugten Erlösungswirklichkeit. Das ist der Grundgedanke des renommierten Wiener Systematikers Ulrich H. J. Körtner in seinem umfassenden Lehrbuch, das fünf Hauptteile umfasst.
Anhand der Leitbegriffe Gott, Welt und Mensch bietet es eine kompakte Darstellung aller Hauptthemen christlicher Dogmatik, ihrer problemgeschichtlichen Zusammenhänge und der gegenwärtigen Diskussion. Leitsätze bündeln den Gedankengang. Das dem lutherischen und dem reformierten Erbe reformatorischer Theologie verpflichtete Lehrbuch berücksichtigt in besonderer Weise die Leuenberger Konkordie (1973) und die Lehrgespräche der Gemeinschaft Evangelischer Kirchen in Europa (GEKE).

EVANGELISCHE VERLAGSANSTALT
Leipzig www.eva-leipzig.de

Tel +49 (0) 341/ 7 11 41 -44   shop@eva-leipzig.de

Rochus Leonhardt
Ethik

Lehrwerk Evangelische Theologie (LETh) | 6

664 Seiten | Hardcover
14 x 21 cm
ISBN 978-3-374-05486-2
EUR 54,00 [D]

Ethik ist eine wissenschaftliche Disziplin, in der die Frage nach dem moralisch richtigen Handeln des Menschen erörtert wird. Obwohl sie also keine spezifisch theologische Wissenschaft ist, begegnet sie im Spektrum der theologischen Fächer als eine Teildisziplin der Systematischen Theologie. Dies liegt daran, dass der christliche Glaube auch eine lebens- und damit handlungsorientierende Bedeutung hat.

Das Lehrbuch des Leipziger Theologen Rochus Leonhardt widmet sich in einem ersten Teil der Etablierung der Ethik als einer philosophischen Disziplin und fragt nach der Spezifik der theologischen Ethik. Ein zweiter Teil thematisiert zentrale biblische Bezugstexte und Leitbegriffe der christlichen Ethik und stellt maßgebliche Ethik-Typen vor. Der dritte Teil behandelt wichtige individual- und sozialethische Themen.

EVANGELISCHE VERLAGSANSTALT
Leipzig www.eva-leipzig.de

Tel +49 (0) 341/ 7 11 41 -44   shop@eva-leipzig.de

Henning Wrogemann
Religionswissenschaft und Interkulturelle Theologie

Lehrwerk Evangelische Theologie (LETh) | 10

728 Seiten | Hardcover
14 x 21 cm
ISBN 978-3-374-05492-3
EUR 58,00 [D]

Das Leben in einer pluralistischen Gesellschaft fordert uns dazu heraus, mit Menschen verschiedenster Herkunft und Prägung zu interagieren, wobei Religion und Kultur eine bedeutende Rolle spielen. Dieses Lehrbuch sucht diesen Anforderungen gerecht zu werden. Zunächst werden eine Bandbreite religionswissenschaftlicher Forschungsansätze vorgestellt sowie Grundinformationen zu Judentum, Hinduismus, Buddhismus und Islam geboten. Missionstheologische Übersichten tragen zum Verständnis christlicher Präsenzen in anderen Erdteilen bei. Geltungsansprüche verschiedener Religionen werden beleuchtet und dialogische Interaktionsmuster hinterfragt, um schließlich einen Neuansatz einer Theologie Interreligiöser Beziehungen vorzustellen. Durch die Vermittlung umfassender Kenntnisse über verschiedene Religionen und Kulturen fördert das Lehrbuch unser Verständnis füreinander.

EVANGELISCHE VERLAGSANSTALT
Leipzig   www.eva-leipzig.de

Tel +49 (0) 341/ 7 11 41 -44   shop@eva-leipzig.de